Benedikt Rohrßen
Von der „Anreizung zum Klassenkampf“
zur „Volksverhetzung“ (§ 130 StGB)

Juristische Zeitgeschichte
Abteilung 3, Band 34

Juristische Zeitgeschichte
Hrsg. von Prof. Dr. Dr. Thomas Vormbaum

Abteilung 3:
Beiträge zur modernen deutschen Strafgesetzgebung
Materialien zu einem historischen Kommentar
Hrsg. von Prof. Dr. Dr. Thomas Vormbaum

Band 34

Redaktion: Sandra Kralik, Sebastian Voigt

De Gruyter Recht · Berlin

Benedikt Rohrßen

Von der „Anreizung zum Klassenkampf“ zur „Volksverhetzung“ (§ 130 StGB)

Reformdiskussion und Gesetzgebung seit dem 19. Jahrhundert

DE G

De Gruyter Recht · Berlin

∞ Gedruckt auf säurefreiem Papier,
das die US-ANSI-Norm über Haltbarkeit erfüllt

ISBN 978-3-89949-750-2

Bibliografische Information der Deutschen Nationalbibliothek

Die Deutsche Nationalbibliothek verzeichnet diese Publikation in der Deutschen Nationalbibliografie; detaillierte bibliografische Daten sind im Internet über http://dnb.d-nb.de abrufbar.

Druck und Bindung: Hubert & Co., Göttingen

Printed in Germany

Danksagung

Die Arbeit wurde im Mai 2008 an der Rechtswissenschaftlichen Fakultät der FernUniversität in Hagen als Dissertation angenommen. Anschließend veröffentlichte Rechtsprechung und Literatur wurden bis einschließlich Februar 2009 berücksichtigt.

Hiermit möchte ich allen Personen danken, die zu ihrem Gelingen beigetragen haben. Mein erster und besonderer Dank gebührt meinem Doktorvater Herrn Prof. Dr. Dr. Thomas Vormbaum, der mich hervorragend betreut hat und stets für Nachfragen und Anregungen zur Verfügung stand. Ihm verdanke ich auch, dass die Arbeit in dieser Reihe erscheint.

Gleichfalls gilt mein Dank Herrn Prof. Dr. Dr. h.c. mult. Günter Bemmann, der freundlicherweise das Zweitgutachten übernommen hat.

Des weiteren möchte ich mich bei sämtlichen Mitarbeitern des Lehrstuhls für Strafrecht, Strafprozeßrecht und Juristische Zeitgeschichte der FernUniversität in Hagen für die herzliche Aufnahme bedanken, insbesondere bei Frau Beate Gogler und Frau Anne Gipperich; bei letzterer befand sich das Werk auch in besten redaktionellen Händen.

Bei den Quellenrecherchen waren die Mitarbeiter des Geheimen Staatsarchivs Preußischer Kulturbesitz, des Bundesarchivs in Berlin und Koblenz sowie des Parlamentsarchivs des Deutschen Bundestages außerordentlich hilfsbereit.

Für weiterführende Anregungen und hilfreiche Hinweise möchte ich einige meiner Münsteraner Freunde besonders hervorheben: Frau Barbara Bischoff und Herrn Christian Walburg wegen geistreicher Gespräche während gemeinsamer Arbeitspausen sowie Frau Dr. Andrea Grotemeier und Frau Dr. Vera Große-Vehne, die überdies die Dissertation Korrektur gelesen haben.

Herzlich danken möchte ich zu guter Letzt meiner Familie Rohrßen ◦ Riedesel ◦ Krafczyk, die ein steter Rückhalt ist, insbesondere meinen Eltern Anne und Heinz Rohrßen sowie meiner verstorbenen Großmutter Gerti Hilgert, ohne die ich die akademische Freiheit nicht hätte erfahren können.

Hamburg, im Frühjahr 2009 *Benedikt Rohrßen*

Inhaltsverzeichnis

ANHANG

Abkürzungsverzeichnis

Die Abhandlung enthält allgemein übliche Abkürzungen, wie sie auch in *Kirchner / Pannier*, Abkürzungsverzeichnis zu finden sind. Im folgenden sei nur auf einige besonders häufig verwendete sowie auf seltenere Kürzel hingewiesen:

a.A.	andere(r) Ansicht
a.E.	am Ende
a.F.	alte Fassung
aaO.	am angegebenen Ort
Abg.	Abgeordnete(r)
abgedr.	abgedruckt
Abs.	Absatz
ADStrRZ	Allgemeine Deutsche Strafrechtszeitung
ALR	Allgemeines Landrecht für die Preußischen Staaten von 1794
Anm.	Anmerkung
ArchCrR	Archiv des Criminalrechts
AT	Allgemeiner Teil
BA	Bundesarchiv (siehe Quellenverzeichnis)
Bd.	Band
BGBl.	Bundesgesetzblatt, zitiert nach Abteilung, Jahr und Seite
BGHSt	Entscheidungen des Bundesgerichtshofs in Strafsachen
Bl.	Blatt
BMJ	Bundesministerium der Justiz
BR	Bundesrat
BReg	Bundesregierung
BT-Drs.	Drucksachen des Deutschen Bundestages
Bulletin BReg	Bulletin des Presse- und Informationsamtes der Bundesregierung
BVerfGE	Entscheidungen des Bundesverfassungsgerichts
CGB	Criminalgesetzbuch
CVZ	C.V.-Zeitung
Die Justiz	Die Justiz, Zeitschrift für Erneuerung des Deutschen Rechtswesens, zugleich Organ des Republikanischen Richterbundes
DJ	Deutsche Justiz, Rechtspflege und Rechtspolitik
DJZ	Deutsche Juristenzeitung
DRiZ	Deutsche Richterzeitung
DStrR	Deutsches Strafrecht
E	Entwurf

ebd.	ebenda
EGStGB	Einführungsgesetz zum Strafgesetzbuch
Einl.	Einleitung
EuGRZ	Europäische Grundrechte Zeitung
FAZ	Franfurter Allgemeine Zeitung
Fn.	Fußnote
FR	Frankfurter Rundschau
GA	Goltdammer's Archiv für Strafrecht
GE	Gegenentwurf (1911)
GS	Der Gerichtssaal
GSK	Große Strafrechtskommission
GStA PK	Geheimes Staatsarchiv Preußischer Kulturbesitz (siehe Quellenverzeichnis)
GVBl.	Gesetz- und Verordnungsblatt
h.M.	herrschende Meinung
Hdb.	Handbuch
HESt	Höchstrichterliche Entscheidungen, Sammlung von Entscheidungen der Oberlandesgerichte und der obersten Gerichte in Strafsachen, hrsg. v. *Kleine*, H. / *Schlling*, W. / *Duden*, K. / *Lay*, H.W.
Hrsg.	Herausgeber
i.d.F.	in der Fassung
i.E.	im Einzelnen
i.R.v.	im Rahmen von
i.S.d.	im Sinne des / der
InnenA	Innenausschuß
JR	Juristische Rundschau
JuS	Juristische Schulung
JW	Juristische Wochenschrift
JZ	Juristenzeitung
KE	Kommissionsentwurf
KJ	Kritische Justiz, Vierteljahresschrift für Recht und Politik
KrimJ	Kriminologisches Journal
KritV	Kritische Vierteljahresschrift für Gesetzgebung und Rechtswissenschaft
LBIYB	Leo Baeck Institute Year Book
Leg.	Legislaturperiode
LK	Leipziger Kommentar (siehe Literaturverzeichnis)
LZ	Leipziger Zeitschrift für Deutsches Recht
m.w.N.	mit weiteren Nachweisen

MilStGB	Militärstrafgesetzbuch
n.F.	neue Fassung
NJW	Neue Juristische Wochenschrift
Norddt. Bd.	Norddeutscher Bund
NS	Nationalsozialismus
NStZ	Neue Zeitschrift für Strafrecht
o.V.	ohne Verfasserangabe
ObTribSt	*Oppenhoff* (Hrsg.), Die Rechtsprechung des Königlichen Obertribunals in Strafsachen, Berlin 1861 ff. (siehe Literaturverzeichnis)
Pr.GS.	Gesetz-Sammlung für die Königlich-Preußischen Staaten
Prot. BR	Protokolle über die Verhandlungen des Bundesrats des Deutschen Reichs
Prot.	Protokoll(e)
PrStGB	Strafgesetzbuch für die Königlich-Preußischen Staaten von 1851
PrVO	Preußische Verordnung
r	rückseitig (bei Quellenangaben)
Recht	Das Recht, Juristisches Zentralblatt für Praktiker
RechtsA	Rechtsausschuß
RegE	Regierungsentwurf
RG	Reichsgericht
RGBl.	Reichsgesetzblatt
RGSt	Entscheidungen des Reichsgerichts in Strafsachen (Amtliche Sammlung)
RJM	Reichsministerium der Justiz
Rn.	Randnummer
Rspr.	Rechtsprechung
RStGB	Reichsstrafgesetzbuch
RT	Reichstag
RT-Drs.	Drucksachen des Reichstags
RuP	Recht und Politik, Vierteljahreshefte für Rechts- und Verwaltungspoltik
S.	Seite, Satz
s.	siehe
Sch / Sch	Schönke/Schröder (siehe Literaturverzeichnis)
Sess.	Session
SJZ	Süddeutsche Juristen-Zeitung
SK	Systematischer Kommentar (siehe Literaturverzeichnis)
SozG	Sozialistengesetz
Stat. Jb.	Statistisches Jahrbuch für das Deutsche Reich

Sten. Ber.	Stenographische Berichte
StraFo	Strafverteidiger-Forum
StrÄG	Strafrechtsänderungsgesetz
StrRG	Strafrechtsreformgesetz
StV	Der Strafverteidiger
SZ	Süddeutsche Zeitung
Urt.	Urteil
v	vorderseitig (bei Quellenangaben)
v.	von
Var.	Variante
VD	Vergleichende Darstellung des Deutschen und Ausländischen Strafrechts (siehe Quellenverzeichnis)
VE	Vorentwurf (1909)
Vdlgn PrStGB	Verhandlungen der Ersten und Zweiten Kammer über die Entwürfe des Strafgesetzbuchs für die Preußischen Staaten und des Gesetzes über die Einführung desselben, vom 10. Dezember 1850. Nebst den Kommissions-Berichten und sonstigen Aktenstücken. Berlin 1851
VO	Verordnung
WStG	Wehrstrafgesetz
ZG	Zeitschrift für Gesetzgebung
ZRP	Zeitschrift für Rechtspolitik
ZSchwR	Zeitschrift für Schweizerisches Recht
ZStW	Zeitschrift für die gesamte Strafrechtswissenschaft

ERSTER TEIL:
GRUNDLAGEN

Erstes Kapitel: Sachliche Grundlegung: Probleme und Methoden

A) Problemstellung

Auschwitzleugnen als strafbare Volksverhetzung?[1] Die Frage läßt sich für das geltende deutsche Recht schnell mit einem deutlichen „Ja" beantworten. Ein Assoziationstest zur Volksverhetzung brächte das Stichwort „Auschwitzlüge" sicherlich zu Papier, darüber hinaus weitere Begriffe und Namen, die mit rechter Hetze in Verbindung stehen. Seit längerem steht das Schlagwort „Volksverhetzung" hauptsächlich für antisemitische und anderweitige rechtsradikale Äußerungen bzw. die strafrechtliche Antwort darauf. Auch die Statistiken der letzten Jahre weisen in diese Richtung[2].

Das vermag nicht darüber hinwegzutäuschen, daß auch anläßlich des *Tucholsky*-Zitats „Soldaten sind Mörder" bereits wegen Verstoßes gegen § 130 StGB angeklagt und verurteilt wurde. Allgemein pönalisiert die Vorschrift in ihrem ersten Absatz sämtliche gruppendiffamierenden Äußerungen, die eine „innerstaatlich relevante [...] Größenordnung" erreichen[3]. Deswegen begehen – nach einem Beispiel der jüngeren Rechtsprechung – sich vorübergehend gruppierende Fußballanhänger keine strafbare Volksverhetzung, so drastisch sie eine gegnerische Gruppe auch beschimpfen[4].

In ihrer heutigen Gestalt umfaßt die Vorschrift sechs Absätze, deren näheres Verhältnis sich nicht auf den ersten Blick erschließt. Mit den Tatbeständen der friedensgefährdenden Hetze, der Hetzschriftenverbreitung, der Auschwitz-Leugnung und der Verherrlichung der nationalsozialistischen Gewaltherrschaft enthält die Vorschrift vier sich überlagernde Strafbestimmungen[5], die vielfältige Begehungsweisen vorsehen[6]. Zugleich nimmt die sogenannte Sozialadäquanzklausel Handlungen von der Strafbarkeit aus, die „[...] der staats-

1 So der Titel des Beitrags von *Kühl* (2003), in: Bochumer Beiträge, S. 103–119.

2 Vgl. *Fischer*, StGB, 56. Aufl. 2009, § 130 Rn. 3.

3 *Geilen*, NJW 1976, 279, 280.

4 Vgl. OLG Braunschweig, StraFo 2007, 212 zu der auf ortsabwesende gegnerische Anhänger gemünzten Phrase „Eine U-Bahn, eine U-Bahn, eine U-Bahn bauen wir, von Gelsenkirchen bis nach Auschwitz bauen wir".

5 So die weitverbreiteten Bezeichnungen, vgl. etwa SK-*Rudolphi / Stein* zu § 130.

6 Vgl. allein für § 130 Abs. 2 Nr. 1d StGB *Schroeder*, Gesetzgebungstechnik, S. 387.

bürgerlichen Aufklärung, der Abwehr verfassungswidriger Bestrebungen, der Kunst oder der Wissenschaft, der Forschung oder der Lehre, der Berichterstattung über Vorgänge des Zeitgeschehens oder der Geschichte oder ähnlichen Zwecken“ dienen.

Diese „vielfach verschraubten, auch bei gutem Willen kaum noch verständlichen Varianten des § 130“[7] sind das Ergebnis der neueren Gesetzgebung. Als das Reichsstrafgesetzbuch 1871 in Kraft trat, bestand die Vorschrift lediglich aus einem einzigen Absatz und einer einzigen Tathandlung. Vor allem in den Jahren 1960, 1994 und 2005 hat der Gesetzgeber eingegriffen und das Gesicht der Vorschrift verändert. Bis zur ersten deutlichen Änderung 1960 firmierte die Vorschrift in verschiedenen Variationen – nichtamtlich – als „Anreizung zum Klassenkampf“[8]. Scheinbar hat also ein Paradigmenwechsel stattgefunden, weg von der strafrechtlichen Beschränkung linker hin zum Verbot rechter Hetze. In dieselbe Richtung zielt der jüngste Vorstoß auf europäischer Ebene, als sich die europäischen Justizminister im März 2007 auf einen Rahmenbeschluß zur Bekämpfung von Rassismus und Fremdenfeindlichkeit einigten und damit das Thema wieder auf die politische Tagesordnung setzten. Doch die Vorschrift gehört nicht zum klassischen Kanon strafrechtlicher Vorschriften. Erst Mitte des 19. Jahrhunderts hat sie sich herausgebildet und im Strafgesetzbuch etabliert, obwohl es entsprechende Vorschläge zum Rückbau gab – insbesondere angesichts der bereits pönalisierten Aufforderung zu strafbaren Handlungen (§ 111 StGB). Nahe mit der Volksverhetzung verwandt sind neben § 111 StGB die sogenannte Kollektivbeleidigung, das Verbot der Beschimpfung von Bekenntnissen und Weltanschauungen sowie der ehemalige Kanzelparagraph[9], ferner die Anstiftung.

Auch wenn die Frage, ob man aus der Geschichte lernen kann, von Historikern skeptisch beurteilt wird, ist die Hoffnung zumindest auf dem Gebiet der juristischen Zeitgeschichte größer[10]. Als „Schwester“ der Rechtsvergleichung[11] stellt sie Normen nicht horizontal, sondern zeitlich-vertikal gegenüber und hilft, bisher unentdeckte oder wenig beachtete Parallelen zum ursprünglichen Tatbe-

7 *Fischer*, StGB, 56. Aufl. 2009, § 130 Rn. 37.

8 Weitere Bezeichnungen: Anreizung zu *Gewaltthätigkeiten* (*Stenglein*, Lexikon, S. 95), Anreizung zum *Klassenhaß* (bspw. RG GA 1909 [56], 88), so auch der Volksmund (vgl. *Küster*, JZ 1959, 178), *Klassenverhetzung* (vgl. *Kantorowicz*, Die Justiz 1927/28, 149, 156), *Verhetzung* von Bevölkerungsklassen (vgl. *Seuffert*, Anarchismus, S. 144) oder auch „*Auf*reizung zum Klassenkampf“, vgl. das gleichnamige Werk *Weils*.

9 Dazu *Arnolds,* Kanzelparagraph, 1956.

10 Vgl. *Vormbaum*, Strafgesetzgebung, S. 470–472.

11 Vgl. *Zweigert / Kötz*, Rechtsvergleichung, S. 8.

stand aufzuzeigen. Diese können das heutige Verständnis schärfen und das Licht auf mögliche Konsequenzen für die gesetzgeberische Entwicklung werfen. Neben rechtsguttheoretischen Untersuchungen, insbesondere derjenigen *Hörnles*[12], mag auch die vorliegende Arbeit den Weg aus dem „Labyrinth" bahnen helfen, als das *Geilen* bereits die frühere, aus nur einem Absatz bestehende Fassung bezeichnete[13]. Dies ist das hauptsächliche Erkenntnisinteresse der vorliegenden Untersuchung.

Daneben spiegelt die strafgesetzliche Entwicklung einen Teil der jeweiligen Innenpolitik wieder. Da Äußerungsdelikte ein guter Gradmesser für das Verhältnis eines Staates zur Meinungsfreiheit sind, kann die geschichtliche Betrachtung der Volksverhetzung die jeweilige zeitgenössische Bedeutung dieses Grundrechts offenlegen und sich abzeichnende Tendenzen verdeutlichen. Des weiteren ist die Regelungsabsicht des historischen Gesetzgebers bei der Gesetzesauslegung zu berücksichtigen[14], und damit bildet die vorliegende Arbeit nicht zuletzt einen Baustein zum Projekt eines historischen Kommentars zum Strafgesetzbuch[15].

B) Forschungsstand

Der Straftatbestand der Volksverhetzung führt kein „juristisches Schattendasein" mehr, wie es noch 1979 gegolten haben mag[16]. Zwar ist die Vorschrift in der rechtswissenschaftlichen Ausbildung von untergeordneter Bedeutung, so daß auch Lehrbücher sie allenfalls am Rande erwähnen, aber gerade in den letzten Jahren ist eine Vielzahl an Monographien zur Vorschrift erschienen.

Parallel zur Strafbestimmung ist auch die juristische Literatur beträchtlich angewachsen. Nachdem sich gegen Ende des 19. und zu Beginn des 20. Jahrhunderts diverse Dissertationen[17] sowie Einzelbeiträge[18] dem Vorläufer, der „Anreizung zum Klassenkampf", widmeten, erschienen jeweils in zeitlichem und inhaltlichem Zusammenhang Aufsätze und Dissertationen zu

---

12 *Hörnle*, Grob anstößiges Verhalten.

13 *Geilen*, NJW 1976, 279, 280.

14 Zur historischen Normexegese *Larenz / Canaris*, Methodenlehre, S. 312 ff., 328 ff.

15 Zu diesem Projekt *Vormbaum*, Historischer Kommentar, in: Jahrbuch der Gesellschaft der Freunde der Fernuniversität 2002, S. 165 ff.

16 *Krone*, Volksverhetzung, S. 1; ähnlich noch 1987 *Streng*, Volksverhetzung, S. 501.

17 Insb. *Weil*, Aufreizung, 1905; *Heuss*, Anreizung, 1909, *Krämer*, § 130 StGB, 1921, *Nissen*, Anreizung, 1920; *Picard*, Klassenverhetzung, 1914; *Staudacher*, Klassenverhetzung, 1947.

18 U.a. *o.V.* (i.e. *Apt*), Anreizung, 1894.

den größeren Gesetzesänderungen 1960[19] und 1994, insbesondere zum Verbot der Auschwitzleugnung[20], teilweise aber auch zur Kollektivbeleidigung[21]. Bereits diese Studien enthalten vielfach Überlegungen zum mutmaßlich geschützten Rechtsgut „öffentlicher Friede", aber in jüngerer Zeit haben insbesondere *Fischer*, *Junge* und *Hörnle* Einzelwerke dazu veröffentlicht[22]. Daneben erschienen Arbeiten, die das Verhältnis von „Antisemitismus und Strafrecht"[23] sowie die strafrechtliche Bewältigung des Rechtsextremismus[24] – teils mit besonderem Blick auf die Verbreitung im Internet[25] – untersuchen.

Zahlreiche der Arbeiten weisen zwar auch einen rechtshistorischen Teil auf. Die legislatorische Entwicklung ist indes entweder auf die jüngere Zeit begrenzt oder nimmt lediglich geringeren Raum ein; insbesondere die nicht in Kraft gesetzten gesetzgeberischen Bemühungen spielen allenfalls eine untergeordnete Rolle. Im Bereich des Staatsschutzrechts bietet das Werk *Schroeders* einen umfassenden Überblick, erfaßt die Volksverhetzung jedoch nur nachrangig[26].

Eine übergreifende, konzentrierte Betrachtung der bisherigen Reformdiskussion und Gesetzgebung, die den Bogen über 150 Jahre vom unmittelbaren preußischen Vorgänger bis zur geltenden Vorschrift schlägt, liegt zu § 130 StGB bislang noch nicht vor. Dem widmet sich die vorliegende Untersuchung.

---

19 Zur Neufassung 1960 *Lömker*, Abwertung, 1970; *Krone*, Volksverhetzung, 1979.

20 Bspw. *Wandres*, Auschwitzleugnen, 2000; *Leukert*, Auschwitzleugnen, 2005 sowie *v. Dewitz*, NS-Gedankengut, 2006.

21 *Foerstner*, Kollektivbeleidigung, 2002; *Wehinger*, Kollektivbeleidigung, 1994. Auf § 185 StGB konzentrierend u.a. *Androulakis*, Sammelbeleidigung; *Waldow*, Ehrenschutz, 1999.

22 *Fischer*, Öffentlicher Friede, 1989; *Junge*, Schutzgut, 2000; *Hörnle*, Grob anstößiges Verhalten, 2003; *dies.*, Schutz von Gefühlen, 2003; *Hefendehl*, Kollektive Rechtsgüter, 2002. Ferner *Kühl*, Auschwitz-Leugnen, 2001, S. 103 ff.; *Geilen*, Volksverhetzung 1996. – Zuvor bereits *Goehrs*, Rechtsfrieden, 1900. Weitere Nachweise bei *Bertram*, NJW 2005, 1476, 1477 Fn. 13.

23 So der Titel der Arbeit von *Paepcke*, 1962. Früher bereits *Parmod*, Antisemitismus, 1894; *Foerder*, Antisemitismus, 1924 sowie *Eyck*, Rechtspflege, 1927. – Rechtshistorisch insb. *Beer*, Juden, 1986; zeitgeschichtlich *Paucker*, Antisemitismus, 1968; *Walter*, Antisemitische Kriminalität 1999; *Jahr*, Ahndung, 2006.

24 *Jahn*, Strafrechtliche Mittel, 1998; *Stegbauer*, Rechtsextremistische Propaganda, 2000.

25 Bspw. *Laitenberger*, Verbreitung, 2003.

26 *Schroeder*, Staat und Verfassung, 1970.

C) Methode und Fragestellungen

Der Schwerpunkt der Studie liegt in der Darstellung der Reformdiskussion und Gesetzgebung des § 130 StGB, die im ersten Entwurf eines einheitlichen deutschen Strafgesetzbuchs, 1869/70, ihren Anfang nahm. Allerdings geht diesem ein Überblick über die Partikularrechte des 19. Jahrhunderts voraus, der sich aus gutem Grund auf das preußische Recht konzentriert. Denn dieses hat nicht nur allgemein, sondern im vorliegenden Falle auch konkret die Strafgesetzgebung des Deutschen Reiches stark beeinflußt, zumal für die 1960 vorgenommene Änderung auf das preußische Urbild zurückgegriffen wurde[27].

In die gesetzgebungsgeschichtliche Darstellung fließen dogmentheoretische Ansätze ein; allerdings spielte, wie sich herausstellte, die Frage des Rechtsguts vielfach nur eine untergeordnete Rolle. Beiläufig wird auch auf gesellschaftliche und rechtsprechungsbedingte Einflüsse eingegangen. Auf folgende Fragestellungen, die in einem weiteren Rahmen im dritten Teil der Untersuchung aufgegriffen werden, soll stets ein Augenmerk gerichtet sein:

I. Kriminalisierung

Die Erweiterung der Vorschrift geht ausweislich stets neuer Absätze mit der Ausweitung des Strafbarkeitsbereiches einher. Damit liefe sie Tendenzen zuwider, die Ende der 1980er Jahre für die deutsche Strafgesetzgebung festgestellt wurden[28]. Anders wäre dies, wenn festgestellt werden sollte, daß die Gesetzgebung nur die Rechtsprechung bestätigt oder gar ihren Wirkungskreis einengt. Daher wird hier nicht nur auf die Gesetzgebung, sondern auch auf mögliche Wechselwirkungen zwischen Gesetzgebung und Rechsprechung eingegangen. Darüber hinaus stellt sich im Rahmen der Kriminalisierung die Frage des geschützten Rechtsguts.

II. Kontinuität

Das Stichwort „Kontinuität“ betrifft zum einen die Frage, ob der Bruch, den der Nationalsozialismus aus Sicht der allgemeinen und politischen Geschichtsschreibung darstellt, sich auch durch die strafrechtliche Historie zieht[29]. Zum anderen deuten die Normbezeichnungen des § 130 StGB (Klassenkampf und Volksverhetzung) auf eine Zäsur hin, die möglicherweise mit dem gesell-

---

27 Vgl. 8. Kap. bei Fn. 98.

28 Vgl. *Lenckner*, Strafrechtsentwicklung, S. 325 ff., 331.

29 Vgl. *Vormbaum*, Strafgesetzgebung, S. 470 f.

schaftlichen Leitbild zusammenhängt. Manchen fällt es schwer, die frühere Fassung mit der durch das Grundgesetz geschaffenen freiheitlich-demokratischen Grundordnung in Einklang zu bringen, da sie auf dem dualistisch-antagonistischen Klassenkampfgedanken beruhe[30].

Allerdings deutet bereits der Umstand, daß das Schrifttum sich teilweise an das Verständnis der ursprünglichen Bestimmung anlehnt[31], darauf hin, daß es sich bei der durch das Sechste Strafrechtsänderungsgesetz 1960 geschaffenen Vorschrift weniger um eine „Neu*schaffung*“[32] als um eine Neu*fassung* gehandelt hat.

III. Gesetzesbestimmtheit

> „Ueber die Vorsicht des Richters bei ihrer Anwendung noch etwas zu sagen, erscheint überflüssig.“[33]

Derart beredet schwieg sich der damalige Züricher Hochschullehrer *Temme* 1853 in bezug auf die preußische Vorgängernorm des heutigen Volksverhetzungsparagraphen aus. Aber auch der entsprechende Straftatbestand des Reichsstrafgesetzbuchs war vor Kritik und Anfeindungen nicht gefeit und bekam unter anderem folgende Namen verliehen:

> Angstparagraph[34], Kautschukparagraph[35], Revolutionsparagraph[36], Denunziationsparagraph[37], Ostmarkenstrafparagraph[...][38] *oder einfach* dieses Monstrum[39].

Die Angriffe zielten unmittelbar gegen die praktische Anwendung, verhehlten aber nicht, daß damit indirekt der Gesetzgeber gefragt war. Die gesetzgeberi-

---

30 *Krone*, Volksverhetzung, S. 12; *Junge*, Schutzgut, S. 38, derzufolge die Vorschriften aufgrund der unterschiedlichen gesetzgeberischen Absichten nicht vergleichbar seien.

31 Vgl. z.B. zur Ansicht, daß § 130 StGB das Rechtsgut „öffentlicher Friede“ schützt, *Streng*, Volksverhetzung, S. 501, 509. Vgl. ferner *Louven*, DRiZ 1960, 211–213, demzufolge bereits die alte Fassung hetzerische nazistische Äußerungen unter Strafe stellte; *Wandres*, Auschwitz-Leugnen, S. 214–216, der sich im Rahmen der Auslegung des Friedensbegriffs auf die reichsgerichtliche Rechtsprechung und Literatur beruft.

32 *v. Dewitz*, NS-Gedankengut, S. 179.

33 *Temme*, Glossen, § 100 (S. 175).

34 3. Kap. bei Fn. 73.

35 *Lasker* (s.u. 3. Kap. bei Fn. 83); ebenso *v. Buchka*, 13. Sitzung, 12.1.1895, Sten. Ber. RT 1894/95 (9. Leg., 3. Sess.), S. 314.

36 *Porzig*, Sten. Ber. RT 1905/1906, S. 1634.

37 So der Antisemit *Bruhn* Sten. Ber. RT 1905/1906, 11. Leg., II. Session, S. 2017.

38 *v. Dziembowski-Pomian* in 104. Sitzung v. 12.1.1911, Sten. Ber. RT, Bd. 263, S. 3803.

39 *Mehring*, Geschichte der deutschen Sozialdemokratie, Bd. 2, S. 368, zit. nach *Oborniker*, Archiv für Kriminal-Anthropologie, Bd. 31 (1908), S. 19 bei Fn. 1.

sche Aufgabe, gerade Straftatbestände bestimmt zu formulieren, wird bei der Volksverhetzung indes durch den Umstand erschwert, daß es sich um ein Äußerungsdelikt handelt. Anders als bei Delikten, die Angriffe gegen gegenständliche Rechtsgüter betreffen und sich in wiederkehrenden Variationen der Handlungsform erschöpfen, zeichnen sich Äußerungsdelikte durch die Vielgestaltigkeit der Gedankenäußerungen aus. Dies belastet allerdings eine trennscharfe Begriffsbildung[40] und trägt zu dem Spannungsfeld bei, das jedes Äußerungsdelikt zur Meinungsfreiheit aufbaut, wie es in der eingangs erwähnten Sozialadäquanzklausel angedeutet ist.

IV. Symbolstrafrecht

Nicht nur das Strafrecht, aber eben auch dieses, sieht sich seit einigen Jahren der Kritik ausgesetzt, bloß symbolisches Recht zu sein[41]. In der Diskussion, die auch die Frage des Rechtsgüterschutzes betrifft, stehen zunächst einmal vier Gruppen von Vorschriften: Normen mit Appellcharakter, Normen, die gesetzgeberische Wertbekenntnisse enthalten, Normen, die Ersatzreaktionen darstellen sowie Kompromißgesetze[42]. Im Hinblick auf § 130 StGB stellt sich die Frage des symbolischen Strafrechts insbesondere bezüglich des dritten und vierten Absatzes.

D) Darstellungsweise

Die Darstellung orientiert sich als historischer Längsschnitt an der Gesetzesentwicklung. Innerhalb der zeitgeschichtlichen Abschnitte wird allerdings weniger Wert auf die exakte Wiedergabe der historischen Abfolge als auf den sachlichen Zusammenhang der Argumente und Überlegungen gelegt. Daher wird an geeigneter Stelle nach den einzelnen Tatbestandsmerkmalen – insbesondere den geschützten Bevölkerungsgruppen, Tathandlungen und dem restriktivem Element – unterteilt.

Im ersten Teil folgt dieser sachlichen Grundlegung die Schilderung der historischen Ausgangslage im Partikularrecht. Da es sich nicht um ein „klassisches" Delikt handelt und der hier für das Reichsstrafgesetzbuch vorbildgebende preußische Straftatbestand dem französischen Recht entspringt, auf das sich auch die Verfasser des Entwurfs zu einem gesamtdeutschen Strafgesetzbuch

---

40 So u.a. schon *Oetker*, Allgemeine Zeitung 1895, Nr. 40, Beilage Nr. 33, S. 5; ferner *Herz*, 22. Sitzung v. 23.3.1874, Sten. Ber. RT, Bd. 35, S. 489 zu Pressedelikten.

41 Vgl. zum Versammlungsrecht *Enders / Lange*, JZ 2006, 105 ff.

42 *Hassemer*, NStZ 1989, 553, 554; vgl. auch *Díez Ripollés*, ZStW 2001, 516, 531–536.

1869/70 beriefen, wird auch auf die einstigen französischen Vorschriften eingegangen.

Das Hauptaugenmerk liegt mit dem zweiten Teil auf der gesetzgeberischen Entwicklung seit 1870. Im Mittelpunkt steht die Genese und Evolution des § 130 StGB; die Entwicklung verwandter Vorschriften wird betrachtet, sofern ein unmittelbarer Bezug besteht. Die gesellschaftlichen Hintergründe sowie Entwicklungen in der Rechtsprechung werden ebenfalls gelegentlich einbezogen. Im dritten Teil wird die Entwicklung zusammengefaßt und abschließend betrachtet.

Der Untersuchung liegen zahlreiche Quellen zugrunde, zu denen insbesondere die Reformentwürfe, Motive und Kommissionsprotokolle, Parlamentsberichte und -drucksachen gehören. Sofern sie unmittelbar für das Verständnis von Bedeutung sind, sind sie im Text selbst oder zumindest in den Fußnoten zugänglich gemacht. Der vergleichenden Übersicht halber sind die wichtigsten Etappen sowohl der Reformdiskussion als auch der Gesetzgebung getrennt voneinander im Anhang aufgeführt.

Zweites Kapitel: Historische Grundlegung: Deutsches Partikularrecht

A) Ausgangslage

Im 19. Jahrhundert entwickelten die meisten deutschen Partikularstaaten eigene Strafgesetzbücher und Verfahrensordnungen. Grund dafür war das Bedürfnis, ein Strafrecht zu schaffen, das den liberalen Zeitgeist verinnerlichte und den Bürgern aufgrund seiner Bestimmtheit ein erhöhtes Maß an Rechtssicherheit vermittelte. Mit eigenen Gesetzbüchern lösten sich die Staaten vom Gemeinen Recht und beendeten die 1532 durch die Peinliche Gerichtsordnung Kaiser Karls V. begründete Rechtseinheit. In einigen Staaten, insbesondere westlich des Rheins, galt das Rheinische Strafgesetzbuch, der Code pénal von 1810[1], während noch 1866 in vier Bundesstaaten des Norddeutschen Bundes das Gemeine Recht fortgalt.

Ein Tatbestand der Volksverhetzung, wie man ihn heute in § 130 Abs. 1 StGB findet, war dem Gemeinen Recht unbekannt. Gruppenfeindliche Äußerungen, die ehrverletzend, Haß erregend oder zu Gewaltmaßnahmen auffordernd wirken sollten, waren nicht eigens strafbewehrt. Anders war dies in Frankreich seit dem ersten Drittel des 19. Jahrhunderts. Dort unterfielen Äußerungen wie „Nieder mit den Adeligen!“, „Nieder mit den Bäckern!“, „Nieder mit den Juden!“, „Nieder mit den Protestanten!“ oder „Nieder mit den Katholiken!“ einem eigenständigen Straftatbestand[2].

Dagegen waren solche Äußerungen nach dem Gemeinen deutschen Recht allenfalls bedingt durch andere Normen strafbewehrt. Eine Strafbarkeit wegen Beleidigung kam regelmäßig nicht in Frage. Zwar konnte eine Einzelperson durchaus in Ansehung ihres Standes beleidigt werden[3], aber die Beleidigungsfähigkeit von Personenkollektiven war nur in Ausnahmefällen anerkannt; Stände oder Gewerbe zählten beispielsweise nicht dazu[4]. Tatbestände wie die öffentliche Aufforderung zu Straftaten existierten noch nicht[5]. Daher konnten hetzende Aufrufe, je nach Konkretisierungsgrad, allenfalls unter dem Ge-

---

1 Näher *Schubert*, Der Code pénal, S. 7.

2 Vgl. 2. Kap. B) II. bei Fn. 28.

3 *Weber*, Injurien, S. 152 f.

4 Vgl. *Weber*, aaO., S. 162–164, der „ganze Gemeinden, Collegia und andere Gesellschaften“ (S. 162) für beleidigungsfähig hielt, wenn sie bestimmt genug bezeichnet sind. Ähnlich *Carpzov*, Practica nova, Quaestio XCVI, Nr. 16–18. Anknüpfungspunkt war die Frage des Antragsrechts, *Brunschvig*, Kollektiv-Ehrverletzung, S. 11.

5 *Weidner*, Aufforderung, S. 5.

sichtspunkt der Anstiftung strafrechtlich verfolgt werden. Damit hing aber die Strafbarkeit gruppenfeindlicher Äußerungen sowohl von der mehr oder minder konkreten „Handlungsanweisung“ als auch von dem gegenüber Dritten gezeitigten „Erfolg“ ab. Neben der Anstiftung zur Körperverletzung kamen wegen des Gruppenbezugs insbesondere die Anstiftung zum Auflauf oder zum Aufruhr infrage. Je nach Einzelfall wäre schließlich an Hochverrat zu denken, der im Laufe der Zeit sehr extensiv ausgelegt wurde[6]. Falls aber kein Anstiftungserfolg eintrat, war die Strafbarkeit der versuchten Anstiftung in der gemeinrechtlichen Theorie[7] wie in der partikularrechtlichen Praxis umstritten[8]. Einzig bei der hochverräterischen Aufforderung sahen die gemeinrechtlichen Quellen eine Ausnahme vor[9]. Ansonsten machte sich ein Verfasser aufrührerischer Schriften erst strafbar, wenn sicher feststand, daß die Aufforderung tatsächlich einen Aufruhr verursacht hatte[10]. Demnach stellte der Inhalt der Äußerung für sich allein noch keine strafbare Handlung dar.

B) Gesetzliche Vorläufer der Volksverhetzungsvorschrift

I. Vorläufer im deutschen Recht

Unter den das Gemeine Recht ablösenden Partikularstrafgesetzbüchern enthielt zunächst das Allgemeine Landrecht für die Preußischen Staaten von 1794 (ALR) in § 227 ALR II 20 eine in zweifacher Richtung begrenzte und daher mit der heutigen Volksverhetzung nur bedingt vergleichbare Bestimmung[11]:

> „Wer in Predigten, oder andern öffentlichen Reden, Haß und Verbitterung unter den verschiedenen im Staate aufgenommenen Religionsparteyen zu erregen sucht, soll seines Amtes entsetzt; und nach Verhältniß des angerichteten Schadens, mit vierwöchentlicher bis sechsmonathlicher Gefängniß- oder Festungsstrafe belegt werden.“

---

6 Zu diesem Zusammenhang *Frühwald*, Handbuch, § 302 II (S. 261). Zur extensiven Auslegung des Hochverrats *v. Schirach*, ArchCrR, 1831, Beilage-Heft 1, 113–116.

7 Dazu *Zachariä*, ArchCrR 1850, 265, 279–283.

8 *Zachariä*, ArchCrR 1853, 135, 162 Fn. 19. Er plädierte dafür, zum Grundsatz zurückzukehren, daß als Anstifter nur der „Urheber (Ursacher) der *begangenen* Tat“ bestraft werde, ArchCrR 1850, 265. 282 (Hervorhebung im Orig.).

9 *Zachariä*, Vom Versuche, Bd. 2, 1839, §§ 194 ff. (S. 109 ff.), § 201 (S. 125 f.).

10 *Henke*, ArchCrR 1818, 541, 561.

11 Zur begrenzten Vergleichbarkeit mit § 100 PrStGB *Goltdammer*, Materialien, Theil II, § 100 Anm. 1. Die Norm war in allen Entwürfen der preußischen Gesetzrevision vorgesehen (*ders.*, aaO., § 135 Anm. II. 4.), verschmolz dann aber mit der Gotteslästerung und dem beschimpfenden Unfug an gottesdienstlichen Gegenständen zu § 135 PrStGB.

Zum einen galt sie, im XX. Titel des 2. Teils „Von den Beleidigungen der Religionsgesellschaften" niedergelegt, ausschließlich im Verhältnis der Religionsgesellschaften untereinander. Eine analoge Anwendung der Vorschrift auf die Aufwiegelung sonstiger gesellschaftlicher Gruppen kam aufgrund des in § 9 ALR II 20 verankerten strafrechtlichen Gesetzesvorbehalts, welcher die Analogieermächtigung in § 49 Einl. ALR ausschloß, nicht in Frage[12]. Zum anderen war das Delikt auf Geistliche sowie Beamte zugeschnitten, wie neben dem Tatbestand („in Predigten, oder andern öffentlichen Reden") auch die Rechtsfolge (zwingend Amtsenthebung *und*, je nach Schaden, Gefängnis- oder Festungsstrafe) zeigt. Unklar bleibt allerdings, ob diese Eigenschaft ein notwendiges Tätermerkmal darstellte und es sich insofern, da strafbarkeitsbegründend, nach heutiger Begrifflichkeit um ein echtes Sonderdelikt handelte[13].

Der heutigen Volksverhetzung standen hingegen die Art. 202 und 205[14] des Rheinischen Strafgesetzbuchs, des Code pénal von 1810 näher. Die Vorschriften beschränkten sich zwar auf Religionsdiener als Täter. Jedoch sanktionierten sie das Aufwiegeln eines Teils der Bürger gegen einen anderen unabhängig von religiösen Bindungen. Ohne auf eine bestimmte Tätereigenschaft abzustellen, sanktionierten erstmals im Jahre 1849 zwei provisorische Pressegesetze Äußerungen, die gegenüber einer gesellschaftlichen, nicht religiös institutionalisierten Personengesamtheit Haß oder Verachtung bewirken sollten. § 17 der Preußischen Verordnung vom 30. Juni 1849 lautete:

> „Wer den öffentlichen Frieden dadurch zu stören sucht, daß er die Angehörigen des Staates zum Hasse oder zur Verachtung gegeneinander öffentlich anreizt, wird mit Geldbuße von zwanzig bis zu zweihundert Thalern, oder mit Gefängnis von vier Wochen bis zu zwei Jahren bestraft."[15]

---

12 Allgemein dazu *Krey*, Keine Strafe ohne Gesetz, S. 75 m.w.N.

13 Dafür spricht trotz des allgemeinen Subjektes („wer") neben dem Blick auf Tatbestand und Rechtsfolge auch die in drei späteren preußischen StGB-Entwürfen zusätzlich vorgesehene Amtsentlassung bzw. -entsetzung für Geistliche und öffentliche Beamte, vgl. § 1 des Vierten Abschnitts des E 1828, *Schubert / Regge*, Gesetzrevision, Bd. I.1, S. 302, § 198 E 1833, *dies.*, Gesetzrevision, Bd. I.3, S. 36 sowie § 290 E 1836, aaO., S. 884. A.A. *Dietl*, Kanzelparagraph, S. 15; zweifelnd *Temme*, Handbuch, 1837, S. 119.

14 Art. 202: „Enthält die Rede [...], oder hat sie zum Zwecke, einen Theil der Bürger gegen die anderen aufzuwiegeln oder zu bewaffnen, so wird der Religionsdiener [...] bestraft [...]."

Art. 205: „Enthält die [...] Schrift [...], oder hat sie zum Zwecke, einen Theil der Bürger gegen die anderen aufzuwiegeln oder zu bewaffnen, so wird der Religionsdiener, der sie veröffentlicht hat, mit Deportation bestraft."

Art. 203 und 206 enthielten Subsidiaritätsklauseln für die erfolgreiche Aufwiegelung. Deutsche Übersetzung des 19. Jahrhundert aus: *Schubert*, Der Code pénal, S. 176 f.

15 Pr.GS. 1849, S. 226, 230.

§ 26 des österreichischen Gesetzes gegen den Mißbrauch der Presse vom 13. März desselben Jahres enthielt folgendes Verbot:

> „Wer durch Druckschriften [...]
>
> b) zu Feindseligkeiten wider die verschiedenen Nationalitäten (Volksstämme), Religionsgenossenschaften, einzelne Classen oder Stände der bürgerlichen Gesellschaft oder wider gesetzlich anerkannte Körperschaften auffordert, aneifert oder zu verleiten sucht, wird, wenn sich die Handlung nicht als eine schwerer verpönte, andere Übertretung darstellt, mit Kerker bis zu 2 Jahren bestraft.“[16]

Nicht zufällig entstammen beide Vorschriften demselben Jahr. Vielmehr entstanden beide infolge der 1848 den Partikularstaaten überlassenen Aufhebung der Vorzensur und dem damit einhergehenden Paradigmenwechsel von der Präventiv- zur Repressivkontrolle, vom Polizei- zum Justizsystem[17]. Der preußische § 17 sollte, gemeinsam u.a. mit dem Schmähungen und Verhöhnungen staatlicher Einrichtungen oder Anordnungen bestrafenden § 18, ein Korrelat zur Meinungs- und Pressefreiheit bilden[18]. Diese enge Verbindung mit der Pressegesetzgebung wurde auch bei ihren Nachfolgern hervorgehoben, den als Haß- und Verachtungsparagraphen bezeichneten §§ 100, 101 PrStGB[19]. Allerdings wurde ihnen vorgeworfen, sie beschränkten unzulässigerweise die im öffentlichen Interesse gerade notwendige Kritik sowohl gesellschaftlicher als auch staatlicher Zustände. Schon damals zeichnete sich also der Konflikt zwischen der Meinungsfreiheit und dem mit der Norm verfolgten Ziel, den öffentlichen Frieden zu schützen, ab. Die Normen seien zu unbestimmt und führten zu willkürlicher Anwendung. Die Öffentlichkeit und deren Urteil seien das beste Korrektiv gegen Ausschreitungen. Schließlich seien die Normen aufgrund anderweitiger Vorschriften wie §§ 36, 87, 89, 102, 152 ff. PrStGB[20] entbehrlich[21]. Während der Nachfolger des § 100 PrStGB (i.e. § 130 RStGB) – in veränderter Fassung – bis heute Bestand hat und sogar deutlich erweitert

16 Abgedr. in: *Koppel*, Österreichische Strafgesetze, § 59 (S. 88).

17 Von diesen beiden „Hauptsystemen“, ging man zur Zeit der Karlsbader Beschlüsse aus, *Eisenhardt*, Zensur, S. 8 f. Wegen der Verbindung von Hinterlegungs- und Kautionspflichten mit Strafnormen wurde der Entwurf eines umfassenden Pressegesetzes im diesbezüglichen Kommissionsbericht allerdings als „Präventiv- *und* Repressiv-Gesetz“ charakterisiert, Sten. Ber.der Ersten Kammer 1850, 24. Sitzung v. 20.2.1851, S. 405.

18 Entwurf eines Strafgesetzbuches für den Norddeutschen Bund vom Juli 1869 und Motive zu diesem Entwurf , S. 251; vgl. *Rüdorff*, Strafgesetzbuch, S. 271.

19 *Berner*, Lehrbuch, 5. Aufl. 1871, § 199 (S. 493).

20 D.h. öffentliche Aufforderung zu Verbrechen (§ 36) bzw. zum Ungehorsam (§ 87), Widerstand gegen vollziehende Beamte (§ 89), Beleidigung der Kammern, Behörden, Beamten etc. (§ 102) sowie die Ehrverletzungsdelikte (§§ 152 ff.).

21 Detailliert *John*, Entwurf, S. 356–359.

worden ist, ist der Nachfolger des § 101 PrStGB (§ 131 RStGB) am 23. November 1973 aufgrund des Vierten Gesetzes zur Reform des Strafrechts ersetzt worden. Insofern gilt es im Laufe dieser Untersuchung auch zu fragen, welche Gründe für eine, obgleich modifizierte, Beibehaltung jener, die Meinungsäußerung gegenüber gesellschaftlichen Gruppen sanktionierenden, Norm sprachen. Ist etwa aus einem Gelegenheitsgesetz, erlassen in einer oktroyierten, von beiden preußischen Kammern erst zwei Jahre später genehmigten Verordnung eine dauerhafte Strafrechtsvorschrift geworden?

II. Französische Vorbilder

Als unmittelbares Vorbild des § 17 der preußischen Verordnung und nachfolgend des § 100 PrStGB dienten mehrere Vorschriften des französischen Rechts[22]. Die preußische Vorschrift wiederum war Muster der entsprechenden Norm des Strafgesetzbuches für den Norddeutschen Bund. Konsequenterweise beriefen sich noch Jahrzehnte später Preußisches Obertribunal wie Reichsgericht bei der Auslegung des in § 130 RStGB übernommenen Klassenbegriffs auf das Verständnis französischer Juristen[23].

In Frankreich ergänzten zahlreiche außerordentliche Spezialgesetze den Code pénal, seien es Gesetze über die geheimen Gesellschaften und das Vereinswesen, seien es Gesetze über die Verbreitung beunruhigender Nachrichten, aufrührerische Rufe oder auch über die Presse. Von diesen bestrafte erstmals[24] das Gesetz vom 25. März 1822 in Art. 10, wer den öffentlichen Frieden zu stören sucht, indem er Haß oder Verachtung der Bürger gegen eine oder mehrere Klassen von Personen erregt[25]. Schon hier stand als zentraler Kritikpunkt der die geschützten Personenmehrheiten umschreibende Begriff „classes" fest.

---

22 Vgl. Fn. 77.

23 Vgl. ObTribSt, Bd. 14, S. 386, 388 und RGSt 26, 63 f.; 32, 352, 353. – Auch in der englischen Rechtspraxis des 19. Jahrhunderts wurde wegen Aufstachelns gegen eine andere Bevölkerungsklasse angeklagt, vgl. *Lorbeer*, Preß-Freiheit, S. 217 f. In englischen Lehrbüchern fand sich das Delikt später im Rahmen der seditious intention wieder, vgl. *Stephen / Sturge*, Criminal law, Art. 114 (S. 94 f.).

24 Entgegen *Weil*, Aufreizung, S. 4, *Heuss*, Anreizung, S. 3 f. und ihnen folgend *Krone*, Volksverhetzung, S. 131 betraf Art. 1 des Gesetzes von 1819 allein die erfolgreiche öffentliche Aufforderung zu Straftaten (vgl. den Normtext bei *Chassan*, Presse, Bd. III, S. 390). Die Annahme von *Weil* und *Heuss* ist wohl darauf zurückzuführen, daß beide die Motive zu dem Entwurfe eines StGB für den Norddeutschen Bund, Anh. V zugrunde legten, die Art. 1 nicht vollends wiedergeben und damit damit den Anschein erwekken, die Vorschriften endeten wie die darunter vollständig abgedruckte von 1835.

25 „Quiconque, par l'un de moyens énoncés en l'art. 1er de la loi du 17. mai 1819, aura cherché à troubler la paix publique, en excitant le mépris ou la haine des citoyens contre une ou plusieurs classes de personnes, sera puni des peines portées en l'article précédent [d'un emprisonnement de quinze jours à deux ans, et d'une amende de 100 fr. à 4,000 fr.]". Abgedr. in: *Chassan*, Presse, Bd. III, S. 435, 440.

Einige fürchteten, die alte Staatsordnung solle wiederbelebt werden, denn inzwischen gebe es doch in Frankreich nur noch gleiche Bürger, ohne jedwede „classification"[26]. Dem damaligen Justizminister *de Serre* zufolge meinte „classes" solche Personengruppen, die aufgrund irgendeines gemeinsamen Merkmals zusammengefaßt werden können, beispielsweise aufgrund ihrer Herkunft, ihrer Religion, der ihnen unterstellten Auffassungen, ihres gesellschaftlichen Ranges oder des ausgeübten Berufes[27]. Die Rechtsprechung faßte dementsprechend darunter Gruppierungen wie „les nobles, les prêtres", „journalistes", „gardes nationaux", „l'armée de terre" oder „corps des officiers de la marine militaire". Bereits Äußerungen wie „à bas les prêtres! à bas les nobles! à bas les boulangers! à bas les juifs! à bas les protestan[t]s! à bas les catholiques! " sollten vom Tatbestand erfaßt sein[28]. Aus Sorge vor einer sehr weitgehenden Strafbarkeit wurde im damaligen Schrifttum betont, daß der Täter nach dem Wortlaut eine Störung des öffentlichen Friedens beabsichtige; ansonsten müsse man die Werke der Moralisten[29] verbieten und diese strafrechtlich ahnden[30].

Darüber hinaus trat mit Art. 8 des Gesetzes vom 9. September 1835[31] eine vergleichbare Norm in Kraft, die die Gerichte neben Art. 10 des Gesetzes vom 25. März 1822 anwendeten[32]. Die neue Vorschrift verwendete weiterhin den Klassenbegriff und veränderte den Wortlaut bloß dahingehend, daß nicht mehr das Erregen von Verachtung oder Haß der Bürger *gegen* eine oder mehrere Klassen von Personen, sondern die Provokation des Hasses *zwischen* den verschiedenen Klassen der Gesellschaft strafbar sein sollte. Aber schließlich kam die französische Gesetzgebung der gegen die beiden Normen geäußerten Kritik nach und verbannte den Klassenbegriff aus dem Gesetz. Als Reaktion auf den Sozialistenaufstand vom 23. Juni 1848 erließ die provisorische Regierung

---

26 *Chassan*, aaO., S. 316.

27 Zit. nach *Chassan*, aaO., S. 317, ohne Fundstellenangabe.

28 Zit. nach *Chassan*, aaO., S. 317 f., dort teilweise mit Rspr.-Nachweisen.

29 Autoren, die sich mit der Natur des Menschen und der Lebenskunst beschäftigen, etwa Montaigne oder La Rochefoucauld, *Zimmer*, Europäische Moralisten, S. 7–13.

30 *Chassan*, aaO., S. 317, 318 f.

31 „Toute attaque contre la propriété, le serment, le respect dû aux lois; toute apologie de faits qualifiés crimes et délits par la loi pénale; toute provocation à la haine entre les diverses classes de la societé, sera punie des peines portées par l'art 8 de la loi du 17 mai 1819. […]" (Aus: *Chassan*, Presse, Bd. III, S. 481, 483.) Die Strafdrohung sollte die antimonarchische Presse bremsen, vgl. *Fabreguettes*, Délits politiques, I, S. 156 Fn. 1.

32 Cour d'assises de la Vendée, Gazette des Tribunaux, 19–20 février 1838, zit. nach *Chassan*, Presse, Bd. III, S. 440 f., Fn. *** [sic].

Cavaignac ein Dekret[33], dessen Art. 7[34] die Vorschrift wieder der Ursprungsnorm des Art. 10 des Gesetzes von 1822 annäherte, zugleich aber das Aufforderungsobjekt änderte. 1822 waren es Bürger gegen eine oder mehrere *Klassen*, 1848 die *Bürger* gegeneinander. Diese Strafbestimmung, welche in Frankreich über drei Jahrzehnte bestand[35], war unmittelbares Vorbild des § 17 der preußischen Verordnung vom 30. Juni 1849.

C) Rahmenvorgaben des Deutschen Bundes

Der Deutsche Bund hatte grundsätzlich nur geringen Einfluß auf die Gesetzgebung der Einzelstaaten. Auf die Strafgesetzgebung wirkte er nur durch Bundesbeschlüsse zum Vereins-, Urheber- und hier interessierenden Presserecht ein[36]. Nachdem der Deutsche Bund den Bundesstaaten freigestellt hatte, die Zensur aufzuheben[37], gab er auch der Reaktion, also dem Versuch, den konservativ-bürokratischen Obrigkeits- und Ordnungsstaat wiederherzustellen[38], einen einheitlichen Rahmen vor. Die Bundesstaaten wurden aufgefordert, die Veränderungen der Revolutionsjahre einschließlich der Pressefreiheit zu revidieren[39]. 1854 erließ der Deutsche Bund selbst ein in diese Richtung weisendes „Pressegesetz"[40] für sämtliche Bundesstaaten. § 16 dieser Allgemeinen Bundesbestimmungen zur Verhinderung des Mißbrauchs der Pressefreiheit vom 6. Juli 1854 schrieb vor, daß in allen Bundesstaaten der Mißbrauch der Presse „durch Aufforderung, Anreizung oder Verleitung zu Handlungen, welche durch die allgemeinen Strafgesetze verboten" seien, sanktioniert werde, insbesondere die Anreizung zu Gewalttätigkeiten. § 17 zufolge hatten die Bundesstaaten auch gegen Angriffe auf die Religion bzw. Religionsgesellschaften sowie auf die Grundlagen des Staates strafrechtlichen Schutz zu gewähren –

33 Dekret vom 11./12.8.1848, näher dazu *Krone*, Volksverhetzung, S. 138–141.

34 „Quiconque par l'un de moyens énoncés en l'art. 1er de la loi du 17 Mai 1819 aura cherché à troubler la paix publique en excitant le mépris ou la haine des citoyens les uns contre les autres, sera puni d'un emprisonnement de quinze jours á deux ans, et d'une amende de cent francs à quatre mille francs." (Abdr. in: StGB für den Norddeutschen Bund, in: *Schubert*, Kodifikationsgeschichte, Bd. 2, S. 119.)

35 Vgl. Art. 68 Abs. 1 des Gesetzes über die Pressefreiheit vom 29. Juli 1881. Art. 7 des Dekrets von 1848 wurde ersatzlos aufgehoben, *Garraud*, ZStW 1 (1881), 530, 540 f.

36 *v. Holtzendorff*, in: ders., Handbuch, Bd. 1, I, IV [sic], § 42 (S. 88). Näher zum Einfluß auf die Strafrechtspflege *Heffter*, ArchCrR 1840, 223 ff.

37 S.o. bei Fn. 17.

38 *Nipperdey*, Deutsche Geschichte 1800–1866, VI. 1 (S. 674).

39 *Nipperdey*, aaO.; vgl. auch *Huber*, Verfassungsgeschichte, Bd. 3, S. 134–136.

40 Vgl. *Huber*, Dokumente, Bd. 2, Nr. 3; dazu *Koszyk*, Deutsche Presse, S. 120–123.

weitere besonders schutzbedürftige Bevölkerungsteile wurden jedoch nicht genannt. Religionsgesellschaften sollten demnach als besondere gesellschaftliche Gruppe vor agitativen Äußerungen geschützt werden. Strafbar sollte ein Angriff sein, sofern er geeignet war, den die jeweilige Personengruppe dem Haß oder der Verachtung auszusetzen. Daraufhin wurden in Bayern und anderen deutschen Staaten ähnliche, die Strafbarkeit zeitlich vorverlagernde, Strafvorschriften erlassen[41].

D) Partikularstrafgesetzgebung des 19. Jahrhunderts

In den deutschen Partikularstaaten galt bis Ende des 18. Jahrhunderts, vielfach auch bis Mitte des 19. Jahrhunderts auf dem Gebiete des Strafrechts das Gemeine Recht, gegebenenfalls anhand einiger eigener Bestimmungen modifiziert. Teilweise war auch noch der französische Code pénal von 1810 in Kraft, welcher die französische Herrschaft überdauert hatte[42]. Nach und nach entwikkelten zahlreiche der Partikularstaaten ihre eigenen Strafgesetzbücher oder übernahmen, gegebenenfalls in abgeänderter Form, dasjenige eines anderen Staates.

I. Merkmale und Systematik im Überblick

Die drei charakteristischen (Tatbestands-)Merkmale der späteren Klassenkampfvorschrift und heutigen Volksverhetzung bestehen darin, daß

- erstens eine Person eine Meinung äußert, mittels der sie zu einer feindseligen Einstellung oder gar zu Gewalttaten auffordert[43],
- zweitens sich diese subjektiven Einstellungen bzw. die nach außen tretenden Handlungen nicht bloß gegen eine einzelne Person, sondern gegen eine durch mindestens ein gemeinsames Merkmal zusammengehörige Gruppe[44] richten sollen und

41 *Rüdorff*, Strafgesetzbuch, S. 271.

42 Überblick bei *v. Holtzendorff*, in: ders., Handbuch, Bd. 1, I, IV [sic], § 42 (S. 87–90).

43 Für sich allein genügt das Merkmal nicht. So unterscheiden *Jagemann / Brauer*, Criminallexikon, S. 265 f., auf die verfolgte Angriffsrichtung abstellend, sieben verschiedene Gruppen der „Erregung von Haß oder Verachtung“. Die Aufreizung gegen einzelne Teile der Bevölkerung fassen sie mit jener gegen Volksvertreter zusammen.

44 Gegen den Staat bzw. dessen Repräsentanten gerichtete Äußerungen, wie sie bspw. die später als Staatsverleumdung bezeichneten Vorschriften verbieten, seien nur am Rande erwähnt. Zur Äußerung über Staatsoberhäupter *Hartmann*, Majestätsbeleidigung.

- drittens ein restriktiv gedachtes Moment der Öffentlichkeit vonnöten ist, sei es, daß die Tat öffentlich oder unter Zuhilfenahme der Presse geschieht, sei es, daß sie den öffentlichen Frieden gefährdet[45].

Eine Bestandsaufnahme der Partikularrechtsordnungen des 19. Jahrhunderts ergab drei Möglichkeiten, solche gruppendiffamierenden Äußerungen strafrechtlich zu bewerten:

1. Auf Religionsgemeinschaften beschränkte Antihetzebestimmungen

In den meisten Partikularrechtsordnungen war die Beschimpfung von Religionsgesellschaften nur mittelbar strafbar, namentlich dann, wenn in der Äußerung zugleich eine – strafbare – Verspottung der Gegenstände, Lehren, Einrichtungen und Gebräuche einer Religion[46] zu sehen war[47]. Dagegen bestraften nur wenige Partikularrechtsordnungen des 19. Jahrhunderts ausdrücklich die Erregung von Religionshaß, wie sie in § 227 ALR II 20 normiert war. Neben Preußen gehörten zu jener Gruppe von Staaten auch Bayern (Art. 326 StGB 1813) und Braunschweig (§ 117 StGB 1840, ab 1843 gering verändert auch in Lippe-Detmold geltend[48]), ferner Hessen (Art. 195 StGB 1843, ab 1857 in der freien Stadt Frankfurt[49] und ab 1859 auch in Hessen-Homburg[50]) sowie diesem folgend Nassau (Art. 191), welche das Auffordern zur Verfolgung einer Reli-

45 Sofern der jeweilige Normtext dies nicht – wie etwa in § 17 PrVO v. 30.6.1849 oder § 130 RStGB – ausdrücklich als restriktives Merkmal enthält, galt es womöglich als durch die Tatbestandsverwirklichung vorausgesetzt. So sah etwa *Koppel* das in der österreichischen Vorschrift umschriebene Verhalten als „Unterwühlungen der öffentlichen Ruhe und Ordnung" an (Österreichische Strafgesetze, § 59 [S. 88]).

46 § 135 PrStGB (damit identisch: § 130 Waldeck und Pyrmont), Art. 192 Württemberg, § 117, 2. Var. Braunschweig, Art. 195 Hessen, § 193 Sachsen-Altenburg, § 583 Baden, Art. 191 Nassau, § 181 Thüringen, § 232 Sachsen 1855, § 128 Oldenburg, Art. 159 Bayern 1861, § 106 Lübeck, Art. 196 Hamburg, § 303 Österreich 1852. – Der Schutz der Religionsgesellschaften bildete im deutschen Partikularrecht die Ausnahme, die „Spezialisierung nach Einzelobjekten" dagegen die Regel, *Kahl*, in: VD, BT III, S. 40.

47 Sog. mittelbare Beschimpfung der Religionsgesellschaften, *Kahl*, aaO., S. 41 f. Dafür, daß dies nicht stets der Fall war, spricht, daß beide Normen teilweise in einem Gesetzbuch auftraten, bspw. Art. 159, 119 Abs. 2 Bayer. StGB 1861.

48 Landesherrliches Patent, die Einführung des Criminalgesetzbuches betreffend, abgedr. bei *Stenglein*, Sammlung, Bd. 1, V, S. 9–12.

49 Art. 1 lit. a des Gesetzes über die Einführung der über Strafrecht und Strafrechtspflege erlassenen Gesetze, abgedr. bei *Stenglein*, Sammlung, Bd. 2, IX, S.17–22.

50 Bzgl. Hessen-Homburg vgl. *v. Holtzendorff*, in: ders., Handbuch, Bd. 1, I § 53 (S. 110); *Berner*, Strafgesetzgebung, § 168 (S. 191).

gionspartei bestraften[51]. Die Religionspartei mußte allerdings staatlich anerkannt (Preußen, Braunschweig, Lippe-Detmold) oder wenigstens geduldet sein (Bayern, Hessen); nur Nassau schützte Religionsgesellschaften ohne jede Beschränkung. Geschützt war demnach lediglich ein kleiner Kreis institutionalisierter Personenmehrheiten, so in Preußen bis Mitte des 19. Jahrhunderts die evangelische Landeskirche und die römisch-katholische Kirche[52].

Einen beschränkten Täterkreis besaß das Delikt lediglich in den beiden zuerst genannten Staaten, wo es ausschließlich durch Geistliche und Beamte (Preußen) respektive Prediger (Bayern) begehbar war.

2. *Allgemeinere Antihetzeregelungen*

War demnach in den ersten deutschen Partikularstrafgesetzbüchern, das Rheinische StGB ausgenommen, zunächst allenfalls Hetze gegenüber religiösen Personenmehrheiten eigenständig strafbar (§ 227 ALR II 20 von 1794, Art. 326 bayer. StGB 1813), so stellten Mitte des 19. Jahrhunderts einige Staaten auch die gegen andere gesellschaftliche Gruppen gerichtete Hetze unter Strafe[53].

Unter diesen können nach der Formulierung der Norm im wesentlichen zwei gesetzliche Herangehensweisen unterschieden werden. Auf der einen Seite stehen diejenigen norddeutschen Staaten, welche sich an das französische Modell anlehnten. Zunächst hatte es Preußen in § 17 PresseVO und anschließend in § 100 PrStGB übernommen. Ihm folgten Anhalt-Bernburg 1852, Waldeck und Pyrmont 1855[54], Oldenburg 1858[55] sowie in leicht abgewandelter Form Lübeck[56], Hamburg[57], und Mecklenburg[58]. Vorgesehen war eine solche Straf-

51 Vgl. *Goltdammer*, Materialien, Theil II, § 135 (S. 267 Fn. 1).

52 Nur diese waren „vom Staat aufgenommen" und nicht bloß geduldet, *Rehbein / Reincke*, ALR, Bd. 4, S. 99 Fn. 10 m.w.N. Vgl. zum Unterschied § 17 und § 20 ALR II 11.

53 Damals bildeten sich im deutschen Raum – nach der Erosion der Stände als grundlegender Gliederung der europäischen Gesellschaftsordnung – neue gesellschaftliche Großgruppen heraus, vgl. *Kocka*, Klassenbildung, S. 3 f. m.w.N.

54 § 100 StGB Anhalt-Bernburg, § 97 StGB Waldeck und Pyrmont – sie übernahmen das PrStGB nahezu unverändert, *Stenglein*, Sammlung, Bd. 3, XI., S. 6.

55 Art. 97 Oldenburger StGB von 1858, identisch mit § 100 PrStGB.

56 § 76 StGB 1863.

57 § 89 Nr. 3 StGB 1869.

58 § 16 der Verordnung zum Schutz gegen den Mißbrauch der Presse v. 4.3.1856.

vorschrift ebenfalls in Bremen, dessen materielles Strafrecht allerdings das Entwurfsstadium nicht verlassen hat[59].

Auf der anderen Seite standen die süddeutschen Staaten Baden[60], Bayern[61] und Österreich[62], deren Tatbestandsumschreibung keine Rezeption des französischen Rechts darstellte und unter anderem auf das Merkmal der Friedensgefährdung verzichtete, dies zumindest nicht ausdrücklich aufstellte. Sie differenzierten teilweise (Baden, Österreich) weiter zwischen den diversen möglichen gesellschaftlichen Gruppen, beispielsweise wurden in Österreich neben anderen Gruppen Religionsgesellschaften ausdrücklich aufgeführt.

Systematisch waren entsprechende Vorschriften in den einzelnen Strafgesetzbüchern regelmäßig hinter diejenigen über Hochverrat und Majestätsbeleidigung in einem Abschnitt eingereiht, welcher vielfach mit Vergehen wider die öffentliche Ordnung überschrieben ist[63]. Die Zusammengehörigkeit der darunter zusammengefaßten Vorschriften ist jedoch fraglich. Teils handelte es sich um Vergehen, welche im Zusammenhang mit den „Erstgeburtsrechte[n] der constitutionellen Freiheit"[64], den heute als politische Grundrechte bezeichneten Freiheiten der Versammlung, Vereinigung, Meinung bzw. Presse stehen.

59 § 221 E 1861. Anders im späteren E 1868: „Wer [...] durch öffentliche Schmähungen und Verhöhnungen [...] die gesellschaftlichen Grundlagen [...] dem Hasse oder der Missachtung aussetzt", zit. nach *Goehrs*, Rechtsfrieden, S. 43.

60 § 631a StGB 1845/51: „Wer auf ebendemselben Wege (§. 630.) durch Erdichtungen, durch Entstellungen der Wahrheit oder durch grobe Schmähungen zum Hasse oder zur Verachtung gegen [...] einzelne Klassen, Stände oder Genossenschaften von Staatsbürgern aufzureizen [...] sucht, wird mit Gefängniß nicht unter vier Wochen bestraft".

61 Art. 118 Abs. 2 StGB 1861: „Gefängnisstrafe bis zu einem Jahre oder Geldstrafe bis zu zweihundert Gulden trifft denjenigen, welcher öffentlich vor einer Menschenmenge oder mittels eines Preßerzeugnisses gegen einzelne Stände der bürgerlichen Gesellschaft Verachtung oder Haß zu erregen sucht."

62 § 302 StGB 1852: „Wer Andere zu Feindseligkeiten wider die verschiedenen Nationalitäten (Volksstämme), Religions- oder andere Gesellschaften, einzelne Classen oder Stände der bürgerlichen Gesellschaft oder wider gesetzlich anerkannte Körperschaften, oder überhaupt die Einwohner des Staates zu feindseligen Parteiungen gegen einander auffordert, aneifert oder zu verleiten sucht, ist, insofern sich diese Tätigkeit nicht als eine schwerer verpönte strafbare Handlung darstellt, eines Vergehens schuldig, und soll zu strengem Arreste von drei bis zu sechs Monaten verurtheilt werden".

63 So im *PrStGB*, Sechster Titel: Vergehen wider die öffentliche Ordnung; ähnlich im *österreichischen* StGB von 1852, Fünftes Hauptstück: Von den Vergehen und Uebertretungen gegen die öffentliche Ruhe und Ordnung sowie im *badischen* StGB von 1845 i.d.F. des Gesetzes vom 5.2.1851, XLV. Titel: Von der Widersetzlichkeit, der öffentlichen Gewaltthätigkeit und dem Aufruhr". Dagegen findet sich im *bayerischen* StGB von 1861 der hier interessierende Art. 118 im Ersten Hauptstück: Hoch- und Landesverrat sowie über andere staatsgefährliche Handlungen.

64 Derart die Bezeichnung *Wahlbergs*, ADStrRZ 1871, 357, 360.

Im übrigen bestand jedoch keine gemeinsame Grundlage, es sei denn man sähe sie darin, daß es diesen Normen gleichermaßen an Gemeinsamkeiten mit anderen des Strafgesetzbuchs fehlte[65].

3. Rechtsordnungen ohne Regelung

In den übrigen Partikularrechtsordnungen gab es keine Vorschrift, welche Äußerungen in bezug auf gesellschaftliche Gruppen bestrafte. Entweder galt noch das Gemeine Recht (in beiden Mecklenburg, Lauenburg, Bremen, Schaumburg-Lippe) oder es war ein Partikularstrafgesetzbuch geschaffen worden, das eine solche Norm nicht enthielt (Gebiet des sächsisch-thüringischen Strafrechts, Braunschweig, Hessen, u.a.). Dies hatte zur Folge, daß derartige Äußerungen grundsätzlich straffrei blieben, sofern sie nicht andere Tatbestände erfüllten[66]. In Bremen, welches sich mit der Schaffung eines eigenen Strafgesetzbuches trug, war eine derartige Norm im E 1861 vorgesehen. Im übrigen fand in der Literatur keine weitere Diskussion statt.

II. Der Haß- und Verachtungsparagraph des PrStGB

Unter den deutschen Partikularstrafrechten ist das preußische nicht so sehr wegen seines weiträumigen Geltungsbereichs bedeutend, sondern weil es über den *Entwurf Friedberg* das erste gesamtdeutsche Reichsstrafgesetzbuch in großen Ausmaß beeinflußt hat[67]. Dies gilt auch für den ersten der beiden sog. Haß- und Verachtungsparagraphen[68].

Vor Schaffung des Strafgesetzbuchs für die Preußischen Staaten von 1851 war das Strafrecht im zwanzigsten Abschnitt des zweiten Teils des Allgemeinen Landrechts von 1794 niedergelegt, dem „unvollkommenste[n] Teil der preußischen Gesetzbücher"[69]. Von dessen 1.577 Paragraphen enthielt das preußische Strafrecht zur Hetze allerdings nur den eingangs genannten § 227 ALR II 20. Im Rahmen der preußischen Gesetzesre-

---

65 So in bezug auf das PrStGB bereits *Temme*, Glossen, § 97 (S. 172).

66 Dazu s.u. in diesem Kapitel D) IV.

67 *Eb. Schmidt*, Strafrechtspflege, § 276 (S. 311 f.), § 201 (S. 321), *v. Hippel*, Strafrecht, § 17 IX. (S. 314); *F.C. Schroeder*, Staat und Verfassung, § 8 VI. 2. (S. 73).

68 Vielfach wurden sowohl die Anreizung zum Haß gegenüber Personenmehrheiten (§ 17 PrVO 1849 / § 100 PrStGB 1851 / § 130 RStGB) als auch die Anreizung zum Haß gegen den Staat (§ 18 PrVO 1849 / § 101 PrStGB 1851 / § 131 RStGB) „Haß- und Verachtungsparagraph" genannt, vgl. *v. Liszt*, Lehrbuch, 2. Aufl. 1884, § 160 Fn. 11 und § 176 Fn. 4; *Berner*, Lehrbuch, 5. Aufl. 1871, § 199 (S. 493). Zur Unterscheidung titulierte *Goehrs*, Rechtsfrieden, S. 43 den § 100 PrStGB als den „Hass- und Verachtungsparagraphen, – den *ersten*, § 100"; hingegen bezieht u.a. *Schroeder*, Staat und Verfassung, S. 81 diese Bezeichnung nur auf § 101, ebenso *Hilgers*, Index, S. 367.

69 Bericht der Kommission für die Prüfung des PrStGB-Entwurfs, in: Vdlgn PrStGB, S. 44.

vision, die die erste Hälfte des 19. Jahrhunderts einnahm, sah kein Entwurf eine Norm vor, die Haß und Verachtung der Bürger untereinander betraf. Einzig die Frage der Beleidigungsfähigkeit von Personenkollektiven wurde erörtert[70].

1. Gesetzgebungsgeschichte des § 100 PrStGB

Im Anschluß an den Bundesbeschluß vom 3. März 1848 hatte Preußen im Gesetz vom 17. März desselben Jahres[71] die bis dahin bestehende Zensur aufgehoben[72]. § 2 dieses Gesetzes sah ausdrücklich vor, daß alle mittels Druckschriften begangenen Taten ausschließlich nach den *allgemeinen* Strafgesetzen zu beurteilen seien. Art. 25 der oktroyierten preußischen Verfassung vom 5. Dezember 1848 wiederholte diesen Grundsatz, kündigte in Satz 2 jedoch vor der erfolgten Strafrechtsrevision ein *besonderes* vorläufiges Gesetz über Pressedelikte an. Demgemäß wurde am 30. Juni 1849 als „Garantie gegen den Mißbrauch" ein vorläufiges Pressegesetz, die Verordnung betreffend die Vervielfältigung und Verbreitung von Schriften und verschiedene durch Wort, Schrift, Druck, Zeichen und bildliche Darstellung begangene Handlungen[73], erlassen, welche folgenden § 17 enthielt:

> „Wer den öffentlichen Frieden dadurch zu stören sucht, daß er die Angehörigen des Staates zum Hasse oder zur Verachtung gegeneinander öffentlich anreizt, wird mit Geldbuße von zwanzig bis zu zweihundert Thalern, oder mit Gefängnis von vier Wochen bis zu zwei Jahren bestraft."

Vor Verabschiedung des Gesetzes wurde diese Norm in mehreren Entwürfen diskutiert[74]. Zunächst ähnelte § 10 des von Innenminister *Manteuffel* am

---

70 Vgl. *Beseler*, Strafgesetzbuch, §§ 160–162 (S. 334–336). – Gemäß § 564 II 20 ALR konnten Beleidigungen, die ganzen Gemeinden, Corporationen oder Familien zugefügt worden waren, von den einzelnen Mitgliedern gerügt werden.

71 Pr.GS. 1848, Nr. 8 (S. 69–72).

72 Entgegen der im Staatsministerium geäußerten Warnung von Wilhelm Prinz von Preußen, dem späteren König und deutschen Kaiser, wonach „[...] daß Preßfreiheit [...] der Weg zur Republik sei", GStA, I. HA Staatsministerium, Rep. 90a Nr. 2409 Bl. 10r.

73 Pr.GS. 1849, S. 226–236. – Die Verordnung komplettierte die Beschränkung politischer Grundrechte, mittels der die reaktionäre Regierung insbesondere die Tätigkeit der Arbeitervereine weitestmöglichlich begrenzen wollte; zuvor war eine Verordnung über den „[...] Mißbrauch[...] des Versammlungs- und Vereinigungsrechtes" ergangen (abgedr. in: Preußischer Staats-Anzeiger v. 2.7.1849, S. 1149 f.).

74 Gesetz-Entwurf betreffend: das Recht in Wort, Schrift, Druck und bildliche Darstellung seine Gedanken frei zu äußern, Drs. der Zweiten Kammer 1849, Nr. 28, S. 4, eingebracht am 8.3.1849 von Innenminister v. Manteuffel (Verhandlungen der Zweiten Kammer/Sten. Ber. der Zweiten Kammer 1849, S. 71). Zuvor bereits diskutiert am 14.2.1849; vgl. GStA, I. HA Staatsministerium, Rep. 90a, Nr. 2409, Bl. 29v–30v sowie den Entwurf in GStA, I. HA Staatsministerium, Rep. 90a, Nr. 2409, Bl. 26v–28r.

8. März 1849 in die Zweite Kammer eingebrachten Entwurfes[75] eher dem Art. 8 des französischen Gesetzes vom 9. September 1835, denn neben der Anreizung der Bürger zu Haß und Verachtung gegeneinander sollte als erste Tatvariante der öffentlich oder durch Presseprodukte begangene Angriff auf die Rechtsinstitute der Familie und des Eigentums bestraft werden. Des weiteren war die vorgesehene Strafe strenger, da als alleinige Rechtsfolge Gefängnis von bis zu zwei Jahren angedroht werden sollte.

Dann aber wurde mit § 17 eine Vorschrift geschaffen, die ausschließlich das öffentliche Anreizen der Bürger betraf[76]. Als einschränkendes Merkmal wurde die Gefährdung des öffentlichen Friedens vorangestellt; damit war die Regelung dem französischen § 7 des Dekretes der provisorischen Regierung vom 11./12. August 1848 nachempfunden[77].

Systematisch stand die Bestimmung in einer Reihe mit weiteren strafbaren Aufforderungen oder Anreizungen wie der öffentlichen Aufforderung zu Straftaten (§§ 13, 14, 15) sowie zum Ungehorsam gegen Gesetze oder Verordnungen (§ 16). Erwähnenswert sind ferner der unmittelbar auf die Antihetzbestimmung folgende § 18, der gegen den Staat gerichtete Verleumdungen und Schmähungen verbot, und schließlich § 19, eine weitere Norm, welche das Erwecken von Haß oder Verachtung in bezug auf Religionsgemeinschaften unter Strafe stellte[78].

---

75 § 10: Wer [...] die in dem Eigenthume und in der Familie beruhenden Grundlagen der bürgerlichen Gesellschaft angreift, oder die Bürger zum Hasse oder zur Verachtung gegen einander anreizt, hat Gefängnis bis zu zwei Jahren verwirkt. (Abgedr. in: Verhandlungen der Zweiten Kammer, Drucksachen 1849, No. 28, S. 3 f.)

76 Vgl. die drei Fassungen des Preßgesetzes von Mai bzw. Juni in GStA, I. HA Staatsministerium, Rep. 90a, Nr. 2409, Bl. 41v–59v (erst als § 14, dann § 16). Erste Fassung identisch mit GStA, I. HA, Rep. 76, Kultusministerium, I Sekt. 22 Nr. 33, Bl. 94v–98v, letzte mit GStA, I. HA, Rep. 76, Kultusministerium, I Sekt. 22 Nr. 33, Bl. 102v–107r.

77 StGB für den Norddt. Bd., Entwurf vom 14.2.1870, S. 115. Indes besagen weder die dort berufenen Drs. der National-Versammlung 1848, Nr. 376 noch die Drs.der Zweiten Kammer 1849, Nr. 28 explizit, daß Art. 7 des französischen Dekrets vom 11./12.8.1848 das direkte Vorbild der preußischen Gesetzgebung gewesen sei. Die erste Quelle nimmt allein zum französischen und Badener Vorbild des späteren § 18 (nicht § 17!) PrVO v. 30.6.1849 Stellung, letztere enthält nur den Gesetzestext; ebensowenig klären die Motive, Drs. Nr. 29 die Herkunftsfrage. Gleichwohl spricht viel für diese These: Neben der Wortlautnähe deutet darauf auch die in der späteren Diskussion um das Pressegesetz getätigte Aussage des Abgeordneten *Camphausen*, die Vorschriften des Presserechts seien aus dem Französischen übersetzt, hin (Sten. Ber. der Ersten Kammer, Verhandlungen 1851, S. 703).

78 § 19: „Wer über eine im Staate bestehende Religionsgesellschaft [...] sich öffentlich in einer Weise ausläßt, welche dieselben dem Hasse oder der Verachtung aussetzt, wird [...] bestraft.“

Art und Weise der Verabschiedung dieser Verordnung, namentlich deren Oktroyierung, waren den unruhigen Verhältnissen des Jahres 1849 geschuldet. Nachdem am 27. April 1849 die Zweite Kammer aufgelöst und die Erste vertagt worden war, konnte der Pressegesetzentwurf der Regierung vom 8. März 1849 auf parlamentarischem Wege nicht mehr verabschiedet werden. Angesichts der in mehreren Orten ausgebrochenen Unruhen und des daraufhin über diese verhängten Belagerungszustands beabsichtigte die Regierung, die Situation zu beruhigen, indem sie die Verordnung oktroyierte[79]. Von den beiden Kammern genehmigt, wie nach Art. 105 der Verfassung vom 5. Dezember 1848 bzw. Art. 63 der revidierten Verfassung vom 31. Januar 1850 vorgesehen, wurde sie erst kurz bevor an deren Stelle das Gesetz über die Presse am 12. Mai 1851 in Kraft trat[80]. Dessen § 56 hob alle entgegenstehenden Bestimmungen auf, insbesondere die oktroyierten Presseverordnungen vom 30. Juni 1849 und 5. Juni 1850, die Strafbestimmungen ersterer allerdings erst zum Inkrafttreten des Strafgesetzbuchs.

In der Zwischenzeit hatte die revidierte Verfassung vom 31. Januar 1850 die Bestimmungen über die Presse von vier auf zwei reduziert[81]. Weiterhin verbürgte sie in Art. 27 die Pressefreiheit und hielt das Verbot der Zensur aufrecht; zugleich ließ sie sonstige Beschränkungen auf dem Gesetzeswege zu. Als eine solche Beschränkung wurde am 3. Januar 1851 der Entwurf eines Pressegesetzes in die Erste Kammer eingebracht. Sowohl in dessen §§ 56 ff.[82] als auch innerhalb des am 10. Dezember 1850 in die Zweite Kammer eingebrachten Entwurfes für ein Preußisches Strafgesetzbuch[83] waren die mittels der Presse begehbaren Vergehen noch vorgesehen. Die Aufnahme in beide Entwürfe entsprach pragmatischen Erwägungen, denn es war zu diesem Zeitpunkt unklar, ob der zuerst der Zweiten Kammer vorgelegte StGB-Entwurf innerhalb

---

79 *Berner*, Preßrecht, S. 93 f.; *Schwarck*, Presse, S. 8 f. – Vgl. diesbezüglich die Motive der VO v. 30.6.1849: „Man durfte sich der Hoffnung hingeben, daß [...] *an die Stelle früherer Vorbeugungsmittel* in kurzer Zeit *Strafgesetze* [...] treten würden, geeignet *den Ausschreitungen zu begegnen, mittelst welcher* [...] *der öffentliche Friede gefährdet* [...] (wird). Diese Hoffnung ist nicht in Erfüllung gegangen." (Drs. der Zweiten Kammer 1849–1850, Nr. 80, zit. nach *v. Rönne*, Presse, S. 9 Fn. 3 [Hervorhebung des Verf.]).

80 Vgl. Mitteilung des Präsidenten der Ersten Kammer vom 8.5.1851, GStA, I. HA, Rep. 90a, Staatsministerium, Nr. 2409, Bl. 142.

81 Vgl. Art. 27, 94 gegenüber Art. 24, 25, 26 und 93.

82 § 65: „Wer durch die Presse die Angehörigen des Staats zum Hasse oder zur Verachtung gegen einander anreizt, wird [...] bestraft." (Drs. der Ersten Kammer 1850–51, Nr. 28 v. 4.12.1850).

83 § 89: „Wer die Angehörigen des Staats zum Hasse oder zur Verachtung gegeneinander öffentlich anreizt, wird [...] bestraft." (Drs. der Zweiten Kammer 1850–51, Nr. 23).

dieser Sitzungsperiode zum Abschluß käme[84] – Zweifel, welche angesichts der jahrzehntelangen Beratungen um ein neues Strafgesetzbuch für Preußen nicht unangebracht waren[85]. Am 14. April 1851 jedoch wurden diese schließlich zerstreut, das Strafgesetzbuch für die preußischen Staaten vom König unterschrieben. Es trat am 1. Juli 1851 in Kraft[86] und enthielt eine Reihe das Pressegesetz ergänzender Vorschriften[87]. In abgewandelter Fassung wurde § 17 der Presseverordnung von 1849 als eines der „Vergehen wider die öffentliche Ordnung“ Teil des Strafgesetzbuchs für die preußischen Staaten:

> § 100
>
> „Wer den öffentlichen Frieden dadurch gefährdet, daß er die Angehörigen des Staates zum Hasse oder zur Verachtung gegen einander öffentlich anreizt, wird mit Geldbuße von zwanzig bis zu zweihundert Thalern oder mit Gefängniß von Einem Monat bis zu zwei Jahren bestraft.“[88]

Neben zwei geringeren Änderungen[89] ließ die Kommission der Zweiten Kammer zur Beratung des Strafgesetzbuchs die *Absicht*, den öffentlichen Frieden zu stören („Wer den öffentlichen Frieden dadurch zu stören sucht, [...]“), entfallen. Hingegen beließ sie es beim *objektiven* Merkmal der Gefährdung des öffentlichen Friedens[90]. Dieses sei notwendig, um bloße Beleidigungen und Verleumdungen nicht zu erfassen. Zudem wolle man vermeiden, daß der Tatbestand bereits bei der Anreizung von einzelnen „Angehörigen des Staates“ erfüllt werde und ihn auf die Aufreizung gegen Personenmehrheiten begren-

---

84 Vgl. *v. Rönne*, Presse, S. 186 f. sowie 17 f.

85 Die vollständige Revision des preußischen Strafrechts war bereits im Dezember 1799 beschlossen worden (*Schubert / Regge*, Gesetzrevision, Bd. I.1, S. XXIX).

86 Näher *Hälschner*, Geschichte, § 27 (S. 283).

87 § 36 Strafbarkeit öffentlicher Aufforderung zu Straftaten, §§ 75, 77, 79, 90 Beleidigungen staatlicher Vertreter (Vorläufer der §§ 95, 97, 98, 99, 103, 104 RStGB), §§ 87, 88 Aufforderung zum Ungehorsam gegen Gesetze oder obrigkeitliche Anordnungen sowie Anpreisung von Straftaten, Aufforderung zum soldatischen Ungehorsam (vgl. spätere §§ 110, 112 RStGB), § 100, 101 Erregung von Haß oder Verachtung gegen Personen bzw. Einrichtungen oder Anordnungen (Ausgangspunkt zu §§ 130, 131 RStGB), § 152 Privatbeleidigung (später implizit in § 185 RStGB), vgl. *Berner*, Preßrecht, S. 102–105.

88 Abgedr. in: *Stenglein*, Strafgesetzbücher, Bd. 3, XI. Preußen, S. 75.

89 Anstatt „gegeneinander“ „gegen einander“ sowie anstelle einer vierwöchigen Mindestgefängnisstrafe eine solche von einmonatiger Dauer, vgl. zu letzterem § 15 PrStGB.

90 Damit ging sie nicht so weit wie die Kommission der Zweiten Kammer zur Beratung der PresseVO. Sie wollte den Einleitungssatz vollends streichen, da er die Aburteilung öffentlicher Anreizungen nur unnötig erschwerte, Drs. der Zweiten Kammer 1849–50, Nr. 524, S. 16. Daher sollte § 19 des Kommissionsvorschlags (S. 45) wie folgt beginnen: „Wer die Angehörigen des Staates zum Hasse oder zur Verachtung gegeneinander öffentlich anreizt, [...]“.

zen[91]. Im Wandel vom „*Störungsversuch*" zur „*Gefährdung*" machte *Goltdammer*[92] den Unterschied zwischen Versuch und Vollendung aus, gestand indes ein, daß dieser Unterschied in der Sache durch die geänderte Wortwahl wieder eingeebnet war, da die Friedensgefährdung nur die „nahe Gefahr der Friedensstörung" bezeichne, so *Goltdammer* tautologisch, also eine Störung ebensowenig verlange.

2. Tatbestand

Bereits aufgrund der eingangs dieses Kapitels zusammengefaßten Kritik gegenüber der Fassung des § 100 PrStGB, aber auch aufgrund der gegenüber § 17 der Verordnung vom 30. Juni 1849 vorgenommenen Veränderungen stellte sich nun die Frage, wie die Norm im einzelnen auszulegen war.

a) Tathandlung

Die Tathandlung bestand im Anreizen, ein Begriff, der ebenfalls in den die Teilnahme sowie die öffentliche Aufforderung zu strafbaren Handlungen regelnden §§ 34 Ziff. 1, 36 Abs. 1 PrStGB vorkam. Darunter verstand das Schrifttum ein nicht notwendigerweise ausdrückliches Einwirken auf den Geist einer anderen Person, das bei dieser eine bestimmte Geisteshaltung (im Unterschied zur Anstiftung nicht aber konkrete Handlungen) bewirken sollte[93]. Zunächst wurde dieses Einwirken – parallel zur Anstiftung – noch dahingehend ausgelegt, daß ein besonderer Taterfolg im Sinne einer gelungenen Anreizung erforderlich sei[94]. Im Anschluß an zwei Entscheidungen des Obertribunals wurde jedoch nachfolgend darauf verzichtet; es genügte bereits die Eignung, Haß etc. hervorzurufen[95]. Begründet wurde dies zum einen mit der Abgrenzung gegenüber der Anstiftung bzw. Aufforderung zu strafbaren Handlungen, bei deren tatsächlicher Ausführung dann „die besonderen strafrechtlichen Vor-

---

91 Bericht der Kommission der Zweiten Kammer, abgedr. in: Vdlgn PrStGB, Zu § 89 (S. 101 f.).

92 Materialien, Bd. 2, § 100 Anm. 2.

93 *Oppenhoff*, Strafgesetzbuch, 5. Aufl., § 100 Anm. 7; *Koch*, ALR, S. 1100 f. Fn. 74.

94 Vgl. *Temme*, Lehrbuch, § 136 (S. 652): „Also eine Handlung, durch welche [...] die genannten Gemüthsrichtungen *wirklich* erweckt werden. [...] Es muß also der Thatbestand der Anstiftung da sein [,...]". *Oppenhoff*, Strafgesetzbuch, 1. u. 3. Aufl. 1856, 1861, § 100 Anm. 11:„Es genügt, wenn eine Anreizung zu Haß oder Verachtung statt gefunden hat; daß auch *gegründeter* Haß oder Verachtung erzeugt werden könne, wird *nicht* verlangt". (Hervorhebung des Verf.).

95 *Oppenhoff*, Strafgesetzbuch, 5. Aufl. 1867, § 100 Anm. 9 im Anschluß an das Preußische Obertribunal (vgl. ObTribSt, Bd. 3 [1861], 283–285).

schriften [...], also auch die Regeln der Anstiftung [...]“ griffen. Zum anderen folge dies aus der Berücksichtigung der Friedensgefährdung: bei tatsächlicher Erregung sei unmittelbar auch der öffentliche Friede gestört, das Merkmal liefe demnach leer[96]. Durch diese Auslegung wurde der schon vom Wortlaut her weite Tatbestand noch verbreitert, die Strafbarkeit auf den mangels ausdrücklicher Anordnung (§ 33 S. 1 i.V.m. § 1 Abs. 2 PrStGB) ansonsten nicht strafbaren Versuch der in § 100 umschriebenen Handlung ausgedehnt.

Allerdings mußte dies öffentlich geschehen, d.h. an einem allgemein zugänglichen Ort, an dem wenigstens die Möglichkeit bestand, daß Hinzutretende die Rede wahrzunehmen vermochten[97]. Für den Fall der presseweisen Begehung bestimmte § 33 Pressegesetz, daß die tatbestandliche Veröffentlichung vorlag, „sobald die Druckschrift verkauft, versendet, verbreitet, oder an Orten, welche dem Publikum zugänglich sind, ausgestellt oder angeschlagen worden ist“.

b) Gegenstand der Anreizung: „Angehörige des Staates“

Die Vorschrift sollte die „Angehörigen des Staates“ vor Meinungsäußerungen bestimmter Art schützen, also das preußische Staatsvolk bzw. Teile desselben[98]. Definiert wurde dies als eine unter eine allgemeine Bezeichnung fallende Mehrheit von Personen, welche nicht notwendig rechtlich verschiedenen Klassen angehörten[99]. Obgleich das Delikt nach seinem Wortlaut („die Angehörigen“) nicht gegen Einzelpersonen gerichtet war, wurde in systematischer Auslegung verlangt, daß die davon betroffenen Individuen erkennbar seien; anderenfalls könne keine Friedensgefährdung vorliegen[100] – hier zeigt sich eine Parallele zur Beleidigung eines Personenkollektivs, welche unter Geltung des PrStGB allenfalls dann strafbar war, sofern die Äußerung *personae certae* wie Gesellschaften, Familien oder Genossenschaften betraf[101].

---

96 ObTribSt, Bd. 3 (1861), 283–285.

97 *Oppenhoff*, Strafgesetzbuch, 5. Aufl., § 36 Anm. 3 – auf diese Vorschrift sowie auf § 33 PresseG verweist *ders.*, aaO., § 100 Anm. 6 für den Begriff der Öffentlichkeit.

98 Vgl. *Wallmann*, StGB, § 100 (S. 67).

99 *Oppenhoff*, Strafgesetzbuch, 5. Aufl., § 100 Anm. 5, in der 1. Aufl. 1856, § 100 Anm. 6 hatte er noch im Anschluß an *Temme*, Lehrbuch, § 136 (S. 652), auch „bestimmte, konkret nachzuweisende Individuen“ darunter gefaßt.

100 *Oppenhoff*, Strafgesetzbuch, 5. Aufl. 1867, § 100 Anm. 5.

101 *Goltdammer*, Materialien, Theil II, § 162 (S. 343). Ähnlich *Hälschner*, Das preußische Strafrecht, Bd. 3, § 38 (S. 246). Ablehnend *Oppenhoff*, Strafgesetzbuch, 5. Aufl., Vor § 152 Anm. 5–7, Anm. 28 f.; *Temme*, Lehrbuch, § 203 (S. 851 f.), aus dessen Sicht für diese Fälle der § 100 PrStGB bestehe, aaO., S. 852 Fn. 3.

Beispiele für Fälle, in denen diese aufgrund wenigstens einer gemeinsamen Eigenschaft zusammengehörige Personengesamtheit angenommen wurde, sind: Kreuzzeitungspartei[102], Junkerpartei[103], die Ungebildeten des Volks[104], die Reaktion, die oppositionelle Partei, die katholischen Soldaten[105].

Die letzte Gruppe weist darauf hin, daß auch aufgrund gemeinsamer Religion zusammengehörige Gruppen darunter fielen. Ein Exklusivitätsverhältnis zwischen § 100 und § 135 (Beschimpfung von Religionsgesellschaften) wurde nicht angenommen; vielmehr entschied das Preußische Obertribunal, daß unter gegebenen Umständen beide zugleich auf einen Sachverhalt Anwendung fänden[106].

c) Gefährdung des öffentlichen Friedens

Der Begriff des öffentlichen Friedens war in der Gesetzgebung bisher uneinheitlich verwendet worden[107]. Im preußischen Strafgesetzbuch kam er außerdem in § 93 Nr. 1 (Verwendung verbotener Symbole) vor. Im Rahmen der Auslegung des § 100 wurde er teilweise von der öffentlichen Ordnung abgegrenzt[108]. Eine Gefährdung der öffentlichen Ordnung sei bereits dann gegeben, wenn „Thätlichkeiten zwischen Einzelpersonen zu besorgen" seien, während der öffentliche Friede ein solcher der Allgemeinheit sei[109]. Insofern wurde nochmals akzentuiert, daß sich das Delikt nicht gegen eine Einzelperson richtete. Die Rechtsgüter einer einzelnen Person waren danach nur dann und bloß indirekt geschützt, wenn sie gerade zu der Allgemeinheit eines Gebiets, nicht notwendig des ganzen Staates[110], gehörte, welcher Schaden drohte. Anders war hingegen das Verständnis der Kommission der Zweiten Kammer, die beide

102 *Oppenhoff*, 1. Aufl., § 100 Anm. 7.

103 ObTribSt, Bd. 3 (1863), S. 380, 381.

104 *Oppenhoff*, Strafgesetzbuch, 5. Aufl., § 100 Anm. 5.

105 *Oppenhoff*, Strafgesetzbuch, 1. Aufl., § 100 Anm. 6.

106 Kgl. Obertribunal, GA 1 (1853), 701 f. Im Anschluß daran *Oppenhoff*, Strafgesetzbuch, 1. Aufl., § 100 Anm. 10. – Wegen der überschneidenden Anwendungsbereiche wurde § 135 PrStGB teilweise als überflüssig angesehen, vgl. *o.V.*, Die Religionsfreiheit in Preußen, in: BA, R 1401, Nr. 630 Bl. 159 S. 39 Fn.* (sic) u. S. 45.

107 *Fischer*, Öffentlicher Friede, S. 170.

108 Nicht angeknüpft wurde hingegen an den bereits in § 149 ALR II 20 als strafschärfendes Merkmal verankerten Begriff der Störung der öffentlichen Ruhe.

109 *Oppenhoff*, Strafgesetzbuch, 1., 3. u. 5. Aufl. 1856, 1861, 1867, § 100 Anm. 2. Ähnlich *Müller*, Preußisches Straf-Gesetzbuch, Anm. zu § 100 (S. 77).

110 *Oppenhoff*, Strafgesetzbuch, 5. Aufl., § 100 Anm. 3.

Begriffe anscheinend gleichsetzte, aber auch nicht näher erläuterte[111]. Umso weniger wurde zwischen Frieden im objektiven und subjektiven Sinne, d.h. Friedenszustand und Friedensbewußtsein differenziert. Festgestellt wurde lediglich, daß es sich um ein Merkmal handele, das objektiv vorliegen müsse. Der Begriff harrte also noch seiner Ausfüllung, wie die Aussage *Temmes* dokumentiert: „Was soll z.B. hier der öffentl. Friede bedeuten, wo doch von einem Kriege nicht die Rede sein kann?“[112].

In bezug auf die Gefährdung genügte der Rechtsprechung wie der Literatur die objektive Möglichkeit der Störung des Friedens, das wirkliche Eintreten einer solchen sei nicht notwendig[113]. Dennoch wurde die Gefährdung des öffentlichen Friedens als restriktive Voraussetzung betrachtet, deren Vorliegen nicht bereits aus der Anreizung gefolgert werden dürfe[114]. Vielmehr sei sie – als „wesentliches Tatbestandsmerkmal“ – gesondert festzustellen, um bloße Beleidigungen und Verleumdungen auszuscheiden[115]. Dafür wurde besonders auf die Gesetzesberatungen verwiesen, in denen sich die Zweite Kammer gegenüber der Ersten dahingehend durchgesetzt hatte, das Requisit im objektiven Tatbestand beizubehalten[116].

d) Subjektive Erfordernisse / Schuld

Problematisch war also (noch) nicht so sehr das Verständnis der Gefährdung des öffentlichen Friedens als vielmehr die Frage, ob insoweit fahrlässiges Handeln genüge[117] oder Vorsatz erforderlich sei[118] – ein Disput, welcher aus der gegenüber § 17 der Verordnung vom 30. Juni 1849 abgeänderten Einleitungsformel („Wer den öffentlichen Frieden dadurch gefährdet [...]“) entstand. Für die erste Auffassung wurde als Autorität die Kommission der Zweiten Kammer herangezogen. Denn sie hatte die entscheidende Änderung vorge-

---

111 Vgl. bei Fn. 91. Ähnlich *Abegg*, GA 9 (1861), 3, 8: „mit öffentlicher Ruhe und Sicherheit gleichbedeutend“.

112 Glossen, § 100 Anm. 2.

113 Obertribunal, GA 1 (1853), 701:„Gefährden des öffentlichen Friedens, mithin nur die objektive Möglichkeit“ (Hervorhebung im Orig.); ObTribSt, Bd. 3 (1863), S. 283, 284. Aus der Lit. *Oppenhoff*, Strafgesetzbuch, 5. Aufl., § 100 Anm. 4. Ähnlich *Temme*, Lehrbuch, § 136 (S. 652): „*wirkliche* Gefahr der Störung“.

114 *Abegg*, GA 9 (1861), 3, 8 f.

115 *Oppenhoff*, Strafgesetzbuch, 5. Aufl., § 100 Anm. 1 m.w.N. aus der Rspr.

116 Vgl. Preußisches Obertribunal, GA 1862, 778 f.

117 *Goltdammer*, Materialien, Theil II, § 100 Anm. 2, der dies unter den Vorbehalt der logischen Möglichkeit stellt; *Oppenhoff*, Strafgesetzbuch, 1. Aufl. 1856, § 100 Anm. 5.

118 *Temme*, Lehrbuch, § 136 (S. 652 bei Fn. 2).

nommen und es abgelehnt, die Absicht, den öffentlichen Frieden zu stören, als Tatbestandsmerkmal in § 100 PrStGB aufzunehmen[119]. Deren Reflexionen beruhten jedoch nach der zweiten Ansicht auf „völlig falschen strafrechtlichen Ansichten", da sie die Begriffe von Vorsatz und Fahrlässigkeit nicht auseinanderhielten[120]. Während sich der eine Vertreter der ersten Auffassung (*Goltdammer*) nicht mehr dazu äußerte, ließ der andere (*Oppenhoff*) in späteren Auflagen seines Kommentars bloß fahrlässiges Handeln nicht mehr genügen. Vielmehr verlangte er im Anschluß an das Preußische Obertribunal zumindest ein Handeln im Bewußtsein der daraus sich ergebenden Gefahr[121]. Einigkeit herrschte hingegen darüber, daß der Täter die öffentliche Anreizung erstreben mußte[122].

3. *Rechtsfolgen*

Als Rechtsfolge sah § 100 Geldstrafe *oder* Gefängnis vor, im Gegensatz zu den französischen Vorgängernormen, welche beides kumulativ androhten[123]. Angesichts der Mindeststrafe war die Strafdrohung im Vergleich zur benachbarten Staatsverunglimpfung (§ 101) strenger. Auch gegenüber § 135, der u.a. die Beschimpfung von Religionsgesellschaften regelte und zu dem kein Exklusivitätsverhältnis bestand[124], war die Mindeststrafdrohung höher, die Höchststrafe („Gefängnis bis zu drei Jahren") hingegen um ein Jahr geringer. Die

---

119 Bericht der Kommission der Zweiten Kammer, in: Vdlgn PrStGB, Zu § 89 (S. 101 f.).

120 *Temme*, Lehrbuch, § 136 (S. 652 f., Fn. 2); ebda., § 50 (S. 237–239) zu widersprüchlichen Deutungen der Begriffe, die im PrStGB nicht definiert und deren Ausformung damit der Wissenschaft und Rechtsprechung überlassen waren, *Goltdammer*, Materialien, Theil I, S. 236 Fn. 3 m.w.N. Bezeichnenderweise finden sich bei *Oppenhoff*, Strafgesetzbuch, 1., 3. u. 5. Aufl. keine Definitionen der Begriffe.

121 *Oppenhoff*, Strafgesetzbuch 3. Aufl. 1861, § 100 Anm. 5; 5. Aufl. 1867, § 100 Anm. 8.

122 *Oppenhoff*, Strafgesetzbuch, 1. Aufl. 1856, § 100 Anm. 8; *Temme*, Lehrbuch, § 136 I. 6. (S. 652). *Koch*, ALR, Thl. II. Bd. II, 2. Aufl. Berlin 1857, S. 1100 Fn. 74. Unklar *Goltdammer*, Materialien, Theil II, § 100 Anm. 2, der fahrlässige Handlungen, falls denkbar, von § 100 erfaßt sah, dies indes, wie aus der Bezugnahme auf den Kommissionsbericht und aus *ders.*, Materialien Bd. 1, S. 239 zu schließen ist, wohl nur bzgl. der Friedensstörung meinte, nicht hinsichtlich der Anreizung, so aber wohl *Koch*, aaO.

123 Diese im preußischen Strafrecht seltene, alternative Verbindung beweist nach *Schroeder*, Staat und Verfassung, § 8 VI. 2 (S. 81), daß selbst dem preußischen Gesetzgeber „nicht ganz wohl" bei §§ 100, 101 PrStGB gewesen sei. Indes wurde Geldstrafe oder Gefängnis bei einigen weiteren Vergehen angedroht, namentlich in § 87, 93, 101, 105, 107, 110, 123, 151, 152, 155, 186, 198, 199, 201, 202, 211 Abs. 2, 242 Abs. 2, 270, 273, 274, 280, 300, 309, 318, 326. Typisch war diese Rechtsfolge für Übertretungen (vgl. §§ 340, 342 Abs. 2, 343–349), so daß aus deren Anordnung in § 100 PrStGB vielmehr auf die zwitterhafte Rechtsnatur der Norm zu schließen ist, s.u. 2. Kap. D) V.

124 S.o. Fn. 106.

Norm ist daher innerhalb der zeitgenössischen, in § 1 PrStGB niedergelegten Trichotonomie der Straftaten als Vergehen einzuordnen.

III. Außerpreußische Partikularrechte

1. Tatbestand

Die übrigen deutschen Partikularstrafgesetzbücher, welche Antihetzevorschriften enthielten, folgten teilweise dem preußischen Vorbild (wortgleich übernommen in Anhalt-Bernburg, Waldeck und Pyrmont, Oldenburg, modifiziert in Lübeck, Hamburg, Mecklenburg sowie im Bremer Entwurf), gingen aber auch teilweise eigene Wege (Baden, Bayern sowie Österreich)[125]. *Einig* waren sich die Gesetzgeber der genannten Staaten darüber, daß Meinungsäußerungen gegenüber Personenmehrheiten in gewissem Umfange strafbar sein sollten. Beispielsweise sollte in Baden die „Wühlerei" – gemeint war das planmäßige Untergraben der Achtung vor allem, was dem Bürger heilig sein müsse – zur Erhaltung der Staatsordnung strafrechtlich sanktioniert werden[126]. *Unterschiedlich* war jedoch die Ausgestaltung der einzelnen Tatbestände im Hinblick auf die drei konstituierenden Merkmale. Die Tathandlung wurde mit ähnlichen Begriffen umschrieben:

> „dem Hasse oder der Mißachtung aussetzen" (Mecklenburg), „zu Haß und Verachtung anreizen" (Lübeck, Bremen), „Haß und Verachtung erregen suchen" (Hamburg, Bayern), „aufreizen suchen" (Baden), „zu feindseligen Parteiungen gegen einander auffordern, aneifern, verleiten suchen" (Österreich).

Es fällt auf, daß regelmäßig bereits das unmittelbare Ansetzen zur Tatbestandsverwirklichung genügte. Wo dies vom Wortlaut nicht eindeutig der Fall war, namentlich in Preußen und Lübeck („anreizen"), wurde dies dennoch von den Gerichten dahingehend ausgelegt.

Das Element der Öffentlichkeit war, mit Ausnahme der Strafgesetzbücher von Mecklenburg und Österreich, ausdrücklich in den Wortlaut aufgenommen. In Österreich, wo die Norm Bestandteil der Delikte gegen die „*öffentliche* Ruhe und Ordnung"[127] war, konnte zumindest die Strafe verschärft werden, falls das Delikt durch Druckschriften begangen wurde (vgl. § 305 S. 2 StGB 1852). In Bayern und Baden genügte es, daß die Äußerung öffentlich bzw. in der Presse getätigt wurde. Eine weitere Einschränkung war nicht vorgesehen, im Gegen-

125 S.o. D.I.2.

126 Motive zu § 2 des Einf.-Ges. v. 5.2.1851 (zit. nach *Puchelt*, StGB, §§ 630–631g, Anm. 1).

127 S.o. Fn. 63 sowie § 278 lit. e), wo die „Aufreizung zu Feindseligkeiten [...]" als ein solches Delikt aufgezählt ist.

satz zu den Staaten, welche in einer Linie mit dem preußischen Vorbild standen und zusätzlich die Gefährdung des öffentlichen Friedens verlangten.

Am meisten unterschieden sich die Vorschriften jedoch in der Umschreibung der geschützten Personengruppen. Während dies in Preußen noch „Angehörige des Staates“ waren, bevorzugten Lübeck und darauf aufbauend Hamburg den bereits im französischen Vorläufer verwendeten Begriff „Klassen“. Ähnlich war dies im bayerischen StGB („Stände“[128]). Ausdifferenziert waren dagegen die Objekte der Äußerung in Österreich und Baden:

> „Nationalitäten [Volksstämme], Religions- oder andere Gesellschaften, einzelne Classen oder Stände der bürgerlichen Gesellschaft oder wider gesetzlich anerkannte Körperschaften, oder überhaupt die Einwohner des Staates“ bzw. „einzelne Klassen, Stände oder Genossenschaften von Staatsbürgern“.

Schließlich wies die österreichische Antihetzevorschrift noch eine Besonderheit auf, indem sie ausdrücklich den subsidiären Charakter der Norm betonte („in so ferne sich diese Thätigkeit nicht als eine schwerer verpönte strafbare Handlung darstellt“). Als schwereres Delikt kam beispielsweise Hochverrat in Betracht[129]. Ähnlich war dies nur noch in § 631f bad. StGB 1845/51:

> „Die in den §§ 630 bis 631e festgesetzten Strafen treten ein, wenn auch die damit bedrohte Handlung keinen Erfolg hatte. Geht die Handlung im einzelnen Falle in ein bestimmtes schwereres Verbrechen über, so ist die diesem schwereren Verbrechen angedrohte Strafe auszusprechen.“

2. Rechtsfolge

Als Rechtsfolge war regelmäßig eine Geldbuße, alternativ auch Gefängnis vorgesehen. Eine Ausnahme bildet § 76 des Lübecker StGB, welcher für das Anreizen verschiedener Klassen der Bevölkerung allenfalls eine Geldstrafe von höchstens 300 Mark bestimmte. Dagegen waren nach § 16 der mecklenburgischen Presseverordnung von 1856 beide Strafarten sogar kumulativ vorgesehen.

Die Mindestgefängnisstrafe divergierte von einem (§ 15 Abs. 2 PrStGB, Art. 17 bayer. StGB 1861) über acht Tage (Mecklenburg) und vier Wochen (Baden) hin zu drei Monaten (Österreich). Falls die Äußerung in der Presse getätigt wurde, konnte in Österreich die Strafe noch erhöht werden, vgl. § 305

128 In Art. 118 Abs. 2 Bayer. StGB 1861 sollte der nach den Beratungen verbliebene Terminus „Stände“ gerade nicht die in vorherigen Entwürfen erwähnten „Theile der Bevölkerung und einzelne Klassen der bürgerlichen Gesellschaft“ umfassen, *Weis*, Strafgesetzbuch, S. 323. Allgemein allerdings die Definition *Stengleins*, Strafgesetzbuch für das Königreich Bayern, Anm. zu Art. 118 (S. 40).

129 Vgl. zum österreichischen StGB von 1852, *Frühwald*, Handbuch, § 302 II (S. 261).

S. 2 StGB 1852; gegenüber dem Pressegesetz von 1849 war die Höchststrafe aber immerhin herabgesetzt worden.

IV. Vorverlagerung der Strafbarkeit gegenüber dem Gemeinen Recht

Obwohl die Normen, welche agitatorische Meinungsäußerungen gegen eine gesellschaftliche Gruppe verbieten, nicht zu den „klassischen" Tatbeständen eines Strafgesetzbuches gehören, fanden im 19. Jahrhundert kaum theoretische Diskussionen über dieselben und deren dogmatische Einordnung statt[130]. Unter „Gefährdung des öffentlichen Friedens" wurden im Gemeinen Recht nur Haus- und Landfriedensbruch verstanden[131]. Hetze gegen eine Religionsgemeinschaft war allenfalls in Form der mittelbaren, nicht gegen Gott selbst, die Göttlichkeit Christi und die Sakramente gewandten Gotteslästerung strafbar[132]. Besondere Pressedelikte bestanden noch nicht[133], diese waren aber aus der Sicht eines absolutistischen Herrschers auch nicht notwendig, sofern „[...] Alles, was nur irgend mit Freimüthigkeit gesagt, *oder geschrieben* wird, sogleich zu Beleidigungen der Majestät, der Obrigkeiten und Privatpersonen [...]" gemacht worden ist[134]. Die Vorverlagerung der Strafbarkeitsschwelle offenbarte sich bloß in der mehr oder minder dokumentierten Zielsetzung der einzelnen Gesetze. So sollte § 26 des österreichischen Pressegesetzes von 1849 Unterwühlungen im Keim ersticken, bevor sie in offenen Aufstand, Aufruhr, Empörung oder Umsturz ausarten[135]. Parallel dazu sollten die §§ 630–631 f: badisches StGB das Vorfeld des Hochverrats erfassen, indem die dort beschriebenen Verhaltensweisen bereits ohne Vorliegen eines hochverräterischen Zwecks als eine „gemeingefährliche Handlung und als besonderes Verbrechen mit Strafe bedroht"

---

130 v. *Schirach*, ArchCrR, 1851, Beilage-Heft 1, S. 65–83 rechtfertigte die Bestrafung sog. „sozialer Verbrechen" bzw. des „Weltfriedensbruch". Im übrigen beließ man es bei vagen Hinweisen auf die Gefahr der Klassenkämpfe. – Stattdessen kritisierte die Literatur jedoch frühzeitig die Unbestimmtheit dieser Normen; zur preußischen Norm etwa *Temme*, Glossen, § 100 Anm. 2 und *Berner*, Lehrbuch, 1. Aufl. 1857, § 199 (S. 407).

131 Vgl. *Abegg* (Fn. 114). *Temme*, Lehrbuch des Gemeinen Deutschen Strafrechts, S. 392 verweist unter diesem Stichwort auf den Haus- und Landfriedensbruch. Zur Entwicklung des Begriffs in der Neuzeit *Fischer*, Öffentlicher Friede, S. 110–116.

132 Vgl. *Temme*, Lehrbuch des Gemeinen Deutschen Strafrechts, § 149 (S. 244).

133 *Temme*, Lehrbuch des Gemeinen Deutschen Strafrechts, § 140 (S. 233). Vgl. auch *Jarcke*, Handbuch, Bd. 2, § 23 (S. 274–283).

134 *Weber*, Injurien, S. VI (Hervorhebung des Verf.).

135 Vgl. *Koppel*, Österreichische Strafgesetze, § 59 (S. 88).

waren[136]. Damit stellten die Tatbestände eine Ausnahme von der grundsätzlichen Straflosigkeit der Vorbereitungshandlungen dar[137], wie hinsichtlich des § 100 PrStGB eine Aussage *Temmes* veranschaulicht:

> „Anreizung ist in ihrer strafrechtlichen Bedeutung eine Art Anstiftung zum Verbrechen. Es muß also der Thatbestand der Anstiftung da sein, mit der einen Ausnahme, daß nicht zu einer an sich verbrecherischen Handlung, sondern zu bestimmter Gemüthsrichtung angestiftet wird, die das Motiv zu Verbrechen (Friedensstörung) werden kann."[138]

Aber es handelte sich nicht um eine einzelne Erscheinung, die auf die Vorschriften gegen Gruppendiffamierung beschränkt war. Vielmehr dehnten die Gesetzgeber seit dem 19. Jahrhundert den Bereich strafbaren Verhaltens auf weitere Aufforderungshandlungen aus, beispielsweise auf die öffentliche Aufforderung zu einem hochverräterischen Unternehmen[139] oder zum Ungehorsam gegen Gesetze[140]. Auch Preußen beließ es nicht bei der lex generalis, der öffentlichen Aufforderung, Anreizung, Verleitung oder Bestimmung zu Verbrechen oder Vergehen (§ 36 PrStGB)[141].

Die zeitgenössische Tendenz, die Strafbarkeit in gewissen, im weitesten Sinne staatsschutzrelevanten Bereichen von einer Schutzgutsverletzung zu lösen und auf das Vorfeldverhalten auszudehnen[142], entsprang – soweit Äußerungen in Druckschriften betroffen waren – allerdings dem Bundesbeschluß vom 6. Juli 1854[143]. Sie konterkarierte den im Presserecht vollzogenen Wechsel zum Repressivsystem zwar nicht vollständig, schränkte aber die neu eingeräumte Veröffentlichungsfreiheit wieder ein, indem Druckschriften früher als zuvor strafbar und damit einziehbar wurden. Damit griffen die Staaten als Ausgleich zur – je nach Standpunkt verlorenen Zensur bzw. gewonnenen Pressefreiheit

136 Oberhofgericht, Jahrbücher, N.F. XIII, S. 12 (zit. nach *Puchelt*, StGB, §§ 630 631g, Anm. 13).

137 *Puchelt*, StGB, §§ 630–631g, Anm. 17.

138 Lehrbuch des preußischen Strafrechts, § 136 [S. 652].

139 § 83 Nr. 1 Braunschweig. StGB 1840, Art. 131 Hess. StGB 1841, Art. 130 Nassau. StGB 1849, Art. 80 Thüring. StGB 1850/51/52, § 594 Bad. StGB 1845/51, § 65 PrStGB 1851, § 58c Österr. StGB 1852, Art. 117 Sächs. StGB 1855.

140 Art. 181 Hess. StGB 1841, Art. 181 i.V.m. 172 Nassau. StGB 1849, Art. 108 Abs. 2 Thüring. StGB 1850/51/52, § 631c Bad. StGB 1845/51, § 87 PrStGB 1851, § 65b Österr. StGB 1852; Art. 125 Sächs. StGB 1855

141 Vgl. *Fischer*, Öffentlicher Friede, S. 167–169.

142 Speziell zu den Aufforderungstatbeständen *Weidner*, Aufforderung, S. 5.

143 S.o. 2. Kap. C) bei Fn. 40.

paradoxerweise auf eine ungleich strengere Maßnahme, das Strafrecht, zurück[144].

In der Entwicklung der ersten Vorschriften spiegelt sich die Ausdifferenzierung der einst ständisch geprägten Gesellschaften wieder. Neben dieser Gliederung kam die Konfession als wesentliches Unterscheidungskriterium *innerhalb* eines Staates erst hinzu, nachdem die Religionsfreiheit zugelassen war und nicht mehr der Grundsatz *cuius regio, eius religio* galt. Dies war beispielsweise in Preußen seit 1788 der Fall[145]. Daraus leiteten einige Staaten mutmaßlich das Bedürfnis ab, Gruppenhetzeverbote zu schaffen, die speziell auf interkonfessionelle Hetze zugeschnitten waren[146], etwa Preußen mit dem wenige Jahre nach Gestattung der Religionsfreiheit in Kraft getretenen § 227 ALR II 20. Mit den einsetzenden Klassenbildungsprozessen und der Pressefreiheit zeigte sich dann für die Regierenden die Notwendigkeit, ein eigenes Delikt zu schaffen, das die gewaltanstachelnde Hetze gegen einzelne Bevölkerungsgruppen sanktionierte[147]. Auch der bayerische Gesetzgeber sah die Verbindung zwischen der allgemeinen Gruppendiffamierungsvorschrift und der Bekenntnisbeschimpfung, wie die Motive zu dem Entwurfe eines Strafgesetzbuches von 1853 nahelegen: danach sei eine jegliche Bevölkerungsgruppen einbeziehende Antihetzevorschrift notwendig, da die auf Religionsgesellschaften bezogene Bestimmung wegfallen sollte[148].

V. Rechtsnatur

Neben ihrer Unbestimmtheit und der Abweichung gegenüber der allgemeinen Strafbarkeitsschwelle wurde die Qualität der Antihetzevorschriften als Strafrechtsnormen in Frage gestellt. Stellvertretend sei hier § 100 PrStGB angeführt, über den *Berner* bemerkte, er sei polizeilichen Charakters[149]. Daher kön-

---

144 Vgl. *Hilgers*, Index, S. 388.

145 Edikt über die Religionsfreiheit v. 9.7.1788.

146 Vgl. 2. Kap. D) I. 1.

147 In eine vergleichbare Richtung *Lömker*, Abwertung, S. 4.

148 Motive zu dem Entwurfe eines Strafgesetzbuches für das Königreich Bayern, Nachdruck, hrsg. von *Werner Schmid*, Frankfurt am Main 1989, S. 187.

149 *Berner*, Lehrbuch, 4. Aufl. 1868 § 199 (S. 450). Ähnlich *Temme*, Glossen, § 100 Anm. 2; *ders.*, Lehrbuch, § 135 (S. 650); *Koch*, ALR, Thl. II. Bd. II, 2. Aufl. Berlin 1857, S. 1100 Fn. 70c. Pauschal in bezug auf den Sechsten Titel des PrStGB bereits die Kommission der Zweiten Kammer:„[...] eigentlich keine Rechtsverletzungen [...], sondern nur Polizeivergehen, welche lediglich der Höhe der Strafe wegen nicht in den dritten Teil des Strafgesetzbuches [Übertretungen, der Verf.] verwiesen werden konnten" (Bericht der Kommission für die Prüfung des PrStGB-Entwurfs, abgedr. in: Vdlgn PrStGB, S. 44).

ne er in einem wissenschaftlichen Strafrechtssystem keinen Platz beanspruchen[150]. Getreu der zeitgenössischen Differenzierung sanktionierten (Polizei)Übertretungen im materiellen Sinne – im Unterschied zu Vergehen und Verbrechen, welche Rechtsverletzungen betrafen – Handlungen ohne Rücksicht auf einen herbeigeführten Erfolg bloß wegen Gefährdung des gemeinen Wohls, also rein präventiv[151].

In diese Richtung weist auch die Einordnung *C.F. Müllers*, welcher die Tat nach § 100 PrStGB aufgrund seiner Strafdrohung als ein Delikt bezeichnet, welches „mit den Strafen der Vergehen oder Übertretungen belegt werden" kann[152]. Solche Äußerungen zeigen, daß die Vorschrift zeitgenössischen Rechtswissenschaftlern angesichts des unbestimmten Schutzgutes – der öffentlichen Ruhe überhaupt[153] – und der aufgezeigten Strafbarkeitsvorverlagerung nicht behagte.

E) Résumé

Sofern die Normen über Haß- und Verachtungserregung gegenüber Religionslehren mittelbar auch die dahinter stehende Gemeinschaft umfaßten, bestanden in sehr begrenztem Umfange in nahezu sämtlichen deutschen Staaten Vorschriften gegen gruppenbezogenen Hetze. In einigen Staaten war explizit die Erregung von Religionshaß (Preußen, Bayern, Braunschweig, Lippe-Detmold) bzw. die Aufforderung zur Verfolgung einer Religionspartei (Hessen, Frankfurt, Hessen-Homburg und Nassau) strafbar. Die im Staate anerkannten, teilweise auch die geduldeten Konfessionen waren damit strafrechtlich geschützt, also ausschließlich durch ihre Religion verbundene, institutionalisierte Personenmehrheiten.

Sonstige Personenmehrheiten waren in geringerem Umfang als Schutzobjekt vorgesehen. Zum einen gab es nur wenige Staaten, welche Beleidigungen oder Verleumdungen in bezug auf Personenmehrheiten bestraften[154]. Zum anderen erklärten zehn Staaten Äußerungen in bezug auf sonstige Bevölkerungsteile

150 *Berner*, Lehrbuch, 1 Aufl. 1857, § 199 (S. 408 f.), 4. Aufl. 1868, § 199 (S. 450).

151 Vgl. *Oppenhoff*, Strafgesetzbuch, 5. Aufl. 1867, Vor § 332 ff. Anm. 1.

152 Das Preußische Straf-Gesetzbuch, S. 13 f. – Dennoch handelte es sich, da nach § 1 PrStGB auf die höchste Strafdrohung abzustellen war, um ein Vergehen.

153 *Temme*, Lehrbuch, § 135 (S. 650).

154 Verleumdungen gegen Stände oder Personenklassen waren aufgrund entsprechenden Antragsrechts nur nach Art. 246 StGB Sachsen 1855 und 1868, Art. 203 StGB Altenburg sowie Art. 193 StGB Thüringische Staaten strafbar, *Rubo*, Verleumdung, S. 136.

unter gewissen Voraussetzungen, namentlich der Erregung von Haß oder Verachtung, für strafbar[155].

Zunächst unter dem Eindruck der Pressefreiheit als Mittel der Reaktion in Pressegesetzen hervorgebracht, erschienen sie als Gelegenheitsgesetze[156], welche „vorzüglich durch die communistischen Aufreizungen [...] veranlaßt"[157] waren. Sie richteten sich gegen aufhetzende Äußerungen, „wie sie, seit die sogenannten sozialen Fragen in den Vordergrund getreten, so häufig vorkommen"[158]. Dem Charakter eines Gelegenheitsgesetzes entsprechend, sah man dies als den Hauptanwendungsfall an[159]. Das augenblickliche Bedürfnis, dem es abzuhelfen galt, war mithin die nach Einführung der Pressefreiheit als wuchernd erwartete Kritik gesellschaftlicher Zustände. Wie zuvor die Bürger die Ideen der französischen Revolution, übernahmen nun die Regierenden der deutschen Staaten die Maßnahmen gegen dieselbe. Wenn man allerdings die öffentliche Statistik Preußens betrachtet, erscheint § 100 PrStGB eher als symbolische Gesetzgebung; zumindest verglichen mit der Majestätsbeleidigung, welche beträchtlich höhere Fallzahlen aufwies[160].

Nachdem die Vorschriften zunächst in Spezialgesetzen geregelt waren, wurden die mittels Presse begehbaren Delikte – entsprechend verfassungsrechtlicher Vorgaben[161] – in die allgemeine Gesetzgebung aufgenommen, stellten also keine *delicta excepta* mehr dar[162]. Alsbald stellte sich heraus, daß auch sonstige Hetze, welche den Frieden unter den Bevölkerungsgruppen störte, damit geahndet werden konnte[163]. Wurden zunächst insbesondere die (oberen) Stän-

155 Preußen 1851, gering modifiziert übernommen in Anhalt-Bernburg 1852, Waldeck und Pyrmont 1855, Oldenburg 1858, Lübeck 1863/4, Hamburger CGB 1869, (Bremer E 1861), Mecklenburg-Schwerin und Strelitz 1856 sowie unabhängig davon Baden 1845/51, Österreich 1849/52 und Bayern 1861.

156 Zum Begriff *Hassemer*, Zeitgesetze, S. 201 f. m.w.N.

157 Entwurf eines Strafgesetzbuches der freien Hansestadt Bremen, Bd. 2, S. 59 bzgl. § 100 PrStGB und des dem nachgebildeten § 221 E Bremen 1861.

158 Bericht der Kommission zur Prüfung des PrStGB-Entwurfs, in: Vdlgn PrStGB, Zu § 89 (S. 102).

159 AaO.

160 Verfahren wegen § 100 PrStGB blieben im niedrigen zweistelligen Bereich (**1851**: 19, **1852**: 18, **1853**: 29, **1854**: 15, **1855**: 13 neu eingeleitete Verfahren [GStA, I. HA Justizministerium, Rep. 84a, Nr. 10123, Bl. 176 f., 235 f., 299 f., 392 f., , 460 f.]), während es jeweils zu über 100 Verfahren wegen Majestätsbeleidigung kam, vgl. *Hartmann*, Majestätsbeleidigung, S. 59 Fn. 110.

161 Z.B. Art. 25 der oktroyierten preußischen Verfassung vom 5.12.1848.

162 So *Berner*, Strafgesetzgebung, § 213 (S. 277) zum österreichischen StGB von 1852.

163 Vgl. Entwurf eines Strafgesetzbuches der freien Hansestadt Bremen, Bd. 2, S. 59 sowie *C.F. Müller*, StGB, § 100 (S. 77).

de bzw. Gesellschaftsklassen einbezogen, erweiterte der Kreis sich später auf gesellschaftliche Gruppen im allgemeinen. So war der Wortlaut nicht auf bestimmte Bevölkerungsgruppen begrenzt und mußte nicht zwangsläufig nur Bekundungen der Arbeiter gegen die Fabrikbesitzer umfassen, sondern durchaus auch agitatorische Äußerungen zulasten der jüdischen Bevölkerungsgruppe[164]. Der Begriff der Personenmehrheit war, wie bereits im französischen Recht, nicht eindeutig; es wurde um die darunter zu fassenden gesellschaftlichen Gruppen gerungen.

Von den zehn Partikulargesetzen folgte die Hälfte dem über Preußen in das deutsche Recht gelangten französischen Modell, während die süddeutschen Staaten als zweite Gruppe ihre Normen unabhängig davon, aber auch unabhängig voneinander entwickelt hatten. In allen Strafgesetzbüchern waren jeweils die sog. Haß- und Verachtungsparagraphen, d.h. die Normen, welche Meinungsäußerungen in bezug auf gesellschaftliche Gruppen bzw. den Staat und dessen Einrichtungen betrafen, systematisch eng miteinander verknüpft, sei es, daß sie benachbarte Vorschriften bildeten[165], sei es, daß sie gar zu einer einzigen verschmolzen waren wie in § 631a des badischen StGB[166].

Das zu schützende Gut war nicht klar definiert. Der Begriff „öffentlicher Friede" wurde nicht systematisch verwendet[167]. Indirekt waren jene Güter geschützt, die bei einer erfolgreichen Anreizung gegebenenfalls betroffen gewesen wären, bei Beleidigungen etwa die Ehre – parallel der Aufforderung zu Straftaten oder der Anstiftung. Darauf deutet auch die Subsidiaritätsklausel im österreichischen Recht hin, und dem entspricht, daß zeitgenössische Juristen die Vorschriften mehr als Übertretungen denn als Vergehen klassifizierten. Jedenfalls wurde durch die Schaffung der Normen gegen die Anreizung der Staatsangehörigen zu Haß oder Verachtung der strafrechtliche Schutz in ein früheres Stadium verlagert; dies gilt umso mehr, als die Rechtsprechung bereits das bloße Unternehmen des Anreizens genügen ließ und keinen Erfolg verlangte.

164 Jedenfalls wurden in den Beratungen zu Art. 118 Abs. 2 bayer. StGB von den Verfechtern einer allgemeinen Fassung neben dem Adel auch die Juden als Anreizungsobjekt genannt, vgl. *Stenglein*, StGB, Bd. 2, Art. 118 S. 40.

165 So in Preußen (§§ 100, 101), Anhalt-Bernburg (dto.), Waldeck und Pyrmont (§§ 96, 97), Oldenburg (§§ 97, 98) sowie Österreich (§§ 302, 300).

166 Neben Baden auch in Lübeck, Hamburg und Bayern.

167 Vgl. *Wächter*, ArchCrR 1830, 341, 351; *Fischer*, Öffentlicher Friede, S. 170.

ZWEITER TEIL:
ENTWICKLUNG SEIT 1870

Drittes Kapitel: Reichsstrafgesetzbuch

A) Entwicklung eines einheitlichen deutschen Strafrechts

Aufgrund staatlicher Initiative wurde erst Mitte des 19. Jahrhunderts der Versuch gemacht, ein einheitliches Strafgesetzbuch zu schaffen. Inhaltlich handelte es sich um eine Umarbeitung des preußischen Entwurfs von 1847[1]. Ungeklärt ist, weshalb sich das preußische Justizministerium zu diesem Schritt veranlaßt gesehen hatte: einerseits könnte dies an der Aufnahme des Strafrechts unter die Gegenstände einheitlicher Gesetzgebung in die Reichsverfassung von 1849 (Art. XIII, § 64) gelegen haben[2]; andererseits ist auch denkbar, daß der Entwurf zwecks anvisierter Rechtsvereinheitlichung im Rahmen der Erfurter Union vom 26. Mai 1849 im preußischen Justizministerium ausgearbeitet worden ist[3].

Nach der gescheiterten Revolution von 1848/49 wurden dahingehende Bemühungen jedenfalls wieder eingestellt. Es trugen sich allerdings noch zahlreiche Wissenschaftler weiterhin mit diesem Vorhaben[4]. Begründet wurde dies allgemein damit, daß die Rechtseinheit auf dem Gebiet der Kriminalgesetzgebung „von der höheren Idee des modernen Staates geboten" sei[5]. Die Kräfte des Fortschritts könnten sich auf die Ausbildung *eines* Strafrechts konzentrieren[6]. Zudem könnten die Mängel der partikularrechtlichen Strafgesetzgebung behoben, insbesondere die in den meisten deutschen Staaten veralteten Strafgesetze den gegenwärtigen Verhältnissen und dem deutschen Rechtsbewußtsein angepaßt werden[7]. Es vermengten sich – wie letzteres zeigt – juristische und von der Idee des Nationalstaats getragene Argumentationslinien. Die nationale Einheit wurde noch weitaus deutlicher ins Feld geführt. Es bedürfe der Einführung eines allgemeinen Deutschen Strafgesetzbuchs weit mehr als derjenigen eines allgemeinen Deutschen Handelsgesetzbuches, denn im Gegensatz zu jenem Sonderrecht der Kaufleute betreffe das Strafrecht das gesamte Volk. Das Strafrecht sei „Wächter der Sitte", „innerste[...](s) Element des Rechtslebens"[8]. Gebe es ein deutsches Volk, so müsse sich dessen Volksgeist auch in der Rechtserzeugung zeigen.

---

1 Als Manuskript 1849 in Berlin gedruckt, 1912 herausgegeben von *Banke*. Zur Entstehung vgl. das Entwurfsvorwort, in: *Banke*, Entwurf, S. 39 und *Banke* selbst, S. 28 ff.

2 *Schönke*, StGB, 3. Aufl. 1947, Einf. I; *Schmidt*, Strafrechtspflege, S. 343.

3 *Schubert*, in: FS Gmür, 149, 151. – Zur Erfurter Union, auch Dreikönigsbündnis genannt, *Huber*, Verfassungsgeschichte, Bd. 2, S. 885–898.

4 Aufzählung diverser Entwürfe bei *Rubo*, Strafgesetzbuch, S. 1–6.

5 *Beseler*, Strafgesetzbuch, S. 570, 16

6 *Krug*, Ideen, S. 5 f. Dort auch zu „rein praktischen Vortheile(en)" (S. 6).

7 *v. Kraewel*, Notwendigkeit, S. 51; ähnl. *Krug*, aaO., S. 7.

8 So *v. Kraewel* auf dem ersten Deutschen Juristentag, vgl. *ders.*, Notwendigkeit, S. 43.

Unter anderem veröffentlichte 1857 der Königlich Sächsische Geheime Justizrat *Krug* einen heute als „wegweisend"[9] bezeichneten Entwurf. Eine Vorschrift, welche Meinungsäußerungen gegenüber einer gesellschaftlichen Gruppe unter Strafe stellte, sah er jedoch nicht vor. Zum einen hatte sich Krug im Sinne des Erreichbaren auf Verbrechen beschränkt, zu denen die Delikte gegen die öffentliche Ordnung mit Ausnahme des Aufruhrs größtenteils nicht gehörten[10]. Zum anderen klammerte er den Komplex der Pressedelikte aus, denn dieser Bereich benötige besondere Bestimmungen, welche sich nach Zeit- und Lokalbedürfnissen richten müßten[11].

Auf staatlicher Ebene wurden bis zum Ende des Deutschen Bundes keine dahingehenden Anstrengungen mehr unternommen. Die österreichisch-preußischen Spannungen ließen dies nicht zu; während Österreich beabsichtigte, die Bundeszuständigkeit zu erweitern, übte Preußen Widerstand gegen jegliche Fortentwicklung des Bundes aus[12]. Mangels verfassungsrechtlicher Kompetenzzuweisung an den Bund hätte ein allgemeines deutsches Strafrecht nur vertragsweise eingeführt werden können; Vorstöße in diese Richtung gab es aber nicht. Nach dem preußisch-österreichischen Krieg, beendet durch den Prager Frieden vom 23. August 1866, löste sich der Deutsche Bund auf[13]. Am 18. August des Jahres gründete sich unter Preußens Federführung der Norddeutsche Bund. Dessen Reichstag nahm am 16. April 1867 einen von den verbündeten Regierungen erarbeiteten Entwurf als Verfassung des Norddeutschen Bundes an[14]. Sie verlieh dem Bund in Art. 4 Nr. 13 auch die Gesetzgebungskompetenz über das Strafrecht und schuf damit die verfassungsrechtliche Voraussetzung für ein einheitliches Gesetzbuch.

Bismarck ersuchte, nach entsprechenden Reichstags- und Reichsratsbeschlüssen vom 18. April und 5. Juni 1868, den Justizminister *Leonhardt*, ein Strafgesetzbuch für den Norddeutschen Bund ausarbeiten zu lassen. Leonhardt betraute daraufhin den Vortragenden Rat seines Ministeriums *Friedberg* mit dieser Aufgabe. Als Hilfsarbeiter wurden ihm der Kreisrichter *Rüdorff* und der Gerichtsassessor *Rubo* zur Seite gestellt.

Der Entwurf war keine vollständige Neuschöpfung, sondern an das preußische StGB angelehnt. Dies war einerseits insofern vorteilhaft, als es sich um das Gesetzbuch des größten und bevölkerungsreichsten norddeutschen Bundes-

9 *Schubert*, Rechtseinheit, S. 152.

10 *Krug*, Ideen, S. 10, 122 f.

11 *Krug*, Ideen, S. 10 f.

12 *Huber*, Verfassungsgeschichte, Bd. 3, S. 131 f.

13 *Huber*, Verfassungsgeschichte, Bd. 3, S. 576 f.; *Siemann*, Nationalstaat, S. 416–418.

14 *Huber*, aaO., S. 649–667.

staates handelte[15]; mithin war bereits ein Großteil der Bevölkerung des Norddeutschen Bundes mit dem Recht sehr vertraut. Zum anderen entsprach es auch den tatsächlichen Machtverhältnissen im Norddeutschen Bund. Überdies wurde es als kurzes, präzises, die Kasuistik vermeidendes Gesetzbuch geschätzt[16]. Andererseits wurden teilweise nicht mehr zeitgemäße Strafdrohungen und einige widersprüchliche Bestimmungen und Grundsätze als nachteilig empfunden[17]. Ob die Einschätzung *Bindings*, bereits der erste Entwurf stelle eine „vielfach verbesserte Auflage“ des preußischen Strafgesetzbuchs dar[18], auch in bezug auf den Nachfolger des § 100 PrStGB gilt, sei im folgenden untersucht.

B) Der Entwurf Friedberg (Erster Entwurf vom Juli 1869)

In 139 Sitzungen, zu denen sich keine Materialien mehr finden lassen[19], arbeitete Friedberg, unterstützt von Rüdorff und Rubo, den Entwurf samt Motiven aus, welcher am 31. Juli 1869 veröffentlicht wurde[20]. Der achte Abschnitt wiederholte unter dem Titel „Vergehen wider die öffentliche Ordnung“ in den §§ 109–129 die in Titel VI. des PrStGB von 1851 umschriebenen Delikte.

Es wurden jedoch einige Änderungen vorgenommen, insbesondere wurden die §§ 100, 101 PrStGB in den §§ 112, 113 des Entwurfs „einer durchgreifenden Umgestaltung unterzogen“[21]. Grund waren die zahlreichen Einwürfe gegen die preußischen Vorschriften. Sie stammten insbesondere von *John*, welcher in seinem, ebenfalls auf dem preußischen StGB basierenden „Entwurf mit Motiven zu einem Strafgesetzbuch für den Norddeutschen Bund“ (1868) die Bestimmungen entfallen ließ[22]. Friedberg maß der Kritik an den „vielleicht am

15 Diesen Vorteil sah bereits *John*, Entwurf, S. 11 f.

16 Vgl. *John*, aaO., S. 11 f., der bereits zuvor das PrStGB seinem Entwurf zugrunde gelegt hatte. Vgl. ferner *Meyer*, Norddeutsches Strafrecht, S. 2; *Häberlin*, Bemerkungen, S. 3.

17 Vgl. *v. Wächter*, Kritik, S. 12 f.; *v. Schwarze*, GS 22 (1870), 146, 195 f.; *John*, Entwurf, S. 13 ff.

18 *Binding*, Entwurf, S. 4.

19 *Schubert*, GA 1982, 191, 195.

20 *Rüdorff*, Strafgesetzbuch für den Norddeutschen Bund, S. VI f.

21 Motive zu dem Entwurfe eines Strafgesetzbuches, in: *Schubert*, Kodifikationsgeschichte, Bd. 1, S. 247. *Rubo*, Strafgesetzbuch, S. 23, 26.

22 *John*, Entwurf, S. 356–359. Näher dazu 3. Kap. B). Johns Entwurf erregte „Aufsehen in den Kreisen der Fachgenossen“ (*S.*, ADStrZ 1870, 296, 300), weil er eine große Zahl von Vorschriften streichen wollte, vgl. *v. Kraewel*, GS 20 (1868), 401, 405 ff. sowie *S.*, ADStrZ 1869, 353, und *ders.*, ADStrZ 1870, 15. – Daneben sprach auch *Binding*, Entwurf, S. 21 Fn. 1 von „allgemeine[...](r) Abneigung gegen Preuß. § 100“.

meisten angefochtenen (Bestimmungen) des ganzen Gesetzbuches“[23] soviel Bedeutung bei, daß er neben selbiger ausnahmsweise das geschichtliche und gesetzgeberische Material in einem Exkurs zu den Motiven darstellte[24]. Dadurch sollte festgestellt werden, ob die Vorschriften aufgrund der Mißstände beseitigt oder lediglich verändert werden sollten[25].

Weglassen wollte Friedberg die Bestimmungen aber nicht, da sonst „die Gefahr einer Lücke [...] für die öffentliche Sicherheit zu besorgen“ sei[26]. Statt aber weiterhin auf „criminalpolitische“ Grundsätze abzustellen, seien bei der Abfassung nun „criminalrechtliche Grundsätze entscheidend gewesen“[27]. § 112 des Entwurfes wurde dem Art. 89 Nr. 3 hamburgisches Kriminalgesetzbuch nachgebildet. Er lautete:

> „Wer in einer den öffentlichen Frieden gefährdenden Weise die verschiedenen Klassen der Bevölkerung zu Feindseligkeiten gegen einander öffentlich anzureizen sucht, wird mit Geldbuße bis zu zweihundert Thalern, oder mit Gefängniß bis zu zwei Jahren bestraft“[28].

Gegenüber dem preußischen Vorbild wurden fünf Veränderungen vorgenommen, von denen vier dem hamburgischen Vorbild entsprachen. So wurden zunächst die Eingangsworte umgestellt[29]. Zweitens wurde der Gegenstand der Anreizung anders bezeichnet: anstelle von „Angehörigen des Staates“ sprach § 112 von „verschiedenen Klassen der Bevölkerung“. Durch diesen bereits im französischen Recht verwendeten Begriff sollte der Tatbestand „richtiger begrenzt und einer zu weit gehenden Anwendung vorgebeugt“ werden; weder einzelne Personen noch vage Abstraktionen sollten genügen[30]. Beispielsweise wollten die Entwurfsverfasser darunter „Bäcker, Juristen, Katholiken, Adelige, Polen, Social-Demokraten“ verstanden wissen[31]. Auch die Umschreibung der

23 So in den Motiven, abgedr. in: *Schubert*, Kodifikationsgeschichte, Bd. 1, S. 247.

24 Motive zu dem Entwurfe eines StGB für den Norddeutschen Bund, in: *Schubert*, Kodifikationsgeschichte, Bd. 1, S. 249–262; in der RT-Vorlage geringfügig verändert abgedruckt als Anhang V zu den Motiven zum Strafgesetzbuch, Aktenstück RT NB 1870, Nr. 5, S. 114–120, abgedr. in: *Schubert*, Kodifikationsgeschichte, Bd. 2, S. 114–120.

25 Motive, in: *Schubert*, Kodifikationsgeschichte, Bd. 1, S. 250.

26 AaO., S. 248.

27 *Rubo*, Strafgesetzbuch, S. 26 (Hervorhebung im Orig.).

28 Entwurf eines Strafgesetzbuches, in: *Schubert*, Kodifikationsgeschichte, Bd. 1, S. 33.

29 Zur Frage, ob die Umstellung vom Nebensatz zum Gerundivkonstrukt bloß grammatikalischer Art war, vgl. 3. Kap. C) bei Fn. 49.

30 Motive, in: *Schubert*, Kodifikationsgeschichte, Bd. 1, S. 248; vgl. auch die Kommentare der beiden Kommissionsmitglieder *Rubo*, Strafgesetzbuch, S. 26 und *Rüdorff*, Strafgesetzbuch, S. 272. – Zu französischen Vorbildern s.o. 2. Kap. B).

31 *Rubo*, Strafgesetzbuch, S. 620 (indes erst zehn Jahre nach den Beratungen erschienen).

Tathandlung lehnte sich an die hamburgische Ausdrucksweise an. Es genügte, daß jemand die verschiedenen Klassen „anzureizen sucht", also unzweideutig bereits der Versuch, eine soziale Gruppe anzureizen.

Abweichend sowohl von der preußischen als auch von der hamburgischen Vorlage sollte nun allerdings nicht mehr zu „Haß oder Verachtung"[32], sondern zu „Feindseligkeiten" angereizt werden, obschon eine inhaltliche Präzisierung damit nicht verbunden war. Schließlich wurde die Rechtsfolge dahingehend verändert, daß das nach § 100 PrStGB vorgesehene Strafminimum beseitigt wurde. Dadurch sollten die „leicht denkbaren Fälle geringerer Verschuldung" berücksichtigt werden können[33].

Außer diesen Modifikationen wäre es noch denkbar gewesen, den Ausdruck „öffentlich" gesetzlich zu definieren. Wie in anderen Normen wurde indes davon abgesehen und dies dem richterlichen Ermessen überlassen[34]. Einerseits erfordere die allgemeine Natur des Vergehens eine „wirkliche Öffentlichkeit", die bei Presseerzeugnissen regelmäßig, aber nicht stets gegeben sei. Andererseits sah Friedberg durchaus auch eine mögliche weite Auslegung des Begriffs, erklärte es aber zur Aufgabe anderer Tatbestandsmerkmale, die Vorschrift zu begrenzen[35]. Voraussetzungen wie „vor einer Menschenmenge" oder das Verbreiten „durch Schriften oder andere Darstellungen" wurden in § 112 jedoch bewußt nicht aufgenommen, der Anwendungsbereich insofern nicht wie in den §§ 42, 72 oder 92 des Entwurfs begrenzt[36].

C) Reaktionen auf den Entwurf Friedberg

Zugunsten eines schnellen Zustandekommens war zwar auf die offizielle Mitarbeit von Professoren verzichtet worden, ebenso anschließend in der Bundesratskommission, wie *Binding* noch 30 Jahre später bedauerte[37]. Gleichwohl wurde der Entwurf Friedberg veröffentlicht, um ihn der allgemeinen Beurtei-

---

32 Auf deren Unbestimmtheit, indes i.R.d. § 135 PrStGB, hatte bereits das preußische Obertribunal hingewiesen: es komme nur auf die dahingehende Absicht, nicht auf die wirkliche Erregung von Haß oder Verachtung an, da eine solche „moralische Wirkung überhaupt nicht [...] zu konstatiren ist", GA 1 (1853), 703.

33 Motive, in: *Schubert*, Kodifikationsgeschichte, Bd. 1, S. 248.

34 Dagegen war der Begriff der Öffentlichkeit in § 31 PrVO vom 30.6.1849 legaldefiniert.

35 Motive, in: *Schubert*, Kodifikationsgeschichte, Bd. 1, S. 248, 215–217.

36 Diese verboten die öffentliche Aufforderung zu Vergehen oder Verbrechen, zum Hochverrat sowie zum Gesetzesungehorsam.

37 Vgl. *Binding*, *Grundriß*, S. 45 Fn. 2 (1907); ähnlich *v. Wächter*, Kritik, S. 14.

lung zugänglich zu machen[38]. Auf die Veröffentlichung hin reagierten zahlreiche Juristen mit kritischen Anmerkungen[39]. Teils waren die Äußerungen positiv[40], teils wurde auch die schnelle Arbeit der Kommission gerügt[41].

In bezug auf den die Meinungsäußerung gegenüber gesellschaftlichen Gruppen betreffenden § 112 begegneten sich unterschiedliche Auffassungen nicht erst in der Frage, *wie* eine solche Bestimmung, sondern *ob* sie in ein Strafgesetzbuch für den Norddeutschen Bund aufgenommen werden sollte[42]. Entschieden gegen eine solche Strafbestimmung hatte sich bereits zuvor der Kieler Professor *John* gewandt. Die Vorschrift sei untauglich, die „ungerechtfertigte, unanständige, gefährliche Kritik“ zu verbieten, denn eine Grenze zwischen dieser und der „anständigen“ Kritik sei gesetzlich nicht festzulegen. Insofern sei die Vorschrift nicht präzise und könne zu ungleicher, also willkürlicher strafrechtlicher Verfolgung führen[43]. Darüber hinaus sei die Kritik gesellschaftlicher Zustände im öffentlichen Interesse geradezu geboten[44]. Als scheinbarer Ausweg bleibe, Kritik überhaupt zu verbieten; diese sei aber unentbehrlich. Wenn man aber die Grenze nicht bestimmen könne, dann seien die geringeren Nachteile „unanständiger“ Kritik „um des größeren Nutzens willen“ zu erdulden. Der grundlegende Fehler bestehe darin, daß die Bestimmung ihrer Formulierung nach nicht dem Gebiet des Rechts, sondern der Ethik angehöre. Daher könne sie gerade in einem Gesetzbuch keinen Platz beanspruchen[45]. All diese Mängel vermöge auch eine Zuweisung an Geschworenengerichte nicht zu beseitigen, allenfalls zu mindern[46]. Schließlich seien sowohl § 100 als auch der

---

38 Vgl. die Entwurfs-Vorbemerkung, in: *Schubert*, Kodifikationsgeschichte, Bd. 1, S. III.

39 Übersicht bei *v. Holtzendorff*, in: ders., Handbuch, Bd. 1, S. 130–133; *v. Schwarze*, GS 22 (1870), 146–220; *ders.*, ADStrZ 1870, 122–154. Sammlung „Gutachtliche(r) Aeußerungen über den Entwurf“ im Reichskanzleramt, in: BA, R 1401 Nr. 639, 640, 640a.

40 Vgl. *Hartmann*, Majestätsbeleidigung, S. 77 Fn. 20 m.w.N.

41 *Rubo*, Strafgesetzbuch, S. 26; vgl. auch die Nachweise bei *v. Wächter*, Kritik, S. 23.

42 **Ablehnend**: *John*, Entwurf (1868) S. 356–359; *ders.*, Strafrecht in Norddeutschland (1870), S. 57–62; *Meyer*, Norddeutsches Strafrecht (1869), S. 52; *Geyer*, KritV 12 (1870), 162, 205 (allenfalls als Übertretung). **Befürwortend**: *Häberlin*, Bemerkungen (1869), S. 51 f.; *Heinze*, Erörterungen (1870), S. 172, welcher das Strafminimum gar anheben würde; *Binding*, Entwurf (1869), S. 23 (indes nur als Übertretung).

43 *John*, Entwurf mit Motiven, S. 358.

44 *John*, aaO., S. 357 f.

45 *John*, aaO., S. 359.

46 *John*, aaO., S. 358 f.

die Kritik am Staat einschränkende § 101 PrStGB überflüssig, nachdem andere Vorschriften einen ausreichenden Schutz gewährten[47].

Als der Entwurf Friedberg – entgegen Johns Gesetzesvorschlag – die §§ 100, 101 PrStGB dennoch in den §§ 112, 113 rezipierte, wiederholte John seine Kritik[48]. Zudem gaben die dort vorgeschlagenen Änderungen Anlaß zu weiteren Beanstandungen. Der veränderte Einleitungssatz habe nur scheinbar eine Veränderung mit sich gebracht, nämlich die Mittel-Zweck-Relation zwischen Friedensgefährdung und Anreizung umgekehrt – in § 100 werde der öffentliche Friede durch die Anreizung gefährdet, während in § 112 die Anreizung in einer den öffentlichen Frieden gefährdenden Weise erfolge. Dies könne in der Praxis zu „Partei-Distinctionen" und „Haarspaltereien" führen[49].

Der nun verwendete Klassenbegriff sei, so ironisierte John, erst brauchbar, „wenn wir die ägyptische Kastenwirthschaft haben"[50]; ansonsten schaffe dieser Ausdruck nur eine willkürliche, von der jeweiligen Zeit abhängige Praxis. Auch die mit „anzureizen sucht" umschriebene Tathandlung lasse den Entwurf gegenüber dem preußischen Recht nachteilig erscheinen[51]. Des weiteren sei der Ausdruck „Feindseligkeiten" entweder ungenau, falls er nur tätliche Feindseligkeiten meine. Oder er stimme, falls er auch nichttätliche Feindseligkeiten umfasse, mit „Haß und Verachtung" in § 100 PrStGB überein. Dann aber höre „§ 112 des Entwurfes nicht auf, ein 'Haß- und Verachtungs-Paragraph' zu sein, (nur) weil es ihm gut geschienen hat, sich einen 'Feindseligkeits-Paragraphen' zu nennen."[52] Dem widersprach indes *Binding*, welcher „Feind-

47 S. 359. Als solche zählt er auf: die öffentliche Aufforderung zu Verbrechen bzw. zum Ungehorsam gegen die Gesetze; der Widerstand gegen die Exekutive; Beleidigungen und Verleumdungen. Angesichts des ersten Delikts hält auch *Meyer*, Bemerkungen zu dem Entwurf, in: BA, R 1401 Nr. 640a Bl. 213v–213r die Anreizung zu „Feindseligkeit*en*" [Hervorhebg. im Orig.] i.S. feindseliger Handlungen für überflüssig, tendiert allerdings zu einer bereits die Erregung feindseliger Gesinnung bestrafenden Fassung.

48 *John*, Strafrecht in Norddeutschland, S. 57.

49 *John*, aaO., S. 58.

50 *John*, aaO., S. 59; ähnl. bereits *Chassan*, Presse, Bd. III, S. 317. Anders *Fuchs*, Kritische Bemerkungen, S. 67, der „Klassen" den „Angehörigen" in § 100 PrStGB vorzog.

51 *John*, aaO., S. 58; eindeutig *Fuchs*, aaO., S. 67: „Unbestimmtheit [...] unendlich vergrößert"; dahingehend auch *Meyen*, Bericht über den Entwurf (BA, R 1401, Nr. 640a Bl. 183 S. 7) sowie der Gothaer Appellationsgerichtspräsident *Braun*, Bemerkungen (BA, R 1401, Nr. 640a Bl. 255r.). *Schmidt* (BA, R 1401 Nr. 640 Bl. 263v–263r) schlug vor, die Norm als Unternehmensdelikt zu gestalten: „Wer es unternommen hat [...]".

52 *John*, aaO., S. 59.

seligkeit" ausschließlich im ersten Sinne, also als „bethätigte Feindschaft" und nicht wie „Haß oder Verachtung" als bloße Empfindung verstand[53].

Vernichtend fiel *Johns* abschließendes Urteil aus: Man möge lieber §§ 100, 101 PrStGB in ihrer hergebrachten Form behalten, als diese gewohnte gegen eine neue Unbequemlichkeit einzutauschen[54]. Sarkastisch fügte er hinzu, die Vorschrift, ausgelegt durch das Ober-Tribunal, habe geleistet, was man von ihr erwartete, nämlich auf strafrechtlichem Wege zu leisten, was zuvor der Zensur vorbehalten gewesen war[55]. Schließlich abstrahierte er die Fragestellung dahingehend, daß mit der Hereinnahme der §§ 112, 113 E Friedberg über die Pressefreiheit im Norddeutschen Bund entschieden werde[56].

Genauso sprach sich der Hallenser Professor *Meyer* trotz der gegenüber den preußischen Vorschriften vorgenommenen Einschränkungen für die Straflosigkeit jener Handlungen aus. Die Grenze zum strafwürdigen Verhalten sei erst dann überschritten, wenn die Aufreizung in eine öffentliche Aufforderung zu strafbaren Handlungen übergehe[57].

Von denjenigen, die ausdrücklich auf § 112 E Friedberg zu sprechen kamen, hießen nur wenige[58], namentlich *Häberlin* und *Fornet*, die Norm in ihrer Fassung gut. Die gute Presse vermöge die schlechte nicht auszugleichen, so daß die §§ 100, 101 PrStGB nicht entbehrlich, sondern nur abzuändern seien, um mißbräuchlicher Anwendung vorzubeugen. Dieser Anforderung genüge § 112 des Entwurfs[59]. Die Mehrzahl derjenigen Stimmen, welche die Vorschrift aufgenommen wissen wollten, wandte sich allerdings gegen die Unbestimmtheit des Tatbestands[60]. So kritisierte *Binding* insbesondere den Begriff „öffentlicher Friede" und schlug vor, die Norm folgendermaßen zu fassen:

---

53 *Binding*, Entwurf, S. 22.

54 *John*, Strafrecht in Norddeutschland, S. 60.

55 *John*, aaO., S. 61.

56 *John*, aaO., S. 62.

57 *Meyer*, Norddeutsches Strafrecht, S. 48.

58 Nach Auswertung vor allem der über 30 bei *v. Schwarze*, GS 22 (1870), 146–160 besprochenen Kritiken des Entwurfs, die allerdings die Norm vielfach außen vor ließen.

59 *Häberlin*, Bemerkungen, S. 51; *Fornet*, Zeitschrift für Gesetzgebung und Rechtspflege in Preußen Bd. 3 (1869), 578, 591 f.

60 Vgl. *Binding*, Entwurf, S. 22 f.; *Fuchs*, Kritische Bemerkungen, S. 67; *Meyer*, Norddeutsches Strafrecht, S. 48; *John*, Entwurf mit Motiven, S. 358 f.; *Geyer*, KritV 12 (1870), 162, 205; *Heinze*, Erörterungen, S. 125.

„Wer die verschiedenen Klassen der Bevölkerung in einer den Frieden *unter diesen Klassen* gefährdenden Weise zu Feindseligkeiten gegeneinander öffentlich aufzureizen sucht, soll u.s.w.“[61]

Bleibe es dagegen bei der Formulierung des Entwurfs, so müsse die Friedensgefährdung mehr bedeuten als die Gefahr einer Friedensstörung zwischen den Angehörigen der verschiedenen Klassen. Diese sei nur in Zeiten großer Krisen denkbar, eine derart beschränkte Anwendung der Vorschrift könne indes nicht Absicht der Entwurfsverfasser sein[62]. Mutmaßlich nicht gewollt sei zudem die nach dem Wortlaut erforderliche wechselseitige Anreizung, was den Anwendungsbereich ebenfalls einenge[63].

Es zeigt sich, daß sich die Kritik regelmäßig auf den objektiven Tatbestand fokussierte. Hingegen gingen nur wenige auf den subjektiven Tatbestand ein. Letztere forderten dann allerdings, daß der Täter mit Absicht in bezug auf die Friedensgefährdung handele, um den Anwendungsbereich einzuengen respektive die „betreffenden Handlungen (überhaupt) straffällig erscheinen zu lassen“[64].

Wie in bezug auf den Tatbestand divergierten auch die Auffassungen über die Rechtsfolge („Geldbuße bis zu zweihundert Thalern, oder [...] Gefängniß bis zu zwei Jahren“). Während *Häberlin* die Strafdrohung „sehr wohl“ für gerechtfertigt hielt[65] und sich *Heinze* sogar dafür aussprach, das Strafminimum anzuheben[66], plädierte *Binding* für eine Absenkung der Höchststrafe[67]. Letzterer verband dies mit der Forderung, das Delikt als bloße Polizeiübertretung zu qualifizieren und in den Bereich der Übertretungen zu überweisen – ein Vorstoß, der allerdings kaum Resonanz erzeugte[68].

---

61 *Binding*, Entwurf, S. 23 (Hervorhebung des Verf.).

62 *Binding*, aaO., S. 22 f.

63 *Binding*, aaO., S. 21.

64 So das *Königliche Stadtgericht, Abteilung für Untersuchungssachen*, in: BA, R 1401, Nr. 640a Bl. 281v; ähnl. *Delius / Klingner*, in: BA, R 1401, Nr. 640a Bl. 298v–298r.

65 Kritische Bemerkungen, S. 52.

66 Vgl. oben Fn. 42; wenigstens bei der höheren Strafdrohung des § 100 PrStGB will auch bleiben *Meyer*, Bemerkungen zu dem Entwurf (BA, R 1401 Nr. 640a Bl. 213v–213r).

67 Entwurf, S. 23.

68 *Binding*, aaO., S. 23 hielt in erster Linie „Präventionsmaßregeln“ und bloß „eventuell Polizeistrafen“ für geboten. Ähnl. noch *Geyer*, KritV 12 (1870), 162, 205 f.

D) Beratungen der Bundesratskommission

Der erste Entwurf unter Friedbergs Federführung war noch nicht fertiggestellt, da beschloß der Bundesrat am 3. Juli 1869, diesen durch eine, mehrheitlich mit preußischen Juristen besetzte[69], Kommission revidieren zu lassen. Die erste Lesung der Bundesratskommission währte vom 1. Oktober bis zum 27. November 1869. In der zwölften Sitzung wurde § 112 des ersten Entwurfs mit der Abänderung angenommen, daß an Stelle der Worte „anzureizen sucht" lediglich „anreizt" gesetzt wurde[70]. Mithin lautete die nun als § 128 geführte Vorschrift:

> „Wer in einer den öffentlichen Frieden gefährdenden Weise verschiedene Klassen der Bevölkerung zu Feindseligkeiten gegen einander öffentlich *anreizt*, wird mit Geldstrafe bis zu zweihundert Thalern oder mit Gefängniß bis zu zwei Jahren bestraft."[71]

In der fünften Sitzung der zweiten Lesung wurde lediglich festgestellt, daß der die Verbrechen und Vergehen wider die öffentliche Ordnung enthaltende 8. Abschnitt keiner wesentlichen Änderungen bedürfe[72]. Dennoch beantragte *Donandt*[73] in der siebten Sitzung, die §§ 125–129 zu streichen. Diese Vorschriften betrafen neben der Anreizung zu Feindseligkeiten (§ 128) die Bildung bewaffneter Haufen (§ 125), die Teilnahme an bestimmten Verbindungen (§§ 126, 127) sowie die Staatsverleumdung (§ 129). Es handele sich um „Angstparagraphen", derer der Norddeutsche Bund nicht bedürfe. Erläuternd fügte Donandt an, daß Preußen gegebenenfalls entsprechende landesgesetzliche Regelungen treffen könne, soweit Vereine und Verbindungen im Fokus der Regelungen ständen. Indes wurde der Antrag einstimmig abgelehnt[74].

Abgewiesen wurden ebenso Vorschläge *Schwarzes*, welche die Beleidigung einer Mehrzahl von Personen betrafen, wie sie in den sächsischen Strafgesetz-

---

69 Zu deren Mitgliedern näher *Schubert*, GA 1982, 191, 195.

70 Bundesratskommission, Sitzungsprotokolle, in: *Schubert / Vormbaum*, Entstehung des StGB, Bd. 1, S. 103 (Hervorhebung des Verf.). – Ein dementsprechender Antrag ist in den Beratungen der Bundesratskommission, Anträge zur 1. Lesung nicht auffindbar.

71 Aus: *Schubert / Vormbaum*, Entstehung des StGB, Bd. 1, S. 262.

72 Vgl. das Sitzungsprotokoll, in: *Schubert / Vormbaum*, aaO., Bd. 1, S. 322.

73 Bremer Advokat und Senatsmitglied, der den 1861 anonym erschienenen Entwurf eines Strafgesetzbuchs der Freien Hansestadt Bremen verfaßte, vgl. *Schubert*, GA 1982, 191, 199. – In diesem Entwurf war eine solche Vorschrift zunächst vorgesehen, im modifizierten Entwurf von 1868 aber entfallen, s.o. 2. Kap. D) I. 2. bei Fn. 59.

74 Bundesratskommission, Sitzungsprotokolle, in: *Schubert / Vormbaum*, Entstehung des StGB, Bd. 1, S. 329 sowie Antrag Nr. 600, abgedruckt aaO., S. 397.

büchern von 1855 und 1868 geregelt war[75]. Seine Vorschläge zielten darauf ab, die Frage der Antragsberechtigung sowie der Konkurrenzen zu klären und im Bereich der Ehrverletzungsdelikte einen entsprechenden Zusatz zu beschließen. Änderungen der die Verfolgbarkeit bei Ehrverletzungen regelnden Vorschriften wurden aber zweifach abgelehnt[76].

E) Zweiter Entwurf (Dezember 1869) und Reichstagsvorlage

Die Fassung der Bundesratskommission (*2. Entwurf*) wurde dem Bundeskanzler zum Jahreswechsel 1869/1870 übergeben. Am 1. Januar 1870 wurde der Entwurf an die Bundesregierungen weitergeleitet, damit sie deren Bevollmächtigte zum Bundesrat hinsichtlich der Abstimmung unterweisen konnten. Am 4. und 11. Februar 1870 wurde der Entwurf vom Bundesrat beraten und größtenteils vorläufig angenommen, auch der VII. Abschnitt des Zweiten Teils[77].

Anschließend gelangte die lediglich an zwei Stellen veränderte Fassung des zweiten Entwurfs in den Reichstag[78]. Von diesem wurden keine tiefgreifenden Veränderungen mehr erwartet[79]. In der ersten Lesung wurde hauptsächlich über den weiteren Verfahrensgang diskutiert, nämlich, ob zunächst eine Kommission eingesetzt oder im Plenum beraten werden sollte. Der Allgemeine Teil sowie die ersten sieben Abschnitte des Besonderen Teils wurden schließlich in der zweiten Lesung im Plenum besprochen, während die übrigen Abschnitte an eine Kommission verwiesen wurden[80].

Die im zweiten Entwurf zum siebten Abschnitt gehörige Vorschrift des § 128 wurde mithin im Plenum in zweiter Lesung diskutiert. Der Nationalliberale

---

75 Vgl. 2. Kap. Fn. 154. – Für eine derartige Regelung der (freilich sächsische) Justizrat *Held*, Bemerkungen, S. 54 (§ 172).

76 Die Anträge zur Antragsberechtigung bei der Beleidigung einzelner Stände oder Körperschaften wurden zwar gestellt, aber nicht diskutiert, da die Vorfrage, ob von den Entwurfs-Vorschriften über die Voraussetzungen zur Verfolgbarkeit bei Ehrverletzungen) abgewichen werden sollte, abgelehnt wurde (*Schubert / Vormbaum*, Entstehung des StGB, Bd. 1, S. 119). Vgl. die Anträge *Schwarzes*, Nr. 238, aaO., S. 211 (Zusatz zu § 172) und Nr. 239, aaO., S. 211 f. – In einer späteren Sitzung wurde der erneute Antrag Schwarzes wiederum abgelehnt (Sitzungsprotokoll der Bundesratskommission, 2. Lesung, 8. Sitzung v. 14.12.1869, in: *Schubert / Vormbaum*, aaO., Bd. 1, S. 338 f.).

77 Bundesratsprotokolle der 2. Sitzung v. 4.2.1870, in: *Schubert / Vormbaum*, aaO., Bd. 2, S. 27 ff., 29 und der 5. Sitzung v. 11.2.1870, aaO., S. 37 ff., 43 f.– Verändert wurden nur §§ 31, 209, vgl. *Rüdorff*, Strafgesetzbuch für den Norddeutschen Bund, S. VII.

78 Für die Reichsgesetzgebung war zuvorderst der Bundesrat und erst dann der Reichstag zuständig, vgl. *Eisenhardt*, Rechtsgeschichte, Rn. 568.

79 *Behrend*, Zeitschrift für Gesetzgebung und Rechtspflege in Preußen, Bd. 4, 1870, S. 97 f., der allerdings „Fragen politischer Natur" davon ausnimmt.

80 Antrag in: *Schubert*, Kodifikationsgeschichte, Bd. 2, S. 492. Sten. Ber. RT, Sitzung v. 8.2.1870, in: *Schubert*, Kodifikationsgeschichte, Bd. 3, S. 47 ff.

Fries[81] schlug gemeinsam mit weiteren Abgeordneten vor, anstelle des erst im Entwurf Friedberg gewählten Begriffs „Feindseligkeiten“ von „Gewaltthätigkeiten“ zu sprechen[82]. Der Abgeordnete *Lasker* begründete diesen Vorschlag, den er nicht als „Silbenstecherei“ verstanden wissen wollte. Es sei nicht einzusehen, warum das bloße Hervorrufen einer Abneigung verboten sein sollte. Es bestehe die Gefahr, daß ein derartiger „Kautschuk-Paragraph[...]“ seitens der Staatsanwaltschaft zu willkürlicher, opportuner Anklageerhebung ausgenutzt werde. Insofern gehe die Vorschrift zu weit und beschränke zu sehr die freie, zuweilen nützliche Kritik. „Feindseligkeit“ sei bloß eine „innere Stimmung“, „ein innerer Gemüthszustand“. Straftatbestände verlangten hingegen, daß „objektiv das Merkmal [...] ins Leben getreten sei“[83], es also den Bereich der Gedanken verlasse und sichtbar an die Außenwelt trete. Dies sei aber erst dann der Fall, wenn die Erregung in Gewalttätigkeiten resultiere. Der Richter solle dahin geleitet werden, daß Feindseligkeiten noch nicht genügten, um eine Gefahr für den öffentlichen Frieden hervorzurufen.

Der ebenfalls Nationalliberale[84] *Planck* unterstützte den Vorstoß. Entgegen der Annahme *v. Blanckenburgs* (Mitglied der Konservativen) seien die Begriffe nicht deckungsgleich. Er verstand Feindseligkeiten als Vorstadium zu Gewalttätigkeiten, als begriffliches Minus. Genüge schon die Anreizung zu Feindseligkeiten, dann liege der Schwerpunkt der Bestimmung auf den Worten „in einer den öffentlichen Frieden gefährdenden Weise“. Dies sei aber ein derart unbestimmter Begriff, daß der Tatbestand nicht vom Ermessen, sondern vom „Temperament des Richters“ abhängig gemacht werde[85].

Dagegen argumentierten die Abgeordneten *Bürgers* (fraktionslos) und *v. Blanckenburg* aus unterschiedlichen Gründen für die Beibehaltung der zweiten Entwurfsfassung. Nach ersterem wurde der Tatbestand durch den vorgeschlagenen Begriff nicht bestimmter, sondern erlaubte dem Richter dieselbe willkürliche Auslegung der Vorschrift. Er hob das Element der Friedensstörung hervor, welches den „vernünftigen Richter“ lenke – insofern ließ er aber außer Acht, daß dieses Merkmal selbst einen weiten Beurteilungsspielraum eröffnet; zudem sollte das Bestimmtheitspostulat auch dazu dienen, ge-

81 Biographische Angaben zu den RT-Abgeordneten sind, soweit nicht anders gekennzeichnet, dem Biographischen Handbuch von *Schwarz* entnommen.

82 Sten. Ber. des RT des Norddeutschen Bundes, 25. Sitzung v. 21.3.1870 (2. Lesung), in: *Schubert*, aaO., Bd. 3, S. 292 ff., 306.

83 AaO., S. 306.

84 *Haunfelder / Pollmann*, Reichstag, S. 251 u. 448.

85 AaO., S. 307. So verstand der Abg. *Fries* den „öffentlichen Frieden“ im Rahmen einer benachbarten Entwurfsnorm als „Gemüthlichkeit“, aaO., S. 305.

rade „unvernünftige Richter“ an den gesetzgeberischen Willen zu binden[86]. Wesentliche Änderungen träten im übrigen bei Annahme des Antrags nicht ein. Dennoch gestand er zu, daß dann die Tatbestandsgrenze „etwas verrückt“, ergo – obgleich unausgesprochen – zeitlich nach hinten versetzt werde. Entscheidend für die Sicherung der politischen Meinungsäußerung sei, *wer* über solche Handlungen zu urteilen habe. Allerdings beließ er es dabei, die Frage aufzuwerfen und bestand anschließend paradoxerweise darauf, den Paragraphen in der Fassung des zweiten Entwurfs beizubehalten[87]. Der Abgeordnete v. Blanckenburg setzte sich ausschließlich mit der Terminologie auseinander. Er wollte – im Gegensatz zur „Feindschaft“ bzw. den in der preußischen Vorgängernorm genannten „Haß und Verachtung“ – den Begriff „Feindseligkeit“ nicht als Gemütszustand verstanden wissen. Feindseligkeit sei vielmehr gleichbedeutend mit Gewalttätigkeit[88].

In der anschließenden Abstimmung erklärte sich die Mehrzahl der Reichstagsmitglieder mit dem *Fries'schen* Antrag einverstanden[89]. Nach den Beschlüssen zweiter Lesung lautete die nun als § 126 firmierende Vorschrift:

> „Wer in einer den öffentlichen Frieden gefährdenden Weise verschiedene Klassen der Bevölkerung zu Gewaltthätigkeiten gegen einander öffentlich anreizt, wird mit Geldstrafe bis zu zweihundert Thalern oder mit Gefängniß bis zu zwei Jahren bestraft.“[90]

In der dritten Lesung wurden die §§ 115–139 ohne weitere Diskussion en bloc angenommen[91]. § 128 der Reichstagsvorlage wurde in § 130 des Norddeutschen Strafgesetzbuchs an bis heute unveränderter Stelle positioniert. Andere Vorschläge, welche Äußerungen in bezug auf gesellschaftliche Gruppen betrafen (wie die Beleidigung von Personenmehrheiten), fanden dagegen keinen Eingang in das Strafgesetzbuch. Tags darauf fand die Schlußabstimmung über den Entwurf eines Strafgesetzbuches für den Norddeutschen Bund auf Grundlage der Beschlüsse dritter Lesung statt. Mit „sehr große(r) Majorität des Hauses“ wurde das Strafgesetzbuch samt Einführungsgesetz angenommen[92]. Am

---

86 Näher zum Grundsatz *Seel*, Tatbestandsmerkmale, S. 18 ff.

87 Sten. Ber. RT des NB, 25. Sitzung vom 21.3.1870 (2. Lesung), in: *Schubert*, aaO., Bd. 3, aaO., S. 306 (Hervorhebung des Verf.).

88 AaO., Bd. 3, S. 307.

89 AaO., Bd. 3, S. 307.

90 Aktenstück Nr. 132, in: *Schubert*, aaO., Bd. 2, S. 423 (Hervorhebung der im Plenum beschlossenen Abänderungen im Orig.).

91 53. Sitzung vom 24.5.1870, in: *Schubert*, aaO., Bd. 3, S. 488.

92 54. Sitzung vom 25.5.1870, in: *Schubert*, aaO., Bd. 3, S. 500.

selben Tage genehmigte der Bundesrat den Entwurf[93]. Gemäß § 1 des Einführungsgesetzes trat das Strafgesetzbuch zum 1. Januar 1871 im Gebiet des Norddeutschen Bundes in Kraft[94].

Gleichfalls am 1. Januar 1871 entstand mit Inkrafttreten seiner Verfassung das Deutsche Reich, nachdem zuvor die Staaten Hessen, Baden, Bayern und Württemberg in den Novemberverträgen dem Norddeutschen Bund beigetreten waren[95]. Nach redaktionellen Änderungen, welche das Strafgesetzbuch an die geänderten staatsrechtlichen Verhältnisse anpaßten, wurde es am 15. Mai 1871 als Strafgesetzbuch für das Deutsche Reich verkündet und erlangte zum 1. Januar 1872 Geltung im gesamten Reichsgebiet[96].

F) Reaktionen auf § 130 des Reichsstrafgesetzbuchs

Nach Verabschiedung und Inkrafttreten des Strafgesetzbuchs kamen in bezug auf § 130 nur noch vereinzelt Reaktionen aus der Rechtswissenschaft. Sofern sie kamen, fand die Bestimmung vornehmlich positive Erwähnung. Gegenüber dem preußischen Vorgänger sei der objektive Tatbestand erheblich eingeschränkt[97]. Selbst *Berner*, welcher dem Vorgänger noch vier Jahre zuvor den Platz in einem wissenschaftlichen System des Strafrechts abgesprochen hatte[98], vermochte nun eine „wesentliche Verbesserung" festzustellen. Weder mangelnde Bestimmtheit, noch eine die allgemeinen strafrechtlichen Grundsätze verleugnende Vorverlagerung der Strafbarkeit noch das Gepräge des Polizeilichen warf er dem Gesetz vor. Weder der Begriff „Klassen" noch die vielfach kritisierte „Friedensgefährdung" veranlaßten ihn zu Kritik – allerdings gab er zu, diese selbst „nur sparsam [...] geübt" zu haben, Aufgabe der Wissenschaft nach Erscheinen eines „guten Gesetzbuches" sei die „affirmative[...] Verarbeitung des Gegebenen":

> „Die rechte Zeit zu Verbesserungsvorschlägen ist diejenige, wo dem Publikum Gesetzentwürfe zur Beurtheilung vorgelegt werden."[99]

---

93 *Rüdorff*, Strafgesetzbuch für den Norddeutschen Bund, S. IX.

94 BGBl. des Norddeutschen Bundes 1870, 195.

95 Näher dazu *Eisenhardt*, Rechtsgeschichte, Rn. 558 f.; *Huber*, Verfassungsgeschichte, Bd. 3, S. 732 ff., 742 ff.; *Nipperdey*, Deutsche Geschichte 1866–1918, Bd. 2, S.75 ff.

96 *Schmidt*, Strafrechtspflege, S. 344 (§ 297); *Rubo*, Kommentar, S. 175 f.

97 *Schaper*, GA 18 (1870), 80.

98 S.o. 2. Kap. Fn. 149.

99 *Berner*, Lehrbuch, 5. Aufl. 1871, S. VIII.

Er empfand die gesetzliche Anordnung angesichts der „gegenwärtig unter der Decke schlummernden socialen Kämpfe[...]" als „gerechtfertigt und zeitgemäß"[100]. Insofern stimmte auch der schärfste Kritiker der Vorschrift, *John*, mit ihm überein, als § 130 RStGB darauf abziele, die „Anreizung zu Arbeiterunruhen (zu) verhindern", wozu man nach mutmaßlicher Ansicht der Gesetzesverfasser eine höhere Gefängnisstrafe als diejenige nach § 111 Abs. 2 (erfolglose öffentliche Aufforderung zu strafbaren Handlungen) benötige. Er blieb jedoch seiner Ansicht treu, daß die Vorschrift angesichts eben des § 111 sowie des § 110 (der Aufforderung zum Ungehorsam) nicht notwendig und ihr Wortlaut zu unbestimmt sei, was „Klassen" sowie die Friedensgefährdung angehe[101].

Zusammenhängend mit dieser Zweckzuschreibung bezeichnete Berner die Vorschrift – nachdem er sie noch 1871 unbetitelt belassen hatte – ein Jahr später erstmals als „Anreizung zum Klassenkampf"[102]. Damit griff er *das* Schlüsselwort der marxistischen Gesellschaftstheorie auf[103] und zeigte die vermeintliche Hauptanwendungsrichtung der Vorschrift an, schwächte aber zugleich gegenüber dem Wortlaut ab (der auch metaphorisch zu verstehende „Kampf" anstelle „Gewalttätigkeiten"). Freilich wäre eine andere Bezeichnung denkbar gewesen, welche dem Wortlaut näher gekommen und zugleich neutral formuliert gewesen wäre, namentlich die von *Stenglein* gewählte „Anreizung zu Gewaltthätigkeiten"[104]. Auch wenn das Hauptanwendungsfeld der Norm auf anderem Gebiet lag[105], setzte sich der seitens Berner geprägte Begriff im Laufe der Jahre durch.

G) Résumé

Fünf Änderungen wurden bereits im Entwurf Friedberg gegenüber dem direkten Vorgänger § 100 PrStGB vorgenommen. Auch wenn sich die Vorschrift in den Augen des Kommissionsmitglieds *Rubo* dadurch bereits als „vollständig geänder(e)" darstellte[106], genügte dies den kommissionsexternen Juristen größtenteils noch nicht. Selbst unter den die Vorschrift als solche begrüßenden Rechtswissenschaftlern wurde festgestellt, daß sie in Gestalt des Entwurfs

---

100 *Berner*, Lehrbuch, 5. Aufl. 1871, § 199 (S. 493); 6. Aufl. 1872, S. 368 f.

101 *John*, in: v. Holtzendorff, Handbuch, Bd. 3, S. 167 ff., 171 f.

102 Darin, daß die Bezeichnung auf Berner zurückgeht, sind sich *John*, (vorhergehende Fn.), S. 171 Fn. 7 und *v. Schwarze*, Strafgesetzbuch, § 130 (S. 388) einig.

103 Vgl. *Haug*, Marxismus, Bd. 4, S. 626–636; *Meyer u.a.*, Sozialismus, S. 307 f.

104 *Stenglein*, Lexikon, Bd. 1, S. 95.

105 Dazu näher im 4. Kap. B) II.

106 So aber *Rubo*, Strafgesetzbuch, S. 26.

Friedberg verbesserungswürdig sei, insbesondere die Tatbestandsmerkmale bestimmter ausgestaltet werden müßten – ein Aspekt, welcher zwar nicht in den Beratungen in der Bundesratskommission, jedoch im Plenum wieder aufgegriffen wurde. Insbesondere die Beschränkung auf „Gewalttätigkeiten" präzisierte den Tatbestand nun deutlich[107], denn gegenüber der Vorgängervorschrift des § 100 PrStGB genügte nicht mehr jegliche bloße „Einwirkung auf die Gesinnung"[108], welche Gefühle von Haß oder Verachtung auslöste. Ob die Norm in der gerichtlichen Praxis anschließend nicht mehr willkürlich gegen in eine bestimmte Richtung zielende Äußerungen angewendet wurde und ob ihre Bedeutung insgesamt überschätzt wurde[109], ist Gegenstand der folgenden Kapitel[110].

Wie zuvor mit *John* in seinem Entwurf gab es mit *Donandt* auch in der Bundesratskommission einen Juristen, der für die Abschaffung der Vorschrift plädierte. Gestrichen wurde sie dennoch nicht, wie auch im übrigen die Zahl der Paragraphen gegenüber dem PrStGB von 349 auf 370 zunahm[111]. Insgesamt betrachtet wurde die Bestimmung weder in den Kommissionen noch im Plenum ausgiebig diskutiert, im Gegensatz zum vielzitierten, auf die §§ 100, 101 PrStGB gemünzten Ausspruch von den „vielleicht am meisten angefochtenen Vorschriften des ganzen Gesetzbuches"[112]. Beispielsweise sorgte § 108 des zweiten Entwurfs, die öffentliche Aufforderung zu Ungehorsam gegen die Gesetze oder gegen obrigkeitliche Anordnungen betreffend, für erheblich mehr Diskussionen[113].

---

107 So auch *Schroeder*, Staat und Verfassung, S. 90.

108 ObTribBl, Bd. 3 (1863), S. 283, 285.

109 Vgl. nur *Fornet*, Zeitschrift für Gesetzgebung und Rechtspflege in Preußen Bd. 3 (1869), 578, 591 f.: „überaus glückliche Überwindung einer der größten legislatorischen Schwierigkeiten, die Fassung der §§. 112. 113 des Entwurfs [...]. Gerade in dieser Zeit, wo Presse und Vereinsrecht eine so große Rolle spielen, sind die Bestimmungen dieser Paragraphen höchst wichtig und als solche auch in der Gesetzgebung anerkannt". Ähnlich *Häberlin*, Bemerkungen, S. 51.

110 Insb. 4. Kap. B) II. und 7. Kap. B) III. 2. b).

111 Vgl. *S.*, ADStrZ 1870, 1, 15.

112 Motive, in: *Schubert*, Kodifikationsgeschichte, Bd. 1, S. 247.

113 Vgl. Sten. Ber., in: *Schubert*, Kodifikationsgeschichte, Bd. 3, S. 270–291.

Viertes Kapitel: Reformen und Reformversuche bis zum Beginn der Strafrechtsreform

„Meine Herren, der § 130 ist gegen die Socialdemokratie gerichtet."

Mit diesen Worten leitete der preußische Bevollmächtigte zum Bundesrat, Staats- und Innenminister *Graf zu Eulenburg* im Reichstag die zu beratende Strafgesetznovelle ein[1]. Sie war nur das erste mehrerer Gesetzesvorhaben bis zur Jahrhundertwende, welche sich mehr oder minder explizit gegen die Sozialisten richteten. Auf § 130 RStGB als eines der möglichen Mittel, um „aufreizenden Agitationen in öffentlichen Versammlungen" Einhalt zu gebieten[2], waren die Regierungen und Landdrosteien zuvor bereits ausdrücklich in einem Rundschreiben des Ministers hingewiesen worden. Beigefügt war diesem Schreiben eine Entscheidung des preußischen Obertribunals[3], in der sowohl der Klassenbegriff als auch die Friedenstörung sehr weit ausgelegt wurden[4]. Die weite Auslegung bot aber auch Anlaß zu Kritik.

A) § 130 RStGB als Werkzeug der Sozialistengesetzgebung

I. Zulässigkeit nichtrichterlicher Beschlagnahme

Die erste geplante Verschärfung galt zwar unmittelbar dem Prozeßrecht, wirkte sich jedoch mittelbar auf § 130 RStGB aus. So legte das am 1. Juli 1874 in Kraft getretene und die 27 Landespressegesetze ablösende Reichspressegesetz[5] in § 23 Ausnahmefälle fest, in denen die Beschlagnahme von

---

1 Sitzung v. 27.1.1876, Sten. Ber. RT, Bd. 43, S. 941. – Zu § 130 RStGB *geltender* Fassung dagegen der fraktionslose Abg. *Sonnemann* bei der Beratung der polizeilichen Beschlagnahme i.R.d. RPresseG: „Artikel 130 ist im Wesentlichen gegen die Socialdemokratie gerichtet", 40. Sitzung v. 24.4.1874, Sten. Ber. RT, Bd. 36, S. 1087.

2 Rundschreiben des preußischen Innenministers v. 2.3.1874 (also knapp zwei Monate nach den Wahlen v. 10.1.1874, in denen die Sozialdemokratie ihren Stimmenanteil gegenüber 1871 verdreifacht hatte), versandt an „sämtliche königl. Regierungen und Landdrosteien, kgl. Polizeipräsidium", Abschrift an den Staats- und Justizminister Leonhardt, zit. nach *Kampffmeyer / Altmann*, SozG, S. 111, vgl. auch S. 109–112, 124.

3 Urteil v. 19.3.1873, ObTribSt, Bd. 14 (1873), S. 210–212.

4 *Kampffmeyer / Altmann*, SozG, S. 109 f.

5 Näher zur Entstehung *Berner*, Preßrecht, S. 144–156; *Koszyk*, Deutsche Presse, S. 243 f. Zusammenstellung der amtlichen Materialien in: GA 22 (1874), 161–213.

Druckschriften ohne richterliche Anordnung zulässig war[6]. Nach dessen Ziff. 3 fand eine solche Beschlagnahme statt,

> „wenn der Inhalt einer Druckschrift den Thatbestand einer der in den Artikeln [sic] 85, 95, 111, 130 oder 184 des Deutschen Strafgesetzbuches mit Strafe bedrohten Handlungen begründet.“[7]

Eingeschränkt wurde dies für die Fälle der §§ 111 und 130 dahin, daß die dringende Gefahr bestehen müsse, daß bei Verzögerung die Aufforderung oder Anreizung ein Verbrechen oder Vergehen *unmittelbar* zur Folge haben werde. Zugleich lag darin eine quasi authentische Interpretation, ein gesetzgeberischer Fingerzeig, daß die Friedensgefährdung in § 130 selbst nicht zu eng ausgelegt werden möge[8].

Neben der Zulässigkeit der Maßnahme bei Taten nach § 184 (Verbot der Verbreitung unzüchtiger Schriften) weckte vor allem jene bei § 130 RStGB Bedenken. Grund war die Dehnbarkeit der Vorschrift, welche eine große Gefahr willkürlichen Einschreitens seitens der Polizei mit sich bringe[9]. Die Beschränkung auf die im Gesetz genannten Fälle war allerdings bereits eines der Zugeständnisse der Reichstagsunterhändler, welche sich schlechthin für die richterliche Beschlagnahme ausgesprochen hatten, während Reichs- und Bundesregierung(en) die polizeiliche Beschlagnahme jeglicher Druckschriften wollten, deren Inhalt ein Verbrechen oder Vergehen begründet[10]. Kritisiert wurde die Aufnahme des unscharf konturierten § 130 RStGB unter diese Vorschriften

---

6 Näher dazu *Berner*, Preßrecht, S. 300–320.

7 Indes wurde infrage gestellt, ob die §§ 110–112, 141, 130 so klare Tatbestandsmerkmale enthalten, daß auch Subalternbeamte sie ohne weiteres festzustellen vermögen, vgl. *S.*, GS 26 (1874), 394–397. Im übrigen war nur *richterliche* Beschlagnahme nach § 94 StPO i.V.m. §§ 40–42 StGB zulässig.

8 *Goehrs*, Rechtsfriede, S. 131. Ahnl. *Parmod* (i.e. *Apt*), Antisemitismus, S. 13, wonach in systematischer Auslegung für § 130 auch eine „nicht dringende Gefahr“ genüge. Ob das Argument von Gerichten berücksichtigt wurde, konnte nicht festgestellt werden.

9 So der Abg. *v. Mallinckrodt*, 22. Sitzung v. 23.3.1874, Sten. Ber. RT, Bd. 35, S. 496. Ähnl. *Lasker*, S. 497 f. Anders *v. Treitschke*, S. 498 sowie *Kardorff*, S. 499 („ein ganz klarer [Begriff]“). – In 2. Lesung Antrag (Aktenstück v. 19.3.1874, Sten. Ber. RT, Bd. 37, Nr. 99, II) abgelehnt, S. 501, in 3. Lesung Annahme neuen Antrags (Aktenstück v. 23.4.1874, Sten. Ber. RT, Bd. 37, Nr. 175, Anm. 7.) mit o.g. Einschränkung, Sten. Ber. RT, Bd. 36, S. 1114 f.

10 Vgl. Abg. *Sonnemann*, 40. Sitzung v. 24.4.1874, Sten. Ber. RT, Bd. 36, S. 1087 f. Ferner *Koszyk*, Deutsche Presse, S. 244; *Löffler*, Presserecht, S. 389 f.; *Kayser*, in: v. Holtzendorff, Handbuch, Bd. 4, S. 622. – Vgl. die unterschiedlichen Entwürfe in: *v. Schwarze*, Reichs-Preßgesetz, 1. Aufl. 1874, S. 134 f. Synopse der Argumente in: Aktenstück Nr. 59 v. 25.4.1873, Sten. Ber. RT, Bd. 33, S. 341 f. – Ferner war in § 20 des Pressegesetzentwurfs, als Ausnahme gegenüber den anderen, formellrechtlichen Vorschriften, ein materiell-rechtliches Sonderdelikt vorgesehen, vgl. unten Fn. 21.

auch noch 30 Jahre später, weil sie der beschlagnahmenden Behörde den Vorteil bringe, anschließend das entsprechende Delikt konstruieren zu können[11].

II. Die Strafgesetznovelle vom 26. Februar 1876

Auch auf materiellem Gebiet waren Änderungen geplant. Es waren noch keine fünf Jahre nach Inkrafttreten des Strafgesetzbuchs verstrichen[12], da wurden bereits Änderungen verlangt, weil einige Vorschriften „grelle Uebelstände" aufwiesen[13]. Die Initiative ging von Preußen aus, dessen Antrag auf Revision des Strafgesetzbuchs der Bundesrat am 21. Februar 1874 zustimmte[14]. Das Reichskanzleramt lehnte eine grundlegende Überarbeitung jedoch als nicht zeitgemäß ab und arbeitete statt dessen, auf den Vorschlägen der Bundesregierungen aufbauend, den Entwurf eines Ergänzungsgesetzes aus. Es sollte in erster Linie in der Praxis zu Tage getretene Mißstände beseitigen, „Lücken ausfüllen" und Redaktionsversehen bereinigen[15].

Nach Zustimmung des Bundesrats legte die Regierung dem Reichstag am 3. Dezember 1875 einen Gesetzentwurf vor, demzufolge u.a. die insbesondere gegen politische Propaganda gerichteten §§ 110, 111, 130 und 131 geändert werden sollten[16]. Aus Sicht des preußischen Bevollmächtigten zum Bundesrat, Staats- und Justizminister *Leonhardt*, sollte die Strafgesetznovelle die „erforderliche Repression" mit sich bringen, um den aus den „große[n] soziale[n] und kirchenpolitische[n] Wirren der gefährlichsten Art" erwachsenden Handlungen zu begegnen[17] – eine Anspielung auf den auf *Bismarck* verübten Attentatsversuch und die dadurch entstandene Krisenstimmung, welche er auszunutzen versuchte. Zugleich reagierte die Regierung auf die Bildung der Sozialistischen Arbeiterpartei Deutschlands auf dem Gothaer Kongreß[18].

---

11 So jedenfalls Abg. *Stadthagen*, vgl. 52. Sitzung v. 24.2.1906, Sten. Ber. RT, Bd. 215, S. 1572 f.; vgl. auch *o.V.*, Vorwärts, 1906, Nr. 15, S. 1 f.: Delikte wie §§ 94 ff., 110, 130, 131 und 360 Nr. 11 würden in Druckschriften hineinkonstruiert.

12 Einen solchen Zeitraum bis zu einer Revision hatte der preußische Justizminister und Bundesratsbevollmächtigte *Leonhardt* gefordert, 8. Sitzung v. 22.2.1870, Sten. Ber. RT, Bd. 13, S. 47; wieder aufgegriffen anläßlich Beratung der Strafgesetz-Novelle, 19. Sitzung v. 3.12.1875, Sten. Ber. RT, Bd. 42, S. 385. Ähnl. einige RT-Abg., vgl. *Lasker*, 19. Sitzung v. 3.12.1875, Sten. Ber. RT, Bd. 42, S. 386.

13 *Höinghaus*, Strafgesetzbuch, S. 12; ferner *Meves*, Strafgesetz-Novelle, S. 3 f. m.w.N.

14 Sitzung des Bundesrats v. 21.2.1874, Prot. BR, Session 1874, S. 79 (§ 111).

15 Aktenstück Nr. 54 v. 23.11.1875, Sten. Ber. RT, Bd. 44, S. 161.

16 Gesetz betreffend die Abänderung von Bestimmungen des StGB für das Deutsche Reich vom 15. Mai 1871 und die Ergänzung desselben (Aktenstück Nr. 54 v. 23.11.1875, Sten. Ber. RT, Bd. 44). Zur Entstehung *Meves*, Strafgesetz-Novelle, S. 5 ff.

17 Sitzung v. 3.12.1875, Sten. Ber. RT, Bd. 42, S. 385.

18 Abgehalten vom 22. bis 27.5.1875, vgl. *Huber*, Verfassungsgeschichte, Bd. 4, S. 102 f.

Diesen „Wirren“ gegenüber war § 130 RStGB nach Ansicht der Regierung durch die Verengung auf die Anreizung zu Gewalttätigkeiten die Wirkung genommen worden, da gerade dieses Merkmal schwierig zu beweisen sei. Schon ein gegenseitiges *Auf*reizen berge aber ein erhebliches Gefahrenpotential, welches sich „leicht in Gewaltthätigkeiten Luft“ verschaffe, so daß der Wortlaut entsprechend zu ändern sei. Die Friedensgefährdung begrenze den Tatbestand weiterhin zur Genüge[19]. Vorgeschlagen wurde folgende Fassung:

> „Wer in einer den öffentlichen Frieden gefährdenden Weise verschiedene Klassen der Bevölkerung gegenseitig aufreizt, oder wer in gleicher Weise die Institute der Ehe, der Familie oder des Eigenthums öffentlich durch Rede oder Schrift angreift, wird mit Gefängnis bestraft.“[20, 21]

Die Geldstrafe sollte abgeschafft und zugleich das Maximalmaß der Gefängnisstrafe angehoben werden. Letzteres geschah, um den „auf Störung des öffentlichen Friedens gerichtete(n) Agitationen“[22] besser begegnen zu können. Angelehnt war die erste Tatbestandsvariante zum einen an die aktuellen StGB-Entwürfe Österreichs[23] (§ 141) und Italiens (Art. 143), zum anderen an das mittlerweile außer Kraft gesetzte französische Septembergesetz von 1835[24], also an ausländische, teilweise noch nicht in bzw. bereits wieder außer Kraft gesetzte Normen[25]. Die zweite Tatbestandsvariante, welche den § 130 ausdehnen und kritische gesellschaftsbezogene Diskurse bestrafen sollte, sei geboten, um „gewisse offenkundige Parteibestrebungen, welche gegen die Grundlagen des gegenwärtigen Kulturzustandes gerichtet sind“[26], zu bekämpfen. Im Gegensatz zu den Vorbildern im sächsischen (Art. 127), bayerischen (Art. 118 Abs. 1) und österreichischen StGB (Art. 303, 305) sowie § 142 des österreichi-

---

19 Motive zur Reg.-Novelle von 1876, Aktenstück Nr. 54 v. 23.11.1875, Sten. Ber. RT, Bd. 44, S. 170.

20 Aktenstück Nr. 54 v. 23.11.1875, Sten. Ber. RT, Bd. 44, S. 157.

21 Die Vorschrift ähnelte in ihrem zweiten Halbsatz § 20 des im Bundesrat vorgelegten Pressegesetzentwurfs vom 29.5.1873, vgl. Drs. BR 1873, Nr. 102, S. 6 f. – ein Sonderdelikt, das aber bereits im dem Reichstag vorgelegten Entwurf reduziert worden war auf eine Qualifikation des § 110 sowie des § 166 (in Abs. 2), vgl. die Motive, in: Aktenstück Nr. 23 v. 11.2.1874, Sten. Ber. RT, Bd. 37, S. 141.

22 Aktenstück Nr. 54 v. 23.11.1875, Sten. Ber. RT, Bd. 44, S. 170.

23 Dieser Entwurf wurde am 7.11.1874 von Glaser dem österreichischen Reichsrat vorgelegt, gelangte aber nicht zur Plenarberatung, *Finger*, Strafrecht, S. 123.

24 Dazu 2. Kap. B) II. bei Fn. 31.

25 Kritisch *Lasker* (19. Sitzung v. 3.12.1875, Sten. Ber. RT, Bd. 42, S. 386 ff., S. 395) und Nationalliberale *Bamberger*, der in § 130 eine „sklavische Kopie“ der Gesetze erkannte, die nichts gegen die sozialistische Bewegung ausgerichtet hätten (ebd., S. 962).

26 So die Motive, Aktenstück Nr. 54 v. 23.11.1875, Sten. Ber. RT, Bd. 44, S. 170.

schen Entwurfs von 1874 sollte der künftige § 130 RStGB das Merkmal der Friedensstörung jedoch behalten.

In der ersten Lesung griff *Lasker* § 130 sowie andere, das Versammlungs-, Vereins- und Presserecht einschränkende Entwurfsnormen wegen deren Weite an. Auf diese Weise würden die Tatbestände ins richterliche Belieben gestellt, obwohl es kein Bedürfnis dafür gebe[27]. Der Entwurf ziele offensichtlich darauf ab, die „Diskussionsfreiheit" zu begrenzen[28]. Allerdings sei es wirkungslos, die Strafbarkeit auf denjenigen, der in der bezeichneten Weise „die Institute der Ehe, der Familie oder des Eigenthums angreift", auszudehnen, da die Motive „Gestaltungen, welche diese drei Institute in der Rechtsentwicklung erhalten haben", von der Strafbarkeit ausnahmen. Anders wäre dies nur, falls sich seine Befürchtung bewahrheite, daß die – freilich nicht an die Motive gebundenen – Richter unter „Institut" das deutsche Wort „Einrichtung" und darunter gerade die aktuelle Beschaffenheit nach deutschem Recht verständen[29]. Der Dresdener Generalstaatsanwalt und DRP-Abgeordnete *v. Schwarze* hielt die zweite Tatbestandsvariante für überflüssig, denn ein derartiges Verhalten sei bereits unter dem geltenden § 131 RStGB insofern strafbar, als der Angriff auf „Staatseinrichtungen" auch die genannten Institute umfasse[30]. Schließlich werde der Tatbestand des § 130 in der Vorlage verwässert und unklar, so daß selbst er „als alter Praktiker" befürchte, die Norm nicht mehr auf die bisherigen Fallgestaltungen anwenden zu können[31].

Der Reichstag beschloß, einige Paragraphen einer Kommission zu überweisen; andere, darunter § 130, gelangten ohne kommissionelle Vorberatung in die zweite Lesung. In dieser, begonnen am 14. Dezember 1875 und fortgesetzt im Januar 1876, schlugen die konservativen Abgeordneten *v. Seydewitz*, Freiherr *v. Maltzahn-Gültz* und Baron *v. Minnigerode*[32] eine gegenüber der Regierungsvorlage leicht abgeänderte, nicht ganz so weitgehende Fassung vor. So sollte nicht bereits die bloße Aufreizung, sondern nur diejenige zu Gewalttätigkeiten bestraft werden können; ansonsten werde der Tatbestand zu dehnbar. Mit der seitens der Regierung vorgeschlagenen zweiten Tatbestandsvariante zeigten sie sich indes einverstanden, wollten diese nur dem Paragraphen vor-

---

27 19. Sitzung v. 3.12.1875, Sten. Ber. RT, Bd. 42, S. 386 ff., 393.

28 AaO., S. 386 ff., 391, 394.

29 19. Sitzung v. 3.12.1875, Sten. Ber. RT, Bd. 42, S. 386 ff., 395 f.

30 Dies bestätigen zeitgenössische Kommentare: *v. Schwarze*, Strafgesetzbuch, S. 392; *Oppenhoff*, StGB 8. Aufl. 1881, § 131 Anm. 15, indes insoweit einschränkend auf Fälle, in denen die staatliche Anerkennung der Institute verächtlich gemacht werde.

31 19. Sitzung v. 3.12.1875 Sten. Ber. RT, Bd. 42, S. 406 f.

32 Aktenstück Nr. 115, 1 v. 13.12.1875, Sten. Ber. RT, Bd. 44.

anstellen, da „kommunikative Angriffe“ auf die genannten Rechtsinstitute sich nicht durch Gewalttätigkeiten äußerten[33]. Allerdings gab der das Amendement unterstützende konservative Abgeordnete *v. Puttkamer* zu, daß „die inneren Schäden, welche hier erörtert sind[34], [...] ihre Heilung wohl schwerlich durch äußere Zwangsmittel finden“; die religiöse Erziehung wirke besser als jegliche Strafvorschrift. Diesbezüglich erkannte er mithin der geplanten Vorschrift die Eignung, jene Probleme zu lösen, ab, bezweifelte jedenfalls aber ihre Erforderlichkeit, wenn doch „die Möglichkeit dazu auf ganz anderen Gebieten“ liege[35]. Immerhin gestehe die Rechtsordnung mit dieser Norm aber die bestehenden Mängel ein, weshalb er die Regierungsvorlage letztlich befürworte.

An die Grundsatzentscheidung pro Pressefreiheit erinnernd, argumentierte *Lasker*, es obliege dem Staat nur, die Grenze zwischen gedachter Gefährlichkeit und wirklicher Gefahr zu ziehen, nicht aber, alles zu verhindern, „was in der Presse als aufregend wirken“ könne[36]. Gerade aus dieser Überlegung heraus habe er in den Verhandlungen über das RStGB den Ausdruck „Anreizung zu Gewalthätigkeiten“ vorgeschlagen[37]. Die erste Variante des Regierungsvorschlags sei dagegen sehr gefährlich und juristisch untauglich[38], die zweite Variante schaffe entweder die freie Diskussion ab oder sei inhaltsleer. Eine „Vertheidigungswaffe der Gesellschaft gegen Umsturzpläne“ sei sie aber nicht[39]. Die Ungenauigkeit des Wortlauts rügte auch der Sozialdemokrat *Hasselmann*, demzufolge der projektierte § 130 darauf abzielte, die „brennende soziale Frage mundtodt zu machen“[40]. Im übrigen sei § 130 in der Gerichtspraxis bereits weitergehend insbesondere auf Äußerungen von Sozialisten angewendet worden, indem bereits genüge, daß „vielleicht in zukünftigen Zeiten gewaltthätige Handlungen vorfallen könnten“ – eine Auslegung, welche

---

33 So stellvertretend für die Antragsteller *v. Puttkamer* in 39. Sitzung v. 27.1.1876, Sten. Ber. RT, Bd. 43, S. 941.

34 Dh. die aus der Unzufriedenheit mit den sozialen Gegebenheiten erwachsenen Bestrebungen, die bestehenden Regeln zu ändern.

35 39. Sitzung v. 27.1.1876, Sten. Ber. RT, Bd. 43, S. 940; ebenso *Reichensperger*, aaO., S. 960, der aber die Vorschrift ablehnte; vgl. auch *Schröder*, Sturz Bismarcks, S. 378, wonach die Zentrumsanhänger erkannten, daß positive Sozialmaßnahmen die erfolgversprechendere Strategie gegen die Sozialdemokratie waren, die repressive Politik zugleich aber nicht ausschlossen. Dies galt auch für Bismarck, vgl. *Stürmer*, Bismarckstaat, S. 250–258.

36 39. Sitzung v. 27.1.1876, Sten. Ber. RT, Bd. 43, S. 954.

37 S.o. 3. Kap. E) bei Fn. 83.

38 So auch *Windthorst*, 39. Sitzung v. 27.1.1876, Sten. Ber. RT, Bd. 43, S. 965.

39 39. Sitzung v. 27.1.1876, Sten. Ber. RT, Bd. 43, S. 956 f.

40 39. Sitzung v. 27.1.1876, Sten. Ber. RT, Bd. 43, S. 950.

dem gesetzgeberischen Willen widerspreche[41]. Ähnlich „idealistisch" – so der Vorwurf *Graf zu Eulenburgs* gegenüber *Laskers* Vorstellung von sich selbstregulierender Presse[42] – sah Zentrumsführer *Windthorst,* daß der Gesetzgeber auf dem Gebiete der Diskussion nicht „mit der Keule dazwischen schlagen" könne[43]. Unbestimmte Strafnormen, welche willkürliche Rechtsanwendung ermöglichten, schüfen nur Vorwand für neue Agitation. Der ebenfalls dem Zentrum angehörige *Reichensperger* sah in § 130 Mißbrauchsmöglichkeiten, die zu Tendenzanklagen und Tendenzprozessen führen könnten. Vom Aspekt der Gefährlichkeit müsse man noch dehnbarer formulieren: „Wer die öffentliche *Moral* angreift"[44]. Doch dies sei, wie die vorgeschlagene Vorschrift, zu elastisch, insbesondere das Merkmal Friedensgefährdung kein taugliches Kriterium der Strafbarkeit.

In der anschließenden Abstimmung erhob sich zunächst immerhin noch eine Minderheit für den Vorschlag des Abgeordneten *v. Seydewitz.* Dagegen fand sich für denjenigen der Regierung schließlich mangels Erfolgsaussichten kein einziger Fürsprecher mehr. Der Änderungsvorschlag wurde in zweiter und dritter Lesung des Entwurfs im Reichstag abgelehnt[45]. Noch weiter ging ferner der – in der Abstimmung von niemandem unterstützte – Unterantrag des dänischen Abgeordneten *Krüger*, demzufolge auch „die Heiligkeit der Staatsverträge"(!) als vor der öffentlichen Diskussion zu bewahrender Gegenstand in § 130 aufgenommen werden sollte[46]. Ebenso wie § 130 lehnten die Abgeordneten die Vorschläge zu den §§ 110, 111 und 131 einhellig ab. Dies erklärte sich einerseits daraus, daß die bürgerlichen Parteien fürchteten, selbst in ihren Freiheiten von der Vorschrift betroffen zu sein[47], andererseits weil die Konservativen die Sozialisten nicht wirkungsvoll bekämpft sahen[48].

---

41 AaO., S. 953 f., verweist auf den Fall *Most*; näher dazu *Grützner*, Kommune, S. 74–76.

42 AaO., S. 957.

43 AaO., S. 966.

44 39. Sitzung v. 27.1.1876, Sten. Ber. RT, Bd. 43, S. 959 f. (Hervorhebung im Orig.).

45 39. Sitzung v. 27.1.1876, Sten. Ber. RT, Bd. 43, S. 937 ff., 969 und nach Diskussion in 49. Sitzung v. 9.2.1876, S. 1326 ff. abgelehnt in 50. Sitzung v. 10.2.1876, S. 1339.

46 Aktenstück Nr. 116 II v. 16.12.1875, Sten. Ber. RT, Bd. 44.

47 Darauf wiesen in der 39. Sitzung v. 27.1.1876 *Hasselmann*, Sten. Ber. RT, Bd. 43, S. 953 sowie 954 („Jede Kritik der Auswüchse des Eigenthums, [...] des Ehelebens, der Prostitution wäre bereits strafbar"), *Lasker*, S. 954 f. sowie *Reichensperger*, S. 959 hin.

48 *Fricke*, Bismarcks Prätorianer, S. 36. Vgl. etwa *Reichensperger*, 39. Sitzung v. 27.1.1876, Sten. Ber. RT, Bd. 43, S. 959 f. und *Bamberger*, aaO., S. 961.

Die Zielrichtung der Vorschriften war im übrigen eindeutig, trat allerdings nirgends so stark hervor wie bei der vorgeschlagenen Änderung des § 130[49]: die Diskussion beschäftigte sich mehr mit dem Wesen der Sozialdemokratie als mit der Fassung der Vorschrift[50]. Den Sozialisten als „Todfeinde[n] des Staats“, sei Einhalt zu gebieten, was aber weder mittels des § 130 geltender Fassung noch des Vereinsrechts gelungen sei. Daher verlange die Regierung die notwendigen „Waffen“. Sollte der Reichstag diese nicht konzedieren, dann müsse sie sich „mit den schwachen Gesetzesparagraphen so lange behelfen, bis die Flinte schießt und der Säbel haut“[51] – Ausführungen, denen zufolge konsequenterweise die Zensur wiedereinzuführen sei, nachdem das Strafrecht kein Heilmittel darstelle, so beurteilte *Reichensperger* die von ihm abgelehnte Regierungsposition[52].

Schließlich war für einzelne Vergehen wie eben jene Anreizung, aber auch für die Delikte der Beleidigung, Duell und Körperverletzung im Bundesrat erwogen worden, ein Institut der Friedensbürgschaft zu schaffen. Dem Verurteilten sollte danach mit der Bestrafung eine Kaution auferlegt werden, damit er das Delikt innerhalb eines bestimmten Zeitraumes nicht wiederholt begehe. Diese Idee gelangte jedoch nicht über den Bundesrat hinaus[53].

Am 20. März trat die Novelle in Kraft. Die einzige Änderung, die sie in § 130 RStGB bewirkte, war allgemeiner Natur. Gemäß Art. IV der Novelle wurden alle Vorschriften, welche einen Geldbetrag als Strafe bzw. Buße vorsahen, an die geänderte Reichswährung angepaßt. Im Rahmen einer Verurteilung wegen § 130 RStGB konnte nun bis auf eine Geldstrafe in Höhe von 600 Mark erkannt werden[54]. Tatbestandlich wurde also an § 130 RStGB nichts geändert. Allerdings wurde der kurz nach Erlaß des RStGB eingefügte, sich gegen Agitation des Klerus richtende, sog. Kanzelparagraph § 130a um einen zweiten Absatz erweitert[55].

---

49 So schon *Meves*, Strafgesetz-Novelle, S. 10, welcher sich kritisch zur Verbindung von Strafrecht und Politik äußerte. Ähnl. *Parmod*, Antisemitismus, S. 7.

50 Vgl. *Windthorst*, 39. Sitzung v. 27.1.1876, Sten. Ber. RT, Bd. 43, S. 965: „Die Diskussion ist inzwischen über diese allein entscheidende juristische Seite [...] weit hinausgegangen“. Sie begann mit den Ausführungen *Graf zu Eulenburgs* zur Sozialdemokratie, S. 941–946, die *Hasselmann* als „lange Anklagerede“ bezeichnete, aaO, S. 947.

51 *Graf zu Eulenburg*, 39. Sitzung v. 27.1.1876, Sten. Ber. RT, Bd. 43, S. 946.

52 39. Sitzung v. 27.1.1876, Sten. Ber. RT, Bd. 43, S. 958.

53 Vgl. *Meves*, Strafgesetz-Novelle, S. 7 f., der die Beseitigung dieses unausgearbeiteten Vorschlags eines dem StGB fremden Instituts guthieß.

54 Abdruck des Gesetzes in *Vormbaum / Welp*, Strafgesetzbuch, Bd. 1, S. 92 ff., 106.

55 Näher dazu *Arnolds*, Kanzelparagraph, S. 28 f.

III. Das „Sozialistengesetz" vom 21. Oktober 1878

Es war der Bismarck'schen Regierung demnach zwar teilweise, aber nicht so weit wie gewünscht, gelungen, das allgemeine Strafrecht zu verschärfen. 1878 beschritt sie stattdessen – die Sozialdemokraten hatten in den Wahlen ein Jahr zuvor weiter an Stimmen und Sitzen gewonnen – den Weg der Ausnahmegesetzgebung[56]. Begünstigt wurde dies durch die Neuwahlen, zu denen es nach zwei erfolglosen Attentaten auf Kaiser Wilhelm I. gekommen war: zum einen gingen die Rechten gestärkt aus den Reichstagswahlen hervor[57], zum anderen waren die Nationalliberalen aufgrund des großen öffentlichen Drucks umgeschwenkt[58]. Das Gesetz gegen die gemeingefährlichen Bestrebungen der Sozialdemokratie wurde am 21. Oktober 1878 erlassen[59] und bis 1890 vierfach verlängert[60].

1. Erster und zweiter Entwurf

Ein erster Entwurf wurde im Mai 1878 anläßlich des von *Hödel* versuchten Attentats auf *Kaiser Wilhelm I.* – welches mit der Sozialdemokratie in Verbindung gebracht wurde[61] – im Reichstag vorgelegt[62]. Bereits dessen § 1 wurde allerdings mit überwältigender Mehrheit abgelehnt – 251 von 309 anwesenden Reichstagsabgeordneten stimmten mit Nein[63] –, so daß der Bevollmächtigte zum Bundesrat auf eine weitere Abstimmung verzichtete, da die übrigen Bestimmungen diese Vorschrift voraussetzten. Nach einem weiteren Mordversuch wurde der Reichstag aufgelöst. Die öffentliche Meinung hatte sich unterdessen gewandelt, wie der Stimmenzuwachs der Konservativen bei den nachfolgenden Neuwahlen zeigen[64]. Im September wurde ein neuer Entwurf in den Reichstag eingebracht[65], nun unter dem vielsagenden Titel „Gesetz gegen

---

56 Gesetzestheoretisch handelte es sich um ein Maßnahmegesetz, *Maaß*, SozG, S. 23; *Huber*, Verfassungsgeschichte, Bd. 4, S. 1157 f.

57 Deutsch-Konservative und Deutsche Reichspartei gewannen jeweils 19 Sitze hinzu, während Nationalliberale 29, die Fortschrittspartei 9 und die Sozialdemokraten 3 Sitze verloren. Das Zentrum gewann 2 Sitze, vgl. i F. Stat. Jb., 1 (1880), S. 140–142.

58 Dies lag durchaus in Bismarcks Strategie, vgl. *Stürmer*, Bismarcks Politik, S. 154 f. Zur gegenüber der Maivorlage veränderten Position der Nationalliberalen vgl. *Pack*, SozG, S. 94–98.

59 RGBl. 1878, 351. Einzelheiten bei *Maaß*, JuS 1990, 702, 703 f.; *Stürmer*, Bismarckstaat, S. 216–250; *Pöls*, Sozialistenfrage, S. 42–47.

60 Details bei *Huber*, Verfassungsgeschichte, Bd. 4, S. 1164–1166.

61 Näher *Huber*, Verfassungsgeschichte, Bd. 4, S. 1153 f.

62 Aktenstück RT Nr. 274 v. 20.5.1878 (3. Leg., 2. Sess.).

63 Sten. Ber. RT, 55. Sitzung v. 24.5.1878, Sten. Ber. RT, Bd. 52, S. 1554.

64 Vgl. Fn. 57.

65 Aktenstück Nr. 4 v. 9.9.1878, Sten. Ber. RT, Bd. 55. Erste Lesung am 16. und 17.9.1878, Sten. Ber. RT, Bd. 55, S. 30 ff., 59 ff.

die gemeingefährlichen Bestrebungen der Sozialdemokratie". Der Entwurf enthielt Vorschriften, die den Polizeibehörden die Befugnis verschaffen sollten, Vereine und Vereinigungen zu verbieten, Versammlungen aufzulösen, Druckschriften zu verbieten und zu beschlagnahmen, sofern sie nur „sozialdemokratischen, sozialistischen oder kommunistischen, auf Untergrabung der bestehenden Staats- oder Gesellschaftsordnung gerichteten Bestrebungen" (§ 1) dienten – eine noch vagere Fassung als die zunächst in der Strafgesetznovelle für § 130 vorgeschlagene[66]. Ferner waren in den §§ 12–15 spezielle Strafbestimmungen vorgesehen.

Der Entwurf wurde zur Vorberatung an eine 21köpfige Kommission überwiesen[67]. Eine „Minorität"[68] der Mitglieder sah in diesem ausschließlich gegen eine bestimmte Partei gerichteten Ausnahmegesetz die „Gleichheit Aller vor dem Gesetze" verletzt. Eine große Zahl von Bürgern werde außerhalb der Rechtsordnung gestellt und einem willkürlichen Verfahren unterworfen. In jedem Fall sei das vorgeschlagene Gesetz nicht verhältnismäßig. Dagegen wurde die Frage aufgeworfen, ob die gegenwärtigen Reichs- und Landesgesetze ausreichten, „um weitere Ausschreitungen der socialistischen Partei" zu verhindern. Nachdem dies von der Mehrheit der Mitglieder verneint worden war[69], schlug die Kommissionsminderheit vor, die bestehenden, allgemeinen Gesetze zu reformieren. Aus diesem Grund beantragte der zur Fortschrittspartei gehörige Staatsrechtslehrer *Hänel*[70], anstelle des vorgeschlagenen Ausnahmegesetzes die Vorschrift des § 130 RStGB durch folgenden Zusatz zu erweitern:

> „Wer in einer den öffentlichen Frieden gefährdenden Weise, oder wer durch beschimpfende Aeußerungen über die religiösen Ueberzeugungen Anderer, oder über die Einrichtungen der Ehe, der Familie oder des Staates, oder über die Ordnung des Privateigenthums *die Angehörigen des Staates zu feindseligen Parteiungen gegen einander* öffentlich auffordert oder aufreizt, wird mit Geldstrafe bis zu 600 Mark oder mit Gefängnis bis zu Einem Jahre bestraft."[71]

Der Tatbestand sollte also durch Anleihen aus dem preußischen („Angehörige des Staates", § 100) und österreichischen StGB („feindselige Parteiungen", § 302) erheblich erweitert, die Tathandlung verwässert[72], die Gefängnishöchststrafe im Gegenzug halbiert werden. Ferner – so der Antragsteller – sei die

66 Vgl. *Reichensperger*, Sten. Ber. RT, 1878, 4. Leg., 1. Sess., S. 31 f.

67 Vgl. Sten. Ber. RT, 6.9.1878 (4. Leg., 1. Sess.), S. 93. Näher *Pack*, SozG, S. 91–100.

68 So der Kommissionsbericht, Aktenstück Nr. 23, Sten. Ber. RT, Bd. 55, S. 91.

69 AaO.

70 In Kommissionsbericht ist nur von der „Minorität" die Rede; laut *Goehrs*, Rechtsfriede, S. 203, waren dies „Hänel und Gen."; dies bestätigen *Schönstedt* und *v. Bennigsen*, in: Sten. Ber. RT, 11. Sitzung v. 10.1.1895 (9. Leg., 3. Sess.), S. 243, 244.

71 Aktenstück Nr. 23, Sten. Ber. RT, Bd. 55, Anlagen S. 92, Art. 1.

72 Dazu vgl. schon i.R.d. StGB-Novelle in diesem Kapitel A) vor Fn. 19 und bei Fn. 32.

Vorschrift ohne Rücksicht darauf formuliert, welcher politischen Partei der Handelnde angehöre[73]. Formell stimmte dies, materiell wären aber typischerweise sozialdemokratische Redner und Schriftsteller betroffen gewesen (bzw. sollten gezielt getroffen werden), deren Äußerungen die aufgeführten Diskussionsgegenstände eigentümlich waren[74]. Überdies sollte nach Artikel 2 des Vorschlags die zuständige Polizeibehörde die Befugnis erhalten, solche Vereine und Versammlungen aufzulösen, die absichtlich zur Begehung der in § 130 RStGB umschriebenen Handlungen gebraucht wurden. Schließlich sollte nach Artikel 3 jemand, der sich weiterhin an einem aufgelösten Verein beteiligte, mit Geldstrafe oder Gefängnis belegt werden[75].

Der Antrag wurde als Diskussionsvorlage eingebracht und sollte einen Denkanstoß dahin geben, „auf dem Boden des gemeinen Rechts" vorzugehen[76]. Dementsprechend sollte im Falle der Annahme eine Unterkommission eingesetzt werden, welche den Vorschlag weiter beraten sollte – so jedenfalls der offizielle Kommissionsbericht. Insgeheim wollte Hänel wohl jedoch nur dem Wähler demonstrieren, daß es sich bei seiner Fortschrittspartei nicht um eine „Partei der Negation" (Bismarck) handele und zugleich die Haltung der Nationalliberalen (die den Vorschlag ablehnten) in der Frage ermitteln[77]. Für diese Vermutung spricht, daß ein ähnlicher Vorschlag bereits im Rahmen der Strafgesetznovelle abgelehnt worden war und ferner die Regierung bei der nun eingebrachten Vorlage die gegensätzlichen Auffassungen, ob die bestehenden Gesetze ergänzt oder Sondergesetze geschaffen werden sollten, besonders herausstellte[78].

Zur weiteren Beratung kam es jedoch nicht, nachdem sich die Kommissionsmehrheit gegen den Antrag erklärte. Eine strafrechtliche Reaktion sei nicht geeignet, um die „Agitation" wirkungsvoll zu bekämpfen[79]. Ferner wurde auch eingewendet, daß die aufgeführten strafbaren Handlungen

73 Vgl. Kommissionsbericht, in: RT-Aktenstück Nr. 23 (4. Leg., 1. Sess. 1878), S. 92.

74 Ähnl. *Goehrs*, Rechtsfriede, S. 205.

75 Zum Unterschied gegenüber dem Regierungsentwurf *Goehrs*, Rechtsfriede, S. 203.

76 Kommissionsbericht, aaO., S. 92.

77 Vgl. *Pack*, SozG, S. 93. Aus den eigenen Reihen wurde das Vorgehen als ungeschickt kritisiert, da man damit zugegeben habe, daß das allgemeine Recht verschärft werden müsse. Anläßlich der Umsturzvorlage wurde gerade dies der Fortschrittspartei vorgehalten, vgl. Sten. Ber. RT, 11. Sitzung v. 10.1.1895 (9. Leg., 3. Sess.), S. 243.

78 Vgl. die Motive, in: Aktenstück RT 1878, Nr. 274, S. 1592, vgl. auch RT-Aktenstück Nr. 23 (4. Leg., 1. Sess. 1878), S. 92 f.

79 Aktenstück RT 1878, Nr. 274, S. 1592, Aktenstück RT 1878, Nr. 4, S. 5.

> „eine klare, feste Begriffsbestimmung vermissen lassen, – daß durch den Vorschlag eine Mehrzahl von Bestimmungen über verwandte Verbrechensthatbestände ohne die nöthige gegenseitige Abgrenzung berührt und dadurch in der Praxis eine Unsicherheit in der Anwendung auch der zeitherigen Bestimmungen erzeugt werden würde, – und daß der Vorschlag über das der Aburtheilung nachfolgende Verfahren [...] an mehrfacher Unklarheit leide.“[80]

Der Antrag wurde schließlich mit 13 zu 8 Stimmen abgelehnt[81]. Stattdessen wurde nach weiterer Beratung im Reichstag das von der Regierung erstrebte Ausnahmegesetz verabschiedet[82]. Das allgemeine Strafrecht wurde nicht verändert, allerdings fand die Formulierung des § 130 RStGB an zwei Stellen Eingang in das Sozialistengesetz. Die §§ 1 Abs. 2, 11 berechtigten die Polizeibehörden, Vereine (§ 1) und Druckschriften (§ 11) zu verbieten, „in welchen sozialdemokratische, sozialistische oder kommunistische auf den Umsturz der bestehenden Staats- oder Gesellschaftsordnung gerichtete Bestrebungen in einer den öffentlichen Frieden, insbesondere[83] die Eintracht der Bevölkerungsklassen gefährdenden Weise zu Tage treten“[84].

Im Kampf gegen den Sozialismus führte das Sozialistengesetz jedoch nicht zu den versprochenen Erfolgen[85]. Im Gegenteil, bei den Wahlen am 20. Februar 1890 erzielten die Sozialdemokraten die meisten Stimmen, wenn auch die Zahl der Parlamentssitze damit nicht korrespondierte[86]. Nach dieser Wahlniederlage der Konservativen, Bismarcks Rücktritt im März und dem Auslaufen des Sozialistengesetzes am 30. September 1890 wurden die jeweiligen bundesstaatlichen Vereinsgesetze sowie das Reichsstrafgesetzbuch rigider angewendet, um die sozialdemokratische Bewegung zum Erstarren zu bringen[87]. Zudem gab es weitere Gesetzesvorhaben, die der Sozialdemokratie das politische Arbeiten erschweren sollten. Auf Reichsebene waren dies neben dem „Maulkorbgesetz“ (im Reichstag abgelehnt) das sog. Sprengstoffgesetz (angenommen im Mai 1884), der Expatriierungsentwurf (im Reichstag am 14. Januar 1888

---

80 Aktenstück Nr. 23 v. 4.10.1878, Sten. Ber. RT, Bd. 55, S. 92.

81 AaO., S. 93.

82 Sten. Ber. RT, Bd. 55, S. 112 ff., 333 ff. (2. und 3. Lesung), Abstimmung (S. 387–390).

83 Zuvor lautete der Entwurf: „in einer den öffentlichen Frieden *oder* die Eintracht der Bevölkerungsklassen gefährdenden Weise“ (Hervorhebung des Verf.). Zur Änderung, beschlossen in erster Lesung der Kommission, RT-Aktenstück Nr. 23 (4. Leg., 1. Sess. 1878), S. 93 f., *v. Schwarze*, Reichsgesetz, S. 17 f.; *Goehrs*, Rechtsfriede, S. 211–213, auch zur Frage, ob die Friedensgefährdung objektiv oder subjektiv gemeint war. – Die Diskussion erinnert an *Bindings* Vorschlag zu § 130 RStGB, s.o. 3. Kap. C) bei Fn. 61.

84 RGBl. 1878, Nr. 34 (S. 351 u. 353). Für Versammlungsverbote vgl. § 9 Abs. 1.

85 Zur gegenteiligen Wirkung des SozG Berlepsch, Erinnerungen, S. 21 f.; Halder, Innenpolitik, S. 65 f. – Dagegen habe nach *Oechselhaeuser*, Arbeiterfrage, S. 64 das Gesetz seinen Zweck erfüllt, den „Frieden zwischen Arbeitern und Arbeitgebern“ zu wahren.

86 1.427.000 Stimmen und 35 Sitze; näher *Schröder*, Sturz Bismarcks, S. 354–357, 362 f.

87 *Frauendienst*, in: Just (Hrsg.), Hdb. der Deutschen Geschichte, Bd. 4.1, S. 32; zu § 130 unten B) III bei Fn. 175. – Einzelheiten bei *Schröder*, Sturz Bismarcks.

abgelehnt), die Zuchthausvorlage sowie in Preußen das sog. kleine Sozialistengesetz, welches das Vereinsgesetz von 1850 verschärfte, indem bei Gefährdung der öffentlichen Sicherheit und des öffentlichen Friedens alle Versammlungen und Vereine aufgelöst werden konnten[88].

2. Ersatzregelungen anstelle des Sozialistengesetzes

Das Sozialistengesetz war am 17. Februar 1888 zum vierten (und – so seinerzeit noch ungewiß – letzten) Mal bis zum 30. September 1890 verlängert worden[89]. Zu ihrem Ende hin wurde gemeinsam vom preußischen Innen- und Justizministerium eine Regelung auf Grundlage des allgemeinen Rechts entworfen, welche das Sozialistengesetz dauerhaft ersetzen sollte. Dahinter standen aber vermutlich bloß taktische Überlegungen *Bismarcks*: Sollte die Vorlage abgelehnt werden, habe man den regierungsfreundlichen Parteien nachgewiesen, daß der Weg des Ausnahmegesetzes der richtige sei und diese von den „Irrungen“ allgemeingesetzlicher Regelung abstehen könnten[90].

Der Entwurf vom 4. März 1889[91] sah Änderungen am Strafgesetzbuch wie am Pressegesetz vor. Auch § 130 RStGB war betroffen. Der Tatbestand sollte schon dann erfüllt sein, wenn Bevölkerungsklassen in einer friedensgefährdenden Weise gegeneinander öffentlich *auf*gereizt oder die „Grundlagen der Staats- und Gesellschaftsordnung“ öffentlich als verwerflich dargestellt würden. Als Rechtsfolge waren Gefängnis bis zu drei Jahren oder bis zu 1.000 Mark Geldstrafe vorgesehen, ferner sollten Vereine geschlossen (§ 131a–c) und Versammlungen aufgelöst (§ 131d) werden können. Zudem sollte einem neuen § 39a zufolge das Gericht bei wiederholtem Verstoß gegen §§ 85, 128, 129, 130 und 131 die Beschränkung des Aufenthalts des Verurteilten für zulässig erklären können. Die anschließende Ausübung jener Befugnis sollte den Landespolizeibehörden zustehen, wie es bereits nach § 22 SozG der Fall war[92]. Weiterhin war beabsichtigt, das Reichspressegesetz zu verschärfen. So sollte die Einschränkung nichtrichterlicher Beschlagnahmen fortfallen sowie bei wiederholter Verurteilung aufgrund der §§ 130, 131 die

88 Vgl. *Kögler*, Arbeiterbewegung, S. 30 f. Zu Maulkorb-, Sprengstoff-, und Expatriierungsgesetz *Apitzsch*, Tagespresse, S. 10–14; zur Zuchthausvorlage *Steinhagen*, Umsturzbestrebungen, S. 54 ff.; *Huber*, Verfassungsgeschichte, Bd. 4, S. 1235 f.

89 Sten. Ber. RT, 7. Leg., 2. Sess. 1887/88, 40. Sitzung v. 17.2.1888, S. 991; Aktenstück Nr. 132 v. 14.2.1888.

90 Vgl. Prot. Preuß. Staatsministerium, Bd. 101, 1889, Bl. 56v–r. Zur Taktik Bismarcks *Pack*, SozG, S. 199–203.

91 Entwurf eines Gesetzes, betreffend Abänderungen von Bestimmungen des StGB und des Gesetzes über die Presse vom 7.5.1874, als Anlage in: Prot. Preuß. Staatsministerium, Bd. 101, Bl. 76v–80r. Vgl. dazu *Wittwer*, Bergarbeiterstreik, S. 248–256.

92 Die Ermächtigung sollte bspw. bei Bergarbeiterstreiks dazu dienen, die Streikführer aus den Bergwerksbezirken auszuweisen, vgl. *Schröder*, Sturz Bismarcks, S. 333.

Landespolizeibehörde sogar das vollständige Verbot einer Zeitung aussprechen können. – Die preußische Regierung versuchte mithin, die für sie bedeutendsten Vorschriften des Sozialistengesetzes in allgemeine Gesetze zu übertragen[93]; teilweise waren sogar höhere Strafen vorgesehen[94].

Der Entwurf wurde als preußischer Antrag an den Bundesrat überwiesen[95] und im dortigen Justizausschuß sowie anschließend im preußischen Staatsministerium erneut beraten. Wenn nicht schon nach den empörten Reaktionen liberaler und freisinniger Zeitungen, dann doch spätestens nach dem Bergarbeiterstreik im Mai 1889 beschloß das preußische Staatsministerium im Oktober 1889, die Vorlage nicht mehr weiter zu verfolgen[96]. Die Annahme im Reichstag stand auch nicht zu erwarten, da angesichts der allgemeinen Formulierung nun auch Freisinnige und Zentrumsanhänger die strafrechtliche Verfolgung befürchten mußten und überdies die Rechtsfolgen als überzogen angesehen wurden. Daß die Bestimmungen nicht nur sozialdemokratische Anliegen betrafen, sah ebenfalls der preußische Innenminister *Herrfurth*. So sei mit dem designierten § 130 „das Koalitionsrecht der Arbeiter in das Belieben der Regierung gestellt, jeder Streik strafrechtlich verfolgbar"[97]. Taktisch geschickt machten die Entwurfsbegründung[98] und die offiziösen Zeitungen darauf aufmerksam, daß die Regierung mit dieser – unveröffentlicht gebliebenen – Vorlage dem Wunsch der Liberalen nach allgemeinen Gesetzen entgegenkomme; für die Rechtsgleichheit müßten sie Opfer bringen, denn die Aufhebung des Sozialistengesetzes bringe zwangsläufig die Begrenzung allgemeiner Rechte

93 Vgl. die Übereinstimmungen zwischen § 39a StGB des Entwurfs und § 22 SozG (Aufenthaltsbeschränkung), § 131a und § 1 (Vereinsverbot), § 131c und § 17 (Betätigung in verbotenem Verein), § 131d und §§ 9, 10, 17 (Versammlungsverbot und Teilnahme trotz Verbots), § 28a RPresseG des Entwurfs und § 11 Abs. 2, 13, 14 SozG, § 28b und § 19, § 28c und § 21.

94 So in § 131c gegenüber § 17 Abs. 1 S. 1, Abs. 2 SozG, § 131d gegenüber § 17 Abs. 1 S. 2 SozG sowie § 28b gegenüber § 19 SozG.

95 Entwurf und Begründung: Drs. Nr. 35, Verhandlungen BR, 1889, Bd. 1. Der Entwurf wurde gegenüber dem am 8.3.1889 im Staatsministerium diskutierten sprachlich nur geringfügig verändert.

96 Zu ersteren *Pack*, SozG, S. 202 f., zu letzterem *Wittwer*, Bergarbeiterstreik, S. 253.

97 Sitzung v. 8.3.1889, Prot. Preuß. Staatsministerium, Bd. 101, 1889, Bl. 68r. – Dies war Bismarck durchaus recht, wollte er doch „mehr als den [...] Sozialismus" treffen, nämlich „alle Angriffe auf das monarchische Prinzip im Allgemeinen" (Sitzung v. 24.2.1889, Prot. Preuß. Staatsministerium, Bd. 101, Bd. 55r), insofern kam es ihm auch besonders auf den umgestalteten § 130 an (Sitzung v. 8.3.1889, Prot. Preuß. Staatsministerium, Bd. 101, Bl. 74).

98 AaO. (Fn. 95), S. 9 f.

mit sich[99]. Stattdessen sprach sich dann aber das preußische Staatsministerium für den Wegfall der Geltungsdauerbeschränkung, also für die „Verewigung“ des Sozialistengesetzes aus[100]. Der entsprechende Gesetzesentwurf wurde jedoch im Reichstag in dritter Lesung mehrheitlich abgelehnt, so daß das Sozialistengesetz mit Wirkung vom 30. September 1890 erlosch[101].

IV. Die Umsturzvorlage vom 5. Dezember 1894[102]

Daß sich ein weiteres Gesetz gegen Sozialisten und Anarchisten, die „Parteien des Umsturzes“[103], erneut an den § 130 RStGB anlehnen würde, war bereits seitens des Mainzer Rechtsanwalts *Fuld* prognostiziert worden, welcher ein Jahr vor Außerkrafttreten des Sozialistengesetzes Vorschläge veröffentlichte, wie angesichts dessen das Reichsstrafgesetzbuch zu reformieren sei[104]. Die Tatbestandsvoraussetzung „Anreizen zu Gewalttätigkeiten“ beschränke die Anwendung zu sehr, obgleich das Reichsgericht sowohl diese Voraussetzung als auch die der Friedensgefährdung sehr weit auslege[105]. Auch feindselige Gesinnungen zu erzeugen, sei strafwürdig. Dies gelte nicht nur für „socialdemokratische [...] Verhetzungen“, gegen die man auch ohne das Sozialistengesetz hätte einschreiten können, sondern auch für „antisemitische Presse und Agitation“[106]. Damit brachte er immerhin, vielleicht auch nur aus der taktischen Erwägung, dem Vorschlag breitere Akzeptanz zu verschaffen, die gegen andere gesellschaftliche Gruppen gerichtete Meinungsäußerung ins Spiel.

Zudem wollte Fuld das Strafmaß angehoben wissen; vorrangig sollte zu Gefängnis verurteilt, ferner ein Mindestsatz für die Geldstrafe festgesetzt wer-

99 Vgl. *Pack*, SozG, S. 201.

100 Prot. Preuß. Staatsministerium, Bd. 101, 1889, Bl. 319v.

101 Einzelheiten bei *Wittwer*, Ablehnung des Sozialistengesetzes; *Pack*, SozG, S. 204–235.

102 Ausführlich dazu *Folsko*, Vereinigungen, S. 87–112.

103 Gegen diese rief *Kaiser Wilhelm II.* in einer Rede in Königsberg am 6.9.1894 zum Kampf auf, Abdruck der Rede in: Penzler, Reden, Bd. 1, S. 274–277.

104 *Fuld*, SozG, S. 10 f., dessen Vorschläge auf Hänels Antrag anläßlich des SozG (s.o. bei Fn. 71) fußen, S. 8. Vgl. auch *Kulemann*, Sozialdemokratie (1890), der für die Nationalliberalen einen Entwurf erstellte und die Sozialdemokratie v.a. präventiv bekämpfen wollte (vgl. *Kulemann*, Erinnerungen, S. 120 f., 130–144, *Wittwer*, Ablehnung des Sozialistengesetzes, S. 319 f.).

105 Als Beispiel nennt *Fuld*, aaO., S. 11 f. RGSt 8, 783–785 v. 22.12.1886, recte: RGSt 15, 116–118. Zugleich befürchtete er bei Rückkehr zum Entwurf Friedberg („Feindseligkeiten“) keine Mißstände, denn – so in gewissem Widerspruch zu seiner vorherigen Aussage – die Rechtsprechung neige „nach den bisher mit der Anwendung des Artikels 130 gemachten Erfahrungen [...] viel eher zu einengender Auslegung“.

106 *Ders.*, aaO., S. 11 f.

den[107]. Schließlich schlug er einen eigenen, an der Strafgesetznovelle wie am Sozialistengesetz angelehnten weiteren Absatz zu § 130 vor, in dem anstelle der Friedensgefährdung verlangt wurde, daß die öffentliche Schmähung oder Beschimpfung in „Aergerniß erregender Weise" stattgefunden habe, um wie nach § 130 bestraft zu werden[108]. Um den Lasker'schen Vorwürfen gegen § 130 der Strafgesetznovelle zu entgehen[109], sollte das letztgenannte Merkmal objektiv beurteilt werden[110]. Gegenüber den Bestimmungen des Sozialistengesetzes liege der Vorteil darin, daß der danach Verurteilte „nicht unter dem verbitternden Eindrucke steht [...], nach Maßgabe eines Ausnahmegesetzes verurtheilt worden zu sein"[111]. Schließlich sollte auch das Beschlagnahmerecht nach § 23 Ziff. 3 Reichspressegesetz ausgeweitet werden[112]. Fuld rechnete allerdings im voraus mit negativ ausfallenden Reaktionen[113].

Anläßlich der Ermordung des französischen Präsidenten *Carnot* am 24. Juni 1894 durch den italienischen Anarchisten *Caserio*, des zweiten Anschlags auf europäische Staatsmänner innerhalb zweier Wochen, forderte die bürgerliche deutsche Tagespresse ein staatliches Einschreiten gegen die allgemein von ihr unter „Umsturzpartei" zusammengefaßten Sozialdemokraten und Anarchisten[114]. Bismarcks Nachfolger *v. Caprivi* trat einer erneuten Ausnahmegesetzgebung entgegen und ließ am Ende der Amtszeit einen moderat gehaltenen Entwurf erstellen, demzufolge Versammlungs- und Presserecht eingeschränkt werden sollten. Dagegen drang der preußische Ministerpräsident Eulenburg auf den Erlaß eines Ausnahmegesetzes[115]. Nachdem bereits ein Kompromiß in der Frage gefunden zu sein schien, wählte v. Caprivi aufgrund von „Taktlosigkeiten des Kaisers" eben jene Meinungsverschiedenheit als Anlaß zum Rücktritt. Zunächst wollte der Kaiser ihn im Amt halten, doch nach einem „offiziös inspirierten" Zeitungsbericht sah er eine weitere Zusammenarbeit zwischen v. Caprivi und Eulenburg als unmöglich an. Beide wurden durch *Fürst Chlodwig zu Hohenlohe-Schillingsfürst* ersetzt, womit wieder das höchste Amt Preußens und des Reichs in einer Person vereint waren[116].

---

107 AaO., S. 13.

108 *Fuld*, SozG, S. 14: „Mit der gleichen Strafe wird bestraft, wer öffentlich, in Aergerniß erregender Weise die Einrichtungen der Ehe, des Privateigentums oder der Familie schmäht oder beschimpft; wird die Beschimpfung in einer öffentlichen Versammlung begangen, so tritt Gefängnisstrafe nicht unter drei Monaten ein."

109 S.o. bei Fn. 29.

110 *Fuld*, SozG, S. 16.

111 Ders., aaO., S. 23.

112 *Fuld*, aaO., S. 30.

113 *Fuld*, aaO., S. 32 f.

114 *Steinhagen*, Umsturzbestrebungen, S. 40. – Zuvor war am 16.6.1894 ein Attentat auf Italiens Ministerpräsident Crispi gescheitert; *Blasius*, Politische Kriminalität, S. 67.

115 *Blasius*, Politische Kriminalität, S. 66 f.

116 *Huber*, Verfassungsgeschichte, Bd. 4, S. 261–263.

Dieser legte Anfang Dezember dem Reichstag den Entwurf der sogenannten Umsturzvorlage vor[117]. Die §§ 111, 112, 126, 130 und 131 sollten geändert sowie §§ 111a und 129a neu eingefügt werden. Der bestehende „Klassenkampfparagraph" sollte selbst zwar unverändert bleiben[118], denn er gewähre dank einer weiten reichsgerichtlichen Auslegung ausreichend Schutz gegen „gemeingefährliche Klassenverhetzungen"[119]. Allerdings werde das

> „friedliche Zusammenleben der verschiedenen Bevölkerungskreise nicht blos (sic) durch *unmittelbare* Aufreizung von Personen und Klassen gegen einander, sondern unter dem Einflusse extremer sozialistischer oder politischer Theorien auch dadurch gefährdet, daß vor der Oeffentlichkeit höhnende Angriffe gegen die Religion und die sonstigen Grundlagen unseres ganzen Kulturlebens geschleudert werden, um auf diese Weise die Achtung des Volkes vor den sittlichen, politischen und wirthschaftlichen Institutionen [...] zu vernichten."[120]

„Ausschreitungen" (sic!) letztgenannter Art seien mindestens ebenso gefährlich wie das in Absatz 1 pönalisierte Verhalten[121]. Insofern sei § 130 RStGB durch einen zweiten Absatz zu ergänzen[122], um diese quasi mittelbaren Angriffe auf das Zusammenleben der gesellschaftlichen Gruppen zu unterbinden, indem die hauptsächlich vom kritischen Diskurs betroffenen Gegenstände geschützt würden. Die §§ 130, 166 seien in diesen Fällen regelmäßig unanwendbar; letzterer, weil sich die Äußerungen selten gegen konkrete Einrich-

---

117 Gesetz betreffend Aenderungen und Ergänzungen des Strafgesetzbuches, des Militärstrafgesetzbuches und des Gesetzes über die Presse, vom 5. Dezember 1894, samt Motiven abgedr. in: Sten. Ber. RT, 9. Leg., 3. Sess., 1894/95, Aktenstück Nr. 49, S. 224 ff.

118 Dagegen schlug *Oetker*, Allgemeine Zeitung 1895, Nr. 39, Beilage Nr. 32, S. 5 den ihm auch in der Fassung der Umsturzvorlage zu engen § 130 RStGB wie folgt zu formulieren: „Wer eine Classe der Bevölkerung zu Gewaltthätigkeiten öffentlich anreizt [...]."

119 So die Entwurfsbegründung, in: Aktenstück Nr. 49 v. 5.12.1894, Sten. Ber. RT, Bd. 162, S. 229; daß die Anreizung *unmittelbar* auf die Herbeiführung von Gewalttätigkeiten gerichtet sein müsse, wurde als „irrige Auffassung" abgetan (vgl. demgegen über RGSt 17, 309, 310: naheliegende Möglichkeit notwendig, anders RGSt 15, 116, 118: jede noch so entfernte). Vgl. auch die spöttische Bemerkung des Abg. *Munckel*, Sten. Ber. RT, Sitzung v. 10.1.1895 (11. Leg., 3. Sess. 1894/95), S. 238, demzufolge „das Reichsgericht schon gefunden hat, daß es gar nicht schadet, wenn die Gefährdung des öffentlichen Friedens auch erst nach einem Menschenalter eintreten sollte". Ähnl. *Parmod*, Antisemitismus, S. 41.

120 Sten. Ber. aaO., S. 229 (Hervorhebung des Verf.). – Dies hätten auch ausländische Rechtsordnungen bereits erkannt, etwa § 172 Abs. 2 ungarisches StGB.

121 Aktenstück RT 1894/95, Nr. 49 S. 229.

122 „Dieselbe Strafe trifft denjenigen, welcher in einer den öffentlichen Frieden gefährdenden Weise die Religion, die Monarchie, die Ehe, die Familie oder das Eigenthum durch beschimpfende Aeußerungen öffentlich angreift." (Sten. Ber. RT, 9. Leg., 3. Sess., 1894/95, Aktenstück Nr. 49, S. 224 f.).

tungen richteten[123]. Die Gefahr mißbräuchlicher Anwendung sahen die Verfasser durch die Merkmale „Friedensgefährdung“ und „beschimpfende Äußerung“ gebannt[124]: Meinungsäußerungen, die weder darauf gerichtet noch geeignet seien, den Frieden zu stören, sowie wissenschaftliche Untersuchungen sachlichen Stils lasse der vorgeschlagene Annex weiterhin zu[125]. Darüber hinaus sollte das polizeiliche Beschlagnahmerecht, wie von Fuld vorgeschlagen, ausgeweitet werden, denn schon die Erregung von „Stimmungen und Leidenschaften“ vermöge „verbrecherische Ausschreitungen“ hervorzubringen[126]. Außerdem sollte das nach § 42 MilStGB vom 20. Juni 1872 mögliche Verfahren auf Entlassung oder Degradierung auch dann eröffnet werden können, wenn eine Person während der Beurlaubung wegen einer der im sechsten oder siebten Abschnitt des StGB aufgeführten Handlung zu einer Strafe von mehr als sechs Wochen verurteilt wird, also auch nach § 130[127].

Die Vorlage wurde nach erster Lesung im Reichstag an eine Kommission überwiesen[128]. Nachdem die Kommission § 130 der Regierungsvorlage in erster Lesung noch abgelehnt hatte, spaltete sie in zweiter Lesung dessen zweiten Absatz auf. Während beschimpfende öffentliche Äußerungen in bezug auf Ehe, Familie oder Eigentum „als Grundlage der Gesellschaftsordnung“ in § 130 Abs. 2 unter Strafe gestellt werden sollten, sollte die Monarchie ohne diese Einschränkung in § 131 Abs. 2 geschützt werden[129]. Die Ausweitung des Beschlagnahmerechts lehnte sie hingegen ab[130]. In zweiter Lesung des Reichstags wurden sowohl die Regierungs- wie die Kommissionsvorlage in allen Teilen abgelehnt[131]. Der wiederholte Versuch, § 130 RStGB auszudehnen

---

123 Sten. Ber., aaO., S. 229 f.

124 Dennoch befürchtete bspw. ein unter dem Synonym *Advocatus* auftretender Verfasser, daß jede öffentliche Kritik unterbunden werden könne, wenn man die „dehnbarste Bestimmung der ganzen Vorlage“ rücksichtslos anwende, da es unschwer sei, jeden Lebensvorgang in eine der fünf Kategorien „Religion, Monarchie, Ehe, Familie und Eigenthum“ einzureihen, Die Neue Zeit, 13. Jg. (1895), Bd. 1, S. 741, 746.

125 Sten. Ber., aaO., S. 230. – Entgegen Fulds Empfehlung wurde also nicht auf das Merkmal „Friedensgefährdung“ verzichtet, vgl. Fn. 100.

126 Art. III der Umsturzvorlage, Sten. Ber., aaO., S. 225, 230 f.

127 Art. II der Umsturzvorlage, Sten. Ber., aaO., S. 225, 230.

128 13. Sitzung v. 12.1.1895, Sten. Ber. S. 287, 315.

129 Sten. Ber. RT, Aktenstück Nr. 273 (9. Leg., 3. Sess. 1894/95), S. 1174 f. Dies ging in Richtung des *Oetker'schen* Vorschlags, verbale Angriffe auf Monarchie und Eigentum in einem § 130b unter Strafe zu stellen und Religion, Ehe und Familie gesonderter Normen vorzubehalten, Allgemeine Zeitung 1895, Nr. 39, Beilage Nr. 32, S. 5 f.

130 Aktenstück RT Nr. 273 (9. Leg., 3. Sess. 1894/95), S. 1171 f. (1. Lesung), S. 1177 (2. Lesung).

131 Sten. Ber. RT, 90. Sitzung v. 11.5.1895, S. 2242–2244.

– weiter als der Entwurf zur Strafgesetznovelle[132], allerdings tatbestandlich enger als *Hänels* Vorschlag zum Sozialistengesetz[133] – war erneut gescheitert, eine Ohrfeige für die Antragsteller, da sie aus den gleichen Gründen wie 1875 und 1878 abgelehnt wurde. Kritisiert wurden vor allem die Unbestimmtheit der Begriffe „Ehe", „Religion" und „Eigentum", die damit zusammenhängende weite und ungleichmäßige Auslegung der Vorschriften, die übermäßige Einschränkung der Meinungsfreiheit und ihre Überflüssigkeit[134]. Im Unterschied zum Sozialistengesetz trug die Vorlage zwar nicht den formellen Charakter eines Ausnahmegesetzes; auch zielten die vorgesehenen Bestimmungen nicht ausdrücklich auf nur eine bestimmte Personengruppe. Allerdings war die hintergründige Tendenz, gegen sozialistische Bestrebungen vorzugehen, unverkennbar. Systematisch erschien das im zweiten Absatz vorgesehen Verbot hineingezwängt, gehörte es doch allenfalls unter dem Gesichtspunkt indirekter Anreizung dorthin. Vielmehr schien es, als sollte der „Begriff der Rechtsfriedensverletzung (-gefährdung), gewissermaßen nur als schützendes Mäntelchen einer reaktionär politischen Bestimmung umgehängt werden"[135].

B) „Klassenjustiz" – Vorwurf einseitiger Anwendung des § 130 RStGB

Im Reichstag wurde seit der Jahrhundertwende mehrfach versucht, § 130 zu verändern[136]. Ein Jahrzehnt nach der Umsturzvorlage zielte die Debatte nunmehr in die entgegengesetzte, die Strafbarkeit einschränkende Richtung. Auf die als Vorarbeit zur allgemeinen Reform geschaffene sog. Vergleichende

132 Durch Aufnahme von Religion und Monarchie sowie Fortlassung der Beschränkung auf „Institute", vgl. Abg. *Gröber*, Sitzung v. 9.1.1895, Sten. Ber. RT, Bd. 159, S. 221.

133 Vgl. Abg. *v. Bennigsen*, 11. Sitzung v. 10.1.1895, Sten. Ber. RT, Bd. 159, S. 244, der allerdings in der Einschätzung irrte, auch die Rechtsfolge sei geringer.

134 Zur Unbestimmtheit der Begriffe *Gröber* (Württemberg), Sten. Ber. RT, 10. Sitzung v. 9.1.1895 (9. Leg., 3. Sess.), S. 221–223; *Munckel*, aaO., S. 240 f.; *Barth*, aaO, S. 254, 255 f.; *Liebermann v. Sonnenberg*, S. 273; *Spahn*, Sten. Ber. RT 13. Sitzung v. 12.1.1895, S. 293; *v. Buchka*, Sten. Ber. RT 13. Sitzung, 12.1.1895, S. 314; zur weiten und ungleichmäßigen Anwendung der Normen bzw. ihrer Merkmale, insbesondere der Friedensgefährdung vgl. *Auer*, Sten. Ber. RT, 9. Sitzung v. 8.1.1895 (9. Leg., 3. Sess.), S. 195 f., 196 ff., *Barth* S. 255, zur übermäßigen Einschränkung der Meinungsfreiheit *Barth*, aaO., S. 254; *Gröber*, aaO., S. 223 f.; zur Überflüssigkeit der Vorschriften, *Munckel*, S. 241 sowie *Liebermann v. Sonnenberg*, S. 274; zum Ausnahmegesetz in veränderter Form *Munckel*, 11. Sitzung v. 10.1.1895, S. 238.

135 *Goehrs*, Rechtsfriede, S. 227; ferner S. 230 Fn. 18 zum Charakter der Norm. Vgl. auch *Oetker*, Allgemeine Zeitung 1895, Nr. 39, Beilage Nr. 32, S. 6 und *Nowotny*, Archiv für Kriminal-Anthropologie und Kriminalistik, Bd. 30 (1908), S. 1, 69 f.

136 Vgl. Fn. 148.

Darstellung konnte allerdings noch nicht Bezug genommen werden; zwar war soeben als erster deren fünfter Band zum Besonderen Teil (Verbrechen und Vergehen wider das Leben, Körperverletzung) erschienen, noch nicht aber der die Delikte wider die öffentliche Ordnung enthaltende zweite Band[137].

I. Der Änderungsantrag vom 14. März 1906

Gelegentlich der Debatte über den Justizetat des Jahres 1906 ging es nur anfänglich um die Justizverwaltung. Wie in den Vorjahren[138] wurde die Haushaltsdebatte zur Generalabrechnung genutzt, innerhalb derer sich rasch die Diskussion über die Rechtspflege im Allgemeinen entzündete[139]. Der Abgeordnete *Kunert* von der linken Seite des Hauses war es, welcher die deutsche Rechtspflege als Klassenjustiz bezeichnete und damit der Debatte eine entsprechende Richtung gab[140]. In der folgenden Sitzung wandte sich der sozialdemokratische Abgeordnete und als Strafverteidiger tätige *Stadthagen* diesem Thema zu. In „furiösen Ausführungen“[141] kritisierte er die deutsche Rechtsprechung. Um den Vorwurf rein politischer Tendenzprozesse zu belegen, trug er beispielhaft einige Fälle vor, in denen die erste Instanz – u.a. auch bei Prozessen nach § 130 RStGB – bedenkliche tatsächliche Feststellungen getroffen habe[142]: So habe ein Gericht in einem Verfahren gegen seinen Parteifreund *Janiszewski* erkannt,

> „der Angeklagte wolle *keine* Gewalt, aber die Besitzenden würden es sich nicht gefallen lassen, ohne Gewalt sich ihre Vorrechte nehmen zu lassen, und deshalb muß der Angeklagte bestraft werden, weil die Besitzenden Gewalt gebrauchen wollten.“[143]

---

137 Vgl. *Bassermann*, Sten. Ber. RT, 11. Leg., 2. Sess., 48. Sitzung v. 20.2.1906, S. 1450. Zur Vergleichenden Darstellung s.u. 5. Kap. A).

138 Abg. *Kunert*, Sten. Ber. RT, 51. Sitzung v. 23.2.1906 (11. Leg., 2. Sess. 1905/06), S. 1536.

139 Beginnend mit *Bassermanns* „Bemerkungen [...] über die Reformbedürftigkeit unseres Rechts“, Sten. Ber. RT, Sitzung v. 20.2.1906, 11. Leg., 2. Sess. 1905/06, S. 1448.

140 Sten. Ber. RT, 51. Sitzung v. 23.2.1906 (11. Leg., 2. Sess. 1905/06), S. 1536. – Zur Justizkritik um die Jahrhundertwende *Kern*, Geschichte, S. 135–137. Vorzugsweise sollte man zwischen Klassenjustiz i.S. vorsätzlicher Rechtsbeugung und solcher i.S. eines entwickelten Vorverständnisses der Justiz differenzieren, vgl. *Fraenkel*, Soziologie, S. 16, 36–41; genaue Untersuchungen fehlen bislang, so *Huber*, Verfassungsgeschichte, Bd. 4, S. 1183.

141 Abg. *Müller*, Sten. Ber. RT, 52. Sitzung v. 24.2.1906 (11. Leg., 2. Sess. 1905/1906), S. 1582.

142 Sten. Ber. RT, 52. Sitzung v. 24.2.1906, S. 1570–1573.

143 Sten. Ber. RT, 52. Sitzung v. 24.2.1906 (11. Leg., 2. Sess. 1905/1906), S. 1570 (Hervorhebung des Verf.); erneut dargelegt in 104. Sitzung v. 12.1.1911, Sten. Ber. RT, Bd. 263, S. 3805 f.

In den folgenden Sitzungen zum Justizetat wurden weitere Beschwerden gegen die Rechtspflege vorgebracht[144]. Dagegen verwehrte sich jedoch der konservative Abgeordnete *Porzig*: mit dieser verallgemeinernden und übertreibenden, nicht bewiesenen Kritik versuche die äußerste Linke, die Rechtspflege zu diskreditieren. Das Schlagwort „Tendenzprozesse" dürfe man nicht mehr in der „überkommenen Form" verstehen; vielmehr müsse man berücksichtigen, daß sich die Sozialdemokratie gegen den Staat gestellt und dieser daher Recht und Pflicht habe, sich gegen jene zu verteidigen[145]. § 130 sei „nun einmal der Revolutionsparagraph", der zu recht gegen die Sozialdemokraten angewandt werde, welche versuchten, das Pulverfaß zur Explosion zu bringen[146].

Erst in einer späteren Sitzung beantragte der polnische Abgeordnete *v. Chrzanowski*[147], den Bundesrat zu ersuchen, einen Gesetzentwurf betreffend § 130 vorzulegen, um der dem Sinn widersprechenden Interpretation seitens des Reichsgerichts Einhalt zu gebieten[148]. Insbesondere kritisierte er, daß bereits indirektes Anreizen zu Gewalttätigkeiten sowie die nur entfernte Möglichkeit der Gefährdung des öffentlichen Friedens genüge[149]. Als Beispiele zählte er Presseartikel, Kinderlieder, Ansichtskarten und Bilder sowie selbst ein Kinderspiel auf, die beschlagnahmt worden seien[150]. Eine derartige Rechtsprechung habe die preußischen Staatsanwälte „ermutigt", vermehrt Anklagen nach § 130 RStGB zu erheben, und ebenso die Polizei, vermehrt Bilder zu

---

144 Vgl. Sten. Ber. RT (11. Leg., 2. Sess. 1905/1906), S. 1629 ff., 1665 ff., 1701 ff. U.a. der Vorwurf politischer Tendenzprozesse durch *Heine*, S. 1729.

145 Sten. Ber. RT, 54. Sitzung v. 1.3.1906, (11. Leg., 2. Sess. 1905/1906), S. 1632 f.

146 Sten. Ber. RT, 54. Sitzung v. 1.3.1906, (11. Leg., 2. Sess. 1905/1906), S. 1634. – Dagegen wiederum *Stadthagen*, S. 1707 u. 2012.

147 *Chrzwanowski*, Bernhard v., Rechtsanwalt, Posen, MdR 1901–1909, Pole.

148 Aktenstück RT Nr. 107 (11. Leg., 2. Sess. 1905/06), Sten. Ber. RT, 65. Sitzung v. 14.3.1906 (11. Leg., 2. Sess. 1905/1906), S. 2004 ff. – Es handelte sich um einen von 13 Anträgen, die Chrzanowski en bloc stellte und die u.a. darauf abzielten, die Rechte nichtdeutschsprachiger Minderheiten (Nr. 102–104) sowie die Stellung der Arbeiter zu stärken (Nr. 109–111, 113, 114), vgl. Aktenstücke RT, 11. Leg, 2. Sess., Nr. 102–114. Schon 1903 und 1904 hatte er erfolglos auf die Reformbedürftigkeit des § 130 hingewiesen, vgl. 274. Sitzung v. 5.3.1903 (10. Leg., 2. Sess.), S. 8412–8415 und 46. Sitzung v. 1.3.1904, Bd. 198, S. 1427–1429. Siehe auch Antrag v. 10.12.1903, Aktenstück Nr. 102, der laut Gesamtregister 1903/05, Bd. 204, S. 6489 unerledigt blieb.

149 Das RG verlangte teils eine naheliegende, nicht notwendig sofortige Möglichkeit (RGSt 17, 309, 310), ließ teils „jede noch so entfernte" Gefahr (RGSt 15, 116, 118) oder ein an sich geeignetes Mittel (RGSt 2, 430, 433 f.) genügen; letzteres ausgehend davon, daß das Gesetz die Beschaffenheit der Handlung umschreibe, nicht ihr Ergebnis.

150 AaO., S. 2004–2006, jeweils mit konkreten Angaben zu Gericht und Datum des Urteils. (Es handelte sich v.a. um Urteile der Strafkammern in Posen, Graudenz, Beuthen, Ostrowo und Gnesen aus 1904 und 1905.) S. dazu unten B) II.

beschlagnahmen; letzteres auch im rheinisch-westfälischen Industrierevier[151]. Die Rechtsunsicherheit werde dadurch erhöht, daß die Gerichte dieselbe Darstellung unterschiedlich juristisch bewerteten. Zudem gehe die Staatsanwaltschaft nicht gegen vergleichbare Äußerungen Deutscher gegen Polen vor, gegen die polnische Bevölkerung werde „straflos [...] gehetzt“[152]. Aufgrund dieses willkürlichen justitiellen Vorgehens bringe er den Antrag ein. Weder ein Wechsel in der Rechtsprechung noch eine völlige Abschaffung sei zu erwarten. Bisher biete der Gesetzeswortlaut keinen Halt, so daß der Richter „nach seinem Temperament und seiner politischen Ansicht [urteile]. Der jetzige Zustand enthält geradezu eine Unterdrückung der freien Meinungsäußerung“[153]. Daher müsse klargestellt werden, wer sich nach § 130 strafbar mache. Dies solle nur sein, wer unmittelbar zu Gewalttätigkeiten anreizt und nur, sofern damit die unmittelbare Gefahr der sofortigen Entstehung von Gewalttätigkeiten verbunden ist.

Stadthagen verallgemeinerte den Vorwurf dahin, § 130 werde zur Bestrafung des politischen Gegners, namentlich der Polen und der Sozialdemokraten, instrumentalisiert, nachdem es früher auch tendenziöse Urteile gegen die Zentrumsanhänger gegeben habe[154]. Dies sei nur möglich, weil der „Paragraph als ausdrückliche Voraussetzung vernünftige Richter“ habe, also solche, die nicht nach einer politischen Richtung urteilten[155]. Gerade zu letzterem führe § 130 als politischer Paragraph gezwungenermaßen[156]. Weder in einer authentischen Interpretation noch in einer Abänderung der Worte „Gewalttätigkeiten“ und „in einer den öffentlichen Frieden gefährdenden Weise“ sah er eine Abhilfe, nachdem das Reichsgericht die ursprüngliche gesetzgeberische Absicht nicht berücksichtige[157]. Vielmehr forderte er, die Vorschrift abzuschaffen, zudem Richter und Staatsanwälte zu ersetzen[158]. Denn die tendenziösen Urteile be-

---

151 AaO., S. 2006 f. zur Polizei, S. 2007 f. zur Staatsanwaltschaft. Zu den sog. „Ruhrpolen“ *Kleßmann*, Einwanderungsprobleme, S. 303–310 m.w.N.

152 AaO., S. 2008 mit Beispielen für beides. Zu ersterem schon der SPD-Abg. *Stücklen*, Sten. Ber. RT, 54. Sitzung v. 1.3.1906, S. 1641. – Bereits früher hatte der Abgeordnete *v. Graeve* die unterschiedliche Behandlung deutscher und polnischer Angeklagter angemerkt, Sten. Ber. RT, Sitzung v. 29.2.1888, 7. Leg., 2. Sess., 1887/88, S. 1170.

153 AaO., S. 2009.

154 AaO., S. 2009, S. 2012. – *Jesfen*, S. 2016 f. nennt Lieder der dänischen Minderheit im Norden Schleswigs, welche als „anstößig befunden“ wurden, allerdings ist unklar, ob dies i.R.d. § 130 geschah; zu Urteilen gegenüber den Antisemiten vgl. Fn. 163.

155 AaO., S. 2009, ähnl. S. 2013. Vgl. dazu bereits 3. Kap. bei Fn. 86.

156 AaO., S. 2010 „politische Waffe“, 2011.

157 S. 2010 f., 2013. Es geht v.a. um frühere Äußerungen Laskers, s.o. 3. Kap. bei Fn. 83.

158 Sten. Ber. RT, 65. Sitzung v. 14.3.1906, S. 2013.

ruhten nicht allein auf der weiten Gesetzesfassung, sondern auch auf der schablonenhaften Abfassung von Anklageschriften und anschließend bloß scheinbar feststellenden Übernahme derselben in die Urteile[159].

Der früher als Landgerichtsrat tätige Abgeordnete *Dove* sah es anhand des vorgelegten Materials als erwiesen an, daß die Vorschrift in einer falschen Weise angewandt werde, welche ihn an die generalklauselartige Strafvorschrift des „Groben Unfugs" erinnerte. Er plädierte dafür, zu prüfen, ob die Norm beizubehalten sei und gegebenenfalls, ob eine andere, Willkür und Mißbrauch eindämmende Fassung gefunden werden könne[160]. Zugunsten einer solchen Fassung äußerte sich ebenfalls der Zentrumsabgeordnete *Bachem*. Zwar hielt er § 130 für einen klar umschriebenen Tatbestand, sah aber Unterschiede zwischen Gesetzeswortlaut und ursprünglicher gesetzgeberischer Absicht auf der einen und der Auslegung durch die Gerichte auf der anderen Seite[161]. Auch der sich selbst als Antisemiten bezeichnende *Bruhn*[162], der wegen judenfeindlicher Äußerungen bereits nach § 130 verurteilt worden war[163], sprach sich zugunsten des Antrags aus. Zwar ziehe er einen konkreten Formulierungsvorschlag vor, doch reichte er selbst ebensowenig einen eigenen ein[164].

Schließlich wurde auf Vorschlag des Abgeordneten *Bachem* das Reichsgericht von der im Antrag geäußerten Kritik ausgenommen, da das Reichsgericht an die Tatsachenfeststellungen der Untergerichte gebunden und daher nicht der richtige Adressat für die Kritik sei. Vielmehr sei dieser Antrag gegen die gesamte Judikatur zu richten[165]. Der dermaßen geänderte Vorschlag wurde am 14. März 1906 mit „starker Mehrheit"[166] angenommen. Am 20. April wurde der Antrag dem Bundesrat vorgelegt und anschließend an den Reichskanzler mit dem Hinweis überwiesen, die Frage werde bei Revision des Strafgesetz-

159 *Stadthagen*, Sten. Ber. RT, 52. Sitzung v. 24.2.1906, S. 1576; *ders.*, Sten. Ber. RT, 65. Sitzung v. 14.3.1906, S: 2012; ähnl. *Bruhn*, aaO., S. 2017 sowie *Stücklen*, Sten. Ber. RT, 54. Sitzung v. 1.3.1906, S. 1639.

160 S. 2013 f.

161 S. 2015.

162 MdR 1903–1918, erst Deutschsoziale / Deutsche Reformpartei, dann Deutschnationale Volkspartei, die ihn wegen der Verbindung zum Sklareck-Fall ausschloss. In Anspielung auf Porzig (s.o. Fn. 146) bezeichnete er § 130 als Denunziationsparagraph (S. 2017).

163 Als Verleger der Staatsbürgerzeitung wegen Veröffentlichung einer Rede Graf Pücklers, vgl. Abwehrblätter 1899, S. 178–181, 365.

164 Sten. Ber. RT, 65. Sitzung v. 14.3.1906, S. 2017.

165 Sten. Ber. RT, 65. Sitzung v. 14.3.1906 (11. Leg., 2. Sess. 1905/06), S. 2015 f., 2017.

166 Laut *Heuss*, Klassenkampf, S. 12; In den Sten. Ber. RT finden sich keine Angaben.

buchs erledigt werden[167]. Diese war 1908 jedoch noch nicht recht vorangekommen, so daß sich der Abgeordnete *v. Chrzwanowski* in einer neuen Haushaltsdebatte zu Wort meldete[168]. Auf seine Kritik an der Bekämpfung der polnischen Kunst und Literatur mittels § 130 wurde in der Debatte aber nicht weiter eingegangen, obwohl er auch den Strafrechtslehrer *v. Liszt* auf seiner Seite wußte[169].

II. „Tagtägliche" Tendenzprozesse gegen Sozialdemokraten?

Gemeinhin nennen historische Darstellungen die Bestimmung als eine derjenigen, mittels welcher wiederholt gegen den Sozialismus vorgegangen wurde[170], und auch zeitgenössischen Abhandlungen ist dies zu entnehmen:

> „Thatsächlich gelangt er [§ 130, d. Verf.] den Sozialdemokraten gegenüber *tagtäglich* zur Anwendung."[171]

Den Abgeordneten zufolge wurde § 130 RStGB um die Jahrhundertwende vielfach gegen (mehr oder weniger) hetzerische Äußerungen jeglicher politischer bzw. sozialer Couleur angewendet – sowohl die polnischen Abgeordneten wie die sozialdemokratischen als auch die konservativ-antisemitischen wähnten sich davon betroffen[172]. Das hätte dem allgemeinen Wortlaut der

---

167 Vgl. *v. Chrzanowski*, Sten. Ber. RT, 108. Sitzung v. 25.2.1906, Bd. 230, S. 3364. Ohne diesen Hinweis allerdings in: Protokolle über die Verhandlungen des Bundesrats des Deutschen Reichs, Session 1906, Protokoll der 18. Sitzung v. 20.4.1906, S. 195, 196.

168 108. Sitzung v. 25.2.1908, Sten. Ber. RT, Bd. 230, S. 3364–3368. – Schon ein Jahr zuvor hatte der Abgeordnete *Brandys* denselben Beschluß wiederholt herbeizuführen beabsichtigt (Antrag v. 27.2.1907, in: Sten. Ber. Verhandlungen RT, Bd. 240, Aktenstück Nr. 155), er blieb aber unerledigt, vgl. Sachregister, Bd. 238, S. 9782.

169 Vgl. Sten. Ber. RT, Bd. 230, S. 3364. – In seinem Lehrbuch des Deutschen Strafrechts verstand *v. Liszt* unter Gefahr die „nahe Möglichkeit [...], daß es zu Gewalttätigkeiten kommen werde"; zudem kritisierte er in der 7. Aufl., S. 398 Fn. 3 die Entscheidung des RGSt 26, 349–351, die den Gefahrbegriff völlig preisgebe.

170 Z.B. *Ritter / Tenfelde*, Arbeiter, S. 687: „**oft** wegen Majestätsbeleidigung und sogenannter Volksaufhetzung"; *Huber*, Verfassungsgeschichte, Bd. 4, S. 1149 f.: „Das **Hauptmittel** [...] neben den §§ 94 ff. StGB (Majestätsbeleidigung) der § 130 StGB [...]. Von dieser Strafnorm machten die Gerichte in **vielen Fällen** gegenüber sozialistischen Versammlungsrednern, Journalisten und Schriftstellern Gebrauch. [...] **wirksame Waffe** [...]"; *Grützner*, Kommune, S. 73: Grundlage der Urteile gegen Sozialisten waren „Kautschukparagraphen" wie §§ 130, 131, 113 und insb. die §§ 94 ff.; *Walter*, Antisemitische Kriminalität, S. 90: „**bevorzugtes Instrument**". – Zurückhaltend *Blasius*, Politische Kriminalität, S. 60: § 130 sei zwar besonders griffig, um gegen „linke" Kritik und Agitation vorzugehen, aber es gebe kaum aktenkundige Beispiele; ähnl. *Schroeder*, Staat und Verfassung, S. 99, 101.

171 *Parmod*, Antisemitismus, 1894, S. 8 (Hervorhebung des Verf.) sowie S. 41.

172 S.o. B) I.

Norm und auch der reichsgerichtlichen Auslegung des Klassenbegriffs entsprochen[173]. Insofern lassen auch diese Äußerungen vermuten, daß die Bestimmung zahlreichen Anklageschriften und Urteilen zugrunde lag. Dieser These und dem oben wiedergegebenen quantitativen Befund widerspricht allerdings – wenigstens auf den ersten Blick – die seit 1882 geführte ausführliche Reichskriminalstatistik[174].

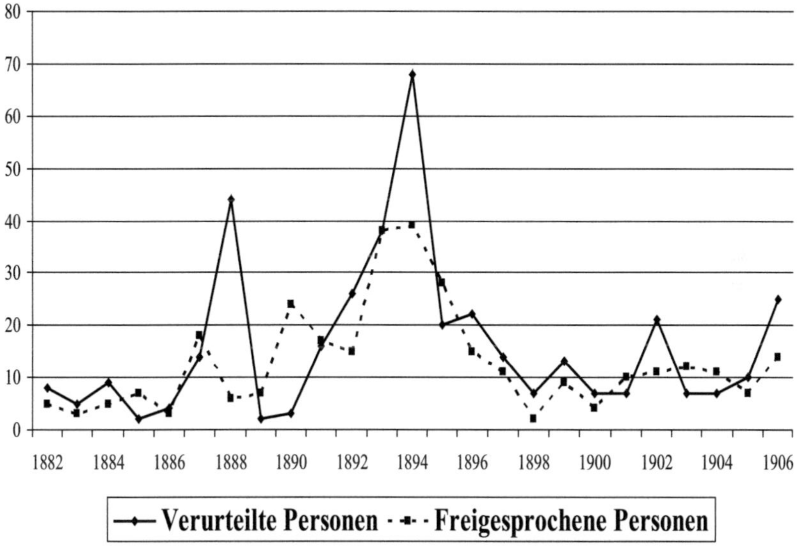

Danach stieg die Zahl der Angeklagten, die wegen § 130 RStGB rechtskräftig freigesprochen oder verurteilt wurden, nach Auslaufen des Sozialistengesetzes an[175], erreichte ihren Höhepunkt mit gut 100 abgeschlossenen Verfahren im

173 Auch für *o. V.* (*Apt*), Anreizung, S. 9 war § 130 RStGB eine allgemein gehaltene Norm.

174 Zahlen der wegen § 130 RStGB Angeklagten, über die rechtskräftig geurteilt wurde, aus: Statistik des Deutschen Reichs (Jahr = Bd. der neuen Folge, S.): 1882=8, 134; 1883=13, 134; 1884=18, 134; 1885=23, 134; 1886=30, 134; 1887=37, 134; 1888=45, 134; 1889=52, 136; 1890=58, 152; 1891=64, 156; 1892=71, 166; 1893=77, 188; 1894=83, 196; 1895=89, 142; 1896=95, 142; 1897=120, 160; 1898=126, 160; 1899=132, 162; 1900=139, 162; 1901=146, 164; 1902=155, 230; 1903=162, 234; 1904=169, 242; 1905=176, 242; 1906=185, 244. Die wenigen Einstellungen (1887, 1892 und 1906 je eine, 1895 zwei) sind im Diagramm nicht berücksichtigt.

175 Hier zeigt sich eine der Wechselwirkungen zwischen Gesetzgebung und Strafverfolgung, obgleich sich die sozialistische Bewegung nach Erlöschen des SozG in gesetzlichen Bahnen bewegte, so die Berliner Polizei in ihrer Übersicht v. 2.9.1893, in: *Fricke/ Knaack*, Dokumente, Bd. 2, S. 12 f.). Diese konstatierte indes auch eine „stürmische [...] Agitation für die Reichstagswahlen von 1893“ (S. 23). – Bereits nach Ablehnung der v.a. gegen politische Propaganda gerichteten Vorschriften der Strafgesetz-Novelle

Jahr der Umsturzvorlage und nahm anschließend bis zum Beginn der Strafrechtsreform ab[176]. Der scheinbare Ausreißer 1888 stellt nur insofern eine Besonderheit dar, als in diesem Zeitraum die Zahl der Handlungen, über die rechtskräftig entschieden wurde und die Zahl der Angeklagten ausnahmsweise nicht korrespondierten: während die Zahl der Angeklagten anwuchs, blieb die der zugrundeliegenden Handlungen mit 17 weiterhin niedrig. Zurückzuführen sein wird dies auf mehrfache gemeinschaftliche Begehung, wie sie beispielsweise bei Presseveröffentlichungen vorkam, bei der sich neben dem Verfasser auch Herausgeber, Drucker etc. strafbar machten. Insgesamt gab es jedoch deutlich weniger Verfahren als wegen anderer Äußerungsdelikte, beispielsweise der im Rahmen der Sozialistenbekämpfung vielfach herangezogenen Majestätsbeleidigung[177]. Schließlich fällt auf, daß über mehr als zwei Jahrzehnte bei vergleichsweise geringer Verfahrenszahl verhältnismäßig viele Freisprüche erwirkt wurden (die wenigen Einstellungen außen vor gelassen), ein Indiz dafür, daß Richter durchaus zu „politisch keimfreie[n], rein juristische[n] Tatwürdigungen" gelangten[178], während die stärker unter der Aufsicht der Regierungen stehenden Staatsanwälte eher zu Anklageerhebungen tendierten[179]. Wieweit es darunter zu den von *Stadthagen* monierten Tendenz*prozessen* kam[180], wäre Frage einer Einzelfallanalyse, führte hier aber zu weit; ausschließlich Tendenz*urteile* nach § 130 zu finden, ist nach dem eben Gesagten jedoch nicht zu erwarten.

Es fragt sich, wieso persönliche Wahrnehmung und amtliche Statistik hinsichtlich der Anwendungszahlen derart auseinanderliegen. Entweder leidet eine der Quellen an Fehlern, oder beide beruhen auf unterschiedlichen Faktoren. Ersteres könnte im Fall der subjektiven Betrachtung nicht nur einer ungenauen Beobachtungsgabe geschuldet, sondern durchaus bewußt geschehen sein, beispielsweise durch den eingangs des Abschnitts zitierten und sich für

---

sowie beim Scheitern des § 20 RPresseG hatten die Strafverfolgungsbehörden ihre Tätigkeit erhöht, *Grützner*, Kommune, S. 125 f.; ferner *Frauendienst*, aaO. (Fn. 87)

176 Auf den steten Bevölkerungsanstieg, von 41 auf 60 Millionen zwischen 1871 und 1905 bei gleichbleibender Fläche (vgl. *Stat. Bundesamt Wiesbaden* [Hrsg.], Bevölkerung und Wirtschaft 1872–1972, Stuttgart 1972, S. 90), ist eine solche jährlich schwankende Verfahrenszahl nicht zurückzuführen.

177 Vgl. *Hartmann*, Majestätsbeleidigung, S. 109 ff., 117. – Dies war auch schon unter Geltung des Vorgängers so, vgl. 2. Kap. Fn. 161.

178 *Blasius*, Politische Kriminalität, S. 62, der auf zwei Freisprüche bei Anklagen nach § 130 RStGB verweist (S. 61 ff.); zu wenigen aktenkundigen Fällen ebd., S. 60.

179 Vgl. §§ 146–148 GVG sowie das eingangs erwähnte Rundschreiben (Fn. 2).

180 S.o. bei Fn. 142, 154.

eine weite Anwendung der Bestimmung einsetzenden *Apt*[181]. Im Sinne der zweiten These ist denkbar, daß zwar zunächst Anklage wegen „Anreizens zum Klassenkampf" erhoben wurde, dies aber im Urteil (und mithin in der Statistik) nicht mehr zum Ausdruck kam, weil der Tatvorwurf sich als subsidiär gegenüber mitverwirklichten Delikten wie Majestätsbeleidigung, Aufforderung zum Hochverrat oder Anstiftung zu konkreten rechtswidrigen Handlungen herausstellte bzw. von diesen konsumiert wurde. Noch bedeutsamer ist jedoch, daß in die amtliche Statistik ausschließlich Hauptverfahren einflossen, während in der persönlichen Wahrnehmung auch Beschlagnahmen (sowie dazu notwendige Hausdurchsuchungen) im sog. objektiven Strafverfahren bzw. nach § 23 Ziff. 3 Reichspressegesetz[182] als einschneidend wahrgenommen wurden[183], welche nicht notwendig in Strafprozesse mündeten[184]. So wurden allein zwischen 1890 und 1906 aufgrund des § 130 über 360 Druckschriften verboten[185]. Doch selbst hiernach wurde die Vorschrift nicht „täglich" von den Gerichten angewandt; vielmehr offenbaren die Statistiken dies als Übertreibung.

Zudem sagt die Statistik nichts über den Charakter der inkriminierten Äußerungen aus. Zwar häufte sich die Zahl der Gerichtsverfahren vor allem im Oberlandesgerichtsbezirk Posen[186] –, daß es sich vor allem um antideutsche

---

181 *Apt* kritisierte, unter dem Synonym *Parmod*, Antisemitismus, S. 8 ff., 43 die ungleichmäßige Anwendung des § 130 seitens der Staatsanwaltschaft, die den Juden den Strafschutz teilweise entziehe, indem sie die Auffassung der Gerichte bei Zweifelsfragen entgegen §§ 170, 173 StPO nur unzureichend berücksichtige (zu letzterem S. 3) und erstrebte eine gleichmäßige Anwendung der Vorschrift, auch gegen antisemitische Äußerungen. Zum Hintergrund der Veröffentlichung auf Veranlassung des Centralvereins *Rieger*, Kampf um das Recht, S. 47. Kritisch wegen handwerklicher Fehler in der Beweisführung *St.*, GS 50 (1895), 387 f.; dagegen *v. Bar*: „mustergültig [...]", zit. nach Abwehrblätter 1894, S. 288, ferner ebd. 210 f. zu Parmods Werk.

182 Zum objektiven Verfahren nach § 42 i.V.m. §§ 40 f. RStGB *Löffler*, Presserecht, S. 336, 400. – Beschlagnahmen nach § 23 Ziff. 3 RpresseG waren immerhin erst ab Verbreitung zulässig, *v. Schwarze*, Reichs-Preßgesetz, 1. Aufl. 1874, S. 140.

183 Vgl. *v. Dziembowski-Pomian*, 104. Sitzung v. 12.1.1911, Sten. Ber. RT, Bd. 263, S. 3803.

184 Daß polizeiliche Beschlagnahmen und spätere Anklagen in einem deutlichen Mißverhältnis standen, stellte für Bayern bereits *Brater* fest: von gut 2.500 Beschlagnahmen von 1850–1857 kam nur jede zwölfte zur Anklage (zit. nach *Marquardsen* bei Beratung des Reichspressegesetzes, in: 22. Sitzung v. 23.3.1874, Sten. Ber. RT, Bd. 35, S. 488, der dies als repräsentativ für die übrigen deutschen Staaten ansah), – ein „Mißbrauch", so der Abg. *Herz* (S. 490).

185 Vgl. *Birett*, Druckschriften, Bd. 1, S. 517 (141 Mal) und *Birett / Skorupa*, Druckschriften, Bd. 4A, S. 447 f. (225 Mal allein aufgrund der Veröffentlichungen im Deutschen Fahndungsblatt); die Entscheidungen wurden hier auf mögliche Überschneidungen (vgl. Bd. 4A, S. VII) überprüft. Vor 1890 dagegen Verbote v.a. aufgrund § 11 SozG.

186 Vgl. die in Fn. 174 genannten Kriminalstatistiken. Bzgl. der Jahre 1899–1903 bereits *v. Hippel*, VD, BT II, S. 50. Ähnl. *Heuss*, Klassenkampf, S. 14 für 1904–1905, wonach

Meinungsäußerungen polnischer Personen handelte, läßt sich aber nicht einwandfrei erkennen, obgleich die Äußerungen *v. Chrzanowskis* darauf hindeuten[187] und auch einige nach der Jahrhundertwende gegen polnisches Unabhängigkeitsstreben in Westpreußen ergangene reichsgerichtliche Urteile in diese Richtung weisen[188]. Gerade bei politisch-gesellschaftlichen Äußerungsdelikten ist diese Frage aber von Interesse, unterscheiden sie sich doch untereinander vielmehr als andere Tathandlungen ein und desselben Delikts[189]. Daß sich darunter auch eine, allerdings geringe, Zahl antisemitischer Äußerungen befand, läßt sich diversen Artikeln der „Abwehrblätter"[190] entnehmen. Die Artikel beruhen vor allem auf eingesandten Mitteilungen der Mitglieder des „Vereins zur Abwehr des Antisemitismus"[191], so daß zwar an deren Vollständigkeit, aufgrund ihrer Detailgenauigkeit aber wenig an deren Aussagegehalt gezweifelt werden kann, zumal der Abdruck nach Angaben der Redaktion zwar auf Wunsch anonym erfolgte, nicht aber anonyme Einsendungen berücksichtigt wurden[192]. Gegenüber der bereits geringen Zahl rechtskräftiger Verurteilungen nach § 130 in der amtlichen Statistik machten die dort berichteten aber eine noch geringere Anzahl aus[193].

---

die Bezirke mit polnischer Bevölkerung besonders stark beteiligt seien. Jedenfalls bis 1910 setzte sich dies fort: Von 146 Verurteilungen zwischen 1902 und 1910 allein 91 in den OLG-Bezirken Posen, Breslau und Marienwerder, 32 im Bezirk des Kammergerichts, vgl. KE 1913 I-Beratungen, in: *Schubert*, Prot. 1911–1913, Bd. 2, S. 239 f.

187 S.o. Fn. 152. Ähnl. *v. Dziembowski-Pomian* (s.o. Fn. 184).

188 Vgl. *Schroeder*, Staat und Verfassung, S. 100 bei Fn. 7, der auf RGSt 30, 263–267 (§ 131); 31, 185–194 (§ 130); 35, 177–180 (§§ 128, 129); 35, 195–198 (§ 128); 36, 145–148 (§§ 130, 40–42) und 40, 383–385 (§ 129) verweist; ferner für Verurteilungen nach § 130 in den 1880er Jahren: Rspr. des Deutschen Reichsgerichts in Strafsachen, 3, 632–634; 8, 109–112; 9, 458 f.

189 So schon *Oetker*, Beilage zur Allgemeinen Zeitung 1895 Nr. 40, Beilage Nr. 33, S. 5.

190 Erschienen 1891–1933, bis 1924 u.d.T. „Mitteilungen aus dem Verein zur Abwehr des Antisemitismus", von 1925–1933 unter dem Haupttitel „Abwehrblätter", in digitaler Form abrufbar unter http://mdz1.bib-bvb.de/cocoon/abwehr/start.html. Dort wurden auch Prozesse über antisemitische Äußerungen festgehalten, allerdings nicht derart regelmäßig wie in der „Chronik der Majestätsbeleidigungsprozesse" im sozialdemokratischen Organ „Vorwärts" (dazu *Hartmann*, Majestätsbeleidigung, S. 109 ff.). In einigen Fällen beantragten Vereinsmitglieder wohl auch bei der Staatsanwaltschaft die Ermittlung, weswegen der Verein von Antisemiten als „Denunziantenverein" tituliert wurde, vgl. Abg. *Bruhn*, 65. Sitzung v. 14.3.1906, Sten. Ber. RT, Bd. 216, S. 2017.

191 Vgl. die Erstausgabe v. 21.10.1891, S. 1.

192 Vgl. Abwehrblätter Nr. 19 v. 7.5.1898, S. 152 („Briefkasten").

193 Rechtskräftige Verurteilungen antisemitischer Äußerungen nach § 130: **1893** 1, **1894** 1, **1899** 3, **1901** 1, **1902** 2, **1905** 2, vielfach begangen durch *Graf Pückler*, vgl. die Berichte: Abwehrblätter 1901, S. 153, 220, 342, 382, 1902, S. 68, 369–372, 1905, 20, 165, 109, 310 f., 1906, S. 330–333, 1907, S. 31, 38, 106, 156. Zur Diskussion um die

Reichhaltigen Aufschluß bietet dagegen die von *Birett* herausgegebene Dokumentationsreihe über verbotene Schriften. Danach war § 130 einer der am meisten angeführten Gründe, sofern es um das Verbot sozialistischer Druckschriften ging[194]. Noch häufiger wurden, vor allem ab der Jahrhundertwende, polnische Druckwerke verboten und beschlagnahmt: allein in den sieben Jahren von 1899 bis 1906 über 220, bis 1916 sogar 1133 Erzeugnisse[195]. Darunter befanden sich neben den üblichen Druckwerken die unterschiedlichsten Gegenstände: von mit Wappen versehenen Anhängern über bedruckte Briefbögen, Broschen, Fahnen, Gedenkmarken und Gesellschaftsspiele, Krawattennadeln und Uhren bis hin zu Wandkalendern sowie Zigarettenetuis[196]. Es genügte mithin ein bloß geringer Zusammenhang zur polnischen Kultur, um „in einer den öffentlichen Frieden gefährdenden Weise verschiedene Klassen der Bevölkerung zu Gewaltthätigkeiten gegen einander öffentlich anzureizen" – eine weitere Auslegung ist kaum vorstellbar. An zweiter Stelle[197] der Konfiszierungsgründe folgte die Majestätsbeleidigung mit bloß 41 Beschlagnahmen im gleichen Zeitraum – § 130 war also *das* strafrechtliche Instrument zur Unterdrückung der polnischsprachigen Bevölkerung in Preußen. Die seit dem letzten Jahrzehnt des 19. Jahrhunderts von Preußen intensivierten Germanisierungsversuche in den östlichen Provinzen äußerten sich mithin nicht nur in der Schul-, Ausweisungs- und Ansiedlungspolitik[198], sondern auch auf gerichtlicher Bühne. Alsbald schlug sich, obschon in deutlich geringerem Maße, die

---

Sanktionierung antijüdischer Agitation *Jahr*, Ahndung; früher bereits *Paepcke*, Antisemitismus (zu § 130 S. 129–139); *Foerder*, Antisemitismus; *Parmod*, Antisemitismus.

194 Allein 141 Verbote wegen Verstoßes gegen § 130 von 1890–1906, mehr als nach allen anderen einzelnen Verbotsgründen, selbst der Beleidigung (113) und der Majestätsbeleidigung (73). In der Zeit vor 1890 dominierten die Vorschriften des SozG die Reihe der Verbotsgründe, vgl. *Birett*, Druckschriften, Bd. 1, S. 513–519, 1–250.

195 Vgl. *Birett / Skorupa*, Druckschriften, Bd. 4A, S. 447 f. (aufgrund der dort nach dem Datum der Quelle sortierten Entscheidungen wurde sich hier für die Zahl bis 1906 der Einfachheit halber auf die Veröffentlichungen im Deutschen Fahndungsblatt [durch „P" gekennzeichnet] beschränkt, da sich bei dieser periodisch erscheinenden Quelle Quellen- und Verbotsjahr decken; dagegen wurden für die Zahl bis 1916 sämtliche Quellen miteinbezogen). Zum Vergleich: während der achtjährigen Geltungsdauer des SozG wurden ca. 1.200 Werke verboten, *Atzrott*, Sozialdemokratische Druckschriften, S. III. Im Falle der polnisch-sozialistischen Parteien überschnitten sich diese Gruppen teilweise, vgl. Übersicht der Berliner politischen Polizei für 1904/05, in: *Fricke / Knaack*, Dokumente, Bd. 2, S. 458–461.

196 Vgl. *Birett / Skorupa*, Druckschriften, Bd. 4A, S. 255–262; *v. Chrzanowski* (Fn. 150).

197 Bei *Birett / Skorupa*, aaO., S. 437 ff. unter „Verbotsnormen" aufgeführte Paragraphen des allgemeinen Teils des StGB wie §§ 40 ff. oder solche der StPO wie §§ 94, 98 wurden nicht miteinbezogen, da es sich nicht um selbständige Verbots-, sondern nur um Verfahrensnormen handelt.

198 Zur Lage polnischsprachiger Bürger in Westpreußen *Broszat*, Polenpolitik, S. 96–131.

politische Diskriminierung der Polen auch im Ruhrgebiet nieder[199]. Bemühten sich die dorthin zugewanderten polnischsprachigen preußisch-deutschen Staatsbürger aus heutiger Sicht lediglich um die Bewahrung ihrer Traditionen, so sahen preußische Politiker darin die Gefahr einer nationalpolnischen Bewegung, ja fürchteten einen „Polenstaat im Westen“[200].

Insgesamt kam es bei derart vielen Beschlagnahmen selten zu rechtskräftigen strafgerichtlichen Urteilen, was wohl auch am objektiven Verfahren selbst liegt, welches selbständig nur dann zur Anwendung gelangte, falls eine Verfolgung potentieller Täter unmöglich war (§ 42: „Ist in den Fällen der §§ 40 und 41 die Verfolgung oder die Verurtheilung einer bestimmten Person nicht ausführbar, so können die daselbst vorgeschriebenen Maßnahmen selbstständig erkannt werden.“). Ließ die Bekämpfung der Sozialisten Ende des 19. Jahrhunderts nach, so stieg diejenige der polnischen Bevölkerung erst an, wie die Beschlagnahmezahlen zeigen; die Bekämpfung ersterer blieb somit im untersuchten Zeitraum nicht das einzige Anwendungsfeld der Vorschrift, aber sie war *ein* Anwendungsfeld, wie die Verfahren gegen *Johannes Most*, *Ferdinand Lassalle* oder *Rosa Luxemburg* sowie wegen Verbreitung des Organs „Generalstreik“ zeigen[201].

C) Résumé

§ 130 RStGB war demnach nicht ausschließlich „gegen die Socialdemokratie gerichtet“, sondern galt nach seinem Wortlaut für zu Gewalttätigkeiten anreizende Äußerungen jedweder politischen Richtung. Anders stand es dagegen um die Entwürfe von 1875/76, 1889 und 1894/95 sowie *Hänels* Vorschlag von 1878: diese waren als Kampfgesetze gegen die Sozialdemokratie gerichtet[202]. Durch das Verbot, „Grundsäulen der menschlichen Gesellschaft“ im Wege der Meinungsäußerung anzugreifen[203], gingen sie noch weit über das hinaus, was

---

199 S.o. Fn. 151 sowie *Birett / Skorupa*, Druckschriften, Bd. 4A, S. 379–407: im rheinisch-westfälischen Industrierevier insbesondere in Bochum und Essen (173 Verbote), v.a. aber in Posen (1145), Beuthen (385) und Ostrowo (258).

200 *Kleßmann*, Einwanderungsprobleme, S. 305, 310.

201 Zu Most *Grützner*, oben Fn. 41, zu Lassalle unter Geltung des § 100 PrStGB vgl. *dessen* Die Wissenschaft und die Arbeiter: eine Vertheidigungsrede sowie *Na'aman*, Lassalle, S. 486–489; zu Rosa Luxemburg http://www.dhm.de/lemo/html/biografien/LuxemburgRosa/. Zur Verbreitung des Organs „Generalstreik“ vgl. die Übersicht der politischen Berliner Polizei für 1902, in: *Fricke / Knaack*, Dokumente, Bd. 2, S. 322 f.

202 So bereits *v. Hippel*, in: VD, BT II, S. 65 bzgl. der Entwürfe von 1875/76 und 1894/95.

203 So *v. Puttkamer*, 39. Sitzung RT v. 27.1.1876, Sten. Ber. 1875/76, S. 940 hinsichtlich der Regierungsvorlage von 1875/76. Ähnl. auch *Meves*, Strafgesetz-Novelle, S. 10.

in den beiden preußischen Vorgängernormen geregelt worden war. Die reaktionäre Formulierung ähnelte Art. 8 des französischen Gesetzes vom 9. September 1835 sowie dem darauf aufbauenden preußischen Entwurf des Ministers *Manteuffel* von 1849, welcher allerdings verworfen worden war[204], ferner Art. 118 des bayerischen StGB 1861, Art. 127 der sächsischen Strafgesetzbücher von 1855 und 1868 sowie § 305 des österreichischen StGB 1852.

Im Rahmen der Diskussion um die Strafgesetznovelle wurde eine Ergänzung des § 130 einstimmig abgelehnt, da sie als „Knebelung des Rechts der freien Meinungsäußerung erschien"[205]. Mittelbar war die geplante Erweiterung auf das im Gothaer Programm abgegebene Bekenntnis zum Legalitätsprinzip zurückzuführen: anstatt auf die Staatsform richteten sich die sozialkritischen Angriffe nun umso schärfer gegen Ehe, Familie und Eigentum[206] – aus Sicht der Regierung bedienten sich die Sozialisten und Sozialdemokraten indirekter Aufreizungen[207]. Bei der tatbestandlichen Fassung ging es somit weniger um direkt auf bestimmte Bevölkerungsgruppen bezogene Meinungsäußerungen, sondern vermehrt um Gegenstände, deren Diskussion den öffentlichen Frieden hätte stören können; insofern standen die Vorschläge des dogmatisch nicht einfach einzuordnenden § 130 vermehrt unter dem Zeichen der Friedensstörungsdelikte. Verdeckt wurde dadurch der Zusammenhang mit der Kollektivbeleidigung – letztere war in jenem Zeitraum nicht Gegenstand der parlamentarischen Diskussion.

Im Vergleich zur insoweit nicht Gesetz gewordenen Novelle war *Hänels* Vorschlag, der gegen das Sozialistengesetz gerichtet war, vom Tatbestand her zwar etwas enger, die Rechtsfolge zugleich aber durch die ausschließlich vorgesehene Gefängnisstrafe wesentlich härter. Auch dieser wurde abgelehnt, aber in § 11 SozG gelang es der Regierung immerhin, die in der Strafgesetznovelle nicht erfolgreichen Vorschläge doch in begrenztem materiellem wie zeitlichem Umfang umzusetzen[208]. Denn nun konnte nach §§ 11 ff. SozG die Landespolizeibehörde Druckschriften verbieten, nach § 15 SozG die örtliche Polizeibehörde sie sogar schon vor Verbotserlaß vorläufig beschlagnahmen. Druckschriften, die durch die weite Tatbestandsfassung umfaßt wurden, waren mitunter auch solche, die nach §§ 85, 111, 130 RStGB strafbar waren – Fälle, in denen bereits nach § 23 RPresseG die nichtrichterliche Beschlagnahme, allerdings erst nach Verbreitungsbeginn, zulässig war. Dagegen war die Se-

---

204 S.o. 2. Kap. Fn. 75.

205 *Huber*, Verfassungsgeschichte, Bd. 4, S. 1152.

206 *Huber*, Verfassungsgeschichte, Bd. 4, S. 1151.

207 Vgl. oben Fn. 120.

208 Vgl. oben bei Fn. 84. So bereits *Heuss*, Anreizung, S. 10 Fn. 2.

questration nach dem Sozialistengesetz nicht davon abhängig, so daß sie gegebenenfalls darauf gestützt werden konnte[209].

Nachdem die weitere Ausnahmegesetzgebung selbst von den Kartellparteien nicht mehr mitgetragen worden war, wiederholte sich auf dem Boden der allgemeinen Gesetze der bereits in der Strafgesetznovelle sowie im Sozialistengesetz unternommene Versuch, besagte Gegenstände dem öffentlichen Diskurs zu entziehen, im Rahmen der „politisch wenig seriösen"[210] Umsturzvorlage. Wie der Vorschlag, so wiederholten sich – bis auf Nuancen – auch die dagegen vorgebrachten Argumente[211]. Daß strafrechtliche Ansätze nur selten soziale Probleme zu lösen vermögen, zeigte sich auch damals: Selbst grundsätzlich eine Verschärfung des § 130 RStGB begrüßende Abgeordnete gaben zu bedenken, daß die wahren Probleme andere seien[212] und sprachen sich somit für eine eher symbolische Gesetzgebung aus, wie auch die geringen Verurteilungszahlen belegen. Allerdings sprachen sie zunächst weniger von zu lösenden sozialen Mißständen und daraus resultierender Unzufriedenheit der Arbeiter als von Erziehung(smaßnahmen).

Die Bedeutung des § 130 RStGB in der gerichtlichen Praxis war, soweit es um subjektive, auf Feststellung der Schuld oder Unschuld einer Person gerichtete Verfahren ging, gering. Verstärkt in Erscheinung trat die Vorschrift stattdessen als Beschlagnahme- und Verbotsgrundlage für Druckschriften im sog. objektiven Verfahren. Mitunter wurde ihr die Aufgabe zugedacht, als „Türöffner" zu fungieren: „Die ersten beiden Bestimmungen [§§ 130, 131 des Entwurfs von 1889[213]] sollen ein strafrechtliches Einschreiten gegen staatsgefährliche Bestrebungen überhaupt ermöglichen [...]"[214]. Selbst aus diesem Blickwinkel kann aber nicht von „täglicher" gerichtlicher Anwendung der Norm gesprochen werden, wenngleich sich ihrer nach der Jahrhundertwende in gesteigertem Maße gegen die polnischsprachige Bevölkerung bedient wurde.

209 Vgl. *v. Schwarze*, Reichsgesetz, S. 41.

210 *Blasius*, Politische Kriminalität, S. 63.

211 S.o. bei Fn. 134; zu den Argumenten gegen die Strafgesetznovelle s.o. bei Fn. 27 ff., gegen Hänels Vorschlag bei Fn. 79.

212 Vgl. Fn. 35.

213 S.o. bei Fn. 95.

214 Vgl. Drs. Nr. 35, Verhandlungen BR 1889, Bd. 1, S. 10 (Änderungsvorschläge zum StGB und RPresseG). Ähnl. schon die Befürchtung *Stadthagens*, vgl. Fn. 11.

Fünftes Kapitel: Beginn der Strafrechtsreform

Nachdem das Strafgesetzbuch bereits wenige Jahre nach Inkrafttreten punktuell reformiert worden war, wurde auf dem im September 1902 abgehaltenen Deutschen Juristentag eine umfassende Revision des StGB gefordert[1]. Vorbereitet wurde diese unter der Ägide des Reichsjustizamtes durch die „Vergleichende Darstellung des Deutschen und Ausländischen Strafrechts“. „Unter Vermittelung des Reichs-Justizamtes“[2] setzte sich ein freies wissenschaftliches Komitee aus acht Professoren zusammen[3], die es sich zur Aufgabe machten, eine rechtsvergleichende Darstellung samt Vorschlägen für die deutsche Gesetzgebung auszuarbeiten. Außer ihnen beteiligten sich nahezu sämtliche übrigen deutschen und einige ausländische Strafrechtslehrer sowie Praktiker.

A) Vorarbeiten zur deutschen Strafrechtsreform

Von den berufenen Hochschullehrern war es der in Göttingen tätige *v. Hippel*, welcher den Bereich der „Friedensstörungen“ (§§ 125–127, 130, 130a, 131 RStGB) bearbeitete[4]. In bezug auf § 130 merkte er an, der Kampf zwischen verschiedenen Bevölkerungsteilen könne sowohl Fort- wie Rückschritt bedeuten. Der Klassenkampf sei daher allgemein weder bedauerlich noch erfreulich, so daß er als solcher und die dabei hervorgerufenen feindseligen Gefühle nicht generell strafwürdig seien. Der Einsatz des Strafrechts könne ansonsten unter Umständen selbst aufreizend wirken und unzweckmäßigerweise Märtyrer schaffen[5].

Als „unberechtigte Auswüchse“ und „schwerwiegende[...](n) Angriff auf schutzwürdige Interessen“, als „schweres, strafwürdiges Unrecht“ sah *v. Hippel* es dagegen an, wenn eine Bevölkerungsklasse gegen eine andere zu Gewalttätigkeiten angereizt werde[6]. Da aber die unbestimmte Aufforderung,

---

1 Verhandlungen des 26. Deutschen Juristentages, Bd. 3, S. 601 f.

2 VD, BT, Bd. 5, S. VI

3 Darunter waren Vertreter der klassischen – v. Birkmeyer, Wach, Kahl – und der soziologischen Schule – v. Liszt, v. Lilienthal, v. Hippel (ersetzte den vor Zusammentritt verstorbenen Seuffert) – sowie vermittelnd v. Calker und Frank, vgl. *Schmidt*, Strafrechtspflege, S. 394 f.

4 VD, BT, Bd. 2, S. 1–105, zu § 130 S. 47–67 (erschienen im Herbst 1906).

5 VD, BT, Bd. 2, S. 60 f., 63 f.

6 VD, BT, Bd. 2, S. 60 f. Er verstand „Gewalttätigkeiten“ aber nicht so weit wie *Weil*, Aufreizung, S. 72, der alle ungesetzlichen Mittel darunter faßte, vgl. *v. Hippel*, aaO., S. 67 Fn. 1.

Gewalttätigkeiten gegen andere zu begehen, nicht nach den §§ 110, 111 RStGB (Aufforderung zum Ungehorsam gegen Gesetze bzw. zu Straftaten) strafbar sei, gebe es keinen ausreichenden Ersatz, sei die Bestimmung nicht entbehrlich[7].

Den Klassenbegriff fand *v. Hippel* durch Wissenschaft und Rechtsprechung hinreichend akzentuiert. Sollten auch vorübergehende Verbindungen, beispielsweise bei Streiks oder politischen Unruhen, darunter fallen, sei der Ausdruck „Teile der Bevölkerung", wie er schon im schweizerischen Vorentwurf von 1894 sowie im norwegischen StGB von 1902 verwendet werde, in Betracht zu ziehen. In jedem Falle dürfe nicht bloß ein kleiner Kreis von Personen, sondern müsse eine größere Bevölkerungsgruppe von der Aufreizung betroffen sein. Ferner sollte die Voraussetzung öffentlicher Begehungsweise aus dogmatischen Gründen erhalten bleiben, denn sonst verliere sie den Charakter als Störung bzw. Gefährdung des öffentlichen Friedens[8]. Es solle allerdings genügen, wenn sich die Aufreizung zu Gewalttätigkeiten gegen eine bestimmte Einzelperson als „Repräsentant [...] dieser Klasse", etwa Tötung bestimmter Juden, richte[9]. So nehme das Delikt konkretere Gestalt an, ohne dessen Wesen zu ändern. – Allerdings wäre eine solche Äußerung anderweitig strafbar gewesen: das Delikt überschnitte sich, wenn mangels konkret anzureizender Person noch nicht mit Anstiftung zum Totschlag, dann doch mit der Aufforderung zu strafbaren Handlungen.

Die Tathandlung des Anreizens wiederum müsse in der Praxis schärfer herausgearbeitet werden. Dagegen sollten die unklaren Worte „in einer den öffentlichen Frieden gefährdenden Weise" gestrichen werden. So wie das Reichsgericht sie auslege, seien sie nahezu bedeutungslos – der Begriff habe sich in der Judikatur verflüchtigt. Eine andere Auslegung dahin, daß durch die Anreizung konkret der Ausbruch von Gewalttätigkeiten mit allerhöchster Wahrscheinlichkeit zu erwarten gewesen wäre, sei dagegen schwierig durchzuführen. Schließlich empfand *v. Hippel* schon die Anreizung zu Gewalttätigkeiten als solche als besonders strafwürdig, unabhängig davon, ob der Hetzer Eindruck auf das Publikum gemacht habe oder nicht[10].

7 VD, BT, Bd. 2, S. 61 f.

8 VD, BT, Bd. 2, S. 62; damit gegen *Binding*, Lehrbuch, S. 893, der erst recht das stärkere Hetzen in geschlossener Versammlung bestraft sehen wollte. Dafür auch *Schoetensack*, GS 68 (1906), 172, 174. Wie v. Hippel wiederum *Heuss*, Klassenkampf, S. 79.

9 VD, BT, Bd. 2, S. 62 im Anschluß an John, in: v. Holtzendorff, Handbuch, Bd. 3, S. 170. Dem RG reichte dies für § 130 nicht, Rspr. des Deutschen Reichsgerichts in Strafsachen, Bd. 9, 458 f.

10 VD, BT, Bd. 2, S. 63, 53 f. Ebenso *Weil*, Aufreizung, S. 72.

Darüber hinaus erwog er, eine bereits im badischen und mecklenburgischen Partikularrecht normierte alternative Tathandlung fruchtbar zu machen[11]. Zwar wollte er den Klassenkampf als solchen und die damit verbundene Erregung feindseliger Gefühle grundsätzlich nicht unter Strafe stellen, doch ein „Auswuchs des Klassenkampfes“ sei verwerflich: „die öffentliche Aufreizung verschiedener Bevölkerungsklassen gegeneinander zu feindseligem Verhalten durch Behauptung unwahrer Tatsachen wider besseres Wissen“. Gegenüber der Bestrafung wegen Anreizung zu Gewalttätigkeiten, die des gemeingefährlichen Erfolges wegen eintrete, zeichne sich jene durch die Gemeingefährlichkeit des Mittels aus – eine „vergiftende Tätigkeit“, zu der der „gewissenlose Hetzer im Klassenkampfe“ greife. Ein derartiger Tatbestand berühre weder die Meinungsäußerungsfreiheit, noch sei er politisch[12].

Dagegen lehnte er eine Ausdehnung des § 130, wie in den Vorschlägen 1876 und 1894 vorgesehen, ab. Außer in Österreich-Ungarn gebe es derartige Normen bei keinem Kulturvolk; die Rechtsvergleichung spreche also dagegen. Systematisch verbinde sie nichts mit der „Aufreizung zum gewaltsamen Klassenkampfe“. Die Person des Monarchen sei schon anderweitig hinreichend geschützt. Daneben sei ein Schimpfen auf die „Monarchie“ als Abstraktum ungefährlich. Die weiteren Gegenstände „Religion, Ehe, Familie und Eigentum“ benötigten keinen Schutz[13].

Die Rechtsfolge des bestehenden § 130 erschien *v. Hippel* angemessen; einzig über die bereits in der Strafgesetznovelle vorgesehene Friedensbürgschaft könne man nachdenken[14]. Schließlich bezweifelte er, ob die kurze presserechtliche Verjährung nach § 22 Pressegesetz bei den Vergehen der §§ 126, 130, 130a und 131 berechtigt sei, denn die in Druckschriften manifestierten Friedensstörungen seien gar geringfügig gefährlicher als vergängliche mündliche Äußerungen[15]. – Sonstige Aspekte, die teilweise später in der Literatur angesprochen wurden, erörterte er nicht; beispielsweise gedachte er nicht, den Tatbestand auf die „Aufreizung *einer* Klasse gegen *eine andere*“ zu präzisieren[16].

---

11 Vgl. 2. Kap. D) I. 2. Fn. 60 (zu Baden), Fn. 58 (zu Mecklenburg).

12 VD, BT, Bd. 2, S. 64.

13 VD, BT, Bd. 2, S. 66 f. Zu den Vorschlägen 1876 und 1894 vgl. 4. Kap. A) II. u. IV.

14 VD, BT, Bd. 2, S. 65.

15 VD, BT, Bd. 2, S. 105.

16 Dafür *Binding*, Lehrbuch, S. 893, der schon 1869 auf den irreführenden Wortlaut hingewiesen hatte, vgl. 3. Kap. Fn. 63; ebenso *Oetker*, Allgemeine Zeitung 1895, Nr. 39, Beilage Nr. 32, S. 5 und *Hälschner*, Das gemeine deutsche Strafrecht, Bd. 2, Abt. 2, S. 507), im Anschluß daran *Weil*, S. 45, 71 f. Eigene Vorschläge bei *Goehrs*, Rechtsfrieden (1900), S. 283 ff., 286.

Für die weitere Reformentwicklung des § 130 legte *v. Hippel* mit seinem Abschnitt in der Vergleichenden Darstellung den Grundstein. Obgleich er mehrfach den Bezug zum gesellschaftlichen Klassenkampf betonte, unter dem er nicht nur den Kampf der Arbeiter gegen die höheren Klassen verstand[17], kam es ihm darauf an, keine Norm politischen Charakters zu schaffen[18]. Wie weit sich seine Vorstellungen – also insbesondere, die Friedensgefährdung zu streichen und als Tatbestandsvariante öffentliche gruppenaufreizende Kundgebungen verleumderischer Art hinzuzufügen – verwirklichen ließen, sei im folgenden dargelegt.

B) Vorentwurf

Während nahezu sämtliche deutschen Strafrechtslehrer an der rechtsvergleichenden Darstellung arbeiteten, bildete sich am 1. Mai 1906 auf Veranlassung des Staatssekretärs des Reichsjustizamtes *Nieberding* eine aus fünf Praktikern bestehende Kommission[19]. Sie schuf innerhalb von drei Jahren den (nichtamtlichen) „Vorentwurf zu einem deutschen Strafgesetzbuch" (VE), welcher „zunächst nur zur öffentlichen Beurteilung bestimmt" war und im Herbst 1909 veröffentlicht wurde[20]. Im Schulenstreit ergriff die Kommission nicht einseitig Partei, sondern berücksichtigte vom Boden der klassischen Schule aus auch Erkenntnisse der modernen Richtung[21].

Vor der Veröffentlichung hatten sich Referenten des preußischen Innen- und des Kriegsministeriums dafür ausgesprochen, den strafrechtlichen Schutz gegenüber den sog. Umsturzparteien und heeresfeindlichen Bestrebungen zu verschärfen, was auch der Öffentlichkeit nicht verborgen blieb[22]. Dennoch stimmte das preußische Staatsministerium der unveränderten Veröffentlichung des Entwurfs und der Begründung zu, so daß beide im Oktober 1910 an die Bundesregierungen (mit Bitte um Stellungnahme) versandt wurden[23].

---

17 Illustrativ die Beispiele auf S. 60 bei Fn. 2.

18 VD, BT, Bd. 2, S. 61, 64.

19 Mitglieder: als Vorsitzender *Lucas*, der, wie *Schulz*, aus dem preußischen Justizministerium stammte, der spätere Senatspräsident am RG *v. Tischendorf*, Reichsgerichtsrat *Ditzen* und der bayerische Oberlandesgerichtsrat *Meyer*. Auf v. Tischendorf folgte aus dem Reichsjustizamt *Joël*, auf Schulz und Ditzen die Kammgerichtsräte *Kleine* und *Oehlschlaeger*, VE, Begründung, AT, S. V.

20 VE, Begründung, AT, S. V.

21 VE, Begründung, AT, S. IX f.

22 Vgl. *Heine*, März 1909, Bd. 4, 415, 416 f.

23 Vgl. *Schubert*, Protokolle 1911–1913, Bd. 1, S. XIX. – In seiner Antwort hieß das preußische Justizministerium es gut, strafrechtlichen Schutz gegen staatsfeindliche Bestrebungen i.R.d. allgemeinen Strafrechts zu gewähren und stimmte auch § 137 VE vorbehaltlos zu, vgl. Zusammenstellung der Äußerungen der Bundesregierungen, S. 40. Demgegenüber bezeichnete der Vorwärts, 1909, Nr. 291 v. 14.12.1909, S. 1 den 7. Abschnitt als „schlimmste Ausnahmegesetzgebung in Reinkultur".

Gegenüber dem geltenden Recht versuchte die Kommission, dessen Kasuistik im Besonderen Teil zu überwinden. Gleichzeitig behielt sie aber die Übertretungen bei, weil sie sich nicht nach allgemeinen Merkmalen von den Vergehen trennen ließen. Erschwert wurde die Differenzierung allerdings durch das weite Verständnis von „kriminellem (i. Ggs. zu polizeilichem) Unrecht", welches auch die *Gefährdung* von Rechtsgütern einschloß[24]. – Bemerkenswert, wenn zugleich die Dreiteilung des Gesetzbuchs beibehalten und somit die aufgezählten Handlungen doch in Verbrechen, Vergehen und Übertretungen geschieden wurden. Der Vergehenscharakter des § 130 wurde jedenfalls – im Gegensatz noch zu § 130 RStGB und zum Vorgänger § 100 PrStGB – nicht mehr in Zweifel gezogen, seine Abschaffung bzw. Translozierung unter die Übertretungen nicht erwogen.

§ 130 fand sich im 7. Abschnitt „Verbrechen gegen die öffentliche Ordnung" in § 137 VE, überschrieben mit „Aufreizung von Bevölkerungsklassen", nahezu unverändert wieder. Die Frage, ob die „seit langer Zeit bestehende [...]" Norm beizubehalten sei, wurde nicht aufgeworfen, sondern diesbezüglich lediglich auf die Motive zum Entwurf Friedberg und die neuerdings zunehmenden „Klassenkämpfe und [...] Versuche, einzelne Klassen [...] gegen andere in feindselige Erregung zu versetzen", verwiesen[25]. Gegenüber dem geltenden Recht waren drei kleine Änderungen vorgesehen: es sollte nicht mehr zu Gewalttätigkeiten an-, sondern *auf*gereizt werden. Ferner sollte der Rahmen für die Geldstrafe auf bis zu 2.000 Mark erhöht[26] sowie als freiheitsentziehende Maßnahme Gefängnis oder Haft verhängt werden können.

Die Änderung der Tathandlungsumschreibung sollte die Willensrichtung des Täters, auf andere bestimmend einzuwirken, exakter beschreiben und verdeutlichen, daß „Reizungen ganz entfernter und geringer Art nicht unter den Tatbe-

---

24 VE, Begründung, AT, S. X (Kasuistik), VII–IX (Übertretungen).

25 VE, Begründung, BT, S. 494 bei Fn. 2, ferner wird sich in Fn. 1 auf *v. Hippel*, VD, BT II, S. 60 ff. zugunsten der Beibehaltung berufen. Vgl. allg. *v. Liszt*, März 1907, Bd. 1, 73, 81 wonach Klassenkämpfe friedlich, im Wege der Sozialpolitik zu lösen, allerdings auch „untaugliche [...] Glieder" auszuscheiden seien (S. 81).

26 Dies geschah den Grundsätzen des VE entsprechend, die Strafrahmen elastischer zu gestalten, um eine erhöhte Individualisierung zu ermöglichen, VE, Begründung, AT, S. XII. Weiterhin war sie immerhin an erster Stelle angedroht, also keine weitere Verschärfung vorgesehen; näher *Goldschmidt*, in: Aschrott / v. Liszt, Reform, Bd. 2, S. 83 Fn. 7, S. 65 Fn. 2.

stand fallen“[27]. Denn „Aufreizen“ stelle gegenüber dem „Anreizen“ eine intensivere, der Aufforderung nahekommende Form dar. Im übrigen blieb der Tatbestand unangetastet, von Ergänzungen oder Verschärfungen, wie sie *v. Hippel* vorgeschlagen hatte[28], nahm die Kommission Abstand. Nicht in Erwägung gezogen wurde, das Merkmal der Friedensgefährdung zu streichen. Dies ist insofern bemerkenswert, als die Einführung desselben im Rahmen von § 156 VE (Beschimpfung von Religionsgesellschaften) abgelehnt wurde, weil die dann notwendige besondere Feststellung, daß die Beschimpfung in eben solcher Weise erfolgt sei, regelmäßig nicht möglich sei (solche Äußerungen also straflos bleiben müßten, sofern sie nicht unter dem Gesichtspunkt der Kollektivbeleidigung verfolgbar wären)[29]. Abgeschafft werden sollte allerdings der – Ausnahmerecht darstellende – Kanzelparagraph § 130a, denn das „Bedürfnis nach Schutz vor staatsgefährlichen Ausschreitungen von der Kanzel herab“ sei insbesondere durch den erweiterten § 131 VE, im übrigen durch die §§ 137, 259 VE (= §§ 110, 130, 185 RStGB) vollständig gedeckt[30].

Die Rechtsfolge des § 130 RStGB sollte um die Haftstrafe ergänzt werden, was mit den übrigen Regelungen des Entwurfs korrespondierte: Im VE wurden Haft und Festungshaft des RStGB zur „Haft“ vereint, um für Übertretungen und leichte Vergehen eine einfache Freiheitsentziehung zur Verfügung zu stellen, die das bürgerliche Ansehen des Verurteilten nicht beeinträchtige. Die Beibehaltung, ja Vertiefung der bestehenden Unterschiede zwischen den Arten der Freiheitsstrafe sollte an Verschuldungsgrad und Schwere der Tat angepaßte Urteilssprüche erlauben, vor allem aber auch die schweren Verbrecher aussondern, um ihnen eine gemeinsame strenge Behandlung zu ermöglichen[31].

Die seitens *v. Hippel* im Hinblick auf § 130 aufgeworfene Frage, ob die verkürzte Verjährung von Pressedelikten nach § 22 RPresseG zu beseitigen oder zumindest abzuändern sei[32], ließ die Kommission schließlich unbeantwortet, da sie die reichsrechtlichen Nebengesetze nicht einbezog[33].

---

27 VE, Begründung, BT, S. 429. Demgemäß wurden auch §§ 102, 131 und 148 (Aufforderung zum Hochverrat, Aufwiegelung, Aufreizung von Heeresangehörigen) des Entwurfs geändert.

28 S.o. in diesem Kap. bei Fn. 12. Allerdings wurde mit § 306 Nr. 10 VE (Beunruhigung der Bevölkerung) eine dahingehende Übertretung eingefügt.

29 Vorschlag *Kahls*, vgl. VE, Begründung, BT, S. 513 f.

30 VE, Begründung, BT, S. 494 f. A.A. *Goldschmidt*, in: Aschrott / v. Liszt, Reform, Bd. 2, S. 84–87.

31 VE, Begründung, AT, S. 52–54.

32 S.o. 5. Kap. A) bei Fn. 15.

33 Vgl. VE, Begründung, AT, S. VI f. u. 399 Fn. 2.

C) Resonanz auf den Vorentwurf: Kritik und Gegenentwurf

I. Reaktionen der Bundesregierungen und der Öffentlichkeit

Von den Bundesregierungen war es einzig Hessen, das die Gesetzesfassung des § 137 VE bemängelte. Dessen Regierung schlug vor, den irreführenden Wortlaut[34] auf die Aufreizung *einer* Klasse zu beschränken („wer in einer den öffentlichen Frieden gefährdenden Weise eine Bevölkerungsklasse zu Gewalttätigkeiten gegen eine andere öffentlich anreizt"), um klarzustellen, daß man nicht jede der Klassen wechselseitig anreizen müsse, um sich strafbar zu machen[35].

Die Existenzberechtigung der Bestimmung erkannte auch der Berliner Universitätslehrer *Goldschmidt* ohne Umschweife an[36], einzig die Wendung „in einer den öffentlichen Frieden gefährdenden Weise" hätte er fortgelassen[37]. Auch ansonsten schloß er sich *v. Hippel* an. So wünschte er die Norm sowohl auf die Aufreizung gegen bestimmte Individuen als Angehörige einer Bevölkerungsklasse als auch auf jene zu feindseligem Verhalten auszuweiten; letzteres begrenzt auf die Behauptung „unwahrer Tatsachen" wider besseres Wissen[38]. Hinsichtlich der Rechtsfolgen schlug er vor, die bereits in der Strafgesetznovelle von 1876 geplante Friedensbürgschaft fruchtbar zu machen[39]. Die Systematik betreffend hätte Goldschmidt den gesamten 7. Abschnitt in das zweite Buch „Verbrechen gegen Einrichtungen des Staates" gestellt, der Leipziger Professor *Wach* hingegen einen eigenen Abschnitt „Friedbruch" eröffnet[40].

Ganz im Gegensatz zu Goldschmidt wollte der Zürcher Oberrichter und Vorsitzende der Schweizer Sozialdemokraten *Lang* die Vorschrift mangels prakti-

---

34 Vgl. in diesem Kap. Fn. 16.

35 Bemerkungen des Großherzoglich Hessischen Ministeriums für Justiz zum Vorentwurf zu einem Deutschen Strafgesetzbuch (als Nachtrag in: Zusammenstellung der Äußerungen der Bundesregierungen über den Vorentwurf), S. 10.

36 In: *Aschrott / v. Liszt*, Reform, Bd. 2, S. 83.

37 Parallel dazu lehnte es *Wulffen*, in: Aschrott / v. Liszt, Reform, Bd. 2, S. 121 ab, das „unsichere [...] Kriterium" in § 156 VE (Beschimpfung von Religionsgesellschaften) einzufügen.

38 *Goldschmidt*, in: Aschrott / v. Liszt, Reform, Bd. 2, S. 84. Zu *v. Hippel* vgl. 5. Kap. A); allg. die Aufreizung zu feindseligen Handlungen pönalisierte indes § 237 österr. VE von 1909, vgl. Erläuternde Bemerkungen zum Vorentwurf eines österr. StGB, S. 214.

39 S.o. 4. Kap. A) II. bei Fn. 53 sowie 5. Kap. A) bei Fn. 14.

40 *Goldschmitt*, in: Aschrott / v. Liszt, Reform, Bd. 2, S. 266; *Wach*, in: Aschrott / v. Liszt, Reform, Bd. 1, S. 6.

scher Bedeutung und wegen der mit ihr verbundenen Gefahr mißbräuchlicher Anwendung gestrichen wissen[41]. Wenn nicht genauso weit, dann doch in die gleiche Richtung äußerte sich der rechtsanwaltlich tätige Reichstagsabgeordnete und spätere preußische Justiz- sowie Innenminister *Heine* (SPD), der dem Vorentwurf vor allem Mängel bei den politischen Vorschriften attestierte, welche nur dazu dienten, die demokratische Presse zu knebeln[42]. In seine „Stichproben aus den politisch-reaktionären Vorschlägen des Entwurfes" bezog er auch § 130 RStGB bzw. § 137 VE mit ein. Daß die Rechtsprechung schon die Erzeugung einer „in wer weiß wie ferner Zeit oder unter wer weiß wie unbekannten Verhältnissen" zur Gewalt geneigten Stimmung als Aufreizung zur Gewalttätigkeit wertete, verurteilte er als Mißbrauch der Norm, den es abzustellen gelte[43]. Inhaltlich wiederholte er also eine bereits im Reichstag mehrfach aufgestellte Forderung[44].

II. Gegenentwurf

Bereits 1911 publizierten die Strafrechtsprofessoren *Goldschmidt*, *Kahl*, *v. Lilienthal* und *v. Liszt* ihren „Gegenentwurf zum Vorentwurf eines deutschen Strafgesetzbuchs" (GE). Dem Titel zum Trotz sollte er dem Vorentwurf in „keine[r] grundsätzliche[n] Kampfesstellung" gegenüberstehen[45], sondern eine Fortentwicklung desselben darstellen. So bedeute der VE zwar bereits einen „wesentlichen und wertvollen Fortschritt", weise aber doch Schwächen auf; insbesondere trenne er weder kriminelles Unrecht von Polizeiübertretungen noch seien die zahlreichen Nebengesetze eingearbeitet. Der Anschaulichkeit halber mündete die Kritik in einer Gesetzesredaktion[46].

Was die eben erwähnten Polizeiübertretungen betraf, hatten die vier Strafrechtler allerdings nicht die „Aufreizung von Bevölkerungsklassen gegeneinander" im Auge. Vielmehr ordneten sie den geltenden § 130 unter diesem Namen in den 8. Abschnitt „Störung des Rechtsfriedens und der öffentlichen Ordnung" unter § 186 und damit als Vergehen ein. Gegenüber dem VE wurde lediglich der Wortlaut auf die Friedens*störung* verengt, wodurch der Fassung

41 Sozialistische Monatshefte 1910, 224, 227. Auch erhob er Klage gegen parteiische Rechtsprechung, u.a. aufgrund § 130, S. 224 f. Zur Person *Spillmann*, Otto Lang.

42 *Heine*, März 1909, Bd. 4, S. 415, 416, 418. – Sämtliche Vorschriften gegen die freie Meinungsäußerung zu beseitigen, forderte die SPD schon in ihrem Gothaer wie im Erfurter Programm und auch auf dem Mannheimer Parteitag 1906, vgl. *Oborniker*, Archiv für Kriminal-Anthropologie und Kriminalistik, Bd. 30 (1908), 201, 211–213.

43 März 1909, Bd. 4, 415, 417, 419. – Ansonsten wenige Kommentare zu § 137 VE in: *Reichsjustizamt*, Zusammenstellung der gutachterlichen Äußerungen über den Vorentwurf zu einem Deutschen Strafgesetzbuch, S. 271.

44 S.o. 4. Kap. B) I.

45 *Kahl*, DJZ XVI (1911), 501.

46 GE, S. III–VII. Vgl. auch *Kahl*, DJZ XVI (1911), 501–507.

die Unbestimmtheit genommen und einer zu weiten Anwendung vorgebeugt werden sollte[47]. Als Rechtsfolge war zwar ausdrücklich nur noch Gefängnisstrafe vorgesehen. Eine Verschärfung der Strafdrohung gegenüber RStGB und VE ging damit gleichwohl nicht einher, vielmehr war diese Vorgehensweise vor allem beispielhaft für die Entlastung des Besonderen Teils: Erstens pendelte der Rahmen der Gefängnisstrafe gemäß § 42 GE zwischen einer Woche und höchstens zwei Jahren. Zweitens sollte der Richter nach der allgemeinen Regel des § 87 Abs. 2 Nr. 9 GE bei mildernden Umständen auf Geldstrafe herabgehen können[48]. Drittens konnte nach § 82 Abs. 2 an Stelle der Gefängnisstrafe Haft von gleicher Dauer treten, sofern die Tat nicht aus ehrloser Gesinnung geschah[49].

Im gleichen Abschnitt nahmen die Verfasser des GE, anders als im VE, ferner den sogenannten Kanzelparagraph in § 176 wieder auf. Während der geltende § 130a jegliches Erörtern staatlicher Angelegenheiten in einer den öffentlichen Frieden gefährdenden Weise unter Strafe stellte, schränkte die vorgesehene Norm („Mißbrauch des geistlichen Amtes") dies auf zwei Fälle ein: auf die Aufreizung zu feindseligem Verhalten gegen die Staatsgewalt und die Aufreizung gegen Klassen der Bevölkerung[50]. Mit letzterem schufen sie eine lex specialis für Religionsdiener, bei der einerseits tatbestandlich das Merkmal der Friedensgefährdung gestrichen worden, andererseits aber auch in der Rechtsfolge alternativ zu Gefängnis bereits Geldstrafe vorgesehen war, also auch ohne die Annahme mildernder Umstände von einer Freiheitsstrafe abgesehen werden konnte[51].

D) Die Kommissionsentwürfe von 1913 und 1919

Im selben Jahr, in dem die vier Strafrechtslehrer ihren Gegenentwurf veröffentlichten, begann die unter Nieberdings Nachfolger im Reichsjustizamt, Staatssekretär *Lisco*, einberufene große Strafrechtskommission mit ihrer Arbeit[52]. Mehrheitlich bestand sie aus Praktikern aller größeren Bundesstaaten, allerdings gehörten ihr dieses Mal in *Kahl*,

---

47 GE, Begründung, S. 200 f.

48 Vgl. auch GE, Begründung, S. 86.

49 Näher GE, Begründung, S. 66.

50 Vgl. GE, Begründung, S. 195.

51 Das Tätermerkmal „Religionsdiener" sollte also nicht gegenüber § 186 GE strafschärfend wirken und aus der Norm ein unechtes Sonderdelikt heutiger Prägung machen.

52 *v. Hippel*, Strafrecht, S. 363.

Frank und *v. Hippel* auch drei Hochschullehrer an, welche im vorangegangenen Schulenstreit vermittelnd agiert hatten[53].

Ziel war es, auf Grundlage des Vorentwurfs und der daran geäußerten Kritik einen Entwurf zu erstellen, der dem Bundesrat als Regierungsvorlage vorgelegt werden konnte. Die anschließende Verabschiedung durch den Reichstag war 1917 anvisiert – ein Plan, welcher durch den Ersten Weltkrieg zunichte gemacht wurde[54].

I. Erste Lesung (KE 1913 I)

Die Kommission beriet ihren Entwurf in zwei Lesungen. Die erste umfaßte 207 Sitzungen und währte von April 1911 bis Januar 1913[55]. Der 7. Abschnitt des Besonderen Teils des Vorentwurfs, welcher die „Verbrechen und Vergehen gegen die öffentliche Ordnung“ behandelte, wurde vom 19. Februar bis zum 4. März 1912 diskutiert[56]. Die Anreizung zum Klassenkampf wurde lediglich in einer Sitzung inhaltlich besprochen sowie in zwei weiteren systematisch einsortiert und redaktionell beschlossen[57].

Die Vorschrift sollte nicht mehr unter dem Titel „Verbrechen und Vergehen gegen die öffentliche Ordnung“, sondern in einem auch inhaltlich veränderten Abschnitt namens „Friedensstörung“ ihren Platz finden[58]. Zunächst wurde allerdings erst der Vorschlag des seinerzeit in Tübingen lehrenden *Frank* abgelehnt, die Vorschrift zu streichen. Obwohl § 111 des geltenden Rechts durch einen wenige Tage zuvor ergangenen Kommissionsbeschluß von der *Aufforderung* auf die *Anreizung* zu strafbaren Handlungen erweitert worden war, war nach Auffassung der Kommissionsmehrheit diese Norm nur anwendbar, sofern eine Person zu Verbrechen oder Vergehen anreize, die zumindest umrißhaft bestimmt seien. Zum einen genüge, im Gegensatz zu § 137 VE, noch nicht das Hervorrufen einer „zu Gewalttätigkeiten geneigte[n] Stimmung“; zum anderen sei noch unklar, ob jene Ausdehnung des § 111 im Laufe des parlamentarischen Prozesses auch durchgesetzt werden könne[59].

---

53 Zu den Mitgliedern *Schubert*, Prot.1911–1913, Bd. 1, S. XIX, XXXVIII–XLIV.

54 *Schubert*, Prot. 1911–1913, Bd. 1, S. XX.

55 Vgl. *Schubert*, Prot. 1911–1913, Bd. 1, S. XX.

56 Vgl. die Prot. in: *Schubert*, Prot. 1911–1913, Bd. 2, S. 217–268.

57 103. Sitzung v. 26.2.1912, 106. Sitzung v. 4.3.1912 und 117. Sitzung (Redaktion) v. 27.3.1912, in metallographiertem Prot. zu letzterer aber keine Einzelbemerkung bzgl. § 130 RStGB, sondern nur die aus der Anlage ersichtliche Fassung, vgl. *Schubert*, Prot. 1911–1913, Bd. 2, S. 364, 366.

58 106. Sitzung v. 4.3.1912, in: *Schubert*, Prot. 1911–1914, Bd. 2, S. 267.

59 Zur Erweiterung des § 111 RStGB in § 131a, 100. und 101. Sitzung v. 19. bzw. 20.2., in: *Schubert*, Prot. 1911–1913, Bd. 2, S. 217–226; Vorschlag Franks und mehrheitliche

Hinsichtlich der Tathandlung wurde das im VE eingesetzte „aufreizen" durch „anreizen" ersetzt, also die Fassung des § 130 RStGB wiederhergestellt[60]. Nicht geändert wurde hingegen die Bezeichnung der Subjekte, gegen die sich die Anreizung richten sollte: weder wurde „Klassen" durch „Teile" ersetzt[61], noch auf „einzelne Angehörige einer Bevölkerungsklasse" erstreckt[62]. Die Redaktionskommission verdeutlichte den Wortlaut lediglich dahingehend, daß das Anreizen *einer* Klasse genüge, auch wenn das geltende Recht diesbezüglich noch nie zu Zweifeln Anlaß gegeben habe[63].

Eine weitere Verschärfung, sei es durch Streichen des Korrektivs „Friedensgefährdung", sei es durch das Erstrecken auf die Anreizung zu feindseligem Verhalten durch die öffentliche Behauptung unwahrer Tatsachen wider besseres Wissen, wurde abgelehnt[64]. Keinen Eingang in die Diskussion fand schließlich der bereits ein Jahr zuvor im Reichstag gestellte Antrag der polnischen Abgeordneten *v. Dziembowski-Pomian* und *Seyda*, nur das öffentliche Anreizen zu Gewalttätigkeiten, *deren Eintritt in naher Zukunft zu besorgen ist*, unter Strafe zu stellen. Unterstützung hatten sie bloß beim sozialdemokratischen Abgeordneten *Stadthagen* gefunden, während Kommissionsberichterstatter *Heckscher* und der Staatssekretär des Reichsjustizamtes *Lisco* dies abgelehnt hatten und auf die Gesamtreform verwiesen hatten, da der Antrag nicht in den Rahmen des diskutierten „Notgesetzes" gehöre, welches Mißstände beseitigen solle, deren Erledigung nicht bis zur allgemeinen Reform des Strafrechts warten könnte[65].

Ablehnung, 103. Sitzung v. 26.2.1912, in: *Schubert*, Prot. 1911–1913, Bd. 2, S. 236. Ferner 106. Sitzung v. 4.3.1912, in: *Schubert*, Prot. 1911–1913, Bd. 2, S. 266 zur Bestimmtheit der Aufforderung.

60 103. Sitzung v. 26.2.1912, in: *Schubert*, Prot. 1911–1913, Bd. 2, S. 236.

61 103. Sitzung v. 26.2.1912, in: *Schubert*, Prot. 1911–1913, Bd. 2, S. 237.

62 S. 238.

63 S. 239.

64 Für die erste Variante *v. Hippel*, in: Schubert, Prot. 1911–1913, Bd. 2, S. 238 f., u.a. weil die Milde, „einen Agitator straflos zu lassen, weil seine Reden auf seine ruhigeren und verständigeren Zuhörer keinen Eindruck gemacht haben", die Generalprävention beeinträchtige; vgl. auch schon die Debatte um § 131b des KE 1913 I (Verherrlichung begangener Verbrechen), ebd. S. 222. Für die zweite Variante ebd., S. 240 f.

65 Drs. Nr. 594 v. 12.1.1911 (im Reichstag diskutiert in 104. Sitzung v. 12.1.1911, Bd. 263, S. 3801–3807): Wer in einer den öffentlichen Frieden gefährdenden Weise verschiedene Klassen der Bevölkerung gegeneinander zu Gewalttätigkeiten, *deren Eintritt in naher Zukunft zu besorgen ist*, öffentlich anreizt, wird mit Geldstrafe bis zu sechshundert Mark oder mit Gefängnis bis zu zwei Jahren bestraft. – Entwurf betreffend die Änderung des StGB in: Sten. Ber. RT, Bd. 270, Drs. 6, Bd. 275, Drs. 392; in

Betreffs der Strafdrohung wurde sowohl diskutiert, sie zu mildern als auch sie zu schärfen. So wurde erörtert, ob die im KE anstelle der Haft vorgesehene Einschließung auch in die „Klassenkampfvorschrift" zu übernehmen sei. Dafür spreche zunächst, daß das Delikt vielfach nur aus „nationalem oder religiösem Fanatismus", also einer nicht schlechthin verwerflichen Gesinnung begangen werde. Ferner gab es auch systematische Gründe: wenn dies bei den §§ 131a, 131b (Aufforderung und Anreizung zu gemeinen Verbrechen oder deren Verherrlichung) wahlweise zugelassen sei, müsse es ebenso hier gelten[66]. Die Kommissionsmehrheit wollte allerdings „im Interesse der Staatssicherheit" die Vorschrift nicht mildern, was die Zulassung der dezidiert als custodia honesta ausgestalteten Einschließung aber bedeutet hätte. Ebensowenig drangen *v. Tischendorf* bzw. *v. Hippel* und *Meyer* mit ihren Forderungen durch, die Geldstrafe zu streichen respektive die Maximalstrafdrohungen anzuheben. Hintergrund der beiden Anträge war, daß das in § 130 RStGB/§ 137 VE normierte Verhalten wesentlich gefährlicher sei als das in § 131a KE I gefaßte, also die diffuse Aufforderung zu Gewalttätigkeiten risikoreicher als jene zu konkreten Straftaten. Die Kommissionsmitglieder einigten sich schließlich ohne weitere Debatte, es bei Gefängnis bis zu zwei Jahren zu belassen, die Geldstrafrahmen aber bis auf 3.000 Mark anzuheben[67]. Die Vorschrift fand sich nach den Beschlüssen erster Lesung in § 200 wieder[68].

II. Zweite Lesung und endgültige Redaktion (KE 1913 II und III)

Die zweite Lesung fand von Februar bis September 1913 in 69 Sitzungen statt, von denen in den letzten sechs der Entwurf endgültig redigiert wurde[69]. In der 248. Sitzung vom 3. Juni 1913 wandte sich die Kommission dem 9. Abschnitt (Friedensstörung) zu. Bereits im Rahmen der Verherrlichung von Verbrechen (§ 198 KE I) wurde über das nur unsicher umgrenzte Merkmal der Friedensgefährdung diskutiert, welches die Tatbestände auf „ernstere Fälle" beschränken

---

dessen Rahmen hatte *v. Dziembowski-Pomian* beantragt, anstelle der Gefängnisstrafe in § 130 Festungshaft zu setzen, war damit aber gescheitert.

66 S. 239 f.

67 S. 240, zuvor bis zu 600 Mark.

68 „Wer in einer den öffentlichen Frieden gefährdenden Weise eine Klasse der Bevölkerung zu Gewalttätigkeiten gegen eine andere öffentlich anreizt, wird mit Gefängnis bis zu zwei Jahren oder mit Geldstrafe bis zu dreitausend Mark bestraft", vgl. Beschlüsse 1. Lesung, Besonderer Teil, in: *Schubert*, Entwürfe der Strafrechtskommission, 1911–1914, S. 41 ff., 62.

69 *Schubert*, Prot. 1911–1913, Bd. 1, S. XX.

solle. Beantragt wurde zum einen, die Wendung „in einer den öffentlichen Frieden gefährdenden Weise“ zu streichen und ausschließlich auf den Taterfolg abzustellen (*Cormann, Joël*)[70], zum anderen die Voraussetzung enger zu fassen, indem man entweder die „Gefährdung“ durch „Störung“ ersetze (*Joël*) oder das Merkmal verobjektiviere und unter öffentlichem Frieden nur den „Zustand des friedlichen, rechtlich geordneten Zusammenlebens der Bevölkerung“ verstehe (*v. Hippel, Frank*)[71]. Die Kommissionsmehrheit zog es vor, das Merkmal zum „Friedenszustand“ zu verobjektivieren, denn dann hänge die Strafbarkeit nicht von der „Einsicht und dem mehr oder minder furchtsamen Charakter der Personen ab [...], die der Handlung des Täters beigewohnt oder von ihr Kenntnis bekommen hätten“[72]. Zudem wurde das nur von zwei Kommissionsmitgliedern geäußerte Bedenken, die im ersten Antrag vorgeschlagene, „auch in vielen anderen Fällen angewandte“ Fassung bringe die Beschränkung auf ernstere Fälle nicht klar zum Ausdruck, beiseite geschoben. Auch bei „wer [...] und dadurch den öffentlichen Frieden gefährdet“ komme es auf eine bestimmte Begehungsweise an[73]. Um die Beschränkung auf den öffentlichen Frieden im objektiven Sinn zu verdeutlichen, wurde entschieden, von der „gesetzlichen Ordnung“ zu sprechen, welche gefährdet sei, wenn die „Gefahr von Ungesetzlichkeiten“ bestehe[74] (ähnlich tautologisch hatte früher *Goltdammer* den in § 100 PrStGB vorhandenen Begriff gedeutet[75]). Unter „Gefährdung“ stellte die Kommission mit Rücksicht auf die weite reichsgerichtliche Auslegung fest, daß sie den Begriff wie bei den Verkehrsdelikten verwende und nur die „Herbeiführung einer naheliegenden Möglichkeit“ verstehe[76]. Die Worte

---

70 Ob die Partizipialkonstruktion „in einer [...] gefährdenden Weise“ Modalität oder Taterfolg beschrieb, war umstritten: sollte sie, in einen Relativsatz aufgelöst, „in einer Weise, die geeignet ist, [...]“ (so v.a. das RG, z.B. RGSt 2, 430, 432 f.: abstrakte Gefährlichkeit des Mittels) *oder* „in einer Weise, die den öffentlichen Frieden gefährdet“ (so vielfach das Schrifttum) zu verstehen sein? Vgl. LK-*Ebermayer*, 1. Aufl. 1920, § 130 Anm. 3.

71 Dies entsprach einer in der Kommentarliteratur weit verbreiteten Ansicht, vgl. die Nachweise bei dem ihr nicht zustimmenden *Olshausen*, StGB, 8. Aufl. 1909, Bd. 1, § 130 Anm. 3; dagegen kombinierte das RG beides, vgl. *v. Hippel*, VD, BT II, S. 53.

72 *Schubert*, Prot. 1911–1913, Bd. 4, S. 361.

73 *Schubert*, Prot. 1911–1913, Bd. 4, S. 362.

74 Immerhin sechs Mitglieder stimmten gegen den Vorschlag und wollten es bei dem hergebrachten Begriff belassen. Stattdessen sollte anstelle des in § 202 (Landzwang) nach wie vor subjektiv zu verstehenden öffentlichen Friedens ein anderer Ausdruck gewählt werden, 248. Sitzung v. 3.6.1913, in: *Schubert*, Prot. 1911–1913, Bd. 4, S. 362.

75 S.o. 2. Kap. bei Fn. 92.

76 Für die weite Auslegung des RG konnte RGSt 15, 116–118 angeführt werden. Auch *v. Buri* wollte die entfernte Gefahr genügen lassen (GS 1875, 228, 233) Zum damaligen Begriffsverständnis vgl. *Frank*, StGB, 11.–14. Aufl. 1914, S. 10 f. m.w.N.

„in einer den öffentlichen Frieden gefährdenden Weise“ wurden demnach in beiden Vorschriften gestrichen und statt ihrer „und dadurch die gesetzliche Ordnung gefährdet“ hinter die Tathandlung eingestellt[77].

Mangels besonderen Bedürfnisses wurde jedoch davon Abstand genommen, der „öffentlichen“ Begehungsweise jene durch die Verbreitung von Schriften, Abbildungen oder Darstellungen gleichzusetzen, da § 130 RStGB nur die öffentliche Begehung im eigentlichen Sinn betreffe[78]. Die Norm lautete nach den vorläufigen Beschlüssen zweiter Lesung (sog. KE II):

> „Wer eine Klasse der Bevölkerung zu Gewalttätigkeiten gegen eine andere öffentlich anreizt und dadurch die gesetzliche Ordnung gefährdet, wird mit Gefängnis bis zu zwei Jahren oder mit Geldstrafe bis zu dreitausend Mark bestraft.“[79]

Die Systematik betreffend beschloß die Kommission, die Überschrift des 9. Abschnitts in „Friedensgefährdung“ zu ändern und regte für die Gesamtredaktion an, die §§ 198, 200 in den 6. Abschnitt zu übernehmen[80]. Bei der Gesamtredaktion wurde Geldstrafe schlechthin angeordnet, also deren oberer Rahmen gestrichen[81]. Ansonsten wurde die Norm nicht verändert, sondern erhielt bloß unter neuer Nummerierung als § 216 ihren Platz im mit Friedens-

---

77 *Schubert*, Prot. 1911–1913, Bd. 4, S. 361–363 bzgl. § 198 KE I (Verbrechensverherrlichung) und § 200 KE I bzw. § 130 RStGB, allerdings nicht bzgl. des Kanzelparagraphs, vgl. S. 365 f., da „andere Sachlage“: bei § 200 ganz bestimmte Gefahr der Begehung von Gewalttätigkeiten, § 201 verbiete dagegen allgemein dem Geistlichen, Angelegenheiten des Staates zu erörtern; dort sei auch das Vertrauen auf gesicherte Rechtszustände, der subjektive Friede, zu schützen.

78 Vgl. *Schubert*, Protokolle 1911–1913, Bd. 4, S. 364. Zuvor war während der Diskussion um § 178 KE I (Aufwiegelung) in 246. Sitzung v. 28.5.1913 die allgemeine Begriffsbestimmung des § 12 Nr. 5 (öffentliche Begehung) gestrichen worden, um nur bestimmte Tatbestände dahingehend zu erweitern, vgl. Prot., in: *Schubert*, aaO., S. 338 f.

79 Enthalten als Anlagen zu den Prot. der 274.–276. Sitzung v. 8., 9. und 10.9.1913, abgedr. in: *Schubert*, Entwürfe der Strafrechtskommission, 1911–1914, S. 173 ff., 192. Die zwischenzeitliche Überlegung, wegen § 16 Abs. 2 KE II entsprechend der sonstigen Sprachweise eingangs der Vorschrift „vorsätzlich“ einzufügen (vgl. *Schubert*, Protokolle 1911–1913, Bd. 4, S. 364), wurde von der Redaktionskommission wieder verworfen, vgl. Prot., in: *Schubert*, aaO., S. 653.

80 249. Sitzung v. 4.6.1913, in: *Schubert*, Protokolle 1911–1913, Bd. 4, S. 368. – Der Sinn dieser Forderung ist angesichts der Überschrift „Widerstand gegen die Staatsgewalt“ (RStGB) bzw. „Verletzung der Amtspflicht“ (KE 1913 I–III) unklar.

81 Hintergrund war der Beschluß, zwecks Vereinfachung in § 72 Abs. 1 KE II bzw. § 66 Abs. 1 KE III einen allgemeinen Höchstbetrag von 5.000 Mark einzuführen (womit indes für die Anreizung zu Gewalttätigkeiten gegenüber KE II der Rahmen um 2.000 Mark angehoben wurde), vgl. 281. Sitzung v. 26.9.1913, in: *Schubert*, Protokolle 1911–1913, Bd. 4, S. 735–738.

gefährdung überschriebenen 10. Abschnitt des Entwurfs zu einem Deutschen Strafgesetzbuch[82].

Nachdem in der Schlußsitzung am 27. September 1913 der Kommissionsvorsitzende *Kahl* den Geschäftsbericht erstattet hatte, erklärte der Staatssekretär des Reichsjustizamts die Beratungen für geschlossen. Noch während der Erstellung der erläuternden Denkschrift brach der Erste Weltkrieg aus, der die weiteren Arbeiten zum Erliegen brachte[83], so daß auch die entsprechende Regierungsvorlage zum Bundesrat nicht vorgelegt wurde.

III. Entwurf von 1919[84]

Der endgültige Entwurf von 1913 (KE 1913 III) war zunächst nicht veröffentlicht worden, so daß sich die Wissenschaft damit nicht dezidiert auseinandersetzen konnte[85]. Im April 1918, noch vor Kriegsende, wurden unter Leitung des Staatssekretärs im Reichsjustizamt *v. Krause* die Reformarbeiten am Strafgesetzbuch mit dem Ziel wieder aufgenommen, den Entwurf angesichts der Erfahrungen der Kriegszeit und gewandelter Anschauungen zu untersuchen[86]. Die staatliche Neuordnung im Deutschen Reich machte anschließend eine weitere Durchsicht erforderlich[87]. Vorgenommen wurde sie von einer kleinen fünfköpfigen Kommission in 101 Sitzungen zwischen April 1918 und November 1919[88]. Im Jahr darauf wurde der Entwurf, zusammen mit dem KE III sowie einer Denkschrift, auf Anordnung des Reichsjustizministeriums veröffentlicht[89].

---

82 Beschlossen in 282. Sitzung v. 27.9.1913, in: *Schubert*, Protokolle 1911–1913, Bd. 4, S. 741. Abdruck des § 216 KE III in: *Schubert*, Entwürfe der Strafrechtskommission, 1911–1914, S. 249 ff., 308.

83 Denkschrift zu dem E 1919, S. 7. Geplant war, den KE 1913 III im Frühjahr 1917 in den Reichstag einzubringen, *Meyer*, DJZ 1918, 26; *Ebermayer*, LZ 1918, 1297, 1299.

84 Da dieser Entwurf „auf den Beschlüssen der Strafrechtskommission beruht und das Meiste [...] seinen beiden Vorläufern verdankt" (Denkschrift zu dem E 1919, S. 8), wird er hier behandelt, nicht erst im folgenden, die Weimarer Zeit betreffenden Kapitel.

85 Die Veröffentlichung wurde unterlassen, um gerade der dem VE zuteil gewordenen Kritik zu entgehen und mit einer fertigen Vorlage an den Reichstag herantreten zu können, *v. Hippel*, Strafrecht, S. 364. Stattdessen faßte der stellvertretende Kommissionsvorsitzende die Ergebnisse zusammen, zu § 130 RStGB *Ebermayer*, Entwurf, S. 43, *ders.*, Strafrechtsreform, S. 37.

86 BA R 3001 Nr. 5969 Bl. 1 f.; *Schäfer*, Deutsche Strafgesetzentwürfe, S. IX; *Schubert*, Prot. 1911–1913, Bd. 1, S. XXXV. Vgl. auch Denkschrift zu dem E 1919, S. 5, 7. – Bereits zuvor *Meyer*, DJZ 1916, 45 f. und *Lucas*, LZ 1916, 841, 845, der u.a. den Abschnitt „Friedensgefährdung" als revisionsbedürftig ansah; ebenso *v. Miltner*, LZ 1918, 730, 734 f.

87 Zum Wegfall politischer Tatbestände im E 1919 *Kahl*, ZStW 42 (1921), 205, 219 f.

88 Mitglieder: *Joël, Ebermayer, Cormann, Bumke, Schäfer*, seit der 75. Sitzung (15.5.1918) auch *Klesow*, vgl. *Schubert*, Prot. 1911–1913, Bd. 1, S. XX; Kurzberichte der beschlossenen Änderungen in BA R 3001 Nr. 5969, Anträge unter Nr. 5970.

89 Indes hatten weder dieser, wie auch KE 1913 III, noch die Denkschrift amtlichen Charakter (Denkschrift zu dem E 1919, S. 7 f.). Vielmehr sollte der E 1919 samt der er-

Die vorgeschlagenen Änderungen bezogen sich vornehmlich auf den Allgemeinen Teil des Strafgesetzbuchs[90]. Besonderes Gewicht wurde darauf gelegt, die Strafdrohungen auf ihre Notwendigkeit und Bestimmtheit zu untersuchen[91]. Für den 9. Abschnitt „Störung der öffentlichen Ordnung" blieben nach Verteilung der heterogenen Ansammlung des 7. Abschnitts des RStGB auf andere Abschnitte und Verzicht auf einige Vorschriften (§§ 128, 129, 130a, 131) nur noch wenige Bestimmungen, denen gemeinsam war, daß sie „das friedliche Zusammenleben der Volksgenossen schützen"[92]. Einige weitere Vorschriften, die „dasselbe Rechtsgut" schützen, wurden hinzugefügt.

Die Entwurfsverfasser hinterfragten die Notwendigkeit jeder einzelnen Strafdrohung[93]. Während im 9. Abschnitt „Störung der öffentlichen Ordnung"[94] auf ein Verbot des Mißbrauchs des geistlichen Amtes oder der Staatsverleumdung (§§ 130a, 131 RStGB) verzichtet wurde, wurde das Bedürfnis einer Norm wie § 130 RStGB als „in den Wirren der letzten Zeit besonders klar hervorgetreten" bezeichnet[95]. Im Unterschied zu diesem verlangte § 208 E 1919 nicht mehr das wechselseitige Anreizen verschiedener Bevölkerungsklassen. Auch wurde der Klassenbegriff als zu einschränkend empfunden und nicht bloß durch „Bevölkerungsschicht" ersetzt[96]. So sollte es auch strafbar sein, wenn Bevölkerungsteile „von gleicher Lebensstellung im Hinblick auf eine verschiedene politische Überzeugung oder eine Verschiedenheit der Abstammung oder des Glaubens[97] gegeneinander gehetzt werden"[98]. Dies mag zunächst

---

warteten Stellungnahmen aus Wissenschaft und Praxis die Grundlage eines amtlichen Entwurfs bilden, so Mitverfasser *Bumke* (Ministerialdirektor im RJM), DJZ 1921, 11, 16.

90 *Bumke*, DJZ 1921, 11, 14 f. näher zu den Unterschieden zum geltenden Recht; dazu auch die Denkschrift zu dem E 1919, S. 8–11.

91 Denkschrift zu dem E 1919, S. 9 f.

92 Denkschrift zu dem E 1919, S. 158.

93 Denkschrift zu dem E 1919, S. 9; *Bumke*, DJZ 1921, 11, 14.

94 Entgegen KE 1913 III nicht mehr mit „Friedensgefährdung überschrieben (s.o. bei Fn. 82), da man damit nach dem Krieg zu sehr die Gefährdung völkerrechtlicher Beziehungen verbinde, Denkschrift zu dem E 1919, S. 159; dagegen *Mayer*, GS 98 (1929), 32, 36.

95 Denkschrift zu dem E 1919, S. 160.

96 Erwogen am 19./20.6.1919, vgl. BA R 3001 Nr. 5969 Bl. 332r, in Entwurf vom September 1919 aber handschriftlich ergänzte Fassung wie am 4.6.1919 beschlossen, vgl. Bl. 461v.

97 Ob bei dieser Begriffserläuterung auch an die gem. Art. 135 WRV gewährleistete Glaubens- und Gewissensfreiheit gedacht wurde, geht aus der Denkschrift nicht hervor (die WRV trat am 14.8.1919 mit Verkündung in Kraft, RGBl. 1919, S. 1383–1418).

angesichts der in der Rechtsprechung beispielsweise als „Klassen" angesehenen „Juden und Christen" und den auf die Motive zurückgreifenden Urteilen verwundern, welche entweder eine gleiche Lebensstellung *oder* übereinstimmende Ansichten, Zwecke oder Interessen voraussetzen, aufgrund derer sie unter gemeinschaftlicher Bezeichnung zusammengefaßt werden[99]. Bei näherer Betrachtung offenbart sich hier aber ein in Rechtsprechung wie Literatur geführter Disput, ob nicht lediglich auf „die auf dem Boden der Gesellschaft emporgewachsenen" sozialen Gegensätze abzustellen ist[100]. Mithin wurde das genannte Verhalten nach der gültigen Fassung von den Gerichten teilweise bereits als strafbar ausgelegt, doch sollte durch das Substitut „Bevölkerung" die zuvor bestehende Unsicherheit beseitigt werden. Eine deutliche Erweiterung des Anwendungsbereichs wäre damit aber nicht verbunden gewesen.

Aus der Anreizung zu „Gewalttätigkeiten" wurde jene zu „Gewalttaten". Das die Tathandlung umschreibende „wer [...] anreizt" wurde, parallel zu § 206 (Aufwiegelung zum Ungehorsam), durch „auffordert oder aufwiegelt" ersetzt. „Aufwiegeln" stehe anstelle der ansonsten für „versteckte Agitation" gebrauchten Termini „an-" bzw. „aufreizen", weil es die Einwirkung auf einen größeren Personenkreis näher bezeichne[101]. Zudem wurde dem öffentlichen Auffordern nun doch, anders als im vorangegangenen Entwurf, die Verbrei-

98 Denkschrift zum E 1919, S. 160. Beschlossen am 4.6.1919, vgl. BA R 3001 Nr. 5969 Bl. 286.

99 Juden als „Klasse" beurteilt in RGSt 32, 352–353.

100 Darauf verengend RGSt 22, 293, 294. Ähnlich *Frank*, StGB, 11.–14. Aufl. 1914, § 130 Anm. I, der auf historische Entwicklung oder soziale Interessen zurückgehende Gegensätze verlangt und anficht, daß jeder länger andauernde Gegensatz genüge: „[...] namentlich bilden die Anhänger verschiedener wissenschaftlicher, politischer, philosophischer, religiöser Systeme keine Bevölkerungsklassen", in seinem Sinne dennoch z.B. Christen und Juden. – Gegen ihn LK-*Ebermayer*, 1. Aufl. 1920, § 130 Anm. 2, wonach die Zusammengehörigkeit auf gesellschaftlicher Grundlage, aber ebenso auf verschiedener Nationalität oder religiösem Bekenntnis beruhen könne. Vgl. auch das Reichsgericht, das u.a. folgende Personenmehrheiten als Klassen einstufte: **Deutsche und Polen** (Rspr. des RG in Strafsachen 3, 632; 8, 109, 110 f.; 9; 458 f.; RGSt 17, 309; 31, 185, 186), **Juden und sonstige (unausgesprochen: christliche) Bevölkerung** des Deutschen Reichs (RGSt 32, 352 f.), **Arbeitgeber und Arbeitnehmer bzw. Besitzende und Besitzlose** (GA 1911, 185, 186; RGSt 50, 324, 325), **Arbeiterschaft / Proletariat und Bürgertum** (RGSt 22, 293, 294; 26, 349). Bereits „verschiedene, durch gemeinsame *Anschauungen und Interessen* miteinander dauernd verbundene und dadurch von anderen abgegrenzte Personenkreise" (Hervorhebung des Verf.) genügten *v. Liszt / Schmidt*, Lehrbuch, 23. Aufl. 1921, S. 595 (Bsp.: Bourgeoisie, die Arbeiter, die Fabrikbesitzer, die Industriellen, die Agrarier; Deutsche, Polen, Franzosen, Juden, Katholiken, Freimaurer); ähnl. *Meyer / Allfeld*, Lehrbuch, S. 570 bei Fn. 21.

101 Denkschrift zu dem E 1919, S. 159 (zu § 206). Dagegen fand *Liepmann*, Reform, S. 18 Fn. 3 „aufwiegeln" überflüssig, unterschied aber „auffordern" und „aufreizen".

tung durch Schriften, Abbildungen oder Darstellungen gleichgesetzt[102]. Im übrigen behielten die Verfasser auch die bereits im vorigen Entwurf vorgenommene Änderung gegenüber dem geltenden § 130 bei, „auf einen bestimmten Erfolg" abzustellen, nämlich die – rein objektiv zu verstehende – „gesetzliche Ordnung gefährdet" zu haben[103]. Unter „Gefährdung" wollten auch sie die „nahe Möglichkeit einer Störung" verstanden wissen, wofür genügen solle, wenn ein Bevölkerungsteil „nicht alsbald", sondern „bei einer sich bietenden günstigen Gelegenheit zu Gewalttaten gegen einen anderen Bevölkerungsteil schreiten werde"[104]. Schließlich wiesen die Verfasser darauf hin, daß sich der Täter der Wirkung seiner Handlung bewußt sein müsse; angesichts § 15 des Entwurfs, demzufolge grundsätzlich nur vorsätzliches Handeln strafbar sein sollte, wurde dies vermutlich nur betont, um ehedem vereinzelt entgegenstehenden Auffassungen entgegenzutreten, die teilweise aus dem unterschiedlichen Verständnis des Friedensbegriffs resultierten[105].

E) Résumé

In der Beratung der einzelnen Entwürfe wurde jeweils nur wenig Zeit auf § 130 verwendet. Hervorzuheben sind die Festlegung auf den Schutz des objektiv verstandenen öffentlichen Friedens (KE 1913 II) sowie die Änderung des anzureizenden Subjekts in „Bevölkerung" (E 1919). Obwohl *v. Hippel* in der Kommission der 1913 erstellten Entwürfe saß, konnte er sich mit seinen in der Vergleichenden Darstellung gemachten Vorschlägen insofern nicht durchsetzen, als weder die Friedensgefährdung gestrichen noch der Tatbestand auf

---

102 Ohne nähere Begründung am 24.6.1918 erwogen und am 20./22.8.1918 beschlossen, vgl. BA R 3001 Nr. 5969 Bl. 27r, 33v; anders noch in KE 1913 III, s.o. Fn. 78. Auch die Denkschrift schweigt über Gründe für die geänderte Auffassung. Im RStGB war der Begriff nicht legaldefiniert, vgl. 3. Kap. bei Fn. 34.

103 S.o. in diesem Kap. bei Fn. 74 und 76.

104 Denkschrift zu dem E 1919, S. 160. – Dies ähnelte RGSt 17, 309, 310; zur reichsgerichtlichen Rechtsprechung vgl. auch 4. Kap. Fn. 149.

105 Bei subjektivem Verständnis des Friedensbegriffs (s.o. Fn. 71) gehöre zum Vorsatz konsequenterweise nur das Bewußtsein der Furchterregung, bei objektivem hingegen das Bewußtsein, „auf Leidenschaften derart einzuwirken, daß es leicht zu Gewalttätigkeiten kommen kann", so *Frank*, StGB, 11.–14. Aufl. 1914, § 130 Anm. III, der dem nicht folgenden *v. Olshausen*, StGB, Bd. 1, 10. Aufl. 1916, § 130 Anm. 4 Inkonsequenz vorhielt. – Ferner *Hälschner*, Das gemeine deutsche Strafrecht, Bd. 2, Abt. 2, S. 509 Fn. 1 (1887): „unrichtig, das bloße Bewußtsein der Möglichkeit, daß die Anreizung zu Gewaltthätigkeiten führen kann, für genügend zu erklären" (zu dessen allgemeinem Vorsatzverständnis Bd. 1 [1881], S. 277 f., 283–285, 293). Dies war schon bzgl. § 100 PrStGB str., 2. Kap. bei Fn. 107. – Zur Mehrheitsmeinung in Rspr. und Lit. *v. Olshausen*, StGB, Bd. 1, 10. Aufl. 1916, § 130 Anm. 4.

öffentliche gruppenaufreizende Kundgebungen verleumderischer Art erweitert wurden.

Im in vielen Details gegenüber dem liberalen Strafgesetzbuch von 1871 rückschrittlichen[106] Vorentwurf wurde der Wortlaut des Tatbestands gering verändert („auf-“ statt „anreizen“, „Gewalttätigkeiten“ der Orthographie angepaßt), ferner die Höchstgeldstrafe auf 2.000 Mark erhöht. Im Gegenentwurf wurde der Wortlaut auf die Friedens*störung* verengt und für Geistliche im „Mißbrauch eines [...] Amtes“ eine Sondernorm geschaffen, die auch das in § 130 umschriebene Verhalten umfaßte.

Bei der Beratung des KE I wurde diskutiert, die Vorschrift angesichts der erweiterten „Aufforderung zu Straftaten“ zu streichen, wogegen sich allerdings die Kommissionsmehrheit mit 12 zu 4 Stimmen deutlich aussprach. Zurückgezogen wurde ferner die Überlegung, die Eingangsworte („Wer in einer den öffentlichen Frieden gefährdenden Weise [...]“) zu streichen. Im KE II wurde der „öffentliche Friede“ durch die „gesetzliche Ordnung“ ersetzt, um das vom Gesetzgeber gewünschte, rein objektive Verständnis zu verdeutlichen, nämlich den äußeren Zustand friedlichen Zusammenlebens, *nicht* das Gefühl der Rechtssicherheit zu schützen. Die Gefährdung dieses Zustands wurde als „Erfolg“ vorausgesetzt, wie es einst im Vorgänger § 100 PrStGB vorgesehen war. Was die Gefährdung betraf, so wurde innerhalb der Diskussion der parlamentarische Antrag der Abgeordneten *v. Dziembowski-Pomian* und *Seyda* vom 12. Januar 1911 zwar inhaltlich im KE 1913 II und E 1919 berücksichtigt[107], kam allerdings im vorgeschlagenen Wortlaut nicht zum Ausdruck. Gegenüber dem KE II wurde im KE III der Tatbestand nicht verändert, einzig aufgrund allgemeiner Regeln der Rahmen der Geldstrafe angehoben. Im sachlich darauf aufbauenden KE 1919 wählten die Verfasser den allgemeineren Begriff „Bevölkerung“, um das Subjekt der Anreizung zu beschreiben und zogen „wer auffordert oder aufwiegelt“ dem Anreizen vor. Allerdings sahen auch sie keine nahe Möglichkeit, den Entwurf alsbald dem Gesetzgebungsverfahren zukommen zu lassen.

106 *Schroeder*, Staat und Verfassung, S. 106.

107 Vgl. Fn. 65, 76, 104.

Sechstes Kapitel: Weimarer Republik – Versuche der Verschmelzung der §§ 111 und 130 RStGB

A) Der Fortgang der Strafrechtsreform

In den Entwürfen der 1920er Jahre war die Anreizung zu Gewalttätigkeiten nicht mehr als selbständiger Tatbestand enthalten. Stattdessen sahen die Strafgesetzbuchsentwürfe vor, die Norm mit der öffentlichen Aufforderung zu strafbaren Handlungen zu verschmelzen – eine dogmatisch einleuchtende Idee, da sich die Vorschriften doch wenig voneinander unterschieden[1]. Die Strafrechtsreform schien auf einem gutem Weg: nach zwei Jahrzehnten der Vorbereitung gelangte erstmals ein Entwurf auf den von der Verfassung vorgesehenen Gesetzgebungsweg.

I. Die Entwürfe von 1922 und 1924/1925

1. Der Entwurf von 1922 (Radbruch'scher Entwurf)

Die Reformarbeiten am Strafgesetzbuch wurden in den 1920er Jahren nach Veröffentlichung des KE 1913 III und des E 1919 unter dem zum Reichsjustizminister ernannten Rechtslehrer *Gustav Radbruch* fortgesetzt. Auf Grundlage des E 1919 beriet er zusammen mit *Bumke, Kiesow* und *Schäfer* über die Reform[2]. Im Sommer 1922 fanden zudem – nach entsprechenden Anregungen aus dem Schrifttum[3] – Beratungen mit dem österreichischen Strafrechtsreferenten *Kadečka* statt, welcher einen Gegenentwurf zum deutschen E 1919 erarbeitet hatte[4]. Auch im Titel der am 13. September 1922 dem Kabinett übersandten Vorlage drückte sich die österreichische Beteiligung aus: „Ent-

1 Darauf hatten schon *John* (1868 und 1874, vgl. 3. Kap. Fn. 47, 101), *Meyer* (3. Kap. Fn. 47) sowie *Frank* (1912, vgl. 5. Kap. Fn. 59) hingewiesen.

2 Protokolle der Beratungen existieren nicht, vielmehr nur kurze Vermerke der einzelnen „Ergebnisse des Vortrags", in: BA R 3001/21777 Bl. 106 ff.

3 Näher *Kadečka*, in: Grass (Hrsg.), Österreichische Rechts- und Staatswissenschaften der Gegenwart in Selbstdarstellungen, 1952, S. 109 Fn. 1.

4 Veröffentlicht wurde nur der AT ohne Begründung als „Österreichischer Gegenentwurf zu dem allgemeinen Teil des ersten Buches des deutschen Strafgesetzentwurfes vom Jahre 1919" (Wien 1922). Der Gesamtentwurf findet sich in BA R 3001 Nr. 5915. Zur österreichischen Strafrechtsreform *Schubert*, in: Schubert / Regge, Quellen, Abt. 1, Bd. 3.1, S. XXIV–XXXII.

wurf eines *Allgemeinen* Deutschen Strafgesetzbuchs“[5]. Obwohl bereits Anfang Oktober 1922 Gegenstand einer Regierungssitzung[6], verabschiedete erst ein späteres Kabinett den Entwurf – mit wenigen, aber merklichen Änderungen[7] – am 12. November 1924, da zunächst Reichskanzler *Wirth* Bedenken gegen die vorgeschlagene diskussionslose Verabschiedung hatte[8] und nach dem Regierungsrücktritt die Ruhrkrise und der Zusammenbruch der deutschen Währung das politische Geschehen bestimmten[9].

Nach Radbruchs eigenem Bekunden war der Entwurf darauf gerichtet, das Strafrecht einzuschränken; zumindest auf § 130 RStGB traf dies jedoch nicht zu[10]. Vom Aufbau her wich er nicht besonders von seinen Vorgängern ab. Auch faßte der Entwurf weiterhin eine Reihe heterogener Delikte im neunten Abschnitt über die Störung der öffentlichen Ordnung zusammen. In ihm befand sich der mit „Öffentliche Aufforderung zu strafbaren Handlungen“ überschriebene § 159. Danach sollte mit Gefängnis bis zu zwei Jahren oder mit Geldstrafe bestraft werden, wer öffentlich zu einer strafbaren Handlung *oder zu Gewalttaten gegen Menschen oder Sachen* auffordert. In seinen kurz gehaltenen „Bemerkungen“ hielt *Radbruch* dazu lediglich fest, die §§ 130, 130a, 131 RStGB (Anreizung zum Klassenkampf, Kanzelmißbrauch und Staatsverleumdung) seien in den Entwurf *nicht* übergegangen[11]. Bei näherer Betrachtung aber verschmolzen die §§ 111, 130 RStGB zu einer Einheit, wie es zuvor bereits *Frank* beim E 1913 I vorgeschlagen[12] und einst *John* bei Schaffung des Reichsstrafgesetzbuchs nahegelegt hatte[13] – ein konsequenter Vorschlag angesichts der gehäuften Kritik an den einzelnen Tatbestandsmerkmalen.

Im Gegensatz zum geltenden § 111 Abs. 1 RStGB war alternativ zur Aufforderung zur Begehung strafbarer Handlungen auch jene zur Begehung von Gewalttaten strafbar. Im Hinblick auf die Rechtsfolge wurde zwar nicht mehr

---

5 *Radbruch*, Der innere Weg, S. 115. – Erstmalig veröffentlicht in Tübingen 1952 mit einem Geleitwort des Bundesjustizministers *Dehler* und eingeleitet von *Eb. Schmidt*.

6 Prot. der Kabinettssitzung v. 5.10.1922, abgedr. in: *Schulze-Bidlingmaier*, Die Kabinette Wirth I und II, Bd. 2, Nr. 381 (S. 1112, S. 1114 f.).

7 Zu diesen Änderungen *Radbruch*, ZStW 45, 417–420.

8 Nach *Radbruch*, Der innere Weg, S. 115 f. standen hinter dieser Ablehnung unausgesprochene „konfessionelle Bedenken“ des Reichsarbeitsministers Brauns.

9 Begründung zum E 1925, S. 3; *Schäfer*, Deutsche Strafgesetzentwürfe, S. IX. Zum Einfluß dieser Ereignisse auf die Gesetzgebung *Vormbaum*, Lex Emminger, S. 21–37.

10 Vgl. *Radbruch*, Bemerkungen, in: Schubert / Regge, Quellen, Abt. 1, Bd. 1, S. 190; insgesamt zum Entwurf *Goltsche*, Radbruch, 8. Kap. G), die zu einem gemischten Ergebnis kommt.

11 *Radbruch*, Bemerkungen, in: Schubert / Regge, Quellen, Abt. 1, Bd. 1, S. 196. Weiteres ergibt sich auch nicht aus den in Fn. 2 genannten Akten des RJM.

12 S.o. 5. Kap. bei Fn. 59.

13 S.o. 3. Kap. bei Fn. 101.

nach Erfolg oder Mißerfolg der Aufforderung differenziert, zugleich aber für den ersten Fall die an die Strafe des Anstifters angelehnte Strafe durch einen festen Strafrahmen ersetzt[14] (was für den zweiten Fall ggf. eine erhöhte Strafe ermöglichte). Von § 130 blieb dagegen nicht mehr viel erhalten. Er war auf die äußersten Grundbestandteile reduziert: die öffentliche Aufforderung zu Gewalttaten gegen Menschen (oder Sachen). Nicht mehr erforderlich war dagegen, daß diese Menschen verschiedenen Bevölkerungsgruppen angehörten; es fehlte jeglicher Hinweis, gegen wieviele Menschen sich die Aufforderung richten mußte, um strafbar zu sein – nach § 100 PrStGB genügten noch einzelne, nach § 130 nur eine größere Bevölkerungsgruppe[15]. Schließlich war auch das Korrektiv der Friedensgefährdung gestrichen. Bemerkenswerterweise wurde nicht weiter begründet, warum die beiden Tatbestände zusammengeführt werden sollten; auch die Akten des Reichsjustizministeriums geben darüber keinen Aufschluß[16]. Aus der österreichischen Mitarbeit resultierte dies jedenfalls nicht unmittelbar, denn wie auch das geltende österreichischen Strafgesetzbuch[17] enthielten die seitens *Kadečka* übersandten Gegenvorschläge zum deutschen E 1919 mit den §§ 207, 208 zwei separate Normen[18].

2. Der Entwurf 1924/25 (Reichsratsvorlage)[19]

Die vom Kabinett Marx am 12. November 1924 ohne nähere Debatte verabschiedete Vorlage wurde am 17. November 1924 mit amtlicher Begründung übersandt und als Reichsratsdrucksache Nr. 174 (1924) im Reichsrat eingebracht sowie 1925 als Buch veröffentlicht[20]. Es lag mithin der erste *amtliche* Entwurf eines neuen Strafgesetzbuchs

---

14 Das Fallenlassen der streng akzessorischen Haftung eines Anstifters war einer der Punkte, in denen Radbruch Kadečka entgegengekommen war, *Kadečka*, in: Grass (Hrsg.), Österreichische Rechts- und Staatswissenschaften der Gegenwart in Selbstdarstellungen, 1952, S. 109 f.

15 Vgl. 3. Kap. Fn. 30 und 5. Kap. A) bei Fn. 8.

16 Vgl. die in Fn. 2 genannte Akte.

17 Vgl. §§ 302, 305 S. 1 des österreichischen StGB. Ebenso §§ 237 (Aufreizung der Bevölkerung) und 239 (Öffentliche Aufforderung zu strafbaren Handlungen) des österreichischen VE; vgl. dazu Erläuternde Bemerkungen, Wien 1910, S. 213 f., 215–217.

18 Vgl. Österreichische Gegenvorschläge, Neunter Abschnitt „Störung der öffentlichen Ordnung, in: BA R 3001 Nr. 5915; ferner so in § 171 des von *Kadečka* herausgegebenen „österreichischen Strafgesetzentwurfs vom Jahre 1927“, 2. Aufl. Wien 1931, S. 82.

19 Die regelmäßig verwendete Bezeichnung „E 1925“ ist nicht ganz zutreffend, da der Entwurf schon am 17.11.1924 dem Reichsrat zur Beschlußfassung vorgelegt wurde, *Schäfer*, Deutsche Strafgesetzentwürfe, S. IX. So spricht *Radbruch*, ZStW 45, 417 von der „Reichsratsvorlage 1924“. Dennoch sei der Einfachheit halber nachfolgend von E 1925 die Rede.

20 *Schubert / Regge*, Quellen, Abt. 1, Bd. 1, S. XVI, XVIII. Die Vorlage wurde wegen ihrer Zustimmungsbedürftigkeit zunächst im Reichsrat eingebracht, vgl. Art. 69 WRV.

vor, mit dem man die Strafrechtsreform die entscheidende Phase zu betreten glaubte[21]. In Einzelfragen wich die Reichsratsvorlage deutlich von ihrem Vorgänger ab, während die Grundkonzeption bestehen blieb[22].

An der Fassung der miteinander verschmolzenen §§ 111, 130 RStGB änderte sich gegenüber dem E 1922 nichts. Im Unterschied zu Radbruchs Bemerkungen stellten die Entwurfsverfasser nun jedoch ausdrücklich fest, daß die „Klassenkampfvorschrift" im Tatbestand der Aufforderung zu Straftaten (§ 160 der Reichsratsvorlage) aufgegangen sei[23]. Als Gründe dafür wurden zum einen die Auslegungsschwierigkeiten, insbesondere bezüglich des Klassenbegriffs, zum anderen die gerade darin liegende unbegründete Einschränkung angeführt: es sei ebenfalls strafwürdig, der gleichen „Klasse" angehörige Bevölkerungsteile hinsichtlich politischer oder religiöser Gegensätze zu Gewalttätigkeiten gegeneinander zu hetzen[24]. Selbst die Aufforderung zu „Gewalttaten gegen Sachen" müsse strafbewehrt sein. Die strafbare Tätigkeit bestand nun aus dem „Auffordern" zu jenen Taten, was auch die „mittelbare, auf die Leidenschaften einwirkende Beeinflussung, die das geltende Gesetz in § 130 durch den Begriff des Anreizens ausdrücklich hervorhebt" umfasse[25].

Während in § 160 die geistige Einwirkung auf andere, um Gewalttätigkeiten hervorzurufen, als Sonderfall der erfolglosen Aufforderung zu strafbaren Handlungen konzipiert wurde – die erfolgreiche Aufforderung war nach den Motiven als Anstiftung zur jeweiligen Tat strafbar[26] –, bestanden in den §§ 86

---

21 So bspw. Ministerialdirektor *Bumke*, DJZ 1925, 21, 23.

22 Insb. Wiederherstellung von Todesstrafe und Zuchthaus, vgl. *Radbruch*, ZStW 45, 417–420. Näher zum Entwurf *Bumke*, DJZ 1925, 21–28.

23 Amtlicher Entwurf eines Allgemeinen Deutschen Strafgesetzbuchs nebst Begründung, Zweiter Teil: Begründung, Berlin 1925, in: *Schubert / Regge*, Quellen, Abt. 1, Bd. 1, S. 321.

24 Begründung des E 1925, in: *Schubert / Regge*, Quellen, Abt. 1, Bd. 1, S. 322. – Die Entwurfsverfasser schlossen sich damit einer Forderung an, die bereits im Rahmen des E 1919 erhoben worden war, vgl. 5. Kap. bei Fn. 97, auch zur umstrittenen Frage, ob der Klassenbegriff ausschließlich durch die soziale Stellung einer Person bestimmt sei.

25 Begründung des E 1925, in: *Schubert / Regge*, Quellen, Abt. 1, Bd. 1, S. 322.

26 Nach § 25 i.V.m. der jeweiligen Norm des Besonderen Teils, vgl. Begründung, in: *Schubert / Regge*, Quellen, Abt. 1, Bd. 1, S. 266. Ob dafür allerdings auch die an einen gänzlich unbestimmten Personenkreis gerichtete Aufforderung genügte, war i.R.v. § 46 StGB umstritten, vgl. LK-*Lobe*, 3. Aufl. 1925, § 48 Anm. 2 A) d); *Frank*, StGB, 16. Aufl. 1925, § 48 Anm. III 2./3. m.w.N. – Eine Bestrafung nach § 160 *neben* der Anstifterstrafbarkeit käme nur dann in Betracht, wenn die Aufforderung noch „weitere schädliche Folgen" über die erfolgreiche Anstiftung hinaus besorgen lasse, Begründung zum E 1925, aaO., S. 321.

und 226 (Aufforderung zum Hochverrat und Aufforderung zum Morde[27]) zwei weitere selbständige Tatbestände öffentlicher Aufforderung zu strafbaren Handlungen fort[28]. Dahinter stand die gesetzgeberische Absicht, gerade diese Verhaltensweisen mit bis zu zehn bzw. fünf Jahren Zuchthaus deutlich härter bestrafen zu können[29].

3. Reaktionen auf das Aufgehen des § 130 RStGB in der öffentlichen Aufforderung zu Straftaten

In den amtlichen Materialien werden keine Gründe angeführt, welche dafür sprächen, ein besonderes Hetzeverbot selbständig zu normieren. Auch im kriminalpolitischen Schrifttum fanden sich kaum Gegenstimmen[30]: Sofern sie sich finden ließen – *Kahl* war einer der wenigen, der die Rückkehr „zu dem Grundgedanken des § 208“ des E 1919 für erwägenswert hielt – wurde dies nicht begründet[31].

Dagegen billigte der österreichische Generalprokurator *Höpler* die Einbeziehung der öffentlichen Aufforderung zu Gewalttaten gegen Menschen und Sachen, da sie eine Sonderbestimmung erspare. In diesem Sinne fand er es ferner erstrebenswert, die beiden anderen noch selbständigen Tatbestände öffentlicher Aufforderung zum Hochverrat und zum Mord (§§ 86 und 226) aufzulösen. An deren Stelle sollte § 160 einen zweiten Absatz für besonders schwere Fälle erhalten, um der Gefährlichkeit solcher Aufforderungen auf die Massenpsyche und der Verwerflichkeit des verbrecherischen Willens gerecht zu werden[32]. Der freilich mit Interesse an der Verbreitung seines privaten Vorschlags schreibende *Endemann*[33], der den dehnbaren § 130 durch eine nicht weniger unbestimmte Norm ersetzen wollte[34], begrüßte die vereinfachte Fassung der

---

27 Öffentliche Aufforderung zu einem Morde, übernommen aus § 111 Abs. 2 in der durch § 25 Nr. 2 Republikschutzgesetz v. 21.7.1922, RGBl. I, 585 ergänzten Fassung.

28 Im übrigen existierten in den §§ 116, 117, 136, 145, 173, 182, 248 einige sonstige Bestimmungen, die erfolglose anstiftungsähnliche Handlungen bestrafen sollten und anders als die im Text genannten die öffentliche Begehungsweise nicht voraussetzten.

29 Vgl. für § 226 des E 1925 die Begründung, in: *Schubert / Regge*, Quellen, Abt. 1, Bd. 1, S. 357.

30 Sonstige Äußerungen gingen auf das hier nicht näher zu beleuchtende Verhältnis der verschiedenen Aufforderungs- und Verleitungstatbestände ein, etwa *Kadečka* und *Radbruch* in: Aschrott / Kohlrausch, Reform des Strafrechts, S. 287, 308.

31 *Kahl*, DJZ 1925, 685, 690.

32 *Höpler*, in: Aschrott / Kohlrausch, Reform des Strafrechts, S. 266 f.

33 Kritisch *Feisenberger*, ZStW XLIV (1924), 727, 728, u.a. wegen der politisch-braunen Färbung; dazu auch *Fischer*, Öffentlicher Friede, S. 260 Fn. 320.

34 Vgl. *Endemann*, MSchrKrim XV (1924), 181, 187, 193.

§§ 111, 130 und insbesondere das Entfallen der Beschränkung auf Hetze zwischen verschiedenen Bevölkerungsklassen[35]. Für den seinerzeit in Kiel tätigen Rechtslehrer *Wolf* lief der Wegfall der Klassenhetze der auf ihn „polizeistaatlich"[36] wirkenden Tendenz des Entwurfs von 1925 zuwider, der gerade bei den Delikten gegen die öffentliche Ordnung vielfach die Strafdrohung anziehe. Das zur bloßen Aufforderung zu Gewalttaten neutralisierte Klassenhetzeverbot[37] bedeute „einen ersten tastenden Schritt [...] zur konsequenten Parteitoleranz der Demokratie"[38].

II. Das Verhältnis beider Tathandlungen in den weiteren Entwürfen

War der auf seine Grundbestandteile reduzierte § 130 RStGB in den letzten beiden Entwürfen lediglich durch ein bloßes „oder" als Tatbestandsalternative zur öffentlichen Aufforderung zu strafbaren Handlungen ausgestaltet, so machte man sich in den beiden späteren Entwürfen mehr Gedanken über deren Verhältnis. Nach zeitgenössischem Verständnis war zwischen § 111 und § 130 Idealkonkurrenz möglich[39]. Grundsätzlich unterschieden sich die tatbestandlichen Verhaltensweisen aber in der Tat, zu der aufgefordert wurde. Während der Tatbestand des § 111 nur dann als erfüllt angesehen wurde, wenn zu einer *bestimmten* (nicht unbedingt Gewalt-)Tat aufgefordert wurde („Wer [...] zu *einer* strafbaren Handlung auffordert [...]")[40], wurde für § 130 ein Anreizen zu bestimmten Gewalttätigkeiten gerade *nicht* gefordert, sondern es genügte das Ziel der Erregung gewalttätiger Gesinnung[41].

---

35 *Endemann*, MSchrKrim XVII (1926), 122, 128 f., 131 f.

36 *Wolf*, Die Justiz, Bd. III (1927/28), 110 119, 116.

37 So später trefflich *Schroeder*, Staat und Verfassung, S. 142 zu § 208 E 1919.

38 *Wolf*, aaO. (Fn. 36). Zu Wolfs versteckter antiliberaler Reformkritik *Marxen*, Kampf gegen das liberale Strafrecht, S. 81–83. – Positiv gegenüber dieser Erweiterung auch *Adler*, Aufforderungsdelikte, S. 53, 55 (freilich dort bzgl. § 171 E 1927); *Picard*, CVZ 1926, 393, 394.

39 Vgl. LK-*Ebermayer*, 3. Aufl. 1925, § 130 Anm. 5 und *Frank*, StGB, 16. Aufl. 1925, § 130 Anm. V.

40 LK-*Ebermayer*, 3. Aufl. 1925, § 111 Anm. 3 mit zahlreichen RG-Nachweisen.

41 *Frank*, StGB, 16. Aufl. 1925, § 130 Anm. II; LK *Ebermayer*, 3. Aufl. 1925, § 130 Anm. 2. RGSt 26, 349, 350 f. Zu weiteren Unterschieden *John*, in: v. Holtzendorff, Handbuch, Bd. 3, S. 167–171.

1. Die Reichstagsvorlage (E 1927[42])

Der Reichsrat überwies die Vorlage am 27. November 1924 den Ausschüssen III, V und VII, welche gemäß § 33 der Geschäftsordnung des Reichsrats gemeinsam – allerdings erst nach nahezu zwei Jahren – darüber berieten[43]. Von österreichischer Seite nahm Kadečka teil. Neben dem Entwurf von 1924/25 lagen den Beratungen die Anträge der Reichsregierung sowie die der Länder zugrunde[44]. Das Ergebnis der zweiten Lesung wurde im Reichsrat am 5. und 13. April 1927 beraten, nach Einfügung zweier Tatbestände des Republikschutzgesetzes vom Reichsrat beschlossen und einen Monat später als Drucksache Nr. 3390 im Reichstag eingebracht[45].

In der ersten Lesung wünschten die Vertreter *Hamburgs*, das vom „Klassenkampfparagraphen" in § 160 E 1925 verbliebene „Auffordern zu Gewalttaten" zu streichen. Denn sofern zu „strafrechtlich verbotenen Gewalttaten" aufgefordert werde, unterfalle dies bereits der ersten Tatvariante, was die Strafvorschrift insofern überflüssig und damit entbehrlich mache. Hingegen seien Aufforderungen zu strafrechtlich *nicht* verbotenen Gewalttaten auch *nicht* unter Strafe zu stellen. Ob und gegebenenfalls welche praxisrelevanten Sachverhalte dies betreffe – streng dogmatisch betrachtet nur bei Aufforderungen zu gerechtfertigten Handlungen vorstellbar[46] –, wurde allerdings nicht dargelegt[47]. Die Mehrheit der Ausschußmitglieder wollte die Tatvariante jedoch nicht abschaffen. Stattdessen stimmte sie dem Eventualantrag zu, welcher vorsah, das Verhältnis beider Tathandlungen durch die unterordnende Konjunktion „insbesondere" zu konkretisieren[48]. Die öffentliche Aufforderung zu Gewalttaten wäre demnach nur ein Beispielsfall derjenigen zu Straftaten gewesen.

Ebenfalls für die Streichung des § 160 E 1925 traten die Vertreter *Badens* in der zweiten Lesung ein. Anstelle eines auf diesen Tatbestand begrenzten Vorschlags beabsichtigten sie, die Vorbereitungstatbestände umfassend zu ändern. Die öffentliche Aufforderung zu Straftaten sollte mit den sonstigen generellen Vorbereitungstatbeständen in einer Norm des allgemeinen Teils zusammenge-

42 RT-Drs. 3390 v. 14.5.1927/III. Wahlperiode 1924/27, RT-Prot. Bd. 415.

43 *Schubert / Regge*, Quellen, Abt. 1, Bd. 2, S. XII f.

44 Abdruck der Anträge in: *Schubert / Regge*, Quellen, Abt. 1, Bd. 2, S. 117 ff.

45 *Schubert / Regge*, Quellen, Abt. 1, Bd. 1, S. XVIII–XX.

46 Vgl. parallel dazu den Ausschluß von Aufforderungen zu Notwehr- bzw. Notstandshandlungen i.R.v. § 2 Nr. 2 VO v. 28.3.1931 nach *Häntzschel*, Verordnung, S. 29.

47 Dies erinnert an eine Forderung *Meyers*, Norddeutsches Strafrecht (1869), S. 48; damals ging es indes um die Aufforderung zu *Feindseligkeiten*, vgl. 3. Kap. C) bei Fn. 57.

48 Vgl. *Schubert / Regge*, Quellen, Abt. 1, Bd. 2, S. 31 (Prot. der Beratungen), 188 bzw. 389 f. (Antrag Hamburgs v. 5.11.1926) sowie Beschlüsse der Reichsratsausschüsse in 1. Lesung, in: *Schubert / Regge*, Quellen, Abt. 1, Bd. 2, S. 591 ff., 615: § 160 „[...], *insbesondere* zu Gewalttaten gegen Menschen oder Sachen auffordert".

faßt und die Strafdrohung zu der der angestrebten Tat in Beziehung gesetzt werden. Falls diesem Umbau § 160 nicht gänzlich zum Opfer falle, sollte er zumindest auf die Aufforderung zu Gewalttaten gegen Menschen oder Sachen beschränkt und mit einer Subsidiaritätsklausel versehen werden[49]. Auch dieser Vorschlag konnte sich jedoch nicht durchsetzen.

Sonstige Anträge zu § 160 in erster[50] wie zweiter Lesung[51] zielten vor allem darauf ab, die Tathandlung des Aufforderns alternativ durch „oder anreizt" zu ergänzen. Sie fanden zwar nicht den Zuspruch der Mehrheit, aber die darauf gerichteten Bemühungen spiegelten sich insofern in der Begründung zum E 1927 wider, als unter „Auffordern" auch die mittelbare Beeinflussung falle, sofern sie „nach dem Vorsatz des Täters die bezeichnete Wirkung haben sollte"[52].

2. Der sogenannte Entwurf Kahl[53] *(E 1930)*

Der am 14. Mai 1927 vom Reichsjustizminister dem Reichstag vorgelegte Entwurf wurde nach allgemeiner Debatte am 21. und 22. Juni 1927 dem neuen Strafrechtsausschuß überwiesen, dem der emeritierte Berliner Hochschullehrer Kahl[54] vorsaß. Die Ausschußarbeiten wurden zwar durch die vorzeitige Auflösung des Reichstags aufgehalten, konnten aufgrund des Gesetzes zur Fortführung der Strafrechtsreform vom 31. März 1928[55] aber in der folgenden Legislaturperiode wieder aufgenommen werden. Zeitgleich fanden zum Zwecke der Rechtsangleichung deutsch-österreichische parlamentarische Strafrechtskonferenzen statt[56].

Der 21. Ausschuß tagte noch in zweiter Lesung, als der Reichstag im Juli 1930 erneut aufgelöst wurde. Da zuvor ein erneutes Überleitungsgesetz nicht zustande gekommen

49 Antrag Badens in: *Schubert / Regge*, Quellen, Abt. 1, Bd. 2, S. 558 f. im Anschluß an *Kern*, GS 92, 125, 157 (Verabredungstatbestände), 164 (allgemein zur versuchten Anstiftung und dgl.) und *Kadečka*, in: Aschrott / Kohlrausch, Reform des Strafrechts, S. 284 –288.

50 Vgl. *Schubert / Regge*, Quellen, Abt. 1, Bd. 2, S. 31 (Prot. der Beratungen), 188 (Zusammenstellung der Anträge, z.T. auch bzgl. Strafmaß), 292 und 313 (Bemerkung Bayerns bzw. Sachsens), 421 (Antrag Badens betr. die öffentliche Begehungsweise), 429 (erneuter Antrag Bayerns). Für die im Text genannte Ergänzung auch *Kadečka*, vgl. Schubert / Regge, Quellen, Abt. 1, Bd. 2, S. XVI.

51 *Schubert / Regge*, Quellen, Abt. 1, Bd. 2, S. 528 und 553.

52 Begründung zum E 1927, in: *Schubert / Regge*, Quellen, Abt. 1, Bd. 1, S. 569, i.Ü. identisch mit der Begründung zu § 160 E 1925.

53 Zur Bezeichnung *Marxen*, Kampf gegen das liberale Strafrecht, S. 79 Fn. 9.

54 Zu Kahl näher *Schubert*, in: Schubert / Regge, Quellen, Abt. 1, Bd. 3.1, S. X–XIV.

55 RGBl. 1928, I, S. 135 f. – es blieb der einzige Beitrag des Reichsgesetzgebers zur Totalrevision des StGB.

56 Dazu *Kahl*, DJZ 1928, 269–276.

war, mußte Kahl erst auf Basis der bisherigen Beratungen einen Entwurf (Entwurf 1930 bzw. Entwurf Kahl) einbringen, bevor erneut Ausschußberatungen stattfinden konnten[57]. Nach und nach wurden diese jedoch durch die radikalen Parteien beeinträchtigt, welche Obstruktionspolitik betrieben bzw. den Sitzungen fernblieben[58]. Nach dem Tode Kahls am 14. Mai 1932 wurden die Beratungen in der turbulenten Endzeit der Weimarer Republik nicht wieder aufgenommen.

Das Verhältnis der in § 171 vereinigten Tatbestände wurde in der 9. Sitzung der deutsch-österreichischen parlamentarischen Strafrechtskonferenzen debattiert. Der österreichische Ausschuß sprach sich dafür aus, die erst kürzlich eingeführte Wendung „insbesondere zu Gewalttaten gegen Menschen oder Sachen“ zu streichen, da es sich nur um Beispiele handele und die allgemeine Formulierung genüge. Zudem könnte der Halbsatz Mißverständnisse dergestalt hervorrufen, ob „insbesondere“ einen Fall besonderer Strafbarkeit bilde oder den „Gegensatz“ zur allgemeinen Aufforderung zu strafbaren Handlungen darstelle. Der deutsche Ministerialdirektor *Schäfer* beabsichtigte, die Varianten beizubehalten und ihnen unterschiedliche Abstraktionsgrade zuzuweisen. So sah er in der ersten Tatvariante diejenigen mit Strafe bedroht, welche zu *konkreten* strafbaren Handlungen aufforderten, während die zweite diejenigen betreffe, die *allgemein* zu Gewalttaten aufforderten. Um dies zu verdeutlichen, schlug er vor, anstelle des irreführenden „insbesondere“ die Tathandlungen durch „oder allgemein“ zu verbinden. Als Beispiel berief er sich auf die nach eigenen Angaben bereits abgeurteilte Äußerung „Schlagt die Juden tot“, welche nach der österreichischen Fassung straflos getätigt werden könne[59]. Die Konferenz nahm den Vorschlag Schäfers an, so daß bestraft werden sollte, „wer öffentlich zu einer strafbaren Handlung *oder allgemein* zu Gewalttaten gegen Menschen oder Sachen auffordert“[60].

Das Verhältnis der in § 171 zusammengefaßten Vorschriften war auch ein Grund für den kommunistischen Reichstagsabgeordneten *Alexander*, in zwei-

57 E Kahl, veröffentlicht als RT-Drs. Nr. 395, RT-Prot. Bd. 448 (1930); zum Scheitern eines weiteren Überleitungsgesetzes *Jelowik*, Strafrechtsreform , S. 37–40.

58 Ersteres von der KPD, letzteres von DNVP und NSDAP, *Marxen*, Kampf gegen das liberale Strafrecht, S. 80. Zur KPD vgl. auch *Jelowik*, (Fn. 57), S. 41 f.; *Ebermayer*, DRiZ 1932, 108 f.

59 Ohne nähere Angabe des Urteils. – Darauf daß sich § 171 gegen die „Aufpeitschung der Leidenschaften zu Klassen- und Rassenhaß“ richte, wies Reichsjustizminister *Koch-Weser* bereits in der ersten Lesung hin, 36. Sitzung des 21. Ausschusses v. 29.1.1929, in: *Schubert / Regge*, Quellen, Abt. 1, Bd. 3.2, S. 391.

60 Prot. über die Sitzungen der deutschen und österreichischen parlamentarischen Strafrechtskonferenzen, 9. Sitzung v. 29.6.1929, in: *Schubert / Regge*, Quellen, Abt. 1, Bd. 3.1, S. 702 f.; ebd. S. 819 als Ergebnis der Strafrechtskonferenz.

ter Lesung[61] erneut die Streichung des Tatbestandes zu beantragen, nachdem sein gleichlautender Antrag in erster Lesung ohne Stellungnahme abgelehnt worden war[62]. Die Norm würde gegenüber E 1927 zweifach verschlechtert. Neben dem vorgeschlagenen ungenauen Ausdruck „Anreizen“ werde die Strafbarkeit insofern ausgeweitet, als durch die Wendung „oder allgemein“ die Gewalttat, zu der aufgefordert werde, keine strafbare Handlung mehr zu sein brauche. Eben dieser Auffassung, daß durch die vorgeschlagene Fassung auch Aufforderungen zu Taten bestraft werden sollten, die gar keine strafbaren Handlungen seien, widersprach allerdings Ministerialdirektor *Schäfer*. Er erläuterte den auf der Strafrechtskonferenz beschlossenen Vorschlag, der allgemein gehaltene Aussagen zumindest besser erfasse. In der Abstimmung wurde der Streichungsantrag daraufhin abgelehnt und § 171 nach den Ergebnissen der Strafrechtskonferenzen angenommen[63].

Im übrigen wurden sowohl der Vorschlag, für besonders schwere Fälle eine erhöhte Strafdrohung vorzusehen[64], als auch die systematische Erwägung, ob nicht nur das Auffordern, sondern – wie in § 170 (Aufforderung zur Steuerverweigerung) geschehen – auch das Anreizen in § 171 unter Strafe zu stellen sei[65], abgelehnt. Auch auf den in einer späteren Sitzung nochmals gestellten Streichungsantrag ging bei der Aussprache kein Ausschußmitglied ein[66]. Mit drei Stimmen wurde er auf Anraten des Berichterstatters, des Abgeordneten *Jörissen* (Wirtschaftspartei), abgelehnt, die Vorschrift anschließend gegen vier Stimmen angenommen[67].

---

61 Antrag Nr. 582, gestellt in 134. Sitzung des 21. Ausschusses, vgl. *Schubert / Regge*, Quellen, Abt. 1, Bd. 3.3, S. 494 f.

62 Antrag Nr. 160 Ziff. 4, 36. Sitzung des 21. Ausschusses v. 29.1.1929, in: *Schubert / Regge*, Quellen, Abt. 1, Bd. 3.2, S. 388 (Antragstellung), 393 (Ablehnung).

63 134. Sitzung des 21. RT-Ausschusses vom 13.5.1930, in: *Schubert / Regge*, Quellen, Abt. 1, Bd. 3.3, S. 495.

64 Antrag Hanemann (DNV) Nr. 157 Ziff. 2, gestellt in 36. Sitzung des 21. Ausschusses v. 29.1.1929, vgl. *Schubert / Regge*, Quellen, Abt. 1, Bd. 3.2, S. 393, vgl. auch S. 389 u. 391.

65 Antrag Wegmann, Marx, Weber (Zentrum), Nr. 162, 36. Sitzung des 21. Ausschusses v. 29.1.1929, vgl. *Schubert / Regge*, Quellen, Abt. 1, Bd. 3.2, S. 392 – eine der wichtigen Fragen, die sich der Ausschuß und die Reichsregierung für die zweite Lesung vorbehalten hatten, vgl. Zusammenstellung wichtiger Fragen, in: *Schubert / Regge*, Quellen, Abt. 1, Bd. 3.3, S. 606.

66 Antrag Löwenthal, Geschke, Schumann (KP), vgl. Prot. der 20. Sitzung d. 18. Ausschusses v. 6.3.1931, in: *Schubert / Regge*, Quellen, Abt. 1, Bd. 3.4, S. 182 f., 187.

67 20. Sitzung des 18. Ausschusses v. 6.3.1931, Prot. in: *Schubert / Regge*, Quellen, Abt. 1, Bd. 3.4, S. 183–187. – Im übrigen wurde parallel zu den Ausschußberatungen

B) Maßnahmen zum Schutz des inneren Friedens

Während es demnach trotz mehrerer Anläufe nicht gelang, eine vollends überarbeitete Fassung des Strafgesetzbuchs in Kraft treten zu lassen, war der Gesetzgeber auf strafrechtlichem Feld nicht untätig. Im Wege der Einzelgesetzgebung bzw. präsidentieller Verordnungen versuchte sich die junge Republik zu schützen. Sie bekämpfte radikale Strömungen insbesondere durch Vereinigungsverbote und spezialgesetzlich verschärfte Äußerungsdelikte[68]. Von diesen besonderen straferhöhenden Tatbeständen war § 130 in den Anfangsjahren noch nicht betroffen.

Allerdings stand auch die Auflösungszeit der Weimarer Republik verstärkt im Zeichen der Staats- und Verfassungsschutzgesetzgebung[69]. Als Reaktion auf die steigende Gewaltbereitschaft im öffentlichen Leben[70], die ihren Höhepunkt im Mord an einem kommunistischen Hamburger Bürgerschaftsabgeordneten fand, setzte Reichspräsident *v. Hindenburg* die Verordnung zur Bekämpfung politischer Ausschreitungen vom 28. März 1931[71] in Kraft. § 2 Nr. 2 der Verordnung bedrohte mit Freiheitsstrafe nicht unter drei Monaten, „wer öffentlich [... oder] allgemein zu Gewalttätigkeiten gegen Personen oder Sachen auffordert oder anreizt“[72]. Weitergehend als frühere Bestimmungen war sie nicht ausschließlich gegen die Aufforderung zu politischem Mord gerichtet[73], sondern sollte Aufforderungen zu Gewalttaten sowohl gegen bestimmte Einzelpersonen als auch gegen Personengruppen wie Juden, Mitglieder bestimmter

---

im Justizministerium über problematischere Fragen gesprochen. So befaßte sich die Referentenbesprechung v. 29.11.1927 mit der eventuellen Schaffung einer Strafbestimmung, „die die Terrorisierung einer Minderheit bezweckte“, vgl. *Schubert*, in: Schubert / Regge, Quellen, Abt. 1, Bd. 3.1, S. XV f.; in den weiteren Reformüberlegungen fand sie aber keinen Platz.

68 Näher *Schroeder*, Staat undVerfassung, S. 119–131; *Gusy*, Weimar, S. 128–171; *Jasper*, Schutz der Republik, S. 106, 189–210.

69 Vgl. *Schroeder*, Staat und Verfassung, S. 142–148.

70 Vgl. Besprechung beim Reichskanzler über Bekämpfung der Auswüchse radikaler Agitation v. 4.2.1931, in: *Koops*, Die Kabinette Brüning, Bd. 1, Nr. 235 und Bd. 2, Nr. 257.

71 RGBl. 1931 I, S. 79–81. Zum Hintergrund *Hoche*, DJZ 1931, 525 f.

72 Seit VO v. 6.10.1931, 7. Teil § 10 Nr. 1: § 2 *Abs. 1* Nr. 2.

73 Gegen diesen sowie gegen den Handel mit Waffen hatte der Reichstag anläßlich des Mordes am Bürgerschaftsabgeordneten wirksame Maßnahmen gefordert, *Hoche*, DJZ 1931, 525. – Dahingehend enger formuliert war das erste Republikschutzgesetz v. 21.7.1922, RGB. 1922, 585–590, welches nach § 7 Abs. 1 Nr. 1 bestrafte, wer zu Gewalttätigkeiten gegen Regierungsmitglieder auffordert. Ähnl. § 5 Abs. 1 Nr. 4, 1. Var. des zweiten Republikschutzgesetzes v. 18.3.1930 (RGBl. 1930 I, S. 91–93), dazu *Gusy*, Weimar, S. 181 sowie *Cohn / Schäfer / Wichards*, Republikschutzgesetz, S. 92–94.

Verbände oder Parteirichtungen erfassen[74]. Insofern stimmte die – bewußt oder unbewußt – deutlich an den Reformvorschlag zu § 130 angelehnte Vorschrift[75] mit den reformgesetzgeberischen Überlegungen überein. Da die Norm aufgrund ihrer Spezialität gegenüber § 130 vorrangig war, erhöhte sie die Mindeststrafe für sonst als Anreizung zu Gewalttätigkeiten strafbare Äußerungen von Geldstrafe auf Gefängnis.

Ausgedehnt wurde die verschärfte Strafbarkeit durch die dritte Notverordnung auf Personen, die Druckschriften jenes Inhalts ohne die pressegesetzlichen Angaben herstellten, verbreiteten bzw. vorrätig hielten[76]. Ferner konnten Versammlungen und Vereinigungen verboten sowie Druckschriften beschlagnahmt und eingezogen werden[77]. Unter diesen Vorschriften schützte § 1 Abs. 1 Nr. 3 die Religionsgesellschaften als einen gewissen Typ gesellschaftlicher Gruppen. Bereits wenn es zu besorgen galt, daß diese beschimpft oder böswillig verächtlich gemacht würden, konnten Versammlungen aufgelöst werden. Dieses eine „Kernstück der Verordnung" sollte auch antisemitische Ausschreitungen treffen[78]. Ebenso sollte nach der Generalklausel in § 1 Abs. 1 Nr. 4 bei sonstiger Gefährdung der öffentlichen Sicherheit oder Ordnung verfahren werden können. Einschlägig war die Ermächtigungsgrundlage u.a. dann, wenn eigene Anhänger oder politische Gegner zu Ausschreitungen provoziert wurden[79], also eine für § 130 RStGB typische Konstellation.

---

74 *Häntzschel*, Verordnung gegen politische Ausschreitungen, S. 6, 29. Vgl. C-V-Zeitung 1931, 401, wo der Autor („*Ka.*") bei antisemitischer Hetze § 2 Nr. 2 vor § 130 als einschlägig ansah.

75 Vgl. § 171 E 1930, der indes nur von „Gewalttaten", nicht „Gewalttätigkeiten" spricht. Anders *Schroeder*, Staat und Verfassung, S. 143 Fn. 5: die Norm knüpfe an §§ 124, 125 an, die aber nur die *Begehung* durch eine Menschenmenge mit vereinten Kräften erfaßten.

76 Teil 7 § 2 Abs. 1 Nr. 3 der Dritten Verordnung des Reichspräsidenten zur Bekämpfung politischer Ausschreitungen vom 6.10.1931, RGBl. 1931 I, S. 537–568, allerdings begrenzt auf Gefängnis bis zu einem Jahr. Zur VO näher *Hoche*, DJZ 1931, 1277–1284.

77 Die Befugnisse zur Bekämpfung politischer Propaganda in Zeitungen wurden durch die zweite Notverordnung vom 17.7.1931 (RGBl. 1931, 371) noch erweitert und durch § 3 der Zweiten Verordnung des Reichspräsidenten gegen politische Ausschreitungen v. 28.6.1932, RGBl. 1932, I, S. 339 f. wieder eingeschränkt, vgl. *Hoche*, DJZ 1932, 894, 896 f.

78 *Hoche*, DJZ 1931, 525, 527; vgl. auch *Häntzschel*, Verordnung gegen politische Ausschreitungen, S. 25, 77–80. A.A. *Gusy*, Weimar, S. 200, demzufolge Juden nicht als „Religionsgemeinschaft" verächtlich gemacht wurden, was aber ein Blick in zeitgenössische Kommentare widerlegt, statt aller: *Lorenz*, in: v. Olshausens, Strafgesetzbuch, 11. Aufl. 1927, Bd. 1, § 166 Anm. 9 a.E. m.w.N. Vgl. auch *Beer*, Juden, S. 239–244.

79 *Gusy*, Weimar, S. 200 f. m.w.N.

Im folgenden Jahr wurden die vier das politische Strafrecht regelnden Notverordnungen von 1931 sowie die Zweite Verordnung zur Sicherung der Staatsautorität durch die weit mildere Verordnung gegen politische Ausschreitungen vom 14. Juni 1932 ersetzt[80]. Die Strafschärfung für öffentliche Aufforderungen zu Gewalttätigkeiten wiederholte § 11. Bei mildernden Umstände war die Rechtsfolge zwar auf eine mindestens einmonatige Gefängnisstrafe herabgesetzt, gegenüber § 130 RStGB blieb die Strafandrohung dennoch verschärft[81].

C) Résumé

In den Entwürfen der Weimarer Zeit wurden die Tatbestände der §§ 111 (Aufforderung zu strafbaren Handlungen) und 130 RStGB (Anreizung zum Klassenkampf) zusammengefaßt. Die §§ 159 E 1922, 160 E 1925 waren identisch: Gegenüber dem bestehenden Recht wurde das Anreizungsobjekt fallengelassen, ebenso die Friedensgefährdung.

Waren in den ersten beiden Entwürfen der 1920er Jahre die öffentliche Aufforderung zu strafbaren Handlungen und der minimierte Klassenkampfparagraph bloße tatbestandliche Alternativen, so wurde in den beiden folgenden Entwürfen deren Verhältnis näher ausgestaltet. Zunächst sollte die Aufforderung zu Gewalttätigkeiten gegen die Bevölkerung einen Beispielsfall der ersten Tathandlung darstellen („insbesondere", § 171 E 1927). Im anschließenden Entwurf Kahl wurden die Tathandlungen durch „oder allgemein" verknüpft, um sowohl konkrete wie abstrakte Aufforderungen zu Straf- bzw. Gewalttaten sanktionieren zu können (§ 171 E 1930).

Daß der Aufforderung zu Gewalttaten im Gegensatz zur Aufforderung zum Hochverrat und zum Morde kein eigenständiger Tatbestand mehr zugedacht wurde, zeigt, wie wenig Wert die Entwurfsverfasser auf § 130 RStGB als notwendigen *selbständigen* Bestandteil eines zukünftigen Strafgesetzbuchs legten. – Auf den ersten Blick mag es ein unerwarteter Umstand sein, daß in einem vom Streit der gesellschaftlichen Teile bewegten Jahrzehnt keine eigenständige Norm mehr die Hetze gegen einzelne Bevölkerungsgruppen bestrafen sollte. Daß aber der der Prävention von Gruppenkämpfen dienende § 130 gerade

80 Vgl. deren § 20. Zur VO *Hoche*, DJZ 1932, 833–838; *Schönner / Janich*, Verordnungen; *Häntzschel*, Verordnungen, 3. Aufl. 1932. Mit Ausnahme der §§ 22–26 wurde die VO durch § 1 Nr. 1 der VO des Reichspräsidenten zur Erhaltung des inneren Friedens v. 19.12.1932, RGBl. 1932 I, S. 548–550 außer Kraft gesetzt.

81 Ob die Gerichte vielfach mildernde Umstände annahmen, um die härtesten Folgen zu vermeiden, wie es bei § 5 Abs. 1 Nr. 1, 2 Republikschutzgesetz 1922 geschah (*Jasper*, Schutz der Republik, S. 196 f.), war nicht festzustellen.

deswegen überholt sei, weil der nahezu alltäglich gewordene offene Klassen- und Parteienkampf die öffentliche Ordnung nicht mehr habe gefährden können[82], erscheint – unabhängig von der Bedeutung des Begriffs „Gefahr für die öffentliche Ordnung" – bereits angesichts der gestiegenen Verurteilungszahlen mehr als fraglich: Nach § 130 waren es im Jahresmittel der 1920er Jahre immerhin gut 30 Verurteilungen und knapp 18 Freisprüche[83]; aber nach § 2 Nr. 2 bzw. § 11 der Verordnungen vom 28. März 1931 und 14. Juni 1932 kamen die Gerichte in den Jahren 1932 und 1933 zu 100 bzw. fast 400 Verurteilungen und zu 40 bzw. 160 Freisprüchen (freilich einschließlich der ersten Alternative, der öffentlichen Aufforderung zu einer Gewalttat gegen *eine bestimmte* Person)[84]. Zumindest in den Augen der Regierung konnten solche Aufforderungen sehr wohl die öffentliche Sicherheit gefährden, hätte sie doch ansonsten dem Reichspräsidenten die Notverordnungen nicht vorgeschlagen, welche mittelbar die Strafe für derlei Handlungen erhöhten. Aber auch den Bearbeitern der Strafrechtsreform stand nicht die Straflosigkeit jenes in § 130 umschriebenen Verhaltens im Sinn; vielmehr sollte die Norm durch einen reduzierten, allgemeineren Tatbestand besser in das dogmatische Gefüge des Strafgesetzbuchs eingefaßt werden, der den Bereich strafbaren Verhaltens stark erweitert hätte[85], sofern man allein den Gesetzeswortlaut betrachtet. Bei Einbeziehung der in der Rechtswirklichkeit vorgenommenen Auslegung ist die Erweiterung allerdings geringer als augenscheinlich angenommen: der Klassenbegriff wurde vielfach bereits weit interpretiert, die als restriktives Merkmal gedachte Friedensgefährdung regelmäßig als vorhanden gewertet, und obwohl von „Anreizen zu Gewalttätigkeiten" die Rede war, genügte bereits die Erregung einer gewalttätigen Gesinnung[86].

---

82 So *Lömker*, Abwertung, S. 15.

83 Auswertung der Kriminalstatistik des Deutschen Reichs, (Jahr = Bd. der neuen Folge, S.): 1920=346, S. 16; 1921=311, 6; 1922=354, 18; 1923=320, 6; 1924=328, 22; 1925=335, 60; 1926=347, 88; 1927=370, 129; 1928=384, 146; 1929=398, 33; 1930=429, 82, wobei indes 1926 und 1929 die Zahlen im einstelligen Bereich lagen. Vgl. auch 4. Kap. B) III. bei Fn. 174 für 1882–1906 und 7. Kap. A) Fn. 7 für 1933 und B) Fn. 75 für 1934–36.

84 Vgl. Kriminalstatistik des Deutschen Reichs, (Jahr = Bd. der neuen Folge, S.): 1931=433, 136; 1932=448, 94. Aussagekräftige Vergleichszahlen früherer Jahre sind insofern nicht vorhanden, als *eine* Norm dieser Form nicht existierte.

85 Letzteres schon bzgl. § 208 E 1919: *Schroeder*, Staat und Verfassung, S. 142 Fn. 2.

86 Vgl. zum „Klassenbegriff" 5. Kap. D) III. Fn. 100; zur Friedensgefährdung 2. Kap. D) II. 2. c), 3. Kap. C) und E), 4. Kap. bei Fn. 3, 8, 105, 149 und 157159; 5. Kap. D) II. sowie die Entscheidung des RG v. 6.6.1921, in: DJZ 1921, 131; zur gewalttätigen Gesinnung vgl. in diesem Kap. A) II. bei Fn. 41.

Siebentes Kapitel: Zeit des Nationalsozialismus – Volksverhetzung

A) Fortgesetzte Maßnahmen gegen die Beunruhigung des Volkes

Die Freiheit der Meinungsäußerung in Versammlungen und Presse, beschränkt durch die Maßnahmen in der Endphase der Weimarer Republik, wurde durch die Verordnung zur Erhaltung des inneren Friedens vom 19. Dezember 1932 im wesentlichen wiederhergestellt; gemäß § 1 Nr. 1 trat unter anderem die gegenüber § 130 verschärfte Strafbestimmung des § 11 der VO vom 14. Juni des Jahres außer Kraft. Aber dabei blieb es nur kurze Zeit. Als einer der ersten Erlasse unter dem Reichskanzler Hitler erging am 4. Februar 1933 die Verordnung zum Schutze des deutschen Volkes, die die Beschränkungen wieder aufleben ließ[1]. Begründung dafür war, daß die Presse Beunruhigung in die Bevölkerung trage und das Vertrauen in die neue Regierung erschüttere[2].

In der ersten der Strafbestimmungen wiederholte § 15 das vormals in § 11 der Verordnung vom 14. Juni 1932 geregelte Verbot, öffentlich zu Gewalttätigkeiten aufzufordern oder anzureizen. Somit „ergänzte"[3] bzw. verschärfte abermals eine Verordnung, erlassen aufgrund des Notverordnungsrechts des Reichspräsidenten gemäß Art. 48 Abs. 2 WRV die Bestimmung des § 130 RStGB[4]. Zudem wurde das mit Strafe belegte Verbot bestimmter periodischer Druckschriften durch § 18 i.V.m. § 9 Abs. 1 Nr. 3 ebenfalls um den Fall der Aufreizung zu Gewalttätigkeiten erweitert[5]. Für die Fälle fehlender Impressumsangaben konnten, wie schon in der VO vom 6. Oktober 1931, Hersteller wie Verbreiter bestraft werden[6]. Schließlich konnten nach § 2 öffentliche Versammlungen bzw. solche unter freiem Himmel aufgelöst werden, wenn allgemein zu Gewalttätigkeiten gegen Personen aufgefordert wurde (Nr. 4) oder speziell Religionsgesellschaften des öffentlichen Rechts beschimpft oder verächtlich gemacht wurden (Nr. 3). In der Gerichtspraxis wurde eine beträchtli-

---

1 RGBl. 1933 I, S. 35–40. Vgl. *Hoche*, Verordnung zum Schutze des deutschen Volkes.

2 Vgl. das amtliche Kommuniqué zur VO, abgedr. bei *Hoche* (Fn. 1), S. 4.

3 *Schmitt*, Änderungen, S. 40 f.

4 Auf die Gemeinsamkeiten wies auch *Leimer* in seinen Vorschlägen zum Abschnitt „Störung der öffentlichen Ordnung" zur ersten Lesung des E 1933 hin, Antrag Nr. 47 v. 12.5.1934, in: *Schubert / Regge*, Quellen, Abt. 2, Bd. 2.2, S. 715 (versehentlich als „§ 14" bezeichnet).

5 Vgl. *Schroeder*, Staat und Verfassung, S. 150 f.

6 § 20 Abs. 1 Nr. 3. Zum Vorgänger s.o. 6. Kap. B) Fn. 76.

che Anzahl von Personen nach § 15 verurteilt. 1933 waren es nahezu 600 rechtskräftige Verurteilungen, denen 131 Freisprüche gegenüberstanden, 1934 lagen die Zahlen immerhin noch im hohen zweistelligen Bereich (freilich einschließlich der ersten Alternative, der öffentlichen Aufforderung zu einer Gewalttat gegen *eine bestimmte* Person)[7]. Die in den Strafgesetzentwürfen der Weimarer Zeit vorgeschlagene Neuregelung des § 130 lebte somit in der Verordnung fort, war dort allerdings nicht mit der Aufforderung zu Straftaten verbunden. Im ersten Strafgesetzentwurf sollte dies wieder der Fall sein. Die Quasi-Vorwegnahme eines in den Entwürfen gefaßten Erneuerungsgedankens sollte aber nicht lange Bestand haben.

B) Wiederaufnahme der Strafrechtsreform

Die seit der Reichstagsauflösung vom 4. Juni 1932 stillstehende Strafrechtsreform wurde nach der „Machtergreifung" der Nationalsozialisten unter dem neuen Reichsjustizminister Gürtner (DNVP – Deutsch-Nationale Volkspartei) im April 1933 wieder aufgenommen. Als Grundlage diente die Reichstagsvorlage von 1927, welche den praktischen Vorzug aufwies, bereits von den Ländern im Reichsrat mehrheitlich gebilligt worden zu sein. Auf ihr aufbauend ließ Gürtner in seinem Ministerium einen den „Grundanschauungen und Notwendigkeiten des neuen Staates" angepaßten Referentenentwurf erstellen, der am 25. September 1933 an die Landesjustizverwaltungen übersandt wurde[8]. Der Entwurf lag, zusammen mit der Denkschrift des preußischen Justizministers Kerrl, den Beratungen der amtlichen Strafrechtskommission zugrunde, die ihre Arbeit am 3. November 1933 unter Gürtners Vorsitz aufnahm[9].

I. Nationalsozialistische Reformkonzeptionen: Die Denkschrift Kerrls und die „Nationalsozialistische(n) Leitsätze"

Einen ersten Einblick in nationalsozialistische Reformvorstellungen gewährte die unter der Gesamtleitung des preußischen Justizministers *Kerrl* im Herbst 1933 erschienene Denkschrift „Nationalsozialistisches Strafrecht", an der Staatssekretär *Freisler* maßgeblich mitwirkte[10]. Sie war nicht als eigenständiger Entwurf gedacht, sondern lediglich als Vorarbeit, welche die Erfahrungen

---

7 Vgl. Kriminalstatistik des Deutschen Reichs (Bd. der neuen Folge, S. [Jahr]): 478, 150 (1933); 507, 152 (1934).

8 Schreiben *Gürtners* v. 25.9.1933, in: BA R 3001/21786/5825 Bl. 569 f.

9 *Gürtner*, in: ders. (Hrsg.), Das kommende Strafrecht, AT, 1934, S. 6 f., *Schmidt*, Strafrechtspflege, S. 450. – Zu den Kommissionsmitgliedern *Schubert*, in: Schubert / Regge, Quellen, Abt. 2, Bd. 2.1, S. XIV.

10 Vgl. *Kerrl*, Denkschrift, S. 3, 6, 10; weitere Mitarbeiter: S. 10 f.

der preußischen Justiz „unter nationalsozialistischen Gedankengängen" beleuchten möge[11] – eine Formulierung, mittels der man sich wohl des Eindrucks erwehren wollte, in die Kompetenzen des Reichsjustizministeriums einzugreifen. Bei den Gesetzgebungsarbeiten wurde jedenfalls vielfach auf die Denkschrift zurückgegriffen[12]. Im Gegensatz zu den bisherigen Entwürfen stellte sie den „Besonderen Teil" voran, um den „nicht juristisch gebildeten Volksgenossen [...] darüber zu unterrichten, welche Handlungen im einzelnen strafbar sind"[13]. Die Delikte waren vom Gedanken des Gefährdungsstrafrechts beherrscht[14]. Auf die Reformpläne zu § 130 konnte das sich jedoch nicht auswirken, da die Vorschrift bereits die Eignung zur Gefahrherbeiführung bestrafte und damit schon Gefährdungsstrafrecht darstellte[15].

Als „Angriff [...] auf Volksehre und Volksfrieden" war im vierten Kapitel des zweiten Abschnitts[16] erstmals ein Tatbestand vorgesehen, der als „Volksverhetzung" bezeichnet wurde. Allerdings verbot die vorgeschlagene Vorschrift nicht zwangsläufig Äußerungen, die sich gegen eine durch mindestens ein gemeinsames Merkmal zusammengehörige Gruppe richteten. Denn die in § 130 RStGB mit Strafe bedrohte „Klassenhetze" habe im nationalsozialistischen Staat keine Bedeutung mehr, da es keine Klassen mehr gebe, sondern nur noch Volksgenossen. Es bestehe aber ein besonderes Bedürfnis, auch denjenigen zu bestrafen, der das Volk verhetze, indem er öffentlich *staatliche* Angelegenheiten hetzerisch erörtere[17]. Die „Volksverhetzung durch den Geistlichen", die der als Kanzelparagraph bekannte § 130a regelte, sollte demnach als Allgemeindelikt ausgestaltet werden. Zugleich sollte das bisherige Sonderdelikt des § 130a auf Beamte ausgedehnt werden und dann nach Absatz 2 als besonders schwerer Fall strafbar sein, in dem gemäß Absatz 3 das Staatsbürgerrecht entzogen werden können sollte[18]:

> „Wer es unternimmt,
>
> 1. öffentlich in einer den Volksfrieden gefährdenden Weise Angelegenheiten des Staates zum Gegenstande hetzerischer Erörterungen zu machen,

---

11 *Kerrl*, Denkschrift, S. 12.

12 *Buschmann*, StGB, in: Vormbaum / Welp, StGB, Suppl.-Bd. 1, S. 55.

13 Denkschrift, S. 18.

14 Denkschrift, S. 123 f., 133. – Dort z.T. fälschlich mit Willensstrafrecht gleichgestellt, vgl. *Lüken*, NS, S. 108 m.w.N.; *Hartl*, Willensstrafrecht, S. 75–102.

15 Vgl. *Klee*, DStrR 1934, 113, 121.

16 Abschnitt „Schutz von Rasse und Volkstum", Denkschrift, S. 47–61, bearbeitet von Landgerichtsdirektor *Grau* und Gerichtsassessor *Kählig*, vgl. S. 11.

17 Ähnlich *Kerrl* in der Gliederung, Denkschrift, S. 23; *Ritter*, JW 1934, 2213, 2216.

18 Vgl. *Kerrl*, Denkschrift, S. 61.

2. Druckschriften oder sonstige Schriften auszugeben, zu verbreiten oder einzuführen, in denen Angelegenheiten des Staates in einer den Volksfrieden gefährdenden Weise hetzerisch erörtert werden,

macht sich der Volksverhetzung schuldig.

Ein besonders schwerer Fall liegt dann vor, wenn der Täter ein Beamter oder Religionsdiener ist.

In besonders schweren Fällen kann auf Entziehung des Staatsbürgerrechts erkannt werden."

Es war der *Staat*, der vor nichtkonformen Äußerungen geschützt werden sollte, also mittelbar auch das „(Gesamt-)Volkstum als Träger und Inhalt des Staates"[19], nicht aber bzw. allenfalls reflexartig einzelne Bevölkerungsgruppen. Ursprünglich meinte der Begriff „Volksverhetzung" also die hetzerische Erörterung *staatlicher* Angelegenheiten, womit die ihr zugedachte Schutzrichtung ursprünglich derjenigen des § 130a entsprach. Im Gegensatz zu § 130 war die Aufforderung zu einem bestimmten Verhalten nicht als notwendiger Bestandteil vorgesehen, weshalb auch die zuvor geplante Zusammenfassung des Tatbestandes mit dem der Aufforderung zu Straftaten nicht mehr beabsichtigt war. Sie sollte vielmehr, eingereiht unter die „Angriffe auf die Staatsgewalt", auf die Aufforderung zu volksschädlichem Verhalten ausgedehnt werden[20].

Auch das Reichsrechtsamt der NSDAP, die „Trägerin des vorwärtsstrebenden Rechtswollens des deutschen Volkes"[21], wollte die Initiative an sich ziehen[22] und lieferte den gedanklichen Unterbau eines neuen Strafrechts[23]. Das Amt veröffentlichte unter der Leitung *Franks* 1935/36 die sogenannten „Nationalsozialistische(n) Leitsätze für ein neues deutsches Strafrecht", die – geringeren[24] – Eingang in die Beratungen fanden als die Denkschrift Kerrls[25]. Den Leitsätzen zufolge setze die Aufgabenerfüllung der nationalsozialistischen Volksführung neben dem Vertrauen zwischen Führung und Gefolgschaft die Erhaltung des inneren Friedens voraus. Die „Wiedererweckung des Selbster-

19 *Kerrl*, Denkschrift, S. 60.

20 *Kerrl*, Denkschrift, S. 37.

21 *Frank*, Leitsätze, Bd. 1, S. 6.

22 Zur Konkurrenz Gürtners und Franks *Schubert*, in: Schubert / Regge, Quellen, Abt. 2, Bd. 2.1, S. XIII–XVI; *Gruchmann*, Justiz, S. 754–760, 766–769.

23 Vgl. das Geleitwort, in: *Frank*, Leitsätze, Bd. 2, S. 5: Ziel war es, Grundgedanken der nationalsozialistischen Weltanschauung für ein neues Strafrecht herauszuarbeiten und diese auf den Allgemeinen und den Besonderen Teil eines neuen StGB anzuwenden.

24 Da erst im Mai 1935 (Bd. 1) bzw. November / Dezember 1936 (Bd. 2) veröffentlicht.

25 Begründung zum E 1936, in: *Schubert / Regge*, Quellen, Abt. 2, Bd. 1.2, S. 2. Vgl. auch *Buschmann*, StGB, in: Vormbaum / Welp, StGB, Suppl.-Bd. 1, S. 55.

haltungswillens“ sei so eng und unlöslich mit der Bewegung verbunden, daß die vormalige gesellschaftliche Zerrissenheit vermieden werden müsse. Daher gelte es Störungen des inneren Friedens – *nicht* verstanden als „Störung des spießbürgerlichen Ideals, dem Ruhe, Sicherheit und Ordnung die höchsten Glücksgüter sind“ [26], *sondern* als Angriff auf die Einheit der deutschen Nation – als politisches Delikt zu bestrafen. Wesentliche Mittel, um das Vertrauen zwischen Volk und Führung zu untergraben, seien Hetze, Verleumdung und Herabwürdigung. Dementsprechend zähle neben Parteienbildung und Geheimbündelei auch die Volksverhetzung zu den möglichen Störungen des inneren Friedens und damit zu den „Hauptbegehungsformen des Angriffs gegen die Einheit der Nation“. Gleichzeitig erübrige die Volksverhetzungsvorschrift als eine der allgemeinen Friedensschutzvorschriften Sondertatbestände für „konfessionelle [...] Verhetzung“[27]. Dementsprechend wurde dem Tatbestand eine doppelte Funktion zugewiesen: nicht nur Schutz der Einheit und des Zusammenhalts des Volkes vor konfessioneller und sonstiger Verhetzung, sondern mittelbar auch der völkischen Weltanschauung.

II. Entwurf erster Lesung (1933/34)

An der „amtlichen Strafrechtskommission“ nahmen Vertreter von Politik, Wissenschaft und Praxis teil[28]. Diese beriet in einer ersten Lesung vom 16. April bis 29. September 1934 den Besonderen Teil eines neuen Strafgesetzbuchs. Neben dem auf Grundlage des E 1927 erstellten Referentenentwurf und der im Herbst 1933 veröffentlichten Denkschrift „Nationalsozialistisches Strafrecht“ dienten der Kommission „die dem Reichsjustizministerium von den Reichs- und Landesministerien und anderen interessierten Stellen zugegangenen Äußerungen und das gesamte neuere Schrifttum“[29].

Der Referentenentwurf übernahm das im E 1930 vorgesehene Verbot öffentlicher Aufforderung zu Straftaten oder allgemein zu Gewalttaten nahezu wörtlich in § 171. Lediglich die Tathandlung wurde um das „Anreizen“ ergänzt, wodurch man früheren Bestrebungen zu den Entwürfen von 1927 und 1930 nachkam[30].

In der ersten Lesung der Strafrechtskommission wurde jedoch wieder überlegt, die Aufhetzung anderer eigenständig zu normieren. So machte Reichsjustizminister *Gürtner* auf den in der preußischen Denkschrift als „Volksverhetzung“ bezeichneten Tatbestand aufmerksam, der dem Kanzelparagraphen § 130a

26 *Frank*, Leitsätze, Bd. 2, S. 99 f. (Leitsatz 49).

27 Vgl. Leitsätze 28, 31 und 49, in: *Frank*, Leitsätze, Bd. 2, S. 66 f., 71, 99 f.

28 Zu den Mitgliedern *Schubert / Regge*, Quellen, Abt. 2, Bd. 2.1, S. XVIII–XLIII.

29 *Gürtner*, in: ders. (Hrsg.), Das kommende Strafrecht, BT, 1935, S. 7.

30 S.o. 6. Kap. B) bei Fn. 52 und Fn. 65.

StGB sehr ähnele[31]. Alternativ existiere eine Fassung des norwegischen Rechts, welche die Aufhetzung einzelner Teile der Bevölkerung gegen andere betraf[32]. Allerdings sei der Ausdruck „Klasse“ unbedingt zu vermeiden. Überdies wurde erwogen, die Aufforderung zu volksschädlichem Verhalten in die Norm zu integrieren. Denn ebenso wirke derjenige volksverhetzend, der öffentlich dazu aufreize, Empfehlungen der Reichsregierung zu mißachten[33]. Da sie jedoch wie die Aufforderung zur Auflehnung gegen Gesetze gegen die Reichsregierung ziele, wurde sie schließlich dort als Ergänzung eingefügt[34].

Der für den Abschnitt „Störung der öffentlichen Ordnung“ zuständige Berichterstatter *Leimer* votierte stattdessen dafür, es bei der vereinigten Fassung der §§ 111 und 130 RStGB zu belassen. Er wollte lediglich die erste Tatvariante allgemeiner als „Zuwiderhandlung gegen Strafgesetze“ fassen, um klarzustellen, daß *nicht* konkrete Aufforderungen gemeint sind, da diese gegebenenfalls als Anstiftung oder Verleitung strafbar seien. Damit widersprach er allerdings unbewußt nicht nur den Ausschußüberlegungen zu § 171 E 1930, sondern auch den Vorstellungen *v. Dohnanyis*, denen zufolge die Aufforderung zu bestimmten Straftaten gemeint war[35]. Nicht bei dem bloß allgemeinen, aber unentbehrlichen Tatbestand des § 171 bewenden lassen wollte es dagegen der Kieler Strafrechtsprofessor *Dahm*. Die „Klassenhetze“ sei ein „in der Volksanschauung lebendiger, in sich geschlossener Tatbestand“, der separat normiert werden solle[36]. Zunächst blieb diese Frage allerdings noch offen.

In der fortgesetzten Aussprache nahm *Gürtner* seinen Hinweis auf die „Volksverhetzung [...] als Erbin des Klassenkampfes“ wieder auf und schlug vor, das norwegische Vorbild (Hetze eines Bevölkerungsteils) mit dem preußischen Gedanken der hetzerischen Erörterung öffentlicher Angelegenheiten zu verbinden. Zwar müßten Klassen als nicht existent angesehen werden. Aber es sei

---

31 Reichsjustizminister Gürtner, in: *Schubert / Regge*, Quellen, Abt. 2, Bd. 2.2, S. 122.

32 Gürtner, in: 32. Sitzung v. 30.5.1934, in: *Schubert / Regge*, Quellen, Abt. 2, Bd. 2.2, S. 95, 105. Gemeint ist § 135 Almindelig borgerlig straffelov: „Mit Geldstrafe oder mit Haft oder Gefängnis bis zu einem Jahre wird bestraft, wer den allgemeinen Frieden dadurch gefährdet, daß er öffentlich die Staatsverfassung oder eine öffentliche Behörde verhöhnt oder dem Hasse aussetzt, oder öffentlich einen Teil der Bevölkerung gegen einen andern aufhetzt, oder wer dazu mitwirkt.“ (*Rosenfeld / Urbye*, Strafgesetz, S. 27).

33 32. und 33. Sitzung v. 30. bzw. 31.5.1934, in: *Schubert / Regge*, Quellen, Abt. 2, Bd. 2.2, S. 105 (Graf Gleispach und Gürtner), S. 108 f., 123 (Gürtner und Rietzsch).

34 Vgl. § 152 Abs. 1 Var. 2 des Entwurfs 1. Lesung 1934/35.

35 Leimer, in: 32. Sitzung v. 30.5.1934, in: *Schubert / Regge*, Quellen, Abt. 2, Bd. 2.2, S. 96, Antrag Nr. 47 v. 12.5.1934, ebd. S. 714 f. Dagegen v. Dohnanyi, ebd. S. 109 f.; zu § 171 E 1930 s.o. 6. Kap. A) II. 2. bei Fn. 59.

36 32. Sitzung v. 30.5.1934, in: *Schubert / Regge*, Quellen, Abt. 2, Bd. 2.2, S. 97 f.

durchaus denkbar, daß man einen Bevölkerungsteil gegen einen anderen hetze, beispielsweise Städter gegen Bauern oder Arbeitgeber gegen Arbeitnehmer – oder auch die Angehörigen eines Glaubensbekenntnisses gegen die eines anderen, so das von *Leimer* angeführte Beispiel im entsprechenden Bericht über die Arbeit der amtlichen Strafrechtskommission[37]. *Dahm* stimmte zu, soweit es den Klassenbegriff und die Aufreizung zu Gewalttätigkeiten betraf; die Strafbarkeit darauf zu beschränken, sei nicht gerechtfertigt. Ebenfalls zu eng erschien ihm auch der Vorschlag, der in der preußischen Denkschrift geäußert wurde. Denn typischerweise seien es nicht Angelegenheiten des Staates, sondern gesellschaftliche Verhältnisse, die zu Kritik[38] und Hetze veranlaßten. Daher bevorzuge er eine Erweiterung in Richtung des norwegischen Vorbilds. Gürtner griff dies auf und schlug vor, daß es sich bei den hetzerisch erörterten Angelegenheiten zumindest um „öffentliche" handeln müsse, um die Strafbarkeitsschwelle zu überschreiten. So kämen ihm augenblicklich insbesondere „kirchliche Angelegenheiten" in den Sinn, die einen willkommenen Anlaß zur Hetze böten. Als besonders schwerer Fall habe es zu gelten, wenn der Täter Amtsträger oder Religionsdiener sei[39]. Damit kam er auch der mehrheitlichen Auffassung in der Kommission nach, der der Kanzelparagraph als Sondertatbestand entbehrlich erschien[40].

Anschließend wurden die „Delikte gegen den öffentlichen Frieden"[41] in die Unterkommission XIX unter dem Vorsitz des Ministerialdirektors *Schäfer* übergeleitet. An deren Sitzungen nahmen neben den Referenten *Dürr* und *v. Dohnanyi* auch *Graf Gleispach* und *Leimer* teil. Die Unterkommission schlug vor, gegenüber dem Referentenentwurf als neuen § 177 folgende, als Volksverhetzung bezeichnete, Bestimmung einzufügen:

> „Wer den Volksfrieden dadurch gefährdet, daß er öffentlich einen Teil der Bevölkerung gegen einen anderen aufhetzt oder öffentliche Angelegenheiten in hetzerischer Weise erörtert, wird mit Gefängnis bestraft.

---

37 *Leimer*, in: Gürtner, Das kommende Strafrecht, BT, 1. Aufl. 1935, S. 204, identisch mit 2. Aufl. 1936 (Bericht über 2. Lesung), S. 291.

38 Ob und ggf. warum bereits diese strafbar sein sollte, erläuterte *Dahm* nicht.

39 33. Sitzung v. 31.5.1934, in: *Schubert / Regge*, Quellen, Abt. 2, Bd. 2.2, S. 108, 123.

40 Vgl. 33. Sitzung v. 31.5.1934, in: *Schubert / Regge*, Quellen, Abt. 2, Bd. 2.2, S. 122.

41 Zur Ersetzung der „öffentlichen Ordnung" durch den „öffentlichen Frieden" vgl. *Schubert / Regge*, Quellen, Abt. 2, Bd. 2.2, S. 92 (Graf Gleispach), 94 (Leimer), 97 (Dahm), 98 f. (Gürtner).

Ist der Täter ein Amtsträger oder ein Religionsdiener, so ist die Strafe Gefängnis nicht unter sechs Monaten."[42]

Die hetzerische Erörterung öffentlicher Angelegenheiten war also als tatbestandliche Alternative zur Aufhetzung von Bevölkerungsteilen ausgestaltet und unter dem gemeinsamen Aspekt „Gefährdung des Volksfriedens" in einer Vorschrift zusammengefaßt[43]. Die unmittelbar durch die Handlung angegriffenen Objekte unterschieden sich aber: handelte es sich in der ersten Variante um die Hetze unter verschiedenen Bevölkerungsteilen, so beschrieb die zweite Variante, wie in der Denkschrift, den Konflikt zwischen der Bevölkerung auf der einen und dem Staat auf der anderen Seite. Dafür spricht auch die Auffassung der Sachbearbeiter des Reichsjustizministeriums, derzufolge die neue Vorschrift sowohl an die Stelle des § 130 (durch Aufhetzung von Bevölkerungsteilen) als auch des § 131 (Staatsverleumdung; durch hetzerische Erörterung) treten sollte[44].

Des weiteren wurde über die systematische Zugehörigkeit der Volksverhetzung diskutiert. *Freisler* schlug vor, die Norm zusammen mit Volksverleumdung, -beschimpfung und -spaltung unter die „Angriffe gegen das Volkstum" bzw. in den Abschnitt „Volksverrat" zu stellen. Dagegen rückten die Professoren *Dahm*, *Kohlrausch* und *Mezger* die Vorschrift in die Nähe des Hoch- bzw. Landesverrats, weil es sich um Angriffe auf die politische Einheit des deutschen Volkes handele – Angriffe, die „auf die Zerstörung dieses organischen Lebewesens des Volkes gerichtet sind". Die Einordnung der Norm wurde jedoch vorerst zurückgestellt[45]. Nach Abschluß der ersten Lesung wurde das Ergebnis von einer Redaktionskommission überarbeitet und der zusammenge-

42 Vorschlag Nr. 23 v. 31.5.1934 der Unterkommission XIX (Graf Gleispach, Dürr, Leimer, v. Dohnanyi), abgedr. in: *Schubert / Regge*, Quellen, Abt. 2, Bd. 2.2, S. 863.

43 Die neu bzw. wiedereingefügten Bestimmungen über „böswillige Beunruhigung der Bevölkerung", „Volksverhetzung" und „staatsfeindliche Verbindungen" sollten die Vergiftung der Volksmeinung und die Störung des allgemeinen Friedens unterbinden, so die im Reichsjustizministerium erstellte Zusammenfassung von Gürtners „Das kommende Strafrecht", in: BA R 3001/20853 Bl. 59, ohne Datum (jedenfalls nach dem März 1935, 2. Lesung, vgl. Bl. 54).

44 Die Sachbearbeiter sahen mögliche Überschneidungen zwischen dem Volksverhetzungsverbot und der Volksverleumdung, der Verächtlichmachung der Rechtspflege und der Beschimpfung von Amtsträgern (§§ 121, 360, 362 des Entwurfs 2. Lesung), vgl. Anregungen und Bemerkungen zum Abschnitt „Störung des Volksfriedens" (§§ 203–209 des Entwurfs 1. Lesung), Nr. B 86 v. 4.10.1935, abgedr. in: *Schubert / Regge*, Quellen, Abt. 2, Bd. 2.1, S. 517–520 (518 f. zu § 207a). Vgl. auch die „Aufzeichnungen zur 2. Lesung über Störung des Volksfriedens (§§ 203–209)" des Amts- und Landrichters *Baldus* (BA R 3001/20985 Bl. 311 ff., 314 f.).

45 Vgl. 32. und 53. Lesung, in: *Schubert / Regge*, Quellen, Abt. 2, Bd. 2.2, S. 671 ff.

stellte Entwurf im Januar 1935 den Reichsministerien, dem Reichsrechtsamt der NSDAP, der Akademie für Deutsches Recht und dem Bund Nationalsozialistischer Deutscher Juristen „zur Mitprüfung“ übersandt[46]. Die Volksverhetzung fand sich, getrennt von der Aufforderung zu Straftaten (§ 154), in § 207a im Abschnitt „Störung des Volksfriedens“ wieder[47].

III. Entwurf zweiter Lesung (1935/36)

Die amtliche Strafrechtskommission begann die zweite Lesung im März 1935 und schloß sie am 18. Januar 1936 ab. Anschließend ging eine Unterkommission, der *Freisler*, *Thierack*, *v. der Goltz*, *Niethammer*, *Kohlrausch*, *Dahm* und *Schaffstein* angehörten, im April, Juni und September des Jahres die dort getroffenen Beschlüsse durch. Deren Ergebnis wurde von der Gesamtkommission Ende Oktober überprüft[48].

1. Volksverhetzung und Kanzelmißbrauch

Entgegen dem Vorschlag der preußischen Denkschrift wurde der Allgemeine Teil dem Besonderen wieder vorangestellt[49]. Im Tagungsabschnitt vom 22. bis 31. Oktober 1935 wurde unter anderem der Abschnitt „Störung des Volksfriedens“ beraten. Berichterstatter waren *Graf Gleispach* und *Schaffstein*[50]. Als Hilfsmittel dienten auch die Merkblätter des Gerichtsassessors *Meyer*[51]. Auf seinen Vorschlag, es bei der die §§ 111 und 130 RStGB fusionierenden Fassung des § 171 E 1933 zu belassen, also die abstrakte öffentliche Aufforderung zu Gewalttaten gegen Menschen neben der zu konkreten Straftaten zu sanktionieren, gingen die Kommissionsmitglieder indes nicht ein[52]. Stattdessen wurden anhand der Anregungen der Sachbearbeiter des Reichsjustizministeriums

---

46 *Gürtner*, in: ders. (Hrsg.), Das kommende Strafrecht, BT, 1. Aufl. 1935, S. 7.

47 Entwurf eines Deutschen StGB, Entwurf der amtlichen Strafrechtskommission, 1. Lesung 1933/34 (Abdr. in: *Schubert / Regge*, Quellen, Abt. 2, Bd. 1.1, S. 103 ff.)

48 Vgl. *Gruchmann*, Justiz, S. 768–773.

49 Dazu *Freisler*, in: Gürtner, Das kommende Strafrecht, BT, 2. Aufl. 1936, S. 42–45.

50 Vgl. *Gürtner*, in: ders., Das kommende Strafrecht, BT, 2. Aufl. 1936, S. 10.

51 Enthalten in: BA R 3001/20984 Bl. 1 ff. (insb. Bl. 87) und BA R 3001/20985 Bl. 1 ff.

52 Ebensowenig auf den Vorschlag der Reichsgerichtsräte Zeiler, Hartung, Schneidewin und Schultze für § 207a Abs. 1: „Mit Gefängnis bis zu zwei Jahren oder mit Haft wird bestraft, wer [...] oder eine öffentliche Angelegenheit in hetzerischer Weise erörtert.“ (Vorschläge zu sprachlichen Änderungen an dem Entwurf eines Strafgesetzbuches, bearbeitet im Rahmen der dem Reichsgericht übertragenen Prüfung des Entwurfs von einem Ausschuss v. 5.3.1936, in: BA R 3001/20873 Bl. 250 ff., 291).

bloß zwei untergeordnete Aspekte debattiert[53]. Zunächst ging es um den Vorschlag, das Tatbestandsmerkmal „Friedensgefährdung" wegzulassen. *Schaffstein* sowie *Gürtner* sprachen sich zugunsten der Anregung aus, weil zum einen das gesetzgeberische Motiv, den öffentlichen Frieden zu schützen, bereits in der Abschnittsüberschrift vorkomme, zum anderen die Voraussetzung zu einer unerwünschten einschränkenden Auslegung einladen könnte. Damit überstimmten sie den Ministerialdirektor *Schäfer*, der die Zielrichtung des Tatbestandes klarstellen wollte, um die nach § 2 RStGB neuer Fassung zugelassene Analogie[54] einzuschränken. Beigetreten wurde den Anregungen der Sachbearbeiter auch insofern, als der in § 130a (Kanzelmißbrauch) innewohnende Gedanke in der verschärften Strafdrohung des § 207a Abs. 2 genügend berücksichtigt worden sei. Bedenken hatte es gegeben, da § 130a nicht notwendig eine hetzerische Handlungsweise erfordere und daher einen weiteren Anwendungsbereich habe. Gegebenenfalls müsse in „Kampfzeiten" per Sondergesetz entgegengewirkt werden[55]. Die aus *Schäfer*, *Schaffstein* und *v. Dohnanyi* zusammengesetzte Unterkommission XXVIII schlug daher folgenden § 310 vor:

> „Wer öffentlich einen Teil der Bevölkerung gegen einen anderen aufhetzt oder öffentliche Angelegenheiten in hetzerischer Weise erörtert, wird mit Gefängnis bis zu zwei Jahren oder mit Haft bestraft.
>
> Ist der Täter ein Amtsträger oder ein Religionsdiener, so ist die Strafe Gefängnis."[56]

Die Fassung beider Absätze wurde in den Unterkommissionen inhaltlich verkürzt, indem es in Absatz 1 statt „in hetzerischer Weise erörtert" nur noch „hetzerisch erörtert" hieß und die Formulierung des Absatzes 2 auf einen Hauptsatz umgestellt wurde[57]. Als die Gesamtkommission Ende Oktober die zweite Lesung überprüfte, ging sie in aller Kürze bloß auf den in der Vor-

53 Anregungen und Bemerkungen der Sachbearbeiter des RJM zum Abschnitt „Störung des Volksfriedens" (§§ 203–209 des Entwurfs 1. Lesung), Nr. B 86 v. 4.10.1935, BA R 3001/20985 Bl. 321 = *Schubert / Regge*, Quellen, Abt. 2, Bd. 2.4, S. 517–520.

54 Dies war bereits in der Denkschrift *Kerrls*, S. 127 gefordert und per Gesetz zur Änderung des StGBs v. 28.6.1935 (RGBl. I 1935, 839–843) verwirklicht worden. Näher dazu *Buschmann*, StGB, in: Vormbaum / Welp, StGB, Suppl.-Bd. 1, S. 91 f., 97–100.

55 87. Sitzung v. 24.10.1935, in: *Schubert / Regge*, Quellen, Abt. 2, Bd. 2.4, S. 64 f.

56 Vorschlag Nr. B 30 v. 25.10.1935 der Unterkommission XXVIII, abgedr. in: *Schubert / Regge*, Quellen, Abt. 2, Bd. 2.4, S. 639 f.

57 Vgl. die Fassungen 2. Lesung nach den Vorschlägen der Unterkommissionen v. 1.2.1936, § 311, in: *Schubert / Regge*, Quellen, Abt. 2, Bd. 1.1, S. 213 ff., 254, v. 1.5.1936, ebd., S. 277 ff., 316 (identisch) und v. 1.7.1936, § 306, ebd., S. 341 ff., 379; in letzterer Fassung war in Abs. 1auch Geldstrafe zugelassen, die anschließend aber wieder gestrichen wurde.

schrift enthaltenen Kanzelmißbrauch ein, der noch stärker hervorgehoben werden sollte. Beantragt war, den Kanzelparagraphen „einzuführen", was auf einen erweiterten zweiten Absatz der Volksverhetzungsvorschrift hinauslief. Zwar war für Amtsträger keine verschärfte Strafbarkeit vorgesehen, und auch der Strafrahmen des Kanzelmißbrauchs sollte nicht angehoben werden. Dafür erfaßte der geänderte Absatz unter Weglassung der hetzerischen Handlungsweise nun sämtliche Handlungen, für die bisher § 130a zutraf und wurde damit der vorherigen Kritik gerecht. Als Korrektiv wurde, wie in § 130a, die Friedensgefährdung eingestellt, welche zuvor in Absatz 1 gestrichen worden war[58].

2. Ausnahmen von der Strafverfolgung wegen Volksverhetzung

a) Prozessuale Ausnahmen im Entwurf von 1936

Über diese geringfügigen Änderungen hinaus wurde ein dritter Absatz strafprozessualen Einschlags hinzugefügt, welcher dem Reichsjustizminister die Befugnis verleihen sollte, die Strafverfolgung zu unterbinden[59]. Die Entwurfsbegründung wies lapidar darauf hin, indem sie den Wortlaut wiederholte, ohne allerdings anzugeben, für welche Fälle er gedacht war[60], wiewohl die Motive im übrigen ob der grundsätzlichen Neugestaltung sehr ausführlich gehalten waren[61]. Ebensowenig geht aus den Sitzungsprotokollen der Kommission oder aus dem zum Entwurf veröffentlichten Werk „Das kommende deutsche Strafrecht" hervor, was zu dieser Durchbrechung des Legalitätsprinzips veranlaßte[62]. Als etwas aussagekräftiger erweisen sich hingegen die Motive zu § 132,

---

58 Vgl. Prot. 106. Sitzung v. 30.10.1936, in: *Schubert / Regge*, Quellen, Abt. 2, Bd. 2.4, S. 482; Begr. E Dezember 1936 ebd., Abt. 2, Bd. 1.2, S. 194. – Zur vorherigen Kritik s.o. Fn. 55.

59 Dieser Absatz muß von der letztmals im September 1936 tagenden Unterkommission eingefügt worden sein, denn im ihre Vorschläge enthaltenden Entwurf vom 1.7.1936 ist noch kein dritter Absatz eingearbeitet (vgl. Abdruck in *Schubert / Regge*, Quellen, Abt. 2, Bd. 1.1, S. 379), und auch in den Protokollen der Gesamtkommission findet sich kein Hinweis. Dafür spricht auch, daß die Sachbearbeiteranträge vom Herbst 1936 (sog. C-Anträge) v.a. Änderungen der Strafdrohungen sowie Strafverfolgungsvoraussetzungen enthalten, vgl. *Schubert / Regge*, Quellen, Abt. 3, Bd. 2.3, S. VI Fn.* (sic).

60 Vgl. Begründung zum E 1936, in: *Schubert / Regge*, Quellen, Abt. 2, Bd. 1.2, S. 194. – Auch die Akten des Reichsjustizministeriums, in welchem der Entwurf mit einer Begründung versehen wurde, geben keinen Aufschluß; teilweise sind die Akten der Strafrechtsreform indes verschollen, *Schubert / Regge*, Quellen, Abt. 2, Bd. 2.4, S. IX.

61 Darauf wies *Schäfer*, DJ 1937, 5 hin.

62 Erstere enthalten nur Äußerungen zur Änderung des Abs. 2, s.o. B) III.1. bei Fn. 58, letzteres beruhte in 2. Aufl. auf dem Stand von Ende Mai 1936 und damit auf der noch nicht in der Gesamtkommission veränderten Fassung, vgl. *Gürtner*, in: Gürtner, Das kommende Strafrecht, Bd. 2, 2. Aufl. 1936, S. 11 und die Fassung der Norm auf S. 292.

der für die §§ 123 ff. (Angriffe auf die Ehre des deutschen Volkes) ebenfalls die ministerielle Anordnungsbefugnis enthielt. Danach sollte diese Regelung unerwünschte Strafverfahren verhindern[63]. Auf diese pragmatische Erwägung wurde auch bei dem um die Volksverhetzung ergänzten § 275 (Gefährdung des Vertrauens zur Volksführung) verwiesen[64]. Ein wenig deutlicher wurde das Reichsjustizministerium, welches gegenüber einer gedruckten Stellungnahme *Himmlers*, in der dieser sein Unverständnis für ein mögliches Unterbleiben der Strafverfolgung ausdrückte, handschriftlich „polit. Gründe [...]!" anführte[65]. Schließlich wären durch die Anordnungsbefugnis eventuelle Inkongruenzen mit § 275 vermieden worden, der die Prozeßvoraussetzung schon vorher aufwies[66] und sich teilweise mit der geplanten Volksverhetzungsvorschrift überlagerte[67].

Welche politischen Gründe konkret gemeint waren, wurde aber dort ebenso wenig ausgeführt. Allgemein unerwünscht aus *personellen* Gründen waren Strafprozesse insbesondere dann, wenn NSDAP-Mitglieder auf der Anklagebank hätten sitzen müssen. In den Folgejahren wurde denn auch gefordert, eine dahinlautende Bestimmung aufzunehmen. So verlangten Heß und Frank 1938 eine Bestimmung, die es dem Reichsjustizminister gestattete, im Einvernehmen mit dem Stellvertreter des Führers anordnen zu können, von der Strafverfolgung abzusehen, sofern die Taten der Erfüllung von Parteiaufträgen dienten und das öffentliche Interesse die Abstandnahme gebot[68]. Nur auf diese Weise könne zwischen unerlaubter und ausnahmsweise erlaubter, der Bewegung entsprechender Rechtsgutsverletzung abgegrenzt werden. Eine allgemeine Vorschrift „dahin, daß von der Strafverfolgung abgesehen werden kann, wenn das öffentliche Interesse an einer Nichtverfolgung das Interesse an der Verfolgung der Tat überwiegt", wünschte sich 1939 der Stellvertreter des Führers für

---

63 Begründung zum E 1936, in: *Schubert / Regge*, Quellen, Abt. 2, Bd. 1.2, S. 98.

64 Begründung zum E 1936, in: *Schubert / Regge*, Quellen, Abt. 2, Bd. 1.2, S. 184. – Im übrigen war die ministerielle Anordnungsbefugnis nur noch bei § 98 (Förderung des Bolschewismus) vorgesehen, nicht aber bei der Beschimpfung von Religionsgesellschaften, § 231. Um antisemitische Beschimpfungen straffrei zu stellen, war letzteres aber wohl nicht nötig, da nur Religionsgesellschaften öffentlichen Rechts geschützt sein sollten, was die Reichsregierung festlegen sollte, vgl. Begründung, aaO., S. 156.

65 BA R 3001/20855 Bl. 266 ff., 280, v. 2.3.1937. Zu § 297 Abs. 3: „nicht ersichtlich, weshalb".

66 Vgl. § 110 E 1. Lesung 1933/34; § 280 E 2. Lesung 1935/36 v. 1.2.1936; § 280 E 2. Lesung 1935/36 v. 1.5.1936; § 284 E 2. Lesung 1935/36 v. 1.7.1936.

67 Insb. was die zweite Alternative „hetzerisch erörtert" angeht, vgl. z.B. *Frank*, BA R 3001/20855 Bl. 313.

68 Näher *Gruchmann*, Justiz, S. 1046–1049, ferner 808 f.

Fälle, in denen Partei-Unterführer wegen „Auflehnung gegen die öffentliche Gewalt usw." verfolgt würden[69].

Hinsichtlich des *Inhalts* der unliebsamen Verfahren kann nur vermutet werden, daß dazu neben Prozessen wegen kommunistischer Äußerungen, denen kein Forum geboten werden sollte, vor allem solche wegen antisemitischer Hetz- bzw. Gewaltaufrufe gehörten, welche sich nicht erst in der Pogromnacht im Jahr 1938 gehäuft hatten, wie eine Anordnung des Münchner Polizeipräsidenten von 1920 illustriert:

> „Diese Worte überschreiten bei weitem das Maß der vom Völkischen Beobachter bereits *seit Monaten* betriebenen, die öffentliche Ruhe und Ordnung gefährdenden Judenhetze. Sie enthalten unverkennbar die Aufforderung zu Gewalttätigkeiten, zu einem Judenpogrom"[70].

b) Materiellrechtlich-faktische Ausnahmen beim geltenden § 130 RStGB

Allerdings „(bot) auch die Vorschrift des § 130 StGB [...] den jüdischen Staatsbürgern bald keinen Schutz mehr"[71]. Diese auf die Weimarer Zeit bezogene Aussage, die mit zeitgenössischen Einschätzungen (aus der Perspektive der Abwehrorganisationen) übereinstimmt, überrascht zunächst, da es keine dahingehenden materiell- oder prozeßrechtlichen Gesetzesänderungen gab. Aber möglicherweise wurden antisemitische Äußerungen bereits auf der *Auslegung*sebene systematisch von der Strafverfolgung ausgenommen, so daß der

---

69 Vgl. die ablehnende Stellungnahme des RJM, nach der ggf. mit der Lockerung des Legalitätsprinzips in § 12 Entw. StVO und § 16a Entw. StGB (Irrtumsbestimmung) abgeholfen werden könne (BA R 3001/20855 Bl. 441v, ohne Datum, „Offengebliebene Fragen zum Entwurf des Strafgesetzbuchs"). – Zur Lockerung des Legalitätsprinzips in der NS-Zeit *Koch*, Reform Strafverfahrensrecht, S. 143–147.

70 Vgl. die Anordnung des Münchener Polizeipräsidenten v. 29.4.1920, zit. n. *Petersen*, Zensur, S. 123; *Walter*, Antisemitische Kriminalität, S. 24 f. (1919/1920), 177–192 (Mitte der 1920er v.a. „Ritualmordhetze"), 190–192 zu § 130; *Beer*, Juden, S. 29: wellenartige Entwicklung; zeitgenössische Beobachtungen bei *Wiener*, Im deutschen Reich 1919, 289–299, insb. 292–296; zur Pogromnacht *Gruchmann*, Justiz, S. 484–496.

71 *Hannover / Hannover-Drück*, Politische Justiz, S. 267. Schon 1927 *Eyck*, Rechtspflege, S. 39: Schutz versagt. *Doskow / Jacoby*, Contemporary Jewish Record 1940, 498, 503 f.: § 130 hätte die wildere Nazi-Propaganda effektiv bekämpfen können, aber die Untergerichte hätten nur sehr zögernd gehandelt. *Paucker*, Antisemitismus, S. 80: „Die Strafbarmachung von Aufreizung zum Rassenhaß [...] ist der jüdischen Abwehr in Deutschland niemals gelungen". Vgl. auch die Verweise in diesem Kapitel in Fn. 76 f., 83. Nach *Petersen*, Zensur, S. 130–132 hätte § 130 ein entschiedeneres Vorgehen erlaubt; problematisch sei der Klassenbegriff, S. 289. – Allg. zum schwachen Rechtsschutz in der Weimarer Zeit bei Verfolgung antisemitischer Delikte, *Hearst*, The Wiener Library Bulletin 1960, 10 f.; *Levitt*, LBIYB 1991, 151–167.

dritte Absatz nur den in der Rechtspraxis herrschenden status quo gesetzlich abgesichert hätte, ohne weitere Änderungen zu bewirken.

Aufforderungen zu Gewalttätigkeiten gegenüber Juden waren nach allgemeiner Interpretation strafbar gewesen, nachdem die Rechtsprechung den Begriff „Klasse der Bevölkerung" weiter ausgelegt und auch Gruppen gleicher Bevölkerungsschicht, aber unterschiedlicher politischer Überzeugung, Abstammung oder Glaubens ihren Schutz hatte angedeihen lassen[72]. Ausdrücklich stufte 1899 das Reichsgericht die jüdischen Staatsangehörigen als Bevölkerungsklasse ein[73], was der zweite Senat noch 1928 bestätigte[74]. Dennoch sank die Zahl der Verfahren wegen § 130 in den Jahren 1934 bis 1936, in denen durch den Regimewechsel und die immer eindeutiger werdende antisemitische Grundausrichtung ein vermehrtes Auftreten antijüdischer Hetze zu erwarten wäre, beinahe auf den Nullpunkt[75]; ob dies – zumindest auch – mit faktischen Verfolgungsausnahmen zusammenhing, sei hier hinterfragt.

Nach den bisherigen Darstellungen häuften sich Verfahrenseinstellungen und freisprechende Urteile für antisemitische Gewalthetze mit Beginn der 1920er, Ansätze fanden sich aber schon im ausgehenden 19. Jahrhundert[76]. Wie in anderen Bereichen fand die Rassentheorie auch im Strafrecht Eingang. Angeklagte argumentierten, ihre Äußerungen bezögen sich auf die Juden als „Rasse", nicht als „Klasse", und seien daher nicht nach § 130 RStGB strafbar. Teils verfingen solche Schutzbehauptungen nicht[77], teils ließen sich Staatsanwälte und Richter jedoch darauf ein, wie entsprechende Verfahrenseinstellungen und Urteile zeigen[78]. Beispielsweise lehnte ein Oberstaatsanwalt 1921 die straf-

---

72 Zur weit auslegenden Rspr. s.o. 5. Kap. D) III bei Fn. 99, zur Kommentarliteratur s.u. Fn. 80 f., zu früheren Verurteilungen antisemitischer Äußerungen 4. Kap. B) bei Fn. 163 und Fn. 190 ff.

73 RGSt 32, 352–353 v. 10.11.1899; ferner RGSt 34, 268, 270 v. 31.5.1901.

74 Urt. des 2. Senats v. 6.2.1928 (2 D 927/27), JW 1928, 2218 m. Anm. *Radbruch*. Positiv, da die Rechtssicherheit stärkend, *o. V.*, Abwehrblätter 1929, 13, 14.

75 Auswertung der Kriminalstatistik des Deutschen Reichs, (Jahr = Bd. der neuen Folge, S.): 1934=507, 126: **3** Verurteilungen, **2** Freisprüche; 1935=577, 50: **0** Verurteilungen, **1** Freispruch; 1936=577, 202: **1** Verurteilung, **0** Freisprüche. – Zahlen für § 130 für 1937–45 existieren nicht; von 1937–1939 veröffentlichte das Statistische Reichsamt nur sog. Hauptergebnisse, für die späteren Jahre fehlen jegliche Zahlen. Für die 1920er s.o. 6. Kap. C) bei Fn. 83, für 1882–1906 s.o. 4. Kap. B) II. bei Fn. 174.

76 Vgl. Bericht des CV-Mitgründers und stellvertretenden Vorsitzenden des Deutschen Anwaltvereins *Eugen Fuchs* v. 16.4.1894, Rechtsschutz, S. 45 f., 48: „fast regelmäßig wiederkehrende [...] Abweisungsgründe".

77 Vgl. die Fälle in CVZ 1927, 313; 1929, 401 f. und 1929, 574.

78 „Immer wieder auftauchendes Bestreben", so *Foerder*, Antisemitismus, S. 8, bspw. 1921 im Gerichtsbezirk Glatz (Oberschlesien), das nach *dems.*, Jüdische Arbeits- und

rechtliche Verfolgung einer Schülervereinigung ab, die durch den Ort gezogen war und folgenden Vers skandiert hatte: „Schmiert die Guillotine ein mit Judenfett, Blut muß fließen, Judenblut!“[79].

Parallel zu solcher Gerichtspraxis verschwanden in vier der fünf aktuellen Gesetzeskommentare der Dreißiger Jahre die entsprechenden Hinweise zur Auslegung des Klassenbegriffs, ohne allerdings den Ausdruck auf seine frühere Bedeutung zu verengen[80]. Einzig die Kommentierung des Reichsgerichtsrats *Ziegler* hob sich davon ab:

> „Da das Wort Klasse einen tatsächlichen Zustand beschreibt, sind die Juden (ebenso wie die Polen) als eine Klasse i.S. des § 130 zu erachten, soweit sie sich noch [!] unter der Bevölkerung innerhalb des großdeutschen Reiches befinden.“[81]

Aber nicht nur der Rassengedanke wurde aufgegriffen. Auch ansonsten zeigten sich Bestrebungen, die Norm nahe am Wortlaut, jedoch im Widerspruch zur reichsgerichtlichen Rechtsprechung[82] und zu früheren Tendenzen auszulegen. So wurde vor allem die Friedensgefährdung „häufig verkannt“[83] und verneint, da nur auf eine mögliche Störung des *objektiven* Friedens abgestellt wurde, welche bei „Schlagt die Juden tot!“ nicht zu erwarten sei – eine Äußerung,

---

Wanderfürsorge 1928, 25 aber mißlungen sei. Vgl. auch *Eyck*, Rechtspflege, S. 39–41; *Lazarus*, CVZ 1924, 687: vielfach entgegengekommen; *Fuchs*, s.o. Fn. 76. „Besonders charakteristisch“, *o.V.*, CVZ 1922, 39. – Deren Ansichten repräsentieren freilich die Position der beiden großen Abwehrorganisationen, die aber im Nachhinein bspw. von *Niewyk*, Jewish Social Studies 1975, 99, 112 geteilt wurden. Zwei weitere Beispiele bei *Walter*, Antisemitische Kriminalität, S. 92 Fn. 48, 49; ihm zufolge ging die Argumentation von den Angeklagten aus (S. 91).

79 So das vielzitierte Beispiel bei *Foerder*, Antisemitismus, S. 8; *ders.*, Jüdisch-liberale Zeitung v. 14.4.1922, S. 2. Vgl. auch CVZ 1922, 39; *Eyck*, Rechtspflege, S. 39 f.

80 Vgl. *Niethammer*, in: v. Olshausen, StGB, 12. Aufl., 2. Lfg., 1943, § 130 Anm. 3: als Teile der Bevölkerung kämen zwar solche in Betracht, die durch ein gemeinsames Glaubensbekenntnis miteinander verbunden sind und sich dadurch von anderen unterscheiden, erwähnt Protestanten und Katholiken, nicht aber Juden; **anders noch** 11. Aufl. 1927, § 130 Anm. 2; *Kohlrausch/Lange*, StGB, 38. Aufl. 1944, § 130 Anm. 2, **anders noch** *Kohlrausch*, StGB, 33. Aufl. 1937, § 130 Anm. 2: ausdrücklich „Christen und Juden“; *Schwarz*, StGB, 6. Aufl. 1938, § 130 Anm. 1 nicht erwähnt, **anders noch** 2. Aufl. 1934 § 130 Anm. 1: „Juden und Christen“; *Schönke*, StGB, 1. Aufl. 1942, § 130 Anm. 2: nicht erwähnt, anscheinend **noch zweifelnd** in 5. Aufl. 1951, § 130 Anm. II, ab 8. Aufl. 1957 auch RG 32, 352–353 zitierend.

81 LK-*Ziegler*, 6. Aufl. 1944, § 130 Anm. 1.

82 Zum RG-Verständnis von Klasse, öffentlichem Frieden und Gefahr *Radbruch*, JW 1928, 2218.

83 So 1927 der Rechtsanwalt, Publizist und CV-Hauptvorstand *Eyck*, Rechtspflege, S. 42.

welche nach den Reformplänen zu § 130 gerade strafbar sein sollte[84]. Gleichermaßen verstanden einzelne Gerichte und Staatsanwälte nur dezidierte Aufrufe als gewaltanreizend[85] oder stellten sehr hohe Anforderungen an den Vorsatz[86]. Auf Betreiben des Centralvereins deutscher Staatsbürger jüdischen Glaubens (CV) erließ der preußische Justizminister 1922 eine jenen Tendenzen entgegenlaufende Anordnung, in der er die Staatsanwaltschaften ersuchte, mit Nachdruck gegen antisemitische Ausschreitungen vorzugehen, und darauf hinwies, daß Juden als Bevölkerungsklasse im Sinne des § 130 anzusehen seien[87]. Drei Jahre zuvor hatte schon der Erste Staatsanwalt beim Landgericht Berlin I in einem an die Polizeidirektionen gerichteten Fragebogen auf antisemitische Propaganda aufmerksam gemacht, die § 130 unterfalle[88].

Es deuten mithin subjektive Beobachtungen wie objektive Anhaltspunkte darauf hin, daß bereits in den 1920er Jahren Staatsanwaltschaften und Untergerichte[89] gewaltanreizende antisemitische Äußerungen durch engere Auslegung der Bestrafung nach § 130 entzogen bzw. geringen Strafen zuführten[90]. Daß

---

84 Vgl. CVZ 1923, 68 für einen Fall, in dem zunächst eingestellt wurde. Zu E 1930 vgl. oben 6. Kap. bei Fn. 59; zu E 1933 wählte *Gürtner* dieses Beispiel, vgl. *Schubert / Regge*, Quellen, Abt. 2, Bd. 2.2, S. 109.

85 *Walter*, Antisemitische Kriminalität, S. 191 f. *Petersen*, Zensur, S. 131 f. Vgl. Urteil in CVZ 1929, 360. Zur vorherigen Praxis s.o. 6. Kap. bei Fn. 41.

86 *Eyck*, Rechtspflege, S. 41–45, der dies anhand dreier Fälle aus Nürnberg (1926), Berlin (1922) und Königsberg (ohne Jahr) illustriert. Außer dem Berliner Fall (dazu auch CVZ 1922, 224) berichtete *Foerder*, Antisemitismus, S. 7 über einen aus Breslau (Anfang 1920er). 1894 schon *Fuchs*, Rechtsschutz, S. 45 f., 48.

87 Allgemeine Verfügung des preußischen Justizministers an die Generalstaatsanwälte v. 23.9.1922 (I 5260), abgedr. in: *Foerder*, Antisemitismus, S. 27 und CVZ 1922, 314. Vgl. *Paucker*, Antisemitismus, S. 77 f.; S. 45–61 zum CV, S. 79 Fn. 16 Verbesserungsvorschläge des Centralvereins für Schaffung eines neuen StGB, dazu auch *Beer*, Juden, S. 308; v.a. aber § 185 einschlägig; S. 81 f. – Auch das Bekleben von Häuserwanden mit Hakenkreuz-Flugzetteln hätte nach § 130 bestraft werden können, so jedenfalls *Foerder*, Antisemitismus, S. 18. – Ein ähnlicher Erlaß erging zuvor seitens des bayerischen Staatsministeriums, das allerdings nicht auf konkrete StGB-§§ hinwies, Abdruck in: CVZ 1922, 211.

88 Schreiben v. 29.11.1919, abgedr. in: Abwehrblätter 1919 (Bd. 29), 198.

89 Die Untergerichte vernachlässigt *Neusel*, Strafgerichtsbarkeit, S. 98 f., der nur auf das RG abstellt. Eine uneinheitliche Rechtsprechung zu § 130 auf instanzgerichtlicher Ebene vermutete hingegen zurecht *Petersen*, Zensur, S. 77. Aber auch das preußische OVG erkannte im Borkumlied keinen Verstoß gegen § 130 und damit gegen die öffentliche Ordnung im polizeirechtlichen Sinne, vgl. *Canditt*, Die Justiz 1925/26, 79–88 (87 f. zu § 130); *Heine*, CVZ 1925, 365–367; *o.V.*, CVZ 1926, 360 f.

90 Zu letzterem *Walter*, Antisemitische Kriminalität, S. 93 f., 96; *Paucker*, Abwehrkampf, S. 444. *Doskow / Jacoby*, Contemporary Jewish Record 1940, 498, 504. Die milden Strafen entsprangen entgegen *Niewyk*, Jews in Weimar, S. 75 wohl nicht dem Wider-

dies bereits systematisch geschah, war aber bei quantitativer Betrachtung nicht festzustellen. So geht aus der Kriminalstatistik weder hervor, wieviele der in den Jahren 1919 bis 1933 793 erfaßten rechtskräftigen Entscheidungen einen antisemitischen Hintergrund aufwiesen[91], noch wieviele aufgrund der engeren Auslegung mit Freispruch endeten. Auch ein Blick in die zwei großen, sich um die Abwehr antisemitischer Hetze bemühenden Medien C.V.-Zeitung (CVZ) und Abwehrblätter[92] führt nicht weiter, denn die Auswertung des Historikers *Niewyk* ergab für die Weimarer Zeit bloß 13 Prozesse anläßlich § 130[93]. Zwar wurden dort nur die bedeutsamen Fälle veröffentlicht[94], doch konnten und wurden nach der wertneutral formulierten Norm auch Gewaltaufreizungen, die nicht in antisemitischem Zusammenhang standen, beispielsweise kommunistisch geprägte Äußerungen[95], strafrechtlich geahndet. Insofern mag es mehrere Gründe für die absinkenden Verfahrenszahlen gegeben haben. Auch die Aussage, daß antisemitische Gewaltaufrufe bereits in der Weimarer Republik nicht mehr nach § 130 bestraft wurden, kann nicht vollends bestätigt werden[96]. Freilich dürften die bereits damals *vermehrt*, wenngleich *nicht systematisch*, vorgekommenen Verfahrenseinstellungen bzw. Freisprüche das Vertrauen insbesondere der jüdischen Bevölkerung in die Justiz erschüttert haben[97], zumal die erstinstanzliche Rechtsprechung nicht stets durch höhere Gerichte korrigiert wurde[98].

---

streben der Richter, aus den Rassisten Märtyrer zu machen, sondern vor allem der politischen Einstellung der Richterschaft, vgl. statt vieler *Paucker*, Antisemitismus, S. 77.

91 Die Norm war neutral gehalten und stellte ja gerade kein besonderes Schutzgesetz für eine einzelne gesellschaftliche Gruppe dar. – Zahlen laut Kriminalstatistik, vgl. 6. Kap. Fn. 83. Auch ohne 1933 verbleiben 708 Verfahren.

92 Näher zu diesen *Beer*, Juden, S. 143–147.

93 Von 321 Strafverfahren mit antisemitischem Hintergrund, vgl. Jewish Social Studies 1975, 101. – Ca. 2.000 Prozesse zu antisemitischen Äußerungsdelikten in der Weimarer Zeit schätzt *Walter*, Antisemitische Kriminalität, S. 89.

94 So schon der Verfasser der Studie, *Niewyk*, Jewish Social Studies 1975, 100 f.

95 Vgl. *Petersen*, Zensur, S. 107 f.; bspw. ein Urteil des AG Bottrop von 1933, in dem indes ein Bergmann vom Vorwurf, gegen die Arbeitgeber auzureizen, freigesprochen wurde, bei *Schorn*, Richter im Dritten Reich, S. 627.

96 Nicht akzeptiert wird sie von *Paepcke*, Antisemitismus, S. 130: Die Justiz habe bis 1933 mittels § 130 „die gröbsten Angriffe von der jüdischen Minderheit" abgewehrt, indes ohne Nachweis. Ferner *Beer*, Juden, S. 239. Unstimmig *Walter*, Antisemitische Kriminalität, S. 90 („Bestrafung nach § 130 reine Theorie") und S. 92 (Gerichte folgten wegweisendem RG-Urteil). – Näher zu den Debatten um die Sanktionierung antijüdischer Agitation *Jahr*, Ahndung.

97 Allg. *Levitt*, LBIYB 1991, 151–167 entgg. *Beer*, LBIYB 1988, 149, 160 f., 175; *ders.*, Juden, S. 303–305. Früher schon *Eyck*, Rechtspflege, S. 34.

98 *Levitt*, LBIYB 1991, 151, 163 bei Fn. 56; allgemein a.A. *Beer*, Juden, S. 254, 302.

Sofern zu den „polit. Gründen“, die für § 297 Abs. 3 ausschlaggebend waren, vor allem Verfahren wegen antisemitischer Gewalthetze gehörten, war die Vorschrift nicht mehr vordringlich, um solche den Nationalsozialisten unerwünschten Prozesse durch Eingreifen des Justizministers zu vermeiden. Die prozessuale Ausnahmemöglichkeit hätte wohl bloß dazu gedient, die inzwischen herrschende tatsächliche Rechtslage abzusichern, wie der Blick in die Kriminalstatistik und die Gesetzeskommentare zeigt: Ab 1934 wurden öffentliche Gewaltaufforderungen gegen die jüdische, aber auch gegen sonstige Bevölkerungsgruppen kaum mehr strafrechtlich geahndet[99].

3. Kollektivbeleidigung

Schließlich sah die Strafrechtskommission, anders als in den bisherigen Entwürfen, ein weiteres gruppenbezogenes Äußerungsdelikt[100] vor: die Kollektivbeleidigung. Die Kommission wollte es nicht mehr der Rechtsprechung überlassen, gegenüber welchen Personengesamtheiten beleidigende Äußerungen strafbar sein sollten[101]. Als Bestandteile des Volkes sollten sogenannte „Gemeinschaften“ beleidigungsfähig sein. Gegenüber der aktuellen Rechtslage ausweitend[102] fielen unter diesen Begriff Zusammenschlüsse, die „wegen ihrer Aufgaben im deutschen Volke nach gesundem Volksempfinden eine eigene Ehre besitzen“[103], beispielsweise einzelne Standarten innerhalb der SA oder SS, das Deutsche Rote Kreuz, die Betriebsgemeinschaft eines Unternehmens oder eine Gemeinde[104]. Nicht darunter gefallen wären freilich die jüdische

99 Eventuell spielte auch Druck der NSDAP auf die Rechtspflege (allg. *Majer*, „Fremdvölkische“, S. 627 637) oder eines der Amnestiegesetze (überblicksartig *Christoph*, Reichsamnestien, S. 367–369, *Schäfer*, Straffreiheit, S. 109–111 m.w.N.) eine Rolle.

100 Nur entfernt zählte ferner § 301 E 1936 (Böswillige Beunruhigung der Bevölkerung) dazu. Die Norm war an § 126 StGB (Androhung gemeingefährlicher Verbrechen) angelehnt und setzte voraus, dass eine Äußerung geeignet war, in der Bevölkerung Schrecken zu erregen (Begr. E 1936, in: *Schubert / Regge*, Quellen, Abt. 2, Bd. 1.2, S. 195), ohne notwendig gegen eine besondere Bevölkerungsgruppe gerichtet zu sein.

101 Zur Entwicklung, insb. mit Blick auf antisemitische Äußerungen *Beer*, Juden, S. 232–235. Zum damaligen Streitstand *Hirschberg*, Beleidigung, S. 58–63, 67–77.

102 Vgl. *Niethammer*, 94. Sitzung v. 9.1.1936, in: Schubert / Regge, Quellen, Abt. 2, Bd. 2.4, S. 207.

103 § 424 E 1936; vgl. auch § 432 nach Unterkommissionsprüfung der Beschlüsse 2. Lesung, in: BA R 3001/20876 Bl. 184, Berlin, 24.6.1936, Beschluß Nr. 52: „Gemeinschaften sind Zusammenschlüsse, die wegen der Aufgaben, die sie sich im Deutschen Volke gestellt haben, nach gesundem Volksempfinden eine eigene Ehre besitzen.“ Dazu *Waldow*, Ehrenschutz, S. 337 ff.

104 Begründung zum E 1936, in: *Schubert / Regge*, Quellen, Abt. 2, Bd. 1.2, S. 260; Diskussion in 2. Lesung, Prot. in: Schubert / Regge, Quellen, Abt. 2, Bd. 2.4, S. 202 f.,

Bevölkerung, wie es einem Vorschlag des CV entsprochen hätte, um antisemitische Äußerungen verstärkt unter Strafe zu stellen[105].

In der Schlußsitzung am 31. Oktober verabschiedete die Gesamtkommission den Entwurf. Er wurde, mit ausführlicher Begründung versehen, am 2. Dezember im Reichskabinett eingebracht[106]. Damit war es der Kommission gelungen, innerhalb von drei Jahren aus einem Referentenentwurf eine kabinettsreife Vorlage zu erarbeiten. Indes wurde die Kollektivbeleidigung nach zwischenzeitlicher Ausweitung[107] wieder fallengelassen und fand keinen Eingang in die nachfolgenden Entwürfe[108].

IV. Beratungen des Entwurfs im Reichskabinett und deren Scheitern

1. Entwurf vom Dezember 1936

Der Kabinettsentwurf selbst blieb unveröffentlicht[109]. Nur die Ergebnisse wurden in den aktualisierten „Bericht(en) über die Arbeit der amtlichen Strafrechtskommission“ sowie in den von *Gürtner* und *Freisler* herausgegebenen „Grundsätzliche(n) Gedanken zum Geleit“ der Allgemeinheit unterbreitet[110]. Der Straftatbestand der Volksverhetzung (§ 297) sollte nach Vorstellung der Verfasser § 275 ergänzen, welcher die „Gefährdung des Vertrauens zur Volksführung“ unter Strafe stellte und inhaltlich die Tatbestände des Heimtückegesetzes in das Strafgesetzbuch überführte[111]. Insbesondere dann müsse die

207 f., 210–212, 215 f., 218 f.; 222–226, 380 f. – Die Vorschrift hätte bei Streichung der spezielleren „Beschimpfung einer Religionsgesellschaft“ den Schutz derselben sogar erweitert, vgl. Unterkommission für die Überprüfung der Beschlüsse 2. Lesung v. 28.2.1936, BA R 3001/20875 Bl. 28.

105 Vgl. *Paucker*, Antisemitismus, S. 78–80; *Beer*, Juden, S. 250 f. *Walter*, Antisemitische Kriminalität, S. 193–199; *Hirschberg*, Beleidigung, S. 72–75.

106 Übersendungsschreiben der Kabinettvorlage vom Reichsminister der Justiz v. 2.12.1936 in: BA R 3001/20854 Bl. 291–293. Abdruck des Entwurfs in: *Schubert / Regge*, Quellen, Abt. 2, Bd. 1.1, S. 409–468, Begründung ebd., Bd. 1.2, S. 1–296.

107 § 424 E Juni 1938: „Auch Gemeinschaften sind in ihrer Ehre geschützt“.

108 D.h. jene von 1939, vgl. *Gruchmann*, Justiz, S. 816 sowie zur Vorgeschichte S. 787, 809 f., 815; zur zeitgenössischen Diskussion *Krug*, Ehre, S. 47–49 m.w.N., *Dahm*, in: Gürtner, Das kommende Strafrecht, BT, 2. Aufl. 1936, S. 418 f.

109 *Schmidt*, Strafrechtspflege, S. 450 f.

110 *Gürtner*, Das kommende Strafrecht, AT, 2. Aufl. August 1935 und BT, 2. Aufl. Mai 1936. *Gürtner / Freisler*, Das neue Strafrecht, 1. u. 2. Aufl. 1936 (identisch).

111 Begründung zum E 1936, aaO., S. 184.

Volksverhetzung Platz greifen, wenn „eine hetzerische Äußerung das Vertrauen zur Volksführung nicht gefährdet“[112].

Der *Reichsjustizminister* hoffte, das Strafgesetzbuch alsbald verabschieden zu können. Doch nachdem *Frank* sich wegen seiner Bedenken an die Reichskanzlei gewandt hatte, versetzte der *Staatssekretär und Chef der Reichskanzlei* diesen Erwartungen einen Dämpfer. Brieflich teilte er Gürtner Ende Dezember 1936 mit, daß der Führer „auf Grund nachträglicher Erwägungen“ den 30. Januar 1937 nicht für einen für die Verkündung geeigneten Termin halte, da noch eingehende Vorberatungen „unumgänglich nötig“ seien und die Beratungen im Reichskabinett bis dahin unmöglich erledigt werden könne[113]. Das Kabinett beschloß daraufhin in der Sitzung am 26. Januar lediglich, den Entwurf auf die Tagesordnung der kommenden Sitzungen zu setzen[114].

Die Beratungen, die mit längeren Unterbrechungen bis Ende 1937 abgehalten wurden und zu mehreren Teilneufassungen (März, Mai, Juni, Oktober 1937) führten, umfaßten lediglich die §§ 1–214 des Entwurfs[115]. Sie machten mithin vor der dritten Gruppe „Schutz der Volksordnung“ (§§ 274 ff.) halt. Eine für Juni 1938 geplante Beratung, für die der Entwurf abermals neugefaßt worden war[116], fiel aus. Da es nicht gelang, den Entwurf zu verabschieden, ordnete die Reichskanzlei auf Bitten Gürtners die schriftliche Beratung im Umlaufverfahren an. Während die übrigen Minister und Dienststellen der Vorlage bis Februar 1939 zustimmten, äußerte *Frank* zahlreiche Änderungswünsche[117], welche auch die Volksverhetzung betrafen[118]. Diese begannen bei der Systematik, an

---

112 Begründung zum E 1936, in: *Schubert / Regge*, Quellen, Abt. 2, Bd. 1.2, S. 184.

113 Brief des Staatssekretärs und Chefs der Reichskanzlei an Reichsjustizminister *Gürtner* v. 22.12.1936, in: BA R 3001/20853 Bl. 321.

114 *Schubert / Regge*, Quellen, Abt. 2, Bd. 1.1, S. XVI; Gruchmann, Justiz, S. 791–795.

115 D.h. bis zur 2. Gruppe „Schutz der Volkskraft“, 9. Abschnitt „Angriffe auf die Sittlichkeit“, vgl. Niederschrift Beratung des Reichskabinetts v. 9.12.1937, in: *Schubert / Regge*, Quellen, Abt. 2, Bd. 1.2, S. 623 f.

116 Entwurf zur Kabinettssitzung im Juni 1938, in: BA R 3001/20855, Bl. 224 ff. Abdruck in: *Schubert / Regge*, Quellen, Abt. 2, Bd. 1.2, S. 439 ff. – § 297 war gegenüber dem E 1936 nur in Abs. 2 gering verändert worden. Dem Geistlichen wurde „ein anderer Religionsdiener“ gleichgestellt, der „öffentliche“ in den „Volksfrieden“ und „Angelegenheiten des Staates“ in „öffentliche“ umgewandelt (wie in Abs. 1) sowie „zum Gegenstand seiner Erörterung macht“ zu „erörtert“ vereinfacht (vgl. ebd., S. 476). Vgl. auch die Änderungsvorschläge an E 1936 (Kabinettsvorlage) ohne Datum in BA R 3001/20854 Bl. 367 f.: Abs. 2 geringfügig sprachlich gekürzt, anstelle „ [...] oder in Zusammenhang mit seinem Beruf [...].“: „ [...] in Zusammenhang damit [...]“; statt „zum Gegenstand seiner Erörterung macht“ „erörtert“.

117 *Schubert*, in: Schubert / Regge, Quellen, Abt. 2, Bd. 1.1, S. XVI.

118 Stellungnahme *Franks* v. 30.9.1938 zu den im Kabinett noch nicht beratenen §§ 287–483 des Entwurfs, in: BA R 3001/20855 Bl. 298 ff., 311 f., 313–315 zur Volksverhetzung. Einleitende Stellungnahme abgedr. in: *Schubert*, Ausschüsse für

der es insbesondere zwei Aspekte auszusetzen gebe. Erstens werde der Kabinettsentwurf dem Unrechtsgehalt des „politisch höchst bedeutsamen Verbrechen(s)" Volksverhetzung insofern nicht gerecht, als er es mit gänzlich unpolitischen Delikten zusammenfasse. Zweitens dürfe der Schutz des inneren *Friedens* aufgrund eben dieses politischen Charakters nicht unter den aus dem Polizeirecht stammenden Begriff der öffentlichen *Ordnung* gestellt werden. Stattdessen sollten Volksverhetzung, Teilnahme an staatsfeindlichen Verbindungen und Geheimbündelei in den zu bildenden Abschnitt „Störung des Volks*friedens*" innerhalb der ersten Gruppe „Schutz des Volkes" positioniert werden, d.h. in systematischem Zusammenhang mit Hoch- und Landesverrat und Angriffen auf die Ehre des deutschen Volkes.

Bei der Vorschrift selbst bestand Frank auf Wiedereinfügung der Friedensklausel, um „unbedeutende Gelegenheitsmeckereien" auszuscheiden und den ersten an den zweiten Absatz anzugleichen, der diese Formel enthielt. Da das strafbewehrte Verhalten vor allem die Einheit des Volkes gefährde, empfahl Frank folgende Fassung: „Wer Einheit und Frieden des Volkes dadurch gefährdet, daß [...]". Dadurch würde ferner das nicht eindeutige Verhältnis von § 297 Abs. 1, 2. Var. zu § 126 (Gefährdung des Vertrauens zur Volksführung, früher: § 275) erhellt sowie eine mißbräuchliche Anwendung vermieden. – Die Formulierung würde sich in eine Reihe in den Kabinettsentwurf aufgenommener ausfüllungsbedürftiger Formeln, v.a. des Volksempfindens, problemlos einreihen[119]. Absatz 2 sehe er vorzugsweise durch eine allgemeine, strafschärfende Vorschrift für „Träger höherer Verantwortung" nach dem Vorbild des § 341 E 1936[120] ersetzt oder wenigstens als Erschwerungstatbestand für Amtsträger, Schriftleiter und Religionsdiener ausgestaltet. Schließlich solle die Verbreitung hetzerischer Schriftstücke ausdrücklich unter Strafe gestellt werden, wie es in § 130a Abs. 2 des geltenden Rechts der Fall sei. Demnach schlug Frank vor, § 297 folgendermaßen zu fassen:

> „Wer Einheit und Frieden des Volkes dadurch gefährdet, daß er öffentlich einen Teil der Bevölkerung gegen einen anderen aufhetzt oder öffentlich Angelegenheiten hetzerisch erörtert, wird mit Gefängnis bestraft.

Strafrecht, S. 212–215. – Redigiert sein worden dürfte die Stellungnahme allerdings von Franks Amtsstellenleiter Barth, vgl. *Schubert*, ebd., S. XI Fn. 3 und S. XV.

119 Vgl. Begründung, in: *Schubert / Regge*, Quellen, Abt. 2, Bd. 1.2, S. 3.

120 § 341 E 1936: Strafschärfung bei Amtsmißbrauch: Begeht ein Amtsträger des Staates, ein höherer Amtsträger der Partei, ein Soldat oder ein Angehöriger des Reichsarbeitsdienstes in oder bei Ausübung des Dienstes eine vorsätzliche Straftat, [...], so ist der Mißbrauch [...] bei der Bemessung der Strafe strafschärfend zu berücksichtigen.

> Ebenso wird bestraft, wer vorsätzlich zur Verbreitung einer hetzerischen Schrift, Schallaufnahme oder bildlichen Darstellung beiträgt.
>
> In besonders schweren Fällen, insbesondere wenn ein Amtsträger, ein Schriftleiter oder ein Religionsdiener eine solche Handlung im Zusammenhang mit seinem Beruf begeht, ist die Strafe Zuchthaus oder Gefängnis nicht unter drei Monaten.“

Der Vorschlag sah mithin nicht vor, daß der Justizminister die Strafverfolgung aussetzen konnte. *Gürtner* ging auf viele der Vorschläge Franks ein[121] und ließ anschließend im Reichsjustizministerium den Entwurf zum April 1939 neufassen[122]. Bei der Volksverhetzung aber war man Franks Vorstellungen nicht entgegengekommen. Die als einschränkende Voraussetzung gewünschte Friedensgefährdung enthielt § 298 E April 1939 nicht, während die Anordnungsbefugnis des Reichsjustizministers bestehen bleiben sollte. Ferner war eine Subsidiaritätsklausel eingefügt worden, falls die Tat „nach einer anderen Vorschrift mit schwererer Strafe bedroht ist“. Für besonders schwere Fälle sah die Vorschrift Zuchthaus vor, ohne Beispielsfälle zu nennen. Die Strafrahmenslockerung war insofern typisch für die Entwürfe des Jahres 1939, als man der richterlichen Bewertung größeres Vertrauen entgegenbrachte, was aber zugleich zulasten der Rechtssicherheit gehen mußte[123]. Der vormalige Absatz 2 fand sich separat davon in § 299 wieder. Er enthielt ebenso eine Subsidiaritätsklausel und eine Anordnungsbefugnis zugunsten des Reichsjustizministers. Das Verhältnis beider Vorschriften wurde aber nicht geklärt, wie es Frank vorgeschwebt hatte. Denn § 299 sah für Religionsdiener keine grundsätzliche Strafschärfung vor – sie war allenfalls über den „besonderen Fall“ in Absatz 2 zulässig –, was die für Frank bedenkliche Auslegung nahelegte, daß Religionsdiener gegenüber anderen Tätern scheinbar bessergestellt waren, wenn sie nicht in Zusammenhang mit ihrem Beruf handelten[124]. Zuzustimmen ist ihm insofern, als für den Kanzelmißbrauch seit dem Entwurf erster Lesung von 1934/35 stets eine schärfere Strafe vorgesehen war als für die Volksverhetzung seitens solcher Personen, die keine Religionsdiener waren; erst im Kabi-

---

121 *Schubert*, in: Schubert / Regge, Quellen, Abt. 2,. Bd. 1.1, S. XVII.

122 Entwurf eines Deutschen Strafgesetzbuchs vom April 1939, in: BA R 3001/20855, Bl. 491 ff., Bl. 419v: § 298 (= § 297 Abs. 1 der Kabinettsvorlage vom Juni 1938).

123 Für weitere unbenannte Strafschärfungsgründe im E Dezember 1939 vgl. *Lüken*, NS, S. 172–174.

124 Worin lag sonst bei gleichem Strafrahmen der Normzweck? – So *Frank*, s.o. Fn. 118, Bl. 313 f., der zudem § 297 Abs. 2 durch das Merkmal „friedensgefährdender Erörterungen“ gegenüber der „hetzerischen Erörterung“ des Abs. 1 als restriktiver wahrnahm (denn nicht jede hetzerische Erörterung sei schon friedensgefährdend, Bl. 314).

nettsentwurf 1936 wurde der gleiche Strafrahmen vorgesehen, was in erster Linie auf die Verschärfung des Absatzes 1 zurückzuführen sein dürfte[125].

Bis Ende des Jahres erschienen zwei weitere Entwürfe in den Monaten Juni und Dezember. Hinsichtlich der Volksverhetzung brachten sie aber keine Änderungen mit sich[126].

2. Der Entwurf von 1939 als letzter Inkraftsetzungsversuch

Mit der Absicht, den aufrechterhaltenen Einspruch Franks zu umgehen, schlug *Gürtner* vor, den neugefaßten Entwurf vom Dezember 1939 durch den zu Kriegsbeginn gebildeten „Ministerrat für die Reichsverteidigung" verabschieden zu lassen. Dieser Plan schien aufzugehen, wie das Einverständnis des Ratsvorsitzenden *Göring* vermuten läßt. Zunichte gemacht wurde diese Hoffnung jedoch durch das Veto *Hitlers*, der eine Verabschiedung auf dem ordentlichen Gesetzgebungsweg für richtig hielt und zudem die Wahl des Zeitpunkts anzweifelte[127].

Zwar wurde weder die Gesamtreform umgesetzt noch Änderungen an § 130 RStGB im Wege der Einzelgesetzgebung vorgezogen[128]; bemerkenswerterweise wurde die Vorschrift in der Kommentarliteratur teilweise bereits als Volksverhetzung bezeichnet[129].

C) Résumé

Wie die Weimarer Republik aufhörte, so begann die „Machtergreifung" der Nationalsozialisten: mit reichspräsidialen Notverordnungen zur Sicherung und Festigung der Herrschaft. In einer der ersten, der sog. Schubladenverord-

---

125 Vgl. die einzelnen Fassungen, s.o. Fn. 57.

126 Vgl. Gegenüberstellung in: *Schubert / Regge*, Quellen, Abt. 2, Bd. 1.2, S. 505, 507: §§ 298, 299 Juni 1939 wie §§ 303, 304 Dez. 1939 – ersterer entspricht § 297 Abs. 1, letzterer § 297 Abs. 2 des E Juni 1938, vgl. Gegenüberstellung, ebd., S. 581 f.; §§ 303, 304 v. Dez. 1939, ebd., S. 517 ff., 554.

127 Näher dazu *Gruchmann*, Justiz, S. 810–822.

128 Möglicherweise subsumierte die Rechtsprechung ein an sich § 130 StGB unterfallendes Verhalten unter härtere Vorschriften wie § 5 Abs. 1 Nr. 1 VO über das Sonderstrafrecht im Kriege vom 17.8.1938 (RGBl. 1939 I, S. 1455). So faßte nach *Schroeder*, Staat und Verfassung, S. 173 das Reichskriegsgericht die Aufreizung zum Klassenhaß als mittelbare Schädigung des Wehrwillens auf, nämlich dann, wenn die Äußerung geeignet war, das Vertrauen in die Kriegsführung zu untergraben, *den Gemeinschaftsgeist zwischen den verschiedenen Schichten der Bevölkerung* und zwischen Altreich und Ostmark *zu zerstören* und damit den Willen zur wehrhaften Selbstbehauptung zu zersetzen, vgl. Urteil v. 22.2.1940, in: Zeitschrift für Wehrrecht 1940/41 [Bd. 5], S. 291 f.

129 So durch *Niethammer*, in: v. Olshausen, StGB, 12. Aufl., 2. Lfg., 1943, 7. Abschnitt (S. 550).

nung[130], fand sich auch eine an den Normvorschlag des E 1927 angelehnte Vorschrift wieder, welche die für § 130 vorgesehene Strafe verschärfte.

Auch wenn offiziell die strafrechtliche Reformarbeit des Nationalsozialismus als Abwendung vom liberalen StGB und von den Reformarbeiten galt[131], finden sich neben der ideologischen Anpassung auch vielfältige Traditionen, denen die Strafrechtskommission in ihrer Arbeit folgte. Die These vom totalen Bruch zwischen der Reformbewegung vor 1933 und der faschistischen Justiz[132] muß schon aufgrund der teilweisen personellen Kontinuität ihrer Träger angezweifelt werden[133]. Aber auch sachlich lag dem E 1933, wenngleich vielfältig umgearbeitet, der E 1927 zugrunde, und in den amtlichen „Berichten" finden sich zahlreiche Verweise auf Arbeiten aus der Weimarer Republik[134]. Was § 130 betraf, wurden allerdings die in der Weimarer Zeit getroffenen Überlegungen verworfen: Während die „Anreizung zum Klassenkampf" aufgrund des unbestimmten Wortlauts und der damit verbundenen Auslegungsprobleme in den Entwürfen der 1920er Jahre weggefallen war, sollte das Bevölkerungshetzeverbot in den 1930ern wieder eigenständig normiert werden.

Mag es auf den ersten Blick verwundern, daß die „Volksverhetzung" gerade in der Zeit des Nationalsozialismus wieder in den Strafgesetzentwürfen auftauchte, so erweist sich dies bei genauerem Hinsehen als folgerichtig. Denn das Strafrecht im nationalsozialistischen Staat sollte „den Schutz des Volkes in den Mittelpunkt stellen"[135]. Unter diesem Gesichtspunkt rückte in den nationalsozialistischen Reformüberlegungen auch die Volksverhetzung zunächst in den Vordergrund – durch die Nationalsozialistischen Leitsätze unter *Franks* Leitung wie auch durch Frank selbst. Es gelte jeden Zersetzungsversuch, der die innere Einheit und damit die völkische Aufgabenerfüllung angreife, strafrechtlich zu bekämpfen. Eingriffe in die Arbeit der nationalsozialistischen Volksführung, beispielsweise durch Störungen des inneren Friedens, seien

---

130 Vgl. *Koszyk*, Deutsche Presse 1914–1945, Bd. 3, S. 354.

131 Einleitung der Begründung zum E 1936, in: *Schubert / Regge*, Quellen, Abt. 2, Bd. 1.2, S. 1–7.

132 Erhoben u.a. von G. *Schmidt*, DRiZ 1972, 371, 375 f.; *Schmidt*, Strafrechtspflege, S. 408.

133 Vgl. *Jelowik*, Strafrechtsreform, S. 44–46. *Gruchmann*, Justiz, S. 789 f. Zu Kontinuitätslinien allgemein *Vormbaum*, 130 Jahre Strafgesetzgebung, S. 457–464.

134 *Schubert*, in: Schubert / Regge, Quellen, Abt. 2, Bd. 1.1, S. XIII; *Lüken*, NS, S. 294.

135 *Freisler*, in: Kerrl, Denkschrift, S. 9 sowie ebd., S. 138. *Ders.*, in: Gürtner, Das kommende Strafrecht, AT, S. 12; BT, 2. Aufl. 1936, S. 30 f.; *Frank*, Leitsätze, Bd. 1, S. 11, Bd. 2, S. 12. „Gemeinnutz geht vor Eigennutz" prägte sowohl das NSDAP-Parteiprogramm (Punkt 24) als auch den Vorspruch des E 1936.

„*schwerster* Treuebruch“[136]. Teilweise ähnlich überhöht wurde die Bedeutung der Norm in den Debatten der amtlichen Strafrechtskommission um ihre systematische Einordnung[137]. Sowohl in der Erweiterung um die „hetzerische Erörterung“[138] als auch in der Klassifizierung als „politisch höchst bedeutsame(s) Verbrechen“[139] spiegelte sich die für totalitäre Regime typische Furcht vor nonkonformen Äußerungen[140]. In den Entwürfen von 1939 wurde diese Einschätzung allerdings durch die Subsidiaritätsklausel wieder zurechtgerückt, in der die untergeordnete Bedeutung der geplanten Vorschrift zum Ausdruck kam. Gering war auch die praktische Relevanz des geltenden § 130: nach 1933 gab es kaum noch Verfahren wegen Verstoßes gegen das „Klassenkampfverbot“[141].

Der Volksfrieden sollte, vorgeblich im Gegensatz zum geltenden Recht, des Volkes wegen geschützt werden, um das Volk „zu einer wahren Volksgemeinschaft“ zusammenwachsen zu lassen[142]. Durch Aufnahme der norwegischen Formulierung – „wer öffentlich [...] einen Teil der Bevölkerung gegen einen andern aufhetzt“ – sollten ebenso einzelne Volksteile wieder in den Schutz miteinbezogen werden[143]. Zugleich sollte die Norm dem Schutz des religiösen Friedens dienen, wodurch der Schutz des religiösen Gefühls des Einzelnen gegenüber dem geltenden Recht abgeschwächt sei[144].

Zwar kehrten die Entwurfsverfasser zu einer eigenständigen Bestimmung zurück, welche die Agitation gegen einzelne Volksteile bestrafte. Allerdings sanktionierte sie – ganz im Sinne des Gefährdungsstrafrechts – in Anlehnung an den Kanzelparagraphen bereits die „hetzerische Erörterung“ und nicht erst die Anreizung zu Gewalttätigkeiten. Vorgesehen war eine Vorschrift, die noch unbestimmter war als die geltende (vgl. „aufhetzt“ und „zu Gewalttätigkeiten

---

136 *Frank*, Leitsätze, Bd. 2, S. 99 f. Der „Treuebruch“ ist im Zusammenhang mit der nationalsozialistischen Konzeption von Straftaten als Treuebruch gegen die Volksgemeinschaft zu verstehen, vgl. bspw. ebd. Bd. 1, S. 11–13.

137 S.o. B) bei Fn. 45 zur Frage, in welchen Abschnitt die Norm einzustellen sei.

138 In der Denkschrift, S. 61 war die Norm zunächst auf die Erörterung „staatlicher“ Angelegenheiten beschränkt, was dem hervorgehobenen Zweck des Staatsschutzes entsprach, *Schroeder*, Staat und Verfassung, S. 167.

139 *Frank* in seiner Stellungnahme, s.o. Fn. 118.

140 So schon wegen ersterem *Schroeder*, Staat und Verfassung, S. 167.

141 S.o. Fn. 75.

142 *Leimer*, in: Gürtner, Das kommende Strafrecht, BT, 1. Aufl., S. 198.

143 Vgl. u.a. *Leimer*, in: Gürtner, Das kommende Strafrecht, BT, 1. Aufl., S. 204.

144 *Klee*, DStrR 1938, 145, 148.

anreizt“)[145] – Auslegungsschwierigkeiten waren aber gerade einer der beiden Gründe für das in der Weimarer Zeit vorgeschlagene Aufgehen in der Aufforderung zu strafbaren Handlungen gewesen. Wie in § 171 E 1930 sollte zwar die „Friedensgefährdung“ wegfallen; aber auch insofern wurde nicht auf die Überlegungen der Weimarer Zeit – Schwierigkeiten bei der Auslegung – zurückgegriffen. Vielmehr müsse dieses Tatbestandsmerkmal entfallen, da es eine unerwünschte einschränkende Auslegung erlaube. Integriert wurde jeweils in Absatz 2 zunächst auch der geltende Kanzelparagraph § 130a, indem die Begehung durch Religionsdiener sowie Amtsträger ein strafschärfendes Sonderdelikt bzw. einen besonders schweren Fall darstellen sollte. Nach den Entwürfen von 1939 sollte der Kanzelmißbrauch jedoch wieder verselbständigt werden.

Um politisch unliebsame Verfahren zu vermeiden, war zugunsten des Reichsjustizministers eine entsprechende Anweisungsbefugnis vorgesehen. Hinsichtlich der bestehenden Vorschrift kamen allerdings Staatsanwaltschaft und Rechtsprechung dem in der Weimarer Zeit teilweise zuvor, indem sie sich entgegen früherer Vorgehensweise engstmöglich am Wortlaut hielten oder sich der „sophistische(n) Verteidigungsart“[146] einiger Angeklagter bedienten, insbesondere den Rassenbegriff heranzogen und dadurch jüdischen Staatsbürgern den Schutz nach § 130 versagten. Freilich hätte auch mit einem weit ausgelegten § 130 nicht *die* „ultimative Waffe“ gegen Antisemitismus bereit gestanden[147], und auch Teile der jüdischen Bevölkerung standen dem skeptisch bis ablehnend gegenüber[148].

Entgegen früheren Entwürfen[149] sollte im E 1936 auch die Beleidigung von Personenmehrheiten geregelt werden. Das alsbald wieder aufgegebene Vorhaben ist insofern erwähnenswert, als es auch Meinungsäußerungen gegenüber

---

145 Zur Unbestimmtheit besonders im E 1936 *Lüken*, NS, S. 55 f.

146 *Lazarus*, CVZ 1924, 687.

147 So allg. zur strafrechtlichen Verfolgung *Levy*, Downfall, S. 158; *Levitt*, LBIYB 1991, 151, 166 f.; *Beer*, LBIYB 1988, 149, 175. Eine wirksame Dämpfung der „wütenderen Propagandisten“ erwarteten *Doskow / Jacoby*, Contemporary Jewish Record 1940, 498, 503 von den klarstellenden RG-Urteilen (oben Fn. 73 f.). – Indes ging es den Abwehrvereinen nicht allein um strafrechtliche Verfolgung, sondern auch um Aufklärung und sonstige Unterstützung jüdischer Bürger, vgl. *Reichmann*, Centralverein, S. 71.

148 *Wiener*, Im deutschen Reich 1919, 289, 299, lehnte es ab, wegen jeder Beleidigung vor die Gerichte zu ziehen und warnte davor, dadurch aus den Tätern Märtyrer zu machen; vgl. auch *Auerbach*, Judenhetze, S. 9 der vor besonderen Schutzgesetzen für die jüdische Minderheit warnte, da sie der Nationenbildung schadeten.

149 Vgl. *Schäfer*, 94. Sitzung der Strafrechtskommission v. 9.1.1936, Prot. in: Schubert / Regge, Quellen, Abt. 2, Bd. 2.4, S. 218 f.

Bevölkerungsgruppen strafrechtlich begrenzen sollte. So sollte eine eigene Vorschrift ausdrücklich feststellen, daß neben Volk und Familie auch Gemeinschaften in ihrer Ehre geschützt seien. Allerdings fand weder mit noch ohne diese Regelung nach nunmehr vierzig Jahren die Strafrechtsreform zu ihrem Abschluß.

Achtes Kapitel: Reformdiskussion und Gesetzgebung nach 1945

Nach dem Ende des NS-Regimes übten zunächst die vier Besatzungsmächte die oberste Regierungsgewalt aus. Das einzige gemeinschaftliche Staatsorgan war der Alliierte Kontrollrat. Als ersten bedeutsamen Rechtsakt erließ er am 20. September 1945 das Kontrollratsgesetz Nr. 1, welches die deutschen Gesetze von nationalsozialistischen Einflüssen befreien sollte[1], was aber nur lückenhaft gelang[2].

§ 130 StGB war zwar in seiner Auslegung deutlichen Schwankungen unterlegen, aber sein Wortlaut war seit Schaffung des Reichsstrafgesetzbuchs unverändert, die Vorschrift mithin von den Entnazifizierungsbemühungen nicht betroffen. Vielmehr wurde sie als eine der Vorschriften auserkoren, um neuerliche antisemitische Äußerungen strafrechtlich zu ahnden. Indes sollte sich diese Zielrichtung als kritisch erweisen, wollte man doch kein Gesetz schaffen, welches eine einzelne Gruppe aus der Bevölkerung heraushob und deswegen als Sondergesetz zu deren Schutz aufgefaßt werden könnte. In ihrer hergebrachten Fassung war die Vorschrift jedenfalls „praktisch wenig bedeutsam[...]“[3], so daß man vereinzelt auch über eine Abschaffung der Vorschrift nachdachte.

A) Gesetzgeberische Reaktionen auf die antisemitische Hetze: Vom Klassenkampf- zum Volksverhetzungsverbot

I. Landesgesetzliche Vorläufer

In den ersten Nachkriegsjahren gab es außer dem Alliierten Kontrollrat kein Organ, das für Gesamtdeutschland Entscheidungen treffen konnte. So machten vereinzelt die Länder von ihren Kompetenzen Gebrauch. Unmittelbar nach Kriegsende ergingen zunächst in Berlin und Bayern Gesetze gegen Hetze. Sehr allgemein gehalten bestrafte das Gesetz Nr. 8 des Berliner Kontrollrats nationalsozialistische Propaganda oder Agitation aller Art[4]. Näher aufgrund der Zielrichtung *und* seiner Struktur und daher „unmittelbarer landesrechtlicher Vorläufer des § 130 n.F.“[5] war eine Vorschrift, die die bayerische Landesregierung mit Zustimmung der amerikanischen Militärregierung am 13. März

---

1 *Welp*, Strafgesetzgebung in der Nachkriegszeit, S. 139, 141 f. Zur Aufhebung nationalsozialistischer Gesetze *Etzel*, Aufhebung.

2 *Eisenhardt*, Rechtsgeschichte, Rn. 677

3 BT-Drs. 918/3. Wahlperiode, S. 2 und öfters in späteren Entwürfen.

4 Vgl. *Lömker*, Abwertung, S. 20–23. Bsp. aus der Rspr.: BGH JR 1964, 305 f.

5 So schon *Krone*, Volksverhetzung, S. 14; S. 14–16 mit Einzelheiten zur Entstehung.

1946 erlassen hatte. Art. 1 des Gesetzes Nr. 14 gegen Rassenwahn und Völkerhaß lautete:

> „Wer durch Äußerungen oder Handlungen des Rassenwahns oder Völkerhasses die Bevölkerung beunruhigt und dadurch die öffentliche Ordnung und Sicherheit gefährdet, wird mit Gefängnis bestraft, sofern nicht nach anderen Strafgesetzen eine schwerere Strafe verwirkt ist.“[6]

Da nach Art. 2 die Verfolgung nur mit Genehmigung des Ministerpräsidenten zulässig war, fand das Gesetz jedoch kaum Anwendung[7]. Der Gedanke wurde nachfolgend immerhin auch in Art. 119 der bayerischen Landesverfassung aufgenommen. Ebenso sahen die Verfassungen einzelner anderer deutscher Länder ein entsprechendes Verbot vor[8]. Dagegen wurde für das Grundgesetz eine entsprechende Feststellung, die sich dem Grundrecht auf Meinungsfreiheit anschließen sollte, abgelehnt[9].

II. Strafrechtliche Novellen der Fünfziger Jahre

Mit Ausfertigung und Verkündung des Grundgesetzes am 23. Mai 1949 fiel das Strafrecht gemäß Art. 74 Nr. 1 GG[10] in die konkurrierende Gesetzgebung, welche der Bund auch in Anspruch nahm[11]. Bereits im folgenden Jahr kündigte der erste Bundesjustizminister, *Thomas Dehler*, im Bundestag an, die Strafrechtsreform fortzusetzen[12]. Allerdings verging erneut ein großer Zeitraum, bis der nächste Gesetzentwurf vorgelegt wurde. Nach den Worten *Lackners* war bis dahin „bewußt darauf verzichtet“ worden, „selbst verhältnismäßig dringliche Reformwünsche im Wege der Novellengesetzgebung zu befriedigen“[13]. Doch die Neugestaltung des § 130 StGB erschien sowohl der Bundesregierung als auch den Fraktionen von SPD und CDU/CSU derart dringlich, daß sie sie dem Bundestag verschiedene Änderungsvorschläge einreichten.

Nicht einem gewaltsamen Widerstreit der Bevölkerungs*klassen*, sondern unterschiedlicher Bevölkerungs*gruppen* und damit insbesondere einem wiederer-

---

6 Bayer. GVBl. 1946, S. 137.

7 *Krone*, Volksverhetzung, S. 15 Fn. 2; *Paepcke*, Antisemitismus, S. 141.

8 Vgl. *Römer*, Abwertung, S. 21.

9 Vorschlag des Abgeordneten *Paul*, vgl. Sten. Ber. über die Verhandlungen des Ausschusses für Grundsatzfragen, S. 50, 52 (zit. n. *Krone*, S. 16).

10 Seit 1994: Art. 74 *Abs. 1* Nr. 1 GG.

11 Nicht behandelt wird die weitere Entwicklung in der SBZ und der DDR, da sie sich auf § 130 nicht auswirkte. Im DDR-StGB waren es v.a. § 92, der ausweislich der Überschrift „Faschistische Propaganda, Völker- und Rassenhetze“ sanktionierte und damit Art. 6 der Verfassung umsetzte, wonach die Bekundung von Rassenhaß ein Verbrechen im Sinne des StGB darstelle (vgl. *Hoffmeyer*, in: BA Koblenz, B 141-25408 Bl. 4).

12 Sten. Prot. BT, 83. Sitzung v. 12.9.1950, S. 3105.

13 *Lackner*, JZ 1960, 437.

starkenden Antisemitismus sollte auch strafrechtlich beigekommen werden. Seit 1949 waren wiederholt Gräber jüdischer Verstorbener geschändet und antisemitische Äußerungen bekannt geworden, weshalb die Mitglieder aller NRW-Landtagsfraktionen befürchteten, daß „antijüdische(r) Geist“ wieder erwache[14]. „Reaktionäre, nationalistische, neofaschistische und [...] antidemokratische Bestrebungen“[15] wie die *Hedler*-Affäre veranlaßten sowohl die SPD-Bundestagsfraktion als auch die CDU/CSU-geführte Bundesregierung, strafrechtsändernde Gesetzentwürfe vorzulegen[16]. Für eine solche Ausweitung sei § 130 prädestiniert, da er dem spezifischen Unrechtswert der bislang bekanntgewordenen antijüdischen Ausschreitungen am meisten gerecht werde[17]. Zwar konnten die Gerichte bereits auf Grundlage der bestehenden Bestimmung gewaltanreizende antisemitische Äußerungen strafrechtlich ahnden[18], jedoch endeten in den 1950er Jahren nur drei Fälle mit Verurteilungen[19]. Dies mochte auch dadurch bedingt sein, daß solche Geisteshaltungen nicht immer offen zu Tage traten[20]. Neben solchen „Spätfolgen des Nationalsozialismus“ – die Jugend schien bislang kaum „infiziert“ zu sein[21] – erwartete die Bundesregierung auch Spannungen zwischen Einheimischen und Vertriebenen, welche sich in verhetzenden Äußerungen entladen könnten und gegen die sie ebenfalls politische Spielregeln aufzustellen beabsichtigte[22].

---

14 Kleine Anfrage zu antijüdischen Bestrebungen, Sten. Ber. LT NRW, 10. Sitzung v. 28.1.1959, S. 229.

15 Abg. *Greve*, Sten. Prot. BT, 47. Sitzung v. 16.3.1950, S. 1594.

16 Vgl. *Kern*, NJW 1950, 667. Der DP-Abg. *Hedler* hatte 1949 in einer Rede geäußert, man könne „ geteilter Meinung darüber sein, [...] ob das Mittel, die Juden zu vergasen, das gegebene gewesen ist.“ Das LG Kiel sprach Hedler zunächst vom Vorwurf der Beleidigung und der Anreizung zu Gewalttätigkeiten frei, verurteilte ihn aber auf die Revision hin wegen tateinheitlicher Beleidigung, Verunglimpfung des Andenkens Verstorbener und übler Nachrede zu neun Monaten Freiheitsstrafe, vgl. *Frei*, Vergangenheitspolitik, S. 309–325. Der BGH (NJW 1952, 1183 f.) bestätigte dann, daß die in Deutschland lebenden Juden als Gruppe passiv beleidigungsfähig sind.

17 *Louven,* DRiZ 1960, 211, 212.

18 Vgl. OLG Neustadt HESt 2, 270, 273; *Louven*, DRiZ 1960, 211, 212 f. (denkbar sei sogar eine Bestrafung als Verbrechen gemäß § 94, wenn der Täter in staatsfeindlicher Absicht handelte). Weitere Nachweise bei *Krone*, Volksverhetzung, S. 33 Fn. 2.

19 Vgl. *Krone*, Volksverhetzung, S. 5.

20 Vgl. *Greve*, Sten Prot. BT, 47. Sitzung v. 16.3.1950, S. 1594.

21 Vgl. die diversen Stellungnahmen, u.a. des Bundestagspräsidenten *Gerstenmaier*, in: Die Zeit v. 10.4.1959 (Nr. 15), S. 4 zur Frage: „Gibt es bei uns einen neuen Antisemitismus?“. A.A. *Siemsen* (SPD), Sten. Ber. LT NRW, 11. Sitzung v. 16.3.1959, S. 301.

22 BT-Drs. 1307/1. Wahlperiode, S. 28, 43. Mitte der Fünfziger Jahre spielte das „Flüchtlingsproblem“ zwar keine Rolle mehr, es wurde aber befürchtet, daß es „jederzeit wieder akut werden“ könne, so Bundesrichterin *Koffka* auf der Tagung der Unterkommis-

1. Die Entwürfe von 1950

Im Februar 1950 legte die SPD-Fraktion dem Bundestag einen Gesetzentwurf *„gegen die Feinde der Demokratie“* vor[23], für den sie sich der Vorarbeiten bediente, die zu einem hessischen Staatsschutzgesetz und dem daraus entwikkelten Entwurf eines „Gesetzes zum Schutz der demokratischen Freiheit“ erfolgt waren[24]. Nach § 9 Abs. 1 sollte „wegen Bruch des Rechtsfriedens“ mit mindestens drei Monaten Gefängnis bestraft werden, wer öffentlich die Menschenwürde oder die Menschenrechte einer durch Rasse, Glauben oder Weltanschauung gebildeten Gruppe, ihre Bräuche oder dieser dienende Sachen verletzt. Bei Anwendung oder Androhung von Gewalt, Aufforderung zu Gewalttaten oder bei unmittelbarer Gefahr für Leib oder Leben sollte gemäß Absatz 2 auf Zuchthaus zu erkennen sein. Ferner sah § 10 drei Monate Gefängnis für die Verletzung der Achtung vor den Opfern des Nationalsozialismus und für die Leugnung der Verwerflichkeit von Völkermord oder Rassenverfolgung vor.

In der ersten Lesung im Bundestag wurde von mehreren Seiten bezweifelt, daß ein Sondergesetz der richtige Weg sei[25]. Was den Inhalt betraf, so warf der DP-Abgeordnete und spätere Bundesjustizminister *v. Merkatz* dem geplanten Gesetz vor, es atme jakobinischen Geist und bediene sich feuilletonistischer Formulierungen[26]. Auch der Vorwurf eines Grundrechte beschneidenden Maulkorbgesetzes stand im Raum[27]. Dem SPD-Vertreter *Greve* gelang es im Vorfeld nicht, die Einwände zu entkräften. In seiner Antragsbegründung er-

---

sion der GSK v. 21.–26.1.1957 in: Niederschriften über die Sitzungen der Unterkommissionen, Bd. 2, S. 199.

23 BT-Drs. 563/1. Wahlperiode.

24 *Schafheutle*, JZ 1951, 609. Es war der SPD-Bundestagsabgeordnete Arndt, der als Ministerialrat den Entwurf zu einem hessischen Staatsschutzgesetz (Hess. LT-Drs. 592/1948, 557/1949) erarbeitet hatte. Dessen § 6 Abs. 1 Nr. 4 sah eine Gefängnisstrafe nicht unter drei Monaten vor für die Aufforderung zu Gewalttaten oder Drohung mit Gewalt aus politischen, rassischen oder religionsfeindlichen Gründen, die gewaltsamen Angriffe oder Drohungen mit Gewalt gegen Personen oder Personengruppen, die sich durch Rasse-, Glaubens- oder Parteizugehörigkeit gebildet haben sowie die öffentliche Beschimpfung einer dieser Personengruppen.

25 *Dehler*, Sten. Prot. BT, 47. Sitzung v. 16.3.1950, .S. 1597; *Euler*, S. 1602; *v. Merkatz* , S. 1605; mittelbar auch *Kiesinger*, S. 1600. Einen Mittelweg schlug die Abg. *Wessel* vor: Die „Vorbereitung des Angriffskriegs“ sollte in das StGB aufgenommen, im übrigen ein zeitlich begrenztes Sondergesetz geschaffen werden, S. 1600 f.

26 *v. Merkatz*, Sten. Prot. BT, 47. Sitzung v. 16.3.1950, S. 1606.

27 *Baumgartner*, S. 1593; BP-Abg. *Donhauser*, S. 1592. Unscharfe Straftatbestände beklagte *Euler* (FDP), S. 1602 und *Fisch* (KPD), S. 1603 f. befürchtete eine einseitige Handhabung des Gesetzes durch eine reaktionäre Justiz.

läuterte er keine der Vorschriften, sondern sprach nur von den politischen Zuständen, die er mit denen der Weimarer Zeit verglich. Zwar war die Bundesregierung, wie Justizminister *Dehler* betonte, mit dem Ziel des Antrags einverstanden, „unsere junge Demokratie mit allen Mitteln" zu schützen und als *eines* der Mittel das Strafrecht zu nutzen[28]. Allem voran der Charakter des Sondergesetzes sowie verfassungsrechtliche Bedenken ließen aber vom SPD-Vorschlag absehen[29]. Da die Bundesregierung einen eigenen Entwurf ankündigte – der Bundesjustizminister habe ihn in den letzten Wochen noch mit Vertretern der Länder, der Wissenschaft und der obersten Gerichte besprochen[30] –, wurde der SPD-Vorschlag nach lebhafter Aussprache an die Ausschüsse für Verfassungsschutz sowie für Rechtswesen und Verfassungsrecht überwiesen[31].

Anstelle eines die Gegner zu „vermeintlichem politischen Märtyrertum" reizenden Sondergesetzes sah der *Regierungsentwurf* vor, zahlreiche StGB-Vorschriften zu reformieren, ohne das Ziel der allgemeinen Revision aus den Augen zu verlieren[32]. Die Reform des § 130 wurde unmittelbar aus Art. 3 Abs. 3 GG hergeleitet[33] und nach dem Vorbild eines schwedischen Gesetzes gestaltet[34]. Als „politische Erziehungsmaßregel [...]" sollte die Bestimmung zusammen mit dem mit „Politische Lüge" überschriebenen § 131 zu „innerpolitischer Einigkeit und Verträglichkeit erziehen helfen", um eine von Achtung und Toleranz getragene politische Kultur hervorzubringen. Neben antisemitischen Äußerungen sollten auch „sonstige Spannungen, [...] insbesondere zwi-

---

28 Zu anderen Mitteln *Dehler*, ebd., S. 1597; *Kiesinger*, ebd., S. 1599; *Wessel* (Zentrum), S. 1601; *Donhauser* (BP), S. 1608.

29 *Dehler*, Sten. Prot. BT, 47. Sitzung v. 16.3.1950, S. 1597 f. Ebd., S. 1599 ähnl. zum gemeinsamen Ziel des Demokratieschutzes *Kiesinger*.

30 Sten. Prot. BT, 47. Sitzung v. 16.3. 1950, S. 1598. Vgl. die Entwürfe in: BA Koblenz, B 141-3014 Bl. 19–22, B 141-3016, 3017, 3018 und 3019; Zusammenfassung der Besprechung mit Vertretern des BGH und der Bundesanwaltschaft am 12./13.1.1951 in: BA Koblenz, B 141-3023 Bl. 87–121. BGH Präsident *Weinkauff* vermisste im Vorschlag zu § 130 die Verhetzung politischer Gruppierungen (Bl. 99).

31 Sten. Prot. BT, 47. Sitzung v. 16.3.1950, S. 1592 ff., 1609.

32 Vgl. Begr. des RegE, Drs. 1307/1. Wahlperiode, S. 28 f.

33 Begr. des RegE, Drs. 1307/1. Wahlperiode, S. 28 (Einleitung).

34 Namentlich Kap. 11 § 7 des schwedischen StGB, vgl. Schreiben des BMJ v. 20.10.1953, in: BA Koblenz, B 141-3173 Bl. 69–71 (Bl. 70), übersetzt bei *Schönke*, NJW 1950, 281, 285: „Bedroht, verleumdet oder schmäht jemand öffentlich eine Volksgruppe von bestimmter Abstammung oder bestimmtem Glaubensbekenntnis, so ist er wegen Volksgruppenhetze zu Geldbuße oder Gefängnis zu verurteilen."

schen Einheimischen und Vertriebenen“ von der Norm erfaßt werden[35]. In Anlehnung an Art. 3 Abs. 3 GG sollten gesellschaftliche Gruppen geschützt werden, die sich durch „Abstammung, Herkunft, Religion oder Weltanschauung“ ihrer Mitglieder bestimmen. Die Merkmale „Rasse“ und „politische Anschauung“ wurden nicht aufgenommen; erstere nicht, da sie im Begriff „Abstammung“ enthalten sei, letztere nicht, weil sonst die politische Meinungsbildung erheblich erschwert würde und im äußersten Falle § 131 des Entwurfs greife.

In § 130 Abs. 1 waren drei verschiedene Tathandlungen vorgesehen. Nummer 1 sanktionierte ein mit der geltenden Vorschrift vergleichbares Hetzen[36]. Nummer 2 lehnte sich an § 186 StGB (Rufgefährdung) an und bedrohte denjenigen mit Strafe, der eine nicht erweisliche Tatsache behauptet oder verbreitet, die sich eignet, eine der genannten Bevölkerungsgruppen verächtlich zu machen[37]. Als prozessuale Ergänzung verwies Absatz 2 für die Feststellung der Unwahrheit auf das für die Staatsverleumdung vorgesehene Verfahren. Schließlich sollte nach Nummer 3 das Beschimpfen einer Bevölkerungsgruppe strafbar sein. Abgrenzend zu den nur Individualschutz gewährenden Beleidigungsvorschriften stellten die Entwurfsverfasser in der Begründung klar, daß auch Angriffe gegen *einzelne* Angehörige einer Gruppe, wenn sie um ihrer Zugehörigkeit willen geschehen, unter die Vorschrift fallen sollten. Nur wenn der Einzelne in seinen persönlichen Eigenschaften oder Verhältnissen angegriffen werde, komme das allgemeine Ehrenrecht in Frage. Ferner sollte § 80 Abs. 1 Nr. 3 a) als Pendant zu § 130 StGB die „internationale [...] Volksverhetzung“ strafrechtlich sanktionieren[38]. Gegenüber dem SPD-Entwurf war demnach nicht nur der Kreis der geschützten Gruppen weiter. Es war vor allem darauf verzichtet worden, die Tathandlungen durch das Merkmal der Menschenwürdeverletzung einzuengen. Wenn Bundesjustizminister *Dehler* dennoch behauptete, daß sich der Regierungsentwurf weitgehend auf jene Vorlage

35 Begr. des RegE, Drs. 1307/1. Wahlperiode, S. 43 (zu § 130). Darauf wies auch *Dehler* in erster Lesung hin, Sten. Prot. BT, 83. Sitzung v. 12.9.1950, S. 3107.

36 Der Ausdruck „Hetzen“ war der deutschen Gesetzessprache bis dahin fremd, *Lackner*, in: BA Koblenz, B 141-20407 Bl. 7. Er wurde im Schweizer Entwurf von 1894 (Art. 93) und im norwegischen StGB von 1902 (§ 135) verwendet. Bei Bedenken könne man aber wie in § 100 PrStGB „zum Haß anreizen“ verwenden, so eine der „Anregungen des BMJ“ v. 7.2.1952, in: BA Koblenz, B 141-3066 Bl. 98, 100.

37 Dies entsprach einer der Forderungen *v. Hippels*, vgl. 5. Kap. A) bei Fn. 11.

38 Begr. des RegE, Drs. 1307/1. Wahlperiode, S. 30.

stützte[39], kam dies eher einem „durchsichtige(n) Umarmungsmanöver" gleich[40].

Der Bundesrat brachte als einschränkende Voraussetzung alternativ zur öffentlichen Begehungsweise die Friedensgefährdung wieder ins Spiel[41]. Die Bevölkerungsgruppen sollten nicht verändert werden. Hinsichtlich der Tathandlungen wurde angeregt, die Beschimpfung eines Gruppenmitglieds wegen seiner Gruppenzugehörigkeit in Nummer 3 ausdrücklich zu verbieten. Um auch geringfügige Fälle berücksichtigen zu können, wurde vorgeschlagen, neben fakultativer Geldstrafe die Mindeststrafe auf einen Monat Gefängnis herabzusetzen. Im übrigen sollte der zweite Absatz gestrichen werden, wie es der Bundesrat auch für die parallel geregelte Staatsverleumdung vorschlug[42,43].

Die Bundesregierung akzeptierte diese geringfügigen Änderungen[44]. In der ersten Lesung im Bundestag wurde der Entwurf an den Rechtsausschuß überwiesen[45]. Dort beriet man ihn von Februar bis Juli in zwanzig Sitzungen, ließ aber neben den Friedensverratsnormen die Volksverhetzung rasch fallen[46]. So enthielt das am 30. August 1951 verkündete Erste Strafrechtsänderungsgesetz[47] nur die dringlichsten Staatsschutzvorschriften, deren Neugestaltung „bei der zunehmenden Tätigkeit rechts- und linksradikaler staatsfeindlicher Elemente in der Bundesrepublik nicht weiter hinausgeschoben werden" konnte[48]. Aufgrund dieser Beschränkung[49] wurde der geplante § 130 lediglich in die Zusammenstellung der noch nicht erledigten Teile der BT-Drucksache Nr. 1307 der ersten Wahlperiode aufgenommen[50].

---

39 Sten. Prot. BT, 83. Sitzung v. 12.9.1950, S. 3105.

40 *Schroeder*, Staat und Verfassung, S. 180; der Entwurf war vielmehr dem schwedischen StGB nachempfunden, s.o. Fn. 34 sowie BT-Drs. 1307/1. Wahlperiode, S. 43.

41 Vgl. BT-Drs. 1307/1. Wahlperiode, S. 66 f. Dies sollte einer weiten Ausdehnung der Strafnorm und der damit verbundenen „Gefahr des Spitzelunwesens" entgegenwirken.

42 BT-Drs. 1307/1. Wahlperiode, S. 67, 73.

43 Zur Kritik am übrigen Entwurf *Schroeder*, Staat und Verfassung, S. 183 f. m.w.N.

44 Vgl deren Stellungnahme, in: BT-Drs. 1307/1. Wahlperiode, S. 75 (Anlage 3).

45 Sten. Ber. BT, 83. Sitzung v. 12.9.1950, S. 3121.

46 Um das Verfahren zu beschleunigen, klammerte man einige Materien aus, *v. Weber*, MDR 1951, 517. Demgemäß wurde die Volksverhetzung im ersten Bericht des Rechtsausschusses nicht mehr erwähnt, BT-Drs. 2414/1. Wahlperiode v. 4.7.1951.

47 BGBl. I 1951 S. 739–747.

48 *Schafheutle*, JZ 1951, 609.

49 Vgl. Drs. 918/3. Wahlperiode, S. 2; BR-Drs. 21/1959, S. 4.

50 BA Koblenz, B 141-3065 Bl. 11–32; Drs. 51 des Ausschusses für Rechtswesen und Verfassungsrecht des Dt. BT v. 13.11.1951, in: BA Koblenz, B 141-3065 Bl. 37–44.

2. Die nächsten Strafrechtsänderungsgesetze

Sowohl beim Zweiten[51] als auch beim Dritten[52] Strafrechtsänderungsgesetz wiederholten sich die Ereignisse. Zunächst übersandte der Bundesjustizminister dem Rechtsausschuß Anregungen zur Änderung des § 130, die auf den bisherigen Vorschlägen beruhten[53]. Da sich der Rechtsausschuß erneut „aus Zeitnot"[54] bzw. „infolge der ausserordentlichen Überlastung des Bundestagsausschusses"[55] gezwungen sah, den Inhalt zu beschränken, blieb § 130 abermals unberücksichtigt, was verschiedentlich mit Nachdruck bedauert wurde[56].

Die zunächst so dringende Änderung schien in den Hintergrund gedrängt. Erst fünf Jahre später, im Januar 1957, griff die CDU/CSU-Fraktion auf die Anregungen des damaligen Bundesjustizministers zurück. Zusammen mit der in einer Unterkommission der Großen Strafrechtskommission erarbeiteten Fassung bildeten sie das Fundament der Vorlage zum Fünften Strafrechtsänderungsgesetz[57], das neben § 130 StGB den Ehrenschutz von Widerstandskämpfern neufassen sollte – Vorschriften, die laut der den Entwurf im Bundestag vorstellenden CDU-Abgeordneten *Schwarzhaupt* „vielleicht nicht nötig" seien, wenn die Bewältigung des Nationalsozialismus bereits abgeschlossen wäre[58]. Als „Spätfolgen des nationalsozialistischen Regimes" habe es seit 1945 aber gelegentlich „[...] verhetzende Äußerungen" gegenüber der jüdischen Bevölke-

---

A.A. *Čopić*, Politisches Strafrecht, S. 9 f.: der Koreakrieg habe eine politische Hysterie bewirkt, welche zu einem „Ruck nach rechts" geführt und den Kampf gegen den Kommunismus allein in den Vordergrund habe treten lassen.

51 BGBl. I 1953 S. 42. Vgl. Entwurf eines Zweiten Strafrechtsänderungsgesetzes, in: BA Koblenz, B 141-3065 Bl. 79 ff. vom 22.8.1952, Bl. 86 f. Auf § 130 werde weiter Wert gelegt, da die Öffentlichkeit eine solche Norm „dringend" fordere und jüngste Urteile eine Änderung nahelegten, vgl. Vorschläge für die Behandlung des Restentwurfs des Strafrechtsänderungsgesetzes v. 12.1.1953 in: BA Koblenz, B 141-3065 Bl. 118, 119.

52 3. StÄG v. 4.8.1953, BGBl. I 1953 S. 735–750.

53 Anregungen zu § 130 v. 7.2.1952, in: BA Koblenz, B 141-3066 Bl. 98–102. Vgl. BT-Drs. 918/3. Wahlperiode, S. 2.

54 *Schafheutle*, JZ 1960, 470. Vgl. BR-Drs. Nr. 21/1959, S. 5.

55 Staatssekretär *Strauß* am 13.10.1953 auf Anfrage des Berliner Justizsenators, in: BA Koblenz, B 141-33847 Bl. 68.

56 Vgl. Vermerk im BMJ v. 12.8.1953, B 141-33847 Bl. 64–66, über die in einer Pressenotiz der FAZ (Nr. 184 v. 11.8.1953) erwähnte Resolution des Direktors des jüdischen Weltkongresses. Auch *v. Dam* bedauerte in der Allgemeinen Wochenzeitung der Juden im Juli 1956, daß es immer noch kein einheitliches Bundesgesetz zur Bekämpfung des Rassenwahns und der Volksverhetzung gebe; ähnlich *Lüth* namens der Gesellschaft für christlich-jüdische Zusammenarbeit in Hamburg e.V. im Schreiben vom 8.5.1953 an den Bundesinnenminister (B 141-33847, Bl. 27–29).

57 Vgl. BT-Drs. 918/3. Wahlperiode. Näher dazu B) bei Fn. 162.

58 Sten. Ber. BT, 190. Sitzung v. 6.2.1957, S. 10856.

rungsgruppe gegeben, denen „mit allem Nachdruck" entgegengewirkt werden müsse. Über diese „Sonderfrage" hinaus sollten aber auch Auseinandersetzungen verhindert werden, die aus der Vertreibung Deutscher resultierten[59].

Die früheren Nummern 1 und 3 waren zur Nummer 1 verschmolzen und schlossen nun ausdrücklich die Beschimpfung einzelner Mitglieder mit ein, wie es der Bundesrat nahegelegt hatte. Um diese Fälle strafrechtlich zu verfolgen, war jedoch nach Absatz 2 ein Strafantrag vorgesehen. Anders als im vorangegangenen Vorschlag fehlten das Öffentlichkeitserfordernis und die „Weltanschauung" als gruppenkonstituierende Merkmale. Die Nummer 2 war dahingehend geändert worden, daß neben nichterweislichen Tatsachenbehauptungen auch gröblich entstellte genügten, wodurch die Vorsatzanforderungen entsprechend herabgesetzt wurden[60]. Einschränkend war eine Bestrafung nur vorgesehen, wenn der Täter in einer den inneren Frieden gefährdenden Weise handelte. Angesichts der Ausweitung auf die Beschimpfung einzelner Gruppenmitglieder sollten dadurch solche „Fälle öffentlicher Begehung" ausgeschlossen werden, die „im Grunde nur [...] persönliche Auseinandersetzungen" seien und daher keine einmonatige Gefängnisstrafe rechtfertigten[61].

In der ersten Beratung wandte sich der FDP-Abgeordnete *Bucher* gegen den nur scheinbar tauglichen „Gesetzesperfektionismus", der betrieben werde und als einzigen Vorläufer den § 424 E 1936 über den Schutz von Gemeinschaften habe[62]. Es sei irrig anzunehmen, man könne eine Demokratie mittels Strafrecht schützen. Daher werde man dem Gesetz nicht zustimmen[63]. Darauf, daß das Strafrecht bei einer Überdosis vergiftend auf die Grundwerte einer Rechtskultur wirke, wies der parlamentarische Geschäftsführer der SPD-Bundestagsfraktion *Arndt* hin. Er fragte nach den rechtsstaatlichen Grenzen des Strafrechts, welche der Entwurf u.a. in § 130 überschreite, da Tatbestandsmerkmale wie die „Gefährdung des inneren Friedens" nur subjektiver Wertung offen seien. Zudem lasse sich eine Vorschrift, die bestimmte Bevölkerungsgruppen privilegiere, nicht mit dem Gleichheitssatz vereinbaren. Wenn es, was es zu prüfen gelte, ein Handlungsbedürfnis gegen antisemitische Äußerungen oder Verherrlichungen des Nationalsozialismus gebe, dann müsse man

---

59 So der Begründungsvorschlag des Regierungsdirektors *Lackner* (ohne Datum, wohl Januar 1957), in: BA Koblenz, B 141-25407 Bl. 6 f.

60 Beim Vorgängerentwurf mußte sich der Vorsatz noch auf die Nichterweislichkeit der Tatsache erstrecken, BT-Drs. 1307/3. Wahlperiode, S. 44.

61 Begründungsvorschlag *Lackners* (Fn. 59), Bl. 9.

62 Dazu 7. Kap. B) III. 3 bei Fn. 103.

63 Sten. Ber. BT, 191. Sitzung v. 7.2.1958, S. 10910. Mithin wurden entgegen Drs. 918/3. Wahlperiode, S. 3 sehr wohl grundsätzliche Einwände geltend gemacht.

die Vorschriften anders gestalten[64]. Der Entwurf wurde nach erster Lesung routinegemäß[65] an den Rechtsausschuß verwiesen[66]. Dies lag auch im Interesse des Bundesjustizministeriums, das aufgrund der Unterschiede gegenüber der von einer Unterkommission der Großen Strafrechtskommission vorgeschlagenen Fassung eine nähere Prüfung begehrte[67]. Dem Ausschuß gelang es jedoch aus zeitlichen Gründen nicht, den Entwurf vor Abschluß der Wahlperiode zu beraten[68]. Angesichts der voranschreitenden Arbeiten zur großen Strafrechtsreform gab der Bundesjustizminister daraufhin sein Vorhaben auf, die Änderung des § 130 StGB vorwegzunehmen[69].

3. Entwurf eines Gesetzes gegen Volksverhetzung vom 21. Januar 1959

Im Januar 1959 sorgte der Fall *Nieland* für Aufsehen. Der Unternehmer hatte eine Broschüre mit Behauptungen über das „Internationale Judentum" an Politiker und Parlamentarier versandt. Die Staatsanwaltschaft bemühte sich zwar um eine strafrechtliche Verfolgung der „üble(n) Hetzschrift im Stile der alten antisemitischen Propaganda"[70], aber die 1. Große Strafkammer des LG Hamburg lehnte die Eröffnung des Hauptverfahrens ab. Die daraufhin erhobene sofortige Beschwerde wurde vom Hanseatischen OLG verworfen[71]. Die Entscheidungen – insbesondere die Ausführungen zu § 88 Abs. 2 Nr. 6 – wurden mit Unverständnis aufgenommen[72]; nach überwiegender Auffassung hätte Nieland nach geltenden Strafgesetzen verurteilt werden können[73]. Insbeson-

64 Sten. Ber. BT, 191. Sitzung v. 7.2.1957, S. 10910, 10916, 10919 f. Zur inkonsequenten Argumentation angesichts des SPD-Entwurfs von 1950, den Arndt maßgeblich mitgestaltet hatte (s.o. Fn. 24), schon *Lömker*, Abwertung, S. 30.

65 Angesichts geringer Erfolgsaussichten, da der Entwurf selbst von Mitgliedern der Regierungsparteien kritisiert worden war, *Lömker*, Abwertung, S. 28.

66 Vgl. 190., 191. und 192. Sitzung v. 6./7./8.2.1957, Sten. Ber. BT, S. 10856, 10910–10920, 10930–10948.

67 Vermerk des Referats II, 3 im BMJ v. 30.1.1957, in: BA Koblenz, B 141-25407 Bl. 15 f. Im Vorschlag der Unterkommission waren 1. die geschützten Bevölkerungsgruppen in Anlehnung an § 220a bestimmt, 2. die Beschimpfung einzelner Gruppenmitglieder wegen ihrer Zugehörigkeit nicht in den Tatbestand aufgenommen und 3. die Mindeststrafe von einem auf drei Monate erhöht.

68 BT-Drs. 918/3. Wahlperiode, S. 3.

69 So *Schafheutle* im Auftrag des Justizministers als Antwort am 10.6.1958 an den Berliner Justizsenator auf die Frage, wie es um ein Gesetz gegen Rassenhetze und Bekundung nationalen und religiösen Hasses stehe, in: BA Koblenz, B 141-33847 Bl. 195.

70 Beschwerdebegründung des Generalstaatsanwalts, JZ 1959, 177.

71 Vgl. JZ 1959, 176–178. Näher *Krone*, Volksverhetzung, S. 28–33.

72 Vgl. *Küster*, JZ 1959, 178 f.; *Paepcke*, Antisemitismus, S. 121.

73 Vgl. *Küster*, JZ 1959, 178 f.; *Erdsiek*, NJW 1959, 617; *v. Dam*, Die Zeit v. 19.2.1960 (Nr. 8), S. 3; *Biermann-Ratjen* und *Schafheutle* im BR-RechtsA am 29.1.1959, Proto-

dere die Beleidigungstatbestände reichten regelmäßig aus, sofern ein entsprechender Antrag gestellt sei. Schließlich entschied der BGH im Einziehungsverfahren, daß die Schrift gegen die §§ 93, 185, 98, 86 StGB verstoße[74]. Die Entscheidung half den Beanstandungen jedoch nicht gänzlich ab. So verblieb es bei der Kritik, daß eine Bestrafung nach diesen Normen den eigentlichen Unrechtskern, den Angriff auf die Menschlichkeit, nicht treffe[75]. Dies gelte vor allem für Fälle, in denen sich Äußerungen gegen die Juden als Gruppe richteten[76].

Daraufhin beschloß die Bundesregierung am 21. Januar 1959, dem Bundesrat den Entwurf eines Gesetzes gegen Volksverhetzung[77] zu überweisen, in dem Hetze und Verleumdung einzelner Bevölkerungsgruppen unter Strafe gestellt werden sollten. Die Fassung beruhte auf dem Novellierungsvorschlag einer Unterkommission der Großen Strafrechtskommission, welcher im Januar 1957 erarbeitet worden war[78]. Der Bundesrat wünschte bloß klarzustellen, daß auch Tatsachenbehauptungen unter die Nummer 1 fallen können, hatte ansonsten aber keine Einwände[79].

Zahlreiche Bedenken äußerten hingegen die Mitglieder des Rechtsausschusses[80], an den der Bundestag die Vorlage in der ersten Lesung Anfang April 1959 überwiesen hatte[81]. Nach der Erörterung grundsätzlicher Fragen einigten sich die Ausschußmitglieder zum einen darauf, das Tatbestandsmerkmal der Friedensgefährdung – übereinstimmend mit der Großen Strafrechtskommission[82] – dahin zu präzisieren, daß jedes Verhalten, das *geeignet* ist, den öffentlichen Frieden zu stören, strafbar sein solle. Zum anderen sollten die geschütz-

---

koll, in: BA Koblenz, B 141-3172 Bl. 49r, 52r; SPD-Abg. *Wittrock*, Sten. Prot. BT, 68. Sitzung v. 8.4.1959, S. 3624 f.; SPD-Abg. *Siemsen*, Sten. Ber. LT NRW, 10. Sitzung v. 28.1.1959, S. 301. Zur Beschlagnahme auf zivilrechtlichem Wege aufgrund § 823 BGB riet der CDU-Abg. *Bollig*, Sten. Ber. LT NRW, 11. Sitzung v. 16.3.1959, S. 307; allgemein *Louven*, DRiZ 1960, 211–213.

74 BGH JZ 1959, 414–416.

75 Vgl. *Max-Planck-Institut*, Strafrechtliche Bestimmungen, S. 3. Mittelbar *Küster*, JZ 1959, 178: im Fall Nieland handele es sich nach dem Tatbild in erster Linie um § 130. Vgl. auch *Schafheutle*, JZ 1960, 470, 471; *Louven*, DRiZ 1960, 211, 212.

76 Vgl. Eingabe des Zentralrats der Juden an den Rechts- und Verfassungsausschuß des BT v. 8.5.1959 (Auszug in: Sten. Prot. BT-RechtsA, 68. Sitzung v. 27.5.1959, S. 35 f.).

77 BR-Drs. 21/1959, als BT-Drs. 918/3. Wahlperiode dem Bundestag übersandt.

78 Vgl. BT-Drs. Nr. 918, 3. Wahlperiode, S. 3.

79 Vgl. Anlage 2 zur BT-Drs. 918, S. 5 sowie Niederschriften GSK, Bd. 13, S. 119

80 Vgl. unten A) IV. sowie *Krone*, Volksverhetzung, S. 36–44.

81 Sten. Prot. BT, 68. Sitzung v. 8.4.1959, S. 3623–3626.

82 Vgl. B) I. 2. bei Fn. 207.

ten Gruppen subjektiv gekennzeichnet werden, um sich von der nationalsozialistischen Rassentheorie zu distanzieren[83].

Der Bundestag nahm in zweiter Lesung Anfang Dezember 1959 den Vorschlag des Rechtsausschusses an, vertagte indes „überraschend“[84] die Schlußabstimmung, nachdem die Fraktionen von SPD und FDP die früheren Vorbehalte wieder aufgriffen und sich auch auf Kritik des Generalsekretärs des Zentralrats der Deutschen Juden stützten[85]. Die Einwände sollten jedoch alsbald verstummen.

III. Das Sechste Strafrechtsänderungsgesetz vom 30. Juni 1960

> „Was weiß die Bundesregierung über Ursachen und Hintergründe der antisemitischen und nazistischen Vorfälle der letzten Monate? Was gedenkt sie zu tun?“[86]

Diese Große Anfrage der SPD-Fraktion war eine der zahlreichen Reaktionen auf die antisemitischen und nazistischen Vorfälle[87] um die Jahreswende 1959/60, die mit der Schändung der soeben erst wieder eingeweihten Kölner Synagoge begannen und weltweit antisemitische Ausschreitungen nach sich zogen[88]. (Wie die Regierung vermutete, sich jedoch erst viel später herausstellte, waren die Taten vielfach seitens der kommunistischen Geheimdienste inszeniert[89].) Obwohl die Täter der Kölner Ursprungstat zu nicht geringen Strafen verurteilt wurden[90], wurden die Rufe nach einem Einschreiten des

---

83 BT-Drs. 1143/3. Wahlperiode, S. 2; vgl. Bericht des Abg. *Benda*, ebd. als „Zu Drs. 1143“.

84 *Schafheutle*, JZ 1960, 470, 471.

85 Vgl. Sten. Ber. BT, 92. Sitzung v. 3.12.1959, S. 5080–5089; Kritik des Zentralratsvorsitzenden *v. Dam* in: Die Zeit v. 19.2.1960 (Nr. 8), S. 3.

86 Große Anfrage der SPD-Fraktion, BT-Drs. 1604/3. Wahlperiode v. 10.2.1960.

87 Vgl. das gleichnamige Weißbuch der *Bundesregierung*, das vom 25.12.1959 bis 28.1.1960 470 antisemitische und nazistische Schmierereien sowie 215 Kinderkritzeleien aufzählt (S. 36).

88 *o.V.*, DRiZ 1960, 91; *Schafheutle*, JZ 1960, 470, 471. – Die antisemitische Hetze war nicht auf Westdeutschland beschränkt, auch in der DDR häuften sich Anfang 1960 derartige Vorfälle, vgl. „Antisemitische Schmierereien in der Sowjetzone“, in: Bulletin BReg 1960, 394, wiewohl es dort bereits seit dem StrRErgG v. 11.12.1957 ausdrücklich unter Strafe gestellt war, „gegen andere Völker und Rassen“ zu hetzen, vgl. *Lömker*, Abwertung, S. 30.

89 Näher *Wolffsohn*, Deutschlandakte, S. 19 ff.

90 Die Täter wurden zu 14 bzw. 10 Monaten Gefängnis verurteilt und ihnen für zwei Jahre die bürgerlichen Ehrenrechte aberkannt, vgl. *Bundesregierung*, Weißbuch, S. 34 f.

Strafgesetzgebers wieder lauter[91]. Vor allem zwei Vorgehensweisen wurden diskutiert. Die eine bestand darin, das Antragserfordernis bei Beleidigungen (§ 194) einzuschränken, wie es die Fraktionen von FDP und SPD – getrennt und in Einzelheiten voneinander abweichend – beantragten[92]. Sie folgten darin einem Vorschlag des Zentralrats der Juden in Deutschland[93]. Die Bundesregierung bevorzugte hingegen, § 130 neuzufassen, indem man auf das dem Bundestag im Vorjahr zugeleitete Gesetz gegen Volksverhetzung zurückgriff[94]. Neben repressivem Vorgehen forderte der Bundesminister für Familien- und Jugendfragen *Franz Josef Wuermeling* zugleich zu verstärkter Bildungsarbeit in den Jugendverbänden auf[95].

Der Bundestag überwies die Entwürfe beider Fraktionen zusammen mit dem Vorschlag der Bundesregierung an den Rechtausschuß[96]. Was § 130 betraf, konnte dort zunächst keine Einigung erzielt werden[97]. Erst nachdem *Arndt* in einer weiteren Sitzung vorgeschlagen hatte, in Anlehnung an § 100 PrStGB das Angriffsobjekt neutral zu formulieren sowie keinen Strafantrag vorauszusetzen, fanden die Kontrahenten zueinander[98]. Das Bundesjustizministerium sollte auf diesem kleinsten gemeinsamen Nenner Formulierungsvorschläge erarbeiten, um sie anschließend dem Rechtsausschuß vorzulegen. Doch dies erledigte sich aufgrund einer fraktionenübergreifenden Besprechung, in der gemeinsam eine Fassung ausgearbeitet wurde, welche mehrere der vorherigen Vorschläge verwertete[99]. Wie von der SPD-Bundestagsfraktion vorgeschlagen, sollte das in § 4 VersG normierte Verbot, Kennzeichen nationalsozialistischer

---

91 Auch aus dem Ausland und von der UN-Menschenrechtskommission, *Schafheutle*, JZ 1960, 470, 471. Zur Meinung in der Bevölkerung *Schönbach*, Antisemitische Welle, S. 41–47. Über die Beobachtungen in der französischen Presse vgl. Bericht der Botschaft der BRD in Paris v. 22.1.1959, in: BA Koblenz, B 141-3172 Bl. 58 f.

92 Vgl. Antrag der FDP-Fraktion v. 13.1.1960, BT-Drs. 1527/3. Wahlperiod und Antrag der SPD-Fraktion v. 19.1.1960, BT-Drs. 1551/3. Wahlperiode; nach letzterem sollten neben einem neuem § 194 Abs. 2 die §§ 4, 28 VersG, 189 StGB erweitert werden. Näher zu beiden *Krone*, Volksverhetzung, S. 47–49.

93 Vgl. BT-RechtsA, 68. Sitzung v. 27.5.1959, Sten. Prot. S. 35 f.; Anregung *v Dams* in: Die Zeit v. 19.2.1960 (Nr. 8), S. 3.

94 Vgl. Bericht „Die Bundesregierung zu den Schmierereien", in: Bulletin BReg 1960, 33.

95 Vgl. Bericht „Verstärkte Bildungsarbeit in den Jugendverbänden", in: Bulletin BReg 1960, 110; ähnlich die Bitte des Aktionsausschusses für Jugendfragen an Parlament und Regierung für den neuen Bundesjugendplan, ebd., S. 306 f.

96 Sten. Prot. BT, 95. Sitzung v. 20.1.1960, S. 5285.

97 Vgl. Stellungnahmen in der 97. Sitzung des Rechtsausschusses v. 10.3.1960, S. 28–38.

98 Vgl. Sten. Prot. BT-RechtsA, 98. Sitzung v. 11.3.1960, S. 9.

99 Sten. Prot. BT-RechtsA, 99. Sitzung v. 17.3.1960, S. 4–8; vgl. auch Berichterstatter *Benda*, Sten. Prot. BT, 116. Sitzung v. 20.5.1960, S. 6667.

Organisationen zu verwenden, auf verfassungswidrige Vereinigungen und Parteien allgemein ausgedehnt werden (§ 96a). Des weiteren sollte, ebenfalls dem SPD-Vorschlag entstammend, im Falle der Beschimpfung des Andenkens Verstorbener das Antragserfordernis entfallen, wenn Opfer einer Gewalt- oder Willkürherrschaft verunglimpft werden (§ 189 Abs. 3). Nicht auf dem als unzweckmäßig befundenen FDP-Vorschlag, das Strafantragserfordernis bei Beleidigungen zu beschränken[100], sondern auf der Regierungsvorlage beruhte das „Kernstück“[101] der Reform, der § 130:

> „Wer in einer Weise, die geeignet ist, den öffentlichen Frieden zu stören, die Menschenwürde anderer dadurch angreift, daß er
>
> 1. zum Haß gegen Teile der Bevölkerung aufstachelt,
>
> 2. zu Gewalt- oder Willkürmaßnahmen gegen sie auffordert oder
>
> 3. sie beschimpft, böswillig verächtlich macht oder verleumdet,
>
> wird mit Gefängnis nicht unter drei Monaten bestraft. Daneben kann auf Geldstrafe erkannt werden.“[102]

Demnach sollten Angriffe auf jegliche „Teile der Bevölkerung“ bestraft werden, ohne sie auf nationale, rassische, religiöse oder durch ihr Volkstum bestimmte Gruppen zu beschränken[103]. Dadurch sollte dem zuvor im Rechtsausschuß geäußerten Bedenken abgeholfen werden, der Begriff „Gruppe“ beinhalte eine sprachliche Absonderung des jeweiligen Bevölkerungsteils. Zudem wollte man den Anschein vermeiden, die Gesetzesänderung ziele auf einen Sonderschutz dieser Gruppen, welcher geradezu diskriminierend wirken müsse. „Teile der Bevölkerung“ verdeutliche hingegen, daß „die Bevölkerung in ihrer vielfältigen Gliederung [...] ein Ganzes darstellt“[104]. Der damit verbundenen beträchtlichen Ausdehnung des Tatbestands auf politische, soziale, wirtschaftliche oder berufliche Gliederungen sollte mit dem Erfordernis des Menschenwürdeangriffs begegnet werden, welches bereits der SPD-Vorschlag von 1950 enthalten hatte[105]. Sinn des Merkmals sei es, die „legalen politischen Auseinandersetzungen“ vom Strafrecht freizuhalten. Gegenüber Zweifeln, ob sich der Begriff angesichts der verfassungsrechtlich uneinheitlichen Auslegung

---

100 Bericht des Rechtsausschusses, BT-Drs. 1746, 3. Wahlperiode, S. 2.

101 So bzgl. des Entwurfs der Vertreter Nordrhein-Westfalens im Bundesrat und NRW-Justizminister *Flehinghaus*, Sten. Prot. BR, 220. Sitzung v. 10.6.1960, S. 413; ähnlich der Berichterstatter und CDU/CSU-Abg. *Benda*: „Kernpunkt des Gesetzes“, Schlußabstimmung im Bundestag, Sten. Prot. BT, 116. Sitzung v. 20.5.1960, S. 6667.

102 BT-Drs. 1746/3. Wahlperiode, S. 5.

103 Schriftlicher Bericht des Rechtsauschusses, BT-Drs. 1746/3. Wahlperiode, S. 2–4.

104 *Benda*, BT-Drs. 1746/3. Wahlperiode, S. 2.

105 Sten. Prot. BT-RechtsA, 99. Sitzung v. 17.3.1960, S. 5.

als strafrechtliches Tatbestandsmerkmal eigne, wurde auf § 31 WStG verwiesen, bei dem das Merkmal „Menschenwürde" „in langer Praxis" gehandhabt werde[106]. (Für die „lange Praxis" muß allerdings auf den Vorgänger und die Rechtsprechung zum Militärstrafgesetz von 1940 zurückgegriffen werden[107]). Auf § 130 übertragen sei eine der in den Nummern 1–3 aufgeführten Handlungen nur dann strafbar, wenn der Handelnde dem Angegriffenen das Lebensrecht als gleichwertige Persönlichkeit abstreite und als unterwertiges Wesen behandele, also das Menschsein der Angegriffenen bestreite oder relativiere. Äußerungen, die unter den zukünftigen § 130 fallen sollten, seien demnach: „Es sind noch nicht genug Juden vergast worden" oder „Die in Deutschland lebenden Negermischlinge sollte man auch vergasen". Dagegen stellten Beschimpfungen wie „Die Berliner sind Großschnauzen" oder „Rechtsanwälte sind Rechtsverdreher" keinen Angriff auf die Menschenwürde dar und seien allenfalls unter Beleidigungsgesichtspunkten zu untersuchen[108]. Aus diesen Überlegungen verdeutliche sich der Grund des Strafens, der weniger im Angriff auf die Ehre als gegen die Menschlichkeit liege. Als weitere einschränkende Voraussetzung behalte man die Friedensklausel des § 130 bei, wie sie in der Rechtsprechung ausgelegt werde, d.h. es genüge eine auch nur entferntere Gefahr für die allgemeine Rechtssicherheit oder das Gefühl der öffentlichen Sicherheit[109]. Daher sei der richtige Platz nicht im Komplex der Beleidigungsdelikte zu suchen, sondern unter den Delikten wider die öffentliche Ordnung.

Nach kurzer Aussprache stimmten zwölf Mitglieder für die neue Fassung, während sich ein Mitglied enthielt[110]. Da über die Änderung des § 130 hinaus die §§ 96a, 189 Abs. 3 eingefügt werden sollten und der Eindruck eines Sondergesetzes vermieden werden sollte, wurde der Entwurf des Gesetzes gegen Volksverhetzung schließlich in „Sechstes Strafrechtsänderungsgesetz" umbenannt[111]. Bundestag und Bundesrat stimmten dem Gesetz jeweils einstimmig

106 Wehrstrafgesetz v. 30.3.1957, BGBl. I S. 298.

107 Denn das Wehrstrafgesetz trat erst am 1.5.1957 in Kraft. Der Tatbestand der entwürdigenden Behandlung stimmt inhaltlich zwar mit § 122 Abs. 1 Nr. 2 und 3 MilStGB 1940 überein, gegenüber diesem sollte jedoch ein strengerer Verhaltensmaßstab angelegt werden, *Lackner*, in: Dreher / Lackner / Schwalm, Wehrstrafgesetz, § 31 Rn. 1.

108 BT-Drs. 1746/3. Wahlperiode, S. 3.

109 Vgl. RGSt 71, 248, 249; weitere Nachweise bei LK-*Werner*, 8. Aufl. 1957, § 130 Anm. 4; *Schwarz*, StGB, 22. Aufl., § 130 Anm. 2 B; *Kohlrausch / Lange*, StGB, 42. Aufl., § 130 Anm. I, *Schönke / Schröder*, StGB, 9. Aufl., § 130 Anm. IV.

110 Sten. Prot., 99. Sitzung des Rechtsausschusses v. 17.3.1960, S. 8.

111 Vgl. BT-Drs. 1746/3. Wahlperiode, S. 2. Die Umbenennung hatte bereits der Abg. *Weber* angeregt, vgl. BT-RechtsA, 98. Sitzung v. 11.3.1960, Sten. Ber., S. 7.

zu[112]. Das Sechste Strafrechtsänderungsgesetz wurde am 4. Juli 1960 verkündet und trat einen Monat später in Kraft. Nach mehreren Anläufen hatte § 130 schließlich eine neue Fassung erhalten.

IV. Bedenken gegenüber einer Änderung des § 130 StGB

Welche Bedenken trugen dazu bei, die Erweiterung des § 130 wiederholt zu verzögern? Sofern nicht umgehend vertagt, sondern in die Diskussion eingestiegen wurde, stellten sich vielfach die gleichen Fragen. Exemplarisch sei hier auf die Einwände eingegangen, die in den Rechtsausschüssen der Jahre 1959 und 1960 vorgebracht worden sind[113].

1. Bedenken allgemeiner Natur

Vor einer Ausweitung des Strafrechts stellten sich die zwei grundsätzlichen Fragen, ob das angestrebte Ziel durch Strafvorschriften erreicht werden könne und ob deren Erlaß notwendig sei[114]. Bereits die erste der Vorfragen wurde teilweise, auch vom damaligen Generalsekretär des Zentralrats der Juden *van Dam*[115], verneint[116]. Mit Strafgesetzen könne man bestimmte Bewußtseinsentwicklungen nicht verhindern oder Toleranz erzwingen. Zudem sei eine strafrechtliche Privilegierung einer Bevölkerungsgruppe zwar ein anerkennenswertes Bestreben, erweise sich aber als kontraproduktiv: sie verstärke bloß die

---

112 Sten. Prot. BT, 116. Sitzung v. 20.5.1960, S. 6667; Sten. Prot. BR, 220. Sitzung v. 10.6.1960, S. 415.

113 Vgl. die Sitzungen zu den Entwürfen eines Gesetzes gegen Volksverhetzung vom 21.1.1959 (bei Fn. 80) und zum Sechsten Strafrechtsänderungsgesetz (bei Fn. 96): BR-RechtsA im Januar 1959 (207. Sitzung v. 29.1.1959), BT-Rechtsausschüsse 1959 (68.–70. Sitzung v. 27.5., 3.6. und 5.6.1959) und 1960 (97.–99. Sitzung v. 10., 11. und 17.3.1960), in: BA Koblenz, B 141-3172 Bl. 43 ff., 112 ff.

114 Vgl. Bericht des Rechtsausschusses, Anlage zu BT-Drs. 1143/3. Wahlperiode, S. 1; zu ähnlichen Fragen vgl. Berichterstatter *Krille* in der 207. Sitzung des Rechtsausschusses des Bundesrates v. 29.1.1959, in: BA Koblenz, B 141-3172 Bl. 44–47.

115 Vgl. *v. Dam*, Die Zeit v. 19.2.1960 (Nr. 8), S. 3.

116 U.a. von *Arndt*, Sten. Ber. BT, 191. Sitzung v. 7.2.1957, S. 10920, der sich freilich auf S. 10916 zum SPD-E 1950 äußert); *Jahn*, Sten. Prot. 68. Sitzung des BT-Rechtsausschusses v. 27.5.1959, S. 39; *Bucher*, Sten. Prot. 191. Sitzung BT v. 7.2.1957, S. 10910, *ders.*, 70. Sitzung BT-RechtsA v. 5.6.1959, S. 12; *Louven*, DRiZ 1960, 211, 213: strafrechtliche Sanktionen gegen antisemitische Umtriebe „naturgemäß unzulänglich“. Vgl. auch *Probst*, in: erster Lesung des Entwurfs eines Gesetzes gegen Volksverhetzung v. 21.1.1959, Sten. Prot. BT, 68. Sitzung v. 8.4.1959, S. 3623–3626.

Abneigung gegen die Gruppe, wirke also nur scheinbar privilegierend und erweise sich damit als *privilegium odiosum*[117].

Auch die Erwähnung anderer, insbesondere nationaler, religiöser und durch ihr Volkstum bestimmter Gruppen ändere daran nichts, da insoweit strafwürdiges Verhalten nicht denkbar sei. Auch die zweite Vorfrage wurde teilweise verneint: eine Gesetzesänderung sei überflüssig, denn die durch die jüngsten Vorkommnisse veranlaßte Regierungsvorlage beruhe weniger auf mangelhafter Gesetzgebung als auf unzureichender Rechtsprechung[118]. Bei den einzelnen Beratungen wurde mehrfach der Wert der Bildung und Erziehung hervorgehoben, die geeignete und zugleich mildere Mittel darstellten. So bezweifelte die CDU-Parlamentarierin *Schwarzhaupt* bei Vorstellung des Entwurfs eines Fünften Strafrechtsänderungsgesetzes, ob das Strafrecht so viel leisten könne, wie von ihm erhofft, jedenfalls könne es nicht die „innere Bewältigung der unseligen Epoche" erreichen[119].

Als Alternative auf strafrechtlichem Gebiete schlug *Arndt* vor, den Tatbestand der Billigung und Verherrlichung von Verbrechen (§ 140) präziser zu fassen und mit schärferer Strafe zu bedrohen als in der allgemeinen Bestimmung über die Billigung von Verbrechen[120]. Ausdrücklich sollte darin das Gutheißen nationalsozialistischer Verbrechen unter Strafe gestellt werden. Da unter den Nationalsozialisten nicht nur Juden, sondern auch „Katholiken, Protestanten, Sozialdemokraten, Demokraten jeder Art, Polen, Kriegsgefangene usw." ermordet worden seien, werde dadurch der Charakter einer Sondervorschrift vermieden.

Im Bundestagsrechtsausschuß 1959 wurden die Bedenken jedoch mehrheitlich nicht geteilt. Man verwies auf die seit Jahren vorgenommenen Bemühungen, die mit jedem weiteren antisemitischen Ereignis eilbedürftiger würden. Der neue Volksverhetzungstatbestand bezwecke keinen besonderen Ehrenschutz, sondern schütze den öffentlichen Frieden. Dafür knüpfe er an ein Vorstadium des in § 220a StGB eingefügten[121] Tatbestands des Völkermordes an, indem

117 Vgl. *Arndt*, Sten. Bert. BT, 191. Sitzung v. 7.2.1957, S. 10919; FDP-Abg. *Strodthoff*, Ber. LT NRW, 11. Sitzung v. 16.3.1959, S. 304; gegen jegliche Sonderstellung bereits *Wiener*, Im deutschen Reich 1919, 289, 299.

118 Vgl. z.B. SPD-Abg. *Siemsen*, Ber. LT NRW, 11. Sitzung v. 16.3.1959, S. 301. Nicht notwendig hielt die Änderung des § 130 auch *Arndt*, 97. Sitzung BT-RechtsA v. 10.3.1960, S. 29.

119 Sten. Ber. BT, 190. Sitzung v. 6.2.1957, S. 10856; ähnlich auch NRW-Innenminister *Dufhues*, Sten. Ber. LT NRW, 10. Sitzung v. 28.1.1959, S. 230.

120 Sten. Prot. BT-RechtsA, 68. Sitzung v. 27.5.1959, S. 35, 42; ähnl. *Jahn*, ebd., S. 39.

121 BGBl. 1954 II, S. 729, eingefügt aufgrund der Völkermordkonvention der UN.

sinnvollerweise schon das Begünstigen der psychologischen Voraussetzungen unter Strafe gestellt werde[122]. Die dort geschützten Gruppen sollten auch in das vorgeschlagene Volksverhetzungsverbot aufgenommen werden, um ein dauerhaftes Gesetz zu schaffen, selbst wenn 1959 hinsichtlich der nationalen, religiösen und durch ihr Volkstum bestimmten Gruppen keine Regelung notwendig sei[123]. Die Mißbrauchsgefahr werde durch die präzise Fassung des Tatbestands ausgeschlossen, selbst die „Gefährdung des öffentlichen Friedens" sei durch die Rechtsprechung genügend bestimmt. Daher halte man die Vorschrift grundsätzlich für geeignet und notwendig[124].

Im übrigen wurde bei der sich dem Fall Nieland anschließenden Gesetzesdiskussion vereinzelt der Zeitpunkt der Gesetzeseinbringung gerügt: statt auf aktuelle Geschehnisse mittels eines ad-hoc-Gesetzes zu reagieren, sollte zunächst überdacht werden, ob es notwendig sei, in einer Phase hoher öffentlicher Erregung grundsätzliche Fragen zu klären[125]. Eine vertiefte Diskussion in diese Richtung wurde aber dadurch vereitelt, daß bereits seit 1950 wiederholt über eine Reform nachgedacht worden war: insofern sei es kein ad-hoc-Gesetz im eigentlichen Sinne, vielmehr nehme man die Taten zum Anlaß, um endlich eine Regelung zu treffen, für die ein allgemeines, von den aktuellen Vorkommnissen losgelöstes Bedürfnis bestehe[126].

2. Konkrete Bedenken

Die vorgeschlagenen Fassungen waren nicht nur grundsätzlich, sondern auch in ihren Einzelheiten umstritten. Regelmäßig entzündeten sich die Streitigkeiten an den zu schützenden Gruppen sowie am Rechtsgut.

a) Geschützter Personenkreis

Die geschützten Gruppen waren insofern bereits ausgeweitet worden, als die Rechtsprechung den Klassenbegriff nicht mehr ausschließlich auf Personen-

---

122 BT-Drs. Zu 1143, 3. Wahlperiode, S. 2; *Benda*, 68. Sitzung des BT-Rechtsausschusses v. 27.5.1959, S. 27 f.; vgl. auch *Krille*, 207. Sitzung des BR-Rechtsausschusses v. 29.1.1959, in: BA Koblenz, B 141-3172 Bl. 46r; *Schäffer*, Bulletin BReg 1960, 142; *Becher* (Berichterstatter), Sten. Ber. BR, 201. Sitzung v. 6.2.1959, S. 2.

123 *Schafheutle*, Sten. Prot. BT-RechtsA, 68. Sitzung v. 27.5.1959, S. 41.

124 Sten. Prot. BT-RechtsA, 68. Sitzung v. 27.5.1959, S. 43.

125 So der baden-württembergische Minister *Haußmann*, 207. Sitzung des Rechtsausschusses des Bundesrates v. 29.1.1959, in: BA Koblenz, B 141-3172 Bl. 48r.

126 *Krille* und *Biermann-Ratjen* in der 207. Sitzung des Rechtsausschusses des Bundesrates v. 29.1.1959, in: BA Koblenz, B 141-3172 Bl. 45r, 49r; *Benda*, Sten. Prot. BT-RechtsA, 68. Sitzung v. 27.5.1959, S. 40.

mehrheiten anwendete, deren Zusammenhörigkeit auf gesellschaftlicher Grundlage beruhte[127]. Nun sollte der mittlerweile überholte Begriff selbst ersetzt werden[128]. Die Entwürfe verboten daher zunächst die Hetze gegen eine „Gruppe“, die anhand diverser Kriterien wie „Abstammung, Herkunft, Nation, Rasse, Religion, Volkstum oder Weltanschauung“ näher charakterisiert werden sollte. Im Entwurf E 1959 I wurde vorgeschlagen, dieselbe Formulierung wie bei der Strafbestimmung über den Völkermord in § 220a StGB zu wählen, also die Hetze gegen eine „nationale, rassische, religiöse oder durch ihr Volkstum bestimmte Gruppe“ zu bestrafen.

Diese Umschreibungen wurden jedoch aus mehreren Gründen abgelehnt. Als Sondergesetz verstoße es gegen den Gleichbehandlungsgrundsatz aus Art. 3 Abs. 3 GG und sei daher zurückzuweisen[129]. Den Einwand tat man damit ab, daß schon aus der systematischen Stellung der Vorschrift folge, daß sie nicht einzelne Gesellschaftsgruppen, sondern den öffentlichen Friedens schütze[130]. Zudem stelle der Wortlaut klar, daß die Vorschrift nicht nur zugunsten der Gruppe der Juden, sondern zugunsten jeder „nationale(n), rassische(n) etc.“ Gruppe gelten solle[131]. Auch eine mögliche Hetze gegen Farbige oder die Zeugen Jehovas solle unter Strafe gestellt werden[132]. Demnach verstoße eine solche Norm nicht gegen den Gleichheitssatz, vielmehr stelle sie die Gleichheit aller Bevölkerungsteile wieder her[133].

Darüber hinaus wurde kritisiert, daß der Gesetzgeber die nationalsozialistische Rassenbegrifflichkeit übernehme. Soweit sich gesellschaftliche Gruppen nicht

---

127 Vgl. 5. Kap. D) III. bei Fn. 96 ff. Nach OLG Dresden NJW 1947/48, 191 f. handele es sich bei „Klassen“ i.S.d. § 130 StGB nicht um Klassen im Sinne des Marxismus und der Gesellschaftslehre, vielmehr umfasse dies auch vorübergehende Gruppierungen, die etwa auf politischen Meinungsverschiedenheiten beruhten; anknüpfend an RGSt 32, 352 erkannte das OLG Neustadt HESt 2, 270, 273 in Juden eine solche „Klasse“. Gegen diese weite Auslegung LK-*Werner*, 8. Aufl. 1957, § 130 Anm. 2.

128 Berichterstatter *Krille*, 207. Sitzung des Rechtsausschusses des Bundesrates v. 29.1.1959, in: BA Koblenz, B 141-3172 Bl. 45.

129 Vgl. *Benda*, Prot. BT-RechtsA, 68. Sitzung v. 27.5.1959, S. 26. Beim insoweit gleichlautenden § 220a StGB kritisierte man es nicht, vgl. *Schäffer*, Bulletin BReg 1960, 142.

130 *Benda*, (Fn. 129); zuvor schon *Krille* in der 207. Sitzung des BR-Rechtsausschusses v. 29.1.1959, in: BA Koblenz, B 141-3172 Bl. 46v.

131 Bericht des Rechtsausschusses, in: BT-Drs. Zu 1143/3. Wahlperiode, S. 1 f.

132 Abg. *Benda*, 69. Sitzung des Rechtsausschusses des BT v. 3.6.1959, S. 8, in: BA Koblenz, B 141-3172 Bl. 126v; Abg. *Wilhelmi*, 70. Sitzung des Rechtsausschusses des BT v. 5.6.1959, S. 8, in: BA Koblenz, B 141-3172 Bl. 132r.

133 *Krille*, 207. Sitzung des Rechtsausschusses des Bundesrates v. 29.1.1959, in: BA Koblenz, B 141-3172 Bl. 46v; *Benda*, Sten. Prot. BT-RechtsA, 68. Sitzung v. 27.5.1959, S. 26 f.; *Becher*, Sten. Prot. BR, 201. Sitzung v. 6.2.1959, S. 2.

selbstbestimmt und freiwillig bildeten, wie dies bei „rassischen Gruppen“ nicht der Fall sei, lasse sich der Gesetzgeber Gruppierungen aufzwingen, die die jeweiligen Täter ihrerseits rechtswidrig vornähmen; das Gesetz werde dadurch zu einem „Judensterngesetz“[134]. Die Mehrheit des Rechtsausschusses, der das Fünfte Strafrechtsänderungsgesetz beriet, entschied sich nach ausführlicher Diskussion[135] dagegen, die nationalsozialistische Begrifflichkeit durch Verwendung mittelbar anzuerkennen. Sie stimmte für eine subjektivierte Fassung, die darauf abstellte, daß es sich um Gruppen handele, die der Täter „als nationale, rassische, religiöse oder durch ihr Volkstum bestimmte Gruppe *treffen will*“[136].

Ferner wurde die Bezeichnung des Äußerungsobjekts teils als zu weit, teils als zu eng gerügt. Auf der einen Seite seien die einzelnen Gruppen nicht hinreichend konkret bezeichnet. Dies beschwöre die Gefahr herauf, daß die Vorschrift bei anderweitigen Auseinandersetzungen, etwa zwischen politischen Gruppen, mißbraucht und dadurch die Meinungsfreiheit zu stark beschränkt werde[137]. Dem wurde entgegengehalten, daß der Wortlaut gerade weder politische, wirtschaftliche noch sonstige Gruppen beinhalte, die in der Zusammensetzung und ihren Zielen erheblich variierten. Daher sei deutlich, daß sie nicht in den Schutz einbezogen seien[138]. Auf der anderen Seite wurde das Gruppenmerkmal selbst als Schwachpunkt angesehen. Eine Vielzahl antisemitischer Äußerungen werde nicht erfaßt, da sie sich gegen Einzelpersonen richteten[139]. Zugleich sei die Möglichkeit, vom Strafantragserfordernis in Fällen der §§ 185 ff. abzusehen, „unzweckmäßig“. Deswegen sollte es zeitweise aus-

---

134 *Arndt*, Sten. Prot. BT-RechtsA, 69. Sitzung v. 3.6.1959, S. 4, 6, in: BA Koblenz, B 141-3172 Bl. 124v, 125v; im Anschluß an ihn *Metzger*, ebd., S. 8 (Bl. 126v).

135 Vgl. Sten. Prot. 69. und 70. Sitzung des BT-Rechtsausschusses v. 3. und 5.6.1959, in: BA Koblenz, B 141-3172 Bl. 123r–137.

136 Sten. Prot. BT-RechtsA, 70. Sitzung v. 5.6.1959, S. 17, in: BA Koblenz, B 141-3172 Bl. 137; BT-Drs. Zu 1143, 3. Wahlperiode, S. 2.

137 Eingabe der Gesellschaft für Bürgerrechte v. 2.3.1959 an den RechtsA, vgl. *Benda*, in: Sten. Prot. BT-RechtsA, Sitzung v. 27.5.1959, S. 27. Vgl. BT-Drs. zu 1143/3. Wahlperiode, S. 1; *Hemsath*, Sten. Prot. BR, 201. Sitzung v. 6.2.1959, S. 3, vgl. speziell zur „religiösen Gruppe“ *Flick* im BR-RechtsA, in: BA Koblenz, B 141-3172 Bl. 52v, zur „nationalen Gruppe“ *Krone*, Volksverhetzung, S. 40 f.; gegen die vollständige Übernahme der im Völkermordparagraphen aufgezählten Gruppen richtete sich Hessen per Bundesratsantrag (BR-Drs. 21/2/59 v. 4.2.1959): der geschützte Personenkreis werde zu weit gezogen, wodurch die Mißbrauchsgefahr steige; gegen Aufnahme der durch ihr Volkstum bestimmten Gruppen *Diemer-Nicolaus*, BT-RechtsA, 69. Sitzung v. 3.6.1959, S. 3, in: BA Koblenz, B 141-3172 Bl. 123r.

138 Mitberichterstatter *Rösch* in der 207. Sitzung des BR-Rechtsausschusses v. 29.1.1959, in: BA Koblenz, B 141-3172 Bl. 47r.

139 Bericht des Rechtausschusses, Anlage zu BT-Drs. 1143/3. Wahlperiode, S. 1.

drücklich unter Strafe gestellt werden, wenn ein Mitglied einer Gruppe wegen seiner Gruppenzugehörigkeit beschimpft wird[140]. In der Gesetz gewordenen Fassung sah man jedoch davon ab, da ein solches Verhalten bereits als Beleidigung im Sinne des § 185 StGB strafbar war. Stattdessen wurde aber gänzlich darauf verzichtet, bestimmte Gruppen zu nennen. Dies hatte der Abgeordnete und SPD-Fraktionsgeschäftsführer *Arndt* in der entscheidenden Sitzung des Bundestagsrechtsausschusses 1960 angeregt. In einer interfraktionellen Besprechung einigte man sich auf die allgemeine Bezeichnung „Teile der Bevölkerung"[141]. Dadurch würden zwar politische, soziale, wirtschaftliche, berufliche und sonstige Gruppen einbezogen; einer ausufernden Anwendung sollte jedoch das Menschenwürdekriterium entgegenwirken.

Aus zeitlichen Gründen wurde hingegen nicht mehr diskutiert, ob ausdrücklich auch die Verleumdung oder Beschimpfung der vom Nationalsozialismus Verfolgten aufgenommen werden sollte. Bei diesem nur kurz angesprochenen Vorschlag befaßten sich die Ausschußmitglieder im übrigen mit einer Frage, die bei späteren Änderungsvorschlägen bedeutsam werden sollte, namentlich ob Gesetze stets generell zu fassen seien[142].

b) Tathandlungen

Geringere Bedenken gab es hinsichtlich der Umschreibung der Tathandlung. „Beschimpfen" und „böswilliges Verächtlichmachen" sollte nach den Entwürfen regelmäßig unter Strafe gestellt werden[143]. Einig war man sich auch, daß die bisherige Formulierung – zu Gewalttätigkeiten anreizen – zu eng sei. Unklar war jedoch, wodurch diese Formulierung ersetzt werden sollte. Als zu eng wurde der Vorschlag, das „Anreizen zur Verfolgung" zu verbieten, abgelehnt[144], als rechtsstaatlich bedenklich der Begriff „Hetzen" verworfen[145]. Um die Strafbarkeitsgrenze deutlich vorzuverlegen, wurde „zum Haß aufstacheln"

---

140 Vgl. die Entwürfe zwischen 1950 und 1957, im Anhang 1 A).

141 99. Sitzung BT-RechtsA v. 17.3.1960, Sten. Prot. S. 4.

142 Vgl. 70. Sitzung BT-RechtsA v. 5.6.1959, S. 13–17, in: BA Koblenz, B 141-3172 Bl. 135v–137v: *Dreher* war für, *Arndt* wegen „geschichtlich [...] einzigartige(r) [...] Untaten" ausnahmsweise gegen diesen rechtsstaatlichen Grundsatz.

143 Fraglich war insoweit nur, ob verunglimpfende Behauptungen gegen eine Personengruppe nur dann gemäß Nr. 2 unter Strafe gestellt werden sollten, wenn sie wider besseres Wissen erfolgten, vgl. u.a. *Rösch*, BR-RechtsA, 207. Sitzung v. 29.1.1959, S. 10.

144 Vorschlag Niedersachsens, vgl. Kurzprotokoll des BR-Rechtsausschusses v. 29.1.1959, S, 14, 21, in: BA Koblenz, B 141-3172 Bl. 50v, 53r.

145 *Schafheutle*, 207. Sitzung BR-RechtsA v. 29.1.2959, S. 20 f., in: BA Koblenz, B 141-3172 Bl. 53; *ders.*, 70. Sitzung BT-RechtsA v. 5.6.1959, S. 9 f., in: BA Koblenz, B 141-3172 Bl. 133.

vorgezogen, sei darunter doch ein verstärktes, zielbewußtes „Anreizen“ zu verstehen[146]. Damit wurde entgegen der in den Entwürfen gebräuchlichen und heute amtlichen Überschrift der Begriff „Hetzen“ nicht weiter verwendet. Stattdessen wurde seit dem Entwurf eines Gesetzes gegen Volksverhetzung die Tathandlung durch die Trias „zum Haß aufstacheln, beschimpfen, böswillig verächtlich machen“ beschrieben – Merkmale, die zum Teil aus dem Republikschutzgesetz bekannt waren, weswegen *Arndt* – allerdings vergeblich – warnte, dem Richter einen solch weiten Ermessensspielraum zu geben[147]. Darüber hinaus wurde das bisher bereits sanktionierte Auffordern zu Gewalttätigkeiten um *Willkür*maßnahmen erweitert. Dadurch sollte auch die Aufforderung zu sonstigen rechtlosen Akten im Sinne der §§ 234a, 241a StGB (Verschleppung und politische Verdächtigung) strafbar sein[148].

Abgelehnt wurde hingegen der Begriff „Beleidigen“. Dessen Befürworter trugen zwar vor, daß er innerhalb der Rechtsprechung gefestigt und daher dem „zum Haß aufstacheln“ vorzuziehen sei[149]. Des weiteren handele es sich gerade um eine qualifizierte Beleidigung, wenn einer Gruppe das Menschliche abgesprochen werde. Dem wurde jedoch entgegengehalten, daß die Beleidigung von Menschen als Gruppe bereits unter das geltende Beleidigungsrecht falle; hingegen wende der Entwurf eines Gesetzes gegen Volksverhetzung vom 21. Januar 1959 sich gegen das Gegeneinanderhetzen verschiedener Gruppen[150].

c) Eignung zur Friedensstörung

Nicht so sehr angegriffen wurde das Merkmal „Eignung zur Friedensstörung“ als solches. Vereinzelt wurde es kritisiert, weil es den Tatbestand zu sehr einenge. Daraufhin wurde es von der Großen Strafrechtskommission zwar nicht gestrichen, man stellte aber ausdrücklich auf die friedensgefährdende Eignung

---

146 *Krille*, 207. Sitzung BR-RechtsA v. 29.1.1959, S. 7 f., 16, in: BA Koblenz, B 141-3172 Bl. 46r–47v, 51v; „Aufstacheln“ meine dasselbe wie „Anreizen“, lediglich „verstärkt durch das intensive Bemühen und durch das Erwecken einer starken feindseligen Haltung“; *Benda*, Sten. Prot. BT-RechtsA, 68. Sitzung v. 27.5.1959, S. 30.

147 Sten. Prot. BT-RechtsA, 68. Sitzung v. 27.5.1959, S. 34, in: BA Koblenz, B 141-3172 Bl. 116r.

148 *Schafheutle*, JZ 1960, 470, 473.

149 *Arndt*, BT-RechtsA, 69. Sitzung v. 3.6.1959, S. 7, in: BA Koblenz, B 141-3172 Bl. 125r; *Metzger*, BT-RechtsA, 69. Sitzung v. 3.6.1959, S. 8, in: BA Koblenz, B 141-3172 Bl. 126v.

150 *Benda*, BT-RechtsA, 69. Sitzung v. 3.6.1959, S. 9, in: BA Koblenz, B 141-3172 Bl. 126r.

ab[151]. Am Begriffsverständnis sollte sich jedoch nichts ändern, sondern die vorhandene, objektiv-subjektiv-vereinigende Auslegung übernommen werden[152].

Intensiver diskutiert wurde hingegen die Frage, welches Rechtsgut die Vorschrift schütze – eine Frage, die insbesondere wegen der Kritik, es handele sich um ein Sondergesetz, aufgeworfen wurde. Um dieser Kritik zu widersprechen, trugen insbesondere der Vertreter des Bundesjustizministeriums *Schafheutle* sowie der CDU/CSU-Abgeordneten *Benda* vor, es handele sich um ein Delikt zum Schutz des öffentlichen Friedens bzw. der öffentlichen Ordnung[153]. Allenfalls als Reflexwirkung seien die – zunächst ausdrücklich angeführten – Bevölkerungsgruppen geschützt[154]. Dies sei auch aus der systematischen Stellung innerhalb der Delikte im Abschnitt der Delikte „gegen die öffentliche Ordnung“ abzulesen. Dagegen wandte sich insbesondere der SPD-Abgeordnete und Fraktionsgeschäftsführer *Arndt*, dem der „öffentliche Friede“ zu unbestimmt war, um als Rechtsgut zu fungieren. Vielmehr sei dessen Verletzung oder Gefährdung eine allgemeine Voraussetzung strafwürdigen Verhaltens[155]. Nachdem jedoch im endgültigen Kompromißvorschlag die nähere Umschreibung der Personenmehrheiten fallengelassen worden war, erhob er keine Einwände mehr.

B) Gang der Gesamtreform in den Fünfziger und Sechziger Jahren: Die Beratungen der Großen Strafrechtskommission

1952 initiierte der erste Justizminister der Bundesrepublik, *Thomas Dehler*, Vorarbeiten zu einer Gesamtreform des Strafrechts, zu denen auch rechtsvergleichende Gutachten gehörten[156]. Zwei Jahre später berief dessen Nachfolger und FDP-Parteikollege *Neu-*

---

151 Kritik daran von *Haußmann*, BR-RechtsA, 207. Sitzung v. 29.1.1959, S. 12, in: BA Koblenz, B 141-3172 Bl. 49v; geändert durch die Große Strafrechtskommission, s. bei Fn. 189.

152 *Schafheutle*, 70. Sitzung BT-RechtsA v. 5.6.1959, S. 9, in: BA Koblenz, B 141-3172 Bl. 133v; *ders.*, 98. Sitzung BT-RechtsA v. 11.3.1960, S. 9.

153 *Schafheutle*, BR-RechtsA, Sitzung am 29.1.1959, Protokoll in BA Koblenz, B 141-3172 Bl. 52r, zuvor ausführlicher *Krille*, Bl. 46v; *Schafheutle*, Prot. BT-RechtsA, 68. Sitzung v. 27.5.1959, S. 36.

154 *Benda*, BT-RechtsA, BA Koblenz, B 141-3172 Bl. 112.

155 *Arndt*, Sten. Prot. BT-RechtsA, 68. Sitzung v. 27.5.1959, S. 30.

156 Für das Volksverhetzungsverbot wurde keines erstellt. Im Gutachten zum Ehrenschutz empfahl *Kern*, Materialien zur Strafrechtsreform, Bd. 1, S. 306 bzgl. der Kollektivbeleidigung, auch künftig die Beleidigungsfähigkeit von nicht organisierten Einheiten, speziell „Klassen, Rassen“, nicht anzuerkennen. Wie im geltenden Recht sollte nur die

mayer die „Große Kommission für die Strafrechtsreform" ein, der er während ihrer fünfjährigen Arbeit vorsaß. Die Kommission bestand aus Strafrechtslehrern, Richtern und Staatsanwälten, Mitgliedern der Landesjustizverwaltungen, Vertretern der Rechtsanwaltschaft und Abgeordneten aller Fraktionen[157]. Erstmals trat die Kommission am 6. April 1954 zusammen und tagte anschließend, teilweise in Unterkommissionen, in erster Lesung bis zum 23. Oktober 1958[158]. Im folgenden Jahr wurde ein vorläufiger Gesamtentwurf eines Strafgesetzbuchs, der sog. E 1959 I, zusammengestellt, dem nach im Juni 1959 abgeschlossener zweiter Lesung der E 1959 II folgte[159]. Trotz der in den parlamentarischen Gremien zu § 130 StGB geleisteten Arbeit legte man im Bundesjustizministerium auf die Beratungen viel Wert und hoffte, bei den weiteren Verhandlungen eine mögliche Stellungnahme der Kommission als Trumpfkarte hochhalten zu können, um so die Vorschrift im mittlerweile vierten Anlauf Gesetz werden zu lassen[160].

I. Die zwei Entwürfe von 1959

Neben den rechtsvergleichenden Gutachten und Referaten zu Grundsatzfragen standen den Mitgliedern der Kommission die Entwürfe von 1925, 1927 und 1930 als Diskussionsgrundlage zur Verfügung[161]. Hätte sich die Kommission allein daran orientiert, wäre § 130 mit der öffentlichen Aufforderung zu Straftaten in einer Vorschrift aufgegangen. Es galt hier aber die Besonderheit, daß die Arbeit der Kommission mittlerweile von der Gesetzesentwicklung eingeholt worden war. Zunächst hatte sich im Januar 1959 eine Unterkommission der Großen Strafrechtskommission mit § 130 befaßt und eine Fassung erarbeitet, die – noch bevor sie im Plenum der Kommission beraten werden konnte

---

Beleidigung Einzelner unter einer Kollektivbezeichnung strafbar sein. Vgl. dazu das rechtsvergleichende Gutachten *Deipsers*, Materialien, Bd. 2.2, S. 201 f. – Erst später, 1967, erstellte man im *Max-Planck-Institut für Ausländisches und Internationales Strafrecht* ein Gutachten über „Strafrechtliche Bestimmungen der Mitgliedstaaten des Europarates über Aufhetzung zum rassischen, nationalen und religiösen Haß", welche mit dem Modellgesetz des Europarates verglichen wurden. Bereits 1960 hatte man dort unter *Jeschecks* Leitung eine „Rechtsvergleichende Übersicht zu den Entwürfen [...]" eines Gesetzes gegen Volksverhetzung bzw. zur Änderung des StGBs von FDP und SPD erstellt, die in BA Koblenz, B 141-3175 Bl. 27–86 enthalten ist.

157 Zur Kommissionszusammensetzung *Dahs*, NJW 1958, 1161, 1162; Liste der Mitglieder in: Niederschriften GSK, Bd. 1, S. 324 (Anhang A Nr. 1).

158 Begr. des E 1960, in: Entwurf eines Strafgesetzbuches (StGB), E 1960, mit Begründung, S. 91.

159 *Stammberger*, Strafrechtsreform, S. 24.

160 Vgl. Ministerialdirektor *Schafheutle*, in: Niederschriften GSK, Bd. 13, S. 119 f.

161 Vgl. *Dreher*, in: 1. Sitzung v. 6.4.1954, Niederschriften GSK, Bd. 1, S. 16 f.

– zur Grundlage des von der CDU/CSU-Fraktion eingebrachten Entwurfes eines Fünften Strafrechtsänderungsgesetzes wurde[162].

1. Entwurf 1959 I

Die II. Unterkommission behandelte vom 24. bis 26. Januar 1957 den Komplex „Störung der öffentlichen Ordnung"[163]. Der Hamburger Professor *Sieverts* und der Kammergerichtspräsident *Skott* schlugen als Referenten vor, § 130 ersatzlos zu streichen[164]. Dagegen erklärte Ministerialrat *Dreher*, die Vorschrift habe sich in der Praxis gerade als zu eng erwiesen, weswegen eine Neufassung vonnöten sei, wie sie unlängst die CDU/CSU-Fraktion dem Bundestag vorgelegt habe[165]. Deren Vorschlag wurde der weiteren Diskussion in der Kommission zugrundegelegt, die zu schützenden Gruppen allerdings der Fassung des § 220a StGB („nationale, rassische, religiöse oder durch ihr Volkstum bestimmte Gruppe") entnommen[166].

Uneinig war man sich, wie die Beschimpfung einzelner Mitglieder wegen ihrer Gruppenzugehörigkeit geregelt werden sollte. Dem CDU/CSU-Vorschlag zufolge sollte sie auf einen entsprechenden Antrag hin als Volksverhetzung verfolgt werden. Während Bundesrichterin *Koffka* die einmonatige Mindeststrafe für diese Fälle als zu hoch empfand, hielt ihr Ministerialdirigent *Wilkerling* entgegen, daß solche quasi-qualifizierten Beleidigungsfälle die Rechtsfolge rechtfertigten. Doch schließlich, womöglich auch aufgrund des Hinweises des Hochschullehrers *Bockelmann*, daß die Beschimpfung eines einzelnen Gruppenmitglieds bereits als gewöhnliche Beleidigung strafbar sei, einigte man sich darauf, die Beleidigung einzelner Mitglieder nicht in den Tatbestand aufzunehmen. Von den übrigen Änderungsgesuchen drang nur das von *Dreher* durch, den Strafrahmen gegenüber § 187a StGB (Üble Nachrede und Ver-

---

162 Vgl. *Dreher*, in 126. Sitzung der GSK, Niederschriften GSK, Bd. 13, S. 119: Aus der vorläufigen Zusammenstellung der Beschlüsse der Unterkommissionen § 220 VZ, Niederschriften GSK, Bd. 5, S. 281 (Anh. B) wurde § 223 Umdruck J 95, Niederschriften GSK, Bd. 13, S. 631 – in dieser Form wurde die Vorschrift in den Entwurf eines Gesetzes gegen Volksverhetzung, BT-Drs. 918/3. Wahlperiode eingestellt (§ 223 i.d.F. des Umdrucks J 95 und § 130 i.d.F. der Drs. 918 wichen nur hinsichtlich der fakultativ zulässigen Geldstrafe ab, welche in ersterem fehlte, da die Kommission noch von einer entsprechenden Bestimmung im Allgemeinen Teil des StGB ausging).

163 Vgl. Niederschrift der 2. Arbeitstagung der II. Unterkommission v. 21.–26.1.1957, in: Niederschriften über die Sitzungen der Unterkommissionen, Bd. 2, S. 189–200.

164 Vgl. Umdruck R 111, als Anl. 1 zum in Fn. 163 genannten Protokoll ebd., S. 201, 203.

165 S.o. A) II. 2 bei Fn. 57.

166 Vgl. Niederschrift (Fn. 163), S. 199 f.

leumdung gegen Personen des öffentlichen Lebens, heutiger § 188) auf Gefängnisstrafe von drei Monaten bis zu drei Jahren herabzusetzen.

Dagegen wurde weder auf die „durch ihr Volkstum bestimmte Gruppe“ verzichtet, weil das „Flüchtlingsproblem jederzeit wieder akut werden könne“ (*Koffka*), noch der Ausdruck „hetzt“ geändert oder die in Nummer 2 unter Strafe gestellten „vorsätzliche(n) unwahre(n)“ Behauptungen durch „wider besseres Wissen“ verengt (*Skott*), denn dadurch verlöre die Vorschrift ihre praktische Anwendbarkeit (*Dreher*). Den Bereich strafbaren Handelns auf die öffentliche Begehung zu beschränken, wurde ebenfalls abgelehnt, da dies nicht mit dem Zweck vereinbar sei, die Gefahr der den inneren Frieden gefährdenden Spannungen abzustellen (*Skott*)[167]. Demgemäß schlug die Unterkommission einen gegenüber dem CDU/CSU-Antrag auf drei Positionen veränderte Bestimmung vor – die geschützten Gruppen wurden in Anlehnung an § 220a StGB umschrieben, es entfiel die Beleidigung Einzelner wegen ihrer Gruppenzugehörigkeit und der Strafrahmen wurde auf drei Jahre Gefängnis begrenzt[168].

Nachdem 1958 bereits der Allgemeine Teil des Entwurfs erschienen war, wurde 1959 für die Beratungen der zweiten Lesung ein vorläufiger Gesamtentwurf nach den Kommissionsbeschlüssen erster Lesung gedruckt[169]. Die Straftaten gegen den Gemeinschaftsfrieden gehörten zu den Vorschriften des Besonderen Teils des E 1959 I, welche nicht in der Vollkommission beraten werden konnten. Stattdessen wurden die von den Kommissionsmitgliedern gemachten Vorschläge im Bundesjustizministerium überarbeitet[170] und anschließend in den Entwurf eingestellt[171]. Unterdessen hatten die Sachbearbeiter des Bundesjustizministeriums mehrere Punkte geändert. Rein begrifflich sollte es statt des *inneren* auf die Gefährdung des *öffentlichen* Friedens ankommen, um klarzu-

---

167 Vgl. Niederschrift (Fn. 163), S. 199.

168 „Wer in einer den inneren Frieden gefährdenden Weise
1. gegen eine nationale, rassische, religiöse oder durch ihr Volkstum bestimmte Gruppe hetzt oder sie beschimpft oder
2. vorsätzlich unwahre oder gröblich entstellte Behauptungen tatsächlicher Art aufstellt oder verbreitet, die geeignet sind, eine solche Gruppe verächtlich zu machen,
wird mit Gefängnis von drei Monaten bis zu drei Jahren bestraft. Daneben kann auf Geldstrafe erkannt werden.“
Aus: Umdruck V 29 (Vorschläge der Unterkommission zum Thema „Störung der öffentlichen Ordnung“), als Anl. 2 zum in Fn. 163 genannten Protokoll ebd., S. 205 sowie als § 220 der Vorläufigen Zusammenstellung (VZ) ebd., Bd. 5, S. 263, 281.

169 Begr. des E 1960, in: Entwurf eines Strafgesetzbuches (StGB), E 1960, mit Begründung, S. 91 Entwurfstext in: Niederschriften GSK, Bd. 12, Anh. B, S. 549–644.

170 Neufassung als § 223 des Umdrucks J 95, abgedr. in: Niederschriften GSK, Bd. 13, S. 631 = BA Koblenz, B 141-90281 Bl. 117 ff., 121 (Wortlaut), 135 f. (Begr.).

171 Vgl. Vorwort zu E 1959 I, in: Niederschriften GSK, Bd. 12, Anh. B, S. 552.

stellen, daß an die Rechtsprechung zum Begriff in den §§ 126, 130 angeknüpft werde[172]. Zudem wurden die Tathandlungen modifiziert. Die Nummer 1 wurde umformuliert und erweitert: Das durch die nationalsozialistische Gesetzgebung problematisch gewordene „Hetzen" sollte durch „zum Haß aufstacheln" ersetzt werden. Des weiteren sollte bereits dort das „böswillige Verächtlichmachen" unter Strafe gestellt werden. Derart verändert sollte die Nummer 1 die Mehrzahl der strafwürdigen Fälle abdecken. Daher könne sich die Nummer 2 auf verunglimpfende Tatsachenbehauptungen beschränken, die „wider besseres Wissen" aufgestellt oder verbreitet würden. Schließlich wurde die maximale Strafdrohung von drei auf fünf Jahre Gefängnis angehoben, um einen Gleichlauf mit der einfachen Verleumdung (§ 391 der Vorschläge) herzustellen[173].

Bei der schriftlichen Vorabstimmung sprachen sich neun von elf Unterkommissionsmitgliedern für die geänderte Fassung aus[174]. In dieser Fassung wurde die Bestimmung daraufhin in den Regierungsentwurf eines Gesetzes gegen Volksverhetzung vom 21. Januar 1959 eingestellt und sodann als § 304 in den E 1959 I einsortiert[175]. Die abweichend formulierte Rechtsfolge beruhte bloß auf unterschiedlichen Regelungen des Allgemeinen Teils[176], änderte sachlich jedoch nichts, so daß der Gleichlauf von Totalrevision und Novellengesetzgebung gewahrt blieb.

2. Entwurf 1959 II

Am Tag, an dem der Bundestag den Entwurf eines Gesetzes gegen Volksverhetzung vom 21. Januar 1959 an den Rechtsausschuß verwies[177], beriet erstmals die Vollkommission über die Straftaten gegen den Gemeinschaftsfrieden[178]. Zum Volksverhetzungsverbot[179] wurde in erster Linie die Anregung des

---

172 Indes wurden die Begriffe unterschiedlich ausgelegt: in § 126 wurde der öffentliche Friede nur als (subjektives) Gefühl öffentlicher Sicherheit verstanden, in § 130 dagegen auch als (objektiver) Zustand allgemeiner Rechtssicherheit, vgl. LK-*Werner*, 8. Aufl. 1957, § 130 Anm. 4.

173 Vgl. Begründung der Änderungen in J 95, in: Niederschriften GSK, Bd. 13, S. 635 f.

174 Abstimmungsergebnis in Umdruck II J 17, Niederschriften GSK, Bd. 13, S. 649, 651.

175 Vgl. *Dreher*, in: Niederschriften GSK, Bd. 13, S. 119.

176 Nach § 16 Abs. 1 StGB i.d.F.d. Neubekanntmachung v. 25.8.1954 betrug die Gefängnishöchststrafe fünf Jahre; nach § 57 E 1959 I war unter gewissen Bedingungen Geldstrafe neben Freiheitsstrafe zulässig. § 57 wurde jedoch in zweiter Lesung abgelehnt, vgl. *Dreher*, in: Niederschriften GSK, Bd. 13, S. 119.

177 Am 8.4.1959, nachdem er den Bundesrat passiert hatte, s.o. A) II. 1. d) bei Fn. 81.

178 126. Sitzung v. 8.4.1959, Niederschriften GSK, Bd. 13, S. 81–126 (119 ff. zur Volksverhetzung); zudem 131. Sitzung v. 14.4.1959, ebd., S. 243 f.

Oberstaatsanwalts *Fritz* diskutiert, auf die Friedensklausel zu verzichten – nicht, weil sie sich als Leerformel erwiesen habe, wie man angesichts der Rechtsprechung meinen könnte[180], sondern weil sie – wie es den gesetzgeberischen Motiven entsprach[181] – die Anwendung erschwere. Dasselbe Bedenken äußerten sowohl Bundesanwalt *Fränkel* als auch Hochschullehrer *Bockelmann*[182]. Bereits objektiv sei der öffentliche Friede nur selten gefährdet, da solche Äußerungen regelmäßig in kleinerer Runde getätigt würden. Selbst wenn man die Gefährdung in solchen Fällen mithilfe des Konstrukts „Ersatzöffentlichkeit" annehme[183], sei es auf subjektiver Seite schwer nachzuweisen, daß der Täter die Gefährdung wenigstens in Kauf genommen habe.

Als schwierig erwies es sich, gesetzestechnisch die Grenze so zu ziehen, daß einerseits Äußerungen in engsten Kreisen ausgeklammert blieben, andererseits aber Fälle in kleinerer Runde wie der an die Öffentlichkeit gelangte Fall Zind erfaßt würden. (Der Studienrat jenes Namens hatte in einer Stammtischrunde sowohl den Holocaust als auch die jüngsten Friedhofsschändungen bagatellisiert und gegenüber einem Anwesenden, der sich als Halbjude zu erkennen gab, gerufen, man habe wohl vergessen, auch ihn zu vergasen[184].) Um der Zielvorgabe gerecht zu werden, sprach sich die Mehrzahl der Kommissionsmitglieder gegen die Streichung des Merkmals aus. Andernfalls unterfielen auch Äußerungen im „intimsten Kreise" der Vorschrift, wofür die mindestens

179 Ausgehend von der vom Bundesrat vorschlagshalber geänderten Fassung (Abdruck in BT-Drs. 918/3. Wahlperiode, S. 5); zu den Unterschieden zur in der Unterkommission erarbeiteten Version, insb. der Entzerrung der Tathandlungen von zwei auf drei Nummern *Dreher*, in: Niederschriften GSK, Bd. 13, S. 119.

180 Vgl. zur RG-Rechtsprechung 4. Kap. Fn. 149 sowie *Schafheutle*, in: Niederschriften GSK, Bd. 13, S. 123 m.w.N.

181 Zwar bemerkte Friedberg dazu in den Motiven wenig, aber es ist anzunehmen, daß er das Merkmal fortgelassen hätte, wenn es keine Bedeutung hätte haben sollen. Vgl. zu § 130 RStGB 3. Kap. vor Fn. 86, einschließlich der Kritik an der unbestimmten Wortwahl, ebd. bei Fn. 62 und 85, zum Vorgänger § 100 PrStGB 2. Kap. bei Fn. 114 f. Zur geringen Bedeutung in der Rechtsprechung von RG und BGH *Fischer*, Öffentlicher Friede, S. 189 ff., 385 ff.

182 Niederschriften GSK, Bd. 13, S. 120 (*Fränkel*), 121 (*Bockelmann*). Beide sprachen sich dafür aus, auch Äußerungen „in kleiner Biertischrunde" verfolgen zu können und nur Fälle vertraulichster Äußerungen auszusparen.

183 Dafür genügte, daß sich der Handelnde nur einem einzelnen gegenüber äußert, der aber, womit ersterer rechnet, die Äußerung in eine größere Runde trägt, vgl. *Jescheck*, in: Niederschriften GSK, Bd. 13, S. 120 – *Fritz* lehnte diesen aus dem Kriegssonderstrafrecht bekannten Weg ab.

184 Der Spiegel, Nr. 51/1957, S. 35. Er wurde darauf wegen Beleidigung und Verunglimpfung des Andenkens Verstorbener zu einem Jahr Gefängnis ohne Bewährung verurteilt; näher *Lömker*, Abwertung, S. 31 f.

dreimonatige Gefängnisstrafe aber unangemessen sei. Für solche genügten die Beleidigungsvorschriften[185]. Der umgekehrte Weg, die Formel zu streichen und zugleich die Mindeststrafe zu Fall zu bringen, wurde kategorisch abgelehnt, da sich sonst das Rechtsgut verschiebe und der Tatbestand verfälscht werde. Denn es gehe nicht um den Schutz bestimmter gesellschaftlicher Gruppen, sondern um den Schutz des Gemeinschaftsfriedens. Ferner könne man aus kriminalpolitischen Gründen nicht auf die Mindeststrafe verzichten[186]. Schließlich biete die ständige Rechtsprechung Gewähr dafür, daß die Vorschrift im gesetzgeberischen Sinn verstanden werde[187].

Der vermittelnde Vorschlag des Strafrechtsprofessors *Eberhardt Schmidt*, die Vorschrift in einen allgemeinen Grundtatbestand sowie einen um eben das Merkmal Friedensgefährdung erweiterte Qualifikation aufzuteilen[188], fand keine Unterstützung. Diese erfuhr hingegen die bereits im Bundesratsrechtsausschuß vom Land *Baden-Württemberg* vorgeschlagene Fassung, welche Professor *Gallas* wieder in die Diskussion brachte[189]: Indem man die *Eignung*, den öffentlichen Frieden zu stören", zum Tatbestandsmerkmal erhebe[190], genüge die *abstrakte* Gefährdung. Dies bedeute zwar allenfalls eine geringe Änderung gegenüber der geltenden Fassung, worauf *Schafheutle* hinwies[191], würde jedoch die Begrifflichkeiten des Entwurfs in Einklang miteinander bringen, denn „Gefahr" meinte im übrigen Entwurf stets die nahe Wahrscheinlichkeit des Schadenseintritts[192]. Aus diesem Grund sprach sich auch Bundesrichterin *Koffka* für den Vorschlag aus.

---

185 *Dreher*, Niederschriften GSK, Bd. 13, S. 120 f.

186 *Schafheutle*, Niederschriften GSK, Bd. 13, S. 123; ähnl. *Dreher*, ebd., S. 120 und BT-Abg., RA und Notar *Schneider*, S. 122.

187 *Mezger*, Niederschriften GSK, Bd. 13, S. 124.

188 Niederschriften GSK, Bd. 13, S. 120.

189 Niederschriften GSK, Bd. 13, S. 122; ähnliches hatte *Gallas* auch hinsichtlich des Gotteslästerungsverbots vorgeschlagen. Zum Vorschlag im BR-RechtsA bzgl. des Entwurfs eines Gesetzes gegen Volksverhetzung vgl. Kurzprotokoll, in: BA Koblenz, B 141-3172 Bl. 49v.

190 Erst sah *Gallas* ein zweifaches Gefährdungsmoment vor: „[...] in einer Weise, die geeignet ist, den öffentlichen Frieden zu gefährden [...]", dann schwenkte er aber auf *Drehers* Äußerung hin auf die im Text genannte Fassung um, vgl. Niederschriften GSK, Bd. 13, S. 122, 125.

191 Niederschriften GSK, Bd. 13, S. 123, 125 und *Dreher*, 131. Sitzung v. 14.4.1959, in: Niederschriften GSK, Bd. 13, S. 243; zustimmend *Bockelmann*, S. 125 – *Schafheutle* (S. 123) und *Mezger* (S. 124) lehnten die Fassung aber ab, da sie die Gefahr einer anderweitigen Auslegung heraufbeschwöre; kritisch dazu *Gallas*, S. 123.

192 *Koffka*, in: Niederschriften GSK, Bd. 13, S. 124; ebenso in 131. Sitzung Ministerialrat *Lackner* und Ministerialdirigent *Rösch*, ebd., S. 243.

Die weiteren Vorzüge der Gallas'schen Lösung stellte Bockelmann heraus: Einerseits bedürfe es nicht des Nachweises, daß der öffentliche Frieden konkret gestört oder gefährdet worden sei[193]; zudem würden dem Täter die Einwendungen abgeschnitten, er habe nicht einmal in Kauf genommen, den Frieden zu stören. Andererseits müsse die Handlung eine bestimmte Erheblichkeitsschwelle überschreiten, wodurch die „allerintimsten Äußerungen" ausschieden[194]. Gerade dies bezweifelte zwar zunächst Senatspräsident *Baldus*, ließ sich aber, im Gegensatz zum Universitätslehrer *Welzel*, davon überzeugen, daß sich das Merkmal nicht nur auf den Inhalt, sondern auch auf die Umstände der Äußerung beziehe, wodurch dem Tatbestand Äußerungen im engsten Familienkreis nicht unterfielen[195].

Mit der Forderung nach Abschaffung bzw. Modifizierung der Friedensgefährdung ging die Frage einher, welches Rechtsgut die erweiterte Vorschrift schütze und wie sie dogmatisch einzuordnen sei: als qualifizierte Beleidigung gegenüber den geschützten Gruppen[196], als Friedensschutznorm, die nur nachrangig die gesellschaftlichen Gruppen schütze[197] oder als eine vollkommen neue Bestimmung, die die Äußerung bestimmter Gesinnungen unter Strafe stelle[198]. Letzteres hatte *Bockelmann* vorgetragen und angesichts des Gedankens mit Entrüstung gerechnet. Im Mittelpunkt der Bestimmung ständen antisemitische Äußerungen, auch wenn dies aus der Vorschrift nicht ausdrücklich hervorgehe. Insofern drängten sich Parallelen zur Gotteslästerung auf, da hier wie dort kein bestimmtes Rechtsgut geschützt werde und der Hinweis auf die Verletzung des religiösen Empfindens oder Friedens die Norm nur teilweise rechtfertige. Im Unterschied zur Gotteslästerung, auf die man „längst nicht mehr sehr empfindlich" reagiere, sei schon die gelegentliche Äußerung volksverhetzender Art vor dem Hintergrund des Holocausts schlechthin unerträglich. Deswegen müsse – ohne andere Gesichtspunkte wie eine etwaige Frie-

---

193 Dies wurde teilweise in der Lit. verlangt, vgl. *Benda*, Prot. BT-RechtsA, 68. Sitzung v. 27.5.1959, S. 30.

194 Niederschriften GSK, Bd. 13, S. 124 f. *Gallas* selbst (S. 124) unterstrich den Öffentlichkeitsaspekt, durch den die privatesten Äußerungen ausgenommen würden.

195 Vgl. Niederschriften GSK, Bd. 13, S. 125 f.

196 Nach *Dreher* dann, wenn man die Friedensklausel streiche; im Umkehrschluß auch *Jescheck*, dagegen jedoch *E. Schmidt*, sämtliche in: Niederschriften GSK, Bd. 13, S. 120.

197 *Jeschek*, *Dreher* in: Niederschriften GSK, Bd. 13, S. 120; BT-Abg. *Schneider*, ebd., S. 122 (ein Sonderehrenschutz für bestimmte Gruppen verstieße sonst gegen Art. 3 GG). Gegenteilig *Schafheutle*, S. 122: Schutz zugunsten bestimmter Bevölkerungsgruppen gegen Angriffe, die „zugleich Angriffe auf den öffentlichen Frieden sind".

198 *Bockelmann*, in: Niederschriften GSK, Bd. 13, S. 121.

densgefährdung zu berücksichtigen – der Ausdruck der Gesinnung „einfach wegen ihrer Abscheulichkeit mit Strafe bedroht“ sein; nur Fälle vertraulichster Äußerungen wollte er aussparen[199]. Aus seiner Feststellung folgerte er also nicht die rechtsstaatliche Verwerflichkeit der im Sinne eines Gesinnungsstrafrechts geplanten Vorschrift, sondern erkannte gar ein „brennende(s) Strafbedürfnis“ an. *Fränkel* knüpfte an ihn an und schlug vor, als weniger einschränkende Voraussetzung nur Äußerungen unter Strafe zu stellen, welche „in einer das Rechtsempfinden empörenden Weise“ getätigt würden[200]. Auch *Fritz* nahm den Faden auf und spann ihn weiter: das Rechtsgut sei „im Grunde [...] unser humanitäres Empfinden“[201] (angesichts solch diffuser Rechtsgüter fragt sich allerdings, wieviel vom Rechtsgutsbegriff bleibt).

Demgegenüber sahen Senatspräsident *Schäfer* und *Dreher* den Gruppenschutz im Vordergrund, wie es auch noch im Gesetzesentwurf von Anfang 1959 angeklungen war[202]. Um allerdings Befürchtungen, ein Sondergruppenschutz verstoße gegen das grundgesetzliche Gleichheitsgebot, zu begegnen[203], hoben sie weitere Personenkreise hervor, die den Schutz der Bestimmung genießen würden: „Zigeuner“ und Flüchtlinge[204]. Damit widersprachen sie bewußt der These, es gehe vorzugsweise gegen antisemitische Äußerungen, um den Eindruck eines privilegium odiosum zu vermeiden, während für Ministerialrat *Simon* offensichtlich war, daß in erster Linie die jüdischen Mitbürger im Schutzbereich ständen[205]. *Gallas* wiederum wollte solche Verhaltensweisen vor allem ihrer „sozialethische(n) Verwerflichkeit“ wegen erfassen und betrachtete es als zweitrangig, „irgendeine psychologische Wirkung zu verhindern“[206].

Ohne diese Frage zu klären, sprach sich die Kommission schließlich mehrheitlich – bei einer Stimmenthaltung – für die Variante aus, die auf die Eignung,

---

199 Niederschriften GSK, Bd. 13, S. 121.

200 Ähnlich schwebte *Bockelmann* vor, auf das Anstandsempfinden abzustellen, sah aber weitere Einschränkungen als notwendig an, Niederschriften GSK, Bd. 13, S. 124.

201 Niederschriften GSK, Bd. 13, S. 124.

202 Es sollte eine „Umgestaltung des § 130 StGB in eine wirksame Strafvorschrift zum Schutze gewisser Bevölkerungsgruppen gegen Hetze und Verleumdung“ geben, Entwurf eines Gesetzes gegen Volksverhetzung des BMJ v. 13.1.1959, in: BA Koblenz, B 141-3172 Bl. 5 (Begr.).

203 Davor hatte *Schneider*, Niederschriften GSK, Bd. 13, S. 122 gewarnt.

204 Niederschriften GSK, Bd. 13, S. 121 (*Dreher*), 122 (*Schäfer*).

205 Niederschriften GSK, Bd. 13, S. 123.

206 Niederschriften GSK, Bd. 13, S. 244.

den öffentlichen Frieden zu stören, abstellte[207]. Bevor der Entwurf an die Öffentlichkeit gelangte, wurden die Kommissionsbeschlüsse zweiter Lesung noch in einem Punkt geändert. Um als Gesetzgeber nicht die nationalsozialistische Terminologie zu übernehmen und sich von Kategorisierungen aus „nationalen, rassischen, religiösen oder durch ihr Volkstum bestimmten" Gesichtspunkten zu distanzieren, wurden die Gruppen subjektivierend umschrieben, wie es Ende 1959 vom Rechtsausschuß des Bundestages vorgeschlagen worden war[208]. So sollte fortan bestraft werden, „(w)er [...] zum Haß gegen andere aufstachelt, die er *als [...] Gruppe treffen will*" (§ 298 E 1959 II)[209].

II. Die Entwürfe der Jahre 1960 und 1962

Der E 1959 II wurde nochmals von einer Länderkommission überprüft, die der nordrhein-westfälische Justizminister *Flehinghaus* im Juli 1959 ins Leben gerufen hatte. Unter Einbeziehung erster Beratungsergebnisse und auf Grundlage der Entwürfe von 1959 stellte das Bundesjustizministerium einen weiteren Entwurf zusammen[210]. Unterdessen war das Sechste Strafrechtsänderungsgesetz in Kraft getreten und hatte § 130 StGB modifiziert. Die gegenüber dem E 1959 II vollzogenen Änderungen wurden in § 298 E 1960 übernommen, d.h. neben der Einfügung des Menschenwürdekriteriums und der allgemeineren Bezeichnung des „Äußerungszielsubjekts" als „Teil der Bevölkerung" wurden die Tathandlungen umgeschrieben. So wurde außer dem Aufstacheln zum Haß (Nr. 1) fortan das Auffordern zu Gewalt- oder Willkürmaßnahmen verboten (Nr. 2). Die bisherigen Nummern 2 und 3 (das Beschimpfen und böswillige Verächtlichmachen sowie Verleumden von Bevölkerungsteilen) wurden in Nummer 3 zusammengefaßt und sprachlich verkürzt. Der einzige Unterschied zum geltenden Recht lag in der Strafdrohung: Geldstrafe *neben* der Freiheits-

---

207 Vgl. Vorschlag der Unterkommission, Umdruck II U 15, in: Niederschriften GSK, Bd. 13, S. 656; beschlossen in 131. Sitzung der Vollkommission am 14.4.1959, ebd., S. 244; Beschlüsse zweiter Lesung, ebd., S. 657.

208 Vgl. Bericht, BT-Drs. „Zu Drs. 1143"/3. Wahlperiode, S. 2; s.o. A) II. 4. bei Fn. 83.

209 Vgl. Entwurf eines Strafgesetzbuchs, E 1959 II, nach den Beschlüssen der Großen Strafrechtskommission in zweiter Lesung zusammengestellt und überarbeitet vom Bundesministerium der Justiz, Bonn 1959, S. 68 (§ 298); Neufassung von Vorschriften des Entwurfs 1959 nach Abschluß der Beratungen durch die Große Strafrechtskommission, XII. Lfg. vom Sept. 1959, in: BA Koblenz, B 141-90283 Bl. 119 f.: § 304 Volksverhetzung.

210 Entwurf eines Strafgesetzbuches (StGB), E 1960, mit Begründung (BR-Drs. 270/60), S. 91.

strafe sollte nur unter den Voraussetzungen des § 52 angeordnet werden können[211].

Der Bundesrat ließ den im Oktober 1960 eingebrachten Entwurf[212] zügig passieren[213]. Aber angesichts der auslaufenden dritten Legislaturperiode (1957–1961) wurde die noch im November im Bundestag eingebrachte Vorlage nicht weiter beraten[214]. Zur neuen Legislaturperiode wurde der Entwurf, nun angereichert mit den vollständigen Beratungen der Länderkommission, die für das Volksverhetzungsverbot keine Änderung vorsahen[215], als „E 1962“ vom Kabinett erneut verabschiedet und anschließend dem Bundesrat zugeleitet[216]. Die Vorschrift wider die Volksverhetzung fand sich unverändert in § 298 des Entwurfs wieder; auch die Begründung hatte keinerlei Neuerung erfahren[217]. Nachdem die Länderkammer entsprechend Art. 76 Abs. 2 GG Stellung genommen hatte, ohne sich indes zu § 298 E 1962 zu äußern[218], übersandte die Bundesregierung den Entwurf samt Begründung am 4. Oktober 1962 an den Bundestag[219]. Dort fand Ende März 1963 die erste Lesung statt, in der der Entwurf an den Rechtsausschuß überwiesen wurde, welcher einen Unterausschuß „Strafrecht“ einsetzte. Dieser wurde Anfang Dezember in einen Sonderausschuß unter dem Vorsitz des ehemaligen Generalbundesanwalts *Güde* (CDU) umgewandelt[220]. Bis zum Ende der Legislaturperiode gelang es aber nicht, die Beratungen über den Entwurf abzuschließen. Nach der Bun-

---

211 Begr. zum E 1960, BR-Drs. 270/60, S. 434 f.

212 BR-Drs. 270/60.

213 Vgl. *Schäffer*, in: Sten. Ber. BR, 224. Sitzung v. 28.10.1960, S. 492; *Flehinghaus*, in: Sten. Ber. BR, 248. Sitzung v. 12/13.7.1962, S. 137.

214 Eingebracht als BT-Drs. 2150 v. 3.11.1960.

215 Auf der 12. Tagung vom 17.–21.4.1961 diskutierte die Länderkommission hinsichtlich § 298 des Entwurfs vor allem über die Mindeststrafe von drei Monaten Gefängnis, die aber angesichts des „stets schwerwiegend(en)“ Unrechtsgehalts gerechtfertigt sei. In die entgegengesetzte Richtung zielte der niedersächsische Vertreter *Wilkerling* mit dem Antrag, als Sanktionsmöglichkeit die Sicherungsaufsicht einzuführen, was aber abgelehnt wurde. Daß ferner die Normüberschrift nur einen Teil des Delikts widerspiegele, sei hinnehmbar, so der bayerische Vertreter, Ministerialdirigent *Rösch*. Die Kommission nahm die Vorschrift schließlich einstimmig an, vgl. Niederschriften über die Beratungen der Länderkommission, Bd. 12, S. 154–156, in: BA Koblenz, B 141-90283 Bl. 161 ff., 170–72 (eigene Zählung).

216 Vgl. BR-Drs. 200/62; *Flehinghaus*, (Fn. 213), S. 4.

217 Die Begr. zu § 298 E 1962 (BR-Drs. 200/62, S. 469 f.= BT-Drs. IV/650, S. 469 f.) ist identisch mit der Begr. zu § 298 E 1960 (s.o. Fn. 211).

218 Vgl. Stellungnahme des Bundesrats, abgedr. als Anl. 2 zu BT-Drs. IV/650.

219 BT-Drs. IV/650 v. 4.10.1962.

220 *Scheffler*, Reformzeitalter, S. 181; näher *Holtz*, Strafrechtsreformen, S. 27–33.

destagswahl 1965 brachten mehrere Abgeordnete, unter ihnen auch Güde, den E 1962 erneut in den Bundestag ein[221]. Er wurde in erster Lesung an den „Sonderausschuß für die Strafrechtsreform“ verwiesen, der wiederum unter Güdes Vorsitz die Arbeit aufnahm. Das feste Ziel, den Entwurf bis 1969 Gesetz werden zu lassen, sollte jedoch abermals nicht erreicht werden, nachdem sich die politische Konstellation verändert hatte[222].

C) Der Alternativentwurf

Wie seinerzeit auf den ersten amtlichen Strafrechtsentwurf, den E 1909, so reagierte auf den 1965 im Bundestag erneut eingebrachten E 1962 eine Initiative von Strafrechtsprofessoren mit einem Gegenvorschlag, dem sog. Alternativentwurf (AE)[223]. Sie hatten sich zuvor auf der Strafrechtslehrertagung in Freiburg zusammengetan und den „Arbeitskreis deutscher und schweizerischer Strafrechtslehrer“ gegründet[224]. Zunächst fertigte die Gruppe einen alternativen Allgemeinen Teil, den sie im Oktober 1966 herausgab.

Es folgten Vorschläge zu einzelnen Bereichen des Besonderen Teils. Die Volksverhetzung fand darin nur mittelbar Erwähnung. So war im „Alternativentwurf Politisches Strafrecht“ von 1968 eine die *Völker*verhetzung regelnde Vorschrift vorgesehen[225], welche den Tatbestand der Volksverhetzung in § 130 StGB ergänzen sollte. Während letztere die „Verhetzung nach innen“ mit Strafe bedrohe, richte sich erstere gegen die „Verhetzung nach außen“ und schütze den Völkerfrieden[226]. Im Rückschluß ergibt sich daraus nur, daß die Alternativautoren nicht die Abschaffung des § 130 StGB im Sinn hatten.

Aufgrund der Fülle an Fragen sah sich der Sonderausschuß für die Strafrechtsreform nicht in der Lage, das gesamte Strafgesetzbuch in einer Legislaturperiode zu beraten und in Kraft treten zu lassen. Stattdessen schlug der Ausschuß

---

221 BT-Drs. V/32 v. 11.11.1965.

222 *Scheffler*, Reformzeitalter, S. 181.

223 Vgl. *Baumann*, Reform, S. 296 f. sowie *Roxin*, Strafrecht, AT, Bd. 1, § 4 Rn. 3.

224 Verfasser des Allgemeinen Teils waren Baumann, Brauneck, Hanack, Arthur Kaufmann, Klug, Lampe, Lenckner, Maihofer, Noll, Roxin, Schmitt, Schultz, Stratenwerth und Stree. Bei den späteren AE-Entwürfen waren weitere beteiligt, *Roxin*, Strafrecht AT, Bd. 1, § 4 Rn. 20.

225 § A 3 Völkerverhetzung

Wer öffentlich in einer Weise, die das friedliche Zusammenleben der Völker stört, zum Haß gegen ein anderes Volk aufstachelt, wird wegen Völkerverhetzung mit ... bestraft.

226 *Baumann* u.a., Alternativ-Entwurf eines Strafgesetzbuches, BT. Politisches Strafrecht, Tübingen 1970, S. 15. Zur „Völkerverhetzung“ und § 130 Nr. 1 *Schroeder*, JZ 1969, 41, 46.

vor, die notwendigsten Änderungen durch Einzelgesetze zu verwirklichen[227], was durch die ersten beiden Strafrechtsreformgesetze von 1969 und 1975 geschah[228]. § 130 wurde tatbestandlich vorerst nicht mehr verändert. Im Rahmen des Ersten Strafrechtsreformgesetzes vom 25. Juni 1969 wurde lediglich der Wortlaut der Rechtsfolge verändert und das Höchstmaß der Freiheitsstrafe auf fünf Jahre festgelegt, wie es zuvor einheitlich in § 16 Abs. 1 a.F. geregelt gewesen war[229].

D) Entwicklung in den Siebzigerjahren

Im folgenden Jahrzehnt wurde die Vorschrift weder tiefgreifend verändert noch eingehend Vorschläge diskutiert. Durch das EGStGB vom 2. März 1974 entfiel lediglich die fakultative Geldstrafenandrohung, wie es bereits im E 1960 vorgeschlagen worden war. Ferner erhielt die Norm nun ihre gesetzliche Überschrift „Volksverhetzung"[230].

Stattdessen erfuhren jedoch verwandte Vorschriften einige Änderungen. Während das gruppenbestimmende Merkmal „Weltanschauung" in den 1950er Jahren aus den Entwürfen zu § 130 gestrichen worden war, dehnte das Erste Strafrechtsreformgesetz den Schutzbereich des § 166 auf weltanschauliche Bekenntnisse und Weltanschauungsvereinigungen aus[231]. Zudem wurde das hergebrachte Staatsverleumdungsverbot in § 131 durch das dem Strafgesetzbuch bisher unbekannte Verbot der „Verherrlichung von Gewalt; Aufstachelung zum Rassenhaß" ersetzt[232]. Letzteres sollte das Volksverhetzungsverbot ergänzen und gemeinsam mit § 184a n.F. die wesentlichen Anwendungsfälle des § 6 GjS erfassen[233]. Die Tathandlungen waren den in § 184 Abs. 1–3 (Verbreitung pornographischer Schriften) genannten nachgebildet. Ob die Aufstachelung zum Rassenhaß nicht eher in § 130 hätte geregelt werden sollen, wurde verneint, da auch dem Volksverhetzungsverbot ein neuer Tatbestand hätte

227 *Müller-Emmert / Friedrich*, JZ 1969, 245, 251; *Hohler*, NJW 1969, 1225, 1226.

228 *Eisenhardt*, Rechtsgeschichte, Rn. 782.

229 BGBl. I S. 645. Überleitung der Strafdrohung durch Art. 5 Abs. 3 des Gesetzes.

230 Gemäß Art. 12 Abs. 3, 19 Nr. 207 EGStGB v. 2.3.1974 (BGBl. I S. 469).

231 Gesetz v. 25.6.1969, vgl. *Kunert*, NJW 1969, 1229, 1230.

232 Viertes Gesetz zur Reform des Strafrechts v. 23.11.1973, BGBl. I S. 1725; näher *Gehrhardt*, NJW 1975, 375–377 und *Laufhütte*, JZ 1974, 46, 49 f.; zur Regelung des § 131 i.d.F. des Gesetzes zur Neuregelung des Jugendschutzes in der Öffentlichkeit v. 25.2.1985 vgl. *Greger*, NStZ 1986, 8, 9–11.

233 Bericht des Sonderausschusses, in: BT-Drs. VI/3521, S. 3, 8.

angefügt werden müssen, wie es nun in § 131 geschehen sei[234]. Allerdings ging die Bestimmung 1994 in § 130 StGB über[235].

E) Résumé

Aus Anlaß antisemitischer Vorfälle, vorgeblich auch wegen erwarteter Spannungen zwischen Vertriebenen und Einheimischen[236], sollte der zu enge[237] § 130 StGB erweitert werden. Zwangsläufig mußten sich die aktuelle Gesetzgebungsarbeit und die wieder in Angriff genommene Totalrevision des Strafgesetzbuchs überschneiden. Daß der BGH Anfang der Fünfziger Jahre den strafrechtlichen Schutz der jüdischen Bevölkerungsgruppe erweiterte, indem er den deutschen Juden als einer abgrenzbaren Personengruppe die passive Beleidigungsfähigkeit zuerkannte, wurde vielfach als nicht ausreichend angesehen. Dennoch gelang es nach mehreren vergeblichen Anläufen erst knapp ein Jahrzehnt später, die Bestimmung des § 130 durch das Sechste Strafrechtsänderungsgesetz auszudehnen. Damit spiegelt die politisch-rechtliche Beschäftigung mit dem Antisemitismus auch jene im sonstigen Leben wieder. Zwischen 1953 und 1958 setzte man sich öffentlich wenig mit dem Antisemitismus auseinander. Es gab nur einzelne Ereignisse, und die Resonanz auf sie war begrenzt. Erst als sich antisemitische Vorfälle in den späten Fünfziger Jahren häuften, endete die sogenannte „Latenzphase des Antisemitismus"[238].

Einig war sich die große Mehrzahl der Mitglieder von Parlament, Regierung und Großer Strafrechtskommission, *daß* man sich mit dem Antisemitismus auseinandersetzen und ihn abwehren müsse[239]. Es bestehe eine „(m)oralische Verpflichtung zu einer geistigen Überwindung"[240]. Allerdings spielte auch

234 *Laufhütte*, JZ 1974, 46, 50.

235 Gemäß Art. 1 Nr. 8a des Verbrechensbekämpfungsgesetzes, vgl. 9. Kap. A) I. bei Fn. 23.

236 Vgl. CDU/CSU-Begr. zu ihrem Entwurf eines Ersten Strafrechtsänderungsgesetzes. In einer Erläuterung zum Regierungsentwurf von 1950 hieß es im BMJ, es gebe in Deutschland „starke soziale Spannungen, so insbesondere zwischen Einheimischen und Vertriebenen, zwischen Besitzenden und Besitzlosen, teilweise auch zwischen Stadt und Land" (BA Koblenz, B 141-3017 Bl. 98). Indes kannte der SPD-Abg. *Arndt* keinen Fall, der zur Veränderung des § 130 StGB hätte veranlassen können, Sten. Prot. BT-RechtsA, 68. Sitzung v. 27.5.1959, S. 43.

237 So u.a. Bundesjustizminister *Schäffer*, Bulletin BReg 1960, 141.

238 *Bergmann / Erb*, Jahrbuch für Antisemitismusforschung 1 (1992), S. 28 f.

239 Vgl. statt vieler *Wittrock*, Sten. Ber. BT, 68. Sitzung v. 8.4.1959, S. 3624.

240 Abg. *Probst* (DP), Sten. Ber. BT, 68. Sitzung v. 8.4.1959, S. 3623.

Druck aus dem Ausland eine Rolle[241]. Bei der Frage der *Mittel* gingen die Antworten aber weit auseinander. Teilweise wurde bereits bestritten, daß das *Straf*recht sich dazu eigne. Wer dies noch bejahte, verneinte aber unter Umständen, daß eine Verschärfung des Strafrechts notwendig sei: man müsse nur die vorhandenen Strafnormen ausschöpfen, also weit genug auslegen. Problematisch war auch der Anschein eines Sondergesetzes, den die Vorschrift trotz verallgemeinerter Fassung nicht vollends abwerfen konnte, wenngleich das entsprechende Änderungsgesetz einen neutralen Namen erhielt. Nach mehreren Anläufen und einigen Änderungen einigten sich die Mitglieder im Bundestagsrechtsausschuß auf eine Fassung, die schließlich einstimmig von Bundestag und Bundesrat angenommen wurde. Die Formulierung wurde den weiteren Arbeiten der Großen Strafrechtskommission zugrundegelegt, dort aber nicht weiter verändert. Nach dem langwierigen Kraftakt sollten die Arbeiten daran erneut Jahrzehnte ruhen.

Die Vorschrift sollte die Lücke schließen, die zwischen § 185 und § 130 StGB insbesondere dadurch entstanden war, daß es an beleidigungsfähigen Personenmehrheiten fehlte. Weitergehend als die ursprüngliche Bestimmung des Reichsstrafgesetzbuches wurde mit der neuen Fassung bereits das „Aufstacheln zu gewaltlosem Haß gegen eine Gruppe der Bevölkerung" unter Strafe gestellt[242]. Zugleich kam man einem Wunsch des Zentralrats der Juden entgegen, denn mit dem erweiterten § 130 stand ein Offizialdelikt gegen antisemitische Äußerungen bereit; damit wurde der Zentralrat von der Rolle befreit, Strafantrag wegen Beleidigung und Beschimpfung des Andenkens Verstorbener stellen zu müssen[243].

---

241 So wurde nicht nur in der ausländischen Presse über die antisemitischen Vorkommnisse in Deutschland berichtet (vgl. Berichte der französischen Presse, oben Fn. 91 oder die Zusammenfassung israelischer Presseberichte v. 11.1.1960, in: BA Koblenz, B 141-3179 Bl. 67–73), sondern auch staatlicherseits gab es Diskussionen über die antisemitischen Tendenzen in der BRD (vgl. Fernschreiben des deutschen Botschafters in Washington *Grewe* v. 13.11.1959, in: BA Koblenz, B 141-3179 Bl. 2 f.; Unterlagen über die Reaktion des Auslands auf die antisemitischen Vorfälle in der BRD vom Staatssekretär des Auswärtigen Amts am 3.2.1960, in: BA Koblenz, B 141-3179 Bl. 127–217). Nicht ohne Grund interessierte sich das Auswärtige Amt für die Anregungen des Justizministers zu § 130 und erbat sich per Schreiben v. 19.2.1952 eine Abschrift, in: BA Koblenz, B 141-3065 Bl. 59. Im BR-RechtsA bezeichnete Berichterstatter *Krille* die Reform des § 130 als „innen- *und außen*politisches Postulat", ähnl. Ministerialrat *Flick*, beide in 207. Sitzung v. 29.1.1959, in: BA Koblenz, B 141-3172 Bl. 45r, 51r.

242 Zum Entwurf eines Gesetzes gegen Volksverhetzung vom 21.1.1959 Mitberichterstatter *Rösch* in der 207. Sitzung des BR-RechtsA vom 29.1.1959, in: BA Koblenz, B 141-3172 Bl. 47r.

243 Vgl. *Schäffer*, Bulletin BReg 1960, 142.

Erstmals nach Erlaß des Reichsstrafgesetzbuchs wurde § 130 im Sechsten Strafrechtsänderungsgesetz vom 30. Juni 1960 geändert. Allerdings wurden gegen die erste Änderung, auf den Tag genau 111 Jahre nach Erlaß einer allgemein die Gruppenhetze betreffenden Norm in der preußischen Presseverordnung[244], Bedenken laut. Daher mußte lange um die neue Fassung gerungen werden. Schließlich wurde § 130 StGB geändert, wie es der Regierungsentwurf vorsah; allerdings mußte die CDU/CSU der SPD bei der Formulierung entgegenkommen[245]. Die geänderte Vorschrift näherte sich darin wieder ihrem Ursprung vor 1871 an, indem (neben dem Öffentlichkeitserfordernis) die Beschränkung auf Bevölkerungs-„Klassen" entfiel und die Erregung von „Haß und Verachtung" ausreichte[246] – die Volksverhetzung war kein vollständig neuer Tatbestand, sondern kehrte zum Ursprung der „Anreizung zum Klassenkampf" zurück, dem preußischen Haß- und Verachtungsparagraphen. Überdies wurde nicht nur der Tatbestand erweitert, sondern auch die Strafdrohung verschärft. Schließlich blieb auch hinsichtlich der – nichtamtlichen – Bezeichnung die Kontinuität gewahrt: der Ausdruck „Volksverhetzung" für die Norm fand sich erstmals im Entwurf erster Lesung von 1934/35[247].

244 Vgl. 2. Kap. bei Fn. 74.

245 Ein „Kompromiß", so ausdrücklich *Benda*, 99. Sitzung BT-RechtsA v. 17.3.1960, S. 7.

246 So schon *Schroeder*, Staat und Verfassung, S. 202.

247 Gegen den Ausdruck „Volksverhetzung" bzw. die Tathandlung des „Hetzens" wandte sich *Arndt*, Sten. Ber. BT, 191. Sitzung v. 7.2.1957, S. 10919.

Neuntes Kapitel: Reformüberlegungen und deren Realisierung seit den Achtzigerjahren – Strafrecht gegen rechtsextreme Äußerungen

Seit Ende der 1970er Jahre kam das Volksverhetzungsverbot in einer Reihe unterschiedlicher Sachverhalte zum Tragen. So wurde es neben Aufrufen zum Juden- und zum Ausländerhaß in seiner Nummer 3 auch auf öffentliche Billigungen des Buback-Mords oder das Tucholsky-Zitat „Soldaten sind Mörder" angewendet[1]. Entsprechend stieg auch die Zahl der Verurteilungen an[2]. Anfang der Achtziger Jahre nahmen vor allem rechtsextremistische Aktivitäten drastisch zu, wie das Bundesjustizministerium bemerkte[3]. Die vollständige Reform des Strafgesetzbuchs war zwar zum Stillstand gekommen[4], punktuelle Veränderungen wurden aber weiterhin vorgenommen. Zwar genüge das bestehende Strafrecht grundsätzlich, doch stellten sowohl der damalige Bundesjustizminister *Vogel* als auch seine Nachfolger *Schmude* und *Engelhard* Strafbarkeitslücken fest, die es zu schließen gelte[5]. Dazu zähle insbesondere das Leugnen der Judenverfolgung und -vernichtung im Dritten Reich[6]. Denn nachdem die nationalsozialistische Ideologie bereits ihre ganz besondere Gefährlichkeit bewiesen habe, seien die neuerdings verstärkten Versuche, das NS-Regime von den mit ihm untrennbar verbundenen Verbrechen reinzuwaschen, eine sehr gefährliche, weil unterschwellige Form der Propaganda[7]. Diese Einschätzung hatte sich auch ein Jahrzehnt später nicht geändert:

> „Neonazistische Aktivitäten sind eine unerträgliche Provokation des demokratischen Rechtsstaats. Solchem Verhalten kann mit Hilfe des geltenden Strafrechts nicht immer ausreichend begegnet werden, weil die §§ 86, 86a und 130 StGB Lükken aufweisen."[8]

Angesichts eines solchen Befundes lag es nahe, die genannten Paragraphen auszudehnen. Dazu kam es auch. Zunächst erhielt zwar eine andere Regelung den Vorzug, aber

---

1 Vgl. die Antwort des Parlamentarischen Staatssekretärs *de With* auf eine entsprechende Anfrage, BT-Drs. 9/327; Abg. *Hellwig*, Sten. Ber. BT 10/135, S. 10077. Näher dazu *Bemmann*, Meinungsfreiheit, S. 17 f. Zu „Soldaten ..." OLG Koblenz, StV 1985, 15 und *Giehring*, StV 1985, 30 ff.

2 Vgl. die Zusammenfassung der Strafverfolgungsstatistik in BT-Drs. 10/6822 v. 6.2.1987 – indes blieb die Zahl der Verurteilungen bis 1985 weiterhin unter 100 und betraf v.a. neonazistische Jugendorganisationen, vgl. Abg. *Schmidt* (SPD), Sten. Ber. BT 10/67, S. 4754. Für die 1990er Jahre *Hörnle*, NStZ 2002, 113 bei Fn. 2.

3 *Schmude*, RuP 1981, 153, 154.

4 *Rogall*, ZRP 1982, 124.

5 *Vogel*, ZRP 1981, 5; *Schmude*, RuP 1981, 153, 154 f.; *ders.*, RuP 1982, 3 f.

6 Zum Entstehen der Holocaust-Leugnung, *Mayer*, Verfälschte Vergangenheit.

7 *Engelhard*, Sten. Ber. BT 10/67, S. 4753.

8 BR-Drs. 534/94 (Beschluß), S. 4.

im folgenden Jahrzehnt wurde auch das Volksverhetzungsverbot umgestaltet, sogar mehrmals, nachdem es zuvor auf der Tatbestandsseite innerhalb von einhundert Jahren bloß ein Mal geändert worden war[9].

A) Erweiterung des Volksverhetzungsverbots

Die erste dieser Änderungen trat 1994 in Kraft, nachdem Anfang des Jahrzehnts erneut die Frage aufgebrochen war, wie man den wieder wachsenden rechtsextremen Tendenzen begegnen solle. Anlaß zur Sorge bereitete eine Welle rechtsextremistischer Gewalttaten, welche nach der Wiedervereinigung über das Land hereinbrach und unter anderem Hoyerswerda, Rostock-Lichtenhagen, Mölln und Solingen traf[10]. Während die Bevölkerung vielfach durch Menschen- und Lichterketten ihre Trauer und Anteilnahme mit den Angehörigen ausdrückte, dachten die Politiker über staatliche Reaktionen nach. Da die Täter überwiegend junge Menschen waren, die nicht aus einer gefestigten Anschauung heraus gehandelt hätten[11], suchte die Politik nach Möglichkeiten, die „geistige Brandstiftung“ einzudämmen[12].

I. Erweiterung des § 130 StGB auf andere Herabwürdigungen und Inkorporierung des Rassenhaßverbots (§ 131)

Ende 1992 beantragten die niedersächsischen Bundesratsvertreter, neben dem Verbot des Verwendens von Kennzeichen verfassungswidriger Organisationen (§ 86a) auch das Volksverhetzungsverbot zu erweitern[13]. In Anlehnung an Art. 1 Abs. 1 GG sollte das Tatbestandsmerkmal „Menschenwürde“ auf „Würde“ verkürzt werden, um der bis dahin engen Auslegung durch die Rechtsprechung entgegenzuwirken[14]. Die Würde einer Person könne namentlich schon durch solche Kundgaben von Haß, Miß- oder Nichtachtung schwerwiegend verletzt werden, die einen Menschen noch nicht im Kern seiner Persönlichkeit treffen oder ihm das Lebensrecht in der Gemeinschaft absprechen. Als zuvor mit dem geltenden Recht nicht hinreichend greifbare Schmähung sollte beispielsweise die allgemeine Herabwürdigung der in Deutschland lebenden

9 Durch das Sechste Strafrechtsänderungsgesetz vom 30.6.1960, vgl. 8. Kap. A) III.

10 Näher *Jahn*, Strafrechtliche Mittel, S. 15 ff. Vgl. auch BT-Drs. 12/6853, S. 18.

11 Vgl. *Jahn*, Strafrechtliche Mittel, S. 64 f.; *Wandres*, Auschwitz-Leugnen, S. 114.

12 Darauf zielte ausdrücklich der Entwurf eines 21. StRÄG, vgl. BT-Drs. 10/1286, S. 8.

13 BR-Drs. 887/92; dem Antrag traten die sozialdemokratisch geführten Länder Hamburg, Hessen und Rheinland-Pfalz bei, vgl. *Leukert*, Auschwitzleugnen, S. 25 Fn. 92.

14 BR-Drs. 887/92 (Art. 1 Abs. 1 GG spricht allerdings von der „Würde des Menschen“); vgl. auch Begründung, ebd., S. 10 f.; BT-Drs. 12/4825, S. 1, 4 f.

Ausländer als „Asylschwindler", „ausländische Schweine" oder „Gesindel" erfaßt werden[15].

Der Bundesrat folgte der „spitzfindigen"[16] Anregung Niedersachsens im April 1993 und legte dem Bundestag einen gleichlautenden Gesetzesentwurf vor[17], der sich allerdings wegen des folgenden Koalitionsentwurfs erledigte[18]. Denn die Fraktionen der CDU/CSU und FDP hatten im Februar 1994 dem Bundestag den Entwurf eines Verbrechensbekämpfungsgesetzes vorgelegt[19]. Neben der namensgebenden Bekämpfung der Organisierten Kriminalität sollte auch rechtsextremistischen und ausländerfeindlichen Ausschreitungen begegnet werden. Mit Blick darauf sollten die §§ 86a, 130 und 131 StGB geändert werden, also die Vorschriften gegen das Verwenden von Kennzeichen verfassungswidriger Organisationen, Volksverhetzung und Aufstachelung zum Rassenhaß[20].

In § 130 sollten zwei der drei Tathandlungen (Nummer 1 und 2) zusammenfaßt werden und der Menschenwürdeangriff als einschränkendes Merkmal allein für die ehemalige Nummer 3 von Bedeutung bleiben, d.h. nur für die Handlungen des Beschimpfens, böswilligen Verächtlichmachens und Verleumdens. Denn in diesen Fällen rechtfertige erst der Menschenwürdeangriff die gegenüber der Beleidigung, üblen Nachrede und Verleumdung (§§ 185–187) wesentlich höhere Strafdrohung. Dagegen sollte die Anwendung der Aufstachelungs- und Aufforderungstatbestände in der gerichtlichen Praxis erleichtert werden. So hielten sich Äußerungen, in denen zum Haß gegen Teile der Bevölkerung aufgestachelt oder zu Gewalt- oder Willkürmaßnahmen gegen sie aufgefordert werde, nicht mehr im Rahmen eines legalen politischen Meinungskampfes und stellten regelmäßig einen Angriff auf die Menschenwürde dar[21] – eine Argumentation, von der der Gesetzgeber der alten Fassung

15 Zum Teil waren allerdings die von Niedersachsen aufgezählten Schmähungen bereits nach § 130 a.F. strafbar, *Partsch*, EuGRZ 1994, 429, 434.

16 *Partsch*, EuGRZ 1994, 429, 434.

17 Vgl. BR-Drs. 887/92 v. 12.2.1993 und BT-Drs. 12/4825.

18 Vgl. Sten. Ber. BT 12. Wahlperiode, 229. Sitzung v. 20.5.1994, S. 19907, auf Beschlußempfehlung des BT-Rechtsausschusses, BT-Drs. 12/7584, Buchstabe c.

19 BT-Drs. 12/6853 v. 18.2.1994.

20 Der zuvor von der SPD-Fraktion im Bundestag vorgelegte Entwurf (BT-Drs. 12/6784 v. 4.2.1994) zielte ausschließlich auf die Bekämpfung der organisierten Kriminalität.

21 BT-Drs. 12/6853, S. 19, 23 f.

kaum ausgegangen sein konnte, wenn er nicht ein nahezu funktionsloses Merkmal einfügen wollte[22].

Schwerpunkt dieses Entwurfsbereichs waren jedoch die Bestimmungen gegen Volksverhetzung und Aufstachelung zum Rassenhaß. Sie leisteten bereits einen „unverzichtbaren Beitrag zur Bekämpfung rechtsextremistischer und ausländerfeindlicher Propaganda". Durch ihre Änderung solle nicht nur deren Anwendung erleichtert, sondern auch die generalpräventive Wirkung erhöht werden[23]. Um vor allem die pauschale Diffamierung und Diskriminierung von Asylbewerbern sowie ausländischen und jüdischen Bürgern zu bekämpfen, sollte der bisher in § 131 Abs. 1 StGB geregelte, inhaltlich eng mit der Volksverhetzung verwandte Tatbestand „Aufstachelung zum Rassenhaß" in § 130 als neuer zweiter Absatz eingestellt werden. Inhaltlich sollte die Vorschrift zu einem „allgemeinen Anti-Diskriminierungstatbestand" ausgestaltet und der Strafrahmen erhöht werden. Unter Strafe stehen sollte das Verbreiten, Zugänglichmachen[24], Herstellen und Liefern solcher Schriften oder Verbreiten solcher Rundfunksendungen, die gegen den ersten Absatz verstoßen. Während § 131 durch den Begriff „Rassenhaß" an die Begriffswelt der Rassenideologie anknüpfe und vor allem auf antisemitische Äußerungen zugeschnitten sei, werde durch Bezugnahme auf die aus § 130 Abs. 1 bekannten Bevölkerungsgruppen der Kreis der Betroffenen erweitert[25]. Über den bisherigen § 130 StGB sollte die einzugliedernde Bestimmung insofern hinausgehen, als sie die Eignung zur Störung des (inländischen) öffentlichen Friedens gerade nicht voraussetze und sich damit wie bisher auch auf Gruppen beziehe, die ausschließlich im Ausland leben.

Zugleich sollte entsprechend der Sozialadäquanzklausel des § 86 Abs. 3 – die Anwendbarkeit nach einem neuen Absatz 3 wieder eingeschränkt werden, wenn „das Propagandamittel oder die Handlung der staatsbürgerlichen Aufklärung, der Abwehr verfassungswidriger Bestrebungen, der Kunst oder der Wissenschaft, der Forschung oder der Lehre, der Berichterstattung über Vorgänge des Zeitgeschehens oder der Geschichte oder ähnlichen Zwecken dient." Wie

---

22 Sch / Sch / *Lenckner / Sternberg-Lieben*, StGB, 27. Aufl. 2006, § 130 Rn. 1; *Neumann*, StV 1994, 273, 274.

23 BT-Drs. 12/6853, S. 24.

24 Dies wurde doppelt aufgeführt, ein Mal allgemein (Abs. 2 Nr. 1 b), ein weiteres Mal gegenüber Minderjährigen (Abs. 2 Nr. 1 c) – kritisch zur umständlichen Verbenhäufung *Schroeder*, Entwicklung, S. 387 und *Scheffler*, Strafgesetzgebungstechnik, S. 61 f.: dieser „Angstklausel" sei, wenn nicht die puristische Variante, dann doch ein umgestellter Satzbau vorzuziehen (S. 77 f.).

25 BT-Drs. 12/6853, S. 24.

der Tatbestand, so wäre auch die Ausnahme erweitert worden, da § 131 Abs. 3 für diese Fälle nur das sogenannte Berichterstatterprivileg vorsah, das die Strafbarkeit ausdrücklich ausschloß, wenn die Handlung der Berichterstattung über Vorgänge des Zeitgeschehens oder der Geschichte diente. Damit verbarg sich jedoch hinter dem plakativen Begriff „Allgemeiner Anti-Diskriminierungstatbestand" lediglich ein an § 130 Abs. 1 angepaßter, im Strafrahmen erhöhter und mögliche bisherige Auslegungsprobleme behebender § 131[26]; treffender erscheint daher die seitens *v. Bubnoff* im Leipziger Kommentar verwendete Bezeichnung „Schriftenverbreitungstatbestand"[27].

Genauso traten zum 1. Dezember 1994 der veränderte Absatz 1 und der in Absatz 2 übernommene und erweiterte § 131 StGB samt Sozialadäquanzklausel – diese indes in Absatz 5 – in Kraft. Zwar legte Niedersachen im Laufe des folgenden politischen Gezerres zwischen Bundestag und dem von der Opposition dominierten Bundesrat im Bundesrat seinen früheren Gesetzesantrag in leicht veränderter Form vor. Danach sollte der Begriff „Menschenwürde" hinsichtlich aller Tathandlungen durch „Würde" ersetzen. Bereits dadurch könne unter Berücksichtigung der zur Beleidigung ergangenen Urteile das einfache Leugnen der unter der Nazi-Diktatur begangenen Judenvernichtung als Volksverhetzung verfolgt werden. Denn unter der Ehre im Sinne der Beleidigungsdelikte verstehe die Rechtsprechung auch die innere Ehre, die sogenannte Personenwürde[28]. Der Bundesrat griff den Vorschlag teilweise auf und brachte beim Bundestag einen Entwurf ein, demzufolge das Merkmal „Menschenwürde" auf „Würde" reduziert werden sollte, soweit es die Nr. 2 – Beschimpfen, böswilliges Verächtlichmachen und Verleumden von Bevölkerungsteilen – betraf. Anders als bei der Nummer 1 (Aufstacheln zum Haß bzw. Auffordern zu Gewalt- oder Willkürmaßnahmen) sollte das Merkmal aber nicht gänzlich gestrichen werden, um den Tatbestand auf besonders massive Schmähungen zu begrenzen und die gegenüber den Beleidigungsdelikten höhere Strafdrohung zu rechtfertigen[29].

Der Antrag blieb jedoch erfolglos. Bei den weiteren Beratungen zum Verbrechensbekämpfungsgesetz wurden die Absätze 1 und 2 trotz der im juristischen

---

26 *König / Seitz*, NStZ 1995, 1, 3. Vgl. auch *Jahn*, Strafrechtliche Mittel, S. 137 f.

27 Vgl. LK-*v. Bubnoff*, StGB, 11. Aufl. 2005, § 130 Rn. 32.

28 BR-Drs. 534/94, S. 2, 12 f.

29 BR-Drs. 534/94 (Beschluß) v. 10.6.1994, S. 2 f. (Normtext), 6 f., 9–12 (Begründung).

Schrifttum geäußerten Kritik[30] – nicht weiter umgestaltet, sondern fanden unverändert Eingang in das Strafgesetzbuch[31].

II. Aufnahme des ausdrücklichen Verbots der Holocaustleugnung

Die weiteren Beratungen kreisten um die bereits in den 1980er Jahren an anderer Stelle diskutierte Frage, ob auch das Billigen, Leugnen oder Verharmlosen der unter Herrschaft des Nationalsozialismus begangenen Völkermordhandlungen ausdrücklich strafgesetzlich zu verbieten sei. Der Rechtsausschuß des Bundestages bejahte die Frage und empfahl einen entsprechenden dritten Absatz für § 130 StGB[32]. Der darin enthaltene Tatbestand wird gebräuchlicherweise – so auch hier – als „Auschwitzleugnung" bezeichnet, wenngleich dies den Inhalt zweifach verkürzt: einmal durch die Nennung nur eines von zahlreichen Tatorten des nationalsozialistischen Völkermords, ferner durch Unterschlagung der beiden anderen Tathandlungen Billigen und Verharmlosen.

Solange es den Tatbestand noch nicht gab, konnte man aufgrund der Gerichtspraxis im Rahmen des Volksverhetzungstatbestands zwischen einer qualifizierten und einer einfachen Auschwitzleugnung[33] differenzieren. Die qualifizierte Leugnung verband die Negation der historischen Tatsache mit einer gruppendiffamierenden Aussage und erfüllte regelmäßig die Begehungsform des Aufstachelns zum Haß (§ 130 Nr. 1)[34] bzw. des Beschimpfens (Nr. 3)[35]. Dagegen beschränkte sich die „einfache" Auschwitzleugnung auf das Abstreiten der historischen Tatsache und unterfiel mangels Menschenwürdeangriffs nicht der Volksverhetzung, sondern allenfalls der Beleidigung[36]. Dadurch war die Strafverfolgung bis in die 1980er Jahre von einem Strafantrag der Betroffenen abhängig.

---

30 Vgl. *König / Seltz* (s.o. Fn. 20), *Neumann* (s.o. Fn. 21); *Bandisch*, StV 1994, 153, 156.

31 Vgl. in diesem Kapitel A) II. 2. b) bei Fn. 127.

32 Beschlußempfehlung des Rechtsausschusses, BT-Drs. 12/7584 v. 18.5.1994. Vgl. auch Bericht des Rechtsausschusses, in: BT-Drs. 12/8588 v. 20.10.1994.

33 Zutreffend ist der Begriff Auschwitzleugnung, nicht „Auschwitzlüge", vgl. *Leukert*, Auschwitzleugnen, S. 2 f.

34 Vgl. *v. Bubnoff*, ZRP 1982, 118.

35 Vgl. *Wandres*, Auschwitz-Leugnen, S. 128 f.; nach BGH NStZ 1994, 390, 391 erfüllte die qualifizierte Leugnung Nr. 1 und 3. Zu § 130 Abs. 1 n.F. *Leukert*, Auschwitzleugnen, S. 39 ff.

36 BGH NStZ 1994, 390, 391. Vgl. auch *v. Bubnoff*, ZRP 1982, 118 f.

1. Frühere Überlegungen zur Sanktionierung der Völkermordleugnung

„Dieser Gesetzentwurf [...] ist [...] ein Teil von Vergangenheitsbewältigung – Bewältigung und Aufarbeitung des wohl dunkelsten Kapitels der deutschen Geschichte. Das besondere historische Bewußtsein von den Dimensionen der nationalsozialistischen Verbrechen sollte für alle Deutschen [...] eine Selbstverständlichkeit sein.“[37]

Mit diesen Sätzen beendete der damalige Bundesjustizminister *Engelhard* die Vorstellung des Regierungsentwurfs 1984. Während alle im Bundestag vertretenen Parteien der letzten Aussage zustimmten, bestand hinsichtlich des ersten Satzes erheblicher Diskussionsbedarf, namentlich ob und wie man diese Selbstverständlichkeit mittels strafrechtlicher Bestimmungen erzwingen konnte und sollte. Seit Anfang des Jahrzehnts gab es Überlegungen, das Leugnen und Verharmlosen nationalsozialistischer Verbrechen strafrechtlich zu bewältigen[38]. Grund für diese Erwägungen war, daß rechtsextreme Aktivitäten deutlich zugenommen hatten[39]. Sofern Äußerungen oder Veröffentlichungen, die den nationalsozialistischen Völkermord leugneten oder verharmlosten, keine weiteren hetzerischen Angriffe gegen jüdische Bürger enthielten, waren sie jedoch allein als antragspflichtige Beleidigung strafbar, selbst wenn sie darauf zielten, Anhänger für einen neuen totalitären Staat zu gewinnen[40]. Daraufhin wurde innerhalb der regierenden SPD erstmals die Frage aufgeworfen, ob der Regelungsbereich der §§ 130, 131 StGB nicht dahin zu erweitern sei, daß er ausdrücklich das Leugnen des Holocausts umfasse[41]. Nach koalitionsinterner Beratung wurde dies zugunsten einer Änderung des § 140 verworfen, der allgemein die Belohnung und Billigung einer Reihe von Taten unter Strafe

37 Justizminister *Engelhard*, Sten. Ber. BT 10/67, S. 4754, bezogen auf den Entwurf BT-Drs. 10/1286 v. 11.4.1984, Anl. 3.

38 Vgl. „Vogel will Handel mit NS-Schriften verbieten“, SZ v. 5.12.1980, S. 11; Bericht des Bundesjustizministers *Schmude* über sein Gesetzgebungsprogramm, in: Sten. Prot. über die 6. Sitzung des Rechtsausschusses v. 11.2.1981, S. 31. – Laut *Vogelsang*, NJW 1985, 2386, 2387 war die Forderung bereits in den 1970er Jahren erhoben worden. Die Bundesregierung wollte jedenfalls zunächst auf strafrechtlichem Gebiet nicht aktiv werden. Zwar verzeichneten die Verfassungsschutzberichte seitdem zunehmend Gesetzesverstöße, die Rechtsextremisten zuzuordnen waren (vgl. *Marqua*, DRiZ 1985, 226), aber die Bundesregierung ging lediglich von „fanatische(n) Einzelgänger(n) und Kleingruppen“ aus, die verstärkt aktiv würden, wie sie auf eine entsprechende Kleine Anfrage erwiderte (Antwort zu Frage 3, BT-Drs. 8/942 v. 28.9.1977).

39 *Schmude*, RuP 1981, 153, 154 f.

40 Abg. *Götz* (CDU/CSU), Sten. Ber. BT 10/67, S. 4757 f.

41 Vgl. *o.V.*, DRiZ 1985, 225; dort auch zur Entstehungsgeschichte des 21. StRÄG; *v. Bubnoff*, ZRP 1982, 118, 119.

stellte. Ähnlich wie § 140 selbst nicht auf einen engen Kreis von Taten begrenzt war, sollte auch die geplante Erweiterung *nicht* auf die Leugnung des *Holocausts* beschränkt bleiben, sondern die Leugnung *jeglicher* Völkermorde einzubeziehen[42]. Einem ersten Referentenentwurf zufolge sollte § 140 StGB allgemein dahingehend erweitert werden, daß bestraft werde, wer (irgend)eine nach § 220a StGB strafbare Völkermordhandlung belohnt, billigt, leugnet oder verharmlost[43].

a) Verbot der Leugnung des NS-Völkermords

Kurz vor dem Regierungswechsel am 1. Oktober 1982 leitete die sozialdemokratische Minderheitsregierung *Schmidt* dem Bundesrat jedoch einen Gesetzentwurf zu, der als Objekt der Belohnung, Billigung, Leugnung oder Verharmlosung *ausschließlich* die unter dem Nazi-Regime begangenen Völkermordhandlungen vorsah[44]. Systematisch biete sich die Anknüpfung an den bestehenden § 140 StGB an, der selbst nur die Belohnung und Billigung sehr schwerwiegender Verbrechen sanktioniere, wohingegen Äußerungen, die sich auf weniger gewichtiges Unrecht bezögen, straffrei blieben. Zudem sei nach genau dieser Vorschrift bereits die Billigung von Völkermord strafbar, namentlich gemäß § 140 i.V.m. § 126 Abs. 1 Nr. 2 i.V.m. § 220a StGB[45]. Ergänzend sollte die Verbreitung durch Schriften (§ 140 Abs. 3) sowie im Wege des Rundfunks (Abs. 4) erfaßt werden. Zwar erfülle die Herstellung und Verbreitung (neo)nazistischer Schriften regelmäßig die Tatbestände der §§ 86 Abs. 1 Nr. 4 (Verbreiten von Propagandamitteln verfassungswidriger Organisationen), 130 und 131 StGB (Aufstachelung zum Rassenhaß). Äußerungen, die sich auf die Leugnung oder Verharmlosung beschränkten, würden davon aber nur ungenügend erfaßt. Insbesondere sei § 130 StGB mangels Vorliegen der dort aufgeführten Tathandlungen nicht erfüllt. Das mögliche Vorgehen aufgrund der Beleidigungsvorschriften gewährleiste keinen ausreichenden Schutz, da sich die nationalsozialistischen Gewalttaten nicht allein in der Judenverfolgung erschöpften und das Strafantragserfordernis dem Deliktscharakter nicht gerecht werde[46]. Letzteres war als Problem bereits Ende der 1950er Jahre erkannt worden[47]; anders gelagert war die Frage des Rechtsschutzes gegenüber beleidigenden antisemitischen Äußerungen in der Weimarer Zeit gewesen,

42 Ablehnend *v. Bubnoff*, ZRP 1982, 118, 119 f.

43 Entwurf des BMJ (Januar 1982), vgl. DRiZ 1985, 225; *Schmude*, RuP 1981, 153, 154 f.

44 Vgl. BR-Drs. 382/82; dazu *o.V.*, DRiZ 1985, 225 und *Schmude*, RuP 1981, 153, 154 f.

45 BR-Drs. 382/82, S. 14.

46 BR-Drs. 382/82, S. 12 f. Kritisch ob der Lückenhaftigkeit *Cobler*, KJ 1985, 159, 164.

47 S.o. 8. Kap. bei Fn. 92.

aber auch sie hatte das Strafantragserfordernis betroffen: auf Intervention des Centralvereins deutscher Staatsbürger jüdischen Glaubens war versucht worden, die Verfolgung anhand eines Erlasses des preußischen Justizministers sicherzustellen, demzufolge das notwendige öffentliche Interesse regelmäßig vorlag, wenn die Handlung als „Ausdruck allgemeiner antisemitischer Gesinnung“ erschien[48].

Die neue Bundesregierung aus CDU, CSU und FDP machte sich den Entwurf zunächst zu eigen, und Bundesjustizminister *Engelhard* (FDP) vertrat ihn mit einer nahezu deckungsgleichen Argumentation[49]. Der von den CDU-regierten Ländern dominierte Bundesrat zeigte sich jedoch gleich in mehreren Punkten mit dem Entwurf unzufrieden. Unter anderem sei das Verbot in § 140 StGB deplaziert, denn es gehe weniger um die bloße Billigung von Straftaten, als darum, verdeckten Bestrebungen zur Wiederbelebung des Rassenhasses entgegenzuwirken. Zudem sei der vorgeschlagene Wortlaut zu unbestimmt und schließe nicht aus, daß im Einzelfall auch strafunwürdiges Verhalten erfaßt werde. Ferner bestehe die Gefahr, daß rechtsextreme Angeklagte den „Gerichtssaal zum Forum ihrer Propaganda umfunktionieren“[50].

b) Verbot der Leugnung auch von Völkermorden an Deutschen

Die Vorlage schien im „Bermuda-Dreieck der Rechtskoalition verschwunden“[51], bis die SPD-Bundestagsfraktion im Januar 1984 den Entwurf eines 21. Strafrechtsänderungsgesetzes vorlegte, den zuvor die Regierung Schmidt eingebracht hatte[52]. Die christlich-liberale Bundesregierung reagierte mit einem eigenen Entwurf. Sie griff die Einwände des Bundesrats auf, indem sie ein entsprechendes Verbot im neu zu schaffenden § 131a verortete und drei wesentliche inhaltliche Änderungen vorsah[53].

Der bisherige Vorschlag sollte insofern verengt werden, als die Regierung sowohl auf die Tathandlung des „Verharmlosens“ als auch auf das Erfassen mündlicher Äußerungen verzichten wollte – ersteres, da die Tathandlung zu unbestimmt sei und sowohl qualitative wie quantitative Verharmlosungen

48 *Paucker*, Antisemitismus, S. 77 f. Der im Fließtext erwähnte Erlaß des preußischen Justizministers ist abgedruckt in CVZ v. 9.11.1922, dazu *Doskow / Jacoby*, Contemporary Jewish Record 1940, 498, 501. Zur Kampagne des Centralvereins in den 1920ern, antisemitische Äußerungen insb. als Kollektivbeleidigung zu kriminalisieren, vgl. *Walter*, Antisemitische Kriminalität, S. 192 ff., *Beer*, Juden, S. 232 ff.

49 Vgl. BR-Drs. 382/82, S. 11 ff.; *Engelhard*, Sten. Ber. BT 10/126, S. 9320.

50 BR-Stellungnahme, in: BR-Drs. 382/82 (Beschluß).

51 Abg. *Schmidt* (SPD), Sten. Ber. BT 10/67, S. 4754.

52 BT-Drs. 9/2090 v. 10.11.1982 sowie – nach Auflösung des BT – BT-Drs. 10/891 v. 18.1.1984. – Näher zur Abfolge der Initiativen *Leukert*, Auschwitzleugnen, S. 15–24.

53 BT-Drs. 10/1286 v. 11.4.1984, Anl. 3.

erfasse, letzteres, um bloßes „Biertischgeschwätz“ nicht zu bestrafen und damit die freie Meinungsäußerung im privaten Bereich nicht zu beeinträchtigen[54]. Ferner sollte es nicht auf die Gefährdung des öffentlichen Friedens, sondern auf die Tendenz ankommen, die Gewalt- oder Willkürherrschaft zu verharmlosen. In einem dritten Punkt sollte die Vorschrift jedoch auf unerwartete Weise erweitert werden. Als dem nationalsozialistischen Völkermord „vergleichbare [...] Handlungen“ sollte das Leugnen und Billigen „eine(r) unter einer *anderen* Gewalt- und Willkürherrschaft *gegen Deutsche* begangenen, in § 220a genannte(n) Handlung“ sanktioniert werden. Damit bezwecke man allerdings „keineswegs den Versuch eines Vergleichs des Unvergleichlichen“[55]. Weder könne die historische Einmaligkeit überhaupt verkannt, noch mit anderen sehr schwerwiegenden Verbrechen „aufgerechnet“ werden. Vielmehr wolle man bloß erreichen, daß andere, aus ähnlichen Gründen vom Antragserfordernis des § 194 StGB Betroffene nicht ungleich behandelt würden. Als solche wurden ausdrücklich die Schlesier genannt[56].

Unversehens hatte demnach die Bundesregierung die zunächst rein antifaschistische Schutzrichtung des Delikts verschoben[57] und beachtete auch die zuvor seitens des Bundesjustizministers *Engelhard* geäußerten Bedenken gegen die Erfassung anderer als NS-Völkermordhandlungen nicht mehr[58]. Obwohl die „Vertreibungslüge“ bisher nicht zu (straf)rechtlicher Beschäftigung Anlaß gegeben hatte[59], stand sie nun auf gleicher Stufe neben der „Auschwitzlüge“. In ihrer Gegenäußerung ging die Bundesregierung nicht auf die vom Bundesrat allgemein aufgeworfenen Zweifel ein, ob die Meinungsfreiheit genügend berücksichtigt werde, sondern schlug aus Gleichheitsgesichtspunkten[60] eine erweiterte Vorschrift vor. Die Norm sollte nicht einseitig nach rechts erweitert

---

54 Vgl. Abg. *Götz* (CDU/CSU), Sten. Prot. BT 10/67, S. 4758 f.; dies sollte aber nach dem SPD-Entwurf ebensowenig strafbar sein (vgl. Abg. *Emmerlich* ebd.). Überdies gab Götz zu, daß Äußerungen in einer Versammlung ebenso den öffentlichen Frieden gefährden könnten.

55 Bericht RechtsA, BT-Drs. 10/3242 v. 24.4.1985, S. 9. Die Frage der Singularität des Holocausts war Teil des sog. Historikerstreits, ausgelöst durch Ernst Noltes Artikel „Vergangenheit, die nicht vergehen will“ (FAZ v. 6.6.1986), vgl. *Piper*, Historikerstreit.

56 BT-Drs. 10/3242, S. 10; Abg. *Götz* (CDU/CSU), Sten. Ber. BT 10/67, S. 4759.

57 So bereits *Ostendorf*, NJW 1985, 1062.

58 Vgl. Sten. Ber. BT 10/67, S. 4756.

59 Dies monierte die SPD, bspw. Abg. *Schmidt*, Sten. Ber. BT 10/67, S. 4755 f.; vgl. auch BT-Drs. 10/3242, S. 9. Zur Kritik an diesem „Vertreibungslügeverbot“ vgl. die Nachweise bei *Wandres*, Auschwitz-Leugnen, S. 112 Fn. 61.

60 Vgl. BT-Drs. 10/3242, S. 8.

werden, wie die Regierungskoalition dem SPD-Vorschlag entgegengehalten hatte[61]. Anderenfalls schien die Erweiterung im konservativen Lager nur schwerlich durchsetzbar. Zumindest wies der SPD-Abgeordnete *Schmidt* nicht völlig grundlos auf entsprechenden Druck der Vertriebenenverbände hin, wenngleich der in zweiter Lesung wiederholte Vorwurf, die CDU/CSU-Fraktion sei auf dem rechten Auge blind[62], überspitzt war. Angesichts der Kritik betonte der CDU/CSU-Abgeordnete *Götz* den Versuchscharakter der Regierungsinitiative, die auf dem weiteren parlamentarischen Weg auf ihre Praktikabilität zu untersuchen sei[63]. Nach kurzer Diskussion Anfang April 1984 überwies der Bundestag beide Vorschläge dem Rechts- sowie dem Innenausschuß[64], wo sie lediglich „anberaten"[65] wurden.

c) Kritik am strafrechtlichen Schutz historischer Tatsachen

Beide Entwürfe sahen sich – unter Anerkennung des Anliegens als solchem sowie seiner besonderen Bedeutung im Vorfeld des 40. Jahrestags des Kriegsendes[66] – der Gegenrede ausgesetzt[67]. Grundsätzliche Kritik an einer strafrechtlichen Regelung kam von den *Grünen*. So mußten sich die Entwurfsverfasser seitens des Abgeordneten *Schily* den Vorwurf gefallen lassen, daß die Deliktsschaffung nur dazu diene, von eigenen Versäumnissen abzulenken[68]. Überdies kritisierte er das staatsfixierte Denken der anderen Parteien und deren Glauben an das Vorschriftsmäßige[69]. Ehe man neue Gesetze erlasse, müsse man zu einer offensiven politischen und geistigen Auseinandersetzung mit neonazistischen Tendenzen finden. Zum eigenen Beitrag der Politik gehöre beispielsweise, weitere Gedenkstätten zu eröffnen, Dokumente über die Nazivergangenheit offenzulegen oder Entschädigungsleistungen für weitere Opfer der NS-Herrschaft wie Sinti und Roma sowie Homosexuelle zu gewähren. Die Geschichtsverarbeitung könne man nicht anordnen, und Geschichtsfälschung

---

61 Vgl. Abg. *Schmidt*, Sten. Ber. BT 10/67, S. 4756.

62 Sten. Ber. BT 10/67, S. 4756, 10/135, S. 10081. Ähnl. *Hamm-Brücher* (FDP), Sten. Ber. BT 10/135, S. 10086, ohne die Vertriebenen zu nennen.

63 Sten. Ber. BT 10/67, S. 4759.

64 Sten. Ber. BT 10/67, S. 4752–4763 (12.4.1984).

65 Abg. *Schmidt* (SPD), Sten. Ber. BT 10/126, S. 9316, der Bundeskanzler Kohl vorwarf, den Gesetzesbeschluß aussitzen zu wollen.

66 Abg. *Schily* (Grüne), Sten. Ber. BT 10/126, S. 9321.

67 Noch vor der zweiten Lesung, nämlich einen Tag vor dem Entschließungsantrag der SPD wurde ein verfahrensrechtlicher Kompromißvorschlag bekannt (vgl. *Schily*, in: Sten. Ber. BT 10/126, S. 9321); dazu in diesem Kap. A) II. 1. d).

68 Vgl. *Schily*, Sten. Ber. BT 10/67, S. 4760.

69 *Schily*, Sten. Ber. BT 10/67, S. 4760.

verhindere man nicht durch Gerichtsverfahren, sondern durch die geistige Auseinandersetzung[70].

Beanstandet wurde insbesondere die Ausdehnung auf die Leugnung anderer als nationalsozialistischer Völkermorde. Selbst eine sich abzeichnende strafverfahrensrechtliche Lösung relativiere das eigentliche Anliegen und entkleide es seiner Glaubwürdigkeit[71]. Zudem frage sich, ob es überhaupt jemanden in Deutschland gebe, der Verbrechen, die an Deutschen begangen wurden, leugne. Schließlich stelle eine solche Ausweitung die Gerichte vor unlösbare Beweisprobleme[72].

Diese grundsätzlichen Schwierigkeiten wurden von den Befürwortern durchaus wahrgenommen. Die CDU/CSU-Fraktion stand selbst nicht voll hinter ihrem eigenen Vorschlag, wollte ihn „so nicht" verabschiedet wissen[73]. Vielmehr zweifelte der stellvertretende CDU/CSU-Fraktionsvorsitzende *Miltner* bereits die grundsätzliche Notwendigkeit einer derartigen Vorschrift an. Das geltende Strafrecht sanktioniere die Leugnung des Holocausts bereits als Beleidigung, wobei er sich auf das BGH-Urteil eines Zivilsenats von 1979 berief, dem mittlerweile die Strafgerichte folgten[74]. Überdies wurde bereits die Aufstachelung zum Rassenhaß und die Billigung schwerer Gewalttaten unter Strafe gestellt, so daß der Persönlichkeitsschutz der jüdischen Bürger gewahrt sei. Problematisch sei allerdings, daß die Strafverfolgung im Falle der Beleidigung nicht von Amts wegen erfolge. Neben verfassungsrechtlichen Bedenken und technischen Mängeln eines solchen Tatbestands, die zu ungerechtfertigten Freisprüchen oder kaum verständlichen niedrigen Geldstrafen führen könnten, warnte Miltner schließlich davor, auch nur den Anschein eines Gesinnungsstrafrechts zu erwecken und zuzulassen, daß sich Extremisten ein Forum für ihre Propaganda biete. Vor allem aber sah er die Abwehr solcher Geschichtsfälschung als eine zuvörderst geistige und moralische Aufgabe an[75].

---

70 *Schily*, Sten. Ber. BT 10/126, S. 9322 f.; ferner Sten. Ber. BT 10/67, S. 4761; *Miltner*, Sten. Ber. BT 10/126, S. 9318; in zweiter Lesung auch *Waigel* (CSU/CSU), Sten. Ber. BT 10/135, S. 9980 und *Mann* (Grüne), Sten. Ber. BT 10/135, S. 10083 – insoweit herrschte parteiübergreifende Übereinstimmung.

71 *Schily*, Sten. Ber. BT 10/67, S. 4760; 10/126, S. 9321; *Schmidt* (SPD), Sten. Ber. BT 10/126, S. 9317 sowie *Hamm-Brücher* (FDP), Sten. Ber. BT 10/135, S. 10086 f.

72 Abg. *Schmidt* (SPD), Sten. Ber. BT 10/126, S. 9317.

73 *Miltner* (CDU/CSU), Sten. Ber. BT 10/126, S. 9319.

74 *Miltner*, Sten. Ber. BT 10/67, S. 9318 f.; ihm beipflichtend *Engelhard*, S. 9320; zur Kritik daran vgl. Fn. 86.

75 *Miltner* (CDU/CSU), Sten. Ber. BT 10/126, S. 9318 f.

Dogmatisch ordneten die Fürsprecher ihre Vorhaben entweder als besondere Ausformung der Verunglimpfung des Andenkens Verstorbener oder als Störung des gesellschaftlichen Friedens ein, mit der eine Verletzung des Persönlichkeitsrechts der Toten wie der Überlebenden einhergehe[76]. Es gehe darum, den gesellschaftlichen Grundkonsens auch strafrechtlich zu sichern, was nicht dem Einzelnen (etwa auf dem Privatklageweg) überlassen werden könne[77]. Freilich wurde die Gefahr gesehen, daß man womöglich die Dummen, die die Geschichte nicht wahrnehmen wollen oder können[78], bzw. Trottel oder bösartige Lügner[79] bestrafe. Es sei sehr schwer, durch Rechtsetzung, zumal im Bereich des Strafrechts, bewußtseinsbildend und erzieherisch tätig zu werden. Dennoch obliege es der Allgemeinheit und dem Staat, nicht den jüdischen Bürgern, sich gegen die „Auschwitzlüge" zur Wehr zu setzen[80]. Ausnahmsweise erfordere es die historische Dimension der Thematik, neben der geistigen und politischen Auseinandersetzung rechtliche Mittel einzusetzen[81]. Zudem habe das ausdrückliche Verbot des Auschwitzleugnens vor allem eine große *politische* Wirkung[82], hinter der die juristische zurücktrete[83].

d) Verfahrensrechtlicher Mittelweg

Die zweite Lesung fand erst ein Jahr nach der ersten parlamentarische Befassung, kurz vor dem 40. Jahrestag des Kriegsendes, statt. Nachdem die Entscheidung im Rechtsausschuß mehrfach verschoben worden war, drängte die SPD-Fraktion auf eine endgültige Beschlußfassung[84]. Im daraufhin veröffentlichten Bericht erklärte der Rechtsausschuß, daß extremistischen Aktivitäten zuvörderst durch vorbeugende Maßnahmen zu begegnen sei, indem man ge-

---

76 *Kleinert* (FDP) Sten. Ber. BT 10/67, S. 4761 f. bzw. Justizminister *Engelhard*, ebd., S. 4754. In zweiter Lesung auch *Schmidt* (SPD), Sten. Ber. BT 10/135, S. 10080.

77 Vgl. Abg. *Schmidt* (SPD), Sten. Ber. BT 10/67, S. 4755.

78 *Engelhard*, Sten. Ber. BT 10/126, S. 9320.

79 *Schily*, Sten. Ber. BT 10/67, S. 4760.

80 Abg. *Schmidt* (SPD), Sten. Ber. BT 10/126, S. 9317; *Miltner* (CDU/CSU), ebd., S. 9318.

81 Abg. *Kleinert* (FDP), Sten. Ber. BT 10/126, S. 9324; Abg. *Götz* (CDU/CSU) Sten. Ber. BT 10/67, S. 4757 bzgl. des vorgeschlagenen § 131a StGB.

82 So eine beachtliche Minderheit der Grünen-Fraktion, vgl. *Schily*, Sten. Ber. BT 10/126, S. 9321. Nicht von ungefähr wiesen *Vogel*, *Schmidt* (beide SPD) und *Kleinert* (FDP) auf den Appell des Präsidenten der Knesset hin, Sten. Ber. BT 10/135, S. 9977; 10078, 10081, 10085.

83 Abg. Schmidt (SPD), Sten. Ber. BT 10/126, S. 9316.

84 Vgl. Sten. Ber. BT 10/126, S. 9316 f. (Abg. *Schmidt*, SPD), 9325 f. (Abg. *Jahn*, SPD); Debatte: S. 9315–9326. Zum Druck aufgrund des Jahrestags *o. V.*, DRiZ 1985, 227.

schichtlich aufkläre und die Jugend entsprechend erziehe[85]. Es müsse jedoch dort, wo die demokratische Staatsordnung angegriffen oder der öffentliche Friede berührt werde, strafrechtlich eingegriffen werden. Da das Bestreiten der Judenverfolgung und -ermordung im Dritten Reich bereits als Beleidigung strafbar sei, bestehe kein Bedürfnis, in § 140 StGB eine geltende Strafbestimmung zu ändern oder in § 131a StGB einen neuen Tatbestand zu schaffen[86]. Dabei berief sich die Ausschußmehrheit indes in erster Linie auf eine zivilrechtliche Unterlassungsentscheidung des BGH, die schwerlich verallgemeinerungsfähig war und nicht zu einer gefestigten Rechtsprechung führte, wie dies Bundesjustizminister *Engelhard* vortrug[87]. Allerdings sei es den jüdischen Mitbürgern aufgrund ihres Verfolgungsschicksals nicht zuzumuten, sich persönlich durch Stellen eines Strafantrags gegen etwaige Angriffe zu wehren und gegebenenfalls im Strafverfahren darzulegen, daß sie Juden seien – dies rufe „eine gespenstische Dimension der Erinnerung" an den „Arier-Nachweis" im „Dritten Reich" wach[88]. Daher schlug der Ausschuß eine verfahrensrechtliche Lösung vor, die bereits unter den zwei vorherigen sozialdemokratischen Justizministern geprüft, aber verworfen worden war[89] und wie das Justizministerium nun ausdrücklich als Kompromißvorschlag hervorholte[90]: Bei Beleidigungen und Verunglimpfungen Verstorbener, die im Zusammenhang mit deren Verfolgung durch die nationalsozialistische *oder eine andere* Gewalt- oder Willkürherrschaft stehen, sollte das Strafantragserfordernis des § 194 StGB entfallen. Zugleich sollte der Verletzte durch ein Widerspruchsrecht vor ungewollter Strafverfolgung geschützt werden. – Die neben der Auschwitzleugnung strafbaren Äußerungen waren damit nicht mehr auf *gegen Deutsche gerichtete* Taten beschränkt, wie zunächst im Vorschlag der Bundesregierung vorgesehen. Für die Verunglimpfung Verstorbener entsprach das dem geltenden § 194 Abs. 2 S. 2 StGB, wenn der Verstorbene sein Leben als Opfer (irgend)einer Gewalt- und Willkürherrschaft verloren hatte und die Verunglimpfung damit

---

85 BT-Drs. 10/3242 v. 24.4.1985.

86 BT-Drs. 10/3242, S. 9.

87 Vgl. BGH NJW 1980, 45, dazu *Engelhard*, in :Sten. Ber. BT 10/135, S. 10082, *Schneider* (Ministerialdirektor im BMJ), in: Sten. Prot. BT-RechtsA, 48. Sitzung v. 17.4.1985, S. 83 f., 104; kritisch *Schwenk* und *de With* (beide SPD), ebd., S. 86, 95. Vgl. *Leukert*, Auschwitzleugnen, S. 23 f., 54 ff.; *Deutsch*, NJW 1980, 1100; LK-*Herdegen*, StGB, 10. Aufl. 1989, § 194 Rn. 1; Sch / Sch / *Lenckner*, StGB, 23. Aufl. 1988 u. 27. Aufl. 2006, § 194 Rn. 1; zur Praxis siehe bei Fn. 35. Für einen eigenen Tatbestand LK-*Hilgendorf*, 11. Aufl. 2005, § 194 Rn. 1.

88 *Engelhard*, Sten. Ber. BT 10/126, S. 9320 f.

89 Vgl. *Engelhard* (FDP) und Abg. *Schmidt* (SPD), Sten. Ber. BT 10/135, S. 10081 f.

90 Vgl. *Engelhard*, Sten. Ber. BT 10/126, S. 9320, 10/135, S. 10081 f. sowie Abg. *Schily* (Grüne), Sten. Ber. BT 10/126, S. 9321.

zusammenhing[91]. Nach dem Wunsch der Grünen wäre auch dort der Zusammenhang mit einer anderen Gewalt- und Willkürherrschaft beseitigt worden, aber der Antrag wurde im Rechtsausschuß knapp abgelehnt[92].

Während sich der Vertreter der deutschen Juden 1960 für diese Lösung ausgesprochen hatte, begrüßte der langjährige Vorsitzende der jüdischen Gemeinde in Berlin *Galinski* die Kompromißvariante nicht sonderlich. Vielmehr wünschte er besser kein Gesetz als nun dieses[93]. Zuvor hatte er sich bereits grundsätzlich zugunsten der materiellrechtlichen Lösung geäußert[94]. Sowohl *Galinski* wie auch der langjährige Zentralratsvorsitzende *Nachmann* führten kurz vor der letzten Sitzung des Rechtsausschusses und damit kurz vor der Plenarsitzung Gespräche mit den Fraktionen[95]. Aber nicht nur seitens der Betroffenen wurde die vermeintliche gemeinsame Lösung abgelehnt, auch bei der abschließenden Diskussion im Bundestag fand man nicht zu einer einheitlichen Position. Die *Regierungskoalition* war mit dem antragsrechtlichen Vorschlag, der im übrigen weitgehend auf ihrem Entwurf beruhte[96], einverstanden, nachdem sie sich kurz zuvor noch unentschlossen gezeigt hatte[97]. So umgehe die Lösung die verbliebenen Zweifel an der tatbestandlichen Bestimmtheit und der Pönalisierung nicht strafwürdigen Verhaltens, die gegenüber der vorgeschlagenen eigenständigen Vorschrift geäußert wurden. Denn die Ausschußempfehlung reduziere den ursprünglichen Vorschlag auf den „praktischen Regelungsbedarf"[98]. Zugleich erreiche sie den mit dem eigenen Entwurf verfolgten Zweck, das Leugnen des während des NS-Regimes an den Juden begangenen Massenmords unter Strafe zu stellen, da dies nun von Amts wegen als Beleidigung verfolgt werden könne[99]. Schließlich vermeide die verfahrensrechtliche

91 Zu § 194 Abs. 2 wurde zunächst als § 189 Abs. 3 StGB i.R.d. Sechsten Strafrechtsänderungsgesetzes v. 30.6.1960 eingefügt, vgl. 8. Kap. A) III. bei Fn. 99.

92 Vgl. Sten. Prot. BT-RechtsA, 49. Sitzung v. 24.4.1985, S. 20.

93 Zit. n. Abg. *Mann* (Grüne), Sten. Ber. BT 10/135, S. 10083. Indes sprach sich Galinski erst recht gegen die Regierungs-Vorlage aus, die den Holocaust mit den Vertreibungsverbrechen verknüpfe, vgl. Sten. Prot. BT-RechtsA, 49. Sitzung v. 24.4.1985, S. 8.

94 Vgl. *Schmidt*, Sten. Ber. BT 10/67, S. 4755 mit Hinweis auf ein Interview *Galinskis* v. 6.4.1984.

95 Vgl. *Sauter* (CDU/CSU), Sten. Prot. BT-RechtsA, 49. Sitzung v. 24.4.1985, S. 105.

96 Vgl. Zusammenstellung, in: BT-Drs. 10/3242, S. 4–7.

97 So wies Mitte März 1985 der Abg. *Bötsch* vielsagend darauf hin, dass nicht jede parlamentarische Beratung in ein Gesetz münden müsse, Sten. Ber. BT 10/126, S. 9325.

98 Abg. *Kleinert* (FDP), Sten. Ber. BT 10/135, S. 10085; vgl. auch Sten. Prot. BT-RechtsA, 49. Sitzung v. 24.4.1985, Anl. 1, S. 3.

99 Zu den Ansichten der Regierungskoalition sowie der Fraktionen von SPD und Grünen vgl. BT-Drs. 10/3242, S. 8 f.; speziell zur FDP *Kleinert*, Sten. Ber. BT 10/126, S. 9324.

Lösung den Anschein eines Gesinnungsstrafrechts[100] und biete weniger Darstellungsforen für neonazistische Propaganda[101].

Dagegen hielt die *SPD-Fraktion* eine beleidigungsrechtliche Lösung für unzureichend und forderte, den eigenen Gesetzentwurf vorheriger Fassung zu beschließen[102]. Wer den Massenmord an den Juden leugne, versuche, das NS-Regime reinzuwaschen. Solche Äußerungen berührten den gesellschaftlichen Grundkonsens und richteten sich daher vornehmlich gegen den öffentlichen Frieden[103]. Eine Qualifizierung als Privatklagedelikt werde demnach dem Unrechtsgehalt des Leugnens nicht gerecht. Unabhängig davon lehnte die SPD die Gleichstellung des NS-Völkermords mit Völkermordhandlungen, die unter einer anderen Gewalt- oder Willkürherrschaft begangen wurden, aus den bereits erwähnten Gründen ab[104].

Die *Grünen-Fraktion* hatte sich zunächst gegen das Gesetzesvorhaben als solches gewandt, da das Problem strafrechtlich nicht bewältigt werden könne. In der am 25. April stattfindenden zweiten und dritten Lesung plädierte sie mehrheitlich dafür, nur bei Beleidigungen von Opfern der nationalsozialistischen Gewaltherrschaft vom Antragserfordernis abzusehen. Eine Minderheit sprach sich hingegen dafür aus, ein eigenständiges strafrechtliches Verbot zu schaffen[105]. Außerdem sollte in solchen Fällen – abweichend von § 376 StPO – darauf verzichtet werden, gesondert ein öffentliches Interesse an der Strafverfolgung feststellen zu müssen.

Schließlich setzte sich die Regierungskoalition mit der im Ausschuß gefundenen antragsrechtlichen Lösung durch, derzufolge entgegen § 194 Abs. 1 S. 1 StGB teilweise kein Antrag auf Strafverfolgung gestellt werden mußte. Dies galt zum einen für Angehörige einer Gruppe, die unter der nationalsozialistischen Gewalt- und Willkürherrschaft verfolgt wurde, aber auch für Mitglieder

100 Davor warnte der Abg. *Miltner*, Sten. Ber. BT 10/126, S. 9318 f.

101 *Kleinert*, Sten. Ber. BT 10/126, S. 9324.

102 BT-Drs. 10/3256 v. 24.4.1985; BR-Drs. 193/1/85 v. 22.5.1985, S. 3 f.; vgl. Abg. *Schmidt*, Sten. Ber. BT 10/135, S. 10079.

103 Vgl. auch Abg. *Schmidt*, Sten. Ber. BT 10/135, S. 10080, der auf Bestrebungen Österreichs hinwies, eine eigenständige Verbotsnorm zu schaffen. Diese trat mit § 3h Verbotsgesetz 1992 in Kraft, dazu *Lässig*, in: Höpfel / Ratz, Wiener Kommentar, Bd. 5, VerbotsG § 3h Rn. 4.

104 Vgl. 9. Kap. A) II. 1. c).

105 Vgl. BT-Drs. 10/3255 (Änderungsantrag) und 10/3260 (eigener Entwurf) v. 24.4.1985; zur gespaltenen Meinung der Grünen, *Schily*, Sten. Ber. BT 10/126, S. 9321. Vgl. auch das im Auftrag der Grünen-Fraktion erstellte Gutachten *Ostendorfs*, in: NJW 1985, 1062–1065.

solcher Gruppen, die unter einer *anderen* Gewalt- oder Willkürherrschaft verfolgt wurden, sofern die Gruppe Teil der Bevölkerung ist und die Beleidigung mit dieser Verfolgung zusammenhängt[106]. Damit ging der Gesetzgeber den Weg, den er 1959 noch ausgeschlagen hatte[107].

2. Gesetzliche Umsetzung als eigenständiger Tatbestand durch das Verbrechensbekämpfungsgesetz 1994

Auf die Tagesordnung gelangte das Thema erst wieder, als der Bundesgerichtshof im März 1994 die Entscheidung im Fall des seinerzeitigen NPD-Bundesvorsitzenden *Deckert* verkündete[108]. Im seinerzeit im Gesetzgebungsverfahren befindlichen Verbrechensbekämpfungsgesetz war zunächst nicht vorgesehen, die „einfache Auschwitzlüge" unter Strafe zu stellen. Jüdische Bürger sollten neben anderen Bevölkerungsteilen lediglich vor pauschalen Diffamierungen und Diskriminierungen geschützt werden[109]. Zwar sollte § 130 Abs. 1 StGB nach der niedersächsischen Bundesratsvorlage erklärtermaßen bereits das schlichte Bestreiten des nationalsozialistischen Völkermords erfassen, indem dort anstelle des Tatbestandsmerkmals des Menschenwürdeangriff auf einen Angriff auf die Würde abgestellt werde[110]. Die Vorlage war jedoch wegen des Entwurfs des Verbrechensbekämpfungsgesetzes für erledigt erklärt worden. Nach Bekanntwerden der Deckert-Entscheidung wurde die Frage wieder aufgegriffen.

Gegenstand des Verfahrens waren Äußerungen Deckerts auf einer sog. „Revisionismus-Tagung". Dort übersetzte und ergänzte er die Rede des amerikanischen „Hinrichtungsexperten" Fred Leuchter, der seine scheinbar wissenschaftlichen Erkenntnisse über die Massenvernichtung an den Juden vortrug und mehrfach von der „Gaskammerlüge" und vom „Gaskammermythos" sprach. Dafür verurteilte ihn das Landgericht Mannheim wegen Volksverhetzung in Tateinheit mit übler Nachrede, Verunglimpfung des Andenkens Verstorbener und Aufstachelung zum Rassenhaß. Der BGH rügte insbesondere Darlegungsmängel hinsichtlich der Voraussetzungen des § 130 StGB. Deshalb hob er das Urteil auf und verwies den Fall zurück. Eine Verurteilung Deckerts wegen Volksverhetzung hielt der BGH zwar für naheliegend, sie erfordere aber nähere Feststellungen bezüglich des Menschenwürdeangriffs. Die Entscheidung wurde in der Öffentlich-

---

106 Sten. Prot. BT 10/135, S. 10092; Gesetz v. 13.6.1985, BGBl. I 965.

107 Vgl. 8. Kap. bei Fn. 92.

108 NJW 1994, 1421–1423; vorsichtshalber wurden sowohl das am 15.3.1994 verkündete Urteil als auch das einen Monat später erschienene schriftliche Urteil von einer Presseerklärung begleitet, vgl. *Bertram*, NJW 1994, 2002, 2003. Naher *Leukert*, Auschwitzleugnen, S. 28–31.

109 BT-Drs. 12/6853, S. 24.

110 BR-Drs. 534/94, S. 12 f.

keit und selbst im Ausland massiv kritisiert[111]. Es schien, so der alte und nun wiederholte Vorwurf, als sei die deutsche Justiz „auf dem rechten Auge blind“[112]. Die öffentliche Aufregung wurde allerdings in einer durch die Anschläge von Mölln, Solingen, Lübeck, Hoyerswerda und Rostock aufgeschreckten Öffentlichkeit durch die Presseerklärung des Gerichts begünstigt, die mißverständlich schien, jedenfalls aber mißverstanden wurde[113].

Bereits im Juni wurde Deckert vom Landgericht Mannheim erneut verurteilt, nun war es jedoch die Urteilsbegründung, welche allgemein Entrüstung hervorrief[114]. Als „streckenweise fast kumpelhaftes Verständnis für antisemitischen Agitations-Unsinn“ wurde die Begründung, warum die einjährige Freiheitsstrafe zur Bewährung auszusetzen sei, kritisiert[115].

a) Beschlußempfehlung des Rechtsausschusses

Erste Forderungen, den nach dem bisherigen Beratungsstand bereits erweiterten § 130 StGB um das Verbot der Auschwitzleugnung zu ergänzen, kamen in der gemeinsamen Sitzung des Innen- und Rechtsausschusses auf, an die der Koalitionsentwurf eines Verbrechensbekämpfungsgesetzes inzwischen überwiesen worden war. Neben dem damaligen Präsidenten des Bundesamtes für Verfassungsschutz *Werthebach* sprach sich der SPD-Abgeordnete *de With* für eine Ausdehnung aus[116]. Als Absatz 1 Nummer 3 schlugen die SPD-Vertreter daraufhin vor, das Belohnen, Billigen, Leugnen oder Verharmlosen des NS-Völkermords zu sanktionieren[117]. Die Initiative, die entgegen der zunächst getätigten Ankündigung *de Withs* also keinen weiteren Absatz vorsah, beruhte auf dem 1982 von der SPD-Fraktion gestellten Antrag zu § 140[118]. Anders als zehn Jahre zuvor war man sich nun aber parteiübergreifend einig, ein derartiges Verbot ausdrücklich in das Strafgesetzbuch aufzunehmen. Nur die Begrenzung des Leugnungsgegenstands und damit der genaue Wortlaut waren noch unklar. Dies zeigte sich auch daran, daß die Gruppe *Bündnis 90/Die Grünen*

---

111 Beispiele bei *Leukert*, Auschwitzleugnen, S. 30 f.

112 FR v. 17.3.1994, S. 3, im Bundestag auch *Mann* (Grüne), Sten. Ber. BT 10/133, S. 10084, der Arndt mit seiner Ende der 1950er geäußerten Kritik zitierte.

113 Mißverständlich laut *Baumann*, NStZ 1994, 392 (Urteilsanm.); ähnlich *König / Seitz*, NStZ 1995, 1, 3 – mißverstanden laut LK-*v. Bubnoff*, 11. Aufl. 2005, § 130 Rn. 41.

114 LG Mannheim NJW 1994, 2494–2499. Dazu *Wandres*, Auschwitz-Leugnen, S. 117 f.

115 *Bertram*, NJW 1994, 2397, 2398. Herbe Kritik auch bei *Sendler*, ZRP 1994, 377; *Hufen*, JuS 1995, 638, 639. – Zum weiteren Verfahrensgang siehe 9. Kap. bei Fn. 137.

116 Sten. Prot. BT-RechtsA, 120. Sitzung v. 11.4.1994, S. 240 f., 392.

117 Sten. Prot. RechtsA, 121. Sitzung v. 13.4.1994, S. 32, 216.

118 Früherer Antrag: BT-Drs. 9/2090. Vgl. auch BT-Drs. 12/8588, S. 8 (Rechtsausschuß-Bericht).

bereits zwei Wochen später im Bundestag einen Entwurf einbrachte[119], der in einem neu zu schaffenden § 131a StGB (ausschließlich) das Leugnen des nationalsozialistischen Völkermords unter Strafe stellte, sofern dies öffentlich oder in einer Versammlung geschehe. Begründet wurde die Vorlage damit, daß die bisherigen Vorschläge nicht ausreichten, da sie über die BGH-Entscheidung nicht hinausgingen[120].

Der Vorschlag wurde mit den Stimmen der Gruppe Bündnis 90/Die Grünen für erledigt erklärt, nachdem sich die Fraktionsvertreter im Rechtsausschuß einvernehmlich auf eine Beschlußempfehlung geeinigt hatten[121]. Ihr Kern lag in einem neuen dritten Absatz:

> „Mit Freiheitsstrafe bis zu drei Jahren oder mit Geldstrafe wird bestraft, wer eine *unter der Herrschaft des Nationalsozialismus* begangene Handlung der in § 220a Abs. 1 bezeichneten Art in einer Weise, die geeignet ist, den öffentlichen Frieden zu stören, öffentlich oder in einer Versammlung *billigt, leugnet oder verharmlost.*"

Der im zweiten Absatz vorgesehene Antidiskriminierungstatbestand sollte daran angepaßt und auf Schriften holocaustleugnenden Inhalts ausgedehnt werden. Schließlich sollte der zunächst für Absatz 3 bestimmte Verweis auf die Sozialadäquanzklausel des § 86 im fünften Absatz aufgenommen werden und für die Absätze 2 bis 4 gelten[122]. Der Vorschlag ging auf eine Anregung des Bundesjustizministeriums zurück[123]. Inhaltlich wurde auf Vorschläge zurückgegriffen, die schon 1982 hinsichtlich des 21. Strafrechtsänderungsgesetzes gemacht worden waren. Im Unterschied zur damaligen Initiative, die eine Ergänzung des § 140 StGB vorsah, sollte die Regelung nun „wegen der sachlichen Nähe" in § 130 StGB eingestellt werden[124].

b) Parlamentarische Verabschiedung

Weder im Bundestag noch im Bundesrat erhoben sich grundlegende Zweifel, wie sie 1959/60 gegenüber der Änderung des § 130 StGB geäußert worden waren[125]. Uneinig war man sich hingegen, ob die designierten Vorschriften zur

---

119 BT-Drs. 12/7421 v. 27.4.1994.

120 Begr., in BT-Drs. 12/7421, S. 4.

121 Vgl. *Leukert*, Auschwitzleugnen, S. 33 Fn. 125.

122 Beschlußempfehlung: BT-Drs. 12/7584 v. 18.5.1994, S. 4 f. Vgl. auch den nach der Verabschiedung erschienenen Rechtsausschuß-Bericht, BT-Drs. 12/8588 v. 20.10.1994.

123 Vgl. Abg. *Mahlo* (CDU/CSU), Sten. Ber. BT 12/227, S. 19666; Bundesjustizministerin *Leutheusser-Schnarrenberger*, ebd., S. 19672 sowie Sten. Ber. BT 12/229, S. 19881.

124 Bericht RechtsA, BT-Drs. 12/8588 v. 20.10.1994, S. 8.

125 Zu den Bedenken vgl. 8. Kap. A) IV.; ebenso *Wandres*, Auschwitz-Leugnen, S. 121.

Bekämpfung des Rechtsextremismus innerhalb des Verbrechensbekämpfungsgesetzes oder getrennt davon verabschiedet werden sollten. Für letzteres votierten die SPD-Fraktion sowie die Gruppen Bündnis 90/Die Grüne und PDS/Linke Liste[126]. Innerhalb der am selben Tage stattfindenden zweiten und dritten Lesung konnten sie sich aber nicht durchsetzen. Der Bundestag beschloß gegen die Stimmen der Opposition, das Verbrechensbekämpfungsgesetz als Paket unterschiedlicher Maßnahmen zu belassen[127]. Die Koalitionsparteien begründeten dies zweifach: erstens enthalte das Verbrechensbekämpfungsgesetz zahlreiche ausgewogene Maßnahmen einschließlich effektivitätssteigernder strafprozessualer Vorschriften, die der gegenteilige Vorschlag ausklammere. Zweitens beschränke es sich nicht auf Maßnahmen gegen den Rechtsradikalismus, sondern richte sich gegen „Gewalt jeglicher Couleur“[128].

Allerdings stimmte anschließend der Bundesrat dem Entwurf nicht zu, der von den SPD-regierten Ländern dominiert wurde[129]. Auch wenn die SPD-Fraktion im Bundestag zuvor den einzelnen Vorschriften, die sich gegen den Rechtsradikalismus wandten, zugestimmt hatte, war dies wegen der zuvor erklärten Ablehnung der gegen die Organisierte Kriminalität gerichteten Maßnahmen sowie des laufenden Wahlkampfs wenig überraschend[130]. Stattdessen beschloß er auf Antrag der SPD-geführten Bundesländer, beim Bundestag einen Entwurf zur isolierten Änderung der §§ 86, 86a, 130, 131 StGB einzubringen. Im Unterschied zum Verbrechensbekämpfungsgesetz sollte die Höchststrafe auch bei der Holocaustleugnung fünf Jahre betragen[131].

Der daraufhin einberufene Vermittlungsausschuß schlug hinsichtlich § 130 StGB lediglich vor, das Höchststrafmaß für die Holocaustleugnung an den ersten Absatz anzupassen und von drei auf fünf Jahre zu erhöhen[132]. Mit diesem Kompromiß kam man der SPD-Fraktion entgegen, was die Strafhöhe betraf[133], blieb aber zugleich bei der von den Koalitionsparteien gewünschten

---

126 Vgl. Bericht des Rechtsausschusses, BT-Drs. 12/8588, S. 4; Sten. Prot. BT-RechtsA, 127. Sitzung v. 18.5.1994, S. 4, 53 (*de With*, SPD), 4 (*Heuer*, PDS/LL).

127 Sten. Ber. BT 12/229, S. 19906 f. v. 20.5.1994.

128 Vgl. Bericht des Rechtsausschusses, BT-Drs. 12/8588, S. 4.

129 BR, 670. Sitzung v. 10.6.1994, Sten. Ber. BR, S. 298 ff., 317.

130 Zur „politisch geschickte(n) Verkoppelung“ *Wandres*, Auschwitz-Leugnen, S. 122. *Dahs* sieht das VerbrBekG als „Produkt des Superwahljahres“, NJW 1995, 553.

131 BR-Drs. 534/94 (Beschluß) = BT-Drs. 12/8411. Auch sollte die Reihenfolge der Tatbestände umgedreht werden und dem Leugnungstatbestand in Abs. 2 der Schriftenverbreitungstatbestand in Abs. 3 folgen.

132 BT-Drs. 12/7837 v. 19.9.1994, Anl., Nr. 3.

133 Sowohl im Bundesratsentwurf (Fn. 131) als auch in der kurz darauf im Bundestag vorgelegten Vorlage (BT-Drs. 12/7960) sollte der obere Strafrahmen des § 130 Abs. 3

Belassung im Verbrechensbekämpfungsgesetz. Am 21. September 1994 stimmte der Bundestag mehrheitlich der Beschlußempfehlung des Vermittlungsausschusses zu[134], und diesmal erteilte auch der Bundesrat seine Zustimmung[135]. Mit dem Gesetz trat zum 1. Dezember 1994 nach 1960 die zweite bedeutsame Änderung des Volksverhetzungsparagraphen in Kraft[136].

Allerdings hätte es der Änderung aus dem konkreten Anlaß – dem Fall Deckert – nicht bedurft. Denn Deckert wurde, nach erneuter Aufhebung und Zurückweisung durch den BGH – unter anderem aufgrund des zur Tatzeit geltenden § 130 StGB – zu zwei Jahren Freiheitsstrafe ohne Bewährung verurteilt[137]. Dies führte *Bertram* zu seiner zutreffenden Bewertung der Gesetzesänderung als einem „entschlossenen, wenngleich sachlich überflüssigen Bekenntnisakt des Gesetzgebers“[138], der der Versuchung zu symbolischer Gesetzgebung nicht habe widerstehen können[139].

B) Die versammlungsrechtsbezogene Erweiterung 2005

Wie schon 1985, so trieb auch zwanzig Jahre später erneut die Sorge um rechtsextremistische Demonstrationen, wie etwa von der NPD vor dem Brandenburger Tor und dem Holocaust-Mahnmal zum Jahrestag des Kriegsendes geplant, den Gesetzgeber zum Einschreiten[140]. Und erneut herrschte zeitlicher Druck[141]. Nicht bloß auf dem Gebiet des Versammlungsrechts, sondern auch auf dem des Strafrechts wurden die Vorschriften verschärft. Die Schnittstelle zwischen beiden Rechtsgebieten stellt das Schutzgut der öffentlichen Sicherheit dar. Denn nach § 15 Abs. 1 und 2 Versammlungsgesetz kann eine Versammlung verboten, mit Auflagen belegt oder aufgelöst werden kann,

---

auf fünf Jahre Freiheitsstrafe erhöht werden. Beide zielten darauf, die §§ 86, 86a, 130, 131 StGB aus dem Maßnahmenpaket herauszulösen. Im Gegensatz zum BR-Entwurf beließ die BT-Vorlage jedoch – wie im § 130 i.d.F.d. VerbrBekG – in Abs. 1 Nr. 2 das Merkmal „Menschenwürde“.

134 Sten. Ber. BT 12/243. Sitzung v. 21.9.1994, S. 21547.

135 Vgl. BR-Drs. 872/94 v. 21.9.1994. Es war die Neufassung des § 130, dem das VerbrBekG sein Zustandekommen verdankte, *Wandres*, Auschwitz-Leugnen, S. 122.

136 Vgl. BGBl. I, S. 3186 (Art. 19). Zum Gesetz im Ganzen *Hilgendorf*, Strafrechtsentwicklung, S. 332–344.

137 Aufhebung durch BGH NJW 1995, 340 f.; endgültiges Urteil des LG Karlsruhe im April 1995, vgl. dpa-Meldung „Urteil gegen Deckert wegen Volksverhetzung rechtskräftig“, FAZ v. 28.10.1995, Nr. 251, S. 1. Vgl. auch *Wandres*, Auschwitz-Leugnen, S. 116 ff.

138 *Bertram*, NJW 2005, 1476.

139 So zunächst die Hoffnung *Bertrams*, NJW 1994, 2002, 2004.

140 Vgl. BT-Drs. 15/4731, S. 3 und BT-Drs. 15/5051, S. 6 zu Neonazi-Aufmärschen am Brandenburger Tor und in Wunsiedel, dem Begräbnisort des Hitler-Stellvertreters Heß.

141 Vgl. Abg. *Stokar v. Neuforn* (Grüne), Sten. Ber. BT-InnenA 15/56, S. 28; Seißer, S. 55.

wenn die öffentliche Sicherheit oder Ordnung bei ihrer Durchführung unmittelbar gefährdet sind[142]. Vielfach wurden auf dieser Grundlage rechtsextreme Versammlungen verboten oder Auflagen erlassen, die die Gerichte allerdings kassierten[143].

Innerhalb der Beratungen spielte auch die mögliche Signalwirkung einer Regelung eine Rolle[144]. Während *Ströbele* angesichts der politischen Dimension vor einem Scheitern warnte und an das gescheiterte NPD-Verbotsverfahren erinnerte[145], mahnte der als Sachverständiger angehörte Staatsrechtler *Battis*, mit symbolischen Normen restriktiv umzugehen, da sie die Steuerungskraft des Rechts aushöhlten[146].

Zunächst legte die *CDU/CSU*-Fraktion einen Entwurf vor, der schlicht darauf angelegt war, den befriedeten Bezirk des Bundestags auf das Brandenburger Tor und das Holocaust-Mahnmal auszuweiten. Zudem sollte der Grundsatz, wonach Demonstrationen dort grundsätzlich zulässig sind, in ein Verbot mit Erlaubnisvorbehalt umgekehrt werden[147]. Die Änderung war also auf das Gesetz über befriedete Bezirke für Verfassungsorgane des Bundes beschränkt. Die Regierungskoalition aus *SPD* und *Bündnis90/Die Grünen* reagierte mit einem eigenen Entwurf, der ebenfalls darauf abzielte, extremistisch ausgerichtete Versammlungen unter freiem Himmel durch Auflagen oder Verbote zu erschweren. Darüber hinaus bezog er mit § 130 StGB auch das Strafrecht ein, das als Schlüssel zur Einschränkung des Versammlungsrechts fungieren sollte[148]. Es bestehe ein rechtspolitisches Bedürfnis, das Verherrlichen oder Verharmlosen der schwerwiegenden Unrechtshandlungen der nationalsozialistischen Gewalt- und Willkürherrschaft zu sanktionieren, denn solche Äußerungen seien geeignet, den öffentlichen Frieden zu stören. Überdies verhöhnten sie die Opfer jener Gewalt- und Willkürhandlungen. Folglich sollte der Leugnungstatbestand zum einen auch die Tathandlung des Rechtfertigens einbezie-

---

142 Vgl. zu rechtsradikalen Demonstrationen *Rühl*, NJW 1995, 561, 563 f.; *Bull*, Grenzen, S. 23 ff.

143 Vgl. BVerfG NJW 2004, 2418 ff.; *Enders / Lange*, JZ 2006, 105 bei Fn. 1 m w N

144 Sten. Prot. BT-InnenA 15/56, S. 68 (*Sonntag-Wolgast*, SPD); *Stokar v. Neuforn*, Sten. Ber. BT 15/164, S. 15351.

145 Sten. Prot. BT-InnenA 15/56, S. 46.

146 Sten. Prot. BT-InnenA 15/56, S. 51.

147 BT-Drs. 15/4731 v. 25.1.2005; ähnlich bereits deren Entwurf vom 27.11.2000, BT-Drs. 14/4754. Vgl. ferner die gegen rechtsextremistische Versammlungen gerichteten, ebenfalls rein versammlungsrechtlich ausgerichteten Initiativen von Rheinland-Pfalz (BR-Drs. 545/00) und Mecklenburg-Vorpommern (BR-Drs. 758/00). Ablehnend *Wiefelspütz*, ZRP 2001, 60–64.

148 BT-Drs. 15/4832 v. 15.2.2005, S. 3. Ein erster Entwurf unter Federführung von Justiz- und Innenministerium war auf Bedenken gestoßen, vgl. *Enders / Lange*, JZ 2006, 105.

hen. Zum anderen fand sich hier, angelehnt an ein Übereinkommen des Europarats über Computerkriminalität[149], die Idee wieder, den dritten Absatz auf die Leugnung jeglicher Völkermorde auszudehnen. Als Objekt der Äußerung sollten andere Völkermordhandlungen in Frage kommen, sofern „die Handlung durch die rechtskräftige Entscheidung eines internationalen Gerichts, dessen Zuständigkeit die Bundesrepublik Deutschland anerkannt hat, festgestellt ist“ (§ 130 Abs. 3 Nr. 2). Im Gegensatz zur Nummer 1 sollte die Strafbarkeitsschwelle allerdings nicht schon bei bloßem Verharmlosen, sondern erst ab einem *gröblichen* Verharmlosen überschritten werden[150], also ein gewisser Unterschied zwischen NS- und anderen Völkermordhandlungen aufrecht erhalten bleiben.

Hinter der strafrechtlichen Regelung stand die bisherige verfassungsrechtliche Praxis, daß meinungsbezogene Beschränkungen der Versammlungsfreiheit grundsätzlich nicht mit dem Schutz der (ungeschriebenen) öffentlichen Ordnung begründet werden dürfen, da dann das nach Art. 5 Abs. 2 GG notwendige Gesetz fehlt. Hingegen akzeptiert das Bundesverfassungsgericht Straftatbestände, die an eine bestimmte Meinung anknüpfen, regelmäßig als schrankenkonforme allgemeine Vorschriften[151]. In der folgenden Diskussion rief dieser Gesichtspunkt insofern Widerspruch hervor, als der Gesetzgeber nun mit dem Strafrecht zu einem viel härteren Mittel greife, um mittelbar Versammlungen einschränken zu können[152].

I. Die Sachverständigendiskussion

Beide Gesetzentwürfe wurden an den Rechtsausschuß zur Mitberatung, federführend aber an den Innenausschuß überwiesen[153], der eine öffentliche Anhörung durchführte[154]. An ihr nahmen neben fünf Hochschullehrern zwei Richter des BGH, der Vorsitzende Richter des Hessischen Verwaltungsgerichtshofes sowie der Landrat Wunsiedels teil; letzterer wurde eingeladen, weil in dem bayerischen Landkreis, in dem der Hitler-

149 Art. 6 Abs. 1 des Zusatzprotokolls zum Übereinkommen über Computerkriminalität betreffend die Kriminalisierung mittels Computersystemen begangener Handlungen rassistischer und fremdenfeindlicher Art, vgl. BT-Drs. 4832, S. 3; *Poscher*, NJW 2005, 1316, 1317.

150 Kritisch dazu *Höfling*, in: Sten. Prot. BT-InnenA 15/56, S. 13.

151 *Jarass / Pieroth*, GG, Art. 8 Rn. 2, 18, 21, Art. 5 Rn. 91 m.w.N.; *Bull*, Grenzen, S. 15 f.; vgl. auch hier Fn. 170. Zu § 130 i.d.F. bis 1994 BVerfG NJW 1994, 1779, 1780.

152 Vgl. die Diskussion im BT-InnenA, Sten. Prot. 15/56, S. 44 (*Friedrich*), 50 (*Battis*), 58 (*Wiefelspütz*), 64 (*Rühl*); kritisch auch *Gehb*, Sten. Prot. BT 15/164, S. 15358.

153 Vgl. Sten. Ber. BT 15/158 v. 18.2.2005, S. 14809–14826, 14828.

154 Vgl. BT-Drs. 15/5051, S. 4; zur Anhörung Sten. Prot. BT-InnenA 15/56 v. 7.3.2005.

Stellvertreter Heß begraben ist, regelmäßig neonazistische Versammlungen stattfinden. In der Beratung ging es nicht nur darum, wie der Wortlaut der Vorschriften ausgestaltet werden sollte, sondern auch um deren verfassungsrechtliche Vereinbarkeit.

Hinsichtlich des bisherigen Vorschlags erwies sich vor allem die Ausweitung auf sonstige Völkermordleugnungen (§ 130 Abs. 3 Nr. 2) als in vielerlei Hinsicht problematisch. Zum einen unterliege das Tatbestandsmerkmal der Leugnung anderer Völkermorde, im Gegensatz zur Auschwitzleugnung, dem Strengbeweis[155]. Ein etwaiger Beweisantrag, daß die Völkermordhandlung nicht bzw. nicht so stattgefunden habe, könnte nicht einfach wegen Offenkundigkeit der Tatsache abgelehnt werden. Zugleich bestände für die Gerichte die Schwierigkeit, festzustellen, daß sich der Tätervorsatz auch auf die „Entscheidung eines internationalen Strafgerichtshofs" beziehe[156] – ein Problem des subjektiven Tatbestands, das wohl am besten zu lösen wäre, wenn man das Merkmal als objektive Bedingung der Strafbarkeit formulierte. Womöglich blockiere dies auch eine kritische Debatte darüber, welche Vorgänge als Völkermord einzuordnen seien[157]. Schließlich sei es fraglich, ob dieser Teil den verfassungsrechtlichen Schranken-Schranken des Art. 5 Abs. 2 GG standhalte. Die Schranke der persönlichen Ehre erlaube zwar, Meinungsäußerungen auch wegen ihres Inhalts zu verbieten, allerdings bestehe nicht zwangsläufig für alle Völkermorde der Zusammenhang zwischen Verfolgungsschicksal und Ehrenschutz[158].

Kritik zog zum anderen der zur Unterstützung von Versammlungsverboten im Änderungsantrag vorgesehene Absatz 4 auf sich, der auf einem gemeinsamen Vorschlag des Bundesjustiz- und Innenministeriums aufbaute. Bundesjustizministerin *Zypries* begründete den Vorschlag damit, daß Neonazis bisher nur vermeiden müssten, von der „Auschwitzlüge" zu sprechen, im übrigen aber billigen, leugnen und verharmlosen dürften, ohne strafrechtliche Folgen zu befürchten[159]. Künftig sollte daher auch das Verherrlichen oder Verharmlosen der unter der nationalsozialistischen Gewalt- und Willkürherrschaft begangenen Menschenrechtsverletzungen strafbewehrt sein:

> „Mit Freiheitsstrafe bis zu drei Jahren oder mit Geldstrafe wird bestraft, wer in einer Weise, die geeignet ist, den öffentlichen Frieden zu stören, öffentlich oder in einer Versammlung unter der nationalsozialistischen Gewalt- oder Willkürherr-

155 Sten. Prot. BT-InnenA 15/56 (Fn. 154), S. 38 (*Nack*).

156 AaO., S. 62 (*Kühl*), 47 (*Geis*).

157 AaO., S. 29 (Abg. *Stadler*).

158 AaO., S. 17 f., 36 f. (*Poscher*).

159 Sten. Ber. BT 15/158, S. 14823 f.

> schaft begangene Menschenrechtsverletzungen billigt oder verherrlicht und dadurch die Würde der Opfer verletzt.“[160]

Der Vorsitzende Richter am Bundesgerichtshof *Nack* kritisierte die angedachte Formulierung, die eine abstrakt-konkrete Gefährdung (Friedensstörung) mit einem Erfolgsdelikt (Würde der Opfer) kombiniere, als wenig praktikabel. Zudem erfasse die öffentliche Begehungsweise auch die Tatbegehung im Internet, welche die Fragen nach dem Erfolgsort und der deutschen Strafgerichtsbarkeit aufwerfe. Außerdem erfordere die „Eignung zur Friedensstörung“ einen hohen Begründungsaufwand. Stattdessen schlug er eine eigene Formulierung vor[161]. Unter der Prämisse, daß der öffentliche Frieden das geschützte Rechtsgut sei, sollte die Vorschrift insofern als Erfolgsdelikt ausgestaltet werden, als die Friedens*störung* innerhalb der Versammlung tatsächlich eingetreten sein müsse. Das solchermaßen normierte Verhalten sei dann wegen seiner Unfriedlichkeit nicht mehr von Art. 8 GG geschützt. Wie allerdings zwischen der Gefährdung und der Störung des öffentlichen Friedens unterschieden werden soll, blieb unklar[162]. Anstelle der öffentlichen Begehungsweise sollte der Tatbestand nur auf Versammlungen bezogen sein[163], um die problematische Verfolgung solcher Äußerungen, die im Internet erfolgen, sowie eine etwaige Auslieferung deswegen aufgrund des Europäischen Haftbefehls zu vermeiden. Ferner sollte die Verharmlosensvariante entfallen und es nur auf Versammlungen ankomen, die darauf gerichtet sind, das nationalsozialistische Gewalt- und Willkürregime zu billigen, zu verherrlichen oder zu rechtfertigen. Um ein Versammlungsverbot darauf zu stützen, sollte in § 15 Versammlungsgesetz eine gleichlautende Formulierung eingefügt werden. Als Vorzüge einer strafrechtlichen Regelung wies er auf die möglichen Nebenstrafen und Nebenfolgen, beispielsweise die Anordnung eines Fahrverbots, des Verfalls oder der Einziehung, hin[164].

---

160 Änderungsantrag der Fraktionen von SPD und Bündnis 90/Die Grünen, Ausschuss-Drs. 15(4)191 vom 22.2.2005 zur BT-Drs. 15/4832. Vgl. auch den gemeinsamen Entwurf des Innen- und Justizministeriums, in: Pressemitteilung BMJ vom 11.2.2005: http://www.bmj.bund.de/enid/90b952dc3e7d62cbb9b1265ff3cb09fb,b7b23e706d635f6964092d0931383630093a0979656172092d0932303035093a096d6f6e7468092d093032093a095f7472636964092d0931383630/Pressestelle/Pressemitteilungen_58.html. Zunächst war der Entwurf wegen seines Abs. 4 in den Fraktionen von SPD und Grünen abgelehnt worden, vgl. *Beckstein*, Sten. Ber. BT 15/164, S. 15355; *Strobl*, Sten. Ber. BT 15/158, S. 14822.

161 Sten. Prot. BT-InnenA 15/56, S. 16, 38; vgl. ferner dessen Stellungnahme (Fn. 154).

162 *Fischer*, StGB, 56. Aufl. 2009, § 130 Rn. 2a, 14b, 40.

163 Sten. Prot. BT-InnenA 15/56, S. 38.

164 Sten. Prot. BT-InnenA 15/56, S. 52 f.

Vertreter der beiden großen Fraktionen zeigten sich dem Vorschlag gegenüber offen. Auch der Landrat Wunsiedels, der naturgemäß an einer umfassenden Regelung interessiert war, hieß ihn für gut und sah keine verfassungsrechtlichen Bedenken[165]. Vielmehr wünschte er sogar eine Formulierung, die bereits die Verherrlichung von Repräsentanten des Nationalsozialismus sanktioniert, wie er es in einer früheren Anhörung angeregt hatte[166]. Dagegen bezweifelten die Hochschullehrer *Battis* (Humboldt-Universität Berlin), *Höfling* (Köln) und *Rühl* (Bremen) sowie der BGH-Richter *Graf*, daß die Verschärfung des Strafrechts überhaupt erforderlich bzw. geeignet sei[167]. Anstelle des strafrechtlichen Umwegs plädierten *Höfling* und *Battis* für eine unmittelbare Regelung im Versammlungsrecht. Zwar werde das Grundrecht der Meinungsfreiheit „rhetorisch [...] recht hoch gehalten", die Schranken-Schranke des Art. 5 Abs. 2 GG praktisch aber wie ein einfacher Gesetzesvorbehalt gehandhabt, an dem bisher kaum ein Gesetz gescheitert sei. Zudem könne kollidierendes Verfassungsrecht als ungeschriebene, systematische Schranke dienen, wenn man an der Würdeverletzung der Opfer ansetze[168].

Der Bochumer Professor *Poscher* und sein Bremer Kollege *Rühl* hielten es für bedenklich, Äußerungen allein wegen ihres geistigen Inhalts zu inkriminieren[169]. Eine Tabuisierung bestimmter Themen sei nicht ohne weiteres zulässig. Zwar entspreche dies der Rechtsprechung des Oberverwaltungsgerichts Münster, das Verbote rechtsextremistischer Versammlungen bereits aufgrund der zu verbreitenden Inhalte bestätigt hatte, da die Versammlungen gegen die öffentliche Ordnung i.S.d. § 15 Abs. 1 VersG verstießen. Dagegen habe aber das Bundesverfassungsgericht an der Meinungsneutralität auch gegenüber rechtsextremistischen Äußerungen festgehalten, also angesichts Art. 5 Abs. 2 GG meinungsbeschränkende Maßnahmen außerhalb von Jugend- und Ehrschutzbestimmungen grundsätzlich nur zugelassen, wenn sie meinungsneutral sei-

165 AaO., S. 27 (*Wiefelspütz*, SPD; *Koschyk*, CDU/CSU), 31 f. (Landrat *Seißer*); allerdings sprach sich der CDU/CSU-Abgeordnete *Gehb* für eine rein versammlungsrechtliche Regelung aus, S. 48 f. *Ströbele* (Grüne) wiederum befand den Vorschlag Wiefelspütz' für gangbar, S. 45.

166 Anhörung v. 19.1.2005, vgl. *Seißer*, in: Sten. Prot. BT-InnenA 15/56, S. 23–25, 54. Auch der Abgeordnete *Friedrich* brachte diese Idee ins Spiel, vgl. Sten. Prot. BT-InnenA 15/56, S. 44. Dagegen *Graf*, S. 60 f.; *Poscher*, S. 62 f.

167 AaO., 15/56, S. 10, 41 (*Graf*), 9, 42 (*Battis*), 52 (*Höfling*), 65 (*Rühl*).

168 AaO., S. 39–41 (*Höfling*). Gegen den strafrechtlichen Umweg auch *Gehb*, S. 49; *Battis*, S. 43.

169 AaO., S. 17 f., 35 f. (*Poscher*), 20, 33 (*Rühl*). Dafür aber Abg. *Wiefelspütz*, S. 26 f.

en[170]. Die Verfassungsschutzbestimmungen der Art. 18, 9 Abs. 2, 21 Abs. 2 GG zeigten, daß Meinungen erst dann aus dem Diskurs ausgegrenzt werden dürften, wenn der politische Prozeß versagt habe[171]. Indes hielt der SPD-Abgeordnete *Wiefelspütz*, der keine „keine lex 8. Mai, [...] keine lex NPD, [...] auch keine lex Brandenburger Tor" beabsichtigte, es gerade wegen der Meinungsneutralität für notwendig, strafrechtlich tätig zu werden[172]. Aus diesem Blickwinkel schätzte *Rühl* die Vorschläge zu § 130 Abs. 3 StGB als rechtfertigungsfähig ein, da er gerade der von Art. 5 Abs. 2 GG geforderten Meinungsneutralität nachkomme. Sofern man Bedenken dagegen erhebe, müsse man diese konsequenterweise auch gegenüber dem bestehenden § 130 Abs. 3 vortragen[173]. Hingegen sei beim vorgeschlagenen § 130 Abs. 4 die Grenze des verfassungsrechtlich Zulässigen erreicht, wenn nicht gar überschritten[174]. Insofern verwies er insbesondere auf die herrschaftslimitierende Funktion, die sich aus der Pflicht zur meinungsneutralen Gesetzesformulierung ergebe. Wenn aber der Gesetzgeber Normen schaffe, die auf ihn selbst nicht anwendbar seien, könne das Recht diese Aufgabe nicht mehr erfüllen. Allgemein warnte *Poscher* vor der Vorstellung, daß ein neuer Straftatbestand die Dinge vollständig werde ändern können und machte darauf aufmerksam, daß nach dem Grundsatz der Verhältnismäßigkeit vorrangig Auflagen zu erteilen und nur als ultima ratio Verbote erlassen werden könnten[175].

Konkrete Kritik am Vorschlag Nacks äußerte vor allem der Tübinger Strafrechtsprofessor *Kühl*. Bei der Friedensstörung sei unklar, warum es darauf ankommen solle, daß der Friede in der Versammlung gestört werde[176]. Wie die Grünen-Abgeordneten *Ströbele* und *Montag* empfand er den Ausdruck „Gewalt und Willkürherrschaft" als zu ungenau[177]. Daher schlug er vor, stattdessen auf „Gewalt- und Willkürakte des NS-Staats" abzustellen. Für eine ähnli-

---

170 Vgl. Sten. Prot. BT-InnenA 15/56, S. 35. Gemeint ist u.a. OVG Münster NJW 2001, 2111 f., 2114 f., 2986 f., anders indes BVerfG NJW 2001, 1409 f. (differenzierend), 2076–2078, 2069 ff.; vgl. *Höfling / Augsberg*, ZG 2006, 151, 170; zur Kontroverse auch *Battis / Grigoleit* NJW 2001, 2051 ff.; *Benda*, NJW 2001, 2947 f.; zusfd. *Bertram*, NJW 2007, 2163, 2164 f.

171 AaO., S. 33 (*Rühl*).

172 AaO., S. 58 f.

173 AaO., S. 20.

174 AaO., S. 34; eine verfassungsrechtliche Prognose im Bereich des Art. 5 GG allgemein für schwierig befanden *Schulz*, S. 21; *Nack*, S. 38 und *Höfling*, S. 40.

175 AaO., S. 63 f.

176 AaO., S. 39.

177 AaO., S. 45 (*Ströbele*), 56 (*Montag*); *Nack* ging dagegen davon aus, daß die Rechtsprechung Fallgruppen bilden werde, S. 62.

che Umschreibung sprach sich BGH-Richter *Graf* aus, der zudem insofern Vorsatzprobleme sah, als sein Kollege Nack in seinem Vorschlag darauf abstellte, daß die Versammlung dazu bestimmt sei, die nationalsozialistische Gewalt zu billigen oder zu verherrlichen[178]. Mit Nack sprachen sich auch *Höfling* und *Rühl* gegen die Tathandlung „Verharmlosen" aus[179]. So fehle es beim reinen Verherrlichen und Verharmlosen, ohne Rückgriff auf die geschehenen Menschenrechtsverletzungen und den Opferbezug, am geschützten Rechtsgut, das erforderlich sei, um den Eingriff in die Meinungsfreiheit zu rechtfertigen. Während *Rühl* darüber hinaus das „Verherrlichen" gestrichen sehen wollte, regte *Kühl* an, erneut über die Verharmlosensvariante nachzudenken, da dies die „subversivere, gefährlichere Art des Angriffs" sei, während auf Billigen und Verherrlichen „nur Dumme hereinfallen"[180].

Umstritten war weiterhin, ob der künftige Tatbestand die Würdeverletzung der Opfer voraussetzen solle. Für deren Aufnahme äußerten sich *Höfling, Battis* und *Ströbele*[181], um der verfassungsrechtlichen Schranke des Art. 5 Abs. 2 GG genüge zu tun. Denn die Ehre, zu deren Gunsten Einschränkungen der Meinungsfreiheit zulässig seien, sei ein Teil der menschlichen Würde. Insofern sei daran zu denken, den Tatbestand in der Regelbeispielsform auszugestalten und nationalsozialistische Gewalt- und Willkürakte als besonders abstoßende Fälle von Menschenrechtsverletzungen herauszustellen[182]. Für die Aufnahme des Ehr- bzw. Würdebezugs war auch *Poscher*, der sich ob eines alleinigen Rechtsguts „öffentlicher Friede" skeptisch zeigte. Ob dieses kollektive Schutzgut eine strafrechtliche Vorschrift zu rechtfertigen vermöge, bedürfe weiterer Untersuchung[183]. Vergleichend sei jedenfalls fraglich, wieso das Auftreten als bewaffnete Versammlung mit nur einem Jahr Freiheitsstrafe belegt sei (§ 27 Abs. 2 Nr. 3 VersG), während die hier diskutierten „viel diffuseren Einschüchterungsszenarien" mit bis zu dreijähriger Strafe sanktioniert würden. Dagegen verteidigte *Nack* seine Lösung, die das Merkmal „Würdeverletzung" nicht enthalte, da Auschwitzleugnungen nach der Rechtsprechung regelmäßig die Menschenwürde verletzten. Zudem vermeide dies verfahrensbelastende

---

178 AaO., S. 60 („Gewalt- und Willkürmaßnahmen" statt „-herrschaft") und S. 41.

179 AaO., S. 13 (Höfling, auch gegenüber dem geltenden § 130 Abs. 3), 33 (*Rühl*) sowie der CDU/CSU-Abg. *Geis*, S. 47.

180 AaO., S. 15. In erster Lesung hatte *v. Essen* (FDP) angezweifelt, daß das Tatbestandsmerkmal des Verharmlosens dem Bestimmtheitsgebot des Art. 103 Abs. 2 GG gerecht werde, Sten. Ber. BT 15/158, S. 14812, a.A. *Zypries*, aaO., S. 14824.

181 AaO., S. 40, 42, 45 f.; für die Aufnahme des Merkmals wohl auch *Montag*, S. 55 f.

182 AaO., S. 40.

183 AaO., S. 63, dagegen meinte *Kühl*, man müsse sich damit „abfinden", daß es solche Allgemeinheitsrechtsgüter gebe, S. 39.

Beweisanträge, dahingehend wer denn Opfer gewesen sei[184]. Wegen Schwierigkeiten bei der gerichtlichen Feststellung wollte auch *Kühl* sowohl auf das Merkmal „Menschenwürde" als auch auf die uferlose „Menschenrechtsverletzung" verzichten[185].

II. Abschließende Beratung

In einer weiteren Sitzung berieten der federführende Innen-[186] und der mitberatende Rechtsausschuß[187] abschließend über die Vorlagen. Als Ergebnis wurde der Entwurf der CDU/CSU-Fraktion abgelehnt[188]. Die Diskussion zum Leugnungstatbestand im dritten Absatz wurde nicht abgeschlossen, soll aber wieder aufgenommen werden, wenn ein entsprechender EU-Rahmenbeschluß zur Bekämpfung von Rassismus und Fremdenfeindlichkeit verabschiedet worden ist[189]. Hingegen einigte man sich gegen die Stimmen der FDP-Fraktion sowie der zwei PDS-Abgeordneten auf einen geänderten Vorschlag der Regierungskoalition[190]. In einem Gespräch am Vortag der Ausschußsitzungen hatten sich *Wiefelspütz*, *Ströbele*, *Koschyk* und *Gehb* auf eine Regelung geeinigt, die in einer „Tischvorlage" ihren Ausdruck fand[191]. Trotz verbliebener Zweifel an der Verfassungsmäßigkeit stimmte die CDU/CSU letztlich aus praktischen Erwägungen zu, um nach dem gescheiterten NPD-Verbotsverfahren zumindest entsprechende Aufmärsche zu verhindern; allerdings lehnte sie es ab, in das „Rubrum" des Antrags übernommen zu werden, denn als geistiger Initiator fühle man sich nicht[192]. § 130 StGB erhielt einen neuen vierten Absatz, demzufolge mit Freiheitsstrafe bis zu drei Jahren oder mit Geldstrafe bestraft wird,

184 AaO., S. 53. In diese Richtung auch *Wiefelspütz*, S. 59 und *Graf*, S. 60, *Kühl*, S. 61.

185 AaO., S. 62. – Der Ausdruck „Gewalt- und Willkürherrschaft" umfasse regelmäßig Menschenrechtsverletzungen, daher sollten diese nicht als weiteres Tatbestandsmerkmal aufgeführt werden, vgl. auch S. 15.

186 57. Sitzung v. 9.3.2005, TOP 1. Das zugehörige Protokoll trägt nach Auskunft des Parlamentsarchivs des Bundestags den Vermerk „Nur zur dienstlichen Verwendung", so daß eine Freigabe der Unterlagen für die Öffentlichkeit nach § 73 GO BT i.V.m. den entsprechenden Richtlinien erst mit Ablauf der 16. Wahlperiode erfolgt. Auf die Diskussion kann daher hier nicht eingegangen werden.

187 Sten. Prot. BT-RechtsA, 73. Sitzung v. 9.3.2005, S. 10–18.

188 Sten. Ber. BT 15/164, S. 15364, vgl. auch BT-Drs. 15/5069 v. 10.3.2005.

189 Dazu 9. Kap. C) III.

190 Abstimmung im Bundestag: Sten. Ber. BT 15/164, S. 15364. Bei einer Einzelabstimmung hätte die PDS der StGB-Änderung des StGBs zugestimmt, S. 15362 (*Pau*).

191 Änderungsantrag, Ausschuss-Drs. 15(4)199 vom 8.3.2005 zur BT-Drs. 15/4832.

192 Vgl. *Gehb*, Sten. Prot. BT-RechtsA, 73. Sitzung v. 9.3.2005, S. 11 f.

> „wer öffentlich oder in einer Versammlung den öffentlichen Frieden in einer die Würde der Opfer verletzenden Weise dadurch stört, dass er die nationalsozialistische Gewalt- und Willkürherrschaft billigt, verherrlicht oder rechtfertigt“.

Die Verharmlosensvariante wurde mithin nicht aufgenommen, wenngleich dies der bayerische Innenminister *Beckstein* und Bundesinnenminister *Schily* gemeinsam bedauerten[193]. Der Tatbestand wurde nach dem Vorschlag *Nacks* als Erfolgsdelikt formuliert, so daß im Gegensatz zu den übrigen Tatbeständen des § 130 StGB eine abstrakte Gefährdung des öffentlichen Friedens nicht genügt, sondern eine konkrete Störung vorliegen muß. Darüber hinaus muß die jeweilige Handlung in einer die Würde der Opfer verletzenden Weise begangen werden, wobei die Ausschußmitglieder davon ausgingen, daß dies regelmäßig vorliege, wenn die die NS-Gewalt- und Willkürherrschaft kennzeichnenden Menschenrechtsverletzungen gebilligt, verherrlicht oder gerechtfertigt werden[194]. Nicht durchsetzen konnte sich die CDU/CSU-Fraktion mit ihrer Idee, auch auf die Würde der Lebenden abzustellen[195].

Daß es sich mit dem Entwurf nicht um ein Patentrezept gegen Rechtsextremismus handelte und es auch andere Mittel gebe, war auch seinen Fürsprechern bewußt[196]. Allerdings begehrte lediglich die FDP-Fraktion gegen die Änderung auf und wandte sich mit einem Entschließungsantrag ans Plenum[197]. Darin forderte sie die Bundesregierung auf, Vorschläge für eine Fortentwicklung des Versammlungsrechts vorzulegen, die die Bedeutung der Versammlungsfreiheit berücksichtigten. Die Schaffung neuer Straftatbestände sei dagegen nicht erforderlich, ihre Tauglichkeit zur Abschreckung gegenüber Rechtsextremen zumindest zweifelhaft. Überdies müßten Beschränkungen der Meinungsfreiheit meinungsneutral ausgestaltet werden. Dem Extremismus sei nicht staatlich, sondern nur gesellschaftlich beizukommen, indem an den Ursachen angesetzt und junge Menschen zu mehr Menschlichkeit, Toleranz und demokratischem Verhalten erzogen würden. Im Bundestag rief vor allem der

---

193 Sten. Ber. BT 15/164, S. 15355, 15359 f.

194 BT-Drs. 15/5051, S. 2 f., 5, in Abs. 4–5 kam es bei den Verweisen zu Folgeänderungen.

195 Vgl. BT-Drs. 15/5051, S. 6. Dagegen hatte Bundesjustizminister *Engelhard* den Entwurf eines 21. StrÄG noch damit begründet, daß die Leugnung der NS-Untaten geeignet sei, das Rechtsbewußtsein der Bevölkerung zu kränken und auf die Betroffenen sehr mißachtend zu wirken, vgl. BR-Drs. 382/82, S. 13.

196 Vgl. Sten. Ber. BT-InnenA 15/56, S. 26., Sten. Ber. BT 15/158, S. 14819 (*Wiefelspütz*), 15/164, S. 15358 (*Gehb*), 15351 (*Stokar v. Neuforn*), 15353 (*Sonntag-Wolgast*), Beschlußempfehlung BT-Drs. 15/5051, S. 6; zu anderen Mitteln u.a. Sten. Ber. BT 15/164, S. 15348 (*Edathy*), 15354 (*Sonntag-Wolgast*), 15360 (*Schily*).

197 BT-Drs. 15/5056 v. 10.3.2005, der aber abgelehnt wurde, Sten. Ber. BT 15/164, S. 15364; die beiden PDS-Abgeordneten enthielten sich.

FDP-Abgeordnete *Stadler* deutlichen Widerspruch hervor, als er den Befürwortern vorwarf, der Gesetzentwurf bewege sich in Richtung eines Gesinnungsstrafrechts. Insbesondere der Grünen-Vertreter *Ströbele* verwehrte sich dagegen, indem er feststellte, daß gerade nicht die Gesinnung als solche verboten werde, sondern nur das Äußern solcher Gesinnungen, die die Würde anderer verletzten[198]. Anschließend nahm der Bundestag, den Einwänden der Liberalen zum Trotz, die Fassung an, die der Innenausschuß empfohlen hatte[199] – auch mit den Stimmen der Grünen, obwohl deren Vertreter in erster Lesung betont hatten, daß die gegenwärtige Gesetzeslage genüge, um die angekündigte NPD-Demo am Brandenburger Tor und am Holocaust-Mahnmal zu verhindern[200]. Das Gesetz passierte wenige Tage später den Bundesrat[201] und trat bereits am 1. April 2005 in Kraft[202], also rechtzeitig vor dem Jahrestag des Kriegsendes.

Allenthalben wurde die Änderung in der juristischen Fachliteratur kritisiert[203]. Für den bereits als Sachverständigen im Gesetzgebungsverfahren tätigen Hochschullehrer *Poscher* handelte es sich um einen aktionistisch wirkenden Kraftakt des Gesetzgebers, dessen praktische Bedeutung nicht überschätzt werden sollte[204]. So überschneide sich der Anwendungsbereich des neuen Absatzes mit den bereits bestehenden, namentlich mit § 130 Abs. 1 Nr. 2 und Abs. 3[205]. Denn ein böswilliges Verächtlichmachen der NS-Völkermord-Opfer und damit § 130 Abs. 1 Nr. 2 lägen regelmäßig vor, wenn die nationalsozialistische Gewalt- und Willkürherrschaft in einer Art und Weise gebilligt oder verherrlicht wird, die die Opfer in ihrer Würde verletzt. Im übrigen bezögen sich Äußerungen dieses Inhalts vielfach auch auf die nationalsozialistischen Genozide und erfüllten damit § 130 Abs. 3.

198 Sten. Ber. BT 15/164, S. 15352 (*Stadler*), S. 15356 f. (*Ströbele*); vgl. auch S. 15353 (*Sonntag-Wolgast*) und S. 14824, 15358 (*Gehb*).

199 2. und 3. Lesung am 11.3.2005, Sten. Ber. BT 15/164, S. 15347–15364.

200 Vgl. Sten. Ber. BT 15/158, S. 14813, 14815 (*Ströbele*), S. 14826 (*Stokar v. Neuforn*).

201 Vgl. Sten. Ber. BR, 809. Sitzung v. 18.3.2005, S. 80 und BR-Drs. 120/05 v. 18.3.2005.

202 BGBl. I 2005, S. 969.

203 Kritik u.a. bei *Tröndle / Fischer*, StGB, 54. Aufl. 2007, § 130 Rn. 34 ff.; *Enders / Lange*, JZ 2006, 105, 107 f.; *Battis / Grigoleit*, Die Polizei 2005, 349 ff.; *v. Denkowski*, KR 2005, 208, 212 ff.; *Bertram*, NJW 2005, 1476 ff.; *Höfling / Augsberg* ZG 2006, 151 ff.,176 f. (i.Ü. zum VersG). Positiv, gar für weitere Ausdehnung des § 130 Abs. 4 StGB auch auf das Verharmlosen *Scheidler*, BayVBl. 2005, 453 ff., 458; zur versammlungsrechtlichen Regelung *Leist*, NVwZ 2005, 500, 502 f.; *Nelles*, LKV 2006, 403 ff.; *Stohrer*, JuS 2006, 15 ff.

204 *Poscher*, NJW 2005, 1316.

205 AaO, S. 1318.

Indes fühlten sich die Fürsprecher der Gesetzesänderung alsbald bestätigt. Denn für Wunsiedel erwies sich die Änderung des Strafgesetzbuches als wirkungsvoll. Das Bundesverfassungsgericht wies Anträge auf einstweiligen Rechtsschutz gegen entsprechende Versammlungsverbote zurück; innerhalb der Folgenabwägung berücksichtigte das Gericht insbesondere die gesetzgeberische Wertung, in § 130 Abs. 4 StGB eine neue Strafnorm für erforderlich zu halten, deren Schutzgut der Versammlungsfreiheit gegenübersteht[206]. Für die Hauptsacheentscheidung sah es allerdings hinsichtlich mehrerer Aspekte noch Klärungsbedarf, unter anderem hinsichtlich der Verfassungsmäßigkeit der neuen Strafbestimmung sowie der Auslegung der neuen Tatbestandsmerkmale, etwa zur Frage, ob ein Billigen oder Verherrlichen der nationalsozialistischen Gewalt- und Willkürherrschaft bereits vorliegt, wenn einzelne Verantwortungsträger als Symbolfiguren hervorgehoben werden.

Auch die von der NPD angemeldete Demonstration unter dem Motto „60 Jahre Befreiungslüge – Schluß mit dem Schuldkult! Arbeit statt Vergangenheitsbewältigung", die am Brandenburger Tor sowie am Holocaust-Mahnmal vorbeiführen sollte, wurde untersagt und die Untersagung hatte vor den Gerichten Bestand[207]. Allerdings genügte bereits die neue versammlungsrechtliche Regel des § 15 Abs. 2 VersG. Auf die Gefahr einer Straftat nach § 130 Abs. 4 StGB, die eine Gefährdung der öffentlichen Sicherheit im Sinne des § 15 Abs. 1 VersG darstellte, kam es wegen der niedrigeren Schwelle des § 15 Abs. 2 VersG nicht an, wonach die objektive Beeinträchtigung der Würde der Opfer hinreichend ist[208].

C) Anderweitige Änderungen und jüngste Vorschläge

Die weitere Entwicklung beschränkte sich darauf, die Vorschrift rechtlichen und tatsächlichen medialen Änderungen anzupassen. So bestraft § 130 Abs. 2 seit dem 1. April 2004 nicht mehr nur das Verbreiten gruppenverachtender Inhalte per Rundfunk, sondern auch im Wege der Medien- oder Teledienste[209]. Des weiteren verweist Absatz 3, das Verbot der „einfachen Auschwitzlüge", auf das neue Völkerstrafgesetzbuch, das seit Juni 2002 anstelle des § 220a StGB den Völkermord regelt[210]. Im übrigen standen folgende Vorschläge in den letzten Jahren zur Diskussion:

---

206 NJW 2005, 3204 ff.; ferner NVwZ-RR 2008, 73 f. Vgl. auch BayVGH, BayVBl 2006, 760 ff. sowie *Stegbauer*, NStZ 2008, 73, 79.

207 VG Berlin, Beschluß vom 29.4.2005 – 1 A 66/05; OVG Berlin, Beschluß vom 4.5.2005 – S 38/05; BVerfG, Beschluß vom 6.5.2005 – 1 BvR 961/05.

208 So ausdrücklich das OVG Berlin, OVG Berlin, Beschluß vom 4.5.2005 – S 38/05.

209 Durch Art. 1 Nr. 6 des Gesetzes zur Änderung der Vorschriften über die Straftaten gegen die sexuelle Selbstbestimmung und zur Änderung anderer Vorschriften vom 27.12.2003, BGBl. I 3007; eine Änderung, die parallel in §§ 130 Abs. 2 Nr. 2, 131 Abs. 2 und § 184c StGB erfolgte.

210 Gesetz zur Einführung des Völkerstrafgesetzbuches v. 26.6.2002 BGBl. I S. 2254.

I. Der Gruppenbegriff im Lichte des Antidiskriminierungsgesetzes

Ende der 1990er Jahre diskutierte der Bundestag über gesetzliche Möglichkeiten, Minderheiten stärker zu schützen und einer Diskriminierung vorzubeugen. Bei der Vorstellung eines entsprechenden Fraktionsentwurfs forderte der *Grünen*-Abgeordnete *Beck*, daß sich alle dieses Themas annehmen müßten, da es sich um eine gesamtgesellschaftliche Herausforderung handele. Dies belegten die jüngsten Wahlerfolge rechtsextremer Parteien, die die Ideologie der Ungleichheit propagierten, und in Baden-Württemberg und Sachsen-Anhalt in die Landtage eingezogen waren[211]. Seine Fraktion schlug ein Bündel von Maßnahmen vor, die sowohl auf zivil- als auch auf öffentlichrechtlichem Gebiet greifen sollten. Für nicht rechtgeschäftliches Verhalten sollten grundsätzlich die Vorschriften über Beleidigung und Volksverhetzung ausreichen[212]. Um zugleich möglichen Schwierigkeiten bei der Auslegung des Begriffs „Teile der Bevölkerung" zu begegnen, sollte § 130 im Sinne eines Regelbeispiels ergänzt werden. Danach sollten als Bevölkerungsteile insbesondere solche Gruppen gelten, „deren Angehörige Träger der in § 1 Abs. 1 des Antidiskriminierungsgesetzes genannten Merkmale sind"[213]. – Ein Vorschlag, der ein wenig an die Initiative des Reichstagsabgeordneten *v. Chrzanowski* erinnert, der angesichts der § 130 RStGB weit auslegenden Gerichte eine gesetzgeberische Klarstellung wünschte, wer sich durch welches Verhalten strafbar mache[214]. – In jener Legislaturperiode erreichte die Vorlage – zusammen mit dem SPD-Entwurf eines Gleichbehandlungsgesetzes[215] – jedoch nach der ersten Lesung[216] lediglich die Ausschußebene und wurde in der nächsten Legislaturperiode nicht erneut in den Bundestag eingebracht. Stattdessen wurde einige Jahre später das Allgemeine Gleichbehandlungsgesetz (AGG) verabschiedet und in Kraft gesetzt, das keine strafrechtlichen Vorschriften enthält[217].

---

211 Sten. Ber. BT 13/233 v. 30.4.1998, S. 21406 f.

212 BT-Drs. 13/9706, S. 11.

213 Einzufügen als sechster Absatz gemäß Art. 3 des Entwurfs eines Gesetzes zum Schutz vor Diskriminierung und zur Stärkung von Minderheitenrechten, (Antidiskriminierungs- und Minderheitenrechtsgesetz), BT-Drs. 13/9706 v. 20.1.1998.

214 Vgl. 4. Kap. B) I. Vgl. ferner die Anordnung des preußischen Justizministers von 1922, derzufolge Juden eine Klasse i.S.d. § 130 seien, vgl. 7. Kap. bei Fn. 87.

215 BT-Drs. 13/10081.

216 Sten. Ber. BT 13/233 v. 30.4.1998, S. 21406–21413.

217 Sten. Ber. BT 16/43 v. 29.6.2006, S. 4027–4040; Sten. Ber. BR 824/06 v. 7.7.2006, S. 229 f., BGBl. I 2006 Nr. 39 S. 1897.

Deutlich weiter ging die Idee, die Bundesjustizministerin *Zypries* (SPD) im Zusammenhang mit der versammlungsrechtsgebundenen Erweiterung 2005 kund tat. Danach sollte die Vorschrift über Volksverhetzung auf die Hetze gegen einzelne Personen erweitert werden[218], womit eine weitere Annäherung an den Vorgänger § 100 PrStGB verbunden gewesen wäre. Denn dieser stellte das öffentliche Anreizen der „Angehörigen des Staates“ zu Haß oder Verachtung unter Strafe, also die gegen Einzelne gerichtete Aufforderung[219]. In der veröffentlichten Entwurfsfassung fand der Vorschlag jedoch bereits keine Berücksichtigung mehr.

II. Verstärkte Bekämpfung extremistischer Taten

Im übrigen gab es weitere – nicht umgesetzte – Initiativen, die auf eine intensivierte Verfolgung und Ahndung rechtsextremistischer Taten zielten, aber anderen Strafnormen galten. So beantragte Mecklenburg-Vorpommern unter anderem, den Umstand, daß eine Tat aus Haß gegen Teile der Bevölkerung begangen worden ist, ausdrücklich zum Strafzumessungsgrund zu erheben[220] und die Nichtaussetzung der Strafe zur Bewährung in solchen Fällen zur Regel zu erklären[221]. Hierhin gehört auch die Initiative Brandenburgs, wonach Gewalttaten, die aus Haß gegen Teile der Bevölkerung, aus rassistischen Motiven oder sonstigen niedrigen Beweggründen begangen werden, als schwerste Form der Körperverletzung in einem neuen § 224a StGB zu bestrafen seien und im Bereich der Propagandadelikte §§ 86, 86a, 130 StGB die Strafbarkeit von Auslandstaten Deutscher begründet würde[222].

Nachdem das Strafrecht zwar nicht als Allheilmittel, aber doch als Beruhigungspille – für die Öffentlichkeit und auch für das Ausland[223] – wirken

218 Vgl. Pressemitteilung des BMJ v. 11.2.2005, „Zypries: Strafrecht im Kampf gegen Rechtsextremismus verschärfen“, unter: http://www.bmj.bund.de/enid/0,b7b23e706d635f6964092d0931383630093a0979656172092d0932303035093a096d6f6e7468092d093032093a095f7472636964092d0931383630/Pressestelle/Pressemitteilungen_58.html.

219 Vgl. 6. Kap. bei Fn. 16 m.w.N.

220 Dies ist insoweit nicht zulässig, als ein tatbestandlich normiertes Verhalten nicht zugleich bei der Strafzumessung berücksichtigt werden darf, ausdrücklich zu § 130 StGB der BGH im zweiten Deckert-Urteil, NJW 1995, 340 f.

221 BR-Drs. 759/00 v. 16.11.2000.

222 Ferner die Überwachung der Telekommunikation bei extremistischen Straftaten, BR-Drs. 577/00 v. 26.9.2000.

223 Wiederholt Teil des Argumentationsmusters, vgl. bspw. Abg. *Schmidt* (SPD), Sten. Ber. BT 10/135 v. 25.4.1985, S. 10079; *Alm-Merk* (Niedersachsen), Sten. Ber. BR, 670. Sitzung v. 10.6.1994, S. 299, BR-Drs. 534/94, S. 7 sowie 8. Kap. bei Fn. 241.

konnte, verwunderte es nicht, daß es auch zur Bekämpfung anderer extremistischer Äußerungen in Betracht gezogen wurde. So erkundigte sich die FDP-Fraktion im Rahmen einer Kleinen Anfrage bei der Bundesregierung, ob sie Defizite in der Anwendung des § 130 StGB gegenüber islamistischen Aktivisten sehe und wie sie gegebenenfalls die Aufklärung der Straftaten und die strafrechtliche Ahndung verbessern wolle. Der Bundesregierung waren allerdings keine Anwendungsdefizite bekannt[224].

Einen anderen Ansatz erwog hingegen die *PDS*. Sie war mit ihrem – gescheiterten – Entwurf eines Antirassismusgesetzes bestrebt, die strukturelle Benachteiligung von Ausländern, die in Deutschland leben, aufzuheben. Auf Änderungen des Strafrechts wollte man hingegen gänzlich verzichten[225]. Dies wurde von den anderen Parteien abgelehnt, allerdings dachten sie daran, die strafrechtlichen Maßnahmen von gesellschaftlichen Maßnahmen zu flankieren, beispielsweise durch verbesserte Integration der hier lebenden Ausländer, Fortführung der Programme gegen Jugendarbeitslosigkeit oder präventive Formen der Jugendarbeit[226].

III. Europaweite Vereinheitlichung

Die Europäische Union erließ im Rahmen der justitiellen Zusammenarbeit zunächst 1996 eine Gemeinsame Maßnahme betreffend die Bekämpfung von Rassismus und Fremdenfeindlichkeit[227]. Sie stellte die Mitgliedstaaten vor die Wahl, bestimmte rassistische und fremdenfeindliche Verhaltensweisen mit Strafe zu bedrohen, alternativ von der auslieferungsrechtlichen Voraussetzung der beiderseitigen Strafbarkeit abzusehen. Zu den Verhaltensweisen gehörten nicht nur das Aufstacheln zu rassistischer oder fremdenfeindlicher Gewalt und zum Rassen- oder Fremdenhaß, sondern auch das öffentliche Leugnen oder Verharmlosen der Verbrechen nach Art. 6 der Charta des Internationalen Militärgerichtshofs.

Mehrmals wurde auf europäischer Ebene versucht, einen weitergehenden Rahmenbeschluß zu etablieren[228]. Dieser sollte die Gemeinsame Maßnahme ersetzen und – anders als jene – insbesondere die Unterstrafestellung bestimmter Verhaltensweisen verpflichtend vorschreiben. Auch die Strafen und Sanktionen für die einzelnen Verhaltensweisen würden in weitem Umfang

224 Vgl. BT-Drs. 16/5658 v. 13.6.2007, S. 4 und BT-Drs. 16/5884 v. 4.7.2007, S. 8.

225 BT-Drs. 13/1466 v. 19.5.1995, im Bundestag abgelehnt am 27.2.1997, vgl. Sten. Ber. BT 13/160, S. 14476 ff., 14483.

226 Vgl. BT-Drs. 14/3516.

227 Vgl. *Hecker*, Europäisches Strafrecht, § 11 Rn. 135 f.

228 EG-ABl. 2002/C 75 E/17 S. 269.

vorgegeben[229]. Seit 2005 lagen die Verhandlungen auf politischer Ebene indes auf Eis[230]. Allein die Dauer, bis ein Kompromiß gefunden wurde, zeigt wie schwierig es ist, einen gemeinsamen Standpunkt zu finden. Bereits bei der Einführung des europäischen Haftbefehls zeigte sich, welche Probleme mit einer territorialen Ausweitung der deutschen Strafbarkeitsvorstellungen verbunden sind[231]. Dies liegt weniger am „Ur-Tatbestand" § 130 Abs. 1 StGB denn am Verbot der Auschwitzlüge. Bei dessen Einführung ist Deutschland – nach Österreich[232] – aus nachvollziehbaren historisch-politischen Gründen Vorreiter in der Strafgesetzgebung gewesen, es bestehen aber große Unterschiede zwischen den Strafgesetzgebungen der EU-Mitgliedstaaten[233]. Während jenseits des Rheins 2006 eine Gesetzesänderung verabschiedet wurde, die in Frankreich gar die Leugnung des Armeniergenozids unter Strafe zu stellt[234] und Spanien gemäß Art. 607 Abs. 2 Código pénal die Rechtfertigung jeglicher Völkermorde sanktioniert[235], hat der italienische Gesetzgeber bislang davon abgesehen, die Holocaust-Leugnung als solche ausdrücklich unter Strafe zu stellen.

Noch auf einem informellen Treffen der europäischen Justizminister Mitte Januar 2007 sprach sich der damalige italienische Justizminister *Mastella* gemeinsam mit seiner deutschen Kollegin *Zypries* dafür aus, die Holocaust-Leugnung in allen europäischen Ländern unter Strafe zu stellen. Er präsentierte wenige Tage darauf eine entsprechende nationale Regelung. Allerdings meldeten sich zahlreiche Wissenschaftler unterschiedlicher Fachrichtungen zu Wort, ob der der sog. negazionismo ausdrücklich im Codice penale unter Strafe zu stellen sei. Eine Reihe von ihnen drückte ihren Widerstand in einem Manifest aus, das sich gegen einen neuerlichen Vorschlag wandte[236]. Zwar

229 Vgl. Art. 6 des Rahmenbeschluß-Vorschlags.

230 Pressemitteilung der deutschen EU-Ratspräsidentschaft v. 29.1.2007, http://www.eu2007.de/de/News/Press_Releases/January/0129BMJantiracism.html.

231 Zur Problematik des europäischen Haftbefehls *Schünemann*, ZRP 2003, 185, 187 f.

232 Dort trat mit § 3h Verbotsgesetz 1992 eine eigenständige Verbotsnorm in Kraft, vgl. *Lässig*, in: Höpfel / Ratz, Wiener Kommentar, Bd. 5, VerbotsG § 3h Rn. 4.

233 Zur strafrechtlichen Behandlung des Auschwitzleugnens u.a. in Österreich, Schweiz, Belgien, Frankreich, Luxemburg *Leukert*, Auschwitzleugnen, S. 276 ff.; *Wandres*, Auschwitz-Leugnen, S. 142 ff. Nachweise zu rechtsvergleichenden Untersuchungen bei *Brugger*, AöR 2003, 372 ff.

234 Zur Strafbarkeit der Leugnung des Armeniergenozids nach französischem Recht und zur Ungleichbehandlung der Genozide *Stockhammer*, SZ v. 27.10.2006, S. 15.

235 Die Leugnungsvariante ist allerdings für verfassungswidrig erklärt worden, vgl. Entscheidung 235/2007 des Tribunal Constitucional v. 7.11.2007, B.O.E. nº 295 Suplemento, 10.12.2007, abzurufen unter http://www.boe.es/boe/dias/2007/12/10/pdfs/T00042-00059.pdf.

236 *Martirano*, Reato le idee razziste. Pene fino a 4 anni (Corriere della Sera v. 25.1.2007), in: http://www.corriere.it/Primo_Piano/Politica/2007/01_Gennaio/25/shoah.shtml.

lehnte das „Manifesto dei Centocinquanta" jegliche Versuche, den Holocaust zu leugnen, ab, warnte aber zugleich vor der Gefahr einer staatlich geschaffenen geschichtlichen Wahrheit, die von einem solchen Straftatbestand ausgehe[237].

Nach sechs Jahren einigten sich die EU-Justizminister schließlich im April 2007 in Luxemburg unter dem Vorsitz der deutschen Justizministerin *Zypries* (SPD) auf einen „Rahmenbeschluß gegen Rassismus und Fremdenfeindlichkeit"[238]. Da der Rahmenbeschluß gegenüber dem Entwurf von 2002 deutliche Änderungen erfahren hat, muß der Rat zunächst die Stellungnahme des Europäischen Parlaments abwarten, bevor der den Rahmenbeschluß förmlich erlassen wird. Im Hinblick auf das deutsche Strafrecht könnte der Beschluß Anlaß geben, erneut über eine Ausweitung des § 130 Abs. 3 StGB auf die Leugnung jeglicher Völkermorde nachzudenken. Denn im Jahr 2005 war die weitere Diskussion ausdrücklich mit Blick auf die Beratungen zum EU-Rahmenbeschluß unterbrochen worden[239]. Eine Umsetzungspflicht dürfte sich für Deutschland daraus nicht ergeben, denn die EU-Mitgliedstaaten können die Sanktionierung der Leugnung, Billigung oder Verharmlosung von Völkermord auf solche Taten beschränken, die geeignet sind, zu Gewalt oder Haß anzustacheln. Dies ist aber bereits gemäß § 130 Abs. 1 StGB strafbar.

D) Résumé

Einig waren sich die Parteien Anfang der 1980er Jahre im Bundestag, daß das wirksamste Mittel gegen Versuche, die nationalsozialistische Gewaltherrschaft reinzuwaschen, in der geistig-politischen Auseinandersetzung bestehe. Sie reichte aber nach Auffassung vieler nicht mehr aus, um diese vor allem gegenüber der Jugend ausgeübte und als besonders gefährlich eingeschätzte Form neonazistischer Propaganda abzuwehren. Trotz scheinbaren Konsenses im Bundestag war der 1984 gestartete Versuch, das Verbot der Auschwitzleugnung ausdrücklich ins Strafgesetzbuch aufzunehmen, kein „Selbstläufer"[240], sondern zog sich so lange hin, daß die mittlerweile in der Oppositionsrolle

---

237 Erschienen in mehreren Tageszeitungen am 23.1.2007, vgl. *G.R.*, La memoria negata diventa reato, in: L'Unità v. 25.1.2007 (http://www.unita.it/view.asp?IDcontent=63059); ferner *Cattaruzza*, La condanna del negazionismo limita la libertà di ricerca?, unter: http://www.magna-carta.it/node/1389.

238 Am 19.4.2007, vgl. Pressemitteilung BMJ v. 20.4.2007 unter: http://www.bmj.bund.de/enid/3e1e7a5c02e12413dc555730e0204000,d3f36a706d635f6964092d0934323837093a0979656172092d0932303037093a096d6f6e7468092d093034093a095f7472636964092d0934323837/Pressestelle/Pressemitteilungen_58.html. Vgl. auch *Bolesch*, SZ v. 20.4.2007, S. 7.

239 Ausschußbericht BT-Drs. 15/5051, S. 5; vgl. 9. Kap. bei Fn. 189.

240 Abg. *Schmidt* (SPD), Sten. Ber. BT 10/67, S. 4754.

befindliche SPD einen enormen Widerstand in Reihen der CDU/CSU vermutete[241]. Aus den Reihen der neuen Regierungskoalition gab der FDP-Abgeordnete *Kleinert* zu, daß die Bemühungen „reichlich spät unternommen" wurden[242].

Es bedurfte keiner weiteren Hinweise auf die Ernsthaftigkeit des Themas, auch wenn der CDU/CSU-Fraktionsangehörige *Götz* einen solchen unternahm[243]. Die im Parlament vertretenen Parteien waren sich einig, daß hinter den Entwürfen eine „moralisch einwandfreie Intention" stand[244]. Bereits in der ersten Beratung hatte Bundesjustizminister *Engelhard* der Kritik am „in der zivilisierten Welt einzig(artigen)" Vorhaben eines Geschichtsfälschungsverbots entgegengehalten, daß der nationalsozialistische Massenmord ebenfalls einzig sei[245]. Womöglich blockierte dies – zusammen mit der aufgrund des Jahrestags gebotenen Eile – jedoch eine nähere Auseinandersetzung auf fachlicher Ebene über die Notwendigkeit und die technische Ausgestaltung der Vorschrift. Die zu schaffende Bestimmung sollte sich aus der Abwägung zwischen dem Schutz vor Radikalismus und der Garantie der Meinungsfreiheit ergeben[246]. Während die einen den Anschein einer schäbigen Aufrechnerei vermeiden wollten, wollten die anderen dem Anschein des Gesinnungsstrafrechts entgehen.

Der 1985 eingeschlagene Mittelweg[247], der bereits früher diskutiert worden war[248], war nicht der vom Bundesjustizministerium erhoffte parteiübergreifende Kompromiß, auch wenn er als solcher in die Beratungen eingeführt wurde[249]. Denn die anderen Parteien ließen sich nicht darauf ein; vielmehr stimmte „eine starke Minderheit" dagegen[250]. SPD und Grüne forderten vergeblich, die Befreiung vom Antragserfordernis des § 194 Abs. 1 StGB auf solche Fälle zu beschränken, in denen Opfer der nationalsozialistischen Gewaltherrschaft beleidigt werden[251]. Die fehlende Gemeinsamkeit bei dieser gesetzgeberischen

241 Abg. *Schmidt* (SPD), Sten. Ber. BT 10/126, S. 9316; Sten. Ber. BT 10/135, S. 10081.

242 Sten. Ber. BT 10/126, S. 9322.

243 Sten. Ber. BT 10/67, S. 4757.

244 *Götz*, ebd.

245 Sten. Ber. BT 10/67, S. 4754.

246 Abg. *Hellwig* (CDU/CSU), Sten. Ber. BT 10/135, S. 10076.

247 Vom mittleren Weg sprach *Kleinert* (FDP), Sten. Ber. BT 10/126, S. 9324.

248 Vgl. 8. Kap. bei Fn. 92, 93 und 9. Kap. Fn. 48.

249 Vgl. bei Fn. 90.

250 *Lackner*, StGB, 16. Aufl. 1985, § 194 (S. 816). Im Protokoll heißt es bloß „mit Mehrheit angenommen", Sten. Ber. BT 10/135 S. 10092.

251 Vgl. BT-Drs. 10/3255 (Grüne); 10/3256 (SPD).

Entscheidung wurde verschiedentlich bedauert[252], noch mehr aber die zugrundeliegende Annahme, das Auschwitzleugnen unterfalle dem Beleidigungstatbestand, kritisiert[253].

Die Debatte anläßlich des 21. Strafrechtsänderungsgesetzes wies einige Parallelen zur Diskussion um die frühere Änderung des § 130 StGB auf[254]. So war ein einseitig schützender Sondertatbestand nicht gewollt[255]. Um diesen Anschein zu vermeiden, wollte die CDU/CSU die Vorschrift nun auf die „Vertreibungslüge" ausdehnen; 1960 hatte die CDU/CSU-Regierung die Änderung u.a. mit dem steten Hinweis auf Spannungen zwischen Einheimischen und Vertriebenen zu rechtfertigen bemüht[256]. Überdies war seinerzeit die nun verabschiedete Änderung des Antragsrechts in Augenschein genommen und vom Zentralrat der Juden für sachdienlich befunden worden[257].

Schließlich erwies sich auch der mittlere Weg, die begrenzte Abschaffung der Antragsvoraussetzung, nur als Zwischen-, ja als „Verlegenheitslösung"[258]. Während es in der zivilrechtlichen Praxis, auf die in den Beratungen verwiesen worden war, dank des allgemeinen Persönlichkeitsrechts leicht nachvollziehbar war, das Auschwitzleugnen als Beleidigung anzusehen, war dies strafrechtlich nur „unter erheblichen begrifflichen Verwerfungen" möglich[259]. Daran änderte das 21. Strafrechtsänderungsgesetz freilich nichts, befreite es doch nur einen begrenzten Personenkreis vom Strafantragserfordernis. Nach den verheerenden Brandanschlägen auf von Ausländern bewohnte Häuser Anfang der 1990er Jahre wurde die vorher erwogene materiellrechtliche Änderung in einem erstaunlich raschen Gesetzgebungsprozeß umgesetzt. Die bis dahin nur über den „Umweg einer Beleidigungsklage"[260] strafbare „Auschwitzlüge", also das Billigen, Leugnen oder Verharmlosen des NS-Völkermords, sollte zu ei-

---

252 Etwa von *Lackner*, StGB, 16. Aufl. 1985, § 194 (S. 816). Nach *Dreher / Tröndle*, StGB, 43. Aufl. München 1986, § 194 Rn. 1 offenbare die Neuregelung das Unvermögen des Gesetzgebers, sich in Kernfragen menschlichen Zusammenlebens um einen Grundkonsens zu bemühen, wodurch die Gesetzgebung kurzatmig gerate.

253 Vgl. die eben Genannten (Fn. 252) sowie Fn. 86.

254 So schon der Grünen-Abg. *Mann*, Sten. Ber. BT 10/135, S. 10084.

255 Vgl. *Schmidt* (SPD), Sten. Ber. BT 10/135, S. 10080.

256 Vgl. hier bei Fn. 62 und 8. Kap. Fn. 22, 35, 236. Kritisch zum § 194 Abs. 1 StGB n.F. *Günther*, ZRP 1987, 117, 118. („rechtsethisch skandalös").

257 Vgl. *Schafheutle*, JZ 1960, 470, 471.

258 Sch / Sch / *Lenckner*, StGB, 27. Aufl. 2006, § 194 Rn. 1.

259 LK-*Hilgendorf*, 11. Aufl. 2005, § 194 Rn. 1, vgl. schon oben Fn. 87. Vgl. allerdings zur früheren weiteren strafrechtlichen Praxis *Hörnle*, Grob anstößiges Verhalten, S. 327.

260 Abg. *Schmidt* (SPD), Sten. Ber. BT 10/126, S. 9316; vgl. oben bei Fn. 36.

nem von Amts wegen zu verfolgenden, eigenständigen Delikt ausgestaltet werden. Nachdem sich zunächst der antragsrechtliche[261] Vorschlag durchgesetzt hatte, wurde nun die materiellrechtliche Lösung umgesetzt und das Verbot der „einfachen Auschwitzlüge" – unter weiteren Voraussetzungen – ausdrücklich im Strafgesetzbuch festgeschrieben. Freilich spielten auch hier die Überlegungen, die bereits ein Jahrzehnt zuvor angestellt worden waren, wieder eine Rolle. Die einzelnen Vorschläge unterschieden sich sowohl hinsichtlich der jeweils zu sanktionierenden Tathandlungen – Belohnen, Billigen, Leugnen, Verharmlosen – als auch bezüglich der historischen Tatsachen, die als Bezugsobjekt der Äußerung in Frage kommen sollten. Die Entwürfe waren insofern abgestuft, als der Gegenstand der Äußerung entweder ausschließlich die nationalsozialistischen Völkermordhandlungen, darüber hinaus solche gegen Deutsche oder sogar sämtliche verübten Völkermordhandlungen sein sollten[262]. Besonders problematisch erwies sich neben der Verharmlosensvariante, ob solche Äußerungen überhaupt strafrechtlich geahndet und gegebenenfalls, ob dies auf die Leugnung von NS-Greueln begrenzt sein sollte.

Als Ergebnis der Beratungen im Bundestag umfaßt § 130 StGB seit 1994 das ausdrückliche Verbot der einfachen Auschwitzleugnung. Zu den weiteren Voraussetzungen der Regelung gehört, über die bloße Negation hinaus, daß die Handlung öffentlich oder in einer Versammlung stattfindet und geeignet ist, den öffentlichen Frieden zu stören. Während teilweise die Umwandlung der Beleidigung in ein Amtsverfolgungsdelikt als *Symbol* der Aussöhnung[263] angesehen wurde, galt dies ähnlich für die 1994 vorgenommene Umgestaltung des § 130. Die erneuerte Norm wurde als Bestimmung gegen die Vergiftung des politischen Klimas und politisches *Signal* gepriesen, die der Störung des friedlichen Zusammenlebens entgegenwirken[264] und die streitbare Demokratie unterstützen sollte[265]. Zwar stellt der Tatbestand insofern kein vollkommenes Novum des Strafgesetzbuchs dar, als bereits die §§ 153 f., 186 f. falsche Aus-

261 Z.T. auch sog. Beleidigungslösung, etwa *Wandres*, Auschwitz-Leugnen, S. 113.

262 Beispiele strafbarer Äußerungen bei Einbeziehung jeglicher Völkermorde nennt *Schmidt*, Sten. Ber. BT 10/135, S. 10081.

263 So die Erklärung des Abg. *Lowack* (CDU/CSU), Sten. Ber. BT 10/135, S. 10086.

264 Vgl. Bericht des Rechtsausschusses, BT-Drs. 12/8588, S. 8; *v. Essen* (FDP), Sten. Ber. BT 12/227, S. 19669; *Leutheusser-Schnarrenberger*, in 229. Sitzung v. 20.5.1994, S. 19881.

265 BR-Drs. 534/94 (Beschluß), S. 8. Zur ideengeschichtlichen Grundlegung des Begriffs *Papier / Durner*, AöR 2003, 345–347.

sagen sanktionieren[266]; jedoch weisen diese Normen, anders als § 130 StGB, keinen politischen und historischen Bezug auf.

Womöglich wäre der Streit um die Sanktionierung der sog. „einfachen Auschwitzlüge" ausgeblieben, hätte ein früherer Vorschlag seinerzeit Gesetzeskraft erlangt. Nachdem 1949 ein Antrag der SPD-Fraktion noch auf die Leugnung der Verwerflichkeit des Völkermordes und der Rassenverfolgung beschränkt war – sich also nicht auf die Existenz der nationalsozialistischen Gewalttaten als historische Tatsache bezog[267] –, sollte der daraufhin seitens der Bundesregierung eingereichte Vorschlag allgemein das Behaupten oder Verbreiten einer nicht erweislichen Tatsache, die sich eignet, eine der Bevölkerungsgruppen verächtlich zu machen[268], sanktionieren. Darin ähnelte der Vorschlag einer Idee *v. Hippels*, der bei den Vorarbeiten zur Strafrechtsreform befürwortet hatte, § 130 RStGB auf die „öffentliche Aufreizung verschiedener Bevölkerungsklassen gegeneinander zu feindseligem Verhalten durch Behauptung unwahrer Tatsachen wider besseres Wissen" zu erweitern[269]. Im Gegensatz zum „Verleumden" im Sinne des § 130 Nr. 3 i.d.F. von 1960 hätte dies auch die bloße Negation der historischen Tatsache erfaßt, da kein Menschenwürdeangriff verlangt wurde. Zudem wäre die weitere Frage vermieden worden, ob auch die Leugnung anderer Völkermordhandlungen unter Strafe gestellt werden sollte – schließlich wären nach dem Wortlaut sämtliche Tatsachen gleich behandelt worden. Dies zeigt allerdings eine Problematik auf, die auch v. Hippel nicht erläuterte, nämlich wie sich die Fassung auf die Beweiswürdigung ausgewirkt hätte. Für die Leugnung des nationalsozialistischen Völkermords stellte das Bundesverfassungsgericht später fest, daß diese Tatsa-

---

266 Darauf weist auch *Jahn*, Strafrechtliche Mittel, S. 137 hin.

267 Namentlich in § 10 Abs. 2 des SPD-Gesetzentwurfs gegen die Feinde der Demokratie (BT-Drs. 563/1949): „Ebenso wird bestraft, wer durch eine Äußerung die Verwerflichkeit des Völkermords oder der Rassenverfolgung leugnet oder in Zweifel zieht", vgl. 8. Kap. bei Fn. 21. Zehn Jahre später wiesen später anläßlich der ersten tatbestandlichen Änderung des § 130 StGB die Abgeordneten *Arndt* und *Jahn* im Rechtsausschuß hin, vgl. 8. Kap. bei Fn. 120.

268 Vgl. 8. Kap. bei Fn. 37. Zu einem Vorschlag des Bundesjustizministeriums zur „Politischen Lüge", vgl. 8. Kap. bei Fn. 35 sowie Entwurf eines 2. StrÄG, in: BA Koblenz, B 141-3065 Bl. 80 ff., datiert auf 22.8.1952, Bl. 87. Da man schwierige Beratungen befürchtete und die politische üble Nachrede (§ 187a) bereits durch das 1. StrÄG in das StGB eingefügt worden war, verzichtete man auf die Vorschrift, vgl. Vorschläge für die Behandlung des Restentwurfs des Strafrechtsänderungsgesetzes v. 12.1.1953, in: BA Koblenz, B 141-3065 Bl. 118 ff., 120.

269 Vgl. 5. Kap. bei Fn. 12, 64.

che keines Nachweises bedürfe, sondern sich um eine offenkundige Tatsache im Sinne von § 244 Abs. 3 S. 2 StPO handele[270].

Einen scharfen Aufschrei hat es 1994 weder von Strafrechtlern noch von Rechtspolitikern gegeben[271], doch Kritik wurde an diesem eiligen Gesetzgebungsprojekt durchaus geäußert. Die „Rechtsanwender (sahen sich) nunmehr mit einem nur schwer durchschaubaren Geflecht von sich teils überschneidenden Vorschriften konfrontiert"[272] und auch Historiker beanstandeten die Vorschrift[273]. Dies hielt aber in der 15. Legislaturperiode die Regierungsfraktionen der SPD und der Grünen nicht davon ab, die Idee wiederaufzunehmen, den dritten Absatz auf die Leugnung *jeglicher* Völkermorde auszudehnen. Jedoch rief der Vorschlag in mehrfacher Hinsicht Kritik hervor und soll vorerst nicht weiter verfolgt werden. Der entsprechende EU-Rahmenbeschluß zur Bekämpfung von Rassismus und Fremdenfeindlichkeit ist bislang nicht förmlich verabschiedet worden und im Bundesjustizministerium dauert die Prüfung des möglichen Umsetzungsbedarfs zur Zeit, d.h. im Frühjahr des Jahres 2008, noch an[274].

Mehrheitlich akzeptiert wurde 2005 allerdings die an das Versammlungsrecht gekoppelte Änderung des vierten Absatzes. Erneut galt es, eine Lücke im Strafrecht zu schließen[275]. Die Änderung war diesmal weniger symbolhaft denn pragmatisch angelegt und auch sie war wieder ein Kompromiß[276]. Erneut zeigte sich, daß das Volksverhetzungsverbot zum politischen Strafrecht gehört, das gerade in Phasen starker öffentlicher Erregung höchst reaktiv ist[277].

---

270 Zahlreiche Nachweise bei BGH NStZ 1994, 390; vgl. auch BVerfG NJW 1982, 1803.

271 *Kühl*, Auschwitz-Leugnen, S. 106.

272 *König / Seitz*, NStZ 1995, 1, 3.

273 Bspw. *Dietz*, KJ 1995, 210–222. Vgl. ferner die Kritik von *König / Seitz*, NStZ 1995, 1, 3; *Dahs*, NJW 1995, 553 ff.; *Meier*, Merkur 1994, 1128 ff.; *Frommel*, KJ 1994, 323, 336 f.; weitere Reaktionen bei *Wandres*, Auschwitz-Leugnen, S. 139 ff.; bereits zum Entwurf eines 21. StRÄG *v. Bubnoff*, ZRP 1982, 118–121; *Eschen*, ZRP 1983, 10–12.

274 Schreiben des BMJ, Referrat II B 5 vom 16.4.2008 an den Verfasser.

275 Pressemitteilung des BMJ v. 11.3.2005 (http://www.bmj.bund.de/enid/0,44611c6d6f6e7468092d093132093a0979656172092d0932303035093a09706d635f6964092d0931393035/Pressestelle/Pressemitteilungen_58.html).

276 Bundesinnenminister *Schily* (SPD), Sten. Ber. BT 15/164, S. 15359.

277 *Ingraham*, Political Crime, S. XII.

DRITTER TEIL:
ZUSAMMENFASSUNG UND WÜRDIGUNG

Zehntes Kapitel: Zusammenfassung und Würdigung

A) Zusammenfassung

Plakativ läßt sich die gesetzgeberische Entwicklung des ehemaligen Klassenkampf- und heutigen Volksverhetzungsparagraphen an folgenden Jahreszahlen und Stichworten festmachen:

> 1849/51 Haß- und Verachtungsparagraph – 1870/71 Anreizung zum Klassenkampf – 1960 Volksverhetzung – 1994 Auschwitzleugnung – 2005 Verherrlichung der NS-Gewalt- und Willkürherrschaft.

Über diesen scheinbar kontinuierlichen, sich zuletzt beschleunigenden Verfeinerungsprozeß hinaus verdienen ebenso die einzelnen Änderungsvorschläge, samt der wider sie vorgebrachten Erwägungen, Beachtung. Mehr als in den vorherigen Kapiteln wird hier die vornehmlich chronologische Längsschnittbetrachtung verlassen, um inhaltliche Verknüpfungen offenzulegen. Nach einem allgemeinen Überblick wird auf die Tathandlungen, die Friedensgefährdung sowie die geschützten Personenkreise, nicht aber auf den subjektiven Tatbestand oder die Rechtsfolge eingegangen, da letztere in den Reformüberlegungen nur eine geringe Rolle spielten, obgleich in der Praxis die Einziehung als Nebenfolge gar nicht so unbedeutend war, wie sich anläßlich der „tagtäglichen Tendenzprozesse“ zeigte[1].

I. Allgemein

Die einstige Ausnahmevorschrift hat sich als dauerhafte Strafrechtsvorschrift etabliert. Unter Geltung des Partikularstrafrechts waren Äußerungen, die gegen eine Personengesamtheit zielten und zu einer feindseligen Einstellung, oder gar zu Gewalttaten aufforderten, nicht eigens unter Strafe gestellt. Erst mit der Freigabe der Presse und den zugleich verstärkt zu Tage tretenden Klassenbildungsprozessen Mitte des 19. Jahrhunderts sahen sich einzelne der deutschen Staaten veranlaßt, die Meinungsfreiheit strafrechtlich einzuschränken. Das hinsichtlich des späteren § 130 RStGB vorbildgebende Preußen erließ zunächst eine Presseverordnung, die auch gruppenfeindliche Äußerungen sanktionierte. Mit dem Strafgesetzbuch von 1851 fand sie in § 100 PrStGB Eingang in das

1 Vgl. 4. Kap. B) II.

Kernstrafrecht. Doch zunächst führte die Vorschrift ein Schattendasein und kam kaum zur Anwendung.

Während der Arbeiten am ersten gesamtdeutschen Strafkodex gehörte § 130 RStGB, gemeinsam mit der Vorschrift gegen Staatsverunglimpfung (§ 131 RStGB) zu den „vielleicht am meisten angefochtenen Vorschriften des ganzen Gesetzbuches“[2]. Kleinster gemeinsamer Nenner aller Kritik war die mangelnde Bestimmtheit der Vorschrift. Wenngleich der griffige, von *Berner* geprägte Begriff „Anreizung zum Klassenkampf“ zu einer entsprechenden Auffassung verleitete, kam die Vorschrift nicht „tagtäglich“ gegen Sozialisten zur Anwendung. Stattdessen wurde sie vor allem als Grundlage für die Einziehung von Druckschriften gegenüber der polnischsprachigen Bevölkerung in Preußen angewandt.

Während die Bestimmung in ihrer geltenden Fassung allgemein gehalten war, richteten sich die § 130 RStGB einschließenden Entwürfe der Jahre 1875/76, 1889 und 1894/95 dezidiert als Kampfgesetze gegen die Sozialdemokratie. Die Regierung konnte ihre Pläne allerdings nur zeitweise und in begrenztem Rahmen innerhalb des Sozialistengesetzes durchsetzen. Hauptansatzpunkt für Kritik waren neben der unbestimmten Gesetzesfassung und der damit verbundenen Knebelung der Meinungsfreiheit die Zweifel, daß eine strafrechtliche Norm die Agitation mildern könnte[3].

Da die Rechtsprechung § 130 RStGB weit auslegte, fielen seit Ende des 19. Jahrhunderts auch *antisemitische Äußerungen* darunter. Allerdings gab es schon seinerzeit erste Ansätze, Juden vom Schutz der Vorschrift auszunehmen, indem einige Staatsanwälte und Gerichte insbesondere den Klassenbegriff eng auslegten[4]. Parallel zur Gerichtspraxis entfielen nach und nach in vier der fünf aktuellen Gesetzeskommentare die Hinweise, daß unter „Klasse“ im Sinne des Gesetzes auch die jüdische Bevölkerungsgruppe zu verstehen sei. Der einschlägige § 297 des Entwurfs von 1936 wurde gar um einen dritten Absatz ergänzt, demzufolge der Reichsjustizminister anordnen könnte, daß in nicht näher benannten politischen Fällen die Strafverfolgung unterbleibe. Es ist nur zu vermuten, daß damit Ausnahmen eröffnet werden sollten, wenn Mitglieder der NSDAP beteiligt waren oder es um kommunistische oder antisemitische Bekundungen ging. Ersteren sollte kein Forum gegeben werden, letztere sollten nicht sanktioniert werden, da sie gerade ideologiekonform waren.

---

2 Vgl. indes 3. Kap. bei Fn. 112 zu anderen genauso umfochtenen Vorschriften.

3 Zu weiteren Gegenargumenten vgl. 4. Kap. Fn. 134.

4 Vgl. 7. Kap. bei Fn. 78 ff.

Zu Beginn der Strafrechtsreform fand sich die Bestimmung nahezu unverändert im Vorentwurf wieder. Um ihre Notwendigkeit zu beweisen, wurden die Motive zum Reichsstrafgesetzbuch angeführt, denenzufolge „Klassenkämpfe und [...] Versuche, einzelne Klassen [...] gegen andere in feindselige Erregung zu versetzen", auf diesem Wege verhindert werden müßten[5]. In ersten Reaktionen wurde angesichts des weiten Wortlauts vor der Mißbrauchsgefahr gewarnt. Die Warnung wurde ernstgenommen, weswegen im Gegenentwurf das tatbestandsmäßige Aufreizen nicht bereits bei Gefährdung, sondern erst bei Störung des öffentlichen Friedens strafbar sein sollte. Die Tendenz, den Tatbestand zu verengen, blieb in den folgenden Entwürfen bestehen. Die Kommissionsentwürfe KE II und KE III stellten auf die Gefährdung der gesetzlichen *Ordnung* ab, um den Begriff auf den objektiven Sinn zu begrenzen. Den Gefährdungsbegriff konkretisierten die Kommissionsmitglieder dagegen nicht, obwohl sie darunter im Gegensatz zur Rechtsprechung nur die Herbeiführung einer naheliegenden Möglichkeit verstanden wissen wollten.

Nachdem die Verfasser des KE 1919 den Klassenbegriff fallengelassen hatten und auf die „Bevölkerung" abstellten, zog *Radbruch* weitgehende Konsequenzen aus der vielfältigen Kritik am § 130 RStGB. Im Entwurf von 1922 verschmolzen die öffentliche Aufforderung zu strafbaren Handlungen und die „Anreizung zum Klassenkampf" (§ 111 und § 130 RStGB). In den weiteren Entwürfen der Weimarer Zeit wurde das Verhältnis der Handlungsvarianten näher diskutiert. Im Entwurf *Kahl* (1930) sollten die Tathandlungen schließlich unterschiedliche Abstraktionsgrade darstellen. Die erste Variante stellte unter Strafe, wer zu *konkreten* strafbaren Handlungen aufforderte, während die zweite sanktionierte, wer *allgemein* zu Gewalttaten anstachelt. Zeitweilig erlangten die Reformvorschläge zu § 130 RStGB in den Maßnahmen zum Schutze des inneren Friedens sowie in einer der ersten Notverordnungen Gesetzeskraft[6].

In der nach der „Machtergreifung" fortgesetzten Strafrechtsreform übernahm der erste Referentenentwurf das Verbot öffentlicher Aufforderung zu Straftaten oder allgemein zu Gewalttaten weitgehend. Doch im weiteren Vorgehen schlug sich auch hier der beherrschende Grundsatz des Schutzes der Volksgemeinschaft nieder. Erstmals war ein Tatbestand vorgesehen, der als „*Volks*verhetzung" bezeichnet wurde, zunächst aber auf die hetzerische Erörterung staatlicher Belange beschränkt war, da es im nationalsozialistischen Staat keine Klassen, nur Volksgenossen geben sollte. Dennoch sei denkbar, daß man

5 Zu den Motiven des Vorentwurfs vgl. 5. Kap. bei Fn. 25.

6 Vgl. 6. Kap. B) und 7. Kap. A).

einen Bevölkerungsteil gegen einen anderen hetze, beispielsweise Städter gegen Bauern oder Arbeitgeber gegen Arbeitnehmer oder auch die Angehörigen verschiedener Glaubensbekenntnisse gegeneinander. Daher wurde die Vorschrift in den folgenden Entwürfen „als Erbin des Klassenkampfes“ ausgestaltet und nach norwegischem Vorbild das Aufhetzen verschiedener Bevölkerungs*teile* als Handlungsalternative aufgenommen. An Stelle des Kanzelparagraphs (§ 130a RStGB) sollte die Begehung der Volksverhetzung durch Religionsdiener oder Amtsträger teils ein strafschärfendes Sonderdelikt, teils einen „besonders schweren Fall“ darstellen. Als weitere Vorschrift im Bereich der Gruppendiffamierung war im Gegensatz zu den bisherigen Entwürfen die Kollektivbeleidigung vorgesehen. Weiter als nach damaliger Rechtspraxis sollten sogenannte „Gemeinschaften“ als Bestandteile des Volkes beleidigungsfähig sein.

In der unmittelbaren Nachkriegszeit schufen zunächst einzelne Länder Vorschriften gegen Rassenwahn und Völkerhaß. Anschließend wurden auf Bundesebene mehrere Anläufe unternommen, um einem gewaltsamen Streit unterschiedlicher Bevölkerungs*gruppen*, insbesondere einem wiedererstarkenden Antisemitismus strafrechtlich beizukommen. Aber erst zehn Jahre nach dem SPD-Entwurf eines Gesetzes gegen die Feinde der Demokratie fand sich eine gemeinsame Lösung. Um den Anschein eines Sondergesetzes zu vermeiden, wurden die das Äußerungsobjekt bildenden Bevölkerungsteile nicht näher bezeichnet und das Gesetz neutral in „Sechstes Strafrechtsänderungsgesetz“ umbenannt.

Im Blickpunkt der Großen Strafrechtskommission standen die Bezeichnung der zu schützenden Gruppen sowie das Merkmal „Friedensgefährdung“. Neben der Diskussion um das geschützte Rechtsgut[7] ging es um die Einbeziehung der Beschimpfung einzelner Gruppenmitglieder wegen ihrer Mitgliedschaft zur Gruppe[8], die Streichung der Friedensklausel und um den vermittelnden Vorschlag, die Vorschrift in einen allgemeinen Grundtatbestand sowie eine um die Friedensgefährdung ergänzte Qualifikation aufzuteilen[9]. Nachdem sich bei der Vollrevision ein Stillstand abzeichnete, ging man dazu über, das Strafgesetzbuch mittels Einzelgesetzen zu reformieren[10]. Für § 130 StGB bedeutete dies vorerst keine Änderung.

---

7 Vgl. 8. Kap. bei Fn. 196.

8 Als quasi qualifizierte Beleidigung, vgl. 8. Kap. nach Fn. 166.

9 Vgl. 8. Kap. B) I. 2.

10 Zu den fünf Strafrechtsreformgesetzen *Baumann*, Reform, S. 313 ff.; *Scheffler*, Reformzeitalter, S. 213 ff.; Sch / Sch / *Eser*, StGB, 27. Aufl. 2006, Einl. Rn. 3 ff.

Waren es in der frühen Nachkriegszeit hauptsächlich Schmierereien an Gräbern und Wänden gewesen, so fanden die Rechtsextremisten Ende der 1970er neue „Ausdrucksformen" in der Leugnung und Verharmlosung des nationalsozialistischen Massenmords[11]. Erstmals 1982 schlug die sozialliberale Regierung vor, ein auf die Auschwitzleugnung beschränktes Verbot in das Strafgesetzbuch aufzunehmen. Die neue christlich-liberale Regierung votierte für eine verfahrensrechtliche Lösung, die nach längerem Ringen 1985, rechtzeitig zum 40. Jahrestag der Befreiung vom Nationalsozialismus, mit einem kleinen, aber umstrittenen Zusatz in Kraft trat: auch Mitglieder solcher Gruppen, die unter einer *anderen* Gewalt- oder Willkürherrschaft verfolgt wurden, wurden vom grundsätzlich nach § 194 Abs. 1 erforderlichen Strafantrag ausgenommen.

Als Reaktion auf unzählige rechtsextremistische Gewalttaten, die Anfang der 1990er Jahre verübt worden waren, sollte die Volksverhetzungsvorschrift geändert werden. Aber erst das Aufsehen um das erste Deckert-Urteil veranlaßte den Gesetzgeber, das Billigen, Leugnen oder Verharmlosen einer unter der Herrschaft des Nationalsozialismus begangenen Völkermordhandlung in § 130 Abs. 3 StGB unter Strafe zu stellen. Zudem wurde das zuvor in § 131 StGB niedergelegte Verbot der Aufstachelung zum Rassenhaß in den zweiten Absatz übernommen.

Zehn Jahre später reagierte der Gesetzgeber auf eine andere öffentliche Erscheinungsform des Rechtsextremismus, namentlich auf neonazistische Gedenkmärsche wie demjenigen in Wunsiedel. Akuter Auslöser für neue Reformbestrebungen war die von der NPD beantragte Demonstration am Brandenburger Tor und am Holocaust-Mahnmal zum sechzigsten Jahrestag des Kriegsendes. Um entsprechende Versammlungsverbote auf Grundlage des § 15 Abs. 1 VersG abzusichern, erhielt das Volksverhetzungsverbot im März 2005 einen vierten Absatz, der das Billigen, Verherrlichen und Rechtfertigen der nationalsozialistischen Herrschaft sanktioniert. Vorerst nicht realisiert wurde hingegen der Vorschlag, den dritten Absatz auf sonstige Völkermordleugnungen (§ 130 Abs. 3 Nr. 2 StGB) auszuweiten.

II. Tathandlungen

Die heutige Fassung des § 130 StGB enthält mehrere unterschiedliche Tatbestände, die nicht leicht systematisch miteinander in Einklang zu bringen sind. Beispielsweise kann das Verhältnis des ersten und dritten Absatzes (der „einfachen Auschwitzleugnung")

11 Vgl. BT-Drs. 10/1286, S. 7.

nicht einfach als das von Grundtatbestand und Qualifikation beschrieben werden[12]. Auch der neue vierte Absatz bildet keine Ausnahme, sondern überschneidet sich teilweise mit dem ersten[13]. Zudem sind die unterschiedlichen Rechtsfolgen teilweise nicht aufeinander abgestimmt[14].

Der unmittelbare Vorgänger, § 17 PrVO vom 30. Juni 1849, und dessen Nachfolger, § 100 PrStGB, sahen vor, denjenigen zu sanktionieren, der – unter weiteren Voraussetzungen – die Staatsangehörigen zum Haß oder zur Verachtung gegeneinander öffentlich anreizte. Folglich genügte bereits die Erregung feindlicher Gefühle. Zudem setzte sich in der Rechtsprechung rasch die Auffassung durch, daß kein besonderer Taterfolg im Sinne einer gelungenen Anreizung erforderlich sei, sondern bereits die Eignung, Haß oder Verachtung hervorzurufen, genüge[15]. Diese weit verstandene Voraussetzung wurde nur dadurch eingeschränkt, daß die Äußerung öffentlich geschehen mußte.

Mit der Schaffung des Reichsstrafgesetzbuchs wurde die Tathandlung scheinbar verengt. Jedenfalls war nach dem Wortlaut nur das öffentliche Anreizen zu Gewalttätigkeiten strafbar und der Reichstag hatte gerade diesem Begriff vor „Feindseligkeiten" den Vorzug gegeben, um den Tatbestand einzugrenzen[16]. Dennoch legte die Rechtsprechung die Vorschrift weit aus. Das Tatbestandsmerkmal der Friedensgefährdung wurde regelmäßig als vorhanden gewertet, und, obwohl von „Anreizen zu Gewalttätigkeiten" die Rede war, genügte bereits die Erregung einer gewalttätigen Gesinnung[17].

Die Änderung 1960 brachte eine Handlungstrias mit sich. Ähnlich wie zuvor sanktionierte § 130 StGB das Auffordern zu Gewalt- und Willkürmaßnahmen (Nr. 2). Neu waren jedoch das Aufstacheln zum Haß (Nr. 1) sowie das Beschimpfen, böswillige Verächtlichmachen und Verleumden einzelner Bevölkerungsteile (Nr. 3). Indem bereits die Erregung feindseliger Gefühle wie Haß ausreichte, näherte der Gesetzgeber den Wortlaut des § 130 StGB einerseits wieder seinem Vorgänger § 100 PrStGB an, fügte andererseits aber das Men-

---

12 Allerdings bezeichnet *Leukert*, Auschwitzleugnen, S. 39 den ersten Absatz als Grundtatbestand. Zum Verhältnis der Absätze 1 und 2 *Hörnle*, Grob anstößiges Verhalten, S. 310 ff., zu den Absätzen 1 und 3 *Warda*, Handlungseinheit, S. 203 ff.

13 Mit § 130 Absatz 1 Nummer 2 und Absatz 3, vgl. 9. Kap. bei Fn. 205.

14 Vgl. *Fischer*, StGB, 56. Aufl. 2009, § 130 Rn. 41 zur Strafrahmensenkung in Abs. 5 gegenüber Abs. 3 und der Verbreitung im Rundfunk sowie durch Medien- und Teledienste, die, sofern sie nicht dem Abs. 3 unterfällt, gänzlich straflos bleibt.

15 Vgl. 2. Kap. bei Fn. 95.

16 Vgl. 3. Kap. Fn. 81.

17 Vgl. 6. Kap. Fn. 86 m.w.N.

schenwürdemerkmal ein[18]. Gerade dieses Merkmal führte dazu, daß das „einfache Auschwitzleugnen" nicht § 130 StGB unterfiel, was 1994 zur Schaffung des dritten Absatzes führte. Seither ist auch das Billigen, Leugnen und Verharmlosen von Völkermordhandlungen strafbar, die unter der nationalsozialistischen Herrschaft begangen wurden. Schließlich wurde die Vorschrift 2005 um das Billigen, Verherrlichen und Rechtfertigen der nationalsozialistischen Gewaltherrschaft ergänzt.

III. Gefährdung des öffentlichen Friedens

Einer der steten Hauptkritikpunkte an der Vorschrift war die mit ihr verbundene Einschränkung der Meinungsfreiheit. Den beredten Versuch, die zum Schutze der Meinungsfreiheit notwendige Eingrenzung in angemessene Worte zu fassen, zeigt ein Ende des 19. Jahrhunderts veröffentlichter privater Vorschlag. Danach sollte es anstelle der Friedensgefährdung erforderlich sein, daß die öffentliche Schmähung oder Beschimpfung in „Aergerniß erregender Weise" stattgefunden habe, um nach § 130 bestraft zu werden[19]. Aber auch im Rahmen der Großen Strafrechtskommission wurde ein ähnlicher Vorschlag diskutiert[20].

Bislang hat sich der Versuch, den Anwendungsbereich der Vorschrift anhand der Friedensgefährdung zu begrenzen, als wenig erfolgreich herausgestellt. Die seitens der Rechtsprechung praktizierte Auslegung des § 130 StGB bewirkte im Laufe der Zeit eine doppelte Erosion des Friedensschutzmerkmals[21]. Zum einen wurde der Begriff des Friedens selbst, zum anderen der darauf bezogene Gefahrbegriff immer weiter abgetragen.

Im Gemeinen Recht wurde der Begriff „öffentlicher Friede" nicht einheitlich verwendet. Im Zusammenhang mit dem Friedens- bzw. Landfriedensbruch stand er für die den Frieden verletzende Handlung[22]. Als die Friedensstörung sich erstmals als allgemeine Tatbestandsvoraussetzung wiederfand, war die

18 Vgl. auch *Schroeder*, Staat und Verfassung, S. 202.

19 Vgl. 4. Kap. bei Fn. 108 sowie die spätere von *Fischer* angesichts des inhaltsleeren Begriffs umformulierte Einleitung des § 130: „Wer in einer die öffentliche Sicherheit gefährdenden oder strafwürdigen Weise [...]" (Öffentlicher Friede, S. 633).

20 „[...] in einer das Rechtsempfinden empörenden Weise", vgl. 8. Kap. bei Fn. 200.

21 Vgl. 8. Kap. Fn. 181.

22 Vgl. 2. Kap. bei Fn. 131.

Bedeutung unklar. Während *Temme* das Erfordernis für bedeutungslos erklärte, wollte es beispielsweise *Abegg* begrenzend verstanden wissen[23].

Verlangte zunächst § 17 PrVO von 1849 gar die Absicht, den öffentlichen Frieden zu stören, so stritten die preußischen Kammern bereits gelegentlich der Übernahme ins Strafgesetzbuch, ob die Formel überhaupt beizubehalten sei. Schließlich wurde sie in abgeänderter Form übernommen, um den Tatbestand zu begrenzen. Übereinstimmung herrschte insofern, als die subjektive Komponente entfiel, es also nicht mehr darauf ankam, daß der Täter des Delikts den öffentlichen Frieden zu gefährden *suchte*[24]. Daher lautete § 100 PrStGB eingangs: „Wer den öffentlichen Frieden dadurch gefährdet [...]". Diese Einleitung sollte sowohl Beleidigungen und Verleumdungen als auch die Aufreizung Einzelner ausscheiden. Als „wesentliches Tatbestandsmerkmal" sollte die Friedensgefährdung gesondert festgestellt werden[25]; in der Praxis hat sich dies aber nicht als haltbar erwiesen.

Anläßlich der Schaffung des Reichsstrafgesetzbuches wurde die Formel in ein Gerundivkonstrukt umgestellt („Wer in einer den öffentlichen Frieden gefährdenden Weise") und in § 130 RStGB übernommen. Sie hätte, neben der öffentlichen Begehungsweise, deutlich normbegrenzend wirken sollen. Allerdings reduzierte die Praxis die inhaltlichen Anforderungen an den Friedensbegriff und stellte nicht mehr auf eine Störung des *objektiven* öffentlichen Friedens, sondern auf das Sicherheitsbewußtsein der Bevölkerung ab. Zugunsten dieses *subjektiven Verständnis*ses konnte sie sich mit *Rubo* auf einen Mitverfasser des ersten RStGB-Entwurfs berufen[26]. Das Reichsgericht vereinte schließlich beide Sichtweisen, mit teilweise unterschiedlichen Akzentuierungen, zum subjektiv-objektiven Verständnis[27]. Später übernahm der Bundesgerichtshof diese Interpretation[28]. Die Linie wurde aber nicht dauerhaft durchgehalten. Bereits in der Weimarer Zeit stellten einige Richter nur auf eine mögliche Störung des objektiven Friedens ab und verneinten bei antisemitischen

23 Vgl. *Abegg*, GA 1861, S. 3, 8; zur Entwicklung *Fischer*, Öffentlicher Friede, S. 110 ff., 169 ff.

24 Vgl. *Goltdammer*, Materialien, Theil II, § 100 Anm. 1.

25 Vgl. 2. Kap. D) II. 2. d).

26 *Rubo*, StGB, § 130 Anm. 1, § 126 Anm. 3.

27 RGSt 15, 116, 117; 18, 314, 316. Bestätigt in den 1920er Jahren, vgl. *Radbruch*, JW 1928, 2218; 5. Kap. Fn. 108. Zur schwankenden Haltung des RG LK-*Ebermayer*, 4. Aufl. 1929, § 130 Anm. 3.

28 Vgl. Sch / Sch / *Lenckner* / *Sternberg-Lieben*, StGB, 27. Aufl. 2006, § 126 Rn. 1 m.w.N.; *Fischer*, NStZ 1988, 159, 160 f.

Äußerungen die Strafbarkeit, obwohl auch diese nach den Reformplänen zu § 130 gerade strafbar sein sollten[29].

Einer ähnlichen Entwicklung unterlag auch der Gefährdungsbegriff. Bereits unter Geltung des preußischen StGB argumentierte die Rechtsprechung, daß das wirkliche Eintreten einer Friedensstörung nicht vorausgesetzt sei, sondern die Möglichkeit der Störung genüge[30]. Das Reichsgericht schwankte in seiner Auslegung zwischen einer konkreten und einer abstrakten Gefahr[31]. Zudem vertrat es mehrfach den Standpunkt, daß die Friedensgefährdung nur die Art der Anreizungshandlung beschreibe, es also nicht auf einen Erfolg im Sinne einer naheliegenden Friedensstörung ankomme[32]. Auch nach heutigem Verständnis setzt § 130 Abs. 1 wie Abs. 3 StGB lediglich voraus, daß die Tat in einer Weise begangen wird, die nach den konkreten Umständen geeignet ist, den öffentlichen Frieden zu stören; konkret gefährdet braucht der Friede nach h.M. nicht zu sein[33].

Aufgrund dieser doppelten Erosion verlor die Friedensgefährdung als Tatbestandsmerkmal weitgehend an Bedeutung[34]. Auch im Rahmen der Auschwitzleugnung wird sie gewöhnlich vernachlässigt[35]. Nach Auffassung des Bundesgerichtshofs hafte die Friedensgefährdung den Äußerungen im Sinne des § 130 Abs. 3 StGB regelmäßig an[36]. Dadurch fungiert sie aber lediglich als reine

---

29 Vgl. 7. Kap. bei Fn. 84.

30 Vgl. 2. Kap. bei Fn. 113.

31 Vgl. 5. Kap. Fn. 76.

32 LK-*Ebermayer*, 4. Aufl. 1929, § 130 Anm. 3.

33 BGH NStZ 2007, 216, 217; Sch / Sch / *Lenckner / Sternberg-Lieben*, StGB, 27. Aufl. 2006, § 130 Rn. 11, § 126 Rn. 9; *Fischer*, StGB, 56. Aufl. 2009, § 130 Rn. 13 m.w.N. Damit kann sich die Auffassung auf die Begründung der GSK berufen, vgl. 8. Kap. bei Fn. 190.

34 Zur geringen Bedeutung der Friedensgefährdung *Arzt / Weber*, Strafrecht BT, S. 938 (bzgl. Abs. 3); *Stegbauer*, Rechtsextremistische Propaganda, S. 172, 216, NStZ 2000, 281, 286; *Fischer*, StGB, 56. Aufl. 2009, § 130 Rn. 14 14b, § 126 Rn. 2 f. sieht sie als am Verhältnismäßigkeitsgrundsatz orientierte Strafwürdigkeitsbeurteilung; ähnlich im Ergebnis *Streng*, Volksverhetzung, S. 501, 514 f.; *ders.*, JZ 2001, 205, 206, der eine gewisse Mindestintensität im Hinblick auf das geschützte Rechtsgut voraussetzt. Kritisch auch *Kühl*, Auschwitz-Leugnen, S. 114; *Junge*, Schutzgut, S. 26.

35 Überblick über die Rspr. zum Tatbestandsmerkmal „öffentlicher Friede" bei *Fischer*, NStZ 1988, 159, 161 f.; vgl. auch *Nack*, Sten. Ber. BT-InnenA 15/56, S. 53: i.d.R. hafte Auschwitzleugnungen Friedensgefährdung an und es sei auch die Menschenwürde verletzt. A.A. *Frommel*, KJ 1994, 323, 337, derzufolge die größte Zahl sanktionsloser Einstellungen über die Verneinung dieses Merkmals erreicht werde.

36 BGHSt 47, 278, 280.

Wertungsformel[37]. Ähnlich sah dies bereits *v. Hippel* angesichts der reichsgerichtlichen Auslegung[38]. Das Reichsgericht gab dies freimütig zu, indem es anschaulich erklärte, daß das Requisit der Friedensgefährdung von „wesentlicher [...] und prägnanter [...] Bedeutung“ war, „so lange die Norm schon die Erregung der Empfindungen von Haß und Verachtung“ in § 100 PrStGB verbot; nun aber sei die Bedeutung erheblich abgeschwächt, seit die Strafbarkeit auf die Provokation zu Gewalttätigkeiten begrenzt worden sei[39].

Angesichts der geringen Anforderungen wurde mehrfach erwogen, auf die Friedensgefährdungsklausel zu verzichten oder sie wenigstens klarer zu benennen und auf das objektive Verständnis zu beschränken. Als genauere Bezeichnung wurde das Merkmal zunächst im GE auf Friedens*störung* verengt und dann nach eingehender Diskussion in KE 1913 II und den Folgeentwürfen gegen die „gesetzliche Ordnung“ ausgetauscht, um den Begriff auf den objektiven Sinn zu beschränken[40]. *Radbruch* verzichtete in seinem Entwurf gänzlich darauf, obwohl er den mit der öffentlichen Aufforderung zu strafbaren Handlungen fusionierten Tatbestand weiter gefaßt hatte. Auch im E 2. Lesung 1935/36 entfiel das Merkmal, nachdem im E 1933 noch der „Volksfrieden“ ausdrücklich im Vordergrund gestanden hatte. Die beabsichtigte Streichung hätte den Bereich strafbaren Handelns gegenüber dem geltenden § 130 RStGB deutlich erweitert, da die sonstigen Tatbestandselemente noch unbestimmter formuliert waren. Nach dem Gesetzesvorschlag genügte neben dem öffentlichen Aufhetzen eines Bevölkerungsteils gegen einen anderen bereits das hetzerische Erörtern öffentlicher Angelegenheiten.

Die ersten Entwürfe bundesrepublikanischer Zeitrechnung verzichteten ebenfalls auf die Friedensklausel. Allerdings war im SPD-Entwurf gegen die Feinde der Demokratie die Tathandlung auf das Angreifen anderer „durch Verletzung der Menschenwürde oder der Menschenrechte“ begrenzt, während der Regierungsentwurf die Tathandlungen genauer faßte. Dagegen stellte der Bundesrat alternativ zur „den inneren Frieden gefährdenden Weise“ auf das öffentliche Handeln ab; der Vorschlag wurde aber nicht weiter verfolgt, sondern fiel vorrangigeren Materien der ersten Strafrechtsänderungsgesetze zum Opfer[41]. Schließlich rückte man aber im Rechtsausschuß sowie parallel in der Großen Strafrechtskommission vom mehrdeutig zu interpretierenden „in einer

37 *Fischer*, Öffentlicher Friede, S. 633 f., *ders.*, NStZ 1988, 159, 163; *ders.* (Fn. 34).

38 Vgl. 5. Kap. A) bei Fn. 10.

39 RGSt 26, 349, 350 v. 7.1.1895.

40 Vgl. 5. Kap. C) II. bei Fn. 47 und 5. Kap. D) II.

41 Vgl. 8. Kap. A) II.

den öffentlichen Frieden gefährdenden Weise" ab. Anstatt das Merkmal zu streichen, sollte auf die Eignung zur Gefährdung abgestellt werden[42]. Hintergrund dieser in der Großen Strafrechtskommission besprochenen Variante war es, eine Erheblichkeitsschwelle im Tatbestand zu belassen[43]. So wurde es 1960 gesetzlich umgesetzt.

IV. Geschützte Personengruppen

Die Bezeichnungen der geschützten Personengruppen wurden im Laufe der Entwicklung verallgemeinert. Nachdem anfangs ausschließlich Religionsgruppen und Stände oder Klassen in den Schutz der Vorschrift kamen, wurde § 130 StGB vom Gesetzgeber 1960 auf jegliche „Teile der Bevölkerung" ausgedehnt.

Das Abstellen auf eine Personen*mehrzahl* stellt bereits eine gewisse Einschränkung dar. Das mag banal klingen, ist aber ausweislich der Reformüberlegungen nicht zwangsläufig mit § 130 StGB verbunden. Der Wortlaut des direkten Vorgängers, § 100 PrStGB, war in dieser Frage nicht eindeutig. Auch wenn die Pluralform „Angehörige des Staates" verwendet wurde, betonte die zuständige Gesetzgebungskommission ausdrücklich, daß (erst) die Einleitungsklausel „Wer den öffentlichen Frieden dadurch gefährdet [...]", Aufreizungen Einzelner ausschließe[44]. Dasselbe unterstrich *Friedberg* in den Motiven zum Entwurf eines Strafgesetzbuches für den Norddeutschen Bund[45]. Darüber hinaus gab es mehrfach Bestrebungen, den Tatbestand auf die Hetze gegen eine Einzelperson auszudehnen, sofern die Person gerade wegen ihrer Gruppenzugehörigkeit beschimpft, böswillig verächtlich gemacht oder verleumdet wird[46]. Sofern gegen einzelne Personen zu Gewalttätigkeiten angereizt würde, unterfiele dies im übrigen § 111 StGB[47].

Des weiteren gab es verschiedene Überlegungen, die geschützten Personengruppen näher zu beschreiben und dadurch ihren Kreis einzuengen. Bereits die Umstellung von „Angehörige des Staates" auf „Klassen der Bevölkerung"

42 Vgl. 8. Kap. A) II. 3. bei Fn. 83.

43 Vgl. 8. Kap. B) I. 2. bei Fn. 194.

44 Vgl. oben Fn. 25.

45 Vgl. die Nachweise im 3. Kap., Fn. 30.

46 Vgl. 8. Kap. A) II. 2. bei Fn. 41.

47 So bereits *v. Schwarze*, StGB, 3. Aufl. Leipzig 1873, § 130 (S. 389).

sollte der Eingrenzung dienen[48]. Vorzugsweise hatte man die „hergebrachten Standes- und Berufsklassen sowie die religiösen Verbindungen“ im Auge. Allerdings sollten gemäß den gesetzgeberischen Motiven auch andere Personenmehrheiten unter den Klassenbegriff fallen, sofern sie aufgrund gleicher Lebensstellung *oder* übereinstimmender Ansichten, Zwecke oder Interessen verbunden und äußerlich unterscheidbar seien[49]. Folgerichtig konnten nicht nur religiöse, sondern auch politische Bekenntnisse eine hinreichende Gemeinsamkeit begründen, also nicht bloß „Klassen“ im Sinne der *Marx*'schen Terminologie[50]. Die Entwürfe der 1950er Jahre sahen vielfach adjektivische Beschränkungen vor. Sie wurden schließlich fallengelassen, um die geschützten Personenmehrheiten neutral zu beschreiben und den Anschein eines privilegium odiosum zu vermeiden[51]. Zugleich sollte aber nicht jede Beschimpfung einer Personenmehrheit umfaßt sein. Damit nicht bereits Beschimpfungen wie

> „Die Kassenärzte sind Schmarotzer.“, „Die Berliner sind Großschnauzen.“, „Die Rechtsanwälte sind Rechtsverdreher.“, „Wir wollen die Saupreußen in Bayern nicht mehr sehen.“ [52]

als Volksverhetzung strafbar wären, fügte der Gesetzgeber daher 1960 neben den „Teilen der Bevölkerung“ das Erfordernis des Menschenwürdeangriffs ein[53]. Eine nähere Beschränkung ist mit der Gruppenbezeichnung nicht mehr verbunden. Seitdem werden unter „Teilen der Bevölkerung“ im Inland lebende Personenmehrheiten nicht ganz geringer Größe und Bedeutung verstanden, die aufgrund innerer oder äußerer Merkmale als unterscheidbare Teile abgegrenzt werden können[54].

---

48 Vgl. die Motive zu dem Entwurfe eines Strafgesetzbuches für den Norddeutschen Bund, in: *Schubert*, Kodifikationsgeschichte, Bd. 1, S. 248; *Rüdorff*, Strafgesetzbuch § 130 Anm. 3 Fn.* (sic); *v. Schwarze*, StGB, 3. Aufl. Leipzig 1873, § 130 (S. 389).

49 Vgl. Motive zu dem Entwurfe eines Strafgesetzbuches für den Norddeutschen Bund, in: *Schubert*, Kodifikationsgeschichte, Bd. 1, S. 248; *Paepcke*, Antisemitismus, S. 137 f.; Klasse im „vormarxistischen Sinn“, *Küster*, JZ 1959, 178 f.

50 Vgl. zum Klassenbegriff *Haug*, Marxismus, Bd. 4, S. 615–626.

51 Zum privilegium odiosum vgl. 8. Kap. bei Fn. 117 und bei Fn. 205.

52 Beispiele aus der Gesetzesbegründung, BT–Drs. 1746/3. Wahlperiode, S. 3 sowie von *Schafheutle*, Sten. Prot. BT-RechtsA, 99. Sitzung v. 17.3.1960, S. 6.

53 Vgl. 8. Kap. bei Fn. 105. Enger war allerdings der SPD-Entwurf, der sowohl dieses Merkmal als auch nähere Gruppenbezeichnungen wählte.

54 *Fischer*, StGB, 56. Aufl. 2009, § 130 Rn. 4 m.w.N.

B) Würdigung

Äußerungsdelikte in einer freiheitlich-rechtsstaatlichen Demokratie zu gestalten, ist kein leichtes Unterfangen. Dies stellte 1851 bereits der italienische Staatsmann *Cavour* fest, also zu einer Zeit, als vielerorts in Europa Pressegesetze erlassen wurden und in Italien eine Verschärfung des Pressegesetzes zur Debatte stand:

> „Il conciliare l'esercizio della libertà (della stampa) colla repressione degli abusi che ne possono nascere è impresa, non che difficile, oso dire impossibile; quindi la necessità di contentarsi di leggi imperfette."[55]

Mit unvollkommenen Gesetzen müsse man sich begnügen, da es nicht bloß schwierig, sondern unmöglich sei, die (Presse-)Freiheit mit dem Schutz gegen Mißbrauch derselben zu versöhnen. Die Aussage, die ebenso für die Meinungsfreiheit gilt, hat bis heute nichts an Wert verloren. Auch unter Geltung des Art. 5 GG stehen sich die Meinungsfreiheit und der größtmögliche Schutz vor ihrem Mißbrauch als nur unvollkommen vereinbare Ziele gegenüber, und es obliegt dem Gesetzgeber, über Vorschriften wie § 130 StGB einen weitgehenden Ausgleich zwischen beiden Zielen herzustellen.

I. Kriminalisierung

Auf welche Weise der Gesetzgeber diesen Ausgleich unternommen hat, sei anhand des Aspekts der Kriminalisierung untersucht. Nach den ersten vierzig Jahren seit Gründung der Bundesrepublik sprach man zwar von einer Entkriminalisierung, die der Besondere Teil des Strafgesetzbuchs durchlaufen habe. Doch gerade für die jüngere Strafrechtsgeschichte ist eine eher gegenläufige Tendenz festzustellen[56]. Dieser Befund bestätigt sich auch im Hinblick auf § 130 StGB.

1. Ausweitung und Fragmentisierung

In den ersten Jahren des Bestehens der Bundesrepublik kam es kaum zu Verurteilungen aufgrund des § 130 StGB. Erst mit der Neufassung 1960 stieg ihre Zahl an, jedoch wurden bis 1975 jährlich nicht mehr als 20 Personen verurteilt[57]. Der moderate Anstieg beruhte kaum darauf, daß der Gesetzgeber die überholte Wendung „Klassen" durch „Teile der Bevölkerung" ersetzte. Es ist

---

55 *Cavour*, Discorsi, Bd. 5, S. 263 ff., 264 (Rede v. 5.2.1852).

56 *Lenckner*, Strafrechtsentwicklung, S. 325 ff., 331.

57 Vgl. das übersichtliche Diagramm bei *Krone*, Volksverhetzung, S. 6.

nicht auszuschließen, daß die Neugestaltung des § 130 StGB der Vorschrift in der Praxis mehr Beachtung verlieh. Aber in der Umgestaltung lag bloß eine sprachliche Modernisierung[58], die in früheren Entwürfen vorgesehen war und mit der der Gesetzgeber lediglich die weite Auslegung des bisherigen Tatbestandsmerkmals „Klasse“ nachvollzog. Die rein sprachliche, nicht aber inhaltliche Änderung belegt auch die seitens *Louven* vor der Neufassung des § 130 StGB erhobene Forderung, die antisemitischen Vorfälle der Jahreswende 1959/60 anhand der Klassenkampfvorschrift zu verurteilen[59].

Wenn die Änderung des Tatbestands weitere Bereiche kriminalisierte, lag dies maßgeblich an den erweiterten Tathandlungen. So enthält der zunächst auf das bloße Anreizen zu Gewalttätigkeiten beschränkte Tatbestand seit der Neufassung 1960 eine Handlungstrias. Neben dem geringfügig abgewandelten Auffordern zu Gewalt- oder Willkürmaßnahmen (Nr. 2) stellt § 130 StGB seitdem das Aufstacheln zum Haß (Nr. 1), das Beschimpfen, böswillige Verächtlichmachen und Verleumden (Nr. 3) von Bevölkerungsteilen unter Strafe. Zudem entfiel das Erfordernis der öffentlichen Begehung. Einerseits erfaßten die Tathandlungen einen größeren Kreis von Fällen, andererseits erkannte der Gesetzgeber – wie bei späteren Änderungen – die Notwendigkeit, den Bereich strafbaren Handelns durch normative Merkmale einzugrenzen. Im Sechsten Strafrechtsänderungsgesetz nahm der Gesetzgeber diese Eingrenzung anhand des „Menschenwürdeangriffs“ vor, einem bislang im allgemeinen Strafrecht unbekannten Tatbestandsmerkmal.

Die weiteren Gesetzesänderungen brachten zwar neue Absätze, aber keine vollständig neuen Bereiche der Strafbarkeit mit sich. So übernahm der zweite Absatz im wesentlichen das bisherige Verbot der Aufstachelung zum Rassenhaß (§ 131 Abs. 1, Var. 1 StGB)[60]. Über den bisherigen Rahmen strafbaren Handelns geht dieser vom Gesetzgeber als „allgemeines Diskriminierungsverbot“ bezeichnete Tatbestand allerdings insofern hinaus, als nun auch Schriften, in denen zu Gewalt- oder Willkürmaßnahmen aufgefordert wird oder massive Schmähungen enthalten sind, als taugliche Tatmittel infrage kommen[61].

Auch der dritte Absatz, der im Unterschied zum ersten keine Mindestfreiheitsstrafe vorsieht, hat kein völlig neues Strafbarkeitsgebiet erschlossen. Wie das Verfahren im Fall Deckert zeigte, war es bereits vor Verabschiedung des Ver-

58 So auch *Jahn*, Strafrechtliche Mittel, S. 134.

59 *Louven*, DRiZ 1960, 211–213.

60 Vgl. 9. Kap. A) I.

61 Sch / Sch / Lenckner / *Sternberg-Lieben*, StGB, 27. Aufl. 2006, § 130 Rn. 1a; kritisch *Popp*, JR 1998, 80, 81 f.

brechensbekämpfungsgesetzes 1994 strafbar, den Holocaust zu leugnen, sofern die Äußerungen aufgrund ihres weiteren beschimpfenden oder haßerregenden Inhalts die Menschenwürde angreifen. Nun aber läßt § 130 Abs. 3 StGB das bloße Billigen, Leugnen oder Verharmlosen des nationalsozialistischen Völkermords genügen. Lediglich das Tatbestandsmerkmal „öffentlich oder in einer Versammlung" schränkt die strafbaren Begehungsweisen gegenüber dem „Ur-Tatbestand" des § 130 Abs. 1 StGB ein. Außerdem ist die Tatvariante des Billigens wenig bedeutsam, da ein Täter, der den Völkermord billigt, sich gleichzeitig zumindest stillschweigend mit der nationalsozialistischen Rassenideologie identifiziert und damit von der Minderwertigkeit der Opfer ausgeht. In solchen Fällen werden durch den Bezug zur angeblichen Minderwertigkeit alle Gruppenangehörigen, also heutige Teile der Bevölkerung in ihrer Menschenwürde angegriffen und somit § 130 Abs. 1 Nr. 2 StGB verletzt[62].

Mit dem 2005 eingefügten vierten Absatz verfolgte der Gesetzgeber hauptsächlich das Ziel, rechtsextremistische Versammlungen zu beschränken. Die Parlamentarier nahmen ausdrücklich in Kauf, die Strafbarkeitsschwelle weiter abzusenken[63]; allerdings dürfte gerade das Erfordernis der Störung des öffentlichen Friedens dazu führen, daß der Tatbestand selten erfüllt ist, zumal unter Berücksichtigung der Meinungsfreiheit und des Bestimmtheitsgrundsatzes eine restriktive Auslegung notwendig erscheint[64]. Schließlich überlagert sich der Anwendungsbereich des § 130 Abs. 4 StGB mit den bisherigen Tatbeständen des § 130 StGB. Denn ein böswilliges Verächtlichmachen der Opfer des nationalsozialistischen Völkermords und damit § 130 Abs. 1 Nr. 2 liegt regelmäßig vor, wenn die nationalsozialistische Gewalt- und Willkürherrschaft in einer Art und Weise gebilligt oder verherrlicht wird, die die Würde der Opfer verletzt. Ferner beziehen sich Äußerungen dieses Inhalts vielfach auch auf die nationalsozialistischen Genozide und erfüllen damit § 130 Abs. 3[65].

Insbesondere für den dritten und vierten Absatz gilt daher festzuhalten, daß der Gesetzgeber zwar differenziertere Regelungen trifft, die die Strafbarkeit erweitern, im Kernbereich aber zuvor strafbar schon gewesen sind. Auch in der Herübernahme des ehemaligen Aufstachelung zum Rassenhaß (§ 131 StGB) in § 130 Abs. 2 StGB liegt keine Neupönalisierung; dies gilt nur für die – eher territoriale – Ausweitung auf ausschließlich im Ausland lebende Personenmehrheiten. Demnach hat die wesentliche, vom Gesetzgeber eingeleitete Kri-

62 *Hörnle*, Grob anstößiges Verhalten, S. 322 m.w.N.

63 Ausdrücklich *Edathy* (SPD), Sten. Ber. BT 15/164, S. 15348.

64 Vgl. 10. Kap. B) III.

65 Vgl. 9. Kap. bei Fn. 205.

minalisierung bereits unter der Geltung des Partikularrechts stattgefunden, als erstmals allgemein die Aufforderung zu gruppenfeindlicher Einstellung kriminalisiert und die Strafbarkeit zeitlich vorverlagert wurde[66].

Näher betrachtet handelt es sich aber nicht um eine Ausdifferenzierung, die auf deutlich abgestuften Unrechtsgraden oder unterschiedlicher Intensität der Rechtsgutsbedrohung beruht, sondern um fragmentierende Gesetzgebung, die zu sich mehrfach überlagernden Tatbeständen geführt hat[67]. Zwar war der Gesetzgeber sowohl bei dem Verbrechensbekämpfungsgesetz 1994 als auch bei dem Änderungsgesetz 2005 in erster Linie darauf bedacht, Rechtsklarheit zu schaffen. Dieses an sich begrüßenswerte Ziel geht jedoch nicht stets mit einem ebenso begrüßenswerten Mittel einher. Exemplarisch steht dafür die „Angstklausel"[68] des zweiten Absatzes, die möglichst viele, sich mehrfach überschneidende Tathandlungen aufführt, um jeglichen denkbaren Fall zu erfassen, allerdings unmittelbar wahrgenommene Theater-Darbietungen außer Acht läßt[69]. Demnach hat der Gesetzgeber in § 130 StGB weniger Verfeinerungen denn Verästelungen geschaffen und das einstige Labyrinth, als das *Geilen* die Vorschrift 1976 bezeichnete[70], weiter an- und ineinander verwachsen lassen.

An der fragmentierenden Entwicklung nahm auch die Bekenntnisbeschimpfung teil. Diese Form der gruppendiffamierenden Äußerung blieb als eigenständige Variante des § 166 StGB erhalten, obwohl Personen, die durch ein gemeinsames Bekenntnis verbunden sind, zugleich Teile der Bevölkerung darstellen, wie sie § 130 StGB voraussetzt. In bundesrepublikanischer Zeit gewann § 166 dadurch an Bedeutung, daß der Schutzbereich auf weltanschauliche Bekenntnisse und Weltanschauungsvereinigungen ausgedehnt wurde, nachdem in den 1950er Jahren das gruppenbestimmende Merkmal „Weltanschauung" in den Entwürfen zu § 130 StGB entfallen war[71]. Eine Aufrechterhaltung des aufgrund des geringeren Strafrahmens gegenüber § 130 Abs. 1 StGB privilegierenden § 166 StGB ergibt zwar Sinn, wenn man das Delikt im Vorfeldbereich der Volksverhetzung ansiedelt[72]. Anlaß zu Zweifeln besteht

66 Vgl. 2. Kap. A) und D) IV.

67 LK-*v. Bubnoff*, 11. Aufl. 2005, § 130 Rn. 50 („Geflecht").

68 *Scheffler*, Strafgesetzgebungstechnik, S. 77; vgl. 9. Kap. bei Fn. 25.

69 Zu Recht kritisch daher *Geilen*, Volksverhetzung, S. 1175; SK-*Rudolphi / Stein*, § 130 Rn. 17.

70 *Geilen*, NJW 1976, 279, 280; vgl. schon 1. Kap. Fn. 13.

71 Vgl. 8. Kap. bei Fn. 231.

72 *Fischer*, StGB, 56. Aufl. 2009, § 166 Rn. 2a.

jedoch insofern[73], als die Bestimmung nicht über den Schutz der konkreten Rechtsgüter hinausgeht, den bereits die §§ 130, 185 ff. StGB vermitteln[74].

Die Erweiterungen der Volksverhetzungsvorschrift wurden regelmäßig von einschränkenden Tatbestandselementen begleitet. Parallel zur Ausweitung der Tathandlungen in der Neufassung 1960 wurde der „Angriff auf die Menschenwürde" hinzugefügt[75]. Der 1994 hinzugefügte zweite und dritte Absatz wurden durch das Berichterstatterprivileg[76] und – bezogen auf das Auschwitzleugnen – die öffentliche Begehungsweise ergänzt. Mit der erst 2005 ausdrücklich sanktionierten Verherrlichung des nationalsozialistischen Gewaltherrschaft ging die Friedens*störung*[77] sowie die „Würdeverletzung der Opfer" einher[78]. In diesem Drehen an den wie Stellschrauben fungierenden normativen Tatbestandsmerkmalen zeigt sich die Schwierigkeit des Gesetzgebers, eng umrissene Handlungen zu normieren[79]. Die Verwendung solcher Tatbestandsvoraussetzungen liegt nicht zuletzt daran, daß § 130 StGB ein Äußerungsdelikt darstellt, das als solches eine Vielzahl von Aussageformen umfaßt und zwangsläufig selbst weniger bestimmt ist, als Tatbestände, die äußere Handlungsweisen betreffen, welche sich unmittelbar gegen materielle Rechtsgüter richten[80].

Die Frage des Rechtsguts hat sich im Rahmen der Legislativentwicklung nicht besonders gestellt. In der jeweiligen Diskussion wurde zumeist schlicht auf den öffentlichen Frieden zurückgegriffen und die herrschende Auffassung in der Literatur hat sich dem angeschlossen[81]. Die unscharf umrissenen Grenzen

---

73 *Fischer*, GA 1989, 445, 464; für eine Abschaffung angesichts des § 130 StGB *Hörnle*, Schutz von Gefühlen, S. 274. Zur selbständigen Funktion des § 166 Sch / Sch / *Lenckner*, StGB, 27. Aufl. 2006, § 166 Rn. 1; *Fischer*, StGB, 56. Aufl. 2009, § 166 Rn. 2a m.w.N.

74 *Fischer*, NStZ 1988, 159, 165; *ders.*, GA 1989, 445, 463 ff.; *Pawlik*, Bekenntnisbeschimpfung, S. 419; *Hörnle*, Schutz von Gefühlen, S. 274

75 Zum Menschenwürdeerfordernis 8. Kap. bei Fn. 105 und zur teilweisen Rücknahme 1994, bezogen auf § 130 Abs. 1 Nr. 1 StGB 9. Kap. A) I.

76 Vgl. 9. Kap. nach Fn. 26.

77 Vgl. 9. Kap. bei Fn. 205.

78 Kritisch zur Bedeutung *Fischer*, StGB, 56. Aufl. 2009, § 130 Rn. 6, 39.

79 Vgl. stellvertretend für dieses „Pendelspiel" an Eingrenzungsversuchen *Montag* und *Kühl*, Sten. Ber. BT-InnenA, 15/56, S. 56, 61; *Edathy*, Sten. Ber. BT 15/164, S. 15348.

80 Vgl. schon *Oetker* (4. Kap. Fn. 189).

81 Vgl. nur die Diskussion zum 6. StrÄG, 8. Kap. bei Fn. 154. Zur h.M. in der Literatur *Fischer*, StGB, 56. Aufl. 2009, § 130 Rn. 2a. Kritisch zum Inhalt etwa *Roxin*, Strafrecht, AT, § 2 Rn. 47 ff.; *Stratenwerth*, Begriff des „Rechtsgutes", S. 388 f.; unlängst *Junge*, Schutzgut, S. 26 ff. und *Hörnle*, Grob anstößiges Verhalten, S. 90 ff. Näher 10. Kap. B) V.

eines solchen Rechtsguts setzen sich allerdings in der Struktur der Tatbestände fort[82]. Die einzelnen Tatbestände der Volksverhetzung lassen sich nicht einer einzelnen Deliktsgruppe zuordnen. Der heutige erste Absatz wurde im Lauf der Entwicklung als Anstiftungstatbestand, als Schwester der Aufforderung zu strafbaren Handlungen, als qualifizierte Beleidigung, als Friedensschutznorm sowie als Gesinnungsstrafrecht eigener Art eingeschätzt[83]. Strukturell steht die Volksverhetzung zwischen diesen Vorschriften. Für § 130 Abs. 1 Nr. 1 StGB genügt eine gegenüber der Anstiftung und der Aufforderung zu Straftaten abstraktere Äußerung und anders als bei der Kollektivbeleidigung muß bei § 130 Abs. 1 Nr. 2 StGB die beschimpfte Personengruppe nicht individuell überschaubar sein[84]. Zudem weist die letztgenannte Tatvariante Überschneidungen mit der Bekenntnisbeschimpfung auf[85]. Ihre Erhebung zu einem eigenständigen Delikt und ihr weiterer Ausbau stehen stellvertretend für eine strafrechtliche Entwicklung, die von einem konsequent am Handlungserfolg oriertierten Tatstrafrecht zu einem Präventivstrafrecht führt, das bereits Gefährdungen pönalisiert, die teilweise weit im Vorfeld der eigentlichen Rechtsgutsverletzung liegen[86].

Eine derartige Vorverlagerung der Strafbarkeit ist jedoch umso problematischer, je undeutlicher das Rechtsgut ist und keine klare Begrenzung des Tatbestands erlaubt. Dies zeigt sich mit Blick auf die mehrfachen Erweiterungen des § 130 StGB, die unter Hinweis auf das Universalrechtsgut des öffentlichen Friedens gerechtfertigt wurden. Angesichts eines solchen Abstraktums ist es erforderlich, das Rechtsgut enger zu fassen, um den begrenzenden Sinn des Rechtsgüterschutzes zu erhalten. Wie weit dies möglich ist, wird im Rahmen der rechtspolitischen Betrachtung beschrieben[87].

2. *Zeitpunkte und Wechselwirkungen*

Bemerkenswert ist, wann und aus welchem Grund der Gesetzgeber jeweils außerhalb der Vollrevision des Strafgesetzbuchs versucht hat, das Volksverhetzungsverbot zu ändern. Gesetze werden gemeinhin aus einem Bündel von

---

82 Vgl. allgemein *Hefendehl*, Kollektive Rechtsgüter, S. 291, 298.

83 Vgl. 2. Kap. bei Fn. 138; 4. Kap. bei Fn. 207; 5. Kap. bei Fn. 8; 6. Kap. Fn. 1; 8. Kap. bei Fn. 154 und 196.

84 Vgl. 2. Kap. A) und D) IV.

85 Vgl. allgemein 2. Kap. D) I. 2. sowie 2. Kap. bei Fn. 132 und 148.

86 Zur Entwicklung des politischen Strafrechts von einem klassischen Tat- zu einem Präventivstrafrecht *Güde*, Probleme des politischen Strafrechts, S. 13 ff. Vgl. jüngst auch die Kritik an § 130 Abs. 4 StGB von *Kurth*, StraFO 2006, 483, 486.

87 In diesem Kapitel B) V.

Motiven erlassen. Regelmäßig lassen sich die Motivbündel in zwei Gruppen einteilen, die sich durchaus überschneiden: einerseits in gestaltende, andererseits in reagierende Gesetzgebung[88]. Die reagierende Gesetzgebung läßt sich als Antwort auf unterschiedliche gesellschaftliche oder der Rechtspraxis entstammende Gegebenheiten sehen.

Beide Motivbündel fielen schon bei der Schaffung des Vorgängers, des § 100 PrStGB, zusammen. Denn zum einen gehörte der preußische Haß- und Verachtungsparagraph zu den Vorschriften, mit denen der Staat versuchte, die freigegebene Presse wieder einzuschränken. Zum anderen reagierte der Gesetzgeber damit auf die Mitte des 19. Jahrhunderts verstärkt zu Tage tretenden Klassenbildungsprozesse, die sich nicht nur in der Presse kundtaten. Auch bei § 130 RStGB behielt der Gesetzgeber diese Zielrichtung während der ersten Reformbestrebungen aufrecht. Die Vorschrift sollte mehrfach als Werkzeug der Sozialistengesetzgebung eingesetzt werden, wie sich im vierten Kapitel zeigte.

Das reagierende Element trat besonders bei den in Kraft gesetzten Entwürfen in den Vordergrund. Während es Ende der 1950er Jahre die wiedererstarkende antisemitische Hetze war, so waren es seit Beginn der 1980er Jahre die Leugnungen des Holocausts, später die Verlagerung der Hetze auf das Internet sowie in den letzten Jahren rechtsextremistische Gedenkmärsche, die den Gesetzgeber zum Tätigwerden veranlaßten.

Im Bereich der „einfachen Auschwitzlüge" gingen beide Beweggründe einher. Zum einen war die deutsche Öffentlichkeit nach den grausamen rechtsextremen Anschlägen aufgeschreckt. Zum anderen provozierte die erste BGH-Entscheidung im Fall Deckert entsprechende Änderungsforderungen, die sich im Nachhinein für den konkreten Fall als unnötig erwiesen, da bereits der bisherige § 130 StGB einen Großteil der Verhaltensweisen abdeckte, freilich nicht das in nichtagitativer Weise geäußerte Leugnen oder Verharmlosen des Holocausts. Beispielhaft seien ferner die Namen *Nieland* und *Deckert* angeführt, deren Fälle ebenso rasch für Empörung wie für Änderungsentwürfe im Bereich des § 130 StGB sorgten. In diesen Fällen bestätigt sich die Beobachtung *Allens*, demzufolge gerade in Zeiten hoher öffentlicher Beunruhigung Gesetze erlassen werden, die ein „politisches Verhalten" verbieten:

88 *Brandner*, Gesetzesänderung, S. 94 ff.

> „Typically, laws proscribing political behavior are enacted in periods of strong public feeling, sometimes bordering on hysteria. Typically, too, such periods, although recurrent, are short-lived.“[89]

Einige der Reformüberlegungen erklären sich als Wechselwirkung zwischen der Gesetzgebung und der Rechtsprechung. So beruhten mehrere Entwürfe, etwa hinsichtlich des Klassenbegriffs[90] oder der Friedensgefährdung[91], auf nicht gewünschten Ergebnissen in der Spruchpraxis. Dagegen war die Tathandlung bereits bei der Übernahme der Vorschrift in das Reichsstrafgesetzbuch zur Anreizung zu „Gewalttätigkeiten“ verengt worden, um nicht schon das bloße Hervorrufen einer Abneigung zu sanktionieren[92]. Insofern war sie freilich eine Reaktion auf die zum Vorgänger § 100 PrStGB ergangene Rechtsprechung. Zur vornehmlich rechtsprechungsbedingten Gesetzgebung gehört schließlich der vierte Absatz des § 130 StGB. Mittels der Vorschrift reagierte der Gesetzgeber auf die Rechtsprechung des Bundesverfassungsgerichts, derzufolge zugunsten des Schutzguts „öffentliche Ordnung“ eine an Meinungsinhalte anknüpfende Beschränkung nicht zulässig ist und darauf gestützte Ordnungsverfügungen keinen Bestand haben.

II. Kontinuität

Die Frage der Kontinuität berührt hier mit dem jeweils geltenden Recht und den darauf bezogenen Reformbestrebungen zwei Entwicklungslinien, die nebeneinander verlaufen und durch das von den Gerichten gesprochene Recht teilweise miteinander verbunden sind.

1. Gesetzgebung und Rechtsprechung

a) Kontinuitätslinien bis zur Änderung 1960

Obwohl die Vorschrift in ihrer hergebrachten wie in der heutigen Fassung ihren politischen Bezug schwerlich verleugnen kann, dürfte sich ein unbefangener Betrachter wundern, daß die Bestimmung in den ersten 90 Jahren nach Erlaß des Strafgesetzbuchs nicht geändert wurde[93]. Man hätte doch vermutet,

---

89 *Allen*, Criminal Justice, S. 47.

90 Vgl. 5. Kap. bei Fn. 96.

91 Vgl. etwa 4. Kap. bei Fn. 8 (quasi-authentische Interpretation), 5. Kap. bei Fn. 10, 37 (Forderung nach Abschaffung), Fn. 47 (Abstellen auf Friedensstörung), 73 (Verobjektivierung) sowie schließlich zur Änderung 8. Kap. bei Fn. 86.

92 Vgl. 3. Kap. bei Fn. 82.

93 Die zwei bis dahin stattgefundenen bloßen Währungs- bzw. systematischen Anpassungen auf der Rechtsfolgenseite sind insofern unerheblich.

daß die Staatsform einen größeren Einfluß auf Bestimmungen ausübt, die sich im „Vorfeld des Hochverrats" (*Schroeder*)[94] bewegen. Aber weder im Kaiserreich, in der Weimarer Republik noch unter der NS-Diktatur, sondern erst in bundesrepublikanischer Zeit wurde die Vorschrift geändert.

Der Umstand, daß Regelungen mit unverändertem Wortlaut in unterschiedlichen Herrschaftssystemen bestehen, läßt zwar allgemein darauf schließen, die betroffenen Vorschriften seien „in hohem Maß systemtranszendent bzw. -neutral"[95]; ein solcher Schluß verrät aber wenig über den näheren Hintergrund. Die lange Bestandsdauer läßt vermuten, daß die Vorschrift entweder kaum angewendet wurde oder ihre Tatbestandsmerkmale sehr unbestimmt sind und so eine über Systeme hinwegreichende Auslegung erlauben. Im Rahmen der vorliegenden Arbeit wurde aufgezeigt, daß die „Anreizung zum Klassenkampf" dank ihres subsidiären Charakters als Vorfelddelikt und der weiten Auslegung benachbarter Normen in der Praxis unbedeutend war[96]. Darüber hinaus war der scheinbar systemgebundene, in § 130 StGB a.F. enthaltene Klassenbegriff weit genug, um systemneutral ausgelegt zu werden. Ebenso verloren die anderen Tatbestandsmerkmale des § 130 StGB in der Praxis einerseits stetig an Gehalt, erlaubten aber andererseits die systemkonforme Rückkehr zur engen Auslegung, wie sie teilweise bereits in der Weimarer Zeit gegenüber antisemitischen Äußerungen praktiziert wurde[97]. Dieser Bruch innerhalb der Rechtsprechung manifestierte sich ebenso in den meisten Gesetzeskommentaren – eine Zäsur, die zeigt, wie sich der Inhalt einer Rechtsordnung auch ohne Eingriffe des Gesetzgebers ändern läßt[98].

b) Kontinuitätslinien über 1960 hinaus

Die Neufassung 1960 hat keinen Paradigmenwechsel in dem Sinne bewirkt, daß zuvor nur linke, jetzt nur rechte Äußerungen strafrechtlich verfolgt wür-

---

94 *Schroeder*, Staat und Verfassung, S. 99. Vgl. auch *Wagner*, Politischer Terrorismus, S. 351; *Bachem* kritisierte § 130 RStGB als „Subsidialparagraph zur Ergänzung und Ausdehnung der Hoch- und Landesverratsparagraphen", Sten. Ber. RT, 65. Sitzung v. 14.3.1906, S. 2015.

95 *Allgemein* zum deutschen politischen Strafrecht *Jahn*, Strafrechtliche Mittel, S. 156.

96 Vgl. 4. Kap. B) II. zur Statistik der Jahre von 1880 bis 1906; vgl. 6. Kap. Fn. 83 für die 1920er Jahre, 7. Kap. Fn. 75 für 1934 bis 1936, 8. Kap. Fn. 3 zur Nachkriegszeit sowie 9. Kap. Fn. 2 und 10. Kap. Fn. 57 zu den 1970er und 1980er Jahren. Für die 1990er Jahre vgl. die nach den Tatbeständen des § 130 StGB aufgeteilte Statistik bei NK-*Ostendorf*, § 130 Rn. 6.

97 Vgl. 7. Kap. B) III. 2. b).

98 Zur politisch-ideologisch motivierten „Rechtserneuerung" vgl. *Rüthers*, Ideologie, S. 103 ff.

den. Obwohl die Paragraphenbezeichnungen anderes vermuten lassen, unterscheiden sich die frühere „Anreizung zum Klassenkampf“ und die heutige „Volksverhetzung“ inhaltlich nur in geringem Maße. Dazu hat auch die frühere Rechtsprechung beigetragen, die das Merkmal „Klasse der Bevölkerung“ des Vorgängers sehr weit auslegte und nicht auf gesellschaftsschichtspezifische Personenmehrheiten beschränkte. Dadurch konnte und sollte die Vorschrift nicht nur die sozialen Kämpfe verhindern, die die Regierenden seit Mitte des 19. Jahrhunderts erwarteten. Immer mehr wurde auch die antisemitische Hetze einbezogen[99]. Die Tatbestände blieben einander bis heute strukturell ähnlich und betreffen allgemein das Vorfeld physischer Gewalt. Die 1960 geänderte Fassung stellt sogar einen Rückschritt in Richtung auf den Vorgänger, § 100 PrStGB, dar[100], da der Gesetzgeber bereits beim Wortlaut auf die Beschränkung auf Bevölkerungs-„Klassen“ und das Erfordernis der Öffentlichkeit verzichtete sowie in § 130 Abs. 1 Nr. 1 StGB wieder die Erregung feindseliger Gefühle („Haß“) ausreichte. Andererseits verlangte die Ausweitung nach einer Einschränkung, weswegen auf den „Angriff auf die Menschenwürde“ zurückgegriffen wurde.

Man mag allerdings infragestellen, ob der Zweck, der mit den Fassungen vor und nach 1960 verbunden wurde, identisch ist. So ging *Krone* davon aus, § 130 a.F. beruhe auf dem dualistisch-antagonistischen Klassenkampfgedanken, weswegen es weder im NS-Volksstaat noch in der Bundesrepublik zu Verurteilungen gekommen sei[101]. Erst die Novellierung 1960 habe die Vorschrift an das grundgesetzliche Gesellschaftsbild angepaßt und stelle nun eine Konkretisierung des Pluralismusgebots dar[102]. Jetzt diene § 130 n.F. dem Schutz von Minderheiten, während § 130 a.F. die Unterbindung von Minderheitenaktivitäten bezweckt habe[103]. Indes wurde dies weder in den Verhandlungen zum Reichsstrafgesetzbuch ausdrücklich zum Zweck erhoben, noch richtete sich der Gesetzeswortlaut gegen eine bestimmte Personengruppe, sondern war meinungsneutral gehalten. Mehr als dem Wortlaut entsprach die Einschätzung jedoch durchaus der Rechtspraxis, die den Klassenbegriff weit aus-

99 Vgl. 2. Kap. E) bei Fn. 165; 4. Kap. A) IV. bei Fn. 106 sowie B) II. bei Fn. 190 ff.; 6. Kap. B) bei Fn. 78 zu Reformüberlegungen 1930 und noch 1933, auch antisemitische Hetze zu erfassen.

100 So bereits *Schroeder*, Staat und Verfassung, S. 202.

101 *Krone*, Volksverhetzung, S. 11 f., der sich dazu auch auf den „Titel“ des § 130 RStGB beruft, welcher indes nicht amtlich war.

102 *Krone*, Volksverhetzung, S. 123.

103 Vgl. *Krone*, Volksverhetzung, S. 152 bei Fn. 2 sowie S. 115 ff.

legte und sich weniger gegen Sozialisten als gegen Polen wandte[104]. Darüber hinaus bestätigen mehrere Gesetzesvorschläge ab Mitte der 1870er Jahre, die sich dezidiert gegen die Sozialdemokratie richteten, diese Einschätzung[105]. Noch im Vorentwurf von 1909 wurde ausdrücklich der Klassenkampf bemüht, um die Existenzberechtigung des § 130 RStGB zu belegen[106]. Freilich konnte die Vorschrift vor Schaffung des Grundgesetzes nicht dessen Pluralismusgebot entsprechen; die notwendigen Tatbestandselemente wies die Vorschrift gleichwohl auf, wenngleich der Begriff „Klassen" veraltet war und ohnehin hätte ersetzt werden müssen. Das Schrifttum brachte den Straftatbestand durchaus mit nationalem oder religiösem Fanatismus in Zusammenhang[107] und die Praxis wendete ihn nicht nur, aber auch gegen antisemitische und nazistische Äußerungen an[108]. Bei konsequenter Anwendung des Vorgängers seitens der Staatsanwaltschaften und der Gerichte hätte die Bestimmung wirkungsvoller dazu dienen können, einzelne Teile der Bevölkerung vor hetzerischen Äußerungen zu schützen; eine Forderung, die *Louven* noch 1960 erhob[109].

Eine weitere Kontinuitätslinie, die in das bundesrepublikanische Strafrecht hineinläuft, betrifft die heutige Paragraphenüberschrift „*Volksverhetzung*". Sie entstammt dem Entwurf 1. Lesung von 1934/35. Als Gesetzesbegriffe, die sich nur in das unbestimmte und willkürliche Strafrecht eines totalitären Systems einfügen ließen, lehnte der parlamentarische Geschäftsführer der SPD-Bundestagsfraktion *Arndt* bereits 1957 die Wendungen „Hetzen"[110] und „Volksverhetzung" ab[111]. Während er in bezug auf die Tathandlung des Hetzens erfolgreich war, nachdem sich später auch *Schafheutle* dagegen ausgesprochen hatte[112], wandte sich *Arndt* ohne Erfolg gegen die damals bereits im Gesetzentwurf vorgesehene Bezeichnung „Volksverhetzung"[113]. Der Begriff selbst wurde eingangs des 20. Jahrhunderts außerhalb jedes Gesetzeszusam-

104 Vgl. 4. Kap. B) II.

105 Vgl. bei Fn. 3.

106 Vgl. oben bei Fn. 5.

107 Vgl. 5. Kap. bei Fn. 66.

108 Bspw. Beschlagnahme des Stürmers nach § 130 RStGB i.V.m. § 23 Nr. 3 ReichspresseG, *Doskow / Jacoby*, Contemporary Jewish Record 1940, 498, 503 f., 508 f.

109 S.o. in diesem Kap. bei Fn. 59.

110 Zum Begriff „Hetze" vgl. *Schafheutle*, in 207. Sitzung BR-Rechtsauschuß (BA Koblenz, B 141-3172 Bl. 53); zur Diskussion in der GSK vgl. 8. Kap. vor Fn. 173.

111 Im Rahmen eines Entwurfs des Fünften Strafrechtsänderungsgesetzes.

112 Vgl. 8. Kap. bei Fn. 145.

113 Sten. Ber. BT, 191. Sitzung v. 7.2.1957, S. 10919.

menhangs als reißerisches Schlagwort verwendet[114]. Er beschreibt allerdings die Tathandlungen ebensowenig treffend, wie die frühere Bezeichnung „Anreizung zum Klassenkampf". Während Rechtsprechung wie Literatur in § 130 a.F. nicht nur die hergebrachten gesellschaftlichen Klassen einbezogen, geht es in der seit 1960 neugefaßten Vorschrift nicht um die Aufwiegelung des (ganzen) Volks durch das hetzerische Erörtern öffentlicher Angelegenheiten. Das verstand zwar zunächst die preußische Denkschrift als „Volksverhetzung"[115] und fand so auch Eingang in das Herder'sche Konversationslexikon[116]. Aber zur Erfüllung der geltenden Volksverhetzungsvorschrift genügt gerade die Hetze gegen einzelne Teile der *Bevölkerung*, also auch gegen nichtdeutsche Personenmehrheiten.

2. *Reformpläne*

Eine vollständige Zäsur zwischen der strafrechtlichen Reformbewegung vor und nach 1933 konnte nicht festgestellt werden[117]. Vielmehr entsprach die Fassung, die im Enwurf von 1933 hinsichtlich des § 130 RStGB vorgesehen war, genau dem Entwurf *Kahl* von 1930. Allerdings verließ man in den folgenden Beratungen die Linie, zu der man erst im Laufe der Weimarer Zeit gefunden hatte: Seit dem *Radbruch*'schen Entwurf 1922 war die „Anreizung zum Klassenkampf" als eigenständige Vorschrift nicht mehr vorgesehen, da insbesondere ihr Wortlaut zu unbestimmt war und ihre Funktion in einem erweiterten § 111 RStGB (Aufforderung zu strafbaren Handlungen) aufgehen sollte. Nun sollte es in einem gleichgeschalteten Staat nach der nationalsozialistischen Ideologie zwar keine Klassen mehr geben, durchaus aber Bevölkerungsteile, die gegeneinander gehetzt werden konnten. Daher sollte als „Erbin des Klassenkampfes" – so Reichsjustizminister *Gürtner* – ein weitergehendes

---

114 Vgl. *Hilpert*, Die liberale *Volksverhetzung* und meine Haltung in der Reichsfinanzreform, Nürnberg 1909 oder das Flugblatt „Wer ist schuld an der Teuerung? ... Nieder mit dem sozialdemokratischen Freihandelsprogramm! Nieder mit der sozialdemokratischen skrupellosen *Volksverhetzung*!" der Centralstelle des Volksvereins für das Katholische Deutschland, Mönchengladbach 1911. Die Nationalsozialisten übernahmen den Begriff, vgl. „Der Hakenkreuzspiegel: Sonderbl. gegen Volksbetrug u. *Volksverhetzung*", Nürnberg 1923 oder „Das Wochenende: die Opposition gegen Volksbetrug, *Volksverhetzung*, Volksausbeutung; Kampfblatt deutscher sozialer Nationalisten", Wiesbaden 1930.

115 Also eine Umgestaltung des Kanzelparagraphen zum Allgemeindelikt, vgl. 7. Kap. bei Fn. 31.

116 Vgl. *Der große Herder*, 4. Aufl. 1935, Bd. 12, S. 459: Volksverhetzung als Gefährdung des Volksfriedens durch *staatsfeindliche* Äußerungen in der Öffentlichkeit oder in Druckschriften.

117 Vgl. 7. Kap. C); zur Diskussion um die Kontinuität *Wolf*, JuS 1996, 189, 190 f. m.w.N.

Bevölkerungshetzeverbot eigenständig normiert werden, eine Vorschrift, die Elemente der Klassenkampfvorschrift mit denen des Kanzelparagraphens (§§ 130, 130a RStGB) vereinte. Indem man jedoch bereits „hetzerisches Erörtern öffentlicher Angelegenheiten“ abstellen wollte, wäre die Strafbarkeit deutlich ausgedehnt worden. Die ersten Entwürfe nach 1949 griffen unter Streichung genau dieser unbestimmten Handlungsvariante inhaltlich auf die bisherigen Arbeiten zurück. Ein Ineinandergehen mit der Aufforderung zu strafbaren Handlungen wurde hingegen nicht mehr angedacht. Mittelbar zielten die späteren verfahrensrechtlichen Lösungen in dieselbe Richtung, denn je mehr die Diffamierung von Personenkollektiven bereits durch die Beleidigungsregeln abgedeckt ist, desto weniger ist eine eigenständige Volksverhetzungsvorschrift nötig[118].

Nicht nur hinsichtlich der Fassung, auch systematisch verläuft eine beständige Entwicklungslinie. Nachdem die Verschmelzung mit § 111 StGB von der Tagesordnung abgesetzt war, verblieb § 130 StGB als nicht klar dogmatisch einzuordnendes Delikt unter den im Abschnitt „Straftaten gegen öffentliche Ordnung“ angesammelten heterogenen Delikte. Die Entwicklung verlief dann weiter in diese Richtung: Anstatt mit der öffentlichen Aufforderung zu strafbaren Handlungen zu verschmelzen, nahm sie selbst den erst 1973 eingefügten Tatbestand „Aufstachelung zum Rassenhaß“ auf und wurde um zwei zusätzliche Tatbestände erweitert.

Mit den Tatbestandsmerkmalen ähneln sich auch die ausgetauschten Argumente[119]. Gestritten wurde regelmäßig über: die (Un)Bestimmtheit der Begriffe, die damit verbundene Einschränkung der Meinungsfreiheit, die Eignung, die „inneren Schäden“ zu beheben bzw. ungewollte Gegeneffekte – das Gericht werde als Propaganda-Bühne verwendet und Verurteilte als Märtyrer gefeiert – sowie den Charakter eines Ausnahmegesetzes bzw. die „Kurzatmigkeit“[120] der Änderungen.

III. Gesetzesbestimmtheit und Verfassungsmäßigkeit

Im Laufe der bisherigen Gesetzesentwicklung ist vielfach der Vorwurf erhoben worden, die Vorschrift des § 130 StGB sei zu unbestimmt. Verfassungsrechtliche Folgerungen waren damit aber zunächst nicht verbunden. Denn für die Vorschriften des Reichsstrafgesetzbuchs beschränkte sich § 2 Abs. 1 RStGB darauf, daß die „*Strafe* gesetzlich be-

118 In die Richtung NK-*Ostendorf*, § 130 Rn. 8.

119 Vgl. bereits 4. Kap. Fn. 211 m.w.N.

120 Darauf weist *Neumann*, StV 1994, 273, 274 insbesondere hinsichtlich der Änderung durch das Verbrechensbekämpfungsgesetz hin; vgl. ferner 9. Kap. Fn. 252.

stimmt war, bevor die Handlung begangen wurde“ und zielte nur auf die Aufhebung unbegrenzter Strafandrohungen. Nichts weiteres wurde aus dem anderslautenden Postulat des Art. 116 WRV, daß die *Strafbarkeit* gesetzlich bestimmt sein müsse, abgeleitet. Erst das Bundesverfassungsgericht hat aus Art. 103 Abs. 2 GG herausgelesen, daß auch die Tatbestände bestimmt gefaßt sein müssen[121].

Im Schrifttum sind zuweilen Zweifel an der Verfassungsgemäßheit des geltenden § 130 StGB aufgekommen. Sie nähren sich jedoch in erster Linie aus dem Verhältnis zur *Meinungsfreiheit* und beziehen sich insbesondere auf den dritten und vierten Absatz[122]. Eine anderweitige Formulierung wird regelmäßig nicht vorgeschlagen[123], sondern entweder die Norm als verfassungsgemäß gesehen[124] oder der Ausweg der verfassungskonformen Auslegung für gangbar befunden[125]. Dies gilt für das Verbot der Auschwitzbilligung, -leugnung und -verharmlosung[126] wie für die Verherrlichung der nationalsozialistischen Gewalt- und Willkürherrschaft[127].

---

121 *Herzberg*, Strafbarkeit, S. 49 f.

122 Zum zweiten Absatz allerdings *Popp*, JR 1998, 80, 82; *Junge*, Schutzgut, S. 124, 127 f. die den öffentlichen Frieden als Schutzgut des § 130 StGB ablehnt, vielmehr Individualrechtsgüter geschützt sieht und § 130 Abs. 2 StGB mangels Schutzguts für verfassungswidrig hält; *Foerstner*, Kollektivbeleidigung, S. 222.

123 Eine Ausnahme bildet *Junge*, Schutzgut, S. 169 f. Danach soll Abs. 1 unverändert bleiben, Abs. 2 zusätzlich die aus Abs. 1 bekannte Friedensklausel eingefügt und Abs. 3 als § 188a unter die Beleidigungsdelikte aufgenommen werden, wobei die Tathandlungen auf „Billigen, in nicht unerheblichem Maße Leugnen oder Verharmlosen“ verengt werden sollen.

124 *Foerstner*, Kollektivbeleidigung, S. 219, der gar für eine Ausdehnung auf das Billigen und Verharmlosen sämtlicher der in § 220a StGB a.F. (§ 6 VStGB) genannten Völkermordhandlungen plädiert. *Stegbauer*, Rechtsextremistische Propaganda, S. 187; *ders.*, NStZ 2000, 281, 283 f.; *Ostendorf*, NJW 1985, 1062; *v. Dewitz*, NS-Gedankengut, S. 208 ff., 219.

125 Anders *Jahn*, Strafrechtliche Mittel, S. 201, 232 f: § 130 Abs. 3, 2. Var. StGB (Verbot der „einfachen Auschwitz-Lüge“) sei wegen Verstoßes gegen Art. 2 Abs. 1 GG verfassungswidrig, solange nicht hinsichtlich Form und Zweck entsprechender Äußerungen differenziert werde.

126 Zu Auswegen aus dem „Verdikt der Verfassungswidrigkeit“, weil die Norm an sich kein allgemeines Gesetz im Sinne des Art. 5 Abs. 2 GG sei, *Huster*, NJW 1996, 487, 489 ff. – Nach *Junge*, Schutzgut, S. 153 f. ist die Norm verfassungsgemäß, sofern nicht der öffentliche Friede, sondern die Ehre das geschützte Gut ist. Laut *Leukert*, Auschwitzleugnen, S. 245, 254 greife § 130 Abs. 3, 2. Var. StGB (Leugnen) in Art. 5 Abs. 1 GG ein, entspreche auch nicht den Schranken des Art. 5 Abs. 2, könne aber durch eine einschränkende Auslegung der Eignungsklausel verfassungskonform ausgelegt werden, um die Meinungsneutralität zu wahren. Nach *Wandres*, Auschwitz-Leugnen, S. 275 ff., 303 ist eine verfassungsrechtlich enge Auslegung dergestalt geboten, daß die bloße radikale Geschichtsrevision, die keinen persönlichkeitsbezogenen Angriff enthalte, nicht umfaßt sei.

127 S.u. bei Fn. 141.

Das Bundesverfassungsgericht kann zwar nicht allgemein die Frage beantworten, wie mit (rechts-)extremen Meinungen umzugehen ist. Aber für die konkrete Volksverhetzungsvorschrift gilt in begrenztem Umfang der Ausspruch „Karlsruhe locuta, causa finita". So hat das Gericht festgestellt, daß die Vorschrift in ihrer bis 1994 geltenden Fassung ein allgemeines Gesetz im Sinne des Art. 5 Abs. 2 GG ist, das dem Schutz der Menschlichkeit dient[128]. Nach der Entscheidung genießt ferner das Leugnen der nationalsozialistischen Judenverfolgung *nicht* den Schutz der Meinungsfreiheit[129]. Diesen genießen indes die Handlungen des Billigens und Verharmlosens, da sie begriffsnotwendig eine Wertung beinhalten; unklar kann allenfalls sein, ob auch das quantitative Verharmlosen als Meinungsäußerung einzustufen ist[130].

Ob die Vorschrift dem Bestimmtheitsgrundsatz entspricht, wird dagegen allenfalls beiläufig behandelt[131]. Bedenken bestehen einmal bei der als konturenarm kritisierten Handlungsbeschreibung „Verharmlosen"[132] im dritten Absatz[133]. Dort kann man zwischen einem qualitativen und einem quantitativen Verharmlosen unterscheiden, das nicht trennscharf vom Billigen beziehungsweise nur partiellen Verharmlosen abgegrenzt werden kann[134]: Allerdings werden einzelne Beanstandungen, daß der Tatbestand aufgrund der Kombination der Handlungsbeschreibungen mit der Friedensgefährdungsformel und der Sozialadäquanzklausel zu unbestimmt wäre, weder in der überwiegenden Literatur noch in der Rechtsprechung geteilt[135].

---

128 BVerfGE 90, 241, 251.

129 BVerfGE 90, 241, 249. – Dies gilt nach Auffassung des EGMR ebenso für Art. 10 EMRK, NJW 2004, 3691, 3692.

130 Vgl. *Stegbauer*, Rechtsextremistische Propaganda, S. 180 f.

131 Für *Wandres*, Auschwitz-Leugnen, S. 276 bestehen keine durchgreifenden Bedenken gegen die Bestimmtheit. – Ein „Paradebeispiel gesetzlicher Bestimmtheit" ist der dritte Absatz aber allein bzgl. des Äußerungsgegenstands, nicht der Äußerungshandlung.

132 Gegen die Tathandlung des Verharmlosens bereits *Ostendorf*, NJW 1985, 1062, 1065 sowie der Regierungsentwurf 1984, vgl. 9. Kap. bei Fn. 54. Zum Widerspruch gegen deren Aufnahme in § 130 Abs. 4 StGB vgl. 9. Kap. bei Fn. 179 sowie *Höfling / Augsberg*, ZG 2006, 151, 176.

133 Überblick bei *Bertram*, NJW 2005, 1476, 1477 f.; in seinem Urteil vom 30.8.2006 setzte sich das LG Traunstein (7 Ns 110 Js 43293/04) mit dem Einwand der Verfassungswidrigkeit des § 130 Abs. 3 StGB auseinander; die Begehungsalternativen seien durch Auslegung hinreichend bestimmbar, durch Rechtsprechung und Literatur zudem konkretisiert und daher kein Verstoß gegen Art. 103 Abs. 2 GG gegeben, ebensowenig gegen Art. 5 Abs. 1 GG (nach *Stegbauer*, NStZ 2008, 73, 78).

134 Vgl. BGHSt 47, 278, 281.

135 Vgl. *Fischer*, StGB, 56. Aufl. 2009 § 130 Rn. 23 m.w.N.

Kritischer ist hingegen die nicht nur „sprachlich merkwürdige [...] Fassung“[136] des vierten Absatzes (Verherrlichen des NS-Regimes). Bereits im Gesetzgebungsverfahren äußerten die Sachverständigen Bedenken. *Rühl* rügte insbesondere die nicht eingehaltene, grundgesetzlich geforderte Meinungsneutralität[137]. Zudem zweifelten einige der Sachverständigen verständlicherweise an der Eignung und Notwendigkeit des versammlungsrechtskonnexen Verbots und bevorzugten eine unmittelbare versammlungsrechtliche Regelung[138]. Dagegen erachtet die verwaltungsgerichtliche Rechtsprechung die Vorschrift bislang als mit dem Grundgesetz vereinbar[139].

Seitens des Schrifttums bezweifeln *Bertram* und *Kurth*, daß eine verfassungskonforme restriktive Auslegung möglich sei[140]. Diese Möglichkeit, die begriffsnotwendig die praktische Bedeutung der Norm reduziert, wird hingegen von anderen sehr wohl für möglich gehalten[141]. Daß die Formulierung kein Musterbeispiel der Gesetzgebungskunst ist, ist weit verbreitete Ansicht[142]. So scheinen sich die Merkmale „öffentlich oder in einer Versammlung“ sowie die Würdeverletzung auf die Störung des öffentlichen Friedens zu beziehen:

> „Mit [...] wird bestraft, wer öffentlich oder in einer Versammlung den öffentlichen Frieden in einer die Würde der Opfer verletzenden Weise dadurch stört [...].“

Sinnvollerweise umschreiben diese Erfordernisse jedoch die Tathandlung des Billigens, Verherrlichens oder Verharmlosens, wie dies auch im ursprünglichen Änderungsantrag zum Ausdruck kam[143]. Demnach müßte die Vorschrift lauten:

> „Mit [...] wird bestraft, wer den öffentlichen Frieden dadurch stört, daß er öffentlich oder in einer Versammlung die nationalsozialistische Gewalt- und Willkür-

136 *Fischer*, StGB, 56. Aufl. 2009, § 130 Rn. 34. Nach BVerwG NJW 2009, 98, 99 f. ist § 130 Abs 4 StGB verfassungsgemäß, insbesondere auch hinreichend bestimmt.

137 Sten. Ber. BT-InnenA, 15/56, S. 34; von anderer Seite hieß es, eine verfassungsrechtliche Prognose im Bereich des Art. 5 GG sei allgemein schwierig, ebd., S. 21 (*Schulz*), S. 38 (*Nack*) und S. 40 (*Höfling*). Vgl. zu den im Gesetzgebungsverfahren geäußerten Bedenken, 9. Kap. B).

138 Vgl. 9. Kap. bei Fn. 167 und die Stellungnahmen des später tagenden Rechtsausschusses, die viele frühere Aspekte wiedergeben, Sten. Ber. 15/73 v. 9.3.2005, S. 10–18.

139 Vgl. 9. Kap. Fn. 206.

140 *Bertram*, NJW 2005, 1476, 1478; *Kurth*, StraFO 2006, 483, 486.

141 *Höfling / Augsberg*, ZG 2006, 151, 176 f.; *Fischer*, StGB, 56. Aufl. 2009, § 130 Rn. 34; *Enders / Lange*, JZ 2006, 105, 111 f.

142 Sch / Sch / *Lenckner / Sternberg-Lieben*, StGB, 27. Aufl. 2006, § 130 Rn. 22d; SK-*Rudolphi / Stein,* § 130 Rn. 28; *Battis / Grigoleit*, Die Polizei 2005, 349–353.

143 Vgl. 9. Kap. B) I. bei Fn. 160.

herrschaft in einer die Würde der Opfer verletzenden Weise billigt, verherrlicht oder verharmlost."[144]

Weniger problematisch sind die einzelnen Tathandlungen, für die teilweise auf die Auslegung zu bereits im Strafgesetzbuch vorhandenen Tatbestandsmerkmalen zurückgegriffen werden kann[145]. Hingegen ist fraglich, welche Taten der Äußerungsgegenstand „NS-Gewalt- und Willkürherrschaft" umfaßt, der bereits im Gesetzgebungsverfahren beanstandet wurde. Im Gegensatz zum dritten Absatz kann hier nicht auf eine gesetzliche Definition (wie diejenige der Völkermordhandlungen in § 6 VStGB) zurückgegriffen werden. Der teilidentische Begriff „Gewalt- oder Willkürmaßnahmen" findet sich in § 130 Abs. 1 Nr. 1 sowie in § 194 Abs. 2 S. 2 StGB wieder[146]. Fraglich ist jedoch, ob bereits einzelne Maßnahmen des NS-Regimes darunter fallen[147] und, ob auch das Herausstellen einzelner nationalsozialistischer Führungspersonen darunter fällt[148].

Der Wortlaut umfaßt zumindest nicht allgemein die Zeit zwischen 1933 und 1945, sondern begrenzt den Äußerungsgegenstand auf Menschenrechtsverletzungen des nationalsozialistischen Regimes. Aus dem Zusammenhang mit dem dritten Absatz ergibt sich, daß nicht notwendig nur Völkermordhandlungen davon umfaßt sind. Von der Strafbarkeit ausgeschlossen sind dadurch aber Aussagen, die mit „Es war nicht alles schlecht" eingeleitet zu werden pflegen und beispielsweise das Autobahn-Klischee[149] oder die mit dem Mutterkreuz verbundene zweifelhafte Wertschätzung bedienen[150]. Sofern eine Äußerung nur eine einzelne Maßnahme des Regimes betrifft, erfüllt sie den Tatbestand nur, wenn sie als pars pro toto für die gesamte Unrechtsherrschaft steht und die

144 Ähnlich SK-*Rudolphi / Stein*, § 130 Rn. 28.

145 Hinsichtlich des Billigens kann auf die bisherige Auslegung zum dritten Absatz sowie zu § 140 StGB (Belohnung und Billigung von Straftaten), hinsichtlich des Verherrlichens auf § 131 StGB (Gewaltdarstellung) zurückgegriffen werden. Vgl. im übrigen die Erläuterungen in der BT-Drs. 15/5051, S. 5.

146 Im Zusammenhang mit den Willkürmaßnahmen werden unter ersteren allgemein rechtswidrige, erhebliche Gewalthandlungen verstanden; Willkürmaßnahmen sind rechtswidrige Akte, die auf Schädigung oder Benachteiligung zielen, vgl. *Fischer*, StGB, 56. Aufl. 2009, § 130 Rn. 10.

147 Dafür *Fischer*, StGB, 56. Aufl. 2009, § 130 Rn. 34; a.A. SK-*Rudolphi / Stein*, § 130 Rn. 29, die nur die massenhaften Gewalt- und Willkürmaßnahmen davon umfaßt sehen. Vermittelnd Sch / Sch / Lenckner / *Sternberg-Lieben*, StGB, 27. Aufl. 2006, § 130 Rn. 22b: Die Äußerung müsse sich auf Terrorherrschaft insgesamt beziehen, es genüge aber die Bezugnahme auf Einzelmaßnahmen.

148 Dafür, begrenzt auf die Führungsebene des NS-Staats, NK-*Ostendorf*, § 130 Rn. 30.

149 Dazu *Asholt*, Straßenverkehrstatbestände, 6. Kap. II. 1. b) (S. 111).

150 Ebenso *Fischer*, StGB, 56. Aufl. 2009, § 130 Rn. 34.

Billigung, Verherrlichung oder Rechtfertigung sich zweifelsfrei darauf erstreckt. Parallel dazu kann in der ausdrücklichen Glorifizierung nationalsozialistischer Führungspersonen das dahinter stehende Terrorsystem gemeint sein[151]. Eine ausdrückliche unmittelbare Verherrlichung des Regimes verlangt der Wortlaut nicht, jedoch muß sich aus der Äußerung ergeben, daß die jeweilige Person gerade wegen ihrer Nähebeziehung zu den nationalsozialistischen Menschensrechtsverletzungen verherrlicht wird. Das entspricht der gesetzgeberischen Absicht[152], führt aber dazu, daß sich die Gerichte mit der historischen Einordnung möglicher Symbolfiguren des Nationalsozialismus, etwa der des angeblichen „Friedensfliegers" Heß auseinandersetzen müssen[153].

Erklärungsbedürftig sind ferner die Würdeverletzung und die Friedensstörung. Im Gegensatz zum ersten Absatz beschränkt sich die Würdeverletzung hier auf den geschützten Achtungsanspruch der Opfer[154]. Bei den Gesetzesberatungen gingen die Mitglieder des federführenden Innenausschusses davon aus, daß die Würdeverletzung regelmäßig vorliege, wenn die die NS-Gewalt- und Willkürherrschaft kennzeichnenden Menschenrechtsverletzungen gebilligt, verherrlicht oder gerechtfertigt werden[155]. Eine solche Auslegung reduziert freilich den gesetzgeberisch gewünschten Charakter einer „Qualifizierung"[156] auf Null[157] und verfestigt den Eindruck, daß das Merkmal hauptsächlich eingefügt worden ist, um die Norm verfassungsfest zu machen.

Schließlich ist unklar, wann nicht bloß eine Gefährdung (Störungseignung), wie im ersten und dritten Absatz, sondern eine *Störung* des öffentlichen Friedens vorliegen soll. Wenn die Gefährdung konkrete Gründe erfordert, daß das Vertrauen in die Rechtssicherheit erschüttert werde, so kann die hier maßgebliche Störung erst angenommen werden, sofern die Gefahr eingetreten ist, also größere Bevölkerungsteile beunruhigt sind. Muß dies empirisch festgestellt werden[158], so bedeutet dies die weitgehende Unanwendbarkeit der Vor-

151 Vgl. die Gesetzesberatungen, 9. Kap. B).

152 Vgl. die Ausführungen des federführenden Innenausschusses, BT-Drs. 5051, S. 5. – Daß dies erst in der Begründung, nicht aber im Gesetzestext selbst verlautbart ist, kritisierte der FDP-Abg. Stadler, Sten. Ber. BT 15/164, S. 15352.

153 Beispielhaft VG Bayreuth MMR 2005, 791, 792.

154 *Fischer*, StGB, 56. Aufl. 2009, § 130 Rn. 39.

155 Vgl. 9. Kap. bei Fn. 194 und BT-Drs. 15/5051, S. 5.

156 Beschlußempfehlung des Innenausschusses, BT-Drs. 15/5051, S. 5.

157 So auch *Fischer*, StGB, 56. Aufl. 2009, § 130 Rn. 39.

158 So bspw. OLG Rostock, Beschluß vom 19.7.2007 (Az.: 1 Ss 107/07 I 50/07) zum Verkauf von Textilien mit dem Aufdruck „Ruhm und Ehre der Waffen-SS".

schrift[159]. Allerdings liegt es nicht völlig fern, dass auch dieses eingrenzend gedachte Merkmal in der Praxis mangels eindeutiger Unterscheidungskriterien lediglich als wertende Ausschlußklausel fungieren wird[160]. Dann erführe das neue Merkmal der Friedens*störung* eine ähnliche Erosion wie zuvor die Friedens*gefährdung* (Eignung zur Störung) im ersten Absatz[161]. Indes widerspräche dies dem gesetzgeberischen Willen, wonach eine konkrete Störung nach den Umständen des jeweiligen Einzelfalls festgestellt werden sollte[162], und erhöhte nicht die Bestimmtheit der Vorschrift.

Die Bestimmung wirft demnach unter mehreren Gesichtspunkten Fragen nach der Verfassungsgemäßheit auf. Soweit der Bestimmtheitsgrundsatz betroffen ist, kann dem mit einer einschränkenden Auslegung begegnet werden. Unter Ansehung des Zwecks des Art. 103 Abs. 2 GG und des § 1 StGB ist ein Gesetz dann hinreichend bestimmt, wenn die Voraussetzungen der Strafbarkeit so konkret benannt sind, daß der Einzelne von vornherein weiß, was strafrechtlich verboten ist und welche Strafe ihn gegebenenfalls erwartet, er sich also darauf einrichten kann[163]. Allerdings stellen die Unzulänglichkeiten sprachlicher Beschreibung und die Lebensgegebenheiten Hindernisse für eine weitreichende Bestimmtheit dar. Zum einen ist jedes Gesetz als allgemein formulierter Rechtsakt auslegungsfähig und auslegungsbedürftig, zum anderen kann man dem Gesetzgeber unbestimmte, wertausfüllungsbedürftige Begriffe und Generalklauseln nicht verwehren[164], da er ansonsten „nicht in der Lage wäre, der Vielgestaltigkeit des Lebens Herr zu werden“[165]. Insofern sind gewisse Unsicherheiten auch im Strafrecht hinzunehmen, ja es bedarf ihrer sogar[166]. Freilich verbleibt dem § 130 Abs. 4 StGB nur noch ein sehr geringer Anwendungsbereich, wenn man die Merkmale NS Gewalt und Willkürherrschaft sowie Friedensstörung eng auslegt. Wenn allerdings Sanktionen kaum zu erwarten sind, verdichtet sich der Eindruck, daß es sich bloß um symbolisches Recht handelt.

---

159 Vgl. *Lackner / Kühl*, 26. Aufl. 2007, § 130 Rn. 8b; *Fischer*, StGB, 56. Aufl. 2009, § 130 Rn. 40; *Enders / Lange* JZ 2006, 105, 108. Nach BVerfG NJW 2006, 3202, 3203 setzt dies voraus, daß „eine Störung des öffentlichen Friedens tatsächlich eingetreten ist“.

160 Vgl. *Fischer*, StGB, 56. Aufl. 2009, § 130 Rn. 14b, 40.

161 Dazu 10. Kap. A) III. bei Fn. 21.

162 BT-Drs. 15/5051, S. 5.

163 BVerfGE 105, 135, 153; *Jarass / Pieroth*, GG, Art. 103 Rn. 48; *Fischer*, StGB, 56. Aufl. 2009, § 1 Rn. 5.

164 *Jarass / Pieroth*, GG, Art. 103 Rn. 48; BVerfGE 66, 337, 355; 92, 1, 12; 96, 68, 97 f.

165 BVerfGE 11, 234, 237.

166 *Herzberg*, Strafbarkeit, S. 57.

IV. Hinwendung zum symbolischen Strafrecht?

In den letzten Jahren hat der als kritisch intendierte Begriff des symbolischen Strafrechts an Bedeutung gewonnen. Schon in der Gesetzgebungsgeschichte finden sich zahlreiche Hinweise, daß einzelne Tatbestände des § 130 StGB oder die dahinter stehenden gesetzgeberischen Akte[167] symbolisch aufgeladen sind. So erkannte der nordrhein-westfälische Justizminister *Flehinghaus* 1960 im neuen § 130 StGB „ein Bekenntnis zur Würde der Persönlichkeit und der Toleranz", dessen Wert über den strafrechtlichen Bereich hinausreiche[168]. Innerhalb der Reformdiskussionen der letzten Jahre wurde der symbolische Wert strafrechtlicher Normen, insbesondere des § 130 StGB, und ihre Wirkung auf das Ausland[169] weiter hervorgehoben und zugleich die streitbare Demokratie beschworen[170]. Das Verbot der „einfachen" Auschwitzleugnung wurde 1994 einvernehmlich als politisches Signal gepriesen, das der Störung des friedlichen Zusammenlebens entgegenwirken möge[171]. Ähnliches wurde zum geänderten vierten Absatz verlautbart[172]. Nicht einheitlich war hingegen die Einschätzung, wie dies geschehe: teils hieß es, die juristische Wirkung trete hinter die politische zurück[173], teils aber auch, die generalpräventive Wirkung werde verstärkt[174].

Neben der Politik stufen gleichfalls Stimmen aus der Rechtswissenschaft die Vorschrift als symbolisches Strafrecht ein. Bereits die Änderung 1960[175] wurde unter den Begriff einsortiert. Das Verbot der Auschwitzleugnung 1994 wurde gar als „Paradebeispiel symbolischer Gesetzgebung"[176] bezeichnet.

---

167 Zu dieser Differenzierung *Schmehl*, ZRP 1991, 251 f.; *v. Dewitz*, NS-Gedankengut, S. 272 ff.

168 Vor Verabschiedung des 6. StrÄG, Sten. Ber. BR, 220. Sitzung v. 10.6.1960, S. 414.

169 Vgl. u.a. 8. Kap. Fn. 242, mittelbar auch im Entwurf 2005, BT-Drs. 15/4731, S. 1.

170 Vgl. etwa BR-Drs. 534/94 (Beschluß), S. 8; Sten. Ber. BT-InnenA, 15/56, S. 68 (*Seißer*). Zur Ideengeschichte des Begriffs *Papier / Durner*, AöR 2003, 345–347.

171 Vgl. Sten. Ber. BT 12/227, S. 19669 (*v. Essen*, FDP), Sten. Ber. 12/229, S. 19881 (*Leutheusser-Schnarrenberger*); Bericht des Rechtsausschusses, BT-Drs. 12/8588, S. 8.

172 „Wir wollen ein Zeichen setzen", so *Beck* (Grüne) zum Entwurf eines Gesetzes zur Änderung des Versammlungsgesetzes und des Strafgesetzbuches 2005, zit. n. *v. Essen* (FDP), Sten. Ber. BT 15/158, S. 14813; ähnl. die Erklärung des rheinland-pfälzischen Staatsministers im Bundesrat, Sten. Ber. BR, 809. Sitzung v. 18.3.2005, S. 111 f.

173 Vgl. 9. Kap. Fn. 82, 83 zum vergleichbaren Vorschlag 1985.

174 BT-Drs. 12/6853, S. 24 (CDU/CSU- und FDP-Entwurf des Verbrechensbekämpfungsgesetzes).

175 Vgl. *Amelung*, ZStW 1980, 19, 54; NK-*Ostendorf*, § 130 Rn. 6; *Streng*, Volksverhetzung, S. 501.

176 *Stegbauer*, NStZ 2000, 281, 286; ähnlich LK-*v. Bubnoff*, 11. Aufl. 2005, § 130 Rn. 42.

Ähnlich wurde auch die versammlungsrechtskonnexe Reform 2005 bewertet, nachdem bereits im Vorfeld der Staatsrechtler *Battis* gemahnt hatte, mit symbolischen Normen restriktiv umzugehen, da sie die Steuerungskraft des Rechts aushöhlten[177].

Dies wirft die Frage auf, ob sich die Bestimmung immer mehr zu einer symbolischen Strafvorschrift entwickelt hat und welche rechtspolitische Lehre daraus zu ziehen ist. Anscheinend haben symbolisch wirkende Strafgesetze keine oder nur eine geringe Berechtigung, denn immerhin klingt vielfach unterschwellig der Vorwurf mit, symbolische Normen fungierten lediglich als Alibi für politisches Tätigwerden[178]. Symbolisches Recht in dem Sinne, daß Sanktionen nicht zu erwarten wären oder die Vorschrift praktisch kaum angewendet würde[179], stellen § 130 Abs. 1 und Abs. 2 StGB nicht dar, zumal das Menschenwürdeerfordernis in § 130 Abs. 1 Nr. 1 StGB gerade aus verfolgungspragmatischen Gründen zurückgenommen wurde. Dagegen wiesen sowohl § 100 PrStGB wie § 130 a.F. StGB sehr geringe Verurteilungszahlen auf. Ähnlich ist dies hinsichtlich des dritten und vierten Absatzes des § 130 StGB. Da die Vorschriften sich teilweise mit dem ersten Absatz überschneiden, stellt sich die Frage des symbolischen Strafrechts besonders bezüglich dieser beiden Tatbestände.

In der juristischen Diskussion ist der Begriff des symbolischen Strafrechts erst in den 1970er Jahren aufgekommen und nicht einheitlich verwendet worden[180]. Allgemein werden darunter Normen mit Appellcharakter, gesetzgeberische Wertbekenntnisse oder Ersatzreaktionen sowie Kompromißgesetze[181] verstanden. Wer symbolisches Recht in einen grundsätzlichen Gegensatz zum steuernden Recht stellt, wird diese Gesetzgebungsweise eher ablehnen; nicht aber, wer es als Eigenschaft des zeitgenössischen Strafrechts begreift[182]. Denn aus Sicht der positiven Generalprävention, die unter anderem in § 47 Abs. 1 StGB Eingang in das Strafgesetzbuch gefunden hat, stehen symbolisches und steuerndes Recht in keinem grundsätzlichen Gegensatz. Stattdessen geht es um ein Mehr oder Weniger an symbolischem Gehalt. Recht ist insofern stets auch symbolisch[183], als es der Einübung in Normvertrauen dienen und damit norm-

177 Vgl. 9. Kap. bei Fn. 146. Kritisch auch *Roxin*, Strafrecht, AT, § 2 Rn. 37 ff.

178 *Leukert*, Auschwitzleugnen, S. 307 bei Fn. 64; vgl. *Müller*, KrimJ 1993, 82, 83.

179 In diesem Sinne ist der Begriff hier bislang andeutungsweise verwendet worden, vgl. 2. Kap. bei Fn. 160 und 4. Kap. bei Fn. 212.

180 *Müller*, KrimJ 1993, 82, 86 ff., zum Ursprung des Diskurses S. 85.

181 *Hassemer*, NStZ 1989, 553, 554; vgl. auch *Diez Ripollés*, ZStW 2001, 516, 531–536.

182 *Roxin*, Strafrecht, AT, § 2 Rn. 38; *Hassemer*, Das Symbolische, S. 1012 f.

183 *Hassemer*, NStZ 1989, 553, 555 f.; *v. Dewitz*, NS-Gedankengut, S. 270 Fn. 14 m.w.N.

stabilisierend wirken soll[184]. Demgemäß ist Strafrecht nicht absolut darauf angelegt, Strafgerechtigkeit instrumentell zu verwirklichen, sondern es geht

> „um spezial- und generalpräventive Ziele: dem Bestraften das Gefühl der eigenen Verantwortlichkeit zu vermitteln, sozialethische Gesinnungswerte der Bevölkerung zu schützen und das sozialethische Urteil zu festigen, es geht um die Bewährung des Rechts und um die Beförderung der allgemeinen Gesetzesachtung."[185]

Indem man diese, wenngleich schwerlich meßbare[186], Wirkungsweise des Rechts anerkennt und den Begriff des symbolischen Strafrechts darauf beschränkt, verflüchtigt sich freilich der kritische Anspruch, strafrechtsbegrenzend zu wirken, wie er mit der Feststellung symbolischen Strafrechts verbunden worden ist. Denn dann setzt Recht diese Eigenschaft voraus. Als Grundbedingung jeder Vorschrift kann die symbolische Funktion strafrechtliche Bestimmungen weder legitimieren noch limitieren[187], sondern ist lediglich der „pure Überbau zur Basis der instrumentellen Anwendung des Strafrechtes"[188].

Als Antwort auf diese Kritik differenziert *Hassemer* zwischen einem „kommunikativen" Strafrecht, das ganz im Sinne der positiven Generalprävention bewußtseinsbildend wirke, und einem kritisch zu verstehenden „symbolischen" Strafrecht. Bei diesem überwögen die „latenten Funktionen der Norm die manifesten" in dem Sinne, daß durch die Norm und ihre Anwendung vor allem andere als die in ihr bezeichneten Zustände verwirklicht würden. Die Bandbreite der latenten Funktionen, die das Vorliegen symbolischen Strafrechts indizierten, reiche von der Erweiterung der Zuständigkeit auf aktuelle Großprobleme bis zur Demonstration staatlicher Handlungsfähigkeit. In Wirklichkeit vermöge es die ihm auferlegten Herausforderungen aber nicht zu erfüllen, es sei „vom strafrechtlichen Rechtsgüterschutz her gesehen [...] eher *unwirksam*"[189]. Hinter der Diskussion verbirgt sich also die Frage nach der

---

184 Vgl. *Müller*, KrimJ 1993, 82, 87 f.; *Hassemer*, NStZ 1989, 553, 554; *Jakobs*, Strafrecht, AT, S. 13 f., *Roxin*, Strafrecht AT, § 3 Rn. 26; *Diez Ripollés*, ZStW 2001, 516, 525 f., 536; *v. Dewitz*, NS-Gedankengut, S. 271 f. m.w.N.

185 *Hassemer*, NStZ 1989, 553, 555. Kritisch gegenüber der Spezial- und Generalprävention *Baratta*, KrimJ 1993, 243, 249 f., der die strafrechtliche Reaktion als rein symbolische ansieht.

186 *v. Dewitz*, NS-Gedankengut, S. 269, 271.

187 Insofern krit. *Müller*, KrimJ 1993, 82, 87 ff.

188 *Müller*, KrimJ 1993, 82, 90, der für einen „strukturalistischen Symbolbegriff" plädiert (S. 94).

189 *Hassemer*, Das Symbolische, S. 1001 ff., insb. S. 1004, 1006, 1011, 1017 zuvor bereits *ders.*, NStZ 1989, 553, 556. Nach *Díez Ripollés*, ZStW 2001, 516, 530 geht es um die Frage, ob die Strafsanktion nur Wirkungen hat, die teleologisch betrachtet unnötig sind; er unterscheidet zwischen materiellen (hier: instrumentellen) und expressiv-integrativen

Begrenzung strafrechtlicher Reaktionen, die an die Frage des Rechtsgüterschutzes anknüpft[190]. Auch *Roxin* lehnt Vorschriften ab, die zum realen Schutz eines friedlichen Zusammenlebens nicht „*wirklich nötig*" sind[191]. Verdeutlicht an § 130 Abs. 3 StGB ergebe sich, daß diese Vorschrift „nicht das *geeignete Mittel*" sei[192].

Die Fragestellung ist demnach dieselbe, die sich aus Sicht des Subsidiaritätsgedankens stellt und damit erweist sich die Kritik an rein symbolischem Strafrecht als Parallele zur nicht geeigneten oder nicht notwendigen Norm. Der Ansatz des symbolischen Strafrechts schlägt indes den weiteren Bogen und verdeutlicht, daß das Strafrecht neben den unmittelbar mit einer Vorschrift verfolgten Zielen, für die es noch geeignet und erforderlich sein mag, die dahinter stehenden eigentlichen Bedürfnisse nicht erfüllt, die Großaufgaben, die ihm zugetraut, ja aufgelastet werden. Damit kommt das Gesetzgeber allerdings bloß einem Ruf nach, der in einer komplexen „Risikogesellschaft"[193], die von der Angst vor den unterschiedlichsten Wagnissen und dem Verlust informeller Regeln geprägt ist, vielfach laut geworden ist[194]. Eine überhandnehmende symbolische Wirkung ist somit regelmäßig ein Indiz für eine momentbezogene Problemsteuerung, die den langfristig notwendigen Handlungsbedarf nicht befriedigt. Damit zielt die Kritik des Symbolischen letzten Endes auf die Kriminal- und Sozialpolitik.

Allerdings ist das kritische Konzept des symbolischen Rechts nicht so eindeutig, daß es sich en passant auf die vorliegende Vorschrift anwenden ließe; die Bewertung ist vielmehr ein „komplexer Prozeß"[195]. Denn anlasten kann man einer Vorschrift die symbolische Eigenschaft erst, wenn sie überhand nimmt, sich die Wirkung der Vorschrift darin erschöpft.

Wirkungen; letztere seien eine der tragenden Säulen des Einsatzes von Strafe, ebd., 519 ff.

190 Vgl. *Müller*, KrimJ 1993, 82, 86; *Hassemer*, NStZ 1989, 553 ff.; *Voß*, Symbolische Gesetzgebung, S. 5, die den Befürwortern des symbolischen Strafrechts vorwirft, sie blendeten den Rechtsgüterschutz aus und an den Gesetzgeber appelliert, falls möglich, nicht symbolisch tätig zu werden.

191 *Roxin*, Strafrecht, AT, § 2 Rn. 39.

192 *Roxin*, Strafrecht, AT, § 2 Rn. 42. Vgl. ferner *Diez Ripollés*, ZStW 2001, 516, 529 f., 536, wonach ein verfehltes symbolisches Strafrecht gegeben sei, wenn die Androhung oder der Einsatz von Strafe keine verbrechensprophylaktische Wirkung zeige, die Norm nicht hauptsächlich gegen die tatgeneigte Person zielt oder Wirkungen erzeugt, die zur Gewährleistung sozialer Kontrolle nicht erforderlich seien.

193 *Beck*, Risikogesellschaft.

194 Vgl. *Hassemer*, Das Symbolische, S. 1005 f.; *Hassemer*, NStZ 1989, 553, 558.

195 *Hassemer*, Das Symbolische, S. 1004.

Ob aber im Falle des § 130 StGB die erforderliche kritische Masse erreicht ist, ist schwer festzustellen. Zumindest lassen sich bezüglich des dritten und vierten Absatzes einige der seitens *Hassemer* genannten Eigenschaften symbolischen Strafrechts nachweisen. Beide Gesetzesänderungen des § 130 StGB waren anlaßbezogen[196] und beide erweisen sich in der Strafverfolgungspraxis als wenig bedeutsam. Zudem sind beide Tatbestände deutlich als Antwort auf die gesellschaftliche Großstörung „Rechtsextremismus" angelegt. Gerade in diesem Gesichtspunkt sind angesichts der Unzulänglichkeit des Strafrechts, die Geisteshaltungen anderer zu beeinflussen, Zweifel angebracht. Nicht zu Unrecht kritisierte noch während der Diskussion 1984 der damalige Grünen-Abgeordnete *Schily*, der als Innenminister gut 20 Jahre später an der Erarbeitung des vierten Absatzes beteiligt war[197], die erstaunliche Hoffnung, die in die Kraft des Strafrechts gesetzt werde und beanstandete das staatsfixierte Denken der anderen Parteien[198]:

> „Es ist ein deutsches Elend, dieser Glaube an das Vorschriftsmäßige, an Aktenzeichen und Paragraphen. Die Verbrechen der Naziherrschaft waren vermittelt von Paragraphen, Strafbestimmungen, Rundverfügungen, Verordnungen, Erlassen und Gesetzen. Es scheint mir ein trauriges, gespenstisches, illusionäres und hoffnungsloses Unterfangen zu sein, die Zerstörung des Gewissens, der Kultur, des Rechts, die in unsere heutige Gegenwart hineinreicht, mit Paragraphen wieder einzuholen."

Dieses eigentümliche Unterfangen ist jedoch in den 1990er Jahren wiederholt unternommen worden. Während der Gesetzgebungsprozesse verhehlten die gesetzgebenden Akteure nicht, daß der Einsatz des Strafrechts hier *nicht* die ideale Lösung darstellt, sondern nur ein Zeichen ist, das man nichts unversucht lassen wollte. Hier zeigt sich das Dilemma, in dem sich die Politik mangels eindeutig erfolgversprechender Lösungen befindet. Sie ist gefangen zwischen dem Vorwurf, in Untätigkeit zu verharren und der Kritik, zuviel des Guten zu tun – oder, wie es der CDU/CSU-Abgeordnete *Gehb* im Innenausschuß ausdrückte:

> „[...] wir sind ja Getriebene. In einem Wettlauf der guten Menschen um die vermeintlich beste und schärfste Versammlungsrechtsregelung und denjenigen, die sagen, ihr guckt schon wieder tatenlos zu, wie sich diese braune Brut entwickelt. In diesem Spannungsbogen sitzen wir. Jetzt müssen wir vernünftig einfache gesetzliche Lösungen vorlegen. Wir müssen sehen, dass das praktikabel ist."[199]

196 Vgl. 10. Kap. B) I. 2.

197 Vgl. 9. Kap. Fn. 160.

198 *Schily*, Sten. Ber. BT 10/67, S. 4760.

199 Sten. Ber. BT-InnenA 15/56, S. 49, ferner Sten. Ber. BT 15/164, S.15359; *Sonntag-Wolgast*, ebd., S. 15353.

Die praktikable Lösung lief auf den jetzigen § 130 Abs. 4 StGB hinaus, der weniger auf wirksame Strafverfolgung als auf ordnungsbehördliche Zwecke angelegt ist[200]. Dies zeigte sich im Gesetzgebungsverfahren[201] und bestätigt sowohl ein Blick in die wenigen veröffentlichten Entscheidungen, die seit Mai 2005 bis Ende 2007 mehrheitlich der Verwaltungsgerichtsbarkeit entstammten[202], als auch die Verurteiltenstatistik, die bislang erst für das Jahr 2006 vorliegt und drei Verurteilungen gemäß § 130 Abs. 4 StGB aufweist[203]. Demnach kommt der Tatbestand in der Praxis wohl nahezu ausschließlich als eine bloße Hilfsnorm, die das verwaltungsrechtliche Handeln unterstützt, zum Tragen. Eine solche Funktionalisierung, die sich ebenfalls im zweiten Absatz zeigt, soweit er in Nummer 1d auf die Beschlagnahme von Schriften ausgerichtet ist[204], führt aus dem eigentlichen Feld des Strafrechts, dem Basiskonflikt mit grundsätzlichem Unrecht, heraus[205]. Dies zeigt sich auch an der anhaltenden Suche nach dem eigentlich geschützten Rechtsgut des § 130 StGB, das sich hinter dem „Meta-Rechtsgut"[206] öffentlicher Friede verbirgt[207].

---

200 *Fischer*, StGB, 56. Aufl. 2009, § 130 Rn. 3.

201 Vgl. 9. Kap. B); ferner *Bertram*, NJW 2005, 1476, 1478; *Enders / Lange*, JZ 2006, 105, 108; *Fischer*, StGB, 56. Auf. 2009, § 130 Rn. 40.

202 Von den 20 Entscheidungen, die bei einer juris-Recherche am 11.4.2008 für den Zeitraum von 2005 bis 2008 gefunden wurden, entstammten drei der strafgerichtlichen, aber immerhin dreizehn der verwaltungsgerichtlichen Rechtsprechung und vier dem BVerfG; von letzteren wandte sich ein Beschwerdeführer gegen eine strafrechtliche Verurteilung, die übrigen begehrten den Erlaß einer einstweiligen Anordnung hinsichtlich der Durchführung einer Versammlung. – Auch wenn die Stichprobe nicht statistisch signifikant ist, dürfte die Tendenz stimmen.

203 Strafverfolgungsstatistik, Fachserie 10, Reihe 3 – 2006 (www.destatis.de).

204 *Schroeder*, Gesetzgebungstechnik, S. 416.

205 Zu Funktionalisierungstendenzen *Vormbaum*, Strafgesetzgebung, S. 479 f.

206 *Streng*, JZ 2001, 205.

207 Vgl. 10. Kap. B) V. sowie für die Suche in der Wissenschaft etwa *Junge*, Schutzgut, S. 25 ff.; *Foerstner*, Kollektivbeleidigung, S. 150 ff.; *Stegbauer*, Rechtsextremistische Propaganda, S. 163 ff.; *Wandres*, Auschwitz-Leugnen, S. 211 ff.; *Hörnle*, Grob anstößiges Verhalten, S. 282 ff.; zur Suche in der Politik vgl. Fn. 81. – Nach der verbreiteten Auffassung richtet sich das tatbestandliche Handeln ausschließlich oder vornehmlich gegen den öffentlichen Frieden, vgl. *Fischer*, StGB, 56. Aufl. 2009, § 130 Rn. 2 f. m.w.N., der selbst anderer Ansicht ist und v.a. Individualrechtsgüter der vor den aufhetzenden Äußerungen Betroffenen geschützt sieht. Zum reflexhaften Schutz der Bevölkerungsgruppen vgl. 7. Kap. bei Fn. 19 und 8. Kap. bei Fn. 155.

V. Das Rechtsgut des § 130 StGB als Basis rechtspolitischer Betrachtung

Bereits die Reformentwicklung der letzten Jahre, die eher kompromißartige Züge angenommen hat, zeugt davon, daß der geltende Rechtszustand nicht als Endpunkt einer Entwicklung verstanden werden kann. Entgegen früherer Überlegungen, die Vorschrift zu streichen oder doch mit der Aufforderung zu Straftaten zu fusionieren, ging die kriminalpolitische Tendenz dahin, die Vorschrift auszudehnen. Auch im juristischen Schrifttum wird die Existenzberechtigung der Vorschrift als solcher nurmehr vereinzelt bestritten[208]. Die Norm hat sich etabliert. Nachdem sie im Gegenzug zur Pressefreiheit entstand, soll sie heute als „Klimadelikt" fungieren[209]. Angefochten wird zuweilen das Verbot der Auschwitzleugnung sowie jüngst die im vierten Absatz normierte Verherrlichung der nationalsozialistischen Gewalt- und Willkürherrschaft[210].

Anders als bei ihrem internationalen Pendant, dem in § 80a StGB pönalisierten Aufstacheln zum Angriffskrieg, dessen Normierung gemäß Art. 26 Abs. 1 S. 2 GG ausdrücklich vorgeschrieben ist, besteht keine entsprechende verfassungsrechtliche Verpflichtung hinsichtlich des § 130 StGB. Ein anderes könnte sich aus etwaigen Schutzaufträgen des Gesetzgebers ergeben. Allerdings erweist es sich als bedenklich, solche Schutzaufträge aus den Grundrechten abzuleiten, da daraus die Gefahr erwächst, daß sich die Grundrechte aus freiheitssichernden Regeln in freiheitsbeschränkende umwandeln könnten[211]. Vielmehr ist dem Grundrecht der Meinungsfreiheit gerade die Vermutung freier Rede zu entnehmen. Eine demokratische Gesellschaft gründet sich auf den Möglichkeiten und Risiken ungehinderter öffentlicher Kommunikation[212], wie auch das Bundesverfassungericht feststellt:

> „Die Meinungsfreiheit ist für die freiheitlich demokratische Ordnung des Grundgesetzes schlechthin konstituierend. Es gilt die Vermutung zu Gunsten freier Rede [...]. Die Bürger sind rechtlich nicht gehalten, die Wertsetzungen der Verfassung persönlich zu teilen. [...] Die Bürger sind daher auch frei, grundlegende Wertungen der Verfassung in Frage zu stellen, solange sie dadurch Rechtsgüter anderer nicht gefährden. Die plurale Demokratie des Grundgesetzes vertraut auf die Fähigkeit der Gesamtheit der Bürger, sich mit Kritik an der Verfassung auseinanderzusetzen und sie dadurch abzuwehren. Unter der Voraussetzung einer besonderen Gefähr-

---

208 Durch NK-*Ostendorf*, § 130 Rn. 8.

209 *Geilen*, Volksverhetzung, S. 1168; vgl. BT-DRs. 12/8588, S. 8.

210 Vgl. in diesem Kapitel B) III.

211 Vgl. *Vormbaum*, Aktuelles zur Lage des Strafrechts, S. 710 unter Hinweis auf das erste Bundesverfassungsgerichtsurteil in der Abtreibungsfrage, BVerfGE 39, 1 ff.

212 Vgl. *Hefendehl*, Kollektive Rechtsgüter, S. 304 Fn. 352.

dung der freiheitlichen demokratischen Ordnung kennen Art. 9 II, 18, 21 II GG allerdings besondere Vorkehrungen der Gefahrenabwehr als Ausdruck einer wehrhaften und streitbaren Demokratie. Diese Normen dienen auch dem Ziel, ein Wiederaufleben des Nationalsozialismus zu verhindern."[213]

Dieses zweispurige System ist bei der Beurteilung von Meinungsäußerungen zu berücksichtigen. Falls Meinungsäußerungen Rechtsgüter anderer bedrohen, darf der „Meinungsmarkt" jedoch nicht vollkommen dem freien Spiel der Kräfte überlassen, sondern auch mit dem Strafrecht eingegriffen werden. Eine andere Frage ist freilich, ob das Strafrecht jeweils das zweckmäßige Mittel ist.

Zweifel an der Eignung der Volksverhetzungsvorschrift könnten sich daraus ergeben, daß extremistische Einstellungen nicht abgenommen haben, obwohl § 130 StGB und parallele Vorschriften, etwa die §§ 86, 86a StGB (Verwenden verfassungswidriger Kennzeichen) ausgedehnt worden sind. Vielmehr sind die Zahlen rechtsextremer Übergriffe gestiegen und rechtsextremistische Parteien erhalten weiterhin vermehrt Zulauf[214]. Freilich kann es nicht das Anliegen einer Strafvorschrift sein, das Großproblem „Rechtsextremismus" zu lösen[215]. Nach herrschender Auffassung im Schrifttum, aber auch nach den jeweiligen gesetzgeberischen Motiven, schützt das Volksverhetzungsverbot in seinen verschiedenen Tatbeständen den öffentlichen Frieden[216]. Aber was ist dahinter zu verstehen? Die gängige Deutung unterscheidet eine objektive und eine subjektive Komponente. Die objektive – Zustand allgemeiner Rechtssicherheit – macht gleichwohl wenig Sinn, wie es schon *Fischer* prägnant beschrieben hat:

> „Wenn ‚öffentlicher Friede' objektiv die Gesichertheit des Rechts bedeutet, dann wird er durch den Rechtsbruch – und zwar durch jeden – gestört. Außerhalb der Summe des (positiven) Rechts kann es keinen Rechtsfrieden in diesem Sinn und auch keine Rechtsfriedensstörung geben." [217]

213 BVerfG NJW 2001, 2069, 2070.

214 So der von Bundesinnenminister *Schäuble* am 15.5. 2007 vorgestellte Verfassungsschutzbericht, vgl. *Ramelsberger*, SZ v. 16./17.5.2007, S. 8.

215 Da bereits allgemein eine Mehrzahl allgemeiner Gründe dazu anregt, gegenüber den durch Strafrecht vermittelten Problemlösungsansätzen skeptisch zu sein (zu den Problemen des Strafrechts *Vormbaum*, Entkriminalisierung, S. 323 f.) und ebenfalls hinsichtlich § 130 StGB in der Gesetzesentwicklung Kritik geäußert worden ist – gerade die letzten Entscheidungen des Gesetzgebers sind im Parlament nicht auf volle Zustimmung gestoßen –, sollte die Vorschrift hinterfragt werden.

216 Vgl. nur Sch / Sch / *Lenckner / Sternberg-Lieben*, StGB, 27. Aufl. 2006, § 130 Rn. 1a. Zur Auffassung des Gesetzgebers vgl. die bisherige Untersuchung.

217 *Fischer*, NStZ 1988, 159, 161 f.

Anders ist dies hinsichtlich des subjektiven Verständnisses, also dem Sicherheitsbewußtsein der Bevölkerung. Es bestehen allerdings Zweifel, ob das Sicherheitsbewußtsein ein geeignetes Rechtsgut sein kann, um Strafdrohungen zu legitimieren. Schließlich stellen Gefühle nur unsichere Kriterien dar, die schwerlich für die Verbindlichkeit von Verhaltensgeboten herangezogen werden können. Dementsprechend wird ein derartiger subjektiver Rechtsgutsbegriff in der zeitgenössischen Lehre teilweise verneint[218] und der öffentliche Friede bloß als ein die Legitimation verschleierndes Scheinrechtsgut angesehen[219]. Bereits anläßlich der Umgestaltung zur Volksverhetzung bezweifelte der damalige SPD-Geschäftsführer *Arndt* den Rechtsgutstatus, ließ seine Ablehnung der Friedensklausel und des öffentlichen Friedens als Rechtsgut aber zugunsten des gefundenen Kompromisses fallen[220]. Bemerkenswerterweise beschränkte sich das Bundesverfassungsgericht in den Entscheidungen zur früheren Fassung des § 130 StGB darauf, den verfassungsrechtlichen Rückhalt in der Menschenwürde zu sehen, ohne auf den öffentlichen Frieden eingehen zu müssen[221].

Zwar kann man den öffentlichen Frieden nicht auch deswegen als Rechtsgut ablehnen, weil er ein kollektives Rechtsgut darstellt. Denn der Mensch kann seine Interessen nur innerhalb der Gemeinschaft samt ihrer Einrichtungen verwirklichen und ist daher auch auf deren Schutz angewiesen[222]. Aber es sprechen zwei andere Gründe gegen die Anerkennung des öffentlichen Friedens als Rechtsgut: erstens ist ein friedvolles Zusammenleben zwar ein bedeutendes gesellschaftliches Anliegen, aber der innergesellschaftliche Friede als solcher kein schützenswerter Zustand, sondern gerade das Produkt steter Bewährung und ständigen Aushandelns – anders als die „Grabesruhe einer Diktatur", vor der die CDU/CSU-Abgeordnete *Hellwig* anläßlich des 1985 ihrem Sinne getroffenen verfahrensrechtlichen Kompromisses warnte:

---

218 Vgl. *Hefendehl*, Kollektive Rechtsgüter, S. 61, 285, 299; speziell gegen „Gefühlsschutz" SK-*Rudolphi / Rogall*, § 189 Rn. 6; NK-*Zaczyk*, § 189 Rn. 3; *Roxin*, Strafrecht, AT, § 2 Rn. 26 ff. vg. ferner die Nachweise bei *Hörnle*, Schutz von Gefühlen, S. 268 Fn. 2; näher *dies.*, Grob anstößiges Verhalten, S. 90 ff. Anders aber bspw. *Wehinger*, Kollektivbeleidigung, S. 81 ff., der den öffentlichen Frieden in seiner subjektiv-objektiven Ausprägung mit der h.M. als Rechtsgut des § 130 StGB ansieht.

219 *Hefendehl*, Kollektive Rechtsgüter, S. 298 f. Eingehend *Junge*, Schutzgut, S. 26 ff.

220 Vgl. 8. Kap. bei Fn. 155.

221 BVerfGE 90, 241, 251 = NJW 1994, 1779, 1780 („Schutz der Menschlichkeit"); NStZ 2001, 26, 27. Zum verfassungsrechtlichen Hintergrund der Sichtweise *Hörnle*, Grob anstößiges Verhalten, S. 284 f.

222 NK-*Hassemer / Neumann*, Vor § 1 Rn. 138.

> „Im offenen politischen Meinungskampf müssen Unwahrheiten – auch mit dem Pseudoanspruch der Wahrheit – ertragen werden können. Dies macht das Meinungsbild einer Demokratie einerseits so diffus und unruhig, andererseits bewahrt es sie auch vor der Grabesruhe einer Diktatur von rechts oder links, in der politisch Andersdenkende verfolgt, gefangengenommen, in Psychiatrien gesperrt, gefoltert und getötet werden – und das alles mit dem Anspruch, damit der einzig richtigen, der staatlich verordneten Wahrheit zu dienen.“[223]

Zweitens läßt ein Abstraktum wie der öffentliche Friede den begrenzenden Sinn des Rechtsgüterschutzgedankens verflüchtigen. Um die limitierende Funktion zu erhalten, ist es notwendig, das Rechtsgut enger zu fassen[224]. Dies kann nur geschehen, indem man den Begriff des Rechtsguts wieder dem des Rechts annähert[225]. Noch deutlicher begrenzend wirkte eine Rückkehr zur Rechtsverletzungslehre[226], doch davon ist das aktuelle Strafrecht mit seinen Gefährdungstatbeständen, die eine Rechtsgutsbedrohung ausreichen lassen, weit entfernt, wie sich bereits an § 130 StGB zeigt. Nachfolgend wird untersucht, welche Rechtsgüter sich aus den einzelnen Gesetzgebungsprozessen für die jeweiligen Tatbestände destillieren lassen[227]. Allerdings ist auch ein enger verstandener Rechtsgüterschutz bloß ein notwendiges, aber noch nicht allein hinreichendes Kriterium für die Frage nach der jeweiligen Legitimation als Straftatbestand[228]. Insbesondere im Hinblick auf den dritten und vierten Absatz (Auschwitzleugnung und Verherrlichen der NS-Gewaltherrschaft) stellt sich die weitere Frage, ob es rechtspolitisch geboten ist, entsprechende strafrechtliche Regelungen zu treffen.

1. Friedensgefährdende Hetze[229]

Für den ursprünglich einzigen Tatbestand des § 130 StGB ist es gar nicht nötig, auf den öffentlichen Frieden zurückzugreifen, wie es die herrschende Auffassung im Schrifttum bislang, teilweise neben dem Schutz der Menschenwür-

---

223 Abg. *Hellwig*, Sten. Ber. BT 10/135, S. 10076.

224 *Vormbaum*, ZStW 1995, 734, 754.

225 *Vormbaum*, ZStW 1995, 734, 752.

226 Vgl. *Vormbaum*, Lage des Strafrechts, S. 705 f.

227 Freilich begründet keine Parlamentsmehrheit ein Rechtsgut, sondern ist abhängig von gesellschaftlicher Werterfahrung und entsteht in einem Aushandlungsprozeß, vgl. *Hassemer*, Rechtsgüterschutz, S. 168.

228 *Hassemer*, Rechtsgutslehre, S. 163.

229 Hier geht es weniger um technische Details der Tatbestände, die auch kritikwürdig wären, bspw. den wenig hilfreichen Unterschied zwischen „Teilen der Bevölkerung“ und den ebenfalls in Abs. 2 genannten „Gruppen“, so schon *Haft*, in seiner Stellungnahme zur 120. Sitzung RechtsA, 11.4.1994, S. 3.

de, unternimmt. Die Vertreter dieser Ansicht können sich damit zwar auf die Auslegung des Vorgängers, § 100 PrStGB[230], und auf die ersten Reformdiskussionen[231] berufen. Aber in den 1950er Jahren eröffneten einige der am Gesetzgebungsprozeß Beteiligten die Diskussion um das geschützte Rechtsgut[232]. Aussagen wie diejenige, daß die Vorschrift primär den öffentlichen Frieden und allenfalls reflexhaft die jeweils verbal angegriffene Bevölkerungsgruppe schütze, sind freilich im Lichte der Überlegungen zu sehen, unbedingt den Anschein eines Sondergesetzes zu vermeiden, das als privilegium odiosum die Abneigung gegen die jüdische Bevölkerungsgruppe nur verstärke und damit die erwünschte Wirkung in ihr Gegenteil verkehre[233]. Es liegt jedoch nahe, gerade diese reflexhafte Wirkung als vorrangige anzusehen: wer zu Gewalt- oder Willkürmaßnahmen gegen Personen auffordert, befördert einen möglichen Kausalfaktor in einer Kette von Faktoren, die schließlich in entsprechenden Handlungen enden können und dann Leben, Gesundheit oder Eigentum anderer verletzen können. Ein solches Ergebnis ist, wenngleich am Ende einer längeren Kausalkette stehend, dem Äußernden noch zuzurechnen, sofern er zu Gewalt- oder Willkürmaßnahmen (Nr. 1, Variante 2) auffordert. Denn anders als bei denn bloß allgemeinen Aufstacheln zu feindseligen Gefühlen (Nr. 1, Variante 1) begibt sich der Äußernde objektiv eher in das Risiko, mit seinen Äußerungen entsprechende Aktionen auszulösen[234].

Entsprechend äußerten sich auch einige Mitglieder der Großen Strafrechtskommission Ende der 1950er Jahre, während anderen „irgendeine psychologische Wirkung“ zweitrangig war[235]. Zu letzteren gehörte *Bockelmann*, der den wahren Strafgrund des im E 1959 I normierten Verhaltens, das dem heutigen § 130 Abs. 1 StGB ähnelt[236], in dessen „Abscheulichkeit“ fand, die sich gerade

---

230 Vgl. 2. Kap. D) II. 2. c). Das Rechtsgutskonzept befand sich allerdings erst in der Entwicklung, zur Einführung des Begriffs „Gut“ in die Strafrechtstheorie *Vormbaum*, Aktuelles zur Lage des Strafrechts, S. 704 f.

231 Vgl. explizit nur zum E 1919 5. Kap. bei Fn. 92.

232 Vgl. 8. Kap. A) IV. 2. e) (bei Fn. 155) und B) I. 2. (bei Fn. 196)

233 Vgl. 8. Kap. bei Fn. 117 und bei Fn. 205.

234 *Hörnle*, Grob anstößiges Verhalten, S. 297 f., 302; auch für *Kübler* ist die Beziehung solcher Äußerungen zur Anwendung physischer Gewalt der wichtigste Grund, um ihnen strafrechtlich zu begegen (AöR 2000, 109, 126); dagegen überwiegt für *Geilen* die kollektive, nur auf den öffentlichen Frieden abstellende Schutzfunktion (Volksverhetzung, S. 1169).

235 Vgl. 8. Kap. bei Fn. 206. Kritisch gegenüber der Macht der Worte *Plack*, Vergangenheitsbewältigung, S. 86 f., 334, 340.

236 Allerdings waren die Gruppen noch auf „nationale, rassische, religiöse oder durch ihr Volkstum bestimmte Gruppen“ begrenzt und gerade deswegen das Menschenwürdeerfordernis noch nicht aufgenommen.

hinsichtlich antisemitischer Äußerungen vor dem Hintergrund des Holocausts ergebe. Ähnlich äußerten sich *Fritz*, der vom „humanitären Befinden" sprach, sowie *Fränckel*, der anstelle der Friedensgefährdung auf das empörte Rechtsempfinden abstellen wollte – eine Formulierung, die das unlängst von *Hörnle* untersuchte Thema „Strafrechtlicher Schutz von Moral, Gefühlen und Tabus" vorzeichnete. Auch *Hörnle* erkennt in § 130 Abs. 1 Nr. 1, 2. Var. StGB (Auffordern zu Gewalt- oder Willkürmaßnahmen) keinen bloßen Gefühlsschutz, sondern führt die Tathandlung auf klassische Individualrechtsgüter zurück, insbesondere auf Gesundheit, Leben und Eigentum. Der originäre Anwendungsbereich der Variante ist freilich eher eng. Denn in Abgrenzung zur Öffentlichen Aufforderung zu Straftaten (§ 111 StGB) erfaßt § 130 Abs. 1 Nr. 1, 2. Var. StGB eigenständig nur die Aufforderungen, die abstrakt zu Gewalthandlungen anstacheln[237].

Eine gewisse Skepsis angesichts der weiteren schwer wägbaren und damit nicht einfach dem Äußernden zurechenbaren Faktoren ist freilich zumindest gegenüber § 130 Abs. 1 Nr. 1, 1. Var. StGB – Aufstacheln zum Haß – angebracht: die Erregung feindlicher Gefühle liegt noch weiter im Vorfeld möglicher Rechtsgutsverletzungen. Wenngleich Haß in Taten umschlagen kann, fällt der Nachweis, daß die Gefahr dem Äußernden zuzurechnen ist, noch schwerer. Schließlich gibt es eine Reihe von Faktoren außerhalb der Äußerung selbst, die der Täter nicht beherrscht. Dazu zählen in erster Linie die Empfängerschaft selbst, ihre Persönlichkeitsstruktur sowie ihre Vorprägung, insbesondere ihre allgemeine Bereitschaft, Konflikte mit Gewalt auszutragen. Auch gruppenpsychologische Entwicklungen, etwa die Frage der Eigendynamik, sind schwer einzuschätzen[238]. Nicht ohne Grund war eine ähnliche Formulierung, nämlich „Feindseligkeiten", aus dem Reichsstrafgesetzbuch herausgelassen worden[239], ist doch, was die darin enthaltenen Handlungsanweisungen betrifft, der Aufforderungsinhalt gegenüber der 2. Variante weitaus abstrakter und weist dem Richter einen größeren Spielraum zu. Hinsichtlich des Konkretisierungsgrades steht die Aufforderung zum Haß am Ende einer Reihe von Aufforderungsdelikten[240].

Der dahinter stehende gesetzgeberische Zweck zum Zeitpunkt des Erlasses 1960 war es, die Strafbarkeitsschwelle gegenüber dem bisherigen Anreizen zu

---

237 Vgl. bereits die entsprechenden Versuche zur Fusion mit § 111 StGB, 6. Kap. A) II.; ferner *Rogall*, GA 1979, 11, 24 f.

238 Zu den diversen Faktoren *Hörnle*, Grob anstößiges Verhalten, S. 297.

239 Vgl. 3. Kap. E) bei Fn. 82.

240 *Hörnle*, Grob anstößiges Verhalten, S. 298.

Gewalttätigkeiten – nochmals – nach vorn zu verlagern[241]. Durch die 1994 vorgenommene Streichung des Menschenwürdeangriffs im Rahmen der Nr. 1 sollte vor allem die Anwendung der Aufstachelungs- und Aufforderungstatbestände in der gerichtlichen Praxis erleichtert werden[242]. Zugleich hieß es in der Gesetzesbegründung, das Aufstacheln zu Haß oder Gewalt stelle *regelmäßig* einen Angriff auf die Menschenwürde dar. Hier zeigt sich, wie die Einfügung des normativen Merkmals „Angriff auf die Menschenwürde" dazu beigetragen hat, das von § 130 StGB geschützte Rechtsgut zu vernebeln[243]. Entweder behilft man sich mit der Feststellung, die gesetzgeberischen Gedankengänge wirkten „unausgegoren" [244] und zieht die weitere Zielsetzung des Gesetzgebers heran, die gegen die restriktive Interpretation in der Rechtsprechung zielte. Dann wäre die Gesetzesbegründung so zu lesen, als impliziere das in Nr. 1 (vormals Nr. 1 und 3) normierte Verhalten *stets* eine Menschenwürdeverletzung, womit die Menschenwürde als (zusätzliches) von Abs. 1 geschütztes Gut verbliebe. Oder man blickt näher auf die Begründung, derzufolge aus zwei Aspekten auf den Menschenwürdeangriff verzichtet wurde: neben dem genannten, daß das Aufstacheln zum Haß regelmäßig einen Menschenwürdeangriff enthalte, bewege es sich auch (stets) außerhalb des legalen politischen Meinungskampfs[245]. Daneben kann man auch die frühere Fassung zuratexiehen, die eben jenes Merkmal enthielt, das der Gesetzgeber kaum als sinnentleert dort eingefügt hatte, sondern unter der Voraussetzung, daß es gerade auch Äußerungen gebe, die nicht die Menschenwürde angriffen und daher aus dem Anwendungsbereich herausfielen[246]. Schließlich ist die Gesetzesänderung auch als Reaktion auf den Antrag Niedersachsens im Bundesrat zu sehen, der es auf einen bloßen Würdeangriff ankommen lassen wollte[247]. Folgerichtig müßte die Menschenwürde als Rechtsgut hinsichtlich des Absatzes 1 Nummer 1 ausscheiden[248]

241 Vgl. 8. Kap. A) IV. 2. b) bei Fn. 146.

242 Vgl. 9. Kap. A) I. bei Fn. 21.

243 *Haft*, in seiner Stellungnahme zur 120. Sitzung RechtsA, 11.4.1994, S. 2.

244 *Stegbauer*, Rechtsextermistische Propaganda, S. 173; NK-*Ostendorf*, § 130 Rn. 4.

245 BT-Drs. 12/6853, S. 24.

246 Sch / Sch / *Lenckner / Sternberg-Lieben*, StGB, 27. Aufl. 2006, § 130 Rn. 1a.

247 Vgl. 9. Kap. A) I. In der Begründung gingen die Entwurfsverfasser allerdings davon aus, daß sich die im vorgeschlagenen § 130 StGB enthaltenen Angriffe gegen die persönliche Ehre sowie – weiterhin – gegen die Menschenwürde richteten (vgl. BR-Drs. 887/92, S. 11).

248 So auch SK-*Rudolphi / Stein*, StGB, § 130 Rn. 1.

Dies widerspricht aber einer systematischen Interpretation. Der Unterschied des Aufstachelns zum Haß (Nr. 1, 1. Variante) gegenüber dem böswilligen Verächtlichmachen (Nr. 2, 2. Variante) besteht vornehmlich im Menschenwürde-Kriterium. Es ist jedoch unklar, worin der Unterschied zwischen Haß und Verachtung liegen soll[249]. Zwar wird als Aufstacheln zum Haß ein Einwirken auf andere verstanden, das dazu bestimmt ist, eine über die Ablehnung oder Verachtung *hinausgehende* feindselige Haltung hervorzurufen oder zu steigern[250]. Wann dies aber gegeben sein soll, nicht aber zugleich ein böswilliges Verächtlichmachen, ist unklar. Wenn es jedoch für die Strafbarkeit des böswilligen Verächtlichmachens zusätzlich darauf ankommt, daß die Menschenwürde anderer angegriffen wird, hätte die Tathandlung (§ 130 Abs. 1 Nr. 2, 2. Var. StGB) keinen eigenen Anwendungsbereich. Umgekehrt gälte dies für die Aufforderung zum Haß, wenn man dort stets einen Menschenwürdeangriff verlangte. Das Dilemma ist zugunsten des böswilligen Verächtlichmachens aufzulösen, denn nur dadurch erhellt sich die Gleichstellung mit der konkreteren Aufforderung zu Gewalt- oder Willkürmaßnahmen in der Nummer 1. Dementsprechend ist auch in § 130 Abs. 1 Nr. 1, 1. Var. StGB ein tatbestandsmäßiges Verhalten nur zu erkennen, wenn die Menschenwürde angegriffen wird. Damit liegt die rechtsgutbeeinträchtigende Essenz des ersten Absatzes in § 130 Abs. 1 Nr. 1, 2. Var., dem Aufstacheln zu Gewalt- oder Willkürmaßnahmen; hingegen ist die erste Variante überflüssig[251].

Deutlich leichter ist die Frage im Rahmen des § 130 Abs. 1 Nr. 2 StGB (Beschimpfen, böswilliges Verächtlichmachen oder Verleumden von Bevölkerungsteilen) zu beantworten, denn diese Tathandlungen schützen – ausweislich ihres Wortlauts – vor allem die Menschenwürde der von der Äußerung Betroffenen[252] und gehen damit über die bloße Kollektivbeleidigung hinaus. Dementsprechend wird die Existenzberechtigung der Vorschrift insoweit zurecht nicht in Frage gestellt.

249 Vgl. bereits die Äußerungen des preußischen Obertribunals zur Unbestimmtheit der Begriffe, 3. Kap. Fn. 32.

250 Sch / Sch / *Lenckner / Sternberg-Lieben*, StGB, 27. Aufl. 2006, § 130 Rn. 5a.

251 *Hörnle*, Grob anstößiges Verhalten, S. 302 f., die darauf verweist, daß die Rechtsprechung vielfach schwere Kollektivbeleidigungen unter beide Tathandlungen – Nr. 1, 1. Var. und Nr. 2, 2. Var. – subsumiert.

252 Vgl. NK-*Ostendorf*, § 130 Rn. 4; *Hörnle*, Grob anstößiges Verhalten, S. 286 f. m.w.N.; Bedenken dagegen bei *Hefendehl*, Kollektive Rechtsgüter, S. 300 f.

2. Medienverbreitungstatbestand

Der einstige Schriftenverbreitungstatbestand ist mittlerweile aufgrund der Änderung 2003 auch auf die Verbreitung im Wege der Tele- und Mediendienste anwendbar. Er ist zwar dem § 131 a.F. StGB entnommen, aber parallel zum ersten Absatz des § 130 StGB gebildet. So stellt er das Verbreiten, Zugänglichmachen, Herstellen und Liefern solcher Schriften oder Verbreiten solcher Darbietungen über den Rundfunk, Medien- oder Teledienste unter Strafe, die gegen den ersten Absatz verstoßen. Daher kann hier auf die Ausführungen zum ersten Absatz verwiesen werden[253]. Damit erklärt sich zugleich die vom Gesetzgeber bewußt durch das Fehlen der Friedensschutzklausel eingegangene Strafbarkeit von Äußerungen gegenüber Bevölkerungsgruppen, die sich ausschließlich im Ausland aufhalten[254]. Zudem kann dahinstehen, ob nicht, soweit das Anbieten, Überlassen, oder Zugänglichmachen solcher Schriften an Minderjährige (Abs. 2 Nr. 1c) betroffen ist, der Jugendschutz als weiteres Rechtsgut in Frage kommt[255]. Diese Überlegung allein deswegen abzulehnen, weil der Jugendschutz bereits erschöpfend im Gesetz über die Verbreitung jugendgefährdender Schriften geregelt sei[256], überzeugt angesichts des Wortlauts von § 130 Abs. 2 StGB nicht. Eher schon könnte man an dessen Qualität als strafrechtliches Rechtsgut zweifeln; ein wichtiges Gemeinschaftsanliegen ist der Jugendschutz allerdings, wie aus dem entsprechenden Vorbehalt in Art. 5 Abs. 2 GG hervorgeht. Weniger gegen den Bestand der Vorschrift als gegen ihre Ausgestaltung erscheint daher Kritik angebracht. Zu beanstanden ist neben der umständlichen Tatbestandsfassung auch die systemwidrige Außerachtlassung von Live-Aufführungen im Theater[257]; zudem ist die Anwendung nationalen Rechts auf Sachverhalte außerhalb des originären Geltungsbereich

---

253 Wegen der Parallelen zu Abs. 1 nehmen u.a. auch *Stegbauer*, Rechtsextremistische Propaganda, S. 174 und *Hörnle*, Grob anstößiges Verhalten, S. 311 eine weitgehend gleichlaufende Schutzrichtung an, a.A. *Junge*, Schutzgut, S. 199, soweit es sich um nur im Ausland befindliche Personengruppen handelt.

254 Dies ist freilich keine besonders starke Legitimationsbasis, zumal nach Einfügung der Begehungsweise durch Medien- und Teledienste der gemäß §§ 3 ff. StGB maßgebliche Tatort überall liegen kann. Zur Kritik vgl. *Fischer*, StGB, 56. Aufl. 2009, § 130 Rn. 16 f.; Sch / Sch / *Lenckner / Sternberg-Lieben*, StGB, 27. Aufl. 2006, Vor § 123 Rn. 2, § 130 Rn. 1a, 12.

255 So etwa LK-*v. Bubnoff*, 11. Aufl. 2005, § 130 Rn. 32; *Hörnle*, Grob anstößiges Verhalten, S. 312.

256 Sch / Sch / *Lenckner / Sternberg-Lieben*, StGB, 27. Aufl. 2006, § 130 Rn. 1a.

257 Vgl. 10. Kap. B) I. 1. bei Fn. 69.

des deutschen Strafrechts, namentlich des ubiquitären Tatorts Internet, nicht unproblematisch[258].

3. Auschwitzleugnungstatbestand

Schwieriger ist jedenfalls die Beurteilung des Auschwitzleugnungstatbestands. Während das Auschwitz-Tabu aus der deutschen Geschichte heraus begründet ist, sieht sich das darauf basierende strafrechtliche Verbot des § 130 Abs. 3 StGB unterschiedlichen Bedenken ausgesetzt. Nicht zuletzt hat das Verbot der Holocaustleugnung nur geringe praktische Relevanz: die meisten Verurteilungen verzeichnen die ersten beiden Absätze[259].

Im Schrifttum werden mehrere Rechtsgüter angeführt, die der Auschwitzleugnungstatbestand schütze. Die zur Begründung der Strafdrohung des § 130 Abs. 3 StGB herangezogenen Gegenstände reichen von dem von der herrschenden Meinung favorisierten öffentlichen Frieden über die Ehre[260] und die Menschenwürde bis zur Verletzung des Rechts auf Identität als Ausprägung des allgemeinen Persönlichkeitsrechts[261]. Die zahlreichen „Angebote" geben freilich ein beredetes Zeugnis von der nur beschränkten Wirkung der Rechtsgüteridee, begrenzend auf die Schaffung neuer Strafvorschriften hinzuwirken. Immerhin wird der Schutz der historischen Wahrheit, der augenscheinlich mit § 130 StGB verbunden werden könnte, zurecht nur als Mittel zum Schutz der genannten Gegenstände angesehen[262]. Im Gegensatz zu vielen anderen Stimmen im Schrifttum lehnt allerdings *Hörnle* die Vorschrift als bloßen Tabuschutz ab, da sie weder Rechte anderer noch Rechtsgüter schütze[263].

Anders als der erste Absatz läßt sich das Verbot der Holocaustleugnung nicht dadurch rechtfertigen, daß entsprechende Äußerungen in einer besonderen Beziehung zur Anwendung physischer Gewalt stehen[264]. Freilich soll die Gefahr, die von der permanenten Negierung ausgeht, namentlich das Einsetzen von Gewöhnungseffekten, nicht unterschätzt werden. Doch ist der denkbare

---

258 *Heghmanns*, JA 2001, 276, 280; Sch / Sch / *Lenckner / Sternberg Lieben*, StGB, 27. Aufl. 2006, § 130 Rn. 1a.

259 Vgl. NK-*Ostendorf*, § 130 Rn. 6.

260 *Junge*, Schutzgut, S. 200.

261 Vgl. nur *Stegbauer*, Rechtsextermistische Propaganda, S. 174 ff. Zur Menschenwürde auch *Streng*, Volksverhetzung, S. 511.

262 Vgl. *Stegbauer*, Rechtsextermistische Propaganda, S. 175 m.w.N. Zur Kritik an einem derartigen „Rechtsgut" *Cobler*, KJ 1985, 159, 166.

263 *Hörnle*, Schutz von Gefühlen, S. 274 f.

264 So aber *Fischer*, StGB, 56. Aufl. 2009, § 130 Rn. 24a.

Kausalzusammenhang beim reinen Negieren der historischen Tatsache – vergleichbar dem Erregen von Haß im Sinne des Absatzes 1 Nummer 1, 1. Variante – sehr viel geringer als beim unmittelbaren Auffordern zu Gewalttaten[265].

Aus entwicklungsgeschichtlicher Perspektive spricht viel dafür, neben dem vagen öffentlichen Frieden den postmortalen Achtungsanspruch der Opfer des nationalsozialistischen Völkermords als von der Vorschrift geschütztes Rechtsgut anzusehen[266]. Zum einen unterfiel die „einfache Auschwitzleugnung“ mangels Menschenwürdeangriffs gerade nicht § 130 StGB a.F.[267]. Zum anderen zeugt auch die zunächst beschrittene verfahrensrechtliche Lösung von der gesetzgeberischen Auffassung, daß es sich um eine Ehrverletzung handele. Dementsprechend ordneten die Fürsprecher des verfahrensrechtlichen Weges ihr Vorhaben entweder als besondere Ausformung der Verunglimpfung des Andenkens Verstorbener oder als Störung des gesellschaftlichen Friedens ein, mit der eine Verletzung des Persönlichkeitsrechts der Toten wie der Überlebenden einhergehe[268].

Der inneren Systematik des § 130 StGB ist wenig zu entnehmen, da sich der dritte Absatz nicht harmonisch einfügt. Zum einen enthält er gerade nicht den Menschenwürdeangriff. Zum anderen weicht der Strafrahmen gegenüber dem ersten Absatz mangels einer Mindestfreiheitsstrafe von drei Monaten leicht nach unten ab, wobei die Angleichung der oberen Strafrahmen erst im Vermittlungsausschuß als Kompromiß zustandekam[269]. Wenn man also vom öffentlichen Frieden als Rechtsgut absieht, liegt es nahe, daß die Vorschrift die Ehre und Achtung vor den Opfern schützt. Zugunsten einer solchen Schutzrichtung wäre allerdings eine Anwendung der Ehrschutzdelikte naheliegend, die auch der 1985 in Kraft gesetzten Änderung im Bereich des Antragsrechts Rechnung trüge[270].

Unabhängig vom hierdurch geschützten Rechtsgut, das eben nur notwendige, nicht aber hinreichende Voraussetzung einer jeden Strafvorschrift ist, sprechen

---

265 So auch *Hörnle*, Grob anstößiges Verhalten, S. 321.

266 Vgl. auch den Entwurf der Grünen vom 27.4.1994, wonach die Leugnung oder Billigung des Holocausts neben dem friedlichen Zusammenleben auch den Ehranspruch der Überlebenden als angreife (BT-Drs. 12/7421, S. 4).

267 Vgl. 9. Kap. A) II. bei Fn. 36.

268 Vgl. 9. Kap. A) II. 1. c) bei Fn. 76.

269 Vgl. 9. Kap. A) II. 2. b) bei Fn. 132.

270 Für eine Bestrafung aus § 185 StGB, sofern der Täter nicht irrationalerweise von der Richtigkeit seiner Behauptung überzeugt ist und daher vorsatzlos handelt, *Hörnle*, Grob anstößiges Verhalten, S. 327.

jedenfalls rechtspolitische Bedenken gegen die Aufrechterhaltung des § 130 Abs. 3 StGB. Zum einen ist in vielen Fällen bereits unter anderen Gesichtspunkten eine Strafbarkeit gegeben. Denn wenn entsprechende Äußerungen diffamierend sind und zugleich die Menschenwürde angreifen, sind sie bereits gemäß § 130 Abs. 1 Nr. 2 StGB strafbar. Damit ist gerade in den Fällen eine Strafverfolgung möglich, in denen rassistische Verunglimpfungen darauf ausgelegt sind, die Angegriffenen auszugrenzen. Zudem überschneidet sich der Anwendungsbereich des § 130 Abs. 3 StGB teilweise mit dem des § 130 Abs. 1 Nr. 2 StGB, soweit das Billigen des nationalsozialistischen Völkermords betroffen ist[271]. Zum anderen ist gerade der Einsatz des Strafrechts hier fraglich. Das Strafrecht steht in einer widersprüchlichen Lage: Nachdem früher der Staat den Antisemitismus verordnet hat, soll heute jener Antisemitismus per Strafgesetz bekämpft werden[272]. Daß dies nicht funktioniert, zeigten bereits die Republikschutzgesetze der Weimarer Zeit, die eine Spezialvorschrift gegenüber § 130 RStGB hervorbrachten[273], es aber nicht schafften, republikanisches Bewußtsein durchzusetzen[274].

Teilweise wird die symbolische Wirkung strafrechtlicher Vorschriften straferhaltend ins Feld geführt, da sich im Falle der Aufhebung ein Umkehreffekt ergebe[275]. Danach wirke der Gesetzgeber durch die Abschaffung ebenso auf die entsprechend geprägten Auffassungen der Normadressaten ein und erwecke womöglich die Vorstellung, daß das einst gesellschaftlich mißbilligte Verhalten nun nicht nur geduldet, sondern akzeptiert sei. Dementsprechend wird diese Erwägung der Forderung, das Verbot der Holocaustleugnung abzuschaffen, entgegengehalten[276]. Beizupflichten ist, daß eine etwaige parlamentarische Erklärung oder eine erläuternde Gesetzesbegründung vermutlich wenig auszurichten vermag. Gleichwohl vermag die symbolhafte Wirkung allein nicht dazu zuführen, Vorschriften aufrechtzuerhalten, die nicht notwendig sind[277]. Zum einen ist es schwerlich einzusehen, warum weiterhin eine Vorschrift und damit das dahinter liegende Konzept für wirksam verkauft werden soll, wenn es die eigentliche Großstörung nicht beeinflußt. Zum anderen hält sich der Effekt mit jener Symbolwirkung die Waage, die die Normierung erst hervor-

271 Vgl. 10. Kap. B) I. 1. bei Fn. 65.

272 *Cobler*, KJ 1985, 159, 160 f. Ähnlich *Fronza*, Gedenken, S. 448, 451.

273 Vgl. 6. Kap. B).

274 *Cobler*, KJ 1985, 159, 161.

275 *Noll*, ZSchwR 1981, 347, 357 f., indes aus dem Verständnis heraus, symbolisches Recht sei nicht darauf angelegt, faktisch wirksam zu werden.

276 *v. Dewitz*, NS-Gedankengut, S. 275 f.

277 Im Ergebnis auch *Roxin*, Strafrecht, AT, § 2 Rn. 39.

ruft und die mit der Abschaffung ebenfalls verschwände, namentlich dem in der Reformgeschichte des § 130 StGB wiederholt erhobenen „Märtyrerargument“, wonach sich die Täter mittels eines „Sonderstrafrechts gegen rechtsextremistisches Gedankengut“ ungerecht verfolgt fühlen. Dies liegt auch am Strafverfahren, das sich aufgrund seiner Struktur nicht dazu eignet, sich mit politischen Überzeugungstätern auseinanderzusetzen. Strafprozesse dienen der Überführung von Tätern, nicht aber deren Aufklärung[278]. Eher kontraproduktiv werden die Täter in ihren Einstellungen märtyrerhaft bestärkt und steigen im Ansehen der übrigen Gesinnungsgenossen. Daß auch Neonazis die Möglichkeiten der Beweisaufnahme als Bühne zu nutzen wissen, hat sich exemplarisch im Prozess gegen Ernst Zündel erwiesen. Zündel war in den Jahren 2006/2007 vor dem Landgericht Mannheim angeklagt, weil er in Rundbriefen sowie auf einer Internetseite den nationalsozialistischen Massenmord an den Juden bestritten hatte. Zunächst hinderte die Verteidigerin den Fortgang der Verhandlung durch „endlose [...] Monologe über den Fortbestand des Deutschen Reiches und die Fremdherrschaft der Siegermächte und die Kriegsführung Alljudas“, dann wurde das Gericht „mit Beweisanträgen zugeschüttet“[279].

Je abwegiger jedoch Äußerungen sind, desto schwieriger ist es, ihre Strafbarkeit zu begründen. Um es mit dem Bochumer Strafrechtslehrer *Geilen* zu sagen: Sie sind eher ein Fall für den Psychiater[280]. Das Gegenteil ist nicht nur eine offenkundige Tatsache im Sinne der Strafprozeßordnung, sie ist auch von der Allgemeinheit akzeptiert, so daß entsprechende Aussagen schnell als dumm enttarnt, gegebenenfalls als böswillige Propaganda erkannt werden[281]. Wie sehr die deutsche Öffentlichkeit über die Einhaltung des NS-Tabus wacht, zeigten jüngst die Reaktionen auf die publik gewordenen Äußerungen des Lefebvre-Bichofs *Richard Williamson*, der den Judenmord bestritt[282]. Dies zeigte sich aber auch schon zuvor bei der Rede des damaligen Bundestagspräsidenten *Jenninger*, die er zum 50. Jahrestag der Pogromnacht 1938 in einer Gedenkstunde des Deutschen Bundestages hielt. Der persönlich als integer geltende Politiker leistete vor allem mit der „gewiß unglücklichen Verwen-

278 *Fronza*, Gedenken, S. 446 f.; *Cobler*, KJ 1985, 159, 167 f.

279 *Holzhaider*, SZ v. 16.2.2007, S. 7. Nach einjähriger Prozeßdauer wurde Zündel wegen Volksverhetzung (§ 130 Abs. 3 StGB), Verunglimpfung des Andenkens Verstorbener (§ 189 StGB) und Beleidigung (§ 185 StGB) zu fünf Jahren Haft verurteilt.

280 *Geilen*, Volksverhetzung, S. 1178.

281 *Roxin*, Strafrecht, AT, § 2 Rn. 41; *Isensee*, Tabu, S. 75.

282 Vgl. *Berg / Schult / Smoltczyk / Sontheimer / Wensierski*, Der Spiegel, Nr. 6/2009, S. 40–53.

dung“[283] der erlebten Rede einem falschen Verständnis des bis heute politisch umstrittenen Inhalts Vorschub. Die heftige Kritik an seiner „gut gemeint(en)“ [284] Rede führte bereits am nächsten Tag zum Rücktritt Jenningers.

Die Politik kann zu einer offensiven politischen und geistigen Auseinandersetzung mit neonazistischen Tendenzen beitragen und hat dies bereits durch die Eröffnung von Gedenkstätten, die Offenlegung von Dokumenten über die Nazivergangenheit oder Entschädigungsleistungen für weitere Opfer der NS-Herrschaft wie Sinti und Roma sowie Homosexuelle getan. Sie ist aber nicht imstande, die Geschichtsverarbeitung anzuordnen. Ebensowenig verhindert man Geschichtsfälschung durch Gerichtsverfahren, sondern ausschließlich im Wege geistiger Auseinandersetzung[285].

Während sich aber die Sanktionierung solcher Äußerungen mit Bezug zum nationalsozialistischen Regime aufgrund des Achtungsanspruchs der Opfer legitimieren läßt, hier allerdings die Zweckmäßigkeit strafrechtlicher Mittel angezweifelt wird, ließe sich eine Ausdehnung auf weitere Völkermorde, die der EU-Rahmenbeschluß zur Bekämpfung von Rassismus und Fremdenfeindlichkeit fakultativ vorsieht, schwer begründen. Nicht für alle Völkermorde läßt sich aus dem Verfolgungsschicksal ein besonderer Achtungsanspruch ableiten, wie er für den Holocaust spezifisch ist. Zudem dürfte eine solche Vorschrift nur schwer judizierbar sein, weil die einzelnen Tatsachen dem Strengbeweis unterliegen und eine entsprechende Beweiserhebung erfordern[286]. Schließlich besteht angesichts des § 130 Abs. 1 StGB keine Notwendigkeit, neue Vorschriften zu schaffen. Vielmehr wäre eine solche Ausweitung nur ein weiterer Schritt auf demselben Sonderweg, den freilich mittlerweile auch andere Rechtsordnungen betreten haben[287].

4. Verherrlichung der nationalsozialistischen Gewaltherrschaft

Auch hinter § 130 Abs. 4 StGB (Verherrlichung der nationalsozialistischen Gewaltherrschaft) steht, so ist dem Gesetzgebungsverfahren zu entnehmen, der Schutz des öffentlichen Friedens[288]. Wenn man jedoch auf das von einer sol-

---

283 *Kapitzky*, Sprachkritik, S. 87. Zur Person *Linn*, Faszinosum, S. 13.

284 *Linn*, Faszinosum, S. 147; vgl. auch *Kapitzky*, Sprachkritik, S. 73 ff.

285 Vgl. zu diesen Argumenten bereits 9. Kap. A) II. 1. c).

286 BT-Drs. 10/3242, S. 9; Abg. *Schmidt*, Sten. Ber. BT 10/126, S. 9317; 10/135, S. 10081.

287 Vgl. *Brugger*, AöR 2003, 372, 403 ff., der § 130 Abs. 3 StGB als deutsches Sonderfallgesetz bezeichnet sowie die Argumente, die im Innenausschuß gegen eine mögliche Fassung aufgeworfen wurden, 9. Kap. B) I. bei Fn. 155.

288 Vgl. 9. Kap. B) I. bei Fn. 162.

chen Versammlung ausgehende Einschüchterungsszenario abstellt, erscheint der Strafrahmen von bis zu drei Jahren Freiheitsstrafe überhöht, da § 27 Abs. 2 Nr. 3 VersG für das deutlich konkretere Zusammenrotten mit Waffen, das im Zusammenhang mit einer öffentlichen Versammlung passiert, maximal ein Jahr Gefängnis vorsieht[289]. Als personenbezogenes und daher vorzugswürdiges Rechtsgut kommt der Achtungsanspruch der Opfer in Betracht, nachdem das Tatbestandsmerkmal „Würdeverletzung der Opfer“ ausdrücklich deswegen hinzugefügt wurde, um der verfassungsrechtlichen Schranke des Art. 5 Abs. 2 GG zu genügen[290]. Dementsprechend wird auch im Schrifttum davon ausgegangen, daß die Vorschrift die Opfer des Nationalsozialismus im Wahrheitsanspruch ihres erlittenen Leids, in ihrer geschichtlichen Identität schützt[291].

Dennoch gilt ebenfalls hier, daß ein schützenswertes Rechtsgut allein ein strafrechtliches Tätigwerden des Gesetzgebers noch nicht hinreichend begründet. Der erste entspringt dem Grundsatz der Subsidiarität strafrechtlichen Handelns. Wie der Hochschullehrer *Poscher* bereits in der Sachverständigenanhörung treffend darlegte, machte die Hineinnahme der Würdeverletzung die Vorschrift zwar verfassungskonform, aber für „alle praktisch absehbaren Fälle redundant“[292]. Bereits der erste Absatz des § 130 StGB erfaßt einen Großteil der Fälle, die auch unter den – eng auszulegenden[293] – vierten Absatz fallen. Dies gilt umso mehr, als der Straftatbestand gegenüber dem ersten Absatz einen geringeren Strafrahmen aufweist. Vor allem aber ist das Strafrecht nicht das rechte Mittel, um Werthaltungen von Menschen zu beeinflussen[294]. Dem demokratischen Denken ist wenig gedient, wenn zwar in der Öffentlichkeit bestimmte Aussagen unterdrückt, die Gesinnung aber im Hintergrund aufrechterhalten oder gar weiterverbreitet werden. Den unsinnigen und vorurteilsbelasteten Äußerungen ist vielmehr lauthals zu widersprechen, ferner historische Aufklarung zu leisten und menschliche Grundwerte wie Toleranz zu vermitteln[295]. Sofern man der Auffassung ist, daß die Zumutung der grundgesetzlichen Meinungsfreiheit hinsichtlich des Rechtsextremismus aufgrund der

289 Vgl. 9. Kap. B) I. nach Fn. 183.

290 Vgl. 9. Kap. B) I. bei Fn. 181; vgl. auch den nicht durchgedrungenen Vorschlag der CDU/CSU-Fraktion, zusätzlich auf die Würde der Lebenden abzustellen, bei Fn. 195.

291 NK-*Ostendorf*, § 130 Rn. 4; ähnlich SK-*Rudolphi / Stein*, § 130 Rn. 1c.

292 *Poscher*, Stellungnahme zur BT-InnenA-Anhörung am 7.3.2005 (vgl. 9. Kap. Fn. 154), S. 12.

293 Vgl. 10. Kap. B) III. bei Fn. 136 ff.; so auch der Sachverständige BGH-Richter *Graf*, in: Sten. Prot. InnenA 15/56, S. 10, 41.

294 So auch *Rühl*, Sten. Prot. BT-InnenA 15/56, S. 65.

295 Ähnlich *Komitee der Grundrechte und Demokratie e.V.*, Offener Brief an die Mitglieder des Innenausschusses vom 3.3.2005; *Lackner / Kühl*, 26. Aufl. 2007, § 130 Rn. 8b.

besonderen historischen Last die Zumutbarkeitsgrenze überschreitet, ist hier eine rein versammlungsrechtliche Regelung vorzuziehen, die in begrenztem Rahmen auch vor dem Verfassungsgericht Bestand haben dürfte[296].

Im übrigen können diejenigen Versammlungen, die den Achtungsanspruch der Opfer des nationalsozialistischen Regimes zu verletzen drohen, namentlich Versammlungen an Gedenkstätten von historisch herausragender Bedeutung wie dem Holocaust-Mahnmal, bereits auf Grundlage des § 15 Abs. 2 VersG eingeschränkt werden[297]. Daß Versammlungen an anderen Orten, beispielsweise in Wunsiedel, eine Zumutung sind, genügt hingegen nicht, um eine strafrechtliche Regelung zu rechtfertigen.

Mittelbar mahnen solche Demonstrationen, sich nicht mit kurzsichtigen strafrechtlichen Verboten zufrieden zu geben. Mit dem Problem, das durch die Demonstrationen öffentlich wahrgenommen wird, muß sich die Gesellschaft auch öffentlich auseinandersetzen und nachdrücklich beschäftigen, damit nationalistische, rassistische und antisemitische Vorurteile keinen Platz finden. Dies gilt umso mehr, als strafrechtliche Vorschriften wie § 130 StGB zwar die lautschreierischen, weniger aber die subtileren Aussagen erfassen können, die teilweise aber gefährlicher sind, als die plumpe unmittelbare Hetze.

Das einmal eingesetzte Nachgeben gegenüber dem Ruf nach staatlichen Verboten zieht ansonsten weitere Einschränkungen von Freiheitsrechten nach sich. Das aber ist ein Schritt auf dem Weg in eine Gesellschaft, wie sich diejenigen, deren Einstellung das Gesetz begegnen soll, gerade wünschen.

VI. Ausblick

> „Patentrezepte juristischer Art im Umgang mit extremistischen Auffassungen gibt es natürlich nicht."[298]

Keine der hier betrachteten strafrechtlichen Regelungen war als Patentrezept gegen extremistische Auffassungen gedacht. Dennoch war das Strafrecht seit den 1980er Jahren wiederholt Gegenstand gesetzgeberischer Bemühungen, um dem Rechtsextremismus beizukommen. Den Verlauf dieser Versuche fortgedacht, könnte man – freilich sarkastisch – fragen, welche Regelung demnächst zu erwarten ist, sobald das Thema Rechtsextremismus wieder den Weg in die

---

296 Vgl. den Überblick über die Rspr. des BVerfG zu Versammlungsverboten bei *Jarass / Pieroth,* GG, Art. 8 Rn. 21.

297 Vgl. 9. Kap. B) II. bei Fn. 208.

298 SPD-Abg. *Wiefelspütz* in öffentlicher Anhörung des BT-Innenausschusses, Sten. Ber. InnenA 15/56, S. 26. Vgl. zuvor zum § 194 StGB i.d.F. des 21. Strafrechtsänderungsgesetzes *Vogelsang*, NJW 1985, 2386, 2389.

Medien findet[299]. Schließlich „muß (man) kein Prophet sein, um angesichts der bisherigen Entwicklungen vorauszusagen, daß rechtsextreme Auschwitz-Leugner ihre Positionen und Publikationen geschmeidig der Rechtslage anpassen“[300]. Außerdem sind Demonstrationen von Rechtsextremisten zu allgemeinen Themen kaum zu verhindern[301]. Es ist aber grundsätzlich von einer Zeitgeistpolitik abzuraten, die aus reinem öffentlichem Erwartungsdruck heraus in Grundrechte eingreift[302].

Die Untersuchung hat gezeigt, daß sich die jeweiligen Entwurfsverfasser zumindest einig waren, daß das Strafrecht gesellschaftliche Probleme nicht lösen kann[303]. Die Hoffnung, die noch 1950 in einen Entwurf des § 130 StGB gesetzt wurde – er möge dazu dienen, die Gesellschaft zu „innerpolitischer Einigkeit und Verträglichkeit“ erziehen[304] –, wird nicht mehr in das Strafrecht gesetzt. Vielmehr wurde in den Beratungen der letzten Jahren stets betont, daß das Strafrecht allein als flankierende Maßnahme fungiere, während es langfristig darum gehe, eine tolerante und menschenfreundliche Geisteshaltung zu erreichen[305]. Dennoch einigten sich die EU-Mitgliedstaaten nach jahrelangen Bedenken im Frühjahr 2007 darauf, den Bereich der Äußerungsdelikte tendenziell auszuweiten[306], beispielsweise – fakultativ – auf die Leugnung jeglichen Völkermords.

Damit wird nicht bedauert, daß die „Vergangenheit [...] nicht vergehen will“[307]. Vielmehr geht es darum, sich nicht bloß momentbezogen mit dem gesellschaftlichen Problem des Rechtsextremismus zu beschäftigen, wie es das Strafrecht, das ausschließlich auf die Tat blickt, nur zu leisten vermag. Nicht grundlos ist im Rahmen der Reformentwicklung der Wert von Aktionen und Reaktionen jenseits des Strafrechts betont worden, sei es die geistige Auseinandersetzung[308], die schulische Erziehung[309], oder die Förderung des interkul-

---

299 Ähnlich *Bertram*, NJW 2005, 1476, 1478.

300 *Wandres*, Auschwitz-Leugnen, S. 302.

301 Vgl. den Hinweis der FDP-Fraktion zur beabsichtigten Änderung des Versammlungsgesetzes und des Strafgesetzbuches 2005, BT-Drs. 15/5051, S. 6.

302 So auch *Stokar v. Neuforn*, Sten. Ber. BT-InnenA 15/56, S. 58.

303 Vgl. nur 9. Kap. Fn. 70.

304 Vgl. BT-Drs. 1/1307, S. 28 (Entwurf eines ersten Strafrechtsänderungsgesetzes).

305 Vgl. die bisherigen Kapitel sowie *Vogelsang*, NJW 1985, 2386, 2389.

306 Vgl. 9. Kap. C) III.; ferner *Weber*, ZRP 2008, 21-24.

307 „Vergangenheit, die nicht vergehen will“ betitelte der Historiker *Ernst Nolte* seinen Artikel, der den Historikerstreit auslöste, vgl. 9. Kap. Fn. 55.

308 Dafür etwa auch *Roxin*, Strafrecht, AT, § 2 Rn. 41; *Kühl*, Auschwitz-Leugnen, S. 118.

309 *Siemsen* (SPD), Sten. Ber. LT NRW, 11. Sitzung v. 16.3.1959, S. 301.

turellen Dialogs[310]. Sofern personenbezogene Rechtsgüter unmittelbar bedroht sind, hat die Vorschrift ihre Berechtigung. Ansonsten, d.h. im Falle des dritten, erst recht aber des vierten Absatzes ist § 130 StGB vor allem symbolisches Strafrecht im kritischen Sinne: Strafrecht, das den Blick auf die Ursachen verstellt und vermeintlich eine Lösung des Großproblems verspricht. Nach den dominierenden sozialwissenschaftlichen Erklärungsansätzen sind die Ursachen und Hintergründe fremdenfeindlicher Einstellungen in den gesamtgesellschaftlichen und soziostrukturellen Bedingungen zu suchen[311]. An diesen wird jedoch das Strafrecht wenig ändern können, ebenso wie es schwerlich Werte wie zwischenmenschlichen Respekt und Toleranz vermitteln kann.

Soweit das Strafrecht eingesetzt wird, sind zwei Gesichtspunkte im Auge zu behalten: eine Begrenzung des Strafrechts auf die ihm möglichen Funktionen und die Abfassung weitestgehend abstrakter Vorschriften[312]. Gegenüber unmittelbaren Verletzungen klar definierter Rechtsgüter hat das Strafrecht durchaus seinen Platz. Wenn es darum geht, weitere Verhaltensweisen im Namen des „öffentlichen Friedens" zu kriminalisieren, ist allerdings Zurückhaltung angebracht. Dies gilt erst recht im Bereich der Äußerungsdelikte, bei denen die vollständige Vereinigung der Meinungsfreiheit mit einem möglichst weitreichenden Schutz gegen ihre mißbräuchliche Ausnutzung – mit *Cavours* Worten – unmöglich ist.

---

310 *Leutheusser-Schnarrenberger*, JZ 1993, 943, 945. – Zu weiteren Alternativen zum Strafrecht *Schubert*, Verbotene Worte? S. 279 ff., 317 ff.; *Klonz*, Prävention, sowie *Rieker*, Jugendarbeit, beide in: *Egg*, Extremistische Kriminalität, S. 195 ff., 203 ff.

311 *Rieker*, APuZ 37/2007 v. 10.9.2007, S. 31 f.; zur Bielefelder Langzeitstudie „Gruppenbezogene Menschenfeindlichkeit" vgl. *Sitzer / Heitmeyer*, APuZ 37/2007 v. 10.9.2007, S. 3–10.

312 So bereits zu § 130 a.F. StGB *Geilen*, NJW 1976, 279, 280.

ANHANG

Anhang 1: Entwurfsfassungen[1]

A) Entwürfe zum Tatbestand der Volksverhetzung

Entwurf	*Tatbestandsfassung*
Entwurf *Friedberg* (Juli 1869)	§ 112 Wer in einer den öffentlichen Frieden gefährdenden Weise die verschiedenen Klassen der Bevölkerung zu Feindseligkeiten gegen einander öffentlich anzureizen sucht, wird mit Geldbuße bis zu zweihundert Thalern, oder mit Gefängniß bis zu zwei Jahren bestraft.
Fassung der Bundesratskommission / II. Entwurf (Dezember 1869)	§ 128 Wer in einer den öffentlichen Frieden gefährdenden Weise verschiedene Klassen der Bevölkerung zu Feindseligkeiten gegen einander öffentlich anreizt, wird mit Geldstrafe bis zu zweihundert Thalern, oder mit Gefängniß bis zu zwei Jahren bestraft.
RStGB (Mai 1870)	§ 130 Wer in einer den öffentlichen Frieden gefährdenden Weise verschiedene Klassen der Bevölkerung zu Gewaltthätigkeiten gegen einander öffentlich anreizt, wird mit Geldstrafe bis zu zweihundert Thalern, oder mit Gefängniß bis zu zwei Jahren bestraft.
Entwurf der Strafgesetz-Novelle (1876)	§ 130 Wer in einer den öffentlichen Frieden gefährdenden Weise verschiedene Klassen der Bevölkerung gegenseitig aufreizt, oder wer in gleicher Weise die Institute der Ehe, der Familie oder des Eigenthums öffentlich durch Rede oder Schrift angreift, wird mit Gefängnis bestraft.
Antrag *Hänels* zum Sozialistengesetz (1878)	§ 130 Wer in einer den öffentlichen Frieden gefährdenden Weise, oder wer durch beschimpfende Aeußerungen über die religiösen Ueberzeugungen Anderer, oder über die Einrichtungen der Ehe, der Familie oder des Staates, oder über die Ordnung des Privateigenthums die Angehörigen des Staates zu feindseligen Parteiungen gegen einander öffentlich auffordert oder

1 Die Übersicht erhebt keinen Anspruch auf Vollständigkeit, sondern gibt nur die wichtigsten Etappen der Reformentwicklung wieder.

	aufreizt, wird mit Geldstrafe bis zu 600 Mark oder mit Gefängnis bis zu einem Jahre bestraft.
Umsturzvorlage (1895)	§ 130 Wer in einer den öffentlichen Frieden gefährdenden Weise verschiedene Klassen der Bevölkerung zu Gewaltthätigkeiten gegen einander öffentlich anreizt, wird mit Geldstrafe bis zu zweihundert Thalern oder mit Gefängnis bis zu zwei Jahren bestraft. Dieselbe Strafe trifft denjenigen, welcher in einer den öffentlichen Frieden gefährdenden Weise die Religion, die Monarchie, die Ehe, die Familie oder das Eigenthum durch beschimpfende Aeußerungen öffentlich angreift.
Vorentwurf (1909)	§ 137 *Aufreizung von Bevölkerungsklassen gegeneinander* Wer in einer den öffentlichen Frieden gefährdenden Weise verschiedene Klassen der Bevölkerung zu Gewalttätigkeiten gegeneinander öffentlich aufreizt, wird mit Geldstrafe bis zu zweitausend Mark oder mit Haft oder Gefängnis bis zu zwei Jahren bestraft.
Antrag *v. Dziembowski-Pomian* und *Seyda*, (RT-Drs. Nr. 594, 12.1.1911)	§ 130 Wer in einer den öffentlichen Frieden gefährdenden Weise verschiedene Klassen der Bevölkerung gegeneinander zu Gewalttätigkeiten, deren Eintritt in naher Zukunft zu besorgen ist, öffentlich anreizt, wird mit Geldstrafe bis zu sechshundert Mark oder mit Gefängnis bis zu zwei Jahren bestraft.
Gegenentwurf (1911)	§ 186 *Aufreizung von Bevölkerungsklassen gegeneinander* Wer den öffentlichen Frieden dadurch stört, daß er verschiedene Klassen der Bevölkerung zu Gewalttätigkeiten gegeneinander öffentlich aufreizt, wird mit Gefängnis bestraft.
Kommissionentwurf 1913 I (Erste Lesung)	§ 200 *Aufreizung von Bevölkerungsklassen* Wer in einer den öffentlichen Frieden gefährdenden Weise eine Klasse der Bevölkerung zu Gewalttätigkeiten gegen eine andere öffentlich anreizt, wird mit Gefängnis bis zu zwei Jahren oder mit Geldstrafe bis zu dreitausend Mark bestraft.
Kommissionentwurf 1913 II (Zweite Lesung)	§ 200 *Aufreizung von Bevölkerungsklassen* Wer eine Klasse der Bevölkerung zu Gewalttätigkeiten gegen eine andere öffentlich anreizt und dadurch die gesetzliche Ordnung gefährdet, wird mit Gefängnis bis zu zwei Jahren oder mit Geldstrafe bis zu dreitausend Mark bestraft.
Kommissionsentwurf 1913 III (Dritte Lesung)	§ 216 *Aufreizung von Bevölkerungsklassen* Wer eine Klasse der Bevölkerung zu Gewalttätigkeiten gegen eine andere öffentlich anreizt und dadurch die gesetzliche Ordnung gefährdet, wird mit Gefängnis bis zu zwei Jahren oder mit Geldstrafe bestraft.

Kommissionsentwurf von 1919	§ 208 *Aufreizung der Bevölkerung zu Gewalttaten* Wer die Bevölkerung zu Gewalttaten gegeneinander öffentlich oder durch Verbreitung von Schriften, Abbildungen oder Darstellungen auffordert oder aufwiegelt und dadurch die gesetzliche Ordnung gefährdet, wird mit Gefängnis bis zu zwei Jahren oder mit Geldstrafe bestraft.
Entwurf von 1922 (Entwurf *Radbruch*)	§ 159 *Öffentliche Aufforderung zu strafbaren Handlungen* Wer öffentlich zu einer strafbaren Handlung oder zu Gewalttaten gegen Menschen oder Sachen auffordert, wird mit Gefängnis bis zu zwei Jahren oder mit Geldstrafe bestraft.
Entwurf von 1925	§ 160 *Öffentliche Aufforderung zu strafbaren Handlungen* - unverändert -
Entwurf von 1927	§ 171 *Aufforderung zu strafbaren Handlungen* Wer öffentlich zu einer strafbaren Handlung, insbesondere zu Gewalttaten gegen Menschen oder Sachen auffordert, wird mit Gefängnis bis zu zwei Jahren oder mit Geldstrafe bestraft.
Entwurf von 1930 (Entwurf *Kahl*)	§ 171 *Aufforderung zu strafbaren Handlungen* Wer öffentlich zu einer strafbaren Handlung oder allgemein zu Gewalttaten gegen Menschen oder Sachen auffordert, wird mit Gefängnis bis zu zwei Jahren oder mit Geldstrafe bestraft.
Entwurf von 1933	§ 171 *Aufforderung zu strafbaren Handlungen* - unverändert -
Entwurf 1. Lesung 1934/35	§ 207a *Volksverhetzung* Wer den Volksfrieden dadurch gefährdet, daß er öffentlich einen Teil der Bevölkerung gegen einen andern aufhetzt oder öffentliche Angelegenheiten in hetzerischer Weise erörtert, wird mit Gefängnis bis zu zwei Jahren oder mit Haft bestraft. Ist der Täter ein Amtsträger oder ein Religionsdiener, so ist die Strafe Gefängnis.
Entwurf 2. Lesung 1935/36 (Stand 1. Mai 1936)	§ 311 *Volksverhetzung* Wer öffentlich einen Teil der Bevölkerung gegen einen anderen aufhetzt oder öffentliche Angelegenheiten in hetzerischer Weise erörtert, wird mit Gefängnis bis zu zwei Jahren oder mit Haft bestraft. Ist der Täter ein Amtsträger oder Religionsdiener, so ist die Strafe Gefängnis.
Entwurf 2. Lesung 1935/36 (Stand 1. Juli 1936)	§ 306 *Volksverhetzung* Wer öffentlich einen Teil der Bevölkerung gegen einen anderen aufhetzt oder öffentliche Angelegenheiten hetzerisch erörtert, wird mit Gefängnis bis zu zwei Jahren oder mit Haft bestraft. Ein Amtsträger oder Religionsdiener wird für die Tat mit Gefängnis bestraft.

Entwurf von 1936 (Dezember)	§ 297 *Volksverhetzung* Wer öffentlich einen Teil der Bevölkerung gegen einen anderen aufhetzt oder öffentliche Angelegenheiten hetzerisch erörtert, wird mit Gefängnis bestraft. Ebenso wird ein Religionsdiener bestraft, der in Ausübung seines Berufes oder in Zusammenhang mit seinem Beruf öffentlich Angelegenheiten des Staates in einer den öffentlichen Frieden gefährdenden Weise zum Gegenstand einer Erörterung macht. Der Reichsminister der Justiz kann anordnen, daß die Strafverfolgung unterbleibt.
Entwurf von 1939	§ 303 *Volksverhetzung* Wer öffentlich einen Teil der Bevölkerung gegen einen anderen aufhetzt oder öffentliche Angelegenheiten hetzerisch erörtert, wird mit Gefängnis bestraft, soweit die Tat nicht nach einer anderen Vorschrift mit schwererer Strafe bedroht ist. In besonders schweren Fällen ist die Strafe Zuchthaus. Der Reichsminister der Justiz kann anordnen, daß die Strafverfolgung unterbleibt.
Entwurf eines Gesetzes gegen die Feinde der Demokratie (BT-Drs. 563/ 1. Wahlperiode, [1950])	§ 9 (1) Wer öffentlich eine durch ihre Rasse, ihren Glauben oder ihre Weltanschauung gebildete Gruppe von Menschen in Deutschland als solche oder in einem ihr angehörigen Einzelnen durch Verletzung der Menschenwürde oder der Menschenrechte angreift, wird wegen Bruchs des Rechtsfriedens mit Gefängnis nicht unter drei Monaten bestraft. Gleiches gilt, wenn sich die Handlung gegen Bräuche der Gruppe oder gegen Sachen, die ihren Bräuchen dienen, richtet. (2) Wird die Handlung unter Anwendung oder Androhung von Gewalt gegen Personen oder Sachen begangen oder wird zugleich zu Gewalttaten aufgefordert oder hat die Handlung für einen Verletzten eine unmittelbare Gefahr für Leib oder Leben zur Folge, so ist auf Zuchthaus zu erkennen. § 10 (1) Wer durch eine Äußerung die Achtung vor den Menschen verletzt, die infolge ihres Widerstandes oder wegen ihrer Rasse, ihres Glaubens oder ihrer Weltanschauung den Tod erlitten, wird mit Gefängnis nicht unter drei Monaten bestraft. (2) Ebenso wird bestraft, wer durch eine Äußerung die Verwerflichkeit des Völkermordes oder der Rassenverfolgung leugnet oder in Zweifel zieht.
Entwurf eines 1. StrÄG, (BT-Drs. 1307/ 1. Wahlperiode [1950])	§ 130 Wegen Volksverhetzung wird mit Gefängnis nicht unter drei Monaten bestraft, 1. wer gegen eine Bevölkerungsgruppe hetzt, die durch Abstammung, Herkunft, Religion oder Weltanschauung ihrer Mitglieder bestimmt ist,

	2. wer eine nicht erweisliche Tatsache behauptet oder verbreitet, die geeignet ist, eine solche Bevölkerungsgruppe verächtlich zu machen, oder 3. wer eine solche Bevölkerungsgruppe beschimpft. Für den Antrag auf Feststellung der Unwahrheit einer Behauptung gilt § 100 Abs. 4 und für die öffentliche Bekanntmachung der Feststellung § 104 Abs. 3 entsprechend.
Entwurf eines 1. StrÄG i.d.F. des Änderungsvorschlags des Bundesrates (1950)	§ 130 Wegen Volksverhetzung wird mit Gefängnis nicht unter einem Monat bestraft, wer öffentlich oder in einer den inneren Frieden gefährdenden Weise 1. gegen eine Bevölkerungsgruppe hetzt, die durch Abstammung, Herkunft, Religion oder Weltanschauung ihrer Mitglieder bestimmt ist, 2. eine nicht erweisliche Tatsache behauptet oder verbreitet, die geeignet ist, eine solche Bevölkerungsgruppe verächtlich zu machen, oder 3. eine solche Bevölkerungsgruppe oder eines ihrer Mitglieder wegen seiner Zugehörigkeit zu ihr beschimpft. Daneben kann auf Geldstrafe erkannt werden.
Entwurf eines Zweiten Strafrechtsänderungsgesetzes (BA Koblenz, B 141-3065 Bl. 79 ff., 22.8.1952)	§ 130 Wer in einer den inneren Frieden gefährdenden Weise 1. gegen eine Bevölkerungsgruppe, die durch Abstammung, Herkunft oder Glauben ihrer Mitglieder bestimmt ist, hetzt oder sie oder eines ihrer Mitglieder wegen seiner Zugehörigkeit zu ihr beschimpft oder 2. vorsätzlich unwahre Behauptungen tatsächlicher Art aufstellt oder verbreitet, die geeignet sind, eine solche Bevölkerungsgruppe verächtlich zumachen, wird wegen Volksverhetzung mit Gefängnis nicht unter einem Monat bestraft. Daneben kann auf Geldstrafe erkannt werden. § 199 Abs. 1 gilt entsprechend. Im Falle der Beschimpfung eines Mitgliedes einer in Abs. 1 Nr. 1 bezeichneten Bevölkerungsgruppe wegen seiner Zugehörigkeit zu ihr tritt die Verfolgung nur auf Antrag ein; die §§ 194 Satz 2, 196, 198 bis 299 sind entsprechend anzuwenden.
Entwurf eines 5. StrÄG (1957)	§ 130 (1) Wer in einer den inneren Frieden gefährdenden Weise 1. gegen eine Bevölkerungsgruppe, die durch Abstammung, Herkunft oder Glauben ihrer Mitglieder bestimmt wird, hetzt oder sie oder eines ihrer Mitglieder wegen seiner Zugehörigkeit zu ihr beschimpft, 2. vorsätzlich unwahre oder gröblich entstellte Behauptungen tatsächlicher Art aufstellt oder verbreitet, die geeignet sind, eine solche Bevölkerungsgruppe verächtlich zu machen, wird wegen Volksverhetzung mit Gefängnis nicht unter einem

	Monat bestraft. Daneben kann auf Geldstrafe erkannt werden. (2) Im Falle der Beschimpfung eines Mitglieds einer in Absatz 1 Nr. 1 bezeichneten Bevölkerungsgruppe wegen seiner Zugehörigkeit zu ihr tritt die Verfolgung nur auf Antrag ein; §§ 194 Satz 2, 196, 198 bis 200 sind entsprechend anzuwenden.
Große Strafrechtskommission: Vorschläge der Unterkommission (Umdruck V 29, Januar 1957)	§ h (§ 220 VZ) Wer in einer den inneren Frieden gefährdenden Weise 1. gegen eine nationale, rassische, religiöse oder durch ihr Volkstum bestimmte Gruppe hetzt oder sie beschimpft oder 2. vorsätzlich unwahre oder gröblich entstellte Behauptungen tatsächlicher Art aufstellt oder verbreitet, die geeignet sind, eine solche Gruppe verächtlich zu machen, wird mit Gefängnis von drei Monaten bis zu drei Jahren bestraft. Daneben kann auf Geldstrafe erkannt werden.
Große Strafrechtskommission: Vorschlag der Sachbearbeiter des Bundesjustizministeriums (Umdruck J 95)	§ 223 *Volksverhetzung* Wer in einer den öffentlichen Frieden gefährdenden Weise 1. zum Haß gegen eine nationale, rassische, religiöse oder durch ihr Volkstum bestimmte Gruppe aufstachelt, sie beschimpft oder böswillig verächtlich macht oder 2. wider besseres Wissen verunglimpfende Behauptungen tatsächlicher Art über sie aufstellt oder verbreitet, wird mit Gefängnis von drei Monaten bis zu fünf Jahren bestraft.
Entwurf eines Gesetzes gegen Volksverhetzung (BT-Drs. 918/ 3. Wahlperiode, 21.1.1959)	§ 130 Wer in einer den öffentlichen Frieden gefährdenden Weise 1. zum Haß gegen eine nationale, rassische, religiöse oder durch ihr Volkstum bestimmte Gruppe aufstachelt, sie beschimpft oder böswillig verächtlich macht oder 2. wider besseres Wissen verunglimpfende Behauptungen tatsächlicher Art über sie aufstellt oder verbreitet, wird mit Gefängnis nicht unter drei Monaten bestraft. Daneben kann auf Geldstrafe erkannt werden.
Entwurf 1959 I (Erste Lesung)	§ 304 *Volksverhetzung* Wer in einer den öffentlichen Frieden gefährdenden Weise 1. zum Haß gegen eine nationale, rassische, religiöse oder durch ihr Volkstum bestimmte Gruppe aufstachelt, sie beschimpft oder böswillig verächtlich macht oder 2. wider besseres Wissen verunglimpfende Behauptungen tatsächlicher Art über sie aufstellt oder verbreitet, wird mit Gefängnis von drei Monaten bis zu fünf Jahren bestraft.
Entwurf 1959 II (Zweite Lesung)	§ 298 *Volksverhetzung* Wer in einer Weise, die geeignet ist, den öffentlichen Frieden zu stören, 1. zum Haß gegen andere aufstachelt, die er als nationale,

	rassische, religiöse oder durch ihr Volkstum bestimmte Gruppe treffen will, 2. sie beschimpft oder böswillig verächtlich macht oder 3. wider besseres Wissen verunglimpfende Behauptungen tatsächlicher Art über sie aufstellt oder verbreitet, wird mit Gefängnis von drei Monaten bis zu fünf Jahren bestraft.
Entwurf von 1960	§ 298 *Volksverhetzung* Wer in einer Weise, die geeignet ist, den öffentlichen Frieden zu stören, die Menschenwürde anderer dadurch angreift, daß er 1. zum Haß gegen Teile der Bevölkerung aufstachelt, 2. zu Gewalt- oder anderen Willkürmaßnahmen gegen sie auffordert oder 3. sie beschimpft, böswillig verächtlich macht oder verleumdet, wird mit Gefängnis von drei Monaten bis zu fünf Jahren bestraft.
Entwurf von 1962 (BT-Vorlage)	§ 298 *Volksverhetzung* - unverändert -
Entwurf von 1962 (Kabinettsvorlage)	- unverändert -

B) Entwurfsfassungen seit den 1980er Jahren – insbesondere zum Tatbestand der Auschwitzleugnung

Entwurf	*Tatbestandsfassung*
Entwurf eines 21. StrÄG, BR-Drs. 382/82 (wiederholt vorgelegt als BT-Drs. 10/891)	§ 140 *Belohnen und Billigen von Straftaten; Leugnen und Verharmlosen des nationalsozialistischen Völkermords* (1) [...] (2) Ebenso wird bestraft, wer eine unter der Herrschaft des Nationalsozialismus begangene, in § 220a Abs. 1 genannte Handlung 1. belohnt oder 2. in einer Weise, die geeignet ist, den öffentlichen Frieden zu stören, öffentlich, in einer Versammlung oder durch Verbreiten von Schriften (§ 11 Abs. 3) billigt, leugnet oder verharmlost. (3) Wer Schriften (§ 11 Abs. 3) des in Absatz 2 Nr. 2 bezeichneten Inhalts 1. verbreitet, 2. öffentlich ausstellt, anschlägt, vorführt oder sonst zugänglich macht, 3. einer Person unter 18 Jahren anbietet, überläßt oder zugänglich macht oder 4. herstellt, bezieht, liefert, vorrätig hält, anbietet, ankündigt, anpreist, in den räumlichen Geltungsbereich einzuführen oder

	daraus auszuführen unternimmt, um sie oder aus ihnen gewonnene Stücke im Sinne der Nummern 1 bis 3 zu verwenden oder einem anderen eine solche Verwendung zu ermöglichen, wird mit Freiheitsstrafe bis zu einem Jahr oder mit Geldstrafe bestraft. (4) Ebenso wird bestraft, wer eine Darbietung des in Absatz 2 Nr. 2 bezeichneten Inhalts durch Rundfunk verbreitet. (5) In den Fällen der Absätze 3 und 4 gelten § 86 Abs. 3 und § 131 Abs. 4 entsprechend.
Gegenäußerung der Bundesregierung zum Entwurf eines 21. StrÄG (BT-Drs. 10/1286, 11.4.1984)	§ 131a (1) Wer Schriften (§ 11 Abs. 3), die eine unter der Herrschaft des Nationalsozialismus begangene oder eine unter einer anderen Gewalt- oder Willkürherrschaft gegen Deutsche begangene, in § 220a genannte Handlung billigen oder leugnen und nach ihrem Inhalt dazu bestimmt sind, diese Gewalt- oder Willkürherrschaft zu verherrlichen oder zu verharmlosen, 1. verbreitet, 2. öffentlich ausstellt, anschlägt, vorführt oder sonst zugänglich macht, 3. einer Person unter 18 Jahren anbietet, überläßt oder zugänglich macht oder 4. herstellt, bezieht, liefert, vorrätig hält, anbietet, ankündigt, anpreist, in den räumlichen Geltungsbereich dieses Gesetzes einzuführen oder daraus auszuführen unternimmt, um sie oder aus ihnen gewonnenene Stücke im Sinne der Nummern 1 bis 3 zu verwenden oder einem anderen eine solche Verwendung zu ermöglichen, wird mit Freiheitsstrafe bis zu einem Jahr bestraft, wenn die Tat nicht nach anderen Vorschriften mit schwererer Strafe bedroht ist. (2) Ebenso wird bestraft, wer eine Darbietung des in Absatz 1 bezeichneten Inhalts durch Rundfunk verbreitet. (3) Die Absätze 1 und 2 gelten nicht, wenn die Handlung der staatsbürgerlichen Aufklärung, der Abwehr verfassungsfeindlicher Bestrebungen, der Kunst oder der Wissenschaft, der Forschung oder der Lehre, der Berichterstattung über Vorgänge des Zeitgeschehens oder der Geschichte dient. (4) Absatz 1 Nr. 3 gilt nicht, wenn der zur Sorge für die Person Berechtigte handelt.
Entwurf des Verbrechensbekämpfungsgesetzes der CDU/CSU- und FDP-Fraktion (BT-Drs. 12/6853, 18.2.1994)	§ 130 *Volksverhetzung* (1) Wer in einer Weise, die geeignet ist, den öffentlichen Frieden zu stören, 1. zum Haß gegen Teile der Bevölkerung aufstachelt oder zu Gewalt- oder Willkürmaßnahmen gegen sie auffordert oder 2. die Menschenwürde anderer dadurch angreift, daß er Teile der Bevölkerung beschimpft, böswillig verächtlich macht oder verleumdet,

	wird mit Freiheitsstrafe von drei Monaten bis zu fünf Jahren bestraft. (2) Mit Freiheitsstrafe bis zu drei Jahren oder mit Geldstrafe wird bestraft, wer 1. Schriften (§ 11 Abs. 3), die zum Haß gegen Teile der Bevölkerung oder gegen eine nationale, rassische, religiöse oder durch ihr Volkstum bestimmte Gruppe aufstacheln, zu Gewalt- oder Willkürmaßnahmen gegen sie auffordern oder die Menschenwürde anderer dadurch angreifen, daß Teile der Bevölkerung oder eine vorbezeichnete Gruppe beschimpft, böswillig verächtlich gemacht oder verleumdet werden, a) verbreitet, b) öffentlich ausstellt, anschlägt, vorführt oder sonst zugänglich macht, c) einer Person unter achtzehn Jahren anbietet, überläßt oder zugänglich macht oder d) herstellt, bezieht, liefert, vorrätig hält, anbietet, ankündigt, anpreist, einzuführen oder auszuführen unternimmt, um sie oder aus ihnen gewonnene Stücke im Sinne der Buchstaben a bis c zu verwenden oder einem anderen eine solche Verwendung zu ermöglichen, oder 2. eine Darbietung des in Nummer 1 bezeichneten Inhalts durch Rundfunk verbreitet. (3) In den Fällen des Absatzes 2 gilt § 86 Abs. 3 entsprechend.
Entwurf eines StrÄG von Bündnis 90/Die Grünen (BT-Drs. 12/7421, 27.4.1994)	§ 131a *Leugnen des nationalsozialistischen Völkermords* (1) Wer den nationalsozialistischen Völkermord öffentlich, in einer Versammlung oder durch das Verbreiten von Schriften im Sinne des § 11 Abs. 3 leugnet, wird mit Freiheitsstrafe von drei Jahren oder mit Geldstrafe bestraft. (2) § 86 Abs. 3 gilt sinngemäß.
Entwurf der SPD-Bundestagsfraktion (BT-Drs. 12/7960, 15.6.1994)	§ 130 *Volksverhetzung* (1) Wer in einer Weise, die geeignet ist, den öffentlichen Frieden zu stören, 1. zum Haß gegen Teile der Bevölkerung aufstachelt oder zu Gewalt- oder Willkürmaßnahmen gegen sie auffordert oder 2. die Menschenwürde anderer dadurch angreift, daß er Teile der Bevölkerung beschimpft, böswillig verächtlich macht oder verleumdet, wird mit Freiheitsstrafe von drei Monaten bis zu fünf Jahren bestraft. (2) Ebenso wird bestraft, wer eine unter der Herrschaft des Nationalsozialismus begangene Handlung der in § 220a Abs. 1 bezeichneten Art in einer Weise, die geeignet ist, den öffentlichen Frieden zu stören, öffentlich oder in einer Versammlung billigt, leugnet oder verharmlost. (3) Mit Freiheitsstrafe bis zu drei Jahren oder mit Geldstrafe wird bestraft, wer

	1. Schriften (§ 11 Abs. 3), die zum Haß gegen Teile der Bevölkerung oder gegen eine nationale, rasssische, religiöse oder durch ihr Volkstum bestimmte Gruppe aufstacheln, zu Gewalt- oder Willkürmaßnahmen gegen sie auffordern oder die Menschenwürde anderer dadurch angreifen, daß Teile der Bevölkerung oder eine vorbezeichnete Gruppe beschimpft, böswillig verächtlich gemacht oder verleumdet werden, a) verbreitet, b) öffentlich ausstellt, anschlägt, vorführt oder sonst zugänglich macht, c) einer Person unter 18 Jahren anbietet, überläßt oder zugänglich macht oder d) herstellt, bezieht, liefert, vorrätig hält, anbietet, ankündigt, anpreist, einzuführen oder auszuführen unternimmt, um sie oder aus ihnen gewonnene Stücke im Sinne der Buchstaben a bis c zu verwenden oder einem anderen eine solche Verwendung zu ermöglichen, oder 2. eine Darbietung des in Nummer 1 bezeichneten Inhalts durch Rundfunk verbreitet. (4) Absatz 3 gilt auch für Schriften (§ 11 Abs. 3) des in Absatz 2 bezeichneten Inhalts. (5) In den Fällen des Absatzes 3, auch in Verbindung mit Absatz 4, und in den Fällen des Absatzes 2 gilt § 86 Abs. 3 entsprechend.
Entwurf eines Gesetzes zur Änderung des Versammlungsgesetzes und des Strafgesetzbuches (BT-Drs. 15/4832, 15.2.2005)	§ 130 *Volksverhetzung* [...] (3) Mit Freiheitsstrafe bis zu fünf Jahren oder mit Geldstrafe wird bestraft, wer in einer Weise, die geeignet ist, den öffentlichen Frieden zu stören, öffentlich oder in einer Versammlung eine Handlung im Sinne von § 6 Abs. 1 des Völkerstrafgesetzbuches, 1. die unter der nationalsozialistischen Gewalt- und Willkürherrschaft begangen wurde, billigt, rechtfertigt, leugnet oder verharmlost oder 2. die unter einer anderen Gewalt- und Willkürherrschaft begangen wurde, soweit die Handlung durch die rechtskräftige Entscheidung eines internationalen Gerichts, dessen Zuständigkeit die Bundesrepublik Deutschland anerkannt hat, festgestellt ist, billigt, rechtfertigt, leugnet oder gröblich verharmlost. [...]

Anhang 2:
Entwicklung des § 130 StGB seit 1870

15. Mai 1871, RGBl. 1871, S. 127
Gesetz betreffend die Redaktion des Strafgesetzbuchs für den Norddeutschen Bund als Strafgesetzbuch für das Deutsche Reich
§ 130 RStGB
Wer in einer den öffentlichen Frieden gefährdenden Weise verschiedene Klassen der Bevölkerung zu Gewaltthätigkeiten gegen einander öffentlich anreizt, wird mit Geldstrafe bis zu zweihundert Thalern oder mit Gefängniß bis zu zwei Jahren bestraft.

26. Februar 1876, RGBl. 1876, S. 25
Gesetz, betreffend die Abänderung von Bestimmungen des Strafgesetzbuchs für das Deutsche Reich vom 15. Mai 1871 und die Ergänzung desselben vom 26. Februar 1876 (sog. Strafgesetznovelle)
§ 130 RStGB
Wer in einer den öffentlichen Frieden gefährdenden Weise verschiedene Klassen der Bevölkerung zu Gewaltthätigkeiten gegen einander öffentlich anreizt, wird mit Geldstrafe bis zu sechshundert Mark oder mit Gefängniß bis zu zwei Jahren bestraft.

25. August 1953, BGBl. 1953 I, S. 1083
Neubekanntmachung
§ 130 StGB
Wer in einer den öffentlichen Frieden gefährdenden Weise verschiedene Klassen der Bevölkerung zu Gewalttätigkeiten gegeneinander öffentlich anreizt, wird mit Geldstrafe oder mit Gefängnis bis zu zwei Jahren bestraft.

30. Juni 1960, BGBl. 1960 I, S. 478
Sechstes Strafrechtsänderungsgesetz
§ 130 StGB
Wer in einer Weise, die geeignet ist, den öffentlichen Frieden zu stören, die Menschenwürde andere dadurch angreift, daß er
1. zum Haß gegen Teile der Bevölkerung aufstachelt,
2. zu Gewalt- oder Willkürmaßnahmen gegen sie auffordert oder
3. sie beschimpft, böswillig verächtlich macht oder verleumdet,
wird mit Gefängnis nicht unter drei Monaten bestraft. Daneben kann auf Geldstrafe erkannt werden.

1. September 1969, BGBl. 1969 I, S. 1445
Bekanntmachung der Neufassung des Strafgesetzbuches
§ 130 StGB
Wer in einer Weise, die geeignet ist, den öffentlichen Frieden zu stören, die Menschenwürde anderer dadurch angreift, daß er
1. zum Haß gegen Teile der Bevölkerung aufstachelt,
2. zu Gewalt- oder Willkürmaßnahmen gegen sie auffordert oder
3. sie beschimpft, böswillig verächtlich macht oder verleumdet,
wird mit Freiheitsstrafe von drei Monaten bis zu fünf Jahren bestraft. Daneben kann auf Geldstrafe erkannt werden.

2. Januar 1975, BGBl. 1975 I, S. 1
Bekanntmachung der Neufassung des Strafgesetzbuches
§ 130 StGB Volksverhetzung
Wer in einer Weise, die geeignet ist, den öffentlichen Frieden zu stören, die Menschenwürde anderer dadurch angreift, daß er
1. zum Haß gegen Teile der Bevölkerung aufstachelt,
2. zu Gewalt- oder Willkürmaßnahmen gegen sie auffordert oder
3. sie beschimpft, böswillig verächtlich macht oder verleumdet,
wird mit Freiheitsstrafe von drei Monaten bis zu fünf Jahren bestraft.

28. Oktober 1994, BGBl. 1994 I, S. 3186
Gesetz zur Änderung des Strafgesetzbuches, der Strafprozeßordnung und anderer Gesetze (Verbrechensbekämpfungsgesetz)
§ 130 Volksverhetzung
(1) Wer in einer Weise, die geeignet ist, den öffentlichen Frieden zu stören,
1. zum Haß gegen Teile der Bevölkerung aufstachelt oder zu Gewalt- oder Willkürmaßnahmen gegen sie auffordert oder
2. die Menschenwürde anderer dadurch angreift, daß er Teile der Bevölkerung beschimpft, böswillig verächtlich macht oder verleumdet,
wird mit Freiheitsstrafe von drei Monaten bis zu fünf Jahren bestraft.
(2) Mit Freiheitsstrafe bis zu drei Jahren oder mit Geldstrafe wird bestraft, wer
1. Schriften (§ 11 Abs. 3), die zum Haß gegen Teile der Bevölkerung oder gegen eine nationale, rassische, religiöse oder durch ihr Volkstum bestimmte Gruppe aufstacheln, zu Gewalt- oder Willkürmaßnahmen gegen sie auffordern oder die Menschenwürde anderer dadurch angreifen, daß Teile der Bevölkerung oder eine vorbezeichnete Gruppe beschimpft, böswillig verächtlich gemacht oder verleumdet werden,
a) verbreitet,
b) öffentlich ausstellt, anschlägt, vorführt oder sonst zugänglich macht,
c) einer Person unter achtzehn Jahren anbietet, überläßt oder zugänglich macht oder
d) herstellt, bezieht, liefert, vorrätig hält, anbietet, ankündigt, anpreist, einzuführen oder auszuführen unternimmt, um sie oder aus ihnen gewonnene Stücke im Sinne der Buchstaben a bis c zu verwenden oder einem anderen eine solche Verwendung zu ermöglichen, oder
2. eine Darbietung des in Nummer 1 bezeichneten Inhalts durch Rundfunk verbreitet.
(3) Mit Freiheitsstrafe bis zu fünf Jahren oder mit Geldstrafe wird bestraft, wer eine unter der Herrschaft des Nationalsozialismus begangene Handlung der in § 220 a Abs. 1 bezeichneten Art in einer Weise, die geeignet ist, den öffentlichen Frieden zu stören, öffentlich oder in einer Versammlung billigt, leugnet oder verharmlost.
(4) Absatz 2 gilt auch für Schriften (§11 Abs. 3) des in Absatz 3 bezeichneten Inhalts
(5) In den Fällen des Absatzes 2, auch in Verbindung mit Absatz 4, und in den Fällen des Absatzes 3 gilt § 86 Abs. 3 entsprechend.

26. Juni 2002, BGBl. 2002 I, S. 2254
Gesetz zur Einführung des Völkerstrafgesetzbuches
§ 130 Volksverhetzung
[...]
(3) Mit Freiheitsstrafe bis zu fünf Jahren oder mit Geldstrafe wird bestraft, wer eine unter der Herrschaft des Nationalsozialismus begangene Handlung der in § 6 Abs. 1 des Völkerstrafgesetzbuches bezeichneten Art in einer Weise, die geeignet ist, den öffentli-

chen Frieden zu stören, öffentlich oder in einer Versammlung billigt, leugnet oder verharmlost.
[...]

27. Dezember 2003, BGBl. 2003 I, S. 3007
Gesetz zur Änderung der Vorschriften über die Straftaten gegen die sexuelle Selbstbestimmung und zur Änderung anderer Vorschriften
§ 130 Volksverhetzung
[...]
(2) Mit Freiheitsstrafe bis zu drei Jahren oder mit Geldstrafe wird bestraft, wer
1. [...]
2. eine Darbietung des in Nummer 1 bezeichneten Inhalts durch Rundfunk, Medien- oder Teledienste verbreitet.
[...]

24. März 2005, BGBl. 2005 I, S. 969
Gesetz zur Änderung des Versammlungsgesetzes und des Strafgesetzbuches
§ 130 Volksverhetzung
[...]
(4) Mit Freiheitsstrafe bis zu drei Jahren oder mit Geldstrafe wird bestraft, wer öffentlich oder in einer Versammlung den öffentlichen Frieden in einer die Würde der Opfer verletzenden Weise dadurch stört, dass er die nationalsozialistische Gewalt und Willkürherrschaft billigt, verherrlicht oder rechtfertigt.
(5) Absatz 2 gilt auch für Schriften (§ 11 Abs. 3) des in den Absätzen 3 und 4 bezeichneten Inhalts.
(6) In den Fällen des Absatzes 2, auch in Verbindung mit Absatz 5, und in den Fällen der Absätze 3 und 4 gilt § 86 Abs. 3 entsprechend.

Anhang 3: Quellenverzeichnis

A) Veröffentlichte Quellen[1]

1 Deutsches Partikularrecht

1.1 Quellensammlungen

1.1.1 Sammlung der deutschen Strafgesetzbücher, hrsg. von Melchior Stenglein, München 1858
Bd. 1: Bayern, Oldenburg, Sachsen-Altenburg, Württemberg, Braunschweig.
Bd. 2: Hannover, Hessen-Darmstadt und Frankfurt, Baden, Nassau.
Bd: 3: Thüringisches Strafgesetzbuch, Preußen, Österreich, Sachsen.

1.1.2 Gesetzrevision (1825–1848), hrsg. von Werner Schubert und Jürgen Regge: I. Abteilung Straf- und Strafprozeßrecht, Quellen zur preussichen Gesetzgebung des 19. Jahrhunderts
Bd. 1: Strafrecht (Ministerium Danckelmann; 1827–1830). Liechtenstein 1981.
Bd. 2: Straf- und Strafprozeßrecht (Ministerium Kamptz; 1833–1837). Liechtenstein 1984.

1.2 Einzelquellen (nach Staaten alphabetisch sortiert)

1.2.1 Großherzogtum Baden
Strafgesetzbuch für das Großherzogtum Baden vom 6. Mai 1845, abgedruckt in: Stenglein (s. 1.1.1), Bd. 2 Nr. VIII.

1.2.2 Königreich Bayern

1.2.2.1 Bayerisches Strafgesetzbuch vom 6. Mai 1813, abgedruckt in: Stenglein (s. 1.1.1), Bd. 1 Nr. I.

1.2.2.2 Strafgesetzbuch für das Königreich Bayern vom 1. November 1861. Amtliche Ausgabe. München 1861.

1.2.3 Freie Hansestadt Bremen
Entwurf eines Strafgesetzbuchs der freien Hansestadt Bremen. Erster Theil. Verbrechen und Vergehen. Nebst Motiven und einem Anhange, den Vollzug der Freiheitsstrafen betreffend. Bremen 1861.

1.2.4 Herzogthum Braunschweig

1.2.4.1 Criminalgesetzbuch für das Herzogthum Braunschweig vom 10. Juli 1840 (=Criminalgesetzbuch für das Fürstenthum Lippe-Detmold vom 18. Juli 1843), abgedruckt in: Stenglein (s. 1.1.1), Bd. 1 Nr. V.

---

1 Parlamentaria und Gerichtsentscheidungen sind nicht einzeln angeführt, sondern an Ort und Stelle ausreichend nachgewiesen; vgl. zudem in diesem Anhang Ziff. 2.2.29 ff.

1.2.4.2 Das Criminalgesetzbuch für das Herzogthum Braunschweig nebst den Motiven der herzoglichen Landesregierung und Erlassen aus den staendigen Verhandlungen. Braunschweig 1840.

1.2.5 Freie und Hansestadt Hamburg
Das Hamburgische Criminalgesetzbuch vom 22. April 1869.

1.2.6 Großherzogtum Hessen
Strafgesetzbuch für das Großherzogthum Hessen vom 17. September 1841, abgedruckt in: Stenglein (s. 1.1.1), Bd. 2 Nr. VII.

1.2.7 Freie und Hansestadt Lübeck
Straf-Gesetzbuch für die freie und Hansestadt Lübeck vom 20. Juli 1863, Lübeck 1863.

1.2.8 Großherzogtum Mecklenburg-Schwerin und Strelitz
Verordnung zum Schutz gegen den Mißbrauch der Presse vom 4.3.1856, in: Beilage zu Nr. 10 des Regierungs-Blatts für das Großherzogtum Mecklenburg-Schwerin von 1856.

1.2.9 Herzogthum Nassau
Strafgesetzbuch für das Herzogthum Nassau vom 14. April 1849, abgedruckt in: Stenglein (s. 1.1.1), Bd. 2 Nr. IX.

1.2.10 Herzogthum Oldenburg
Strafgesetzbuch für das Großherzogthum Oldenburg vom 3. Juli 1858; abgedruckt in: Gesetzblatt für das Herzogthum Oldenburg XVI. Band. 25. Stück.

1.2.11 Kaiserthum Österreich

1.2.11.1 Gesetzbuch über Verbrechen und schwere Polizey-Übertretungen für das Kaiserthum Österreich vom 3. September 1803. Zweyte Auflage mit anhängenden neueren Vorschriften. Wien 1815.

1.2.11.2 Gesetz gegen den Mißbrauch der Presse vom 13. März 1849, abgedruckt in: Koppel, Österreichische Strafgesetze, S. 71 ff.

1.2.11.3 Das Strafgesetzbuch über Verbrechen, Vergehen, und Übertretungen für das Kaiserthum Österreich vom 27. Mai 1852, abgedruckt in: Stenglein (s. 1.1.1), Bd. 3 Nr. XII.

1.2.12 Königreich Preußen

1.2.12.1 Allgemeines Landrecht für die Preußischen Staaten vom 1. Juni 1794. Mit einer Einführung von Hans Hattenhauer und einer Bibliographie von Günther Bernert. 2. Auflage. Neuwied 1994.

1.2.12.2 Strafgesetzbuch für die Preußischen Staaten. Vom 14. April 1851. Nebst den Abweichungen der Strafgesetzbücher für das Herzogthum Anhalt-Bernburg vom 22. Januar 1852 und das Fürstenthum Waldeck und Pyrmont vom 15. Mai 1855, abgedruckt in: Stenglein (s. 1.1.1), Bd. 3 Nr. XI.

1.2.12.3 Verordnung vom 6. April 1848 über einige Grundlagen der künftigen Preußischen Verfassung (Pr.GS. 1848, 375).

1.2.12.4 Verfassung für den preußischen Staat. Vom 5. Dezember 1848 (Pr.GS.1848, 375).

1.2.12.5 Revidirte Verfassung für den preußischen Staat. Vom 31. Januar 1850 (Pr.GS. 1850, 17).

1.2.12.6 Verordnung, betreffend die Vervielfältigung und Verbreitung von Schriften und verschiedene durch Wort, Schrift, Druck, Zeichen, bildliche oder andere Darstellungen begangene strafbare Handlungen. Vom 30. Juni 1849 (Pr.GS 1849, 226).

1.2.13 Königreich Sachsen

1.2.13.1 Strafgesetzbuch für das Königreich Sachsen vom 11. August 1855, abgedruckt in: Stenglein (s. 1.1.1), Bd. 3 Nr. XIII.

1.2.13.2 Das Revidirte Strafgesetzbuch für das Königreich Sachsen vom 1. October 1868 sammt den damit in Verbindung stehenden älteren und gleichzeitigen Gesetzen und Verordnungen und mit Verweisung auf die einschlagenden älteren Bestimmungen und auf die Literatur nebst einem ausführlichen Sachregister mit Angabe der Strafmaße. Dresden 1868.

1.2.14 Herzogthum Sachsen-Altenburg
Criminalgesetzbuch für das Herzogthum Sachsen-Altenburg vom 3. Mai 1841, abgedruckt in: Stenglein (s. 1.1.1), Bd. 1 Nr. III.

1.2.15 Großherzogthum Sachsen-Weimar-Eisenach, Herzogthum Sachsen-Meiningen, Herzogthum Sachsen-Coburg-Gotha, Herzogthum Anhalt-Dessau und Köthen, und die Fürstenthümer Schwarzburg-Rudolfstadt, Schwarzburg-Sondershausen und Reuß jüngere Linie
„Thüring'sches Strafgesetzbuch" von 1850, abgedruckt in: Stenglein (s. 1.1.1), Bd. 3 Nr. X.

1.2.16 Königreich Westphalen
Der Code pénal des Königreichs Westphalen von 1813 mit dem Code pénal von 1810 im Original und in deutscher Übersetzung. Herausgegeben und mit einer Einleitung versehen von Werner Schubert. Frankfurt am Main 2001.

1.2.17 Königreich Württemberg
Strafgesetzbuch für das Königreich Württemberg vom 1. März 1839, abgedruckt in: Stenglein (s. 1.1.1), Bd. 1 Nr. IV.

2 Gesetze und Reformmaterialien des Norddeutschen Bundes, des Deutschen Reiches und der Bundesrepublik Deutschland

2.1 Quellensammlungen

2.1.1 Entstehung des Strafgesetzbuchs, hrsg. von Werner Schubert und Thomas Vormbaum, Kommissionsprotokolle und Entwürfe
Bd. I: 1869. Baden-Baden 2002.
Bd. II: 1870. Berlin 2004.

2.1.2 *Kodifikationsgeschichte* Strafrecht, hrsg. von Werner Schubert
Bd. 1: Entwurf eines Strafgesetzbuches für den Norddeutschen Bund vom Juli 1869 und Motive zu diesem Entwurf. Frankfurt a. M. 1992.
Bd. 2: Strafgesetzbuch für den Norddeutschen Bund. Entwurf vom 14.2.1870. Frankfurt a.M. 1992.

Bd. 3: Verhandlungen des Reichsrates und Reichstages des Norddeutschen Bundes über den Entwurf eines Strafgesetzbuches. Frankfurt a.M. 1992.

2.1.3 Vergleichende Darstellung des deutschen und ausländischen Strafrechts. Vorarbeiten zur deutschen Strafrechtsreform. Hrsg. auf Anregung des Reichsjustizamts von Karl Birkmeyer, Fritz v. Calker, Reinhard Frank, Robert v. Hippel, Wilhelm Kahl, Karl v. Lilienthal, Franz v. Liszt, Adolf Wach. 6 Bde. zum Allgemeinen Teil, 8 Bde. zum Besonderen Teil, Registerbd. Berlin 1905–1909.

2.1.4 Kriminalstatistik der Jahre 1882 ff., aus: Statistik des Deutschen Reichs

2.1.5 *Protokolle* der Kommission zur Reform des Strafgesetzbuches (*1911–1913*), hrsg. von Werner Schubert. Frankfurt a.M. 1990
Bd. 1: Allgemeiner Teil des Vorentwurfs in 1. Lesung, Protokolle 1–70.
Bd. 2: Schlußberatungen des Allgemeinen Teils. 1. Lesung des Besonderen Teils, §§ 100–211 des Vorentwurfs. Protokolle 71–140.
Bd. 4: Zweite Lesung und Schlußredaktion des Entwurfs, Protokolle 208–282.

2.1.6 *Entwürfe der Strafrechtskommission* zu einem deutschen Strafgesetzbuch und zu einem Einführungsgesetz (1911–1914), hrsg. von Werner Schubert, Frankfurt a.M. 1990.

2.1.7 *Quellen* zur Reform des Straf- und Strafprozeßrechts, hrsg. von Werner Schubert, Jürgen Regge, Peter Rieß und Werner Schmid, Berlin/New York.

2.1.7.1 I. Abteilung: Weimarer Republik (1918–1932)
Bd. 1: Entwürfe zu einem Strafgesetzbuch (1919, 1922, 1924/25, 1927), hrsg. von Jürgen Regge und Werner Schubert, 1995.
Bd. 2: Beratungen des Entwurfs zu einem Allgemeinen Deutschen Strafgesetzbuch im Reichsrat 1924/25, mit Einleitung von Werner Schubert, 1998.
Bd. 3: Protokolle der Strafrechtsausschüsse des Reichstags:
1. Teil, Sitzungen vom Juli 1927 bis März 1928, Sitzungen der deutschen und österreichischen parlamentarischen Strafrechtskonferenzen (1927–1930), hrsg. von Werner Schubert, 1995.
2. Teil, Sitzungen vom Juli 1928 bis September 1929, hrsg. von Werner Schubert, 1996.
3. Teil, Sitzungen von Oktober 1929 bis Juni 1930, hrsg. von Werner Schubert, 1997.
4. Teil, Sitzungen von Dezember 1930 bis Mai 1932, Zusammenstellung der Beschlüsse, hrsg. von Werner Schubert, 1994.

2.1.7.2 II. Abteilung: NS-Zeit (1933–1939) – Strafgesetzbuch, hrsg. von Jürgen Regge und Werner Schubert
Bd. 1, Entwürfe eines Strafgesetzbuchs.
1. Teil, Teilband 1, 1988. Teilband 2, 1990.
2. Teil, 1990.
Bd. 2, Protokolle der Strafrechtskommission des Reichsjustizministeriums.
Teilbände 1 und 2: Erste Lesung, 1988, 1989.
Teilbände 3 und 4: Zweite Lesung, 1990, 1994.
Bd. 4, Protokolle der Strafrechtskommission des Reichsjustizministeriums.
4. Teil, Zweite Lesung: Besonderer Teil, 1994.

2.1.7.3 III. Abteilung: NS-Zeit (1933–1939) – Strafverfahrensrecht
Bd. 2, Protokolle der Großen Strafprozeßkommission des Reichsjustizministeriums (1936–1938).
3. Teil: 2. Lesung des Entwurfs einer Strafverfahrensordnung (mit Ausnahme des Vorverfahrens), hrsg. von Werner Schubert, 1993.

2.1.8 Akten der Reichskanzlei, *Die Kabinette Wirth I und II*, Bd. 2, April 1922 bis November 1922, bearb. von Ingrid Schulze-Bidlingmaier, Boppard am Rhein 1973.

2.1.9 Akten der Reichskanzlei, Die *Kabinette Brüning I und II*, Bd. 1: 30. März 1930–28. Februar 1931; Bd. 2: 1. März 1931–10. Oktober 1931, bearb. von Tilman Koops, Boppard am Rhein 1982.

2.1.10 Das Strafgesetzbuch. Sammlung der Änderungsgesetze und Neubekanntmachungen. Hrsg. von Thomas Vormbaum und Jürgen Welp. Baden-Baden
Bd. 1: 1870–1953 (2000).
Bd. 2: 1954–1974 (2002).
Bd. 3: 1975–1992 (2002).
Bd. 4: 1993–2000 (2002).

2.1.11 Materialien zur Strafrechtsreform. 15 Bände. Bonn 1954–1962.

2.1.12 Niederschriften über die Sitzungen der Großen Strafrechtskommission. 14 Bände und 1 Registerband. Bonn 1956–1960.

2.2 Einzelquellen (in chronologischer Reihenfolge)

2.2.1 Strafgesetzbuch für den Norddeutschen Bund. Vom 31. Mai 1870. BGBl. Norddt. Bd. 1870, 197.

2.2.2 Gesetz betreffend die Redaktion des Strafgesetzbuchs für den Norddeutschen Bund als Strafgesetzbuch für das Deutsche Reich. Vom 15. Mai 1871. RGBl. 1871, 127.

2.2.3 Gesetz, betreffend die Abänderung von Bestimmungen des Strafgesetzbuchs für das Deutsche Reich vom 15. Mai 1871 und die Ergänzung desselben, vom 26. Februar 1876. RGBl. 1876, 25.

2.2.4 Gesetz gegen die gemeingefährlichen Bestrebungen der Sozialdemokratie. Vom 21. Oktober 1878. RGBl. 1878, 521.

2.2.5 Vorentwurf zu einem Deutschen Strafgesetzbuch. Bearbeitet von der hierzu bestellten Sachverständigenkommission. Veröffentlicht auf Anordnung des Reichsjustizamts. Berlin 1909. Begründung. 2 Bde. (AT und BT). Berlin 1909.

2.2.6 Zusammenstellung der gutachtlichen Äußerungen über den Vorentwurf zu einem Deutschen Strafgesetzbuch. Gefertigt im Reichsjustizamt. Als Manuskript gedruckt. Berlin (Reichsdruckerei) 1911.

2.2.7 Zusammenstellung der Äußerungen der Bundesregierungen über den Vorentwurf zu einem Deutschen Strafgesetzbuch. Gefertigt im Reichsjustizamt. Als Manuskript gedruckt. Berlin (Reichsdruckerei) 1911.

2.2.8 Gegenentwurf zum Vorentwurf eines deutschen Strafgesetzbuchs. Aufgestellt von W. Kahl, K. v. Lilienthal, F. v. Liszt, J. Goldschmidt. Text mit Vorwort. Berlin 1911. Begründung (mit einer Denkschrift, betreffend die Einarbeitung der Nebengesetze, von N.H. Kriegsmann). Berlin 1911.

2.2.9 Entwürfe zu einem Deutschen Strafgesetzbuch. Veröffentlicht auf Anordnung des Reichsjustizministeriums. Berlin 1920. Darin in je eigener Paginierung:

2.2.9.1 Entwurf der Strafrechtskommission (1913).

2.2.9.2 Entwurf von 1919.

2.2.9.3 Denkschrift zum Entwurf von 1919.

2.2.10 Gustav Radbruchs Entwurf eines Allgemeinen Deutschen Strafgesetzbuches (1922). Mit einem Geleitwort von Thomas Dehler und einer Einleitung von Eberhard Schmidt. Tübingen 1952.

2.2.11 Amtlicher Entwurf eines Allgemeinen Deutschen Strafgesetzbuches nebst Begründung. Veröffentlicht auf Anordnung des Reichsjustizministeriums. Erster Teil: Entwurf. Zweiter Teil: Begründung. Berlin 1925.

2.2.12 Entwurf eines Allgemeinen Deutschen Strafgesetzbuches nebst Begründung: Reichstag. III. Wahlperiode 1924/27, Drucksache Nr. 3390.

2.2.13 Deutsche Strafgesetzentwürfe von 1909–1927. Synoptische Gegenüberstellung der deutschen und österreichischen Strafgesetzentwürfe und des geltenden deutschen Strafrechts. Hrsg. von Leopold Schäfer. Berlin 1927.

2.2.14 Entwurf eines Allgemeinen Deutschen Strafgesetzbuchs 1930 (Entwurf Kahl). Reichstag. V. Wahlperiode 1930. Drucksache Nr. 395 vom 6. Dezember 1930. Nachdruck als Bd. 5 der Materialien zur Strafrechtsreform. Bonn 1954.

2.2.15 Nationalsozialistisches Strafrecht. Denkschrift des Preußischen Justizministeriums. Berlin 1933.

2.2.16 Ausschüsse für Strafrecht, Strafvollstreckungsrecht, Wehrstrafrecht, Strafgerichtsbarkeit der SS und des Reichsarbeitsdienstes, Polizeirecht sowie Wohlfahrts- und Fürsorgerecht (Bewahrungsrecht), hrsg. von Werner Schubert, Berlin 1999.

2.2.17 Entwurf eines Strafgesetzbuchs nach den Beschlüssen der Großen Strafrechtskommission in erster Lesung zusammengestellt und überarbeitet vom Bundesministerium der Justiz (E 1959), abgedruckt in: Materialien zur Strafrechtsreform Bd. 12.

2.2.18 Entwurf eines Strafgesetzbuchs nach den Beschlüssen der Großen Strafrechtskommission in zweiter Lesung zusammengestellt und überarbeitet vom Bundesministerium der Justiz (E 1959 II). Bonn 1959.

2.2.19 Sechstes Strafrechtsänderungsgesetz. BGBl. I 1960 S. 478.

2.2.20 Entwurf eines Strafgesetzbuches (StGB). E 1960. Mit Begründung. BT-Drs. 270/60. Bonn 1960.

2.2.21 Entwurf eines Strafgesetzbuches (StGB) E 1962. Mit Begründung. BT-Drs. IV/650. Bonn 1962.

2.2.22 Erstes Strafrechtsreformgesetz (1. StrRG) vom 25. Juni 1969, in: BGBl. I 1969, S. 645, abgedruckt in: Vormbaum/Welp, Das Strafgesetzbuch, Bd. 2, Nr. 82.

2.2.23 Einführungsgesetz zum Strafgesetzbuch (EGStGB) vom 4. März 1974, in: BGBl. I 1974, S. 469, abgedruckt in: Vormbaum/Welp, Das Strafgesetzbuch, Bd. 2, Nr. 88.

2.2.24 Alternativ-Entwurf eines Strafgesetzbuches, Besonderer Teil. Politisches Strafrecht, Tübingen 1970. Vorgelegt von Jürgen Baumann u.a. Tübingen 1968.

2.2.25 Gesetz zur Änderung des Strafgesetzbuches, der Strafprozeßordnung und anderer Gesetze (Verbrechensbekämpfungsgesetz) vom 28. Oktober 1994. BGBl. 1994 I, S. 3186.

2.2.26 Gesetz zur Einführung des Völkerstrafgesetzbuches vom 26. Juni 2002. BGBl. 2002 I S. 2254.

2.2.27 Gesetz zur Änderung der Vorschriften über die Straftaten gegen die sexuelle Selbstbestimmung und zur Änderung anderer Vorschriften vom 27. Dezember 2003. BGBl. 2003 I S. 3007.

2.2.28 Gesetz zur Änderung des Versammlungsgesetzes und des Strafgesetzbuches vom 24. März 2005. BGBl. 2005 I, S. 969.

2.2.29 Drucksachen des Deutschen Bundestages (zit. nach Wahlperiode, laufender Nummer und Seitenzahl).

2.2.30 Drucksachen des Deutschen Bundesrates (zit. nach laufender Nummer, Jahresangabe und Seitenzahl).

2.2.31 Verhandlungen des Deutschen Bundestages. Stenographische Berichte (zit. nach Band, Wahlperiode, Sitzungsnummer, Seitenzahl).

2.2.32 Deutscher Bundestag, Rechtsausschuß. Stenographische Protokolle (zit. nach Wahlperiode, Protokollnummer, Seitenzahl).

2.2.33 Deutscher Bundestag, Innenausschuß. Stenographische Protokkolle (zit. nach Wahlperiode, Protokollnummer, Seitenzahl).

2.3 Internet-Ressourcen (Stand: März 2009)

2.3.1 Bundesministerium der Justiz:
http://www.bmj.bund.de

2.3.2 Deutsches Historisches Museum
http://www.dhm.de

2.3.3 Pressemitteilung der deutschen EU-Ratspräsidentschaft vom 29. Januar 2007:
http://www.eu2007.de/de/News/Press_Releases/January/0129BMJantiracism.html

2.3.4 Strafverfolgungsstatistik des Statistischen Bundesamtes:
http://destatis.de

B) Unveröffentlichte Quellen

1 Geheimes Staatsarchiv Preußischer Kulturbesitz

1.1 GStA PK, I. HA, Kultusministerium, Rep. 76, I Sekt. 22 Nr. 33.

1.2 GStA PK, I. HA Justizministerium, Rep. 84a, Nr. 10123.

1.3 GStA PK, I. HA Staatsministerium, Rep. 90a, Nr. 2409.

2 Bundesarchiv Berlin

2.1 BA R 1401 Nr. 630 Reichs-Justizamt.

2.2 BA R 1401 Nr. 639 Reichs-Justizamt. Acta der Bundeskommission zur Berathung des Norddeutschen Strafgesetz-Entwurfs betreffend die gutachterlichen Aeußerungen über den Entwurf, 1869, Bd. 1.

2.3 BA R 1401 Nr. 640 Reichs-Justizamt. Acta der Bundeskommission zur Berathung des Norddeutschen Strafgesetz-Entwurfs betreffend die gutachterlichen Aeußerungen über den Entwurf, 1869, Bd. 2.

2.4 BA R 1401 Nr. 640a Reichs-Justizamt. Acta der Bundeskommission zur Berathung des Norddeutschen Strafgesetz-Entwurfs betreffend die gutachterlichen Aeußerungen über den Entwurf, Bd. 3.

2.5 BA R 3001 Nr. 5915 Reichsjustizministerium, Reform des Strafrechts vom Dezember 1921 bis Juli 1922, Österreichische Vorschläge [ohne durchgehende Paginierung].

2.6 BA R 3001 Nr. 5969 Reichs-Justizamt, Akten betreffend: Fortführung der Strafrechtsreform. Vom April 1918 bis November 1919.

2.7 BA R 3001 Nr. 20853 Generalakten des Reichsjustizministeriums betreffend die Strafrechtsreform 1933, 1.4.1935 bis 31.7.1936.

2.8 BA R 3001 Nr. 20854 Generalakten des Reichsjustizministeriums betreffend die Strafrechtsreform 1933, vom 1.8.1936 bis 31.3.1937.

2.9 BA R 3001 Nr. 20855 Reichsjustizministerium, Generalakten über Strafrechtsreform 1933, vom 1.4.1937 bis 31.9., Bd. 1.

2.10 BA R 3001 Nr. 20873 Generalakten des Reichsjustizministeriums betreffend die Strafrechtsreform 1933, Anträge und Beschlüsse des Reichsgerichts, 22.10.1934.

2.11 BA R 3001 Nr. 20875 Reichsjustizministerium, Generalakten betr. die Strafrechtsreform 1933.

2.12 BA R 3001 Nr. 20876 Reichsjustizministerium, Generalakten über Strafrechtsreform 1933 bis Beschlüsse 2. Lesung der Unterkommission. Vom 1.4.1936.

2.13 BA R 3001 Nr. 20984 Reichsjustizministerium. Strafgesetzbuch. Material der Strafrechtskommission 1934–1936.

2.14 BA R 3001 Nr. 20985 Reichsjustizministerium. Strafgesetzbuch. Material der Strafrechtskommission, Bd. 5: 1934–1936.

2.15 BA R 3001 Nr. 21777 Reform des Strafrechts, November 1914 bis November 1921.

2.16 BA R 3001 Nr. 21786 Reform des Strafrechts Bd. 21, März 1931 bis Sept. 1933.

3 Bundesarchiv Koblenz

3.1 BA Koblenz, B 141–3014 Strafrechtsänderungsgesetz vom 30.8.1951, Referentenentwürfe, Ressortbesprechungen, Kabinettsvorlagen; Bd. 1.

3.2 BA Koblenz, B 141–3017 Strafrechtsänderungsgesetz vom 30.8.1951, Referentenentwürfe, Ressortbesprechungen, Kabinettsvorlagen; Bd. 4.

3.3 BA Koblenz, B 141–3023 Besprechungen mit Vertretern des BGH und der Bundesanwaltschaft.

3.4 BA Koblenz, B 141–3065 Drittes Strafrechtsänderungsgesetz v. 4.8.1953, Bd. 1: 1951–1953.

3.5 BA Koblenz, B 141–3066 Drittes Strafrechtsänderungsgesetz v. 4.8.1953, Bd. 2: 1952–1952.

3.6 BA Koblenz, B 141–3172 Sechstes Strafrechtsänderungsgesetz v. 30.6.1960, Behandlung in den gesetzgebenden Körperschaften, Bd. 1: 1959.

3.7 BA Koblenz, B 141–3173 Sechstes Strafrechtsänderungsgesetz v. 30.6.1960, Behandlung in den gesetzgebenden Körperschaften, Bd. 2: 1960–1962.

3.8 BA Koblenz, B 141–3175 Sechstes Strafrechtsänderungsgesetz v. 30.6.1960, Allg. Schriftwechsel, Bd. 2: 1960–1961.

3.9 BA Koblenz, B 141–3179 Sechstes Strafrechtsänderungsgesetz v. 30.6.1960, Materialsammlung, Bd. 1: 1959–1960.

3.10 BA Koblenz, B 141–25407 Entwurf eines Fünften Strafrechtsänderungsgesetzes.

3.11 BA Koblenz, B 141–25408 Entwurf eines Fünften Strafrechtsänderungsgesetzes, Eingaben

3.12 BA Koblenz, B 141–33847 Strafverfolgung von Rassenhetze.

3.13 BA Koblenz, B 141–90281 Straftaten gegen den Gemeinschaftsfrieden, Bd. 1: 1950–1958.

3.14 BA Koblenz, B 141–90283 Straftaten gegen den Gemeinschaftsfrieden, Bd. 2: 1959–1963.

4 Privatbesitz des Verfassers

Schreiben des BMJ, Referat II B 5 vom 16.4.2008 an den Verfasser.

Anhang 4: Literaturverzeichnis

Abegg, Julius Friedrich Heinrich, Zur sprachlichen Auslegung des Strafgesetzbuches, insbesondere der Bedeutung von Oeffentlichkeit, in: GA 9 (1861), 3–12.

Adler, Erwin, Die Aufforderungsdelikte im Reichsstrafgesetzbuch und im Entwurf eines Allgemeinen Deutschen Strafgesetzbuchs von 1927, Frankfurt a.M. 1932, zugl.: Diss. Frankfurt, 1932.

Advocatus [unbekanntes Pseudonym], Der Umsturz des Strafrechts, Juristische Glossen zur Umsturzvorlage, in: NZ, 13. Jg. (1894/95), Bd. 1, S. 741–748, 780–787.

Allen, Francis A., The Crimes of Politics, Political Dimension of *Criminal Justice*, Cambridge, 1974.

Amelung, Knut, Strafrechtswissenschaft und Strafgesetzgebung, in: ZStW 1980, 19–72.

Androulakis, Nikolaos, Die *Sammelbeleidigung*, Neuwied 1970.

Apitzsch, Friedrich, Die deutsche *Tagespresse* unter dem Einfluß des Sozialistengesetzes, Diss. phil. Leipzig 1928.

Arnolds, Peter, Geschichte und Dogmatik des *Kanzelparagraphen* (§ 130a StGB), Köln, Univ., Diss. 1956.

Arzt, Gunther / **Weber**, Ulrich, *Strafrecht*, Besonderer Teil: Lehrbuch, Bielefeld 2000.

Aschrott, P.F. / **Kohlrausch**, Ed., Reform des Strafrechts, Kritische Besprechung des Amtlichen Entwurfs eines Allgemeinen Deutschen Strafgesetzbuchs, auf Veranlassung der Deutschen Landesgruppe der Internationalen Kriminalistischen Vereinigung, Berlin u. Leipzig 1926.

Asholt, Martin, *Straßenverkehrsstrafrecht*, Reformdiskussionen und Gesetzgebung seit dem Ausgang des 19. Jahrhunderts, Berlin 2007, zugl.: Hagen, FernUniv., Diss. 2006.

Atzrott, Otto, Sozialdemokratische Druckschriften und Vereine verboten auf Grund des Reichsgesetzes gegen die gemeingefährlichen Bestrebungen der Sozialdemokratie vom 21. Oktober 1878, Berlin 1886.

Auerbach, Leopold, Wie ist die *Judenhetze* mit Erfolg zu bekämpfen? Berlin 1893.

Backes, Uwe / **Jesse**, Eckhard, Politischer Extremismus in der Bundesrepublik Deutschland, Bonn 1989.

Bandisch, Günter, Zum Entwurf eines Kriminalitätsbekämpfungsgesetzes der Fraktionen der CDU/CSU und FDP vom 4.1.1994, in: StV 1994, 153–159.

Banke, Waldemar, Der erste *Entwurf* eines deutschen Einheitsstrafrechts, Teil 1: Die Verfasser des Entwurfs 1849 (mit einem diplomatisch genauen Abdruck des Entwurfs), Berlin 1912.

Baratta, Alessandro, Die Menschenrechte zwischen struktureller Gewalt und Strafgewalt, in: KrimJ 1993, 243–259.

Baratta, Alessandro, Jenseits der Strafe – *Rechtsgüterschutz* in der Risikogesellschaft, Zur Neubewertung der Funktionen des Strafrechts, in: Haft, Fritjof / Hassemer, Winfried / Neumann, Ulfrid / Schild, Wolfgang / Schroth / Ulrich (Hrsg.), Strafgerechtigkeit – Festschrift für Arthur Kaufmann zum 70. Geburtstag, Heidelberg 1993, S. 363–416.

Battis, Ulrich / **Grigoleit**, Klaus Joachim, Neue Regeln für neonazistische Demonstrationen? – Das Gesetz zur Änderung des Versammlungsgesetzes und des Strafgesetzbuches –, in: Die Polizei 2005, 349–353.

Baumann, Jürgen, Die große *Reform* im Strafrecht. Eine nicht unkritische Würdigung, in: Nörr, Knut Wolfgang (Hrsg.), 40 Jahre Bundesrepublik Deutschland – 40 Jahre Rechtsentwicklung: Ringvorlesung der Juristischen Fakultät der Universität Tübingen 1989, Tübingen 1990, S. 293–324.

Baumann, Jürgen, Anmerkung zu BGH, Urteil vom 15.03.1994 – 1 StR 179/93 (LG Mannheim), in: NStZ 1994, 390–393.

Beck, Ulrich, Risikogesellschaft, Auf dem Weg in eine andere Moderne, Frankfurt a.M. 1986.

Beer, Udo, Die *Juden*, das Recht und die Republik, Verbandswesen und Rechtsschutz, 1919–1933, Frankfurt a.M., Berlin, New York 1986.

Beer, Udo, Protection of Jewish Civil Rights, in: Leo Baeck Institute Year Book 33 (1988), 149–176.

Bemmann, Günter, *Meinungsfreiheit* und Strafrecht, Königsstein / Taunus 1981.

Benda, Ernst, Kammermusik, schrill, in: NJW 2001, 2947 f.

Berg, Stefan / **Schult**, Christoph / **Smoltczyk**, Alexander / **Sontheimer**, Michael / **Wensierski**, Peter, „So bitter, so traurig“, in Der Spiegel, 2.2.2009, S. 40–53.

Bergmann, Werner / **Erb**, Rainer, Privates Vorurteil und öffentliche Konflikte. Der Antisemitismus in Westdeutschland nach 1945, in: Benz, Wolfgang (Hrsg.), Jahrbuch für Antisemitismusforschung 1 (1992), S. 13–41.

Berner, Albert Friedrich, Die *Strafgesetzgebung* in Deutschland, vom Jahre 1751 bis zur Gegenwart, Leipzig 1867.

Berner, Albert Friedrich, *Lehrbuch* des deutschen Strafrechts
- *1. Aufl.* Leipzig 1857, Nachdruck, Goldbach 1999.
- *4. Aufl.* Leipzig 1868.
- *5. Aufl.* Leipzig 1871, Nachdruck, Goldbach 1996.

Berner, Albert Friedrich, Lehrbuch des deutschen *Presserechts*, Leipzig 1876.

Bertram, Günter, Entrüstungsstürme im Medienzeitalter – der BGH und die „Auschwitzlüge“, in: NJW 1994, 2002–2004.

Bertram, Günter, Noch einmal: Die „Auschwitzlüge“ – Anmerkungen zum Urteil der 6. Großen Strafkammer des LG Mannheim vom 22.6.1994, NJW 1994, 2397–2399.

Bertram, Günter, Der Rechtsstaat und seine Volksverhetzungs-Novelle, NJW 2005, 1476–1478.

Bertram, Günter, Rechte Meinungen, in: NJW 2007, 2163–2165.

Beseler, Georg, Kommentar über das *Strafgesetzbuch* für die Preussischen Staaten und das Einführungsgesetz vom 14. April 1851, Leipzig 1851.

Binding, Carl, Der *Entwurf* eines Strafgesetzbuchs für den norddeutschen Bund in seinen Grundsätzen, Leipzig 1869.

Binding, Carl, *Lehrbuch* des gemeinen deutschen Strafrechts: Besonderer Teil, Bd. 2, Abt. 2, Leipzig 1905.

Binding, Carl, *Grundriß* des Deutschen Strafrechts, Allgemeiner Teil, 7. Aufl. Leipzig 1907.

Birett, Herbert (Hrsg.), Verbotene *Druckschriften* in Deutschland, Bd. 1: Die Sozialistengesetze 1878–1918. Vaduz 1987.

Birett, Herbert / **Skorupa**, Ewa (Hrsg.), Verbotene *Druckschriften* in Deutschland, Bd. 4A: Polnische Druckschriften 1850–1932. Vaduz 1996.

Bolesch, Cornelia, EU stellt Rassismus unter Strafe, SZ, 20.4.2007, S. 7.

Brandner, Thilo, *Gesetzesänderung*, Eine rechtstatsächliche und verfassungsrechtliche Untersuchung anhand der Gesetzgebung des 13. Deutschen Bundestages, Berlin 2004.

Broszat, Martin, Zweihundert Jahre deutsche *Polenpolitik*, München 1963.

Brugger, Winfried, Verbot oder Schutz von Haßrede, Rechtsvergleichende Beobachtungen zum deutschen und amerikanischen Recht, AöR 2003, 372–411.

Brunschvig, Georges, Die *Kollektiv-Ehrverletzung*, Zürich 1937.

Bubnoff, Eckhart von, Die strafrechtliche Bekämpfung rechtsextremistischer Aktitvitäten, Der Referentenentwurf eines 21. Strafrechtsänderungsgesetzes, in: ZRP 1982, 118–121.

Bull, Hans Peter, *Grenzen* des grundrechtlichen Schutzes für rechtsextremistische Demonstrationen, Hamburg 2000.

Bumke, E., Die neuen Strafgesetzentwürfe, DJZ 1918, 11–16.

Bumke, (ohne Vorname), Der neue Strafgesetzentwurf, in: DJZ 1925, 22–28.

Bundesregierung (Hrsg.), Die antisemitischen und nazistischen Vorfälle, *Weißbuch* und Erklärung der Bundesregierung, Bonn 1960.

Buri, Maximilian von, Zu den §§ 126, 130 uns 130a des Reichs-Strafgesetzbuchs, in: GS 1875, 228–238.

Buschmann, Arno, Das *Strafgesetzbuch* in der Zeit von 1933 bis 1945, in: Vormbaum, Thomas / Welp, Jürgen (Hrsg.), Das Strafgesetzbuch, Sammlung der Änderungsgesetze und Neubekanntmachungen, Supplementband 1: 130 Jahre Strafgesetzgebung – Eine Bilanz, Berlin 2004, S. 53–138.

Carpzov, Benedict, *Practica nova* imperialis saxonica rerum criminalium, Pars Secunda, Quaestionum fere universarum decisiones in materia delictorum carnis, furtorum, rapinae, sacrilegii, falsi et injuriarum exhibens, Frankfurt a.M. 1758.

Cattaruzza, Marina, La condanna del negazionismo limita la libertà di ricerca? In: http://www.magna-carta.it/node/1389 (Stand: März 2009).

Cavour, C. Benso di, *Discorsi Parlamentari*, Volume quinto, Quarta Legislatura, Sessione 1851–1852, Secondo Periodo (Continuazione), Dal 6 dicembre 1851 al 21 febbraio 1852, Firenze 1936.

Chassan, Joseph Pierre, Traité des Délits et Contraventions de la Parole de l'Écriture et de la *Presse*, 1. Aufl., 3 Bände. Paris 1837–39.

Christoph, Jürgen, Die politischen *Reichsamnestien* 1918–1933, Frankfurt a.M. u.a. 1988, zugl.: Kiel, Univ., Diss. 1987.

Cobler, Sebastian, Das Gesetz gegen die „Auschwitz-Lüge“, Anmerkungen zu einem rechtspolitischen Ablaßhandel, in: KJ 1985, 159–170.

Cohn, Sigmund / **Schäfer**, Karl / **Wichards**, Ernst, Gesetz zum Schutze der Republik vom 25. März 1930 (RGBl. I S. 91), Berlin 1930.

Čopić, Hans, Grundgesetz und *politisches Strafrecht* neuer Art, Untersuchungen zur Problematik der Verfassungsmäßigkeit der Tatbestände und Deliktsfolgen der §§ 88–98 (incl. § 86), 100d II, 100d III i.V.m. II, 128, 129 StGB, § 20 VereinsG und der Deliktsfolgen gem. §§ 31–34, 37, 42e, 42m, 421 StGB im Falle ihrer Verknüpfung mit den vorgenannten politischen Straftatbeständen, Tübingen 1967.

Dahs, Hans, Das kommende Strafgesetzbuch, Ein Bericht über den derzeitigen Stand der Strafrechtsreform, in: NJW 1958, 1161–1166.

Dahs, Hans, Das Verbrechensbekämpfungsgesetz vom 28.10.1994 – ein Produkt des Superwahljahres, in: NJW 1995, 553–557.

Dam, H.G. van, Kein Naturschutzpark für Juden, in: Die Zeit, 19.2.1960, Nr. 8, S. 3.

Deipser, Johannes, *Ehrenschutz*, in: Materialien zur Strafrechtsreform, Bd. 2.2, Zusammenstellung der am Institut für ausländisches und internationales Strafrecht in Freiburg angefertigten rechtsvergleichenden Arbeiten, S. 199–208.

DENKOWSKI, Charles A. von, Rechtsextremismus, Versammlungsfreiheit und der 8. Mai 2005, KR 2005, 208–216.

DER GROSSE HERDER: Nachschlagewerk für Wissen und Leben, Bd. 12: Unterführung bis Z: mit Anhang, 4. Aufl. Freiburg im Breisgau 1935.

DEUTSCH, Erwin, Anmerkung zu BGH, Urteil vom 18. 9. 1979 – VI ZR 140/78 (abgedruckt in NJW 1980, 45), in: NJW 1980, 1100.

DEUTSCHER JURISTENTAG, SCHRIFTFÜHRER-AMT DER STÄNDIGEN DEPUTATION (Hrsg.), Verhandlungen des Sechsundzwanzigsten Deutschen Juristentages, Bd. 3 (Verhandlungen), Berlin 1903.

DEWITZ, Clivia von, *NS-Gedankengut* und Strafrecht, Die §§ 86, 86a StGB und § 130 StGB zwischen der Abwehr neonazistischer Gefahren und symbolischem Strafrecht, Berlin 2006, zugl.: Diss. Humboldt-Universität Berlin 2004/2005.

DIETL, Ludwig, Der *Kanzelparagraph* (§ 130a RStGB), Erlangen, Univ., Diss. 1932.

DIETZ, Simone, Die Lüge von der „Auschwitzlüge“ – Wie weit reicht das Recht auf freie Meinungsäußerung? In: Kritische Justiz 2/1995, 210–222.

DIEZ RIPOLLÉS, José, Symbolisches Strafrecht und die Wirkungen der Strafe, in: ZStW 2001, 516–538.

DOSKOW, Ambrose / **JACOBY**, Sidney B., Anti-Semitism and the Law in the Pre-Nazi Germany, Contemporary Jewish Record 1940, 498–509.

DEUTSCHE PRESSE-AGENTUR (dpa), „Urteil gegen Deckert wegen Volksverhetzung rechtskräftig“, in: FAZ vom 28.10.1995, Nr. 251, S. 1.

DREHER, Eduard / **LACKNER**, Karl / **SCHWALM**, Georg, *Wehrstrafgesetz*, Kommentar der Ministerialräte im Bundesministerium, München und Berlin 1958.

DREHER, Eduard / **TRÖNDLE**, StGB, 43. Aufl. München 1986.

EBERMAYER, Ludwig, Der *Entwurf* eines Deutschen Strafgesetzbuches. Nach den Beschlüssen der Strafrechtskommission systematisch bearbeitet. Berlin 1914.

EBERMAYER, Ludwig, Die *Strafrechtsreform*, Das Ergebnis der Arbeiten der Strafrechtsreform, Tübingen 1914.

EBERMAYER, (ohne Vorname), Die jüngsten politischen Vorgänge und die Strafrechtsreform, in: Leipziger Zeitschrift für Deutsches Recht 1918, 1297–1310.

EBERMAYER, (ohne Vorname), Der Fortgang der Strafrechtsreformarbeit, in: DRiZ 1932 (24. Jg.), 108 f.

EISENHARDT, Wandlungen von Zweck und Methoden der *Zensur* im 18. und 19. Jahrhundert, in: Göpfert, Herbert G., Weyrauch, Erdmann (Hrsg.), "Unmoralisch an sich...": Zensur im 18. u. 19. Jh., Wiesbaden 1988, S. 1–35.

EISENHARDT, Ulrich, Deutsche *Rechtsgeschichte*, 4. Aufl. München 2004.

ENDEMANN, Helmut, Hetze als Gefährdungsproblem, in: MSchrKrim XV (1924), 181–193.

Endemann, Helmut, Die Aussichten auf eine strafrechtliche Abwehr der Hetze, in: MSchrKrim XVII (1926), 122–132.

Enders, Christoph / **Lange**, Robert, Symbolische Gesetzgebung im Versammlungsrecht? In: JZ 2006, 105–112.

Erb, Rainer, Antisemitische Straftäter der Jahre 1993 bis 1995, in: Jahrbuch für Antisemitismusforschung 6 (1997), 160–180.

Erdsiek, (ohne Vorname), Umwelt und Recht, in: NJW 1959, 616–618.

Eschen, Klaus, Das 21. Strafrechtsänderungsgesetz – eine stumpfe Waffe gegen den Rechtsradikalismus, in: ZRP 1983, 10–12.

Etzel, Matthias, Die *Aufhebung* von nationalsozialistischen Gesetzen durch den Alliierten Kontrollrat (1945–1948), Tübingen 1992.

Eyck, Erich, Die Stellung der *Rechtspflege* zu Juden und Judentum, in: Stern, Jacques / Eyck, Erich / Weil, Bruno, Deutsches Judentum und Rechtskrisis, Berlin 1927, S. 31–66.

Fabreguettes, Polydore, Traité des *délits politiques* et des infractions par la parole, l'écriture et la presse, 2 Bde., 2. Aufl., Paris 1901.

Feisenberger, (ohne Vorname), Bespr. von „Endemann, Dr. Helmut, Hetze als Gefährdungsproblem, Mannheim 1914“, in: ZStW XLIV (1924), S. 727 f.

Felske, Kriminelle und terroristische *Vereinigungen* – §§ 129, 129a StGB, Baden-Baden 2002, zugl.: Hagen, FernUniv., Diss. 2001.

Fischer, Thomas, *Öffentlicher Friede* und Gedankenäußerung, Grundlagen u. Entwicklung d. Rechtsguts „öffentlicher Friede“ insbesondere in d. §§ 126, 130, 140 Nr. 2, 166 StGB, Würzburg, Univ., Diss. 1986.

Fischer, Thomas, Die Eignung, den öffentlichen Frieden zu stören – Zur Beseitigung eines „restriktiven“ Phantoms –, in: NStZ 1988, 159–165.

Fischer, Thomas, Das Verhältnis der Bekenntnisbeschimpfung (§ 166 StGB) zur Volksverhetzung (§ 130 StGB), in: GA 1989, 445–468.

Fischer, Thomas, *Strafgesetzbuch* und Nebengesetze, 56. Aufl. München 2009.

Foerder, Ludwig, Rassenwahn und Rechtsprechung, 2. Folge, in: Jüdisch-liberale Zeitung vom 14.4.1922, S. 2.

Foerder, Ludwig, *Antisemitismus* und Justiz, Berlin 1924.

Foerder, (ohne Vorname), Der Begriff der Deutschstämmigkeit, in: Jüdische Arbeits- und Wanderfürsorge 1928 (2. Jg.), 25–32.

Foerstner, Georg, *Kollektivbeleidigung*, Volksverhetzung und „lex Tucholsky“, Eine Untersuchung zu Äußerungsdelikten und Meinungsfreiheit, Berlin 2002, zugl.: Berlin, Freie Univ., Diss. 1999.

FORNET, (ohne Vorname), Entwurf eines Strafgesetzbuchs für den Norddeutschen Bund, in: Zeitschrift für Gesetzgebung und Rechtspflege in Preußen, Bd. 3 (1869), 578–592.

FRAENKEL, Ernst, Zur Soziologie der Klassenjustiz, in: Zur Soziologie der Klassenjustiz und Aufsätze zur Verfassungskrise 1931–32, unveränderter Nachdruck Darmstadt 1968, S. 1–41 (Orig.: Berlin: 1927).

FRANK, Hans, Nationalsozialistische *Leitsätze* für ein neues deutsches Strafrecht
– *Bd. 1*, Berlin 1935.
– *Bd. 2*, Berlin 1936.

FRANK, Reinhard, Das *Strafgesetzbuch* für das Deutsche Reich nebst dem Einführungsgesetze
– *11.–14. Aufl.* Tübingen 1914.
– *16. Aufl.* Tübingen 1925.

FREI, Norbert, *Vergangenheitspolitik*, Die Anfänge der Bundesrepublik un die NS-Vergangenheit, München 1996.

FRICKE, Dieter, Bismarcks Prätorianer, Die Berliner politische Polizei im Kampf gegen die deutsche Arbeiterbewegung (1871–1898), Berlin 1962.

FROMMEL, Monika, Fremdenfeindliche Gewalt, Polizei und Strafjustiz, in: KJ 1994, 323–343.

FRONZA, Emanuela, Recht und *Gedenken*: ein schwieriger Dialog, Jahrbuch der Juristischen Zeitgeschichte 6 (2004/2005), 435–453.

FRÜHWALD, Wilhelm Theodor, *Handbuch* des österreichischen Strafgesetzes über Verbrechen, Vergehen und Uebertretungen und der Preßordnung vom 27. Mai 1852, 3. Aufl. Wien 1855.

FUCHS, Carl, *Kritische Bemerkungen* zu den Gesetzentwürfen über Prozeßverfahren und Strafrecht für den Norddeutschen Bund, Breslau 1869.

FUCHS, Eugen, *Rechtsschutz* und Rechtsfrieden, Bericht der Rechtsschutzkommission in der Versammlung vom 16. April 1894, in: Hirschfeld, Leo (Hrsg.), Eugen Fuchs: Um Deutschtum und Judentum, Gesammelte Reden und Aufsätze (1894–1919), Frankfurt a.M. 1919.

FULD, Ludwig, Die Aufhebung des Sozialistengesetzes und die Aenderung des Strafgesetzbuches, Berlin 1889.

GARRAUD, (ohne Vorname), Das Recht der Presse in Frankreich in administrativer und strafrechtlicher Beziehung nach dem Gesetze vom 29. Juli 1881, in: ZStW 1 (1881), 530–532.

GEHRHARDT, Erwin, Die Beschränkung auf das Unerläßliche, in: NJW 1975, 375–377.

GEILEN, Gerd, Zur Problematik des volksverhetzenden Leserbriefs, in: NJW 1976, 279–281.

Geilen, Gerd, *Volksverhetzung* (§ 130 StGB), in: Ulsamer, Gerhard (Hrsg.), Lexikon des Rechts, Strafrecht, Strafverfahrensrecht, 2. Aufl. Neuwied 1996.

Geyer, A., Bemerkungen zu dem Entwurf eines Strafgesetzbuches für den norddeutschen Bund, in: KritV Bd. 12 (1870), 161–227.

Giehring, Heinz, Pazifistische radikale Kritik als Volksverhetzung? In: StV 1985, 30–36.

Goehrs, Otto, Der *Rechtsfrieden* als besonderes Rechtsgut im modernen Strafrechtssystem und seine Stellung im geltenden Reichsstrafrecht, Straßburg 1900.

Goltdammer, Theodor, Die *Materialien* zum Straf-Gesetzbuche für die Preußischen Staaten, aus den amtlichen Quellen nach den Paragraphen des Gesetzbuches zusammengestellt und in einem Kommentar erläutert
– *Theil I*, Berlin, 1851.
– *Theil II*, Berlin 1852.

Goltsche, Friederike, Der Entwurf eines Allgemeinen Deutschen Strafgesetzbuchs von 1922 (Entwurf *Radbruch*), Hagen, FernUniv., Diss. 2008.

G.R., La memoria negata diventa reato, in: L'Unità vom 25.1.2007 (http://www.unita.it/view.asp?IDcontent=63059 [Stand: April 2008]).

Greger, Reinhard, Die Video-Novelle 1985 und die Auswirkungen auf StGB und GjS, in: NStZ 1986, 8–14.

Gruchmann, Lothar, *Justiz* im Dritten Reich 1933–1940, Anpassung und Unterwerfung in der Ära Gürtner, 3. Aufl. München 2001.

Grützner, Günter, Die Pariser *Kommune*, Macht und Karriere einer politischen Legende. Die Auswirkungen auf das politische Denken in Deutschland, Köln, 1963.

Güde, Max, Probleme des politischen Strafrechts, Hamburg 1957.

Günther, Uwe, Gegen eine Entkoppelung von Demokratie und Recht, Rechtspolitische Bilanz der 10. Legislaturperiode – rechtspolitische Perspektiven der Grünen, in: ZRP 1987, 117–122.

Gürtner, Franz (Hrsg.), *Das kommende* deutsche *Strafrecht*
– *Allgemeiner Teil*, Berlin 1934.
– *Besonderer Teil, 1. Aufl.* Berlin 1935.
– *Besonderer Teil, 2. Aufl.* Berlin 1936.

Gürtner, Franz / **Freisler**, Roland, *Das neue Strafrecht*, Grundsätzliche Gedanken zum Geleit, 1. und 2. Aufl. Berlin 1936.

Häberlin, Carl Franz Wolff Jérôme, Kritische *Bemerkungen* zu dem Entwurf eines Strafgesetzes für den Norddeutschen Bund, Erlangen 1869.

Halder, Winfried, *Innenpolitik* im Kaiserreich 1871–1914, Darmstadt 2003.

Hälschner, Hugo, *Das preußische Strafrecht*, Bd. 3, besonderer Teil, 1. (einziger) Abschnitt: die Verbrechen gegen das Recht der Privatperson, Bonn 1855.

Hälschner, Hugo, *Geschichte* des brandenburgisch-preußischen Strafrechtes, ein Beitrag zur Geschichte des deutschen Strafrechts, Bonn 1855.

Hälschner, Hugo, *Das gemeine deutsche Strafrecht*, Bd. 2, Abt. 2, Der besondere Teil des Systems, Bonn 1887.

Hannover, Heinrich / **Hannover-Drück**, Elisabeth, *Politische Justiz* 1918–1933, Hamburg 1977.

Häntzschel, Kurt, *Verordnung gegen politische Ausschreitungen* (Verordnung des Reichspräsidenten vom 28. März 1931 – RGBl. I S. 79), mit den Ausführungsbestimmungen des Reiches und der Länder, Berlin 1931.

Hartl, Benedikt, Das nationalsozialistische *Willensstrafrecht*, Berlin 2000, zugl.: Regensburg, Univ., Diss. 2000.

Hartmann, Andrea, *Majestätsbeleidigung* und Verunglimpfung des Staatsoberhauptes (§§ 94 ff. RStGB, 90 StGB), Berlin 2006, zugl.: Hagen, FernUniv., Diss. 2005.

Hassemer, Winfried, Symbolisches Strafrecht und Rechtsgüterschutz, in: NStZ 1989, 553–559.

Hassemer, Winfried, *Zeitgesetze* und Gelegenheitsgesetze in strafrechtstheoretischer und kriminalpolitischer Perspektive, in: Lüderssen, Klaus; Nestler-Tremel, Cornelius; Weigend, Eva (Hrsg.), Modernes Strafrecht und Ultima-ratio-Prinzip, Frankfurt a.M. u.a. 1990, S. 201–206.

Hassemer, Winfried, Kennzeichen und Krisen des modernen Strafrechts, in: ZRP 1992, 378–383.

Hassemer, Winfried, Grundlinien einer personalen *Rechtsgutslehre*, in: Strafen im Rechtsstaat, Baden-Baden 2000, S. 160–169.

Hassemer, Winfried, *Das Symbolische* am symbolischen Strafrecht, in: Schünemann, Bernd / Achenbach, Hans / Bottke, Wilfried / Haffke, Bernhard / Rudolphi, Hans-Joachim (Hrsg.), Festschrift für Claus Roxin zum 70. Geburtstag am 15. Mai 2001, Berlin, New York 2001, S. 1001–1019.

Haug, Wolfgang Fritz (Hrsg.), Kritisches Wörterbuch des *Marxismus*, Bd. 4, Kadetten bis Lyssenkismus, Berlin 1986.

Haunfelder, Bernd / **Pollmann**, Klaus Erich, *Reichstag* des Norddeutschen Bundes 1867–1870, historische Photographien und biographisches Handbuch, Düsseldorf 1989.

Hearst, E., When Justice was not done. Judges in the Weimar Republic, in: The Wiener Library Bulletin 1960 (XIV. Jg.), 10 f.

Hecker, Bernd, *Europäisches Strafrecht*, 2. Aufl. Berlin, Heidelberg, New York 2007.

HEFENDEHL, Roland, *Kollektive Rechtsgüter* im Strafrecht, Köln, Berlin, Bonn, München 2002, zugl.: München, Univ., Habil.-Schr. 1998/99.

HEFFTER, August Wilhelm, Ueber den Einfluß der Deutschen Bundesverfassung auf die Strafrechtspflege der Einzelstaaten, in: ArchCrR 1840, 223–237.

HEGHMANNS, Michael, Internationales Strafrecht, in: JA 2001, 276–280.

HEINE, Wolfgang, Strafrechtsreform und politische Reaktion, in: *März*, Halbmonatsschrift für deutsche Kultur (Hrsg.: Thoma, Ludwig / Hesse, Hermann / Uram, Kurt / Hessen, Robert; begr. von Langen, Albert), Dritter Jahrgang 1909, Bd. 4 (Oktober bis Dezember), S. 327–330, 415–420.

HEINE, Wolfgang, Oberverwaltungsgericht und Borkumlied, in: CVZ 1925, 365–367.

HEINZE, Carl Friedrich Rudolf, Staatsrechtliche und strafrechtliche *Erörterungen* zu dem Amtlichen Entwurf eines Strafgesetzbuches für den Norddeutschen Bund, Leipzig 1870.

HELD, Hermann Gustav, *Bemerkungen* zu dem Entwurfe eines Strafgesetzbuchs für den Norddeutschen Bund, Dresden 1870.

HENKE, E., Beiträge zur Lehre vom Verbrechen des Aufruhrs, in: ArchCrR 1818, 541–567.

HERZBERG, Rolf Dieter, Wann ist die *Strafbarkeit* „gesetzlich bestimmt“ (Art. 103 Abs. 2 GG)? In: Hefendehl, Roland (Hrsg.), Empirische und dogmatische Fundamente, kriminalpolitischer Impetus, Symposium für Bernd Schünemann zum 60. Geburtstag, Köln, Berlin, München 2005.

HEUSS, Willy, *Anreizung* zum Klassenkampf, Heidelberg 1909, zugl.: Heidelberg, Univ., Diss. 1909.

HILGENDORF, Eric, Die deutsche Strafrechtsentwicklung 1975–2000, Reformen im Besonderen Teil und neue Herausforderungen, in: Vormbaum, Thomas / Welp, Jürgen (Hrsg.), Das Strafgesetzbuch, Sammlung der Änderungsgesetze und Neubekanntmachungen, Supplementband 1: 130 Jahre Strafgesetzgebung – Eine Bilanz, Berlin 2004, S. 258–380.

HILGERS, Joseph, Der *Index* der verbotenen Bücher: in seiner neuen Fassung dargelegt und rechtlich-historisch gewürdigt, Freiburg im Breisgau 1905.

HIPPEL, Robert von, Friedensstörungen (§§ 125–127, 130, 130a, 131 RStrGB), in: Birkmeyer, Karl / Calker, Fritz van / Frank, Reinhard / Hippel, Robert von / Kahl, Wilhelm / Lilienthal, Karl von / Liszt, Franz von / Wach, Adolf (Hrsg.), *Vergleichende Darstellung* des deutschen und ausländischen Strafrechts. Vorarbeiten zur deutschen Strafrechtsreform, *Besonderer Teil, Bd. 2,* Berlin 1906, S. 1–105 (zit. als *v. Hippel*, VD, BT II).

HIPPEL, Robert von, Deutsches *Strafrecht*, Bd. 1, Allgemeine Grundlagen, Berlin 1925.

HIRSCHBERG, Alfred, Die *Beleidigung* von Personengesamtheiten und von Einzelpersonen durch eine Gesamtbezeichnung, Leipzig 1929, Leipzig, Univ., Diss. 1929.

HOCHE, (ohne Vorname), Die Verordnung des Reichspräsidenten zur Bekämpfung politischer Ausschreitungen, in: DJZ 1931 (36. Jg.), 525–531.

HOCHE, (ohne Vorname), Dritte Notverordnung des Reichspräsidenten zur Sicherung der Wirtschaft und Finanzen und zur Bekämpfung politischer Ausschreitungen vom 6. Okt. 1931, in: DJZ 1931 (36. Jg.), 1277–1284.

HOCHE, (ohne Vorname), Die neue Notverordnung gegen politische Ausschreitungen, in: DJZ 1932, 833–838.

HOCHE, (ohne Vorname), Neue Vorschriften zur Bekämpfung politischer Ausschreitungen, in: DJZ 1932, 894–897.

HOCHE, Werner, *Verordnung zum Schutze des Deutschen Volkes* vom 4. Februar 1932 nebst den einschlägigen Bestimmungen, Berlin 1933.

HÖFLING, Wolfram / **AUGSBERG**, Steffen, Versammlungsfreiheit, Versammlungsrechtsprechung und Versammlungsgesetzgebung, in: ZG 2006, 151–178.

HOHLER, Richard, Die Strafrechtsreform – Beginn einer Erneuerung, in: NJW 1969, 1225–1229.

HÖINGHAUS, Richard, *Strafgesetzbuch* für das Deutsche Reich mit der Strafgesetz-Novelle von 1876, 5. Aufl. Berlin 1876.

HOLTZ, Axel, Der politische Entscheidungsprozeß zu den *Strafrechtsreformen* in der Zeit von 1962 bis 1975, Freiburg (Breisgau), Univ., Diss. 1989.

HOLTZENDORFF, Franz von, *Handbuch* des deutschen Strafrechts in Einzelbeiträgen
– *Bd. 1*, Die geschichtlichen und philosophischen Grundlagen des Strafrechts, Berlin 1871.
– *Bd. 3*, Die Lehre von den Verbrechensarten, Berlin 1874.
– *Bd. 4*, Suppl.-Bd., Erg. zum deutschen Strafrecht, Berlin 1877.

HOLZHAIDER, Hans, Ein Urteil wie ein Befreiungsschlag, in: SZ, 16.2.2007, S. 7.

HÖPFEL, Frank / **RATZ**, Eckart, *Wiener Kommentar* zum StGB, Bd. 5, 2. Aufl. Wien 2006, 64. Lfg.

HÖRNLE, Tatjana, Aktuelle Probleme aus dem materiellen Strafrecht bei rechtsextremistischen Delikten, in: NStZ 2002, 113–118.

HÖRNLE, Tatjana, Der *Schutz von Gefühlen* im StGB, in: Hefendehl, Roland / Hirsch, Andrew von / Wohlers, Wolfgang (Hrsg.), Die Rechtsgutstheorie, Legitimationsbasis des Strafrechts oder dogmatisches Glasperlenspiel? Baden-Baden 2003, S. 268–280.

HÖRNLE, Tatjana, *Grob anstößiges Verhalten*, Strafrechtlicher Schutz von Moral, Gefühlen und Tabus, Frankfurt a.M. 2005, zugl.: München, Univ., Habil.-Schr. 2003.

HUBER, Ernst Rudolf, Deutsche *Verfassungsgeschichte*, seit 1789, *Bd. 2*, Der Kampf um Einheit und Freiheit, 1830 bis 1850, 3. Aufl. Stuttgart 1988.

Huber, Ernst Rudolf, Deutsche *Verfassungsgeschichte*, seit 1789, *Bd. 3*, Bismarck und das Reich, 3. Aufl. Stuttgart 1988.

Huber, Ernst Rudolf, Deutsche *Verfassungsgeschichte* seit 1789, *Bd. 4*, Struktur und Krisen des Kaiserreichs, 2. Aufl. Stuttgart 1994.

Hufen, Friedhelm, Leugnung der Judenverfolgung (Urteilsanmerkung zu BVerfGE 90, 241), in: JuS 1995, 638 f.

Huster, Stefan, Das Verbot der „Auschwitzlüge", die Meinungsfreiheit und das Bundesverfassungsgericht, in: NJW 1996, 487–491.

Ingraham, Barton L., *Political Crime* in Europe, A comparative study of France, Germany, and England, Berkeley, 1979.

Isensee, Josef, *Tabu* im freiheitlichen Staat, Jenseits und diesseits der Rationalität des Rechts, Paderborn, 2003.

Jagemann, Ludwig von / **Brauer**, Wilhelm, *Criminallexikon*, nach dem neuesten Stande der Gesetzgebung in Deutschland, Erlangen 1854.

Jahn, Joachim, *Strafrechtliche Mittel* gegen Rechtsextremismus, Die Änderungen der §§ 130 und 86a StGB als Reaktion auf fremdenfeindliche Gewalt im Licht der Geschichte des politischen Strafrechts in Deutschland, Frankfurt a.M. 1998, zugl.: Hannover, Univ., Diss. 1998.

Jahr, Christoph, Straftat, Norm, Skandal: die Debatten über die juristische *Ahndung* antisemitischer Agitation in Deutschland 1879 bis 1960, Berlin, Humboldt-Univ., Habil.-Schr. 2006.

Jakobs, Günther, *Strafrecht, Allgemeiner Teil*, Die Grundlage und die Zurechnungslehre, Lehrbuch, 2. Aufl. Berlin, New York 1993.

Jarass, Hans D. / **Pieroth**, Bodo, *Grundgesetz* für die Bundesrepublik Deutschland, Kommentar, 9. Aufl. München 2007.

Jarcke, Carl Ernst, *Handbuch* des gemeinen deutschen Strafrechts, mit Rücksicht auf die Bestimmungen der preußischen, österreichischen, baierischen und französischen Gesetzgebung, Bd. 2, Berlin 1827.

Jasper, Gotthard, Der *Schutz der Republik*, Studien zur staatlichen Sicherung der Demokratie in der Weimarer Republik 1922–1930, Tübingen 1963, zugl.: Tübingen, Univ., Diss. 1960.

Jelowik, Lieselotte, Zur Geschichte der *Strafrechtsreform* in der Weimarer Republik, Halle 1983.

John, Richard Eduard, *Entwurf* mit Motiven zu einem Strafgesetzbuche für den Norddeutschen Bund, Berlin 1868.

John, Richard Eduard, Das *Strafrecht in Norddeutschland*, Beurtheilung des Entwurfes eines Strafgesetzbuches für den Norddeutschen Bund in Form eines revidirten Entwurfes, Göttingen 1870.

John, Richard Eduard, Die Verbrechen gegen den Staat, in: v. Holtzendorff, Fr. (Hrsg.), Handbuch des deutschen Strafrechts, Bd. 3, Berlin 1874, S. 3–213.

Junge, Iris, Das *Schutzgut* des § 130 StGB, Herdecke 2000, zugl.: Augsburg, Univ., Diss. 2000.

KA., 15 Mark Geldstrafe – „Wenn das Judenblut vom Messer spritzt ...“, in: C-V-Zeitung 1931, 401.

Kahl, Wilhelm, Religionsvergehen (Abschn. 11 des II. Teils des RStGB), in: *Vergleichende Darstellung* des deutschen und ausländischen Strafrechts. Vorarbeiten zur deutschen Strafrechtsreform, *Besonderer Teil, Bd. 3*, Berlin 1906, S. 1–104 (zit. als *Kahl*, VD, BT III).

Kahl, Wilhelm, Der Deutsche Strafgesetzentwurf von 1919, Zur Einführung, ZStW 42 (1921), 205–223.

Kahl, Wilhelm, Der neue Strafgesetzentwurf, II., Besonderer Teil, Abschnitte 1 bis 13, DJZ 1925, 685–693.

Kahl, Wilhelm, Aus der deutsch-österreichischen parlamentarischen Strafrechtskonferenz, in: DJZ 1928 (33. Jg.), 268–276.

Kantorowicz, Hermann, Ein vergessener Tatbestand: Die Kriegshetze, in: Die Justiz III (1927/28), 149–159.

Kapitzky, Jens, *Sprachkritik* und Political Correctness in der Bundesrepublik, Aachen 2000.

Kern, Eduard, Die Teilnahme im E. 25, in: GS 92 (1926), 125–165.

Kern, Eduard, Der Entwurf eines Gesetzes zur Änderung des Strafgesetzbuchs, in: NJW 1950, 667–669.

Kern, Eduard, *Geschichte* des Gerichtsverfassungsrechts, München 1954.

Kern, Eduard, Der Ehrenschutz im künftigen Strafrecht, in: Materialien zur Strafrechtsreform, Bd. 1, Gutachten der Strafrechtslehrer, Bonn 1954, S. 303–332.

Kerrl, Hans, Nationalsozialistisches Strafrecht, *Denkschrift* des Preußischen Justizministers, Berlin 1933.

Kirchner, Hildebert / **Pannier**, Dietrich, *Abkürzungsverzeichnis* der Rechtssprache, 6. Aufl. Berlin 2008.

Klee, Ernst, Das *Personenlexikon* zum Dritten Reich, Wer war was vor und nach 1945? Frankfurt a.M. 2003.

Klee, K., Die gefährliche Handlung als Grundform des Verbrechens, in: DStrR 1934, 113–125.

Klee, K., Religion und Strafrecht, in: DStrR 1938, 145–160.

KLESSMANN, Christoph, *Einwanderungsprobleme* im Auswanderungsland: das Beispiel der ‚Ruhrpolen', in: Bade, Klaus J. (Hrsg.), Deutsche im Ausland – Fremde in Deutschland, Migration in Geschichte und Gegenwart, München 1992, S. 303–310.

KLONZ, Wolfgang, Staatsschutz gegen Extremismus durch *Prävention* – Präventionsschwerpunkt beim polizeilichen Staatsschutz, in: Egg, Rudolf (Hrsg.), Extremistische Kriminalität: Kriminologie und Prävention, Wiesbaden 2006, S. 195–202.

KOCH, C. F., *Allgemeines Landrecht* für die Preußischen Staaten, Unter Andeutung der obsoleten oder aufgehobenen Vorschriften und Einschaltung der jüngeren noch geltenden Bestimmungen, herausgegeben mit Kommentar in Anmerkungen, Zweiter Theil, zweiter Band, 2. Aufl. 1857.

KOCH, Wolf-Peter, Die *Reform* des *Strafverfahrensrechts* im Dritten Reich unter besonderer Berücksichtigung des StVO-Entwurfs 1939, Ein Beitrag zur Strafrechtsgeschichte, Univ. Erlangen-Nürnberg, Diss. 1972.

KOCKA, Jürgen, Arbeitsverhältnisse und Arbeiterexistenzen: Grundlagen der *Klassenbildung* im 19. Jahrhundert, Bonn 1990.

KOELLREUTTER, Otto, Deutsches Verfassungsrecht, ein Grundriss, 2. Aufl. Berlin 1936.

KÖGLER, Peter, *Arbeiterbewegung* und Vereinsrecht, ein Beitrag zur Entstehungsgeschichte des BGB, Berlin 1974, zugl.: Heidelberg, Univ., Diss. 1973.

KOHLRAUSCH, Eduard, *Strafgesetzbuch* mit Erläuterungen und Nebengesetzen, *33. Aufl.* Berlin u. Leipzig 1937.

KOHLRAUSCH, Eduard / **LANGE**, Richard, *Strafgesetzbuch* mit Nebengesetzen und Erläuterungen
– *38. Aufl.* Berlin 1944.
– *42. Aufl.* Berlin 1959.

KOMITEE FÜR GRUNDRECHTE UND DEMOKRATIE E.V., Offener Brief an die Mitglieder des Innenausschusses des Bundestags vom 3. März 2005 http://webarchiv.bundestag.de/archive/2007/0108/ausschuesse/archiv15/a04/Oeffentliche_Anhoerungen/Anhoerungen_7/Stellungnahmen_1/index.html. (Stand: März 2009).

KOPPEL, Johann, Handbuch der *österreichischen Strafgesetze* über Vergehen und Übertretungen, Olmütz 1851.

KOSZYK, Kurt, *Deutsche Presse* im 19. Jahrhundert, Berlin 1966.

KOSZYK, Kurt, *Deutsche Presse 1914–1945*, Berlin 1972.

KÖNIG, Peter / **SEITZ**, Helmut, Die straf- und verfahrensrechtlichen Regelungen des Verbrechensbekämpfungsgesetzes, in: NStZ 1995, 1–6.

KRAEWEL, von, (ohne Vorname), Ueber die *Notwendigkeit* eines allgemeinen Deutschen Strafgesetzbuchs, in: Schriftführer-Amt der ständigen Deputation (Hrsg.), Verhandlungen des Ersten Deutschen Juristentages, Berlin 1860, S. 37–58.

Kraewel, von, (ohne Vorname), Entwurf mit Motiven zu einem Strafgesetzbuche für den Norddeutschen Bund, vom Professor Dr. John, besprochen in: GS 20 (1868), 401–434.

Krämer, Otto, Wann ist der Tatbestand des *§ 130 St.-G.-B.* gegeben? [Auszug], Rostock, Univ., Diss. 1921.

Kratzsch, Dietrich, *Verhaltenssteuerung* und Organisation im Strafrecht, Ansätze zur Reform des strafrechtlichen Unrechtsbegriffs und der Regeln der Gesetzesanwendung, Berlin 1985, zugl.: Köln, Univ., Habil.-Schr. 1984.

Krey, Volker, *Keine Strafe ohne Gesetz*: Einführung in die Dogmengeschichte des Satzes „nullum crimen, nulla poena sine lege", Berlin 1983.

Krone, Gunnar, Die *Volksverhetzung* als Verbrechen gegen die Menschlichkeit, unter Berücksichtigung der soziologischen, psychologischen und sozialpsychologischen Gesetzmäßigkeiten des zugrunde liegenden Aggressionsprozesses sowie des historischen und kriminologischen Hintergrundes von § 130 StGB, Mainz, Univ., Diss. 1979.

Krug, August Otto, *Ideen* einer gemeinsamen Strafgesetzgebung für Deutschland, Erlangen 1857.

Krug, Paul-Eberhard, *Ehre* und Beleidigungsfähigkeit von Verbänden, Berlin 1965.

Kübler, Friedrich, Rassenhetze und Meinungsfreiheit. Grenzüberschreitende Aspekte eines Grundrechtskonfliktes, in: AöR 2000, 109–130.

Kühl, Kristian, *Auschwitz-Leugnen* als strafbare Volksverhetzung? In: Bernsmann, Klaus / Ulsenheimer, Klaus (Hrsg.), Bochumer Beiträge zu aktuellen Strafrechtsthemen, Vorträge anlässlich des Symposions zum 70. Geburtstag von Gerd Geilen am 12./13.10.2001, Köln, Berlin, Bonn, München 2003, S. 103–119.

Kulemann, Wilhelm, Die *Sozialdemokratie* und deren Bekämpfung: eine Studie zur Reform des Sozialistengesetzes, Berlin 1890.

Kulemann, Wilhelm, Politische *Erinnerungen*, ein Beitrag zur neueren Zeitgeschichte, Berlin 1911.

Kunert, Franz, Der erste Abschnitt der Strafrechtsreform, Die wichtigsten Änderungen zum 1. September 1969, in: NJW 1969, 1229–1233.

Kurth, Michael E., § 86a und der Schatten des Gesinnungsstrafrechts, in: StraFo 2006, 483–487.

Küster, Otto, Anmerkung zum vorstehenden Beschluß des OLG Hamburg, in: JZ 1959, 178 f.

Lackner, Karl, Das Fünfte Strafrechtsänderungsgesetz, in: JZ 1960, 437–439.

Lackner, Karl, *Strafgesetzbuch* mit Erläuterungen, 16. Aufl. München 1985.

Lackner, Karl / **Kühl**, Kristian, *Strafgesetzbuch*, Kommentar, 26. Aufl. München 2007.

LAITENBERGER, Angelika, Die Strafbarkeit der Verbreitung rassistischer, rechtsextremistischer und neonazistischer Inhalte: unter besonderer Berücksichtigung der Verbreitung über Netzwerke; ein Rechtsvergleich, Frankfurt a.M. 2003, zugl.: Würzburg, Univ., Diss. 2001.

LANG, Otto, Strafrecht und Klassenkampf, in: Sozialistische Monatshefte 1910, S. 224–230.

LANGE, Richard, Neuaufnahme der Strafrechtsreform, in: ZStW 1954 (Bd. 66), 167–170.

LARENZ, Karl / CANARIS, Claus-Wilhelm, *Methodenlehre* der Rechtswissenschaft, 3. Aufl. Berlin u.a. 1995.

LAUFHÜTTE, Heinrich, Viertes Gesetz zur Reform des Strafrechts, 2. Teil: Pornographische, gewaltverherrlichende und jugendgefährdende Schriften, in: JZ 1974, 46–52.

LAZARUS, Hans, Antisemitismus und Justiz, in: CVZ 1924, 687.

LEHNE, Werner, Symbolische Politik mit dem Strafrecht, Versuch einer Reinterpretation des Diskurses um symbolisches Strafrecht, in: KrimJ 1994, 210–224.

LEIPZIGER KOMMENTAR – Kommentar, Strafgesetzbuch, Großkommentar
– *1. Aufl.* Berlin und Leipzig 1920 – Ebermayer, Ludwig / Eichelbaum, Julius / Lobe, Adolf / Rosenberg, Werner, Das Reichs-Strafgesetzbuch mit besonderer Berücksichtigung der Rechtsprechung des Reichsgerichts.
– *4. Aufl.* Berlin und Leipzig 1929 – Ebermayer, Ludwig / Eichelbaum, Julius / Lobe, Adolf / Rosenberg, Werner, Das Reichs-Strafgesetzbuch mit besonderer Berücksichtigung der Rechtsprechung des Reichsgerichts.
– *6. Aufl.* Berlin 1944 – Nagler, Johannes u.a. (Hrsg.), Reichs-Strafgesetzbuch nach dem neuesten Stand der Gesetzgebung, Leipziger Kommentar.
– *8. Aufl.*, Jagusch, Heinrich / Mezger, Edmund / Schaefer, August / Werner, Wolfhart (Hrsg.), Bd. 1 (Einleitung und §§ 1–152), Berlin 1957.
– *11. Aufl.* Berlin 2003 ff. – Jähnke, Burkhard / Laufhütte, Heinrich-Wilhelm / Odersky, Walter (Hrsg.), Bd. 4 (§§ 80–145d) und Bd. 5 (§§ 146-222) [beide 2005].

LEIST, Wolfgang, Die Änderung des Versammlungsrechts: ein Eigentor? In: NVwZ 2005, 500–503.

LENCKNER, Theodor, 40 Jahre *Strafrechtsentwicklung* in der Bundesrepublik Deutschland: Der Besondere Teil des StGB, seine Liberalisierung und ihre Grenzen, in: Nörr, Knut Wolfgang (Hrsg.), 40 Jahre Bundesrepublik Deutschland – 40 Jahre Rechtsentwicklung: Ringvorlesung der Juristischen Fakultät der Universität Tübingen 1989, Tübingen 1990, S. 325–345.

LEUKERT, Matthias, Die strafrechtliche Erfassung des *Auschwitzleugnens*, Tübingen, Univ., Diss. 2005.

Leutheusser-Schnarrenberger, Sabine, Bekämpfung von Rassismus, Fremdenfeindlichkeit und Antisemitismus, in: JZ 1993, 943, 945.

Levitt, Cyril, The Prosecution of Antisemites by the Courts in the Weimar Republic: Was Justice served? In: Leo Baeck Institute Year Book 26 (1991), 151–167.

Levy, Richard S., The *Downfalll* of the Anti-Semitic Political Parties in Imperial Germany, New Haven and London 1975.

Linn, Astrid, "… noch heute ein *Faszinosum* …", Philipp Jenninger zum 9. November 1938 und die Folgen, Münster 1991, zugl.: Münster, Univ., Diss. 1990.

Liszt, Franz von, Kulturfortschritt und Strafgesetzgebung, in: März, Halbmonatsschrift für deutsche Kultur, 1907, Bd. 1, S. 73–86.

Liszt, Franz von, *Lehrbuch* des Deutschen Strafrechts, 2. Aufl. Berlin und Leipzig 1884.

Liszt, Franz von / **Schmidt**, Eberhard, *Lehrbuch* des Deutschen Strafrechts, 23. Aufl. Berlin und Leipzig 1921.

Löffler, Martin, *Presserecht*, Kommentar zum Reichsgesetz über die Presse und zum Presserecht der Länder sowie zu den sonstigen die Presse betreffenden Vorschriften, München, Berlin 1955.

Lömker, Joachim, Die gefährliche *Abwertung* von Bevölkerungsteilen (§ 130 StGB), Hamburg 1970, Hamburg, Univ., Diss. 1975.

Lorbeer, Julius, Die Grenz-Linien der Rede- und *Preß-Freiheit* nach englischem Rechte: mit Beispielen aus d. Gerichtspraxis; nebst einem Anh., einige d. wichtigeren Statuten enthaltend / nach d. Engl., Erlangen 1851.

Louven, Klaus, Die Strafbarkeit antisemitischer Ausschreitungen, in: DRiZ 1960, 211–213.

Lucas, Die Strafrechtsreform und der Krieg, Leipziger Zeitschrift für Deutsches Recht, X (1916), 841–846.

Lüken, Erhard-Josef, Der *Nationalsozialismus* und das materielle Strafrecht, Ein Beitrag zur Strafrechtsgeschichte, Göttingen 1987, Göttingen, Univ., Diss. 1988.

Majer, Diemut, „*Fremdvölkische*" im Dritten Reich, Ein Beitrag zur nationalsozialistischen Rechtssetzung und Rechtspraxis in Verwaltung und Justiz unter besonderer Berücksichtigung der eingegliederten Ostgebiete und des Generalgouvernements, Boppard am Rhein 1981.

Marqua, Peter, Dennoch: ein schlechter Kompromiß, in: DRiZ 1985, 226.

Martirano, Dino, Reato le idee razziste. Pene fino a 4 anni, in: Corriere della Sera, 25.1.2007, http://www.corriere.it/Primo_Piano/Politica/2007/01_Gennaio/25/shoah.shtml [Stand: März 2009]).

Max-Planck-Institut für ausländisches und internationales Strafrecht, *Strafrechtliche Bestimmungen* der Mitgliedsstaaten des Europarates über Aufhetzung zum rassischen, nationalen und religiösen Haß, Freiburg (Breisgau) 1967.

Mayer, Hellmuth, Die Staatsverbrechen in der Reichstagsvorlage, in: GS 98 (1929), 32–72.

Mayer, Elke, Verfälschte Vergangenheit: zur Entstehung der Holocaust-Leugnung in der Bundesrepublik Deutschland unter besonderer Berücksichtigung rechtsextremer Publizistik von 1945 bis 1970, Frankfurt a.M. 2003, zugl.: Augsburg, Univ., Diss. 2001.

Meier, Horst, Das Strafrecht gegen die „Auschwitzlüge", in: Merkur 1994, 1128–1132.

Meves, Oscar, Die Strafgesetz-Novelle vom 26. Febr. 1876, Erlangen 1876.

Meyer, Hugo, Das *Norddeutsche Strafrecht*: eine Beurtheilung des Entwurfs eines Strafgesetzbuches für den Norddeutschen Bund, Nachdr. der Ausg. Halle 1869, in: Kritik am Strafgesetzbuch des Norddeutschen Bundes, Goldbach 2003, S. 191–285.

Meyer, Hugo / **Allfeld**, Philipp, *Lehrbuch* des Deutschen Strafrechts, 7. Aufl. Leipzig 1912.

Meyer, K., Kriegsgewinne für die Rechtspflege, in: DJZ 1916, 45–50.

Meyer, K., Wie steht es mit der Strafrechtsreform, in: DJZ 1918, 26–28.

Meyer, Thomas / Klär, Karl-Heinz / Miller, Susanne / Novy, Klaus / Timmermann, Heinz, Lexikon des *Sozialismus*, Köln 1986.

Miltner, (ohne Vorname) von, Die Strafrechtsreform im Reichstag, in: Leipziger Zeitschrift für Deutsches Recht 1918, 729–737.

Müller, Carl F., Das preußische *Straf-Gesetzbuch* nebst dem Einführungs-Gesetz, Berlin 1851.

Müller, Jens Christian, Die Legitimation des Rechtes durch die Erfindung des symbolischen Rechtes, in: KrimJ 1993, 82–97.

Müller-Emmert, Adolf, Die *Strafrechtsreform*, in: Madlener, Kurt / Papenfuss, Dietrich / Schöne, Wolfgang, Strafrecht und Strafrechtsreform, Referate und Diskussionen eines Symposiums der Alexander von Humboldt-Stiftung, Bonn-Bad Godesberg, veranstaltet vom 7. bis 12. Oktober 1973 in Ludwigsburg, Köln, Berlin, Bonn, München 1974, S. 21–29.

Müller-Emmert, Adolf / **Friedrich**, Horst, Die kriminalpolitischen Grundzüge des neuen Strafrechts nach den Beschlüssen des Sonderausschusses für die Strafrechtsreform, in: JZ 1969, 245–253.

Na'aman, Shlomo, *Lassalle*, Hannover 1970.

Naucke, Wolfgang, *Tendenzen*, in der Strafrechtsentwicklung: Vortrag 24. Oktober 1974, Karlsruhe 1975.

Nelles, Claudia, Die Bedeutung des neuen § 15 II VersG in der Rechtsprechung von Berlin und Brandenburg – ein Jahresrückblick, in: LKV 2006, 403–405.

Neumann, Ulfrid, Zum Entwurf eines Verbrechensbekämpfungsgesetzes, in: StV 1994, 273–276.

Neusel, Werner, Höchstrichterliche *Strafgerichtsbarkeit* in der Republik von Weimar, Frankfurt a.M. 1972.

Niewyk, Donald L., Jews and the Courts in Weimar Germany, in: Jewish Social Studies 1975, 99–113 (abrufbar unter www.compactmemory.de).

Nipperdey, Thomas, *Deutsche Geschichte*
– *Bd. 1*, 1800–1866, Bürgerwelt und starker Staat, 6. Aufl. München 1993.
– *Bd. 2*, 1866–1918, Machtstaat vor der Demokratie, 3. Aufl. München 1995.

Nissen, Hans Caspar, Die *Anreizung* zum Klassenkampf, Kiel 1921 [Auszug], zugl.: Kiel, Univ., Diss. 1920.

Noll, Peter, Symbolische Gesetzgebung, in: ZSchwR 1981, 347–364.

Nomos Kommentar – Kindhäuser, Urs / Neumann, Ulfrid / Paeffgen, Hans-Ullrich (Hrsg.), Nomos-Kommentar zum Strafgesetzbuch, Bd. 1, 2. Aufl. Baden-Baden 2005.

Nowotny, Julius, Friedensdelikte nach dem österreichischen Strafrechte, Archiv für Kriminal-Anthropologie und Kriminalistik, Bd. 30 (1908), 1–70.

o.V., Ueber den Begriff des Preßverbrechens oder Vergehens, in: GA 1855 (3. Bd.), 68–74.

o.V., (i.e. Max Apt), Die Anreizung zum Klassenkampf (§ 130 St.G.Bs.). Berlin 1894.

o.V., „Zur Klassenjustiz und Klassenmoral", in: Liebknecht, Karl / Leviné, Eugen (Hrsg.), Vorwärts, 23. Jg. 1906, Nr. 15 v. 19.1.1906, S. 1 f.

o.V., Der Vorentwurf zum Strafgesetzbuch (VII.)., in: Liebknecht, Karl / Leviné, Eugen (Hrsg.), Vorwärts, Berliner Volksblatt, 26. Jg. (1909), Nr. 291 vom 14.12.1909.

o.V., Antisemitismus und Justiz, in: CVZ 1922, 39.

o.V., Ausschreitungen auf Borkum, in: CVZ 1926, 360 f.

o.V., Antisemitismus und Justiz, in: Abwehrblätter 1929, 13 f.

o.V., „Israel wird ausradiert", in: Der Spiegel, 18.12.1957, S. 35.

o.V., Gibt es bei uns einen neuen Antisemitismus? Der Bundestagspräsident, ein Generalstaatsanwalt, ein Professor und ein Publizist nehmen zu dieser Frage Stellung, in: Die Zeit, 10.4.1959 (Nr. 15), S. 4.

o.V., Synagogenschänder, in: DRiZ 1960, 91 f.

o.V., „Vogel will Handel mit NS-Schriften verbieten", in: SZ, 5.12.1980, S. 11.

o.V., Irrungen – Wirrungen, Der wechselhafte Gang des Gesetzgebungsverfahrens zum 21. Strafrechtsänderungsgesetz, in: DRiZ 1985, 225, 227.

Oborniker, Alfred, Strafrecht und Strafvollzug im Lichte der deutschen Sozialdemokratie im Anschluß an den Parteitag zu Mannheim, in: Archiv für Kriminal-Anthropologie und Kriminalistik, Bd. 30 (1908), S. 201–235.

Oetker, Friedrich, Die Vergehen gegen den öffentlichen Frieden und die Umsturzvorlage. Beilagen Nr. 30–33 zur Allgemeinen Zeitung (6.–9. Februar 1895, Ausgaben Nr. 37–40).

Olshausen, Justus von, Kommentar zum *Strafgesetzbuch* für das Deutsche Reich
– *6. Aufl.* Berlin 1901.
– *8. Aufl.* Berlin 1909/10.
– *9. Aufl.* Berlin 1912.
– *10. Aufl.* Berlin 1916.
– *11. Aufl.* Berlin 1927.
– *12. Aufl.* 2. Lieferung, Berlin 1943.

Oppenhoff, F.C. (Hrsg.), Die Rechtsprechung des Königlichen *Ober-Tribunals in Straf-Sachen*, Bde. 1–20 (1861–1879).

Oppenhoff, Friedrich Christian, Das *Strafgesetzbuch* für die Preußischen Staaten
- *1. Aufl.* Berlin 1856.
- *3. Aufl.* Berlin 1861.
- *5. Aufl.* Berlin 1867.

Oppenhoff, Friedrich Christian, Das *Strafgesetzbuch* für das Deutsche Reich, *8. Aufl.* Berlin 1881.

Ostendorf, Heribert, Im Streit: Die strafrechtliche Verfolgung der „Auschwitzlüge", NJW 1985, 1062–1065.

Paepcke, Peter, *Antisemitismus* und Strafrecht, Freiburg im Breisgau, Univ., Diss. 1962.

Papier, Hans-Jürgen / **Durner**, Wolfgang, Streitbare Demokratie, AöR 2003, 340–371.

Parmod, Maximilian (Pseudonym von Max Apt), *Antisemitismus* und Strafrechtspflege, Zur Auslegung und Anwendung der §§ 130, 166, 185, 193, 360[11] Straf-Gesetz-Buchs in höchstrichterlicher und erstinstanzlicher Praxis, Berlin 1894.

Partsch, Karl Josef, Neue Maßnahmen zur Bekämpfung von Rassen- und Fremdenhaß. Bessere Durchführung der internationalen Verpflichtungen Deutschlands, in: EuGRZ 1994, 429–436.

PAUCKER, Arnold, Der jüdische *Abwehrkampf*, in: Mosse, Werner E. (Hrsg.), Entscheidungsjahr 1932, Zur Judenfrage in der Endphase der Weimarer Republik, 2. Aufl. Tübingen 1966, S. 405–499.

PAUCKER, Arnold, Der jüdische Abwehrkampf gegen *Antisemitismus* und Nationalsozialismus in den letzten Jahren der Weimarer Republik, Hamburg 1968.

PAWLIK, Michael, Der Strafgrund der *Bekenntnisbeschimpfung*, in: Hettinger, Michael / Zopfs, Jan / Hillenkamp, Thomas u.a. (Hrsg.), Festschrift für Wilfried Küper zum 70. Geburtstag, Heidelberg 2007, S. 411–428.

PETERSEN, Klaus, *Zensur* in der Weimarer Republik, Stuttgart, Weimar 1995.

PICARD, Jacob, Die friedensgefährdende *Klassenverhetzung*, Berlin 1914, zugl.: Heidelberg, Univ., Diss. 1914.

PICARD, Jacob, Die Strafgesetzreform, in: CVZ 1926, 393–395.

PIEROTH, Bodo / **SCHLINK**, Bernhard, *Grundrechte*, Staatsrecht II, 22. Aufl. Heidelberg 2006.

PIPER Verlag (Hrsg.), „Historikerstreit", Die Dokumentation der Kontroverse um die Einzigartigkeit der nationalsozialistischen Judenvernichtung, 7. Aufl. München 1989.

PÖLS, Werner, Sozialistenfrage und Revolutionsfurcht in ihrem Zusammenhang mit den angeblichen Staatsstreichplänen Bismarcks, Lübeck und Hamburg 1960.

POPP, Martin, Anmerkung zum Urteil des OLG Celle vom 14.1.1997 – 1 Ss 271/96, in: JR 1998, 80–83.

POSCHER, Ralf, Neue Rechtsgrundlagen gegen rechtsextremistische Versammlungen – Zu den verfassungsrechtlichen Grenzen der Entpolitisierung der Versammlungsfreiheit, in: NJW 2005, 1316–1319.

PREUSS, Roland, Stadt mit Stigma, in: SZ, 22.11.2007, S. 6.

PUCHELT, Ernst Sigismund, Das *Strafgesetzbuch* für das Großherzogtum Baden nebst Änderungen und Ergänzungen, Mannheim 1868, Nachdruck Goldbach 2000.

RADBRUCH, Gustav, Regierungsvorlage 1922 und Reichsratsvorlage 1924, in: ZStW 45, 417–420.

RADBRUCH, Gustav, Abbau des Strafrechts, in: Justiz, Zeitschrift für Erneuerung des Deutschen Rechtswesens, zugleich Organ des Republikanischen Richterbundes, Bd. 2, 1926/27, 537–543.

RADBRUCH, Gustav, Urteilsanmerkung zu RG 2. Senat vom 6. Februar 1928, 2 D 927/27, in: JW 1928, 2218.

RADBRUCH, Gustav, Der innere Weg, Aufriß meines Lebens, Göttingen, 2. unveränderte Aufl. 1961.

Ramelsberger, Annette, Rechts- und Linksextremisten haben Zulauf, in: SZ, 16./17.5.2007, S. 8.

Rasenhorn, Theo, Weimar und die Strafrechtsreform, in: Vormbaum, Thomas / Welp, Jürgen (Hrsg.), Das Strafgesetzbuch, Sammlung der Änderungsgesetze und Neubekanntmachungen, Supplementband 1: 130 Jahre Strafgesetzgebung – Eine Bilanz, Berlin 2004, S. 38–52.

Rehbein, Hugo / **Reincke**, Otto L., Allgemeines Landrecht für die preußischen Staaten, Bd. 4, 4. Aufl. 1889.

Reichmann, Hans, Der *Centralverein* deutscher Staatsbürger jüdischen Glaubens, in: Council for the Protection of the Rights and Interests of Jews from Germany (Hrsg.), Festschrift zum 80. Geburtstag von Rabbiner Dr. Leo Baeck am 23. Mai 1953, London 1953, S. 63–75.

Rieger, Paul, Ein Vierteljahrhundert im *Kampf um das Recht* und die Zukunft der deutschen Juden, Ein Rückblick auf die Geschichte des Centralvereins deutscher Staatsbürger jüdischen Glaubens in den Jahren 1893–1918, Berlin 1918.

Rieker, Peter, Die Auseinandersetzung mit Rechtextremismus in der *Jugendarbeit*: Ansätze – Entwicklungen – Herausforderungen, in: Egg, Rudolf (Hrsg.), Extremistische Kriminalität: Kriminologie und Prävention, Wiesbaden 2006, S. 203–216.

Rieker, Peter, Fremdenfeindlichkeit und Sozialisation in Kindheit und Jugend, in: APuZ 37/2007 vom 10.9.2007, S. 31–38.

Ritter, Johannes Martin, Bemerkungen zum Wandel des politischen Deliktes und der Strafgesetze zum Schutze von Volk, Bewegung und Staat in Recht und Rechtspolitik, in: JW 1934, 2213–2225.

Rogall, Klaus, Die verschiedenen Formen des Veranlassens fremder Straftaten, in: GA 1979, 11–26.

Rogall, Klaus, Stillstand oder Fortschrift in der Strafrechtsreform? Möglichkeiten und Grenzen ihrer Erneuerung, in: ZRP 1982, 124–131.

Röhl, Klaus F., Allgemeine *Rechtslehre*, 2. Aufl. Köln, Berlin, Bonn, München 2001.

Rönne, Ludwig von, Das Gesetz über die *Presse* vom 12. Mai 1851, Breslau 1851.

Rönne, Ludwig von, Ergänzungen und *Erläuterungen* der Preußischen Rechtsbücher durch Gesetzgebung und Wissenschaft, 4. Aufl. Berlin 1862.

Rosenfeld / **Urbye** (Übers.), Allgemeines bürgerliches *Strafgesetz* für das Königreich Norwegen vom 22. Mai 1902.

Roxin, Claus, *Strafrecht, Allgemeiner Teil*, Band 1, Grundlagen, Der Aufbau der Verbrechenslehre, 4. Aufl. München 2006.

Rubo, Ernst Traugott, Zur Lehre von der *Verleumdung*, mit besonderer Bezugnahme auf alle gegenwärtig geltenden deutschen Strafgesetzbücher, Berlin 1861.

RUBO, Ernst Traugott, Kommentar über das *Strafgesetzbuch* für das Deutsche Reich, Reprint der Ausgabe Berlin 1879, Frankfurt a.M. 1992.

RÜDORFF, Hans, *Strafgesetzbuch für den Norddeutschen Bund*, (Gegeben Schloß Babelsberg, den 31. Mai 1870.) Text-Ausgabe mit Anmerkungen, Berlin 1870.

RÜDORFF, Hans, *Strafgesetzbuch* für das Deutsche Reich, Mit Commentar, 1. Aufl. Berlin 1871.

RÜHL, Ulli F. H., Versammlungsrechtliche Maßnahmen gegen rechtsradikale Demonstrationen und Aufzüge, in: NJW 1995, 561–564.

RÜTHERS, Bernd, *Ideologie* und Recht im Systemwechsel: ein Beitrag zur Ideologieanfälligkeit geistiger Berufe, München 1992.

S., Dr. Richard Ed. John's Entwurf mit Motiven zu einem Strafgesetzbuche für den norddeutschen Bund, in: ADStrZ 1869, 352–380.

S., Ueber den Entwurf eines Strafgesetzbuches für den norddeutschen Bund, in: ADStrZ 1870, 1–31.

S., Superrevision der über den ersten Entwurf des norddeutschen Strafgesetzbuches erschienenen Kritiken, in: ADStrZ 1870, 296–323.

SCHÄFER, Ernst, Die Tätigkeit der Abteilung für Strafgesetzgebung und für bäuerliches Recht im Jahre 1936, in: DJ 1937 (99. Jg.), 5–7.

SCHÄFER, Karl, Gesetz über die *Straffreiheit* vom 30. April 1938, Berlin 1938.

SCHÄFFER, Fritz, Zum Entwurf eines Gesetzes gegen Volksverhetzung, in: Bulletin des Presse- und Informationsamtes der Bundesregierung 16/1960, S. 141–143.

SCHAFHEUTLE, Josef, Das Strafrechtsänderungsgesetz, in: JZ 1951, 609–620.

SCHAFHEUTLE, Josef, Das Sechste Strafrechtsänderungsgesetz, in: JZ 1960, 470–474.

SCHAPER, (ohne Vorname), Strafrechtsfälle im Lichte des ersten Entwurfes und des Entwurfes der Bundeskommission zum Strafgesetzbuch für den Norddeutschen Bund (Abschluß), in: GA 18 (1870), 73–82.

SCHEFFLER, Uwe, Das *Reformzeitalter* 1953–1975, in: Vormbaum, Thomas / Welp, Jürgen (Hrsg.), Das Strafgesetzbuch, Sammlung der Änderungsgesetze und Neubekanntmachungen, Supplementband 1: 130 Jahre Strafgesetzgebung – Eine Bilanz, Berlin 2004, S. 174–257.

SCHEFFLER, Uwe, *Strafgesetzgebungstechnik* in Deutschland und Europa, Berlin 2006.

SCHEIDLER, Alfred, Das Gesetz zur Änderung des Versammlungsgesetzes und des Strafgesetzbuchs – Ein Vergleich mit der bisherigen Rechtslage, in: BayVBl. 2005, 453–458.

SCHIRACH, Carl von, Über politische Verbrechen, in: ArchCr 1851, Beilage-Heft 1, S. 1–129.

SCHMEHL, Arndt, Symbolische Gesetzgebung, in: ZRP 1991, 251–253.

Schmidt, Eberhard, Einführung in die Geschichte der deutschen *Strafrechtspflege*, Göttingen 1965.

Schmidt, Gerhard, Siebzig Jahre Strafrechtsreform, in: DRiZ 1972 (50. Jg.), 372–377.

Schmitt, Hermann, Die *Änderungen* des Strafgesetzbuchs auf Grund des Gesetzes vom 26. Mai 1933 und der vorausgegangenen Gesetze und Verordnung, München 1933.

Schmude, Jürgen, Aufgaben und Grenzen des Strafrechts im Kampf gegen Neonazismus, in: RuP 1981, 153–156.

Schmude, Jürgen, Der Beitrag der Rechtspolitik zum inneren Frieden, in: RuP 1982, 1–5.

Schoetensack, August, Literarische Anzeigen 12., Ludwig Weil, Die Anreizung zum Klassenkampf, in: GS 68 (1906), 172–174.

Schönbach, Peter, Reaktionen auf die *antisemitische Welle* im Winter 1959/1960, Frankfurt a.M. 1961.

Schönke, Adolf, Der strafrechtliche Staatsschutz im ausländischen Recht, in: NJW 1950, 281–285.

Schönke, Adolf, *Strafgesetzbuch* für das Deutsche Reich, Kommentar
– *1. Aufl.* München, Berlin 1942.
– *3. Aufl.* München, Berlin 1947.
– *5. Aufl.* München, Berlin 1951.

Schönke, Adolf / **Schröder**, Horst, *Strafgesetzbuch*, Kommentar
– *8. Aufl.* München 1957.
– *9. Aufl.* München und Berlin 1959.
– *23. Aufl.* München 1988.
– *27. Aufl.* München 2006.

Schönner, Kurt / **Janich**, Franz, Die Verordnungen gegen politische Ausschreitungen, mit den Ausführungsbestimmungen des Reichs und Preußens, Berlin 1932.

Schorn, Hubert, Der *Richter im Dritten Reich*, Geschichte und Dokumente, Frankfurt a.M. 1959.

Schroeder, Friedrich-Christian, Der Schutz von *Staat und Verfassung* im Strafrecht, Eine systematische Darstellung, entwickelt aus Rechtsgeschichte und Rechtsvergleichung, München 1970, zugl.: München, Univ, Habil.-Schr. 1967.

Schroeder, Friedrich-Christian, Der Schutz des äußeren Friedens im Strafrecht, in: JZ 1969, 41–48.

Schroeder, Friedrich-Christian, Die Entwicklung der *Gesetzgebungstechnik*, in: Vormbaum, Thomas / Welp, Jürgen (Hrsg.), Das Strafgesetzbuch, Sammlung der Änderungsgesetze und Neubekanntmachungen, Supplementband I: 130 Jahre Strafgesetzgebung – Eine Bilanz, Berlin 2004, S. 381–422.

SCHUBERT, Claudia, *Verbotene Worte*? Versuch einer Neubestimmung im Umgang mit rassistischen Äußerungen jenseits des Strafrechts, Frankfurt a.M. 2005, zugl.: Frankfurt a.M., Univ., Diss. 2004.

SCHUBERT, Werner, Die Quellen zum StGB von 1870/71, in: GA 1982, 191–203.

SCHUBERT, Werner, Der Ausbau der *Rechtseinheit* unter dem Norddeutschen Bund. Zur Entstehung des Strafgesetzbuches von 1870 unter besonderer Berücksichtigung des Strafgesetzbuches in: Buschmann, Arno u.a. (Hrsg.), Festschrift für Rudolf Gmür zum 70. Geburtstag am 28. Juli 1983, Bielefeld 1983, S. 149–189.

SCHUBERT, Werner (Hrsg.), Der Code pénal des Königreichs Westphalen von 1813 mit dem Code pénal von 1810 im Original und in deutscher Übersetzung, Frankfurt a.M. u.a. 2001.

SCHÜNEMANN, Bernd, Kritische Anmerkungen zur geistigen Situation der deutschen Strafrechtswissenschaft, in: GA 1995, 201–229.

SCHÜNEMANN, Bernd, Europäischer Haftbefehl und EU-Verfassungsentwurf auf schiefer Ebene – Die Schranken des Grundgesetzes, in: ZRP 2003, 185–189.

SCHÜTZE, Theod. Reinh., Studien zum Deutschen Strafgesetzbuche, GA 20 (1872), 350–373.

SCHWARCK, (ohne Vorname), Das Gesetz über die *Presse* vom 12. Mai 1851, Berlin 1862.

SCHWARZ, Max, MdR: *biographisches Handbuch* der Reichstage, Hannover 1965.

SCHWARZ, Otto, *Strafgesetzbuch* mit (allen wichtigen) Nebengesetzen und Verordungen
– *2. Aufl.* München und Berlin 1934.
– *6. Aufl.* München und Berlin 1938.
– *22. Aufl.* München und Berlin 1959.

SCHWARZE, Friedrich Oskar von, Der Entwurf des Strafgesetzbuchs für den Norddeutschen Bund und die Kritiker des Entwurfs, in: GS 22 (1870), 146–220.

SCHWARZE, Friedrich Oskar von, Commentar zum *Strafgesetzbuch* für das Deutsche Reich, 3. Aufl. Leipzig 1873.

SCHWARZE, Friedrich Oskar von, Das *Reichs-Preßgesetz* vom 7. Mai 1874, Erlangen 1874.

SCHWARZE, Friedrich Oskar von, Die Revision des Reichs-Strafgesetzbuchs, GS 26 (1874), 481–512.

SCHWARZE, Friedrich Oskar von, Zur Revision des Strafgesetzbuchs, Zweiter Beitrag, GS 26 (1874), 577–589.

SCHWARZE, Oskar Friedrich von, *Reichsgesetz* gegen die gemeingefährlichen Bestimmungen der Socialdemokratie, in: Bezold, Ernst u.a. (Hrsg.), Die Gesetzgebung des Deutschen Reiches mit Erläuterungen, Dritter Theil. Strafrecht, Bd. 4, Erlangen 1881.

Schröder, Wolfgang, Der *Sturz Bismarcks*, in: Seeber, Gustav (Gesamtleitung), Bismarcks Sturz, Zur Rolle der Klassen in der Endphase des preußisch-deutschen Bonapartismus 1884/85 bis 1890, Berlin 1977, S. 330–386.

Seel, Paul, Unbestimmte und normative *Tatbestandsmerkmale* im Strafrecht und der Grundsatz nullum crimen sine lege (Art. 103 II GG), München, Univ., Diss. 1965.

Sendler, Horst, Zur Krankheit verurteilt? Das Deckert-Urteil und die Folgen, in: ZRP 1994, 377–380.

Seuffert, Hermann, *Anarchismus* und Strafrecht, Berlin 1899.

Siemann, Wolfram, Vom Staatenbund zum *Nationalstaat*, München 1995.

Sitzer, Peter / **Heitmeyer**, Wilhelm, Rechtsextremistische Gewalt von Jugendlichen, in: APuZ 37/2007 vom 10.9.2007, S. 3–10.

Sontag, Karl Richard, Die *Redaktionsversehen* des Gesetzgebers, insbesondere auf strafrechtlichem Gebiet, Freiburg 1874.

Spillmann, Charles, *Otto Lang* 1863–1936, Sozialismus und Individuum, Bern 1974, zugl.: Univ., Phil. Fak. I, Diss. 1974.

Stammberger, Wolfgang, Die Geschichte der *Strafrechtsreform* bis zum Strafgesetzbuchentwurf 1962, in: Erbe, Walter u.a. (Hrsg.), Probleme der Strafrechtsreform, Vorträge auf der vom 24. bis 26. September 1962 im Haus Lerbach zu Bergisch Gladbach von der Friedrich Naumann-Stiftung veranstalteten 11. Arbeitstagung, Stuttgart 1963, S. 11–29.

Staudacher, Hellmuth, Die Strafbarkeit der *Klassenverhetzung*, Tübingen, Univ., Diss. 1947.

Stegbauer, Andreas, *Rechtsextremistische Propaganda* im Lichte des Strafrechts, München 2000, zugl.: München, Univ., Diss. 2000.

Stegbauer, Andreas, Der Straftatbestand gegen die Auschwitzleugnung – eine Zwischenbilanz, in: NStZ 2000, 281–286.

Stegbauer, Andreas, Rechtsprechungsübersicht zu den Propaganda- und Äußerungsdelikten, in: NStZ 2008, 73–80.

Steinhagen, Joachim, Die Gesetzgebung des Deutschen Reiches zur Bekämpfung politischer *Umsturzbestrebungen* in den Jahren 1878 bis 1899; insbesondere das Gesetz gegen die gemeingefährlichen Bestrebungen der Sozialdemokratie (Sozialistengesetz) vom 21. Oktober 1878, Schramberg 1935, Diss. Freiburg im Breisgau 1935.

Stenglein, Melchior, Commentar über das *Strafgesetzbuch für das Königreich Bayern* und das Gesetz über die Einführung des Strafgesetzbuches und des Polizeigesetzbuches, Zweiter Theil. Des Strafgesetzbuches besondere Bestimmungen über die einzelnen strafbaren Handlungen, München 1862, Nachdruck Frankfurt a.M. 1989.

Stenglein, Melchior, *Lexikon* des Deutschen Strafrechts nach den Entscheidungen des Reichsgerichts zum Strafgesetzbuche, Bd. 1 (A-H), Berlin 1905.

St.[englein, Melchior], Besprechung von „Dr. Maximilian Parmod, Antisemitismus und Strafrecht, Berlin 1894“, in: GS 50 (1895), 387 f.

Stephen, James Fitzjames / **Sturge**, Lewis Frederick, A Digest of the *criminal law*, 8. Aufl. London 1947.

Stockhammer, Robert, *Dialektik* des Völkermords, in: SZ, 27.10.2006, S. 15.

Stohrer, Klaus, Die Bekämpfung rechtsextremistischer Versammlungen durch den neuen § 15 II VersG, in: JuS 2006, 15–17.

Stratenwerth, Günter, Zum *Begriff des „Rechtsgutes“*, in: Eser, Albin / Schittenhelm, Ulrike / Schumann, Heribert (Hrsg.), Festschrift für Theodor Lenckner zum 70. Geburtstag, München 1998, S. 377–391.

Streng, Franz, Das Unrecht der *Volksverhetzung*, in: Küper, Wilfried (Hrsg.), Festschrift für Karl Lackner zum 70. Geburtstag am 18. Februar 1987, Berlin 1987, S. 501–526.

Streng, Franz, Anmerkung zu BGH, Urteil v. 6.4.2000, 1 StR 502/99, in: JZ 2001, 205–208.

Stürmer, Michael, Regierung und Reichstag im *Bismarckstaat* 1871–1880, Cäsarismus oder Parlamentarismus, Düsseldorf 1974, zugl.: Darmstadt, Techn. Hochschule, Habil.-Schr. 1970.

Stürmer, Michael, Konservativismus und Revolution in *Bismarcks Politik*, in: *Ders.* (Hrsg.), Das kaiserliche Deutschland, Düsseldorf 1970, S. 143–167.

Systematischer Kommentar – Rudolphi, Hans-Joachim / Horn, Eckhard / Samson, Erich / Günther, Hans-Ludwig / Hoyer, Andreas, Systematischer Kommentar, 7., teilweise 8. Aufl. 2007, Bd. 2, BT, §§ 80–353, Stand: 68. Lfg. (März 2007).

Temme, Jodocus Donatus Hubertus, *Handbuch* des preuss. Criminalrechts, Leipzig 1837.

Temme, Jodocus Donatus Hubertus, *Glossen* zum Strafgesetzbuche für die preußischen Staaten, Breslau 1853.

Temme, Jodocus Donatus Hubertus, *Lehrbuch* des Preußischen Strafrechts, Berlin 1853.

Temme, Jodocus Donatus Hubertus, *Lehrbuch des Gemeinen Deutschen Strafrechts*, Stuttgart 1876.

Tröndle, Herbert / **Fischer**, Thomas, *Strafgesetzbuch* und Nebengesetze, 54. Aufl. München 2007.

ukn, „Auf dem rechten Auge blind?“ Kommentar, in: FR vom 17.3.1994, Nr. 64, S. 3.

Vogel, Hans-Jochen, Sozialstaatliche Rechtspolitik als Stabilitätsfaktor, Zum rechtspolitischen Arbeitsprogramm für die 9. Wahlperiode, in: ZRP 1981, 1–6.

Vogelsang, Klaus, Die Neuregelung zur sog. „Auschwitzlüge“ – Beitrag zur Bewältigung der Vergangenheit oder „widerliche Aufrechnung“? In: NJW 1985, 2386–2389.

Vormbaum, Thomas, *Entkriminalisierung* und Strafgesetz. Über die Schwierigkeiten, Entkriminalisierung zu begründen und zu verwirklichen, in: Buschmann, Arno u.a. (Hrsg.), Festschrift für Rudolf Gmür zum 70. Geburtstag, Bielefeld 1983, S. 323–343.

Vormbaum, Thomas, Die *Lex Emminger* vom 4. Januar 1924: Vorgeschichte, Inhalt und Auswirkungen; ein Beitrag zur deutschen Strafrechtsgeschichte des 20. Jahrhunderts, Berlin 1988.

Vormbaum, Thomas, „Politisches Strafrecht“, in: ZStW 1995, 734–760.

Vormbaum, Thomas, Das Institut für Juristische Zeitgeschichte und sein Projekt „*Historischer Kommentar* zum Strafgesetzbuch“; in: Gesellschaft der Freunde der Fern-Universität e.V. (Hrsg.), Jahrbuch der Gesellschaft der Freunde der Fernuniversität e.V. 2002, Hagen 2002, S. 165–175.

Vormbaum, Thomas, *Aktuelles zur Lage des Strafrechts*, in: Häberle, Peter / Morlok, Martin / Skouris, Vassilios (Hrsg.), Festschrift für Dimitris Th. Tsatsos zum 70. Geburtstag am 5. Mai 2003, Baden-Baden, 2003, S. 703–721.

Vormbaum, Thomas, 130 Jahre *Strafgesetzgebung*. Markierungspunkte und Tendenzen, in: Vormbaum, Thomas / Welp, Jürgen (Hrsg.), Das Strafgesetzbuch, Sammlung der Änderungsgesetze und Neubekanntmachungen, Supplementband 1: 130 Jahre Strafgesetzgebung – Eine Bilanz, Berlin 2004, S. 456–489.

Voss, Monika, *Symbolische Gesetzgebung*, Fragen zur Rationalität von Strafgesetzgebungsakten, Ebelsbach 1989, zugl.: München, Univ., Diss. 1987.

Wächter, Carl Georg von, Revision der Lehre vom Verbrechen der Gewaltthätigkeit (crimen vis), in: ArchCrR 1830, 341–389.

Wächter, Carl Georg von, Beitrag zur Geschichte und *Kritik* der Entwürfe eines Strafgesetzbuches für den Norddeutschen Bund, in: *Berner*, Albert Friedrich (Hrsg.), Kritik am Strafgesetzbuch des norddeutschen Bundes, Leipzig 1895.

Wagner, Joachim, *Politischer Terrorismus* und Strafrecht im deutschen Kaiserreich von 1871, Heidelberg u.a. 1981.

Wahlberg, (ohne Vorname), Die Revision des Preßstrafrechtes in Oesterreich, in: ADStrZ 1871, 357–364.

Waldow, Jörg Ernst August, Der strafrechtliche *Ehrenschutz* in der NS-Zeit, Baden-Baden, 2000, zugl.: Kiel, Univ., Diss. 1999.

WALLMANN, (ohne Vorname), Das Preußische *Strafgesetzbuch* in seiner praktischen Anwendung, Berlin 1866.

WALTER, Dirk, *Antisemitische Kriminalität* und Gewalt, Judenfeindschaft in der Weimarer Republik, Bonn 1999.

WANDRES, Thomas, Die Strafbarkeit des *Auschwitz-Leugnens*, Berlin 2000, zugl.: Regensburg, Univ., Diss. 1999.

WARDA, Günter, Zur natürlichen und tatbestandlichen *Handlungseinheit* bei Äußerungsdelikten, insbesondere bei der Volksverhetzung (§ 130 StGB), in: Bernsmann, Klaus / Ulsenheimer, Klaus (Hrsg.), Bochumer Beiträge zu aktuellen Strafrechtsthemen, Vorträge anlässlich des Symposions zum 70. Geburtstag von Gerd Geilen am 12./13.10.2001, Köln, Berlin, Bonn, München 2003, S. 199–217.

WEBER, Adolph Dieterich, Ueber *Injurien* und Schmähschriften, Erste Abtheilung, Schwerin, Wismar 1793.

WEBER, H. von, Das Strafrechtsänderungsgesetz, in: MDR 1951, 517–523.

WEBER, Sebastian, Strafbarkeit der Holocaustleugnung in der Europäischen Union, in: ZRP 2008, 21–24.

WEHINGER, Markus, *Kollektivbeleidigung* – Volksverhetzung, Der strafrechtrechtliche Schutz von Bevölkerungsgruppen durch die §§ 185 ff. und § 130 StGB, Baden-Baden 1994, zugl.: Tübingen, Univ., Diss. 1993.

WEIDNER, Maik, Die öffentliche *Aufforderung* zu Straftaten (§ 111 StGB), Göttingen, Univ., Diss. 1997.

WEIL, Ludwig, Die *Aufreizung* zum Klassenkampf, Breslau 1905, zugl.: Würzburg, Univ., Diss. 1905.

WEIS, Ludwig, Das *Strafgesetzbuch* für das Königreich Bayern sammt dem Gesetze vom 10. November 1861 zur Einführung des Strafgesetzbuchs und des Polizeistrafgesetzbuchs, Nördlingen, 1863.

WEISKE, Julius (Red.), *Rechtslexikon* für Juristen aller teutschen Staaten enthaltend die gesammte Rechtswissenschaft, Bd. 1, Leipzig 1839.

WELP, Jürgen, Die *Strafgesetzgebung in der Nachkriegszeit* (1945–1953), in: Vormbaum, Thomas / Welp, Jürgen (Hrsg.), Das Strafgesetzbuch, Sammlung der Änderungsgesetze und Neubekanntmachungen, Supplementband 1: 130 Jahre Strafgesetzgebung – Eine Bilanz, Berlin 2004, S. 139–173.

WIEFELSPÜTZ, Dieter, Das Versammlungsgesetz – ein Fall für den Gesetzgeber? In: ZRP 2001, 60–64.

WIENER, Alfred, Die Progromhetze, Im deutschen Reich 1919 (XXV. Jg.), 289–299.

WITTENBERG, Reinhard / **SCHMIDT**, Manuela, *Antisemitische Einstellungen* in Deutschland zwischen 1994 und 2002, in: Jahrbuch für Antisemitismusforschung, Bd. 13 (2004), 161–183.

WITTWER, Walter, Das Scheitern des innenpolitischen Kernstücks der Bismarckschen Politik: Die *Ablehnung des Sozialistengesetzes*, in: Seeber (Gesamtleitung), Bismarcks Sturz, Zur Rolle der Klassen in der Endphase des preußisch-deutschen Bonapartismus 1884/85 bis 1890, Berlin 1977, S. 312–329.

WITTWER, Walter, Der *Bergarbeiterstreik* und die Auseinandersetzung um die soziale Frage, in: Seeber, Gustav (Gesamtleitung), Bismarcks Sturz, Zur Rolle der Klassen in der Endphase des preußisch-deutschen Bonapartismus 1884/85 bis 1890, Berlin 1977, S. 245–290.

WOLF, Erik, Die Wertung der Rechtsgüter im Reichsstrafgesetzbuch und ihre Umwandlung durch die Reform, in: Die Justiz, Zeitschrift für Erneuerung des Deutschen Rechtswesens, zugleich Organ des Republikanischen Richterbundes, Bd. III (1927/28), 110–119.

WOLF, Gerhard, Befreiung des Strafrechts vom nationalsozialistischen Denken? In: JuS 1996, 189–195.

WOLFFSOHN, Michael, Die *Deutschland-Akte*, Juden und Deutsche in Ost und West, Tatsachen und Legenden, 2. Aufl. München 1996.

ZACHARIÄ, Heinrich Albert, Lehre *vom Versuche* der Verbrechen, Bd. 2, Göttingen 1839.

ZACHARIÄ, Heinrich Albert, Zur Lehre von der Teilnahme an Verbrechen, insbesondere der Anstiftung, in: ArchCrR 1850, 265–286.

ZACHARIÄ, Heinrich Albert, Bericht und Betrachtung über die revidirte österreichische Strafgesetzgebung, in: ArchCr 1853, 135–166.

ZIEHER, Jürgen, Weder Privilegierung noch Diskriminierung, in: Jahrbuch für Antisemitismusforschung 13 (2004), 187–211.

ZIMMER, Robert, Die europäischen *Moralisten*, zur Einführung, Hamburg 1999.

ZWEIGERT, Konrad / **KÖTZ**, Hein, Einführung in die *Rechtsvergleichung*, auf dem Gebiete des Privatrechts, 3. Aufl. Tübingen 1996.

Bei Fragen zur Produktsicherheit wenden Sie sich bitte an:
If you have any questions regarding product safety,
please contact:

Walter de Gruyter GmbH
Genthiner Straße 13
10785 Berlin
productsafety@degruyterbrill.com